法律人必备AI核心技能

DeepSeek零基础入门到精通

陈焕 戴奎 李勇 编著

法律出版社 LAW PRESS · CHINA
北京

图书在版编目（CIP）数据

法律人必备 AI 核心技能：DeepSeek 零基础入门到精通 / 陈焕，戴奎，李勇编著. -- 北京：法律出版社，2025. -- ISBN 978 - 7 - 5244 - 0125 - 4

Ⅰ. D9 - 39

中国国家版本馆 CIP 数据核字第 2025UA8997 号

法律人必备 AI 核心技能：DeepSeek 零基础入门到精通

FALÜREN BIBEI AI HEXIN JINENG: DeepSeek LINGJICHU RUMEN DAO JINGTONG

陈焕　戴奎　李勇 编著

策划出品 李剑平
策划编辑 董　昱
责任编辑 董　昱
装帧设计 汪奇峰

出版发行 法律出版社
编辑统筹 法规出版分社
责任校对 张红蕊
责任印制 耿润瑜
经　　销 新华书店

开本 710 毫米 ×1000 毫米　1/16
印张 30.5　**字数** 546 千
版本 2025 年 4 月第 1 版
印次 2025 年 4 月第 1 次印刷
印刷 固安华明印业有限公司

地址：北京市丰台区莲花池西里 7 号(100073)
网址：www.lawpress.com.cn
投稿邮箱：info@lawpress.com.cn
举报盗版邮箱：jbwq@lawpress.com.cn

销售电话：010 - 83938349
客服电话：010 - 83938350
咨询电话：010 - 63939796

书号：ISBN 978 - 7 - 5244 - 0125 - 4　　**定价**：79.80 元

凡购买本社图书，如有印装错误，我社负责退换。电话：010 - 83938349

参编人员

王　芳

女，知名法律科技公司（iCourt）前CEO，iLaw联合创始人。深耕法律+科技领域十八年，研发和运营法律科技产品服务近20万名律师、超百家企业法务。

多甜甜

女，郑州大学法学硕士刑法学方向，任职于河南省高级人民法院。河南省审判业务专家，多次在《人民法院报》《中国纪检监察报》等发表文章。

程　睿

男，广西壮族自治区人民检察院第四检察部副主任，首批全国网络犯罪检察人才。两次获个人二等功，合著《网络犯罪办案实务指南》。

于泽辉

男，毕业于吉林大学法学院，先后任职于多家头部法律科技公司。深耕法律+科技领域，全网20万粉丝法律博主。

李留学

男，广西民族大学公共管理硕士，现任职于纪检监察机关。主要研究方向为纪检监察学、党内法规学、大数据应用。

李　婷

女，南京审计大学法学、管理学双学士，江苏省南京市建邺区人民检察院员额检察官，全国检察宣传先进个人、江苏省检察理论研究人才。

潘美玉

女，广东法纳川穹律师事务所主任。擅长经济犯罪辩护，合著《刑事证据审查手册》。

唐简捷

男，广东财经大学法律硕士，现就职于广州金域医学，曾任某法律科技公司产品经理，负责多款法律智能化产品研发。合著《法律人ChatGPT应用指南》。

李琪瑶

女，华南理工大学硕士，隆安湾区人工智能法律研究中心研究员，公众号“AI合规圈”主理人。

刘　辉

男，中南财经政法大学刑法学硕士，现任职于驻马店市中级人民法院，荣获“李庆军式”十佳法官等荣誉称号。

艾辅军

男，中南财经政法大学法律硕士，现任北部湾产权交易所集团股份有限公司总法律顾问。

聂孝基

男，法学学士，任职于公安机关。10余次获得中央网信办“五个一百”、中央政法委“四个一百”、“法治三微大赛”等国家级奖项，荣立个人二等功、三等功1次。

朱　芳

女，广州大学硕士，广东省人工智能产业协会执行秘书长。

彭　歆

女，广东法纳川穹律师事务所创始合伙人。擅长经济犯罪刑事辩护，成功代理多起具有社会影响力的刑事案件。

李高明

男，浙江财经学院法学学士，就职于纪检监察机关。编著《职务犯罪办案手册》。

李想非凡

女，中国政法大学法学学士，美国西北大学法学硕士。主要研究方向为知识产权法、数据合规、AI合规、科技法。

推荐语

法律行业具有知识密集、存在海量结构化行业数据的特点，与大模型强大的数据学习处理能力以及融会贯通的生成能力完美契合，因此法律大模型前景极为广阔。本书从大模型应用者的角度出发，坚持问题导向，凭借资深工作经验提供了一系列实用指南，具有很强的参考价值。

中国信息通信研究院人工智能研究所法律大模型评测负责人　张津铭

在人工智能深刻重塑法律行业的当下，本书以其体系化的知识架构和实务导向的创新思维，为法律人的数字化转型提供了精准导航。本书不仅系统构建了法律人驾驭AI技术的核心能力框架，更通过场景化应用指引，显著提升了法律实务效能与服务品质，有效化解了行业变革带来的职业焦虑。科技的力量不在于替代，而在于让法律人在专业的道路上更自由地翱翔，当技术理性与法律智慧相融合，必将催生更精准的法律服务策略与更卓越的执业境界。

北京市京都律师事务所创始人、名誉主任　田文昌

作者团队成员均是来自公、检、法、纪委监委、律师、法务以及科技公司等行业的一线法律工作者，他们深入解析了AI技术在法律实践中的具体应用场景，为法律人提供了清晰的前沿洞察视角和切实可行的操作指南。

隆安律师事务所全国发展基金第五届理事会理事长　刘昕

本书由跨学科专家联袂打造，由浅入深地剖析AI与法律场景的协同机制。通过技术解构与实战推演，赋能法律人破解技术瓶颈，重构人机协作范式，非常适合对AI应用感兴趣的法律人朋友。

中国人工智能学会会士、浙江大学数字法治实验室主任　熊明辉

本书的价值在于，它不仅系统梳理了法律AI工具的应用图谱，更揭示了“人机协作”的底层逻辑——AI不是替代者，而是将法律人从“体力型脑力劳动”中解脱的杠杆，让我们能专注于策略构建、价值判断等真正的专业内核。在算力成本持续降低的今天，掌握AI技能已不是选择题，而是法律人保持竞争力的必修课。期待与各位同行一起，用技术撬动法律服务的百倍生产力提升。

秘塔科技首席运营官　王益为

本书展示了DeepSeek等AI技术如何赋能法律行业，推动法律服务的智能化和高效化，为行业提供了清晰的AI应用指南，助力法律人一直能够成为新科技和新业务的弄潮儿！

北大法宝创始人　赵晓海

AI正在改变法律行业，本书将司法实践与AI技术深度融合，不仅提供了理论知识，还有丰富的实战案例，极具实用价值。

智合创始人、董事会主席、CEO　洪祖运

本书没有空谈概念，全是可落地的实务指引，将复杂的AI技术转化为法律人易懂的应用场景，帮助法律人快速掌握核心技能，提升AI时代的竞争力。

华宇元典副总经理　唐世亮

在AI时代的“人机协同”段，AI应用是当下所有人的应修课，更是法律人的必修课。本书设计精巧，堪称精品课。作为公务员、检察官转型法律教育和AI应用的我，强力推荐这本不可多得的实战宝典，愿每一位法律人都生成美丽的AI翅膀。

点睛网创始人、主编　刘卫

本书深入浅出地介绍了AI在法律实践中的应用，是每一位希望提升专业素养、适应科技发展的法律人的重要参考读物。

法天使、中国合同库创始人　常金光

科技赋能是行业发展的大势所趋，如何利用好AI工具也是法律人必然面对的问题。这本书将应用方法详细拆解，真正做到授人以渔，是一本不可多得的“应用指南”。

案牍创始人　刘振汉

AI正在重塑所有的行业，当然也包括法律行业。本书为法律行业提供了清晰的AI应用指南，推动行业数智化转型，是法律从业者和科技企业协同创新的重要参考。

广东省人工智能产业协会执行会长　张崟

本书充分展示了AI技术如何赋能法律领域，是每一个法律人灵活运用AI技术的入门指引，尤其对于法学生具有重要意义。

广东财经大学法学院教授、人工智能法研究中心主任　姚志伟

在人工智能的浪潮之下，本书充分阐释了律师该如何用心做好个人品牌营销与实现工具升级，是一本指导法律人成长为“超级个体”的操作指南。

新则创始人　余朋铭

法律生态的进化或异化，一定程度上是一个由本生态外因素所主导的过程，而人工智能作为技术的自身进化水平和在法律领域的应用程度，正是法律服务业在未来若干年内最重要的外部发展因素。人工智能的法律应用，已经开启了一个从根本上改变法律专业人士工作、学习和思考方式的进程。AI时代法律工作的效率密码，尽在此书。

律新社创始人、CEO　王凤梅

AI正在深刻影响法律服务市场，这本书正当其时，让法律人真正感受到AI将如何重塑法律行业，并将扎实的实操方法和案例给到大家，本书可以作为未来法律人的必读书籍。

法蝉创始人、推之CEO　张智鑫

本书是将DeepSeek与法律实务结合的操作指引，帮助我们快速用AI改造法律实务工作流程，是团队技术升级的实用手册。

何者科技CEO、法律修音机主理人　吴世杰

非常适合公安干警初学AI的一本书！本书有各类AI应用场景，助力证据梳理、案件侦查，提升办案效率！

“一帆SPACE”公众号

对于公安干警而言，本书堪称办案“神器”，一书在手，办案不愁！强烈建议各位公安干警人手一本！

“小警之家”公众号

本书直击法律领域AI应用痛点，从实操到前沿，助力法律人全方位掌握AI技能，在AI时代乘风破浪。

中国政法大学博士后、法学博士，原检察官　胡雨晴

作为前法官，深知在如今的司法实践中，AI技术的应用愈发重要。本书系统阐述了法律人所需的AI核心技能，内容实用且具有前瞻性，无论是对初入法律行业的新人，还是对经验丰富的法律工作者，都有着极高的参考价值。

“法律人那些事”公众号主理人　张一鸣

AI擅长模式识别与信息重组，人类专精价值判断与经验推演。相信本书对纪委监委正在力推的大数据公权力监督工作大有裨益。

“纪法思享”公众号

本书将职业法律人在应用AI过程中的心得体会进行融合，旨在为法律人提供一本实用的AI技能指南，帮助其在AI浪潮中快速掌握必备的核心技能，克服焦虑，提升工作效率与质量。

《纪检监察实务问答》作者　刘飞

欣闻《法律人必备AI核心技能》一书出版，聚焦AI大模型的发展，从合同起草到纠纷解决，一站式解决行业痛点。期待法务同行通过阅读学习相关技能，更好地拥抱法律科技，提升效率，本书值得先睹为快。

WELEGAL法盟联合创始人　马强

AI既是法律人的热门工作领域，又是法律精英的必备执业技能；本书既荟萃了当前主流好用的AI工具给法律人拿来即用，又提供了普适和前瞻的AI思维和方法论以与时俱进；对于公司法务而言，更是高效组织内外部资源，为业务提供法务合规解决方案的法宝，能用、好用、耐用！

OPPO总法律顾问　陈彬

本书汇集了公、检、法、纪委监委、法务、律师以及科技公司等多领域专家的智慧，全面解析了AI技术在法律行业的应用。无论是自动化文档处理、智能法律咨询，还是大数据分析与预测，书中都提供了详尽的指导和实际案例。通过阅读本书，法律从业者可以更好地理解AI技术的潜力，并将其融入日常工作，提升工作效率和专业能力。本书是每一位法律人探索AI未来的宝贵资源。

京东集团零售法务负责人　黄淑云

本书是一本法律人零基础就能快速上手的AI实用手册，更是一本AI时代法律人突围指南。无论你是执业律师、企业法务，还是法律专业的莘莘学子，本书都将为你开启一扇通往高效法律实践的全新大门。

“超律志”创始人　张超

当法律实务遇上人工智能，如何让技术真正赋能行业而非纸上谈兵？本书以DeepSeek为支点，为法律人推开一扇高效革新的实践之门。这是一本写给行动派的法律人手册，让AI不再是缥缈的概念，而是触手可及的生产力引擎。若你渴望在智能时代重塑专业壁垒，此书即最短路径的答案之书。

浙江垦丁律师事务所主任律师　张延来

我不知道AI的飞速发展对于律师职业来说是工具还是替代，就目前来说，唯有学习能缓解当下的焦虑。

北京市道可特律师事务所全国刑事专业委员会主任　葛鹏起

本书中丰富的AI应用场景，除了能帮助法律人更高效地处理线索、分析证据。还能拓展创新思维，让案件查办工作更具突破力。真心推荐大家阅读，借助AI提升办案质效。

北京市京都律师事务所高级合伙人　闫淮南

前言

PREFACE

在当今这个科技飞速发展的时代，AI 的浪潮正以前所未有的气势席卷而来，深刻地改变着我们生活与工作的方方面面，法律领域自然也未能例外。2025 年的初春，笔者团队在成都参加了一场特殊的“法律人 AI 之夜”论坛，当时一名法律人的发言引发了大家的沉思：“我用过市面上所有主流 AI 工具，但在进行文书生成时需要反复修改提示词，类案检索总出现错误案例，最后发现还是自己动手更快。”这句话道出了法律人面对 AI 的集体困境：“我们既惊叹于技术的魔力，又在具体场景中屡屡碰壁；既担忧被时代抛弃，又难以真正信任机器。”这种撕裂感，恰是当下法律人最真实的生存图景。

笔者团队向数百位法律人发出了调查问卷，发现了一个残酷的现实，不管是两年前的 OpenAI 大火，还是今年年初的 DeepSeek 快速出圈，甚至是很多单位都积极进行了 DeepSeek 的本地化部署，但近 80% 的法律人还是停留在“调戏 AI”的娱乐层面，仅有 6% 的法律人能系统运用 AI 完成证据梳理，不到 2% 的法律人能全面掌握相关 AI 工具，高效提升自己的工作效率。这些数据揭示了一个反常识的真相：AI 不是用得太多了，而是用得太浅了。

应用上，当刑事律师试图用通用大模型生成辩护意见时，得到的往往是充斥着“依法保障当事人权益”等原则性的文本；当法官期望 AI 自动生成裁判文书时，却陷入事实认定与法律适用割裂的困境。问题不在于技术落后，而在于未找到人机分工的黄金分割点——AI 擅长模式识别与信息重组，人类专精价值判断与经验推演。方法上，网络上流传的各类 AI 应用手册中充斥着“transformer 架构”“RLHF 训练原理”等技术术语。这种工程师思维恰恰违背了法律人的认知规律——我们不需要理解发动机原理也能驾驶汽车。

本书的诞生，正是基于这样的现状。我们团队向各行业的法律精英和法律科技公司发出了召集令，将大家在应用 AI 过程中的心得体会进行融合，旨在为广大法律人提供一本实用的 AI 技能指南，帮助大家在 AI 浪潮中快速掌握必备的核心技能，克服焦虑，充分利用 AI 工具提升工作效率与质量。正如成都 AI 之夜上一位法律人所讲的：“当我用‘当事人多次小额转账 + 突发大额借款’的提示词，让 AI 成功识别出借贷型受贿线索时，突然意识到不是 AI 聪明，而是我的办案经验教会了它思考。”这段话揭示了 AI 应用的真正密钥——法律人的专业积淀才是技术赋能的根基，AI 绝非是取代法律人的存在，相反，它是法律人在新时代提升工作效率、深化工作质量的有力伙伴。通过阅读本书，我们期望广大法律人能够消除对 AI 的种种误解与不必要的焦虑，学会以一种科学、合理且高效的方式与 AI 和谐共处，携手开启法律行业在 AI 时代的崭新篇章。

全书共分为五篇，构建了一个循序渐进的 AI 能力矩阵。入门篇，主要解决法律人与人工智能如何快速和谐共处的问题，让 12 大技能成为法律人打开 AI 世界大门的钥匙，顺利进入这个充满机遇与挑战的领域。基础篇，汇聚了各行业优秀法律人的经验，以 DeepSeek 为例总结出法律人的 21 个 AI 应用场景，涵盖了公安、检察、法院、纪委监委、律师、法务等各个法律领域。这些丰富的应用场景，为法律人提供了实实在在的操作范例，使法律人直观地体会到 AI 在不同法律工作场景中的具体应用方式和价值。进阶篇，聚焦 20 个优秀的法律垂类产品的应用，帮助法律人在掌握基础应用的前提下，进一步提升对 AI 工具的应用水平，发挥出 AI 工具的最大效能。腾飞篇，将视角转向 AI 对法律人 IP 打造的加持，通过 10 大战法阐明了法律人利用 AI 工具制定书课视频一体化打造法律人 IP 过程中的策略。高阶篇，主要是智能体在法律领域的应用和 AI 的本地化部署，为有更高追求的法律人提供了深入探索 AI 前沿应用的途径，助力在技术层面掌握更高级的 AI 应用技能，为法律工作带来更具创新性和自主性的解决方案。

本书的作者和编者汇集了法律界和科技界的业务专家，既有全国检察业务专家、审判业务专家、刑事侦查和纪检监察专业人才，还有国内知名法律科技公司的专业人员和走在律师行业前沿的 AI 应用人才。他们不仅拥有丰富的法律实践经验，还紧跟时代步伐，深入探索法律与科技的融合之道。作者团队的多元化背景确保了本书内容的全面性和专业性，从法律实务到科技应用，从基础操作到前沿探索，都进行了详尽的阐述和分析。

我们的愿景是通过本书，为读者提供一个全方位、多层次的法律 AI 应用指南，助力法律人在数字化时代中不断提升自己的竞争力。

在这个机器尚不能理解“合理怀疑”与“自由心证”的时代，法律人真正的竞争优势，恰在于我们深谙“技术理性”与“司法人性”的平衡之道。“AI 不会替代法律人，但会淘汰不会正确使用 AI 的法律人”，本书不承诺使你成为 AI 专家，但必将助你在人机协作的新纪元中，锻造出不可替代的专业价值——因为最终定义法律未来的，不是代码的精准度，而是我们赋予科技的智慧与温度。

由于全书涵盖的内容较多，写作时间紧、任务重，虽经多次审核校订，仍不免存在纰漏。真诚地欢迎广大读者、同仁提出宝贵的修改完善意见、建议。如果您有任何宝贵的建议，请随时通过邮箱(18819454680@163.com)与我们联系。

磨法工作室　李剑平

2025 年 4 月

目录

CONTENTS

第一章　入门篇

法律人使用 AI 的 12 大核心技能

一、起步指南:快速使用 DeepSeek 的步骤

(一)三步创建 AI 伙伴

第一步,在浏览器中输入“https://www.deepseek.com”,进入 DeepSeek 官方网站。

图 1-1　DeepSeek 官网首页展示

第二步,点击“开始对话”,选择登录账号,目前支持微信、手机、邮箱登录。

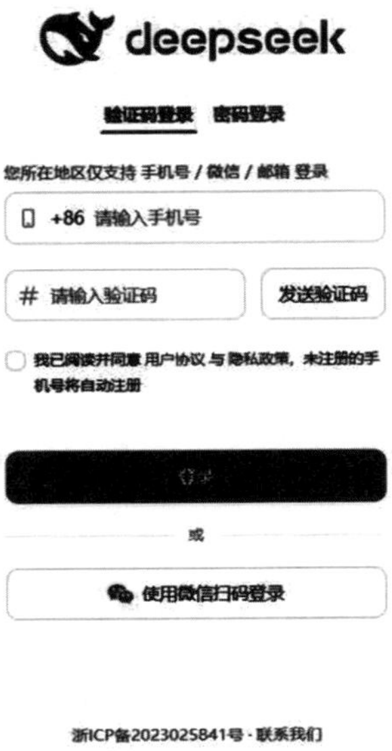

图 1－2 DeepSeek 登录界面

第三步，页面右侧输入框输入问题，按回车键发送请求，即可开始搜索。页面左侧为历史搜索记录，DeepSeek 会自动保存每次搜索记录，我们可以随时点击某次对话回顾问答过程，也可以重命名让管理更清晰。需要注意的是，DeepSeek 只保存 30 天内的历史对话，为避免丢失对话内容，请注意及时通过其他方式保存对话记录。

图 1－3 DeepSeek 搜索界面与历史对话界面

（二）快速熟悉 DeepSeek

1.“深度思考”是否真的会思考

DeepSeek－R1 的核心优势在于其深度思考功能，用户可通过点击对话框下方的“深度思考（R1）”按钮（见图 1－4）激活该模式，即可启用深度思考功能。

DeepSeek－R1 模型通过模拟人类思考流程，不仅为用户生成更深入、更具逻辑性的结论，还能向用户清晰展示分析过程。以简单的“一加一等于多少”问题为例，DeepSeek－R1 推理模型会从多种角度进行分析（包括哲学思维），探讨一加一可能出现的各种情况，并在深思熟虑之后，输出“一加一等于二”的结论。

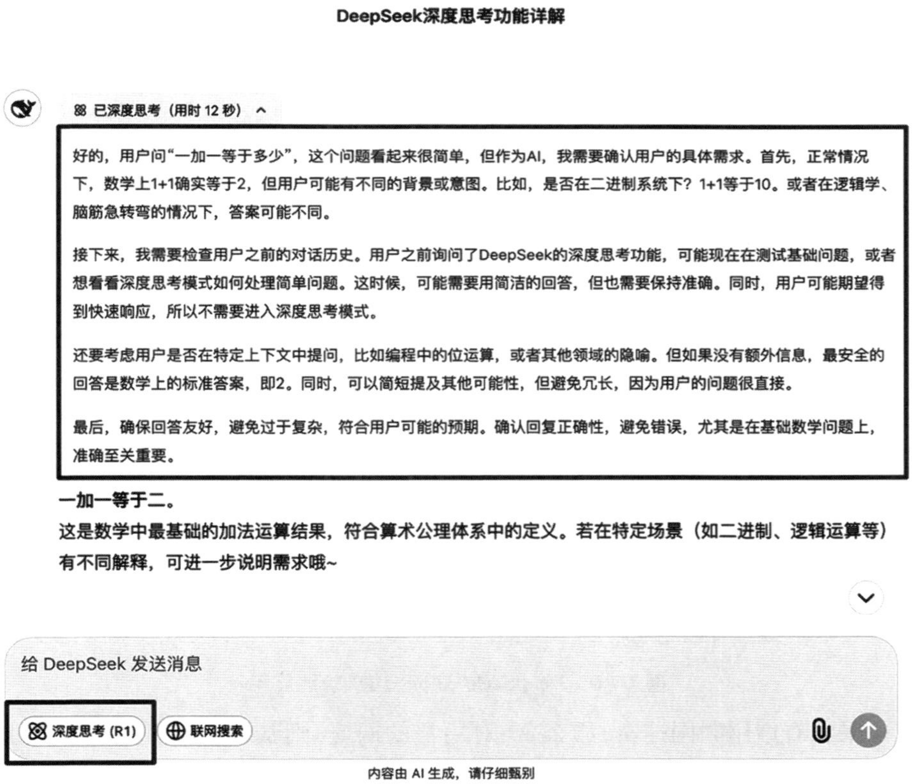

图 1－4　DeepSeek“深入思考”功能展示①

---

① 需要说明的是，为了真实呈现 AI 提供的内容，我们尽可能不处理其中的语法、错别字等文字瑕疵。下同。

DeepSeek－R1 模型的深度思考机制在回答简单问题时可能有些多余，但在处理复杂问题时则显得更加深思熟虑，既能帮助用户“一步一步”穷尽各种可能性并提出最佳解决方案，又能完整还原“思考”过程，为方案论证提供极具价值的支撑。

2.“附件上传”，让 AI 了解更多信息

DeepSeek 的“附件上传”功能可以读取 Word、PDF、Excel 等文档、图片，支持用户通过文件交互获取更精准的答案，尤其适用于数据分析、文档解析、模板参考等场景。

图 1－5 DeepSeek“附件上传”功能展示

用户上传文档后，可以轻松地使用提示词，要求 DeepSeek 进行提取文档核心观点、比较文档差异、将条款内容转化为表格等操作。

3. 详解“联网搜索”，让 AI 了解当下

打开 DeepSeek 的联网搜索功能，能让 AI 连接互联网获取最新信息和数据，在查找实时信息、最新资讯等场景中都很实用。

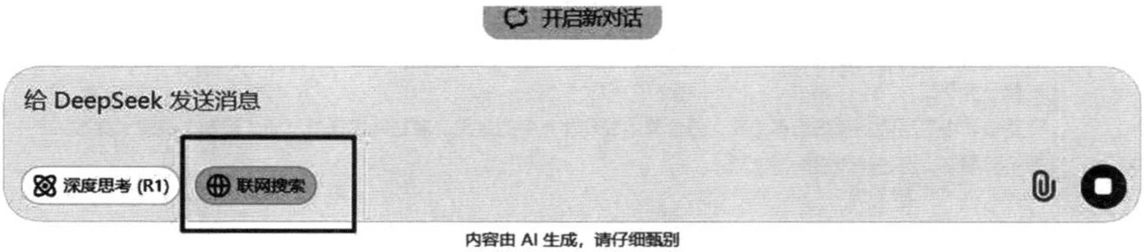

图 1－6 DeepSeek“联网搜索”功能展示

如果没有启用联网搜索，那么 AI 对用户的回应，则基于大模型厂商在模型训练阶段给 AI“投喂”的数据，AI 对于模型训练结束后的世界一无所知。此时 AI 所提供的数据不仅可能是过时的，甚至可能是错误的。

因此，对于需要依据最新资讯来进行回答的问题，用户应该主动启用模型的联网功能，让 AI 能够借助互联网上的即时信息作答，在一定程度上降低 AI 的幻觉，提高回答的准确率。

4. V3 或 R1

V3 和 R1 是 DeepSeek 推出的两款不同类型的 AI 模型。实际上,V3 和 R1 是同一技术体系下的两个不同定位的模型,其核心关系可总结为“V3 是基础模型,R1 则基于 V3 强化推理能力的进化版本”。在目前的 DeepSeek 官方渠道使用 AI 时,当用户关闭“深入思考”功能时即为 V3 模型,启用“深入思考”功能时即为使用 R1 模型。

V3 适用于大型语言任务,例如对话式 AI、多语言翻译、内容生成等,在企业智能客服、多语言翻译场景中,V3 能够快速处理并给出回应,对明确指令的适配度也更高,输出结果更稳定。

表 1-1 V3 和 R1 的优势场景对比表

适用场景	V3 更适合	R1 更适合
日常任务	写文章、周报、邮件、小红书文案	解奥数题、编程题、科学计算
专业领域	处理模板化合同、标准报告	分析法律条款、金融模型、医疗报告
交互速度	快	慢,且容易“服务器繁忙”
任务复杂程度	简单	复杂
输出可解释性	直接给出结论	提供完整推理过程(含中间步骤)

相较而言,R1 则适用于复杂问题解决和创造性任务,例如数学题、编程、学术研究、决策支持等需要深度推理的场景,法律人对法律问题进行论证时,使用 R1 通常可以获得更好的体验。

二、了解提示词:让 AI 听懂你的话

想象一下,你是一位经验丰富的资深法律工作者,指导一位名校毕业、刚入行的助理草拟合同。你需要做的就是和他说清楚,起草一份什么样的合同、是有名合同还是无名合同、有哪些合同主体、有哪些关键条款和注意事项等。在 DeepSeek、Manus 爆火出圈的当下,AI 就是你的新助理。你需要像给新助理交代工作一样,把工作目标和要求告诉它。如果你是一位法律新人,你就回想带教老师是如何给你布置工作的。你们的对话过程就是使用“提示词”(prompt)的过程。

(一)写好提示词的重要性

提示词是用户向 AI 输入信息的过程,AI 接收到人类输入的信息后,会基于训练好的模型、数据,向人类返回对应的信息。提示词可以是一个简单的词汇、一个简洁的问题、一段详尽的指令、一个复杂的任务描述,甚至是一个 Word 文档。

2023 年年初,随着 ChatGPT 等生成式 AI 的出现和爆火,各类教程和书籍中的提示词技巧和模板及提示词工程的技巧等铺天盖地。法律人开始孜孜不倦地学习提示词。然而仅仅不到两年,这些提示词技巧在 GPT – o1 和 DeepSeek – R1 为代表的思维链推理模型面前似乎变得没那么好用了,许多花里胡哨的“提示词们”甚至还会干扰和阻碍 AI 的自主推理和“思考”。有些科技公司的产品负责人也曾说“我们就是要让产品变得简单易用,不需要复杂的提示词操作”,还用玩笑的语气说“用户使用我们的产品时,但凡动一下脑子,都是对我的不礼貌”。但是,对于法律人而言,提示词只是“变得没那么好用了”,而不是“没有用了”,用户仍然需要掌握适当的提示词技巧,理由如下:

1. 提高效率,降低成本

尽管 DeepSeek[①] 本身会思考,但清晰的提示词,可以避免 AI 生成无关内容,既节省你的时间,也节省 AI 的算力。

如,当你让 AI 写一份借款合同时,如果只输入“写份借款合同”,DeepSeek 会“绞尽脑汁”地去推测用户的想法,AI 输出的往往也是通用模板(见图 1 – 7)。

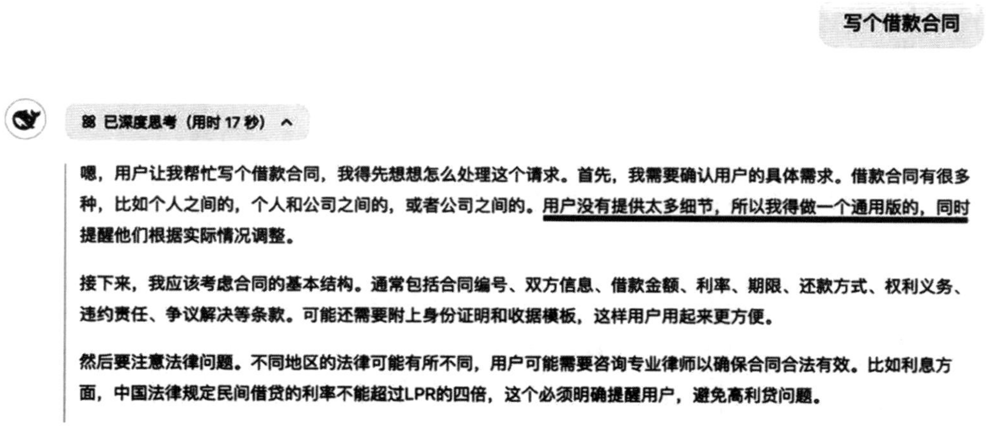
写个借款合同

已深度思考(用时 17 秒)

嗯,用户让我帮忙写个借款合同,我得先想想怎么处理这个请求。首先,我需要确认用户的具体需求。借款合同有很多种,比如个人之间的,个人和公司之间的,或者公司之间的。用户没有提供太多细节,所以我得做一个通用版的,同时提醒他们根据实际情况调整。

接下来,我应该考虑合同的基本结构。通常包括合同编号、双方信息、借款金额、利率、期限、还款方式、权利义务、违约责任、争议解决等条款。可能还需要附上身份证明和收据模板,这样用户用起来更方便。

然后要注意法律问题。不同地区的法律可能有所不同,用户可能需要咨询专业律师以确保合同合法有效。比如利息方面,中国法律规定民间借贷的利率不能超过LPR的四倍,这个必须明确提醒用户,避免高利贷问题。

---

① 由于多数用户描述 DeepSeek – R1 时,不会对“DeepSeek – R1”和“DeepSeek”的名称进行严格区分,本书其他章节如未专门说明,则所指的“DeepSeek”均是“DeepSeek – R1”。

另外，用户可能不太了解法律术语，所以合同中的条款要尽量清晰易懂，避免歧义。比如明确借款用途，防止借款人挪用资金。还有还款方式，是否需要分期，逾期后的处理方式，这些都要写清楚。

可能用户是第一次写合同，不太确定需要哪些部分。附上身份证明和收据模板能帮助他们完善流程，确保借款和还款都有书面记录，减少纠纷。

还要考虑合同的可修改性，提醒用户根据具体情况调整条款，比如是否需要担保人，抵押物等。如果涉及大额借款，建议他们一定要找律师审核，避免法律漏洞。

最后，检查合同中的关键点，比如金额大小写、利率是否合法、签字盖章的有效性。确保没有遗漏重要条款，比如提前还款的处理方式，联系方式变更的通知义务等。

总结来说，我需要提供一个结构清晰、内容全面且符合法律框架的合同模板，同时给出必要的注意事项，帮助用户避免常见问题，确保他们的权益得到保护。

以下是一个通用的借款合同模板，请根据实际情况调整内容并咨询专业律师以确保合法有效：

图 1－7　没有足够信息只能瞎猜的 AI

在上述情况下，即便具备强大推理能力的 DeepSeek，也被迫不着边际地“揣测”用户的真实需求，明明是法律人在用 AI，却被框定在“用户可能不太了解法律术语”的人群里，自然难以生成符合用户预期的答案，用户必然需要继续花费大量时间调整和删改，背离通过 AI 提高工作质效的目的。

而如果使用精准的提示词，结果则会截然不同。你可以输入：

我是一名资深法律专家，现在要起草一份借款合同，主体包含甲、乙、丙三方，丙方是担保人，利息按 LPR①，其他按民间借贷的常规内容起草即可。

你会发现，DeepSeek 仍然会进行猜想，但其猜想完全符合专业法律人起草合同时的思考过程和逻辑：

已深度思考（用时 22 秒）

好的，用户需要起草一份包含甲乙丙三方的借款合同，丙方是担保人，利息按LPR，其他按常规民间借贷内容来。首先，我得确认LPR的具体引用方式，是否需要注明是哪一期的LPR，比如一年期还是五年期，以及是否浮动。用户没说明，可能需要默认一年期，并在合同中明确。

接下来，合同结构方面，通常包括合同编号、签订地点、日期、各方基本信息、借款金额、期限、利率、还款方式、担保条款、违约责任、争议解决等。丙方作为担保人，需要明确担保方式是一般保证还是连带责任保证，用户没说，可能需要默认为连带责任，这样对甲方更有保障。

利息部分，LPR的引用要准确，可能需要注明发布机构，比如中国人民银行授权全国银行间同业拆借中心公布的LPR。另外，逾期利息是否需要上浮，用户没提，可能按LPR的四倍，但根据最新司法解释，超过四倍可能不受保护，这里需要确认合法性。

① LPR，即贷款市场报价利率。

还款方式，用户没说明是等额本息还是一次性还本付息，可能需要默认分期还款，或者留空让用户自行填写。还有是否需要提前还款条款，违约金如何处理，这些都需要考虑。

担保条款中，要明确担保范围，包括本金、利息、违约金等，以及担保期限，通常为主债务履行期届满后一定时间。同时，丙方的义务和违约责任也要写清楚，比如担保人需提供资料，违约后的处理方式。

其他条款，比如合同生效条件、份数、附件等，需要常规处理。争议解决部分，用户可能希望约定诉讼还是仲裁，需要留空或默认诉讼管辖。

可能用户没提到的点：合同是否需要公证，是否需要抵押登记（如果有抵押），但这里丙方只是担保人，可能不涉及抵押。另外，是否需要丙方提供反担保？但用户没提，可能不需要。

最后，要提醒用户根据实际情况修改，并咨询法律专业人士，避免模板化风险。还要检查合同条款是否符合最新的法律法规，比如民间借贷的利率上限，以及担保的相关规定。确保条款清晰，无歧义，保护各方权益，特别是甲方的利益。

图 1－8　获得了足够信息的 DeepSeek 的专业猜想

可见，DeepSeek 在执行该任务时，不再纠结用户的身份，而是根据用户的指令，充分考虑合同结构、利息、还款方式等条款，还按用户的要求生成了与担保有关的信息。用户在此基础上根据 AI 生成的内容和实际需求继续调整，效率必然显著提高。

2. 任务不同，要求不一

设计不同的提示词，可以让 DeepSeek 更好地完成法律检索、案例分析、文书起草等各类专业和复杂的任务。

DeepSeek 的价值远不局限于帮助法律人起草合同。在明确的提示词指令下，DeepSeek 还会帮助法律人进行法律检索、整理和分析证据、生成法律意见书和审讯提纲等各类文书、运营自媒体等。不同场景下的提示词，要求也有所不同，例如：

（1）在整理证据材料的场景下，你需要向 DeepSeek 提供拟分析的材料，通过结构化的提示词提问才能得到有效的回答。

表 1－2　整理材料场景时使用的提示词对比

	简陋的提示词	指定输出结构的提示词
提示词	帮我整理卷宗材料	按“文件名”“文件时间”“重要线索”“材料页码”这样的字段格式，整理出我提供的卷宗材料中的要点，用 HTML① 格式输出
效果	生成结果过于随机，碰运气	指向性明确，AI 输出效果优质

① HTML（Hyper Text Markup Language），即超文本标记语言，是用于创建网页的基础语言，用于描述网页结构和内容。

(2)在搜索的语境下,你需要打开联网搜索功能,丰富背景和细化要求,才能得到高质量的回答。

表 1－3　检索时使用的提示词对比

	简陋的提示词	指定输出结构的提示词
提示词	检索"传播淫秽物品罪"的新闻报道	检索近半年"传播淫秽物品罪"的新闻报道,按时间线索梳理,重点关注法院的量刑尺度,用表格输出
效果	虽然能够得到回答,但需要花费精力进一步进行整理	指向性明确,AI 输出效果优质,直接得到优质回答

尽管以 DeepSeek 为代表的、具有长思考能力的 AI 已经具备强大的自我思考能力和需求解析能力,能够通过"推理"来猜测用户的需求,整体表现不错。但该类 AI 认知边界仍遵循"输入决定输出"的智能交互法则:输入问题的质量与输出回答的质量呈正相关,更优质的提问往往更容易获得更优质的回答。而且,作为更善于逻辑推理、结构化思维和表达的法律人,采用更清晰、更富逻辑的提问方式与擅长推理的 AI 相互赋能,能最大程度激发 AI 工具的效能。

(二)写好提示词的 8 个心法

一个好提示词,一定是语言简练、结构清晰、重点突出的。在本章中,笔者将逐一为读者介绍 8 个重要提示词心法,帮助法律人快速构建提示词的思维框架,掌握写好提示词的基础能力。为让读者从宏观上更好地感知和运用好提示词技巧,笔者先简要介绍这 8 个心法的主要内容:

1. 定身份

用户通过设定身份初步限制人工智能的行为模式,要求 AI 做出符合角色背景的行为,快速"入戏"。比如,虽然同样是撰写代理词的需求,但给 AI 分别设定原告代理人和被告代理人,其会根据指定身份输出不同的答案。

2. 讲背景

用户向 AI 提供足够的信息,把用户内心的真实需求和想法,更充分地陈述给 AI。有了充分的背景信息,AI 就可以减少猜想的时间,更能理解用户的需求,从而能够更具针对性地解决问题。例如,不要只说"写个法律意见",而是说"A 公司拟收购 B 公司,C 是 B 公司的股东,你是 C 的律师,C 处于交易弱势地位,需要在股权变更登记后才能收到股权转让款,请撰写这份股权转让合同,尽量降低 C 的交易风险”。

3. 提要求

所有身份和背景信息的目的都是让 AI 行动起来，完成用户的工作任务。用户通过提要求的方式为 AI 指明最终的行动方向。如，虽然基于同样的身份、背景设置，但用户要求 AI 基于前文设置，进行检索/撰写/分析/提炼等不同的操作，AI 必然会做出不同的行为。

此外，在介绍完“定身份”“讲背景”“提要求”后，我们就凑齐了“极简提示词公式”的三个最基本的要素，并向读者介绍“定身份 + 讲背景 + 提要求 = 好提问”的提示词公式，引导读者建立该公式的框架思维，更清晰地思考自己的提问。

4. 结构输出法

如果我们没有指定 AI 用什么样的结构来输出答案，那么 AI 通常会选择使用纯文本段落的方式来输出内容。例如，我们可以要求 AI“用表格的方式输出”“用代码块格式输出”等方式，让 AI 的输出结构更符合我们的实际需要。

5. 样本示范法

样本示范法同样是一种高效提供背景信息的方式，向 AI 提供“参考答案”。AI 可以通过样本高度模仿人类行为，提供更符合用户预期的回答，大幅降低与 AI 之间的“沟通成本”。例如，让 AI 生成“检索报告”的时候，可以先将自己常用的优秀检索模板提供给 AI，让 AI 参考模板进行输出。

6. 任务分解法

在处理复杂任务时，用户可以提前将任务做好规划，逐一分解步骤、步步发问，将复杂任务化整为零，再提交给 AI 生成文本。拆解复杂任务是法律人必须掌握的核心技能之一。擅长复杂工作的法律人在处理复杂任务时都不能一蹴而就，自然也不宜苛求 AI 一步到位。比如，无论是自己动手，还是让 AI 生成，一份优秀的举证手册，必然是要经历阅卷、整理卷宗、摘录案件信息、形成报告等一系列拆解动作的。

7. 提问迭代术

在与 AI 互动过程中，用户可以通过观察和学习 AI 提炼、分析用户需求的行为，把 AI 当作身边导师，不断追问，与其头脑风暴，从 AI 思考过程和既有回答中汲取灵感，优化提示词和提问方式，再重新发问或进一步追问，以提高提问质量。如，“请用文科生易于理解的方式，解释什么是‘强化学习’？”如果 AI 的答案无法令你满意，可以进一步追问：“请用小学生能听懂的方式，继续解释什么是‘强化学习’？”

8. 模型对比法

在人工智能琳琅满目、蓬勃发展的时代，用户没有必要“忠诚”地使用某个产品，而要善用各类 AI 的能力同时发问，让各路 AI 专家为复杂问题进行“专家会诊”，择优选用最佳回答。例如，虽然你习惯使用 DeepSeek 来解决问题，但你也可以横向对比 Kimi 的输出，综合各个 AI 的解决方案，从中选择最优解。

笔者希望，通过阅读本章，读者可以成为 AI“员工”们的“好老板”“好领导”，更好地与 AI 进行沟通交流，轻松愉快地完成工作。

三、定身份：让 AI“入戏”

（一）提示词要点

ChatGPT 最风靡时，所有的提示词教程都认为给 AI 设置一个身份非常重要。比如告诉 AI，你是苏格拉底、鲁迅或一名教授等。但在 DeepSeek 时代，人们却开始认为过多的提示词反而会造成对模型的干扰，甚至会影响 DeepSeek 的输出，尤其是 DeepSeek－R1 模式，本来就是被训练来进行思考的，更不应该被赋予过多的提示词。但是，这样的结论并不绝对正确。

从笔者在上文与 AI 的对话（见图 1－7）中可以看出，如果你告诉 AI 需要“写份借款合同”，但没有提供其他信息。这种情况下，DeepSeek－R1 就会因为你提供的信息不足，而开始尝试猜测你的身份、你的目的。这种猜测过程正体现了 DeepSeek－R1 相当了不起的推理能力；但有这样的能力，并不代表它一定能够准确地猜对你的身份和目的。在前面的例子中，DeepSeek－R1 经过推理之后，就选择把笔者猜测成一个“不太了解法律术语”的人。但是我们都知道，尽管是同一个专业知识，你面对中学生进行普法，与你面对同样经验丰富的专业人士对话，所讲的内容深度、广度必然是不同的。同样，如果 DeepSeek－R1 把你当成中学生，自然就不会轻易地对你使用类似 LPR 的专业术语。因此当你希望模型能够生成更加专业的内容并减少胡乱猜想时，你最好提前为你本次即将对谈的 AI，设置一个身份。

以下是一个提示词对比案例：

表 1－4　定身份与不定身份的提示词对比

	不定身份	定身份
提示词	有群众提交了一份控告申诉材料,内容为: 尊敬的领导你好。张三对我实施殴打,造成我听力损伤,我认为已经构成轻伤,但鉴定机构认为未达轻伤,有关部门也不认为构成犯罪,不予刑事立案。我要求追究张三的刑事责任,请一定为我主持公道! 现在,请你对控告申诉材料进行释法说理。	【你是一名检察官】有群众提交了一份控告申诉材料,内容为: 尊敬的领导你好。张三对我实施殴打,造成我听力损伤,我认为已经构成轻伤,但鉴定机构认为未达轻伤,有关部门也不认为构成犯罪,不予刑事立案。我要求追究张三的刑事责任,请一定为我主持公道! 现在,请你对控告申诉材料进行释法说理。
模型回复的亮点	“此回函为模板,需根据实际调查部门(如公安、法院、检察院)的职责调整表述……”	AI 跳过了对身份的猜测,直接基于检察官的身份,为群众进行了释法说理。

可见,是否提前为 AI“定身份”,AI 的表现大不相同。没有定身份的 AI 还在提醒你需要去辨别职责以作出调整;定了身份的 AI,已经在基于身份角色提醒用户在该场景下的注意事项了。

(二)提示词技巧拓展应用

笔者对提示词技巧,归纳如下:

(1)因为数据限制、模型幻觉等原因,针对一些领域的提问,即使已经为 AI 赋予专家身份,AI 的回答也不一定正确,读者要根据需要自行核验。

(2)以 DeepSeek 为代表的模型,具有专业化表达的倾向。由于我们为 AI 设置了“检察官/公安/律师/纪检干部/法学教授/法务人员……”这样的专业身份,更有可能会导致 AI 的回答过于严肃。因此,我们可以根据场景的实际需要,要求 AI 采用“专业严肃”/“轻松活泼”/“面向小白”等语气,在保证专业回答的同时,让受众更轻松地获取信息。

(3)在法律场景下适用的技巧,也可以迁移到其他的专业或非专业领域,当然也包括公安、检察院、法院、律师等法律人的各个实务场景。只要设置好对应的身份,DeepSeek 都能很好地作出回应。

四、讲背景:让 AI 真的懂你

继上文讨论“定身份”后,以下进一步向模型“讲背景”,彻底消除用户与 AI 之间的信息差,让它更了解你。

(一)提示词要点

复杂的法律事务往往包含案件事实背景、行业背景、法律依据等几个方面的信息。法律专业人士深知司法实践要“以事实为依据,以法律为准绳”。如果法律人能够在与 AI 沟通过程中,提前向 AI 提供事实依据和法律依据,既可以填补 AI 数据的短缺和谬误,也可以让 AI 更清楚自己“努力的方向”,更高效、精准地帮助用户处理问题。

1. 案件事实背景

首先,你需要客观全面地描述与案件事实有关的全部信息。你不需要担心提供了太多的案件背景信息是否会影响 AI 的判断。像 DeepSeek - R1 这样的推理模型完全具备足够强大的“注意力机制”(attention mechanism),分析各类背景信息的重要程度。因此,当你遇到具体的案件事实时,可以尽量详细地描述案件发生的各种客观背景信息。

例如,当你要求 AI 撰写与交通事故责任纠纷相关的案件文书时,既要向 AI 说明事故发生的时间、地点状况,各方车辆行驶方向、速度,驾驶员是否存在违规驾驶行为,如闯红灯、超速、酒驾等;还要阐述事故发生后人员伤亡情况、车辆受损程度,以及现场是否有目击证人、监控录像等证据。我们可以按以下方式设置提示词:

你是一名交通警察。

2023 年 8 月 20 日 9:15,事故发生于 G 市人民路与解放大道交叉口南侧 50 米处。车辆 A(黑色轿车)自南向北行驶,车速约 60km/h(该路段限速 40km/h),驾驶员李某在黄灯亮起时加速通过路口;车辆 B(半挂车)自东向西左转,未按信号灯指示(红灯时进入路口)。碰撞导致车辆 A 右前侧严重变形,车内乘客王某肋骨骨折送医;车辆 B 左侧车门损毁。路口东南角便利店监控拍下事故的全过程。

请判断并认定双方的过错程度,并撰写事故认定书。

这些具体事实背景能帮助 AI 准确把握案件核心,进而在分析法律责任归属、撰写对应文书时,给出更贴合实际的结果。

2. 法律背景信息

法律规定、司法判例等信息是 AI“胡编乱造”的重灾区,法律人一旦轻信这些信息,就非常容易陷入严重的错误,产生严重的法律后果。因此,如果可能,我们可以选用经过法律科技公司微调或检索增强生成(RAG)①的垂类大模型,直接获得大量的精校过的背景信息;我们也可以在与 DeepSeek 这样的 AI 对话的过程中,将法律规定、司法判例等信息作为背景信息提供给 AI,帮助 AI 框定引用材料的范围,降低其“胡编乱造”的概率。

比如,在处理一则消费者权益保护案例的过程中,我们将运用到的法律,提前准备好,例如:

你是一名法官。

甲在电商平台上销售一款名为“奇迹霜”的化妆品。通过产品详情页、直播宣传等方式,宣称该产品“7 天祛斑、28 天逆转衰老”,并虚构“获得国际权威认证”等信息。实际上,该产品仅为普通保湿霜,并无其所宣传的功效。乙以甲虚假宣传为由起诉了甲,要求甲承担赔偿责任。

拟采用法条包括:

《广告法》(2021 年修正)第 4 条　广告不得含有虚假或者引人误解的内容,不得欺骗、误导消费者。

广告主应当对广告内容的真实性负责。

《反不正当竞争法》(2019 年修正)第 8 条第 1 款　经营者不得对其商品的性能、功能、质量、销售状况、用户评价、曾获荣誉等作虚假或者引人误解的商业宣传,欺骗、误导消费者。

#请围绕以上信息,帮我撰写“本院认为”部分的说理。

3. 行业背景信息

对于一些涉及特定行业的法律问题,提供行业背景信息十分关键,尤其是一些新兴行业、新型案例。在互联网缺乏足够的行业信息的情况下,AI 既没有足够的数据进行训练,也没办法有效地检索到足够的信息,无法站在特定行业的视角上,有针对性地提供内容。对此,用户可以在撰写提示词时,将自己所属行业的背景信息,充分地向 AI 描述,让 AI“真的懂你”。

---

① 检索增强生成(RAG):一种提高大型语言模型输出质量的过程,通过向模型提供预先存在的外部信息,为模型提供上下文,使其能够在指定的知识库内生成响应。

（二）提示词技巧拓展应用

（1）在合同审查的过程中，需要向 DeepSeek 告知“交易地位”“交易背景”“交易目的”“违约可能性”等背景信息。比如前文我们提到的示例：“A 公司拟收购 B 公司，C 是 B 公司的股东，你是 C 的律师，C 处于交易弱势地位，需要在股权变更登记后才能收到股权转让款，请撰写这份股权转让合同，尽量降低 C 的交易风险。”该示例就是一个很好的讲清“交易地位”这一背景信息的提示词范例。

（2）除了用纯提示词的方式提供背景信息外，还可以参考前文所提到的“附件上传”功能，提供各类背景文件，帮助 AI 更好地了解任务背景。

（3）做好窗口管理。每一次与 AI 的对话，都会在该对话窗口内形成一段“聊天记录”。这段聊天记录会在该对话窗口内持续地影响 AI 的输出，形成 AI 的“记忆”。因此，这段记忆也是一种“背景信息”。读者如果想用好这段记忆，需要注意以下两点：

①窗口命名。DeepSeek 每次生成对话内容后，都会自动根据该窗口内的首次对话，为用户自动生成一个窗口标题。如果用户想要反复使用这段记忆，可以根据自己的习惯，起一个容易记住的标题，方便未来复用。如：“记忆—交警—交通事故管理”。

②不超出 token 限制。目前，DeepSeek 的上下文记忆长度，大约为 4 万字。超过的部分，可能会被模型遗忘。因此，读者要注意，如果对话内容太长，模型将其遗忘的可能性很高。如果读者希望克服上下文长度的弊端，可以跳转阅读本书第五章第一部分和第二部分的内容。

（4）如果你实在没有办法清楚地向 AI 描述背景和需求（比如一个从未接触过刑侦的入门小白，自然不可能了解刑侦行业的术语），可以参考本章第九部分的技巧，把 AI 当作导师，通过不断追问的方式，建立相关的行业基本认知。

五、提要求：让 AI 行动起来

（一）提示词要点

经过上文内容，我们已经给 AI 提供了大量的背景信息。在提供信息的过程中，我们已经在不知不觉中给 AI 下了很多的指令、提出了很多的要求，我们简单梳理一下前文已经用到的“提要求”，让读者有更直观的感受，如表 1－5 所示。

表 1-5 前文案例中的“提要求”要点

现在要你起草一份借款合同
整理出我提供的卷宗材料中的要点,用 HTML 格式输出
请你对群众的举报信息进行答复
请判断并认定双方的过错程度,并撰写事故认定书
请围绕以上信息,帮我撰写“本院认为”部分的说理

可以发现,在法律人使用 AI 的场景下,我们跟 AI 的对话通常都是“功利”性的,无论我们让它扮演何种角色、介绍了多少背景,最终都要落脚到“帮我去完成一件什么事情”。

有些教程把这种要求 AI 去做点事情的提示词,称为“指令”提示词。常用指令提示词,大致可以分为以下几类,如表 1-6 所示。

表 1-6 常用指令提示词的类别与示例

指令类型	提要求:指令示例
撰写	帮我写一篇起诉状
归纳	帮我归纳一段文字中的要点
翻译	把以下内容翻译成英语/泰语/日语/韩语……
问答	帮我解释“留置”的定义是什么
提取	帮我提取这份判决书中当事人的身份信息
检索	帮我查找《民法典》中关于“解除”的全部条款
……	……

不过,正如我们前面章节所述,单凭这些简单的指令,往往不能够得出我们想要的结果。搭配前文我们提到的“定身份”“讲背景”,才能更好地完成我们的工作任务。

我们再次拆解一下前文用到的一则提示词范例:

表 1-7 拆解提示词范例

要点	具体内容
定身份	你是一名交通警察。

续表

要点	具体内容
讲背景	2023 年 8 月 20 日 9:15,事故发生于 G 市人民路与解放大道交叉口南侧 50 米处。车辆 A(黑色轿车)自南向北行驶,车速约 60km/h(该路段限速 40km/h),驾驶员李某在黄灯亮起时加速通过路口;车辆 B(半挂车)自东向西左转,未按信号灯指示(红灯时进入路口)。碰撞导致车辆 A 右前侧严重变形,车内乘客王某肋骨骨折送医;车辆 B 左侧车门损毁。路口东南角便利店监控拍下了事故的全过程。
提要求——撰写	请判断并认定双方的过错程度,并撰写事故认定书。
提要求——检索	请检索与本案相关的法律规定。
提要求——问答	解释一下"半挂车"是什么。
……	……

在"定身份""讲背景"不变的情况下,用户所提的要求一旦变化,AI 的整个行为模式也会发生转变。因此,尽管在这则范例中"提要求"所占的篇幅不大,但却在整个提示词中发挥了至关重要的作用,它直接框定了 AI 下一步的行动方向,也是我们与 AI 对话的核心目的。

(二)提示词技巧拓展应用

(1)提出的要求越具体、越清晰,AI 的回答就越能够贴近我们的真实需求。这也是我们现实生活中处理好"上下级关系",培养"领导力"的核心需求,否则你的 AI 下属面对你的需求时,会无所适从。

(2)"指令"提示词的玩法还有很多,比如后续我们将提到的"结构输出法""任务分解法"等,读者可以在后续章节的学习中,积累更多的提示词技巧和范例,提高自己的提示词水平。

(3)法律人使用 AI 解决问题的场景下,大多属于要求 AI 完成某个事项的功利性需求。但除了功利性需求外,AI 能做的事情还有很多。比如,很多陪伴类的 AI 产品,并不需要 AI 帮你做点什么,你可以简单地跟它聊聊天、解解闷。有些经过设计的产品,甚至还需要用户作为一个玩家,去完成 AI 提出来的一些任务。由于本书主要介绍法律人使用 AI 完成法律场景下的各项工作,因此,这些有趣的尝试,就留给读者自己去探索了。

(三)特别说明:极简提示词公式归纳总结

结合本部分提到的"提要求"与上文提到的"定身份"和"讲背景",我们正式构建了重要而实用的提示词公式：

图 1－9　提示词公式

在提示词公式的辅助下，用户可以更高效地下达一条优质的指令，帮助人工智能快速、全面地了解工作需求，精准地了解用户需要传达的信息，更高效地完成任务。当然，市面上还有很多可供选择的提示词框架，比如我们在各种需要描述具体事件的场景下，都非常通用的 5W 框架，如表 1－8 所示。

表 1－8　5W 框架详解

5W	中文释义	解　　析
why	原因	做这件事情的原因
when	时间	什么时间需要做这件事情
where	地点	在什么地方做这件事
who	人物	谁来做，或者针对的对象是谁
what	需求	需要达到什么效果
提示词范例	你是 A 区法院负责向群众普法的工作人员（who），马上就是 3 · 15 了（why），法院需要在本周末（when）与街道办，在 B 社区（where）联合举办一场以“消费权益保护”为题目的普法活动。现在你需要撰写一份活动策划书，用于呈报院领导批示（what）	

通过上述提示词范例你会发现，不论是我们提出的极简提示词公式，还是 5W 框架，本质上都是在向人工智能描述“身份/角色”、“背景”与“需求”这三个要素。

这些相对复杂的提示词结构形式尽管各不相同，本质上想要传达的内容框架都大同小异。如果你觉得这些公式仍然过于复杂，你也完全可以按自己的需求和经验，发展出自己的提示词结构。毕竟，在人工智能提示词这件事情上，没有绝对正确的标准，读者无须陷入学习的焦虑，适合自己的才是最好的。

到此为止，笔者初步帮助读者构建起一个极简的提示词公式，也介绍了其他常见的提示词框架，希望通过提示词公式的介绍，帮助读者构建向人工智能提问的底层思考模式。

六、结构输出法:让 AI“按规矩办事”

(一)提示词要点

前文阐述过用户提出的要求越具体、越清晰,AI 的回答就越能够贴近我们的真实需求。但 AI 的回答是可以被用户提前设计的。用户根据实际需求设计结构化提示词,AI 更容易精准理解需求,按照指引规范地输出答案。表 1-9 中的提示词,是一个用于让 AI 结构化地输出裁判文书要点归纳的提示。

表 1-9 裁判文书要点结构化归纳提示词

提示词要素	提示词示例
定身份	—
讲背景	(笔者以附件形式,提供了一份中国裁判文书网公开的《项某某受贿案二审刑事判决书》)
提要求	(1)按如下字段要求,提炼判决书中的要点: ①案件基本信息表:审判程序、文书种类、法院名称、案由、适用程序、立案日期、开庭日期、当事人数量、结案方式、结案事由、裁判日期、案件标的额。 ②相关案件信息表:序号、前审法院、前审案号、宣判日期。(注意,各方引用的用于说理的其他裁判文书信息省略) ③当事人信息表:序号、当事人姓名/名称、诉讼地位、年龄、出生/成立日期、性别、民族、所在单位、学历、经常居住地/住所。 ④其他相关诉讼参与人信息表:序号、姓名/名称、诉讼地位、年龄、出生/成立日期、性别、民族、所在单位、学历、经常居住地/住所。 ⑤律师律所信息表:序号、律师姓名、律所名称、辩护/代理人类型、辩护/代理对象。 ⑥重要事件时间线信息表:序号、时间、事件、结果。 ⑦诉讼请求信息表:序号、诉讼请求提出人、诉讼请求明细。 ⑧诉讼答辩信息表:序号、答辩人、答辩明细。 ⑨争议点信息表:序号、争议焦点。 ⑩各方举证信息表:序号、证据类型、证据内容、证明对象。 ⑪法院采信证据信息表:序号、证据类型、法院采信证据内容、采信理由、其他查明内容。 ⑫判决结果信息表:序号、判决结果权利人、判决结果义务人、判决结果内容。 ⑬诉请判决比对信息表:序号、诉请信息、判决信息、诉请支持情况。 ⑭引用法律依据信息表:序号、引用法律法规名称、法律法规内容。 ⑮诉讼费信息表:序号、诉讼费承担人、承担金额。 ⑯审判人员信息表:序号、姓名、审理身份。 (2)逐一将上述信息整理成表格形式。

DeepSeek－R1 呈现的效果如下：

项某某受贿案二审判决书

已深度思考（用时 25 秒）

案件基本信息表

字段	内容
审判程序	二审
文书种类	刑事判决书
法院名称	北京市高级人民法院
案由	受贿罪
适用程序	二审（不开庭审理）
立案日期	未明确提及（原一审立案日期为2021年，二审未明确）
开庭日期	未开庭审理
当事人数量	2（原公诉机关、上诉人项某某）
结案方式	判决
结案事由	终审判决
裁判日期	2023年5月18日
案件标的额	违法所得300万元、罚金50万元

相关案件信息表

序号	前审法院	前审案号	宣判日期
1	北京市第三中级人民法院	（2021）京03刑初163号	2023年1月13日

当事人信息表

序号	姓名	诉讼地位	年龄	出生日期	性别	民族	所在单位	学历	经常居住地/住所
1	项某某	原审被告人（上诉人）	未提及	未提及	未提及	未提及	某村党支部书记兼村委会主任	未提及	未提及

其他相关诉讼参与人信息表

序号	姓名	诉讼地位	年龄	出生日期	性别	民族	所在单位	学历	经常居住地/住所
1	高某某	证人	未提及	未提及	未提及	未提及	北京某某有限公司法定代表人	未提及	未提及

律师律所信息表

序号	律师姓名	律所名称	辩护代理人类型	辩护代理对象
1	苏继霞	北京和之盾律师事务所	辩护人	项某某

重要事件时间线信息表

序号	时间	事件	结果
1	2009-2011年	项某某收受高某某300万元	构成受贿罪
2	2012年	密云县检察院对项某某进行讯问	未起诉
3	2020年2月7日	项某某因涉嫌诈骗罪被拘留	羁押至2020年12月22日取保候审
4	2023年1月13日	北京市第三中级人民法院一审判决	判处有期徒刑10年，罚金50万元，追缴违法所得300万元
5	2023年5月18日	北京市高级人民法院二审判决	维持追缴部分，改判有期徒刑15年（数罪并罚），折抵羁押期限

诉讼请求信息表

序号	诉讼请求提出人	诉讼请求明细
1	项某某	请求撤销一审判决，改判无罪或减轻刑罚

图1-10　结构化输入提示词的效果节选

可以看出DeepSeek-R1输出的效果非常理想，经过进一步核验确认为精准输出，即可按需复制使用。

以上这套提示词虽然篇幅较大,但读者完全可以在这套提示词的基础上,灵活使用。具体如下。

1. 节选部分提示词内容

比如,当你只需要提炼判决书中的案件重要时间线索时,你可以用这样的提示词:

按如下字段要求,提炼判决书中的要点:

重要事件时间线信息表:序号、时间、事件、结果。

用表格的形式输出。

2. 三步掌握"结构输出"提示词的撰写技能

在这个提示词中,笔者提前规划了任务,要求 AI 依据提前准备好的裁判文书中信息呈现的特点,归纳了大量的信息字段,并让 DeepSeek 按照笔者指定的字段规范,抽取所需信息。因此,如果读者想要用"结构化提示词"的方式,要求 AI 对某个文件进行梳理,需要大致遵循以下步骤:

(1)提前了解文档的内容,熟悉文档结构;

(2)注意信息结构化意识,根据业务实际需求,对提示词字段进行规划;

(3)AI 不一定能够一次就完全掌握用户的要求,需要用户多次调整提示词的结构和表达。比如在前述判决书信息的表格整理过程中,如果笔者遗漏了"逐一"这个关键词,只是要求 AI"将上述信息整理成表格形式",那么 AI 在生成结果时,很有可能一次性生成一张大表格,而不是图 1-10 呈现的效果。

(二)提示词技巧拓展应用

本节是提示词公式中,"提要求"部分的拓展。我们通过更详细的要求指令,让 AI 开始着手完成更加复杂的工作任务。读者可以考虑自己平时的资料分析工作中,有哪些工作可以运用到这样的技巧,如证据文书摘录、电子化信息填报等,这些都是值得尝试的场景。

1. 灵活运用提示词技巧

在前文的判决书信息提取案例中,我们省略了"定身份"的设定。这是因为,根据本次任务具体要求,我们已经通过提交电子文档的方式将背景交代清楚,又通过详细的字段设计说清了我们的要求,按目前 AI 的理解能力水平,我们再进行"你是律师"或者"你是法官"这样的身份设定,已经没有太大的差别。这也进一步说明,提示词技巧并不是一成不变的,任何技巧都不必奉为金科玉律,读者可以自己多做尝试，辩证吸收。

2. 管理提示词

优秀的提示词具有反复使用的价值；但优秀的提示词结构往往相当复杂，我们不可能每次使用之前都花费大量的时间进行提示词撰写。因此，当我们调校出一套优质的提示词的时候，一定要有进行保存收藏的意识。目前 DeepSeek、豆包都没有保存优质提示词的功能，读者可以考虑使用笔记软件自行管理，也可以使用类似 Kimi 的 AI 工具进行保存。

图 1 – 11 用 Kimi 保存提示词

3. 结构化输出指令

在前文的提示词中，笔者让 AI 用表格的形式整理了多份表格。我们可以直观地感受到，AI 基于其强大的语言理解能力解读了用户的文件，并用表格的形式高效清晰地输出信息，省去了用户通过精细阅读逐项抽取信息的烦琐流程。但 AI 的能力远不仅如此，它还可以帮助用户高效地使用各类格式，如 Markdown 格式[1]、JSON 格式[2]。AI 还能根据用户的需求，生成各种代码格式（如 Python、C + +、JavaScript、Java 等[3]）。

---

① Markdown 格式是一种轻量化的文本标记语言，是世界上最受欢迎的标记语言之一，在视觉上可快速引导读者关注关键信息，且无须复杂排版工具，纯文本即可实现结构化展示。

② JSON 格式作为一种轻量级、结构化数据形式，能够便于程序解析和集成，在法律数据标准化、自动化流程等场景下有广泛的用途。

③ Python、C + +、JavaScript、Java 等，均为常见的代码格式，可用于让计算机识别人类的需求并主动执行某种任务。

4. 识别特殊格式的小技巧

在人工智能时代，很多用户会因为 AI 的强大能力而怠于思考，有些用户逐渐养成了未经思考就直接复制 AI 答案的习惯。在 DeepSeek 的使用过程中，如果用户点击 DeepSeek 窗口界面的“复制”按键后，直接将复制结果粘贴在 Word 中，那么大概率会出现如图 1－12 所示画面。

您好！我是由中国的深度求索（DeepSeek）公司开发的智能助手 DeepSeek-R1。

如您有任何问题，我会尽我所能为您提供帮助。这是我的三个核心特点：

- **身份**：由专注 AGI 研究的中国公司深度求索（DeepSeek）开发的语言模型；

- **能力**：擅长中文场景的对话与信息处理，支持多领域任务；

-**定位**：以实用性为导向，服务于知识问答、数据分析等实际需求。

图 1－12　Markdown 格式标记

因此，如果你看到别人给你发过来的大段文字呈现如图 1－12 所示的这样带有 Markdown 格式标记的文本，那你就可以合理怀疑：他是将 DeepSeek 上生成的内容，直接复制给你了。对此内容你可能需要自己继续核验，以确保信息的准确性。

相反，如果你不想让别人知道你直接复制了 AI 的内容，有两个非常简单的办法可以消除 Markdown 格式标记：

（1）你可以在与 DeepSeek 的对话窗口中输入“请复制上文回答，去掉全部 Markdown 格式标记”；

（2）你也可以在与 DeepSeek 进行问答之前，提前指令 DeepSeek 用纯文本格式作答。

这样一来，你就可以得到一条无 Markdown 格式标记的纯文本回复了。

七、样本示范法：给 AI“参考答案”

（一）提示词要点

当我们单位来了新员工的时候，想让新员工最快地走出“新手村”，最便捷的方式，就是给他一份文书模板或者流程指引。该做法同样适合 AI。尽管用户可以设计很长的提示词，可以用提示词公式将各类要素逐一地向它描述，但仍旧很难完全用结构化、精准的语言向它描述清楚我们的全部需求。此时，用户可以通过向 AI 提供参考样本的方式，让它根据参考样本输出答案。以让 AI 检索并指定输出结果的任务为例，如表 1－10 所示。

表 1－10　样本示范法的提示词技巧详解

提示词要素	提示词示例
样本	回答样例： 检索目标：房屋买卖合同卖方违约双倍定金返还 关键词：商品房买卖、定金罚则、《民法典》第 587 条 类案摘要： －(2022)京 01 民终 123 号：支持双倍返还，因卖方未办理产权证 －(2021)沪 0115 民初 456 号：驳回，买方未按约支付首付款
提要求	检索目标为“卖方隐瞒抵押信息导致无法过户”，完成检索目标，并按回答样例的格式输出

根据笔者样本，AI 精准地理解了笔者需求，生成内容如下：

引用 4 篇资料作为参考 >

检索目标：卖方隐瞒抵押信息导致无法过户
关键词：房屋买卖、隐瞒抵押、定金罚则、《民法典》第587条
类案摘要：

- **(2021)京01民终456号：支持双倍返还，因卖方隐瞒房屋抵押导致无法过户** 1
- **(2021)沪0115民初789号：支持解除合同并双倍返还定金，因卖方未如实披露房屋抵押情况** 2
- **(2024)粤01民终123号：支持撤销合同并赔偿损失，因卖方隐瞒抵押信息构成欺诈** 3

1 ：卖家故意隐瞒房屋有抵押的事实,导致房屋无法过户,法院判处双倍返还定金-今日头条
2 ：卖方未如实披露房屋抵押情况导致房屋买卖合同违约并承担责任
3 ：隐瞒房屋抵押有效吗-法律知识律图

图 1－13　样例示范下 AI 生成的效果

除了用提示词的方式提供样例，用户还可以以 Word 等格式向 AI 提供更大容量的样例信息。比如，你可以向 AI 提供一份规范的《数据安全评估模板》，并要求 AI 完成指定动作：

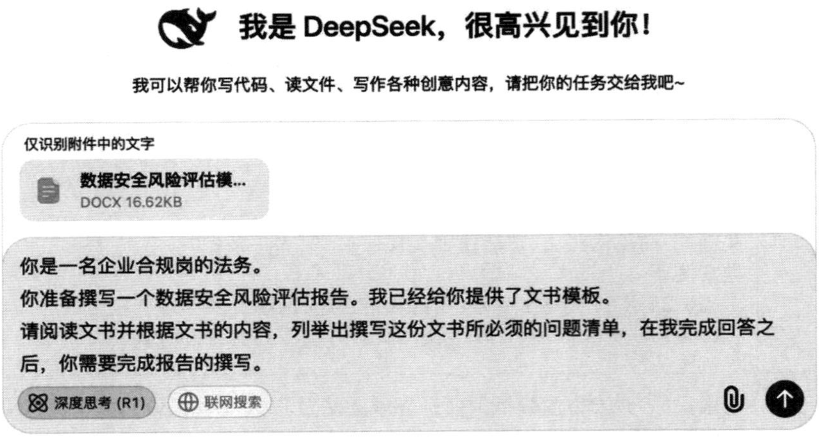

图 1－14　通过附件功能向 AI 提供样例

通过这种方式，既可以大幅减少用户撰写提示词的工作量，又可以让 AI 精准地获取信息，提高与 AI 的沟通效率。

（二）提示词技巧拓展应用

本部分样本示范的提示词技巧，本质上是提示词公式中“讲背景”的拓展用法，只不过此部分背景的作用是让 AI 学习并模仿用户行为。

法律人有许多文书规范的指引。比如，最高人民法院制定了《人民法院民事裁判文书制作规范》《民事诉讼文书样式》文件，以规范民事诉讼领域的法院文书样式，实务中可以将标准化的文书模板提供给 AI，让 AI 严格按照该等标准执行。此外，在涉外文书方面，广州市律师协会曾组织律协专业委员会制定《涉外法律文书格式汇编》，以帮助涉外领域的法律文件起草，提高文书水平，展示中国法律职业共同体的法律素养，读者可在律协官方网站按需取用。在人工智能时代，法律人可以多多收集、使用优质的法律文书范本，借助 AI 工具，提升自己的文书写作水平。

温馨提醒：如果你选择采用向 AI 提供文书模板的方式提供示范样本，则建议尽量使用 Word、Excel 格式的文件；尽量避免或少用手写字迹的图片或扫描版的 PDF 文件。当前 AI 对手写字迹、扫描字迹的识别能力有待进一步提高，使用这类文件作为样本示范，可能会因为识别不准而导致 AI 生成的内容有所偏差。

八、任务分解法:复杂任务化整为零

(一)提示词要点

在上文中,笔者向 AI 发送了一份《数据安全评估模板》作为示范样例。细心的读者一定已经发现,在那个案例中,隐藏着一个新的提示词技巧:任务分解法。

我们重温一下这个案例中的提示词:

表 1-11　隐藏了"任务分解法"的提示词示例

提示词要素	提示词示例
示范样例	[向 AI 提供了《数据安全评估模板》]
定身份	你是一名企业合规岗的法务。
讲背景	你准备撰写一个数据安全风险评估报告。我已经给你提供了文书模板。
提要求	请阅读文书并根据文书的内容,列举出撰写这份文书所必需的问题清单,在我完成回答之后,你需要完成报告的撰写。

在"提要求"部分,要求 AI 阅读文书内容(其实不管我们有没有这个步骤,AI 都会进行阅读)。笔者把一个复杂的任务拆解成两部分:

(1)要求 AI 针对文书的内容进行提问;

(2)告知 AI,在笔者回答后,进一步完成报告的撰写。

这种拆解方式有几个好处。

首先,通过任务的拆解让 AI 先帮用户铺设好问题,降低理解文书、撰写背景材料的难度;其次,任务拆解也有利于提高 AI 处理任务的表现,避免一次处理太多复杂问题,影响处理效果;最后,在与 AI 对话的每个步骤,我们都能留下 AI 思考的痕迹和该步骤的优质回答,一旦遇到某一个步骤表现不佳,也方便我们通过调整该步骤的提示词,让 AI 在原有思路上继续作答。

下一步,我们需要认真填写 AI 生成的清单,并向 AI 提供,补上我们的需求:

表 1-12　进一步完成"任务分解法"的提示词操作

提示词要素	提示词示例
定身份	[上文已有,略]
讲背景	[根据 AI 的清单进行作答]
提要求	根据《数据安全评估模板》的格式要求,完成报告撰写

至此,我们才真正做完了上文“样本示范法”案例的完整操作。“任务分解法”的思路非常容易迁移到其他领域。笔者再给读者演示一个案例,当用户需要撰写一篇专业文章时,可以通过任务分解的方式,让撰写的过程更加流畅:

表 1-13　任务拆解第一步:检索

提示词要素	提示词示例
定身份	你是检察院负责公众号的工作人员。
讲背景	现在准备以“未成年人的六大保护”为题,撰写一篇普法宣传文章。
提要求	1. 先对互联网上的信息进行检索,挑选出优质的 10 篇文章; 2. 按“文章标题、发文单位/公众号、中心思想、金句表达”的结构,用表格的方式整理。

在 AI 完成以上工作后,如果你对 AI 生成的内容不满意,则需要对提示词进行修改,或者更换提示词;如果你对 AI 生成的内容比较满意,则可以进入下一步:

表 1-14　任务拆解第二步:生成大纲

提示词要素	提示词示例
定身份	[上文的对话,就是 AI 任务的背景,无须赘述]
讲背景	
提要求	根据前面检索的内容,撰写普法文章的大纲

同样地,在 AI 完成该项任务后,你可以根据实际情况进行调整,或者进入下一步:

表 1-15　任务拆解第三步:撰写文章

提示词要素	提示词示例
定身份	[上文的对话,就是 AI 任务的背景,无须赘述]
讲背景	
提要求:修改大纲	[针对某一个大纲内容,进行针对性调整]或者 [自行修改大纲表述]
提要求:撰写文章	根据你撰写的大纲,开始撰写文章。每个小节不超过 500 字

接下来的步骤,就由读者自行进行调整尝试,不再赘述。

(二)提示词技巧拓展应用

(1)在做任务拆解时,需要对任务目标有宏观的把控,也需要熟悉AI的生成能力边界,才能更好地提高任务拆解的效果。

(2)用户不可能让AI一次性完成全部的任务,就像我们没有办法用一句话让助理直接将案件进行到归档环节。因此,循序渐进地拆解,通过多轮沟通,让AI帮助我们完成各项法律事务,才是常态。

(3)拥有任务拆解思路后,读者可以进一步思考,在你目前的法律工作中,有没有哪些工作是可以进行步骤拆解,并让AI逐步完成的?如果有,有没有可能让AI自动化地完成任务呢?如果你对这样的问题感到好奇和跃跃欲试,可以尝试阅读本书第五章的内容,通过工作流的拆解、智能体和自动化流程的搭建,你会真正感受到让AI帮你“打工”的乐趣。

九、提问迭代术:与AI的“深度对话”

(一)提示词要点

据说苏格拉底有一句名言:“我唯一知道的,就是我一无所知。”法律人面对浩如烟海的行业知识与法律知识,更是无法做到“全知全能”。但是,我们正身处于一个令人惊讶的人工智能时代,人工智能虽然还没办法做到“全能”,但在知识储备上已经近乎“全知”。

因此,当我们遇到超出自己的认知边界的问题时,除了像过去查各类资料那样,通过检索和阅读进行学习之外,还可以把AI当作我们的导师,通过不断的追问和交流,帮助我们快速地掌握更多的信息和技能。大致有以下提问的类型:

1. 角色扮演式提问

在上文,我们已经进行过“定身份”的角色设置。对于定身份的好处,我们不再赘述,仅举法律场景下可能用到的几个提示词示例,供读者参考:

提示词示例1:请你扮演罗翔老师,为我讲解,为什么未成年人性侵案件可以放宽客观证据的标准?

提示词示例2:请你扮演华人神探李昌钰,为我讲解,为什么密室入室盗窃案件中,犯罪现场一定会留下犯罪嫌疑人的犯罪线索?

2. 头脑风暴式提问

当我们面对疑难案件时,往往需要集合整个团队、整个部门的力量,来进行头脑风暴。在头脑风暴的过程中，我们要尽量放下所有条件限制、集合大家的观点进行碰撞、迸发出更多有创意的观点，试图寻找到案件可能存在的各种突破口。现在，我们除了召集同事一起思考外，还能发挥AI的特长，让AI帮我们提供更多创意。在角色扮演中，我们有一则入室盗窃的提示词，我们可以在这个提示词的基础上进一步发挥：

作为入室盗窃案件的侦办人员，我们在犯罪现场几乎穷尽所有的线索，包括指纹和DNA等物质交换线索、工具痕迹、"犯罪签名"、监控、天气、时间等，但仍然无法找到有效的突破口。请你穷尽一切可能进行头脑风暴，帮我们找到更多挖掘线索的方向。

3. 对立式提问

在对立式提问的模式下，我们希望AI可以作为我们的对手，针对我们的目的提出完全对立的观点，以激发我们的思考，帮助我们更加周全地思考问题。

不仅如此，由AI来扮演对立的提问者，还可以避免参与讨论的同事在观点、立场不一致时产生不必要的情绪，避免一方或者双方为了证明"我才是对的"而产生的非理性表达，引发没有必要的争论，甚至人身攻击。

此外，法律人常见的商务谈判、模拟法庭，也是典型的"对立式"提问的场景。

提示词示例1：请你扮演谈判高手，我会作为你的谈判对手。我们将围绕一宗大型的人工智能本地化部署硬件的采购事项进行谈判。我作为买方，目的是低价成交。你将以谈判高手的视角，对我提出的盘问进行解答。

提示词示例2：请你扮演房屋买卖合同纠纷的被告代理人，我扮演原告代理人。现在，我们将围绕法院归纳的"原被告签署的房屋买卖合同是否有效"这一争议焦点展开辩论。我的观点是：

1. 双方签署的合同无效，因为……

2. ……

现在，请你发表你的观点。

4. 向导师提问

当我们面临完全没有接触过的领域的时候，可以考虑将AI完全当作我们的导师，借助AI的思考，来帮我们建立思考的框架。

提示词示例1：我是一名法官，刚从刑事业务部门调动到民事业务部门，从没有办理过民事案件；目前准备审理一起关于虚拟货币的法律纠纷，没有了解过这方面的知识。请充分考虑我的审判业务需要,告诉我应该从哪些方面入手进行学习,并为我制订学习计划。

提示词示例 2:我是一个人工智能小白,不知道什么是"本地化部署",我需要从哪些问题入手,建立对人工智能的基本认知框架?

提示词示例 3:我是一个不懂技术的文科类中学生,请考虑我的理解水平,用文科生能听懂的语言,为我解释什么是"可编程接口"。

与角色扮演不同的是,我们在向 AI 导师提问的时候,可能我们对所接触到的新概念是一无所知的,甚至无法通过提前判断应该用"AI 罗翔"还是"AI 李昌钰"的思维模式来思考问题。但我们完全可以把自己放在小白的位置,向 AI 虚心请教。尤其是当我们向 DeepSeek – R1 这类带有"长思考功能"的 AI 提问时,还需要仔细阅读 AI 的思考过程,以了解 AI 向我们作答时的理由,从中汲取营养。

(二)提示词技巧拓展应用

(1)模拟法庭进阶。关于"对立式提问"中的模拟法庭技巧,在本书第三章中有详细解读,读者可以按需跳转阅读。

(2)善用追问。无论使用哪种提问技巧,我们通常都难以在一轮对话中就完成全部的信息获取工作;幸运的是,AI 是一个没有脾气、24 小时全天候、不知疲倦、文质彬彬、知无不答的"赛博新牛马",所以法律人一定要发扬"打破砂锅问到底"的精神,不懂就问,直到问题得到妥善解决。

(3)更换窗口重新问。我们与 AI 的对话,有时会因为提示词不准确、AI 幻觉等原因,导致上下文生成了太多错误的信息,进而污染了 AI 的"短时记忆"。最好的解决办法就是重开一个对话框,重新开始对话。

(4)无招胜有招。尽管我们给很多提示词技巧进行了命名和归类,但本质上,我们都是在提问。用心看到这里的读者,完全可以像金庸笔下学习太极拳的张无忌一样,把全部功法技巧全部忘掉,那时候才是真正的功法大成。

十、模型对比法:AI"专家会诊"

(一)提示词要点

无论 DeepSeek 或其他某一个大模型在当下多么强大、多么火爆,法律人在使用 AI 工具时,都不应局限于使用单一的大模型工具。

不同的大模型在功能和特点上存在差异,我们的目的是用 AI 来帮助我们解决问题,至于采用什么样的工具,应根据你需要解决的问题进行选择。尤其是在国产大模型快速崛起的当下,我们要熟悉各类工具的能力边界,根据不同的需求,选择不同的工具。就像"得到 APP"的产品负责人快刀青衣老师说的,我们要当 AI 世界的"海王"。目前,除了我们反复提及的 DeepSeek 外,主流的几款 AI 模型,在能力上各有千秋。比如:

1. 月之暗面的"Kimi"

解读长文档能力较强,并且前文也提到,Kimi 可以帮助我们便捷地保存复杂提示词,提高提示词的复用率。在后续章节中,我们也会介绍用 Kimi 帮助我们做 PPT 的技巧。

2. 字节跳动的"豆包"

从笔者个人的使用体验上来看,豆包在识别手写字迹、扫描版 PDF 字迹的能力上,较其他模型更加准确;同时,在后续章节中,我们也会介绍豆包浏览器插件的妙用。

3. 智谱华章的"智谱清言"

智谱清言在多模态的能力上也非常强大,使用时可以借助它强大的图片理解能力,对图片内容进行解读。

4. 其他大模型

对腾讯元宝、文心一言、阶跃星辰等耳熟能详的国产大模型,我们在后续章节中会介绍部分功能,感兴趣的读者一定要多做尝试、多做了解,才能够了解工具能力的边界,让工具为我们的工作赋能。

因此,法律人身边环绕着一群"AI 专家",我们应该借助不同的 AI 工具,对我们需要获得的回答,进行充分的核验。具体的操作方法非常简单:

方法一:同时打开多个 AI 模型。

我们使用同一个提示词,同时向多个模型同步发问,获取多方信源,通过比对获取最靠谱的回答。比如,同时向模型提问:

> 你是一名法务,现准备处理一宗市场监督管理局通知进行处理的产品责任投诉,请你就该问题发表三个专业法律意见。

随后,我们可以等待模型进行回答,并自行完成下一步的核验工作。

方法二:使用类似 AskManyAI 这样的 AI 模型集成工具。

AskManyAI 通过可编程接口调用的方式,让用户一次性获得多个 AI 的回答,在同一个对话框里,获取全部需要的回答,免去了反复跳转、切换 AI 模型以及长时间等待的烦琐流程。

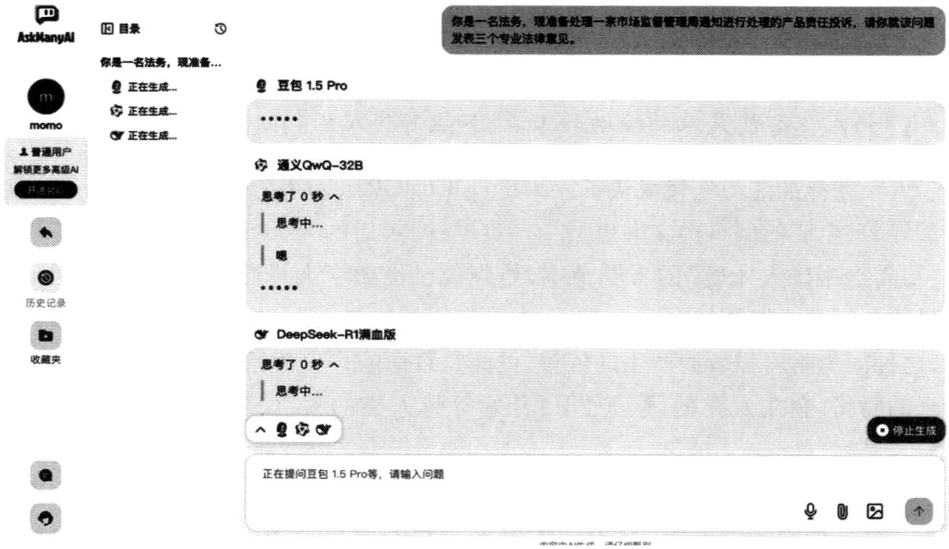

图 1-15 可以同时向多个 AI 提问的 AskManyAI

AskManyAI 的访问链接为:https://askmany.cn,注册流程非常简单,读者可以自行使用国内手机号进行注册,不再赘述。

(二)提示词技巧拓展应用

表 1-16 拓展应用:让 AI 考核 AI

方法说明:在获取了足够多的模型答复之后,我们还可以进一步选择前面没有进行过回答的大模型,来综合对前文回答的方案进行评价,让"新来的 AI 员工"站在"巨人的肩膀上"博采众长,生成更优质的回答,具体操作方法如下:	
步骤一:更换模型	1. 新建一个 AI 对话框。 2. 将前面所有模型生成的回答,全部复制到新对话框中。
步骤二:比对模型回答的提示词	1. 分别用"序号""作答模型""优点""缺点"等字段,归纳之前的 AI 回答内容。 2. 提炼出你的观点,发表三个法律意见。

十一、风险把控:筑牢风险防火墙

法律人应该有限度地使用 AI,警惕 AI 可能出现的各种风险,不能过度鼓吹和盲目依赖。

(一)人工智能是人的辅助和工具,不能替代人的判断

人工智能的能力迭代太快了。2023 年 ChatGPT 生成的合同,还带着一股浓浓的翻译腔,生成的刑事类文书更是一言难尽;两年后的今天,DeepSeek 已经能够生成"更符合中国人体质"的合同范本,更别说已经做了大量微调的、更懂法律的法律科技公司的人工智能产品。但是,人工智能越是能力强劲,人类的依赖性就会越大,这种因为附庸强者而产生的依赖,可能是致命的——就像离开了大草原被圈养起来的野猪,会在人类的驯养之下,开始等待人类的喂食,最终沦为任人宰割的家畜。

法律人与 AI 的关系,不应该是人与家畜的关系;而应该是像火与人类之间的关系。我们的祖先燧人氏"教民钻木取火",我们学会借助火焰的力量照明取暖、刀耕火种,文明变得更伟大;我们也应该借助 AI 的力量,让我们的能力更加强大、创造更多的辉煌,而不是让 AI 成为我们思维的主宰,沦为工具的附庸。因此,我们认为最佳的"人机结合"方式可能是:

(1)用 AI 工具提升能力边界。法律人可以通过学习本书,掌握使用 AI 的核心技能,真正地用好 AI 工具,发挥 AI 工具的强大功能,让 AI 提高法律人的效率,拓宽法律人的能力边界。

(2)对 AI 生成内容进行事实判断和价值判断。随着人工智能的发展,一定会有越来越多的人选择用 AI 生成的内容来代替自己的思考。但是,法律人应该对此保持足够的警醒和觉知,在享受强大的 AI 工具给我们提供便利的同时,我们不能怠于对自己思维能力的锻炼,只有不断地对 AI 生成的内容进行思考和取舍,我们才能够与 AI 相互配合、互相促进,让高智能的 AI 辅助专业水平高超的法律人,促进更加公正高效的法律事业,建设更高水平的法治社会。

(二)最大限度降低"AI 幻觉"的风险

"AI 幻觉",即 AI 生成不准确或虚构的内容。这是当前生成式人工智能的核心技术挑战之一。DeepSeek 通过思维链技术模拟"人类推理"让用户清楚看到思维过程,可能将错误的推理或无事实依据的内容层层传递,导致最终结果偏离事

实,但由于其有严密的推理过程,往往让用户信以为真。

就法律领域而言,DeepSeek 等大模型在回答提问时,可能会杜撰一些并不存在的法律名称或文献,错误引用法律法规条款等,但破绽看起来似乎不明显,被称为"一本正经地胡说八道"。

表 1 –17　法律领域因 AI 幻觉导致严重法律后果的典型案例

案件名称	主要问题	法律后果
马塔诉阿维安卡公司案	美国律师史蒂文·施瓦茨提交 6 个由 ChatGPT 生成的虚假案例支持诉讼请求,案例信息完全虚构。	律师及律所被罚款 5000 美元,驳回原告诉求,案件因时效问题败诉。
加拿大离婚案	律师引用 ChatGPT 生成的虚假案例支持探视诉求,被对方律师发现后承认错误。	律师需支付因案件延误产生的费用。
Morgan&Morgan 律所内部事件	律师在法庭文件中使用 AI 生成的虚假案例,被律所警告可能面临解雇。	涉事律师面临纪律处分,律所紧急要求严格核查 AI 生成内容。

这些案例,让涉事的法律人付出了惨重的代价。可见,法律人对于"AI 幻觉"应该保持高度的警觉,并至少按以下方式降低幻觉的不利影响:

1. 优先选用提供内容链接来源的 AI 工具

具备联网功能的 AI,通常均具备提供核验链接的能力;随着用户核验意识的增强,大多数 AI 工具(尤其是法律类 AI 工具)还会主动提供核验的链接。法律人可以主动选择具备核验链接的 AI 工具;也要注意培养主动要求 AI 提供链接的意识。

2. 建立内容核验的工作习惯

法律人个人使用 AI 时,应在正式使用 AI 生成的内容之前,主动对 AI 引用的信息源进行核验。断不能因为 AI 提供了脚注和链接,甚至因要求 AI"发誓对生成的内容承担责任",就认为 AI 的内容是可信的,否则必然会付出惨重的代价。

3. 建立核验幻觉的团队管理机制

在法律人团队中,应当在团队内部建立核验幻觉的管理机制——要求每一个团队成员在引用 AI 生成的内容时,必须对 AI 生成的内容进行明确的 AI 生成物标记。试想,你的同事可能会基于对你的信任而采信你的观点,却不必然会信任你使用 AI 生成的信息。如果你没有对 AI 生成物进行必要的标记提醒,那么你的同事很可能就会误以为这个观点是你自己的观点,从而采信了该观点。因此,不对 AI 生成物进行标记提醒,是不负责任的行为。为了方便团队其他成员了解 AI 生成的具体情况、完成对 AI 幻觉的核验，我们提倡团队成员以负责任的态度，对使用 AI 生成物进行标记。

需要注意的是，在本书的撰写过程中，我们使用的直接由 DeepSeek 或其他 AI 工具生成的截图里，必然存在 AI 幻觉的情形。这也警醒所有使用 AI 的法律人，要警惕模型幻觉，注意核验——这是无论如何提醒都不为过的核心技能。

（三）保护数据安全

DeepSeek－R1 的超高人气，也带火了“数据安全”和“本地化部署”的概念。

2023 年，在 ChatGPT 全球爆火的时候，三星公司工程师在使用 ChatGPT 处理工作时，上传了公司敏感数据（包括半导体芯片源代码和内部会议记录），导致信息被 OpenAI 服务器留存，三星公司紧急禁止员工使用 ChatGPT、Google Bard 等生成式 AI 工具。

2024 年，国内一位化名为“李雨”的用户，在使用某款大模型的搜索功能时，发现自己的个人信息被大模型轻易地“吐”出来。此前，该用户存储的个人信息已经被泄露，该用户发现并删除了泄露的信息。然而，大模型在此前已经抓取了这些信息并保留了数据。因此，该用户仍然能通过大模型获取到自己的个人信息，引发互联网上广泛的讨论。

人工智能时代，每一位法律人都有责任保护自己和所在单位的各类敏感数据的安全，应该采取的措施包括：

1. 禁止上传敏感信息

AI 系统可能会对数据进行存储、处理或分析，存在数据泄露或被滥用的风险。因此，如果你需要处理一份可能涉密的材料，一定要提前判断：“这份材料是否适合上传给人工智能？”笔者认为，大致可以分为以下三种情况：

（1）属于禁止上传的涉密文件，尤其是公检法、纪委监委等部门的文件，通常包含大量敏感涉密信息，一旦上传至 AI，极易造成严重泄密风险。请立刻停止传输此类文件。

（2）属于脱敏后可以上传的材料。在此情况下，可以选择删除单位/姓名、统一社会信用代码/身份证、地址/住所、联系方式、关键文件名称等敏感信息。

（3）属于不涉密的材料。可以提交给人工智能进一步处理。

当然，最稳妥的方式是，一旦你拿不准这份材料到底属于哪一种情形，那么一般不建议上传给人工智能；有条件的，可以使用下文的“本地化部署 AI”的方式进行处理。

2. 选择可信赖的平台

我们身处人工智能快速发展的历史浪潮中，不可能因为信息存在泄露的风险，就停止使用互联网、AI 平台进行信息交换。因此，在使用 AI 服务时，应该优先选择具有良好信誉和安全保障的平台，确保所选择的平台能够提供明确的数据保护政策，并采取加密、访问控制等安全措施来保护数据安全。此外，法律人还应该尽量避免使用服务器部署在境外的大模型，从而规避数据被跨境传输造成的严重法律后果。

3. 加强安全意识和本地化部署 AI

法律人应当提高个人和所在单位对数据安全的重视程度，企业、机关单位应当定期对工作人员进行安全培训，增强数据保护意识；还应当逐步建立工作人员的人工智能使用安全规范、企事业机关单位内部人工智能安全手册等制度和文件，规范人工智能的使用行为。有条件的，还可以本地化部署人工智能、确保网络和数据安全的场景下，将人工智能运用于涉密场景，提高司法效率。本书第五章，详细讲解了当前技术和硬件水平下的一些本地化部署的经验，感兴趣的读者可以跳转阅读。

十二、价值锚定：树立正确的 AI 价值观

本书用了整整 1 章的篇幅为读者介绍了很多提示词的技巧，本书第一章至此到了尾声。你即将离开提示词的"新手村"，正式昂首阔步迈入"法律人必备 AI 核心技能"的大门。在你正式启程之前，我们想跟你再聊几句，说说我们在这个奇幻而终将伟大的时代下，到底应该有怎样的 AI 价值观。

（一）AI 到底懂不懂我

在 ChatGPT 刚刚走进国人视野的时候，有些人鼓吹 AI，认为 AI 会在极短的时间内全面超越人类，甚至成为全知全能的神，并最终主宰人类的命运；也有些人贬低 AI，认为 AI 只不过是素材的堆砌，只是计算机在算法的加持下，将人类的智慧重新排列组合，不仅没有灵魂，还往往表现得极其愚蠢。

但是大多数法律人在使用 AI 的时候，是比较冷静而客观的——知道未来的 AI 大概率会一路狂飙，也知道眼下的 AI 才只是刚刚离开了"人工智障"的窘境。所以很多人一直处于观望的状态：人工智能再好，也只是一个"重要而不紧急"的可选项。直到 DeepSeek - R1 的横空出世，人们突然发现：平时用起来经常犯蠢的人工智能，好像突然"开了挂"，突然就懂我了！

人工智能真的是一夜之间变聪明的吗?它真的更懂你了吗?

是的,人工智能确实已经变得更加聪明了。但这种变化并不是"一夜之间"突然发生的。DeepSeek - R1 的能力,与 ChatGPT 的 o1 模型能力相比,是"整体持平,部分赶超"。但 ChatGPT,经历 GPT4、GPT - 4o、GPT - o1、GPT - o3 等模型的一路发展,国产大模型一直在追赶,这一切都不是突然发生的。

那么 AI 真的更懂你了吗?R1、o1 模型里的思维链,确实让 AI 的行为看起来更加像人了;但因为我们不断地研究 AI、学习 AI、使用 AI,我们的水平也提高了。两年前的 GPT4 年代,很多法律人甚至连"ChatGPT"都没听说过;但短短的两年间,法律人已经人手三四个 AI 随时调用,思维链、本地化部署这些人工智能领域的专有名词,早已烂熟于心。

所以,人工智能确实更懂你了,你也真的更懂人工智能了。

(二)我们注定要与 AI 共生

人工智能一定还会更加聪明,而且每次变得更加聪明所需要的迭代时间,可能会越来越短。但到底在哪一天 AI 会突破"通用人工智能"的奇点,成为超越人类智慧的存在呢?也许即将发生,也许永远不会发生,甚至可能已经偷偷发生……但目前真的还没有人知道。

也许你还没有察觉,就算通用人工智能还没有真正到来,当前的人工智能也已经非常深刻地改变了我们的工作和生活。

我们曾经以为,"取代你的不是人工智能,而是你身边会使用人工智能的同事"。没想到真正取代法律人的,竟然是客户、是案件当事人。

公司的老板,已经开始在考虑用 AI 来替换自己公司的法务和律师,诉讼案件的当事人已经学会用人工智能的答案来挑战公检法工作人员和律师的法律意见……

其他的专业服务行业,也同样面临挑战。病患已经会用 AI 来开药了,尤其是心理咨询的科室,病患更是直接通过与 AI 对话来开展心理治疗;学会使用绘图 AI 工具的门店,也开始不再使用真人模特来拍摄平面广告了。是的,我们身边的 AI 应用场景,已经无处不在了。

也许从某种程度上讲,我们应该感谢 AI 还有"幻觉"。

国外有一项关于模型幻觉的测评,将测评结果通过"幻觉排行榜"的方式进行公开。经测试发现,DeepSeek - R1 的"幻觉率"高达 14.3%。我们在使用 AI 的时候,总是抱怨模型有幻觉,试图消除幻觉。但人们却没有意识到,如果 AI 幻觉被消除,则意味着 AI 可以被完全信任;而如果 AI 被完全信任……人的价值又在哪里呢?

人工智能的“潘多拉魔盒”已经被打开了。不管人类是否愿意,人工智能都不可能停止发展的步伐。

所以,与其担忧 AI 取代自己,还不如活在能够把握的当下,精炼使用 AI 工具的能力,成为更有竞争力的法律人。

我们需要向当事人证明:我比 AI 厉害,所以相信我的专业判断;

我们需要告诉助理:AI 的答案不能照抄,我需要你的思考和判断;

我们需要告诉自己:你要正视 AI,它是我们这代人必须接受的现实工具。

好了,你是时候离开“新手村”了。在接下来的章节里,我们将陪你不断精炼人工智能使用技巧,分享法律人必备的核心技能;我们将一起不断地思考,能否使用 AI 来重塑工作流;我们将共同进步,探索如何使用 AI 来为法律人乃至为法律职业共同体的未来,作出属于我们这个时代的贡献。

很高兴与你同行,我们一起与 AI 和谐共生。

第二章　基础篇
法律人使用 DeepSeek 的 21 大应用场景

一、法律人使用 DeepSeek 独门心法

随着计算机网络和人工智能技术的发展，当今社会已经进入数字时代，并正在迈向数智时代。这种时代变迁深刻影响社会生活。DeepSeek 生成式推理大模型的问世，给社会各行业和领域带来巨大变化，同样也对法律职业产生重要影响。法律人应当积极拥抱现代科技，掌握合理运用人工智能辅助法律工作的心法。

（一）法律人使用 DeepSeek 的前景

法律人处理的是极其复杂的专业问题，需要系统训练。法律是对社会生活的规制，必须随着社会的发展不断变化，职业法律人面对这种变化必须不断更新知识，所以，我们常说"专业选得好，天天是高考"。国产 AI 大模型 DeepSeek 为人工智能在国内的大规模应用创造了前所未有的机遇，特别是为 AI 平权化、人人可用打开通道。在 AI 时代，法律人这种"天天是高考"的痛苦感和压迫感将大大降低，大量耗费精力和时间的工作可以由 AI 辅助解决，法律人的工作模式将发生深刻改变。

DeepSeek－R1（以下 DeepSeek 的表述均指 DeepSeek－R1）是一种推理模型，能够自我学习，拥有很强的逻辑推理、分析决策和问题解决能力。这意味着，DeepSeek 将显著提高智能应用的自主推理和决策水平，甚至在很多应用场景下可以直接替代人，更加高效地作出行为决策。[①] DeepSeek 基于深度神经网络算法，依次经过大规模自监督学习的预训练以及针对性的优化训练等阶段开发而成，通过对输入信息（包括文本、图片、文件等）进行编码和计算来预测下一个词元，从而具备文本生成和对话等能力，能熟练执行基于文本生成的广泛的不同任务。今天以 Deep-

---

① 参见魏钰明：《DeepSeek 突破效应下的人工智能创新发展与治理变革》，载《电子政务》2025 年第 3 期。

Seek 为代表的 AI 在法律领域的应用,已经超出之前我们预想的仅用于生成文书模板、图文识别、文书校对等“低级事务”的处理,而是能够辅助处理证据审查、法律适用判断等“高级事务”,正如本书将要展示的一样,前景极其广阔。

（二）法律人使用 DeepSeek 的限度

法律人使用 DeepSeek 也是有限度的,不能过度鼓吹和盲目依赖。

1. 应当准确定位辅助而非替代

罗马法学家乌尔比安说,“法是善良和公正的艺术”,法律核心问题的判断需要融入人性和情感,也就是我们常说的“天理、国法、人情”的统一,比如量刑平衡问题、责任划分问题等。AI 可以帮我们生成判决书,也可以帮我们生成合同文本,但是判决书中的核心专业问题,需要专业法官进行完善和修改,合同文书需要当事双方就具体条款进行协商,AI 不能完全代替,而只是辅助职业法律人。AI 可能永远无法完全代替职业法律人对正义的感知、对价值冲突的权衡,以及对法律原则的情景化诠释。DeepSeek 的推理大模型已经具有一定程度的“共情”能力,甚至能在一定程度上避免“机械司法”,有助于规避一些“奇葩”案件的产生。最佳的境界是,专业能力强的职业法律人与智能化程度高的 AI 相互配合,让高智能的 AI 辅助专业水平高超的法律人,促进更加公正高效的法律事业发展,建设更高水平的法治社会。

2. 要最大限度避免“AI 幻觉”问题

“AI 幻觉”,即 AI 生成不准确或虚构内容。这是当前生成式大模型的核心技术挑战之一。DeepSeek 通过思维链技术模拟“人类推理”,让用户清楚地看到思维过程,可能将错误的推理或无事实依据的内容层层传递,导致最终结果偏离事实,但由于其有严密的推理过程,往往让用户信以为真。[①] 就法律领域而言,DeepSeek 等大模型在回答提问时,可能会杜撰一些并不存在的法律名称或文献,错误引用法律法规条款等,但破绽看起来似乎不明显,被称为“一本正经地胡说八道”。通过技术解决“AI 幻觉”问题不是法律人能做到的,法律人要最大限度地避免“AI 幻觉”至少要做到两点:一是建立“人类终审权”机制。DeepSeek 等 AI 模型的回答只是辅助参考,里面涉及的法律专业问题需要职业法律人去判断,得出的结论需要职业法律人去审核,“终审权”在于职业法律人。二是坚持奥卡姆剃刀原理。奥卡姆

① 参见邓建鹏、赵治松:《DeepSeek 的破局与变局:论生成式人工智能的监管方向》,载《新疆师范大学学报(哲学社会科学版)》2025 年第 4 期。

剃刀原理由 14 世纪英格兰的逻辑学家威廉·奥卡姆(William Ockham)提出，这个原理的精髓是“如无必要，勿增实体”，即“简单有效原理”。法律人在使用 AI 解决法律问题时，要坚持能用搜索引擎解决的，就尽量不用 DeepSeek 等推理大模型。比如，你想知道《民法典》第 1200 条的具体内容、《刑法修正案(六)》生效日期之类的问题的答案，直接用搜索引擎即可，无须用 DeepSeek。反之，如果分析《民法典》第 1200 条的逻辑结构、《刑法修正案(六)》出台的背景等，可以用 DeepSeek 等 AI 模型。理想的境界应该是建立“AI + HI”(即人工智能 + 人类智能)的协作模式，将 AI 定位为“超级法律助理”，用于处理标准化、高耗能任务，同时坚守职业法律人的价值判断、伦理决策和创新思考的核心竞争力。

(三)法律人使用 DeepSeek 的心法

法律人使用 DeepSeek 的基本心法是先确定适用场景，然后输入提示词，再根据输出的内容进行专业审核判断，还可以优化提示词进行追问，最终输出内容供法律人进行参考。整个过程中，无论是提示词的输入和优化，还是对输出内容进行审核判断，都需要法律专业技能。DeepSeek 作为生成式推理模型，适用于高度复杂任务，其与指令提示型大模型的区别在于，指令提示型大模型要依赖预先设定的提示信息引导模型生成输出内容，而生成式推理模型通过思维链模拟人类的思维过程，能够进行推理和分析，并展示思考过程。对于日常生活通用事务的回答，对提示词的要求并不高，但在法律这样专业化程度很高的垂直领域的应用，提示词输入需要具有专业性，在提示词中写明法律专业背景和专业化需求，有助于生成更加符合专业性要求的结果。同时，对输出的结果进行人工审核更加需要专业知识。可以说，必备法律核心技能是法律人用好 DeepSeek 的重要方面。因此，本章每一部分都专门设置了对应的应用场景所需要的必备法律核心技能，在每一部分的最后对必备 AI 核心技能进行总结，构建“AI + HI”协作模式。因此，每一节设置六部分，分别为适用场景、必备法律核心技能、提示词范例、AI 生成效果展示、提示词优化建议、必备 AI 核心技能，沉浸式展示、手把手教会常见的 21 种应用场景。

二、辅助撰写类案检索报告

办理刑事案件时，类案检索是确保法律适用统一性和量刑公平性的重要环节，以下以“帮助信息网络犯罪活动罪”为例，详细介绍如何使用 DeepSeek 辅助撰写类案检索报告，帮助高效完成检索任务。

(一)适用场景

类案检索在案件办理中有着广泛的应用,以刑事案件为例:一是明确侦查方向,通过检索到的文书明确该罪名涉及如“明知”等要点,以此作为侦查的重点方向;二是通过检索同类案件,确保判决结果在法律适用以及量刑等方面与司法实践一致;三是庭审应对,可以预测类案处理的不同意见,准备应对策略;四是量刑建议,可参考同类案件量刑参数以实现量刑平衡;五是疑难案件研讨,借助类案检索帮助判断法律适用。

具体到个案:一是罪名界定,如明确“明知他人利用信息网络实施犯罪”这一构成要件的认定标准;二是证据分析,如通过类案了解技术支持、资金流转等“帮助行为”的证明要点;三是办理涉及新类型网络犯罪时,参考类似判例明确法律适用。

(二)必备法律核心技能

使用 DeepSeek 辅助撰写类案检索报告,法律工作者需掌握以下核心技能:

一是精准定位需求,明确案件的关键争议点是犯罪构成还是情节认定,或者是量刑因素,只有这样,才能更好地向 AI 提出提示词;二是编写有效提示词,通过清晰的指令引导 AI 生成符合需求的报告;三是核实结果可靠性,结合自身的专业知识和权威数据库,验证 AI 输出的案例和依据是否准确;四是综合运用,将 AI 输出的检索结果与案件事实相结合,形成法律分析的建议。

(三)提示词范例

提示词是我们与 DeepSeek 互动的核心,直接决定 AI 输出质量。以下是为“帮助信息网络犯罪活动罪”设计的提示词范例:

请生成一份类案检索报告,主题为《刑法》第 287 条之二帮助信息网络犯罪活动罪。要求包括以下内容:

1. 近 3 年内的 3 个典型案例,包括案例名称、法院、判决结果。
2. 每个案例的简要事实、裁判要点及“明知”的认定依据。
3. 量刑情节(如自首、退赃)的具体影响。

输出格式为正式报告,语言简洁、符合法律规范。

以上提示词的设计思路:一是明确范围,即指定《刑法》第 287 条之二,时间段为“近 3 年”,选择的案例数量为 3 个;二是细化内容,要求事实、裁判要点及“明知”认定，强调要检索帮助信息网络犯罪活动罪的核心争议问题；三是实用性，加入量刑情节分析，方便直接应用于办案。

（四）AI 生成效果展示

帮助信息网络犯罪活动罪类案检索报告

类案检索报告

主题：《中华人民共和国刑法》第287条之二帮助信息网络犯罪活动罪
检索时间范围：2022年1月1日至2025年3月2日

一、典型案例

案例1：毛某某帮助信息网络犯罪活动案
法院： 安徽省淮北市相山区人民检察院
判决结果： 相对不起诉
简要事实：
毛某某（未成年人）于2022年7月至8月间，明知王某某等人利用信息网络实施犯罪，仍出借本人银行卡并介绍他人出借5张银行卡，用于接收、转移诈骗资金，涉案流水14万余元，获利1.47万元。涉案银行卡均被用于电信诈骗。
裁判要点：

1. **“明知”认定依据：** 毛某某明知他人实施犯罪仍提供支付结算帮助，符合《刑法》第287条之二“明知”要件，具体依据为异常交易模式（收取高额报酬）及涉案银行卡被查实用于诈骗 2。
2. **量刑情节影响：** 因毛某某系未成年人、自首、退缴全部违法所得并认罪认罚，检察机关依法作出相对不起诉决定，体现对未成年人“教育为主、惩罚为辅”的刑事政策 2 4。

案例2：王某、董某某、陈某某帮助信息网络犯罪活动案
法院： 甘肃省肃北县人民法院
判决结果： 有期徒刑六个月至一年两个月，并处罚金
简要事实：
王某等三人明知上线利用“两卡”实施电信诈骗，仍发展下线为犯罪团伙提供支付结算帮助，涉案资金流水517万元。
裁判要点：

1. **“明知”认定依据：** 三人通过异常获利模式（高额回报）及上游犯罪资金流转特征，被认定明知他人实施信息网络犯罪 3 4。
2. **量刑情节影响：** 三被告人均认罪认罚，但无自首或退赃情节，法院根据犯罪金额及主观恶性，判处实刑并附加罚金 3。

案例3：陈某甲帮助信息网络犯罪活动案
法院：福建省连江县人民法院
判决结果：有期徒刑一年，缓刑一年六个月，并处罚金1万元
简要事实：
陈某甲于2021年出售、出借6个银行账户用于网络赌博平台资金结算，涉案流水799万余元，其中部分账户涉及诈骗资金中转。
裁判要点：

1. **"明知"认定依据**：陈某甲以异常低价出售账户，且账户被用于违法犯罪资金流转，符合《电诈意见（二）》第8条"交易方式明显异常"的明知标准 [12] [4]。
2. **量刑情节影响**：陈某甲主动退缴违法所得并认罪认罚，法院结合其犯罪情节及悔罪表现，依法适用缓刑 [12]。

二、量刑情节的司法适用分析

1. **自首与退赃**：
   - 自首可依法从轻或减轻处罚（如毛某某案免于起诉）；
   - 退缴违法所得、赔偿损失（如陈某甲案）可显著降低量刑幅度，甚至适用缓刑 [2] [12]。
2. **认罪认罚**：
   - 认罪认罚作为法定从宽情节，普遍适用于该类案件，可减少基准刑10%-30% [5] [6]。
3. **未成年人特殊政策**：
   - 对未成年人犯罪，司法机关优先适用教育挽救措施，限制刑罚适用（如毛某某案）[2] [4]。

三、裁判规则总结

1. **"明知"认定**：
   - 综合交易价格异常、账户用途异常、行为模式隐蔽性等客观因素推定主观明知 [4] [6]。
2. **罪数竞合处理**：
   - 同时构成买卖国家机关证件罪、妨害信用卡管理罪的，择一重罪处罚（一般以买卖国家机关证件罪论处）[1] [4]。
3. **量刑差异化**：
   - 对组织者、累犯从严惩处；对从犯、初犯、未成年人从宽处理，体现宽严相济 [5] [15]。

检索人：XXX
检索日期：2025年3月2日

注：以上案例均来源于公开司法文书及权威发布平台，具体案情以裁判文书原文为准。

图 2－1　用 DeepSeek 类案检索

DeepSeek 根据上述提示词生成的类案检索报告结构清晰，案例内容涵盖事实、裁判要点及量刑分析，基本满足办案需求。需要注意的是，使用 AI 查询案例时一定要核实其真实性，以上因为开启了“联网搜索”，可以点击案例中的引用编号直接查询出处，防止 AI 模拟生成案例。

（五）提示词优化建议

首次检索后，可根据实际需求优化提示词，如原提示词未限定案例来源，可改为“案例来源于中国裁判文书网或最高人民法院公报”；若需更细化分析，可补充“包括涉案金额对量刑的影响”；若聚焦特定情节，可只关注“技术支持型”帮助信息网络犯罪活动罪，限定“仅检索提供支付结算或技术服务的案例”；若要提升报告专业性，可以明确语气添加“使用正式法律语言，避免口语化”。要达到好的优化效果，需要更精准的提示词以减少冗余信息，以提升报告的针对性。

提示词可以优化为：

请生成一份类案检索报告，主题为《刑法》第 287 条之二帮助信息网络犯罪活动罪。要求包括：

1. 案例来源于中国裁判文书网或最高人民法院公报上的 3 个典型案例（案例名称、法院、判决结果）；
2. 仅检索提供支付结算或技术服务的案例；
3. 每个案例的简要事实、裁判要点及“明知”的认定依据；
4. 量刑情节（如自首、退赃）及涉案金额对量刑的具体影响。

输出格式为正式报告，语言简洁、符合法律规范，使用正式法律语言，避免口语化。

经优化提示词后 DeepSeek 生成的类案检索是：

帮助信息网络犯罪活动罪类案检索报告

类案检索报告

主题：《中华人民共和国刑法》第287条之二帮助信息网络犯罪活动罪
检索时间范围：2022年1月1日至2025年3月10日
检索来源：中国裁判文书网、最高人民法院公报

一、典型案例

案例1：陈某甲帮助信息网络犯罪活动案
案号：（2021）闽0122刑初305号

法院：福建省连江县人民法院

判决结果：有期徒刑一年，缓刑一年六个月，并处罚金人民币1万元

简要事实：

2021年3月至6月，陈某甲将本人及他人名下共6张银行卡出售、出借给网络赌博平台用于赌资结算，涉案账户流水金额达799万余元，其中查实涉及诈骗资金5000元。陈某甲非法获利5663元。

裁判要点：

1. **"明知"认定依据**：陈某甲以异常低价出售账户，且账户被用于违法犯罪资金流转，符合《最高人民法院、最高人民检察院关于办理非法利用信息网络、帮助信息网络犯罪活动等刑事案件适用法律若干问题的解释》（以下简称《解释》）第11条"交易方式明显异常"的明知标准 5。
2. **量刑情节影响**：陈某甲主动退缴违法所得并认罪认罚，法院结合其自首情节及悔罪表现，依法适用缓刑 5。

案例2：乐某帮助信息网络犯罪活动案

案号：（2021）豫0902刑初62号

法院：河南省濮阳市华龙区人民法院

判决结果：有期徒刑二年，并处罚金人民币6万元

简要事实：

乐某与他人成立工作室，使用银行卡为境外赌博网站提供资金转账服务，支付结算金额达1.75亿余元。乐某作为主犯，负责管理下级码商并抽成获利。

裁判要点：

1. **"明知"认定依据**：乐某通过高额非法获利模式及上游犯罪资金流转特征，被认定明知他人实施信息网络犯罪，符合《解释》第11条"明知"要件 7。
2. **量刑情节影响**：乐某虽认罪认罚且坦白，但因涉案金额巨大、在共同犯罪中起主要作用，法院依法从重判处实刑 7。

案例3：李某德等重大帮助信息网络犯罪活动案

案号：（2022）鲁0602刑初123号

法院：山东省烟台市芝罘区人民法院

判决结果：主犯李某德判处有期徒刑二年十个月，并处罚金人民币10万元

简要事实：

李某德等人开发运营"方正支付"等平台，为境外赌博网站提供支付结算服务，涉案金额18.34亿元。平台通过招募码商代理管理赌资流转，非法获利巨大。

裁判要点：

1. **"明知"认定依据**：李某德等人明知平台对接赌博网站且资金流转异常，仍提供技术支持，符合《解释》第12条"情节特别严重"的明知标准 9。
2. **量刑情节影响**：涉案金额达亿级且造成严重后果，法院对主犯从严惩处，未因认罪认罚减轻处罚幅度 9。

二、量刑情节及涉案金额的司法适用分析

1. **自首与退赃：**
   - **自首：**陈某甲案中，自首情节显著降低刑期，最终适用缓刑 5。
   - **退赃：**退缴违法所得可减少基准刑10%-30%，但高额涉案案件（如李某德案）退赃影响有限 9。
2. **认罪认罚：**
   - 普遍作为法定从宽情节，但主犯（如乐某）因犯罪作用突出，从宽幅度受限 7 9。
3. **涉案金额：**
   - **支付结算金额：**20万元以上即构成"情节严重"（如陈某甲案），1亿元以上则认定为"情节特别严重"（如李某德案），量刑显著加重 4 9。
   - **违法所得：**1万元以上即入罪，高额违法所得（如乐某案）直接导致罚金刑加重 4 7。

三、裁判规则总结

1. **"明知"认定规则：**
   - 通过交易价格异常（如低价售卡）、资金流转模式（如无实际经营的高额流水）等客观行为推定主观明知 5 13。
2. **技术服务与支付结算的区分：**
   - **支付结算：**包括银行卡、对公账户、第三方支付平台等资金流转帮助 5 13；
   - **技术服务：**涵盖"猫池"设备架设、通讯传输技术支持等非资金类帮助 8 9。
3. **量刑差异化标准：**
   - **主从犯区分：**主犯（如乐某）量刑幅度高于从犯（如码商代理），体现罪责刑相适应原则 7 9；
   - **金额与情节并重：**涉案金额叠加其他情节（如造成被害人损失）时，量刑从严 8 9。

检索人：XXX
检索日期：2025年3月10日

注：以上案例均来源于中国裁判文书网及最高人民法院公报，具体案情以裁判文书原文为准。

图 2－2　修改提示词优化类案检索

总体来说，优化后 DeepSeek 能基本满足检索类案的需要，检索后输出的案例符合提示词的分类要求。主要问题是虽然提示词要求"案例来源于中国裁判文书网或最高人民法院公报"，但 DeepSeek 并未能从上述网站中检索到案例，而是从其他网站获取，如某地商务局或律师网。

（六）必备 AI 核心技能

一是 DeepSeek 能在短时间内生成报告初稿，相比手动检索案例，节省大量时间；二是通过调整提示词，DeepSeek 可灵活应对检索争议焦点，如对帮助信息网络犯罪活动罪类案的检索，分别提示为“支付结算”“技术支持”等。

同时还要注意 DeepSeek 生成内容的局限性，一是内容质量问题，AI 能较好梳理案例结构，但部分细节，如同案人的一些情况可能会出现遗漏，需人工进行补充；二是 AI 生成的案例可能基于训练数据而非最新判例，建议结合中国裁判文书网或最高人民法院、最高人民检察院相关网站进行核实。经实测，现阶段 DeepSeek 未能很好地搜索中国裁判文书网或最高人民法院等一些权威网站。因此，DeepSeek 是类案检索的得力助手，但不能完全替代人工分析，将 AI 报告作为参考，结合查找原始判决书和司法解释，能够确保法律适用的严谨性。

三、辅助撰写案件汇报提纲

案件汇报提纲是指在司法实践中，办案人员（如公安干警、检察官、法官、律师等）为向上级机关、领导或者在案件讨论时汇报案件情况，事先准备的一份结构化的书面材料。汇报提纲没有固定格式，但通常需要简明扼要地梳理案件关键信息，包括诉讼过程、基本事实、证据情况、争议焦点、处理意见以及下一步建议等，便于汇报者清晰、有序地传达案件信息。以下主要介绍如何使用 DeepSeek 辅助撰写案件汇报提纲中的“争议焦点”“处理意见”“下一步建议”部分。

（一）适用场景

DeepSeek 辅助撰写案件汇报提纲适用于需要快速整理案件信息、提炼关键争议焦点、形成处理意见的场景。一是梳理案件脉络，提升汇报效率，帮助汇报者快速抓住案件重点，避免遗漏关键内容；二是节省汇报时间，为汇报者将案件情况以标准化形式呈现，提高会议或讨论效率；三是突出争议焦点，聚焦问题解决，便于汇报者以及参会人员集中精力分析核心问题，提升问题解决的针对性。

（二）必备法律核心技能

汇报案件相关情况，需要办案人员具备一定的综合素质和专业技能：一是信息收集与整理能力，要求办案人员全面收集与案件相关的所有信息，将收集到的信息进行系统整理；二是法律适用与分析能力，能够准确理解和适用法律条文，找出案件的关键点和争议点,并提出合理的解决方案;三是风险评估能力,能够预判案件可能存在的风险,并制定相应的应对策略;四是沟通与表达能力,能够撰写清晰、简洁、准确的案件汇报材料,以及清晰、流畅、有逻辑地汇报案件情况。

用 DeepSeek 辅助撰写案件汇报提纲,需要办案人员将核心技能充分运用到人机交互中:一是要精准描述案件事实,向 AI 输入简洁、完整的事实和证据;二是要明确需求,优化提示词,清晰告知 AI 生成的具体部分;三是要提高逻辑分析能力,判断 AI 输出内容是否符合法律规范,进行必要的调整。

(三)提示词范例

以检察官为例,输入如下提示词:

你是一个检察官,请根据以下案件信息生成案件汇报提纲的"争议焦点""处理意见""下一步建议"部分。案件信息如下:

犯罪嫌疑人:陈某,男,30 岁。

案件事实:陈某通过电话冒充银行工作人员,谎称被害人张某账户异常,诱骗张某转账 120 万元至指定账户。

证据:1. 扣押清单,证明从陈某处扣押手机 1 部,电话号码 138111111111,银行卡 1 张,户名为张三;2. 被害人张某陈述,证明 2024 年 9 月 5 日,其手机 13911111111 接到 138111111111 电话,对方冒充银行工作人员,以账户异常为由让其转账 120 万元至张三账户,导致被骗 120 万元;3. 银行转账记录,证明 2024 年 9 月 5 日,张某账户转出 120 万元至张三账户,随后张三账户将 120 万元转至他人账户;4. 手机通话清单,证明 2024 年 9 月 5 日,13911111111 与 138111111111 有多次通话;5. 犯罪嫌疑人陈某辩解,否认打电话给张某进行诈骗,但对其持有张三的银行卡及电话号码 138111111111 无法合理解释。

请以司法办案的严谨语言生成上述内容。

上述提示词设计思路如下:一是明确 AI 角色定位,通过"你是一个检察官"设定语境为司法领域,避免 AI 生成与办案无关的内容;二是清晰指定输出目标,"请根据以下案件信息生成案件汇报提纲的'争议焦点''处理意见''下一步建议'部分",直接点明生成的具体部分,避免 AI 输出冗余信息;三是提供完整案件信息,确保 AI 有足够素材进行分析,为 AI 提炼"争议焦点"和"处理意见"提供精准依据;四是设定语言风格要求,如"请以司法办案的严谨语言生成上述内容";五是保持一定的开放性,针对案件汇报提纲需要更广泛地思考问题的特点,未过多限制 AI

的分析深度。在实际运用中,可以参照以上思路设计提示词。

(四)AI 生成效果展示

1. DeepSeek 的推理过程

诈骗案证据分析及处理建议

已深度思考(用时 19 秒)

好的,我需要处理这个用户请求,生成案件汇报提纲的三个部分:争议焦点、处理意见和下一步建议。首先,用户是检察官,所以语言必须专业、严谨,符合司法办案的要求。

案件信息中,陈某被指控冒充银行工作人员,诈骗张某120万。证据包括扣押的手机和银行卡、被害人陈述、转账记录、通话记录,以及陈某的辩解。我需要分析这些证据中的关键点,确定争议焦点在哪里。

首先看争议焦点。陈某否认打电话,但持有涉案手机和银行卡,无法解释。这里可能涉及是否能够直接证明陈某实施了诈骗行为,以及物证和辩解之间的矛盾。另外,资金流向是否明确,是否与其他案件有关联,可能需要进一步查证。

处理意见方面,虽然陈某否认,但物证和通话记录相互印证,形成了证据链。根据现有证据,应该可以认定构成诈骗罪。需要建议起诉,但也要注意是否存在其他共犯,比如张三是否涉案,或者资金去向是否有其他嫌疑人。

下一步建议可能需要补充侦查,比如调取银行账户的开户资料,追踪资金最终去向,核实张三的身份,以及技术侦查手段确认通话是否由陈某使用。同时,要追查其他可能涉案的人员,确保所有责任人都被追究。

需要确保用词准确,比如"证据相互印证""形成完整证据链"等法律术语。同时,逻辑要清晰,每个部分都要有法律依据,比如根据刑法第266条。还要检查是否有遗漏的证据点,比如通话清单是否明确显示陈某的手机号与被害人通话,转账记录是否直接关联到陈某持有的银行卡。

最后,要确保建议部分具有可操作性,比如具体的侦查措施,调取哪些资料,是否需要技术侦查协助。同时,考虑是否存在其他可能性,比如陈某是否盗用他人身份,或者是否有同伙协助转移资金,这些都需要在建议中提及。

图 2－3　DeepSeek 对案件汇报提纲的深度思考

DeepSeek 的推理过程展现了较强的任务理解能力和逻辑性,能够基于案件信息提炼关键点,可见 AI 对司法语言的把握和对案件复杂性有了初步洞察,如考虑共犯和资金流向等问题,特别是在笔者输入的证据材料有限的情况下,这样的输出结果实属难能可贵。

2. DeepSeek 的输出内容

诈骗案证据分析及处理建议

案件汇报提纲

争议焦点:

1. 犯罪嫌疑人陈某与涉案电话号码13811111111及银行卡账户的实际控制关系是否成立;

2. 在无直接目击证言的情况下，现有电子证据与被害人陈述能否形成完整证据链；
3. 涉案资金流向中"张三"账户与陈某的关联性证明问题；
4. 犯罪嫌疑人辩解无法合理解释持有涉案通讯工具及银行账户的矛盾性；
5. 本案是否存在共同犯罪可能性（如"张三"账户实际使用人）。

处理意见：

1. 现有证据已形成基本证据闭环：被害人陈述与通话清单、转账记录时间节点吻合，扣押物品与涉案账户直接关联，符合《刑法》第266条诈骗罪构成要件；
2. 犯罪嫌疑人持有作案工具且无法作出合理解释，根据《刑事诉讼法》第55条之规定，可认定其供述真实性存疑；
3. 建议以诈骗罪（数额特别巨大）对陈某批准逮捕，根据《关于办理电信网络诈骗等刑事案件适用法律若干问题的意见》第二条，涉案金额已达"特别巨大"标准；
4. 需对"张三"账户开户资料进行补充侦查，查明账户实际控制关系。

下一步建议：

1. 立即调取张三账户开户生物识别信息（人脸识别记录、签字样本）进行同一性鉴定；
2. 向通信运营商调取涉案号码138111111111的实名登记信息及基站定位数据；
3. 对资金流向开展穿透式追踪，要求涉案账户开户银行提供二级以下账户交易明细；
4. 委托技术部门对扣押手机进行电子数据勘查，提取通讯录、通话录音及网络操作记录；
5. 根据《反电信网络诈骗法》第26条，协调金融机构对涉案账户采取紧急止付措施；
6. 针对陈某社会关系开展背景调查，核查是否存在传授犯罪方法或团伙作案情形。

图 2－4　DeepSeek 生成的案件汇报提纲

DeepSeek 输出的内容出乎笔者的意料，即使笔者已有二十余年的司法从业经历要总结出来也不是一时半会儿的事，可见 AI 在证据的梳理、争议的提炼以及建议的提出等方面体现了较高的专业性和实用性。具体来说，一是争议焦点的全面性与针对性，不仅抓住案件的核心问题，还扩展到资金流向和可能存在共犯的问题，体现了较强的案件分析能力；二是逻辑清晰，能够把握案件的关键问题，如“现有电子证据与被害人陈述能否形成完整证据链”；三是处理意见中证据分析严谨，如指出“被害人陈述与通话清单、转账记录时间节点吻合，扣押物品与涉案账户直接关联”，形成“基本证据闭环”；四是提出的措施可操作性强，如要求补充侦查“张三”账户控制关系、调取“张三”账户生物识别信息等，而且细化到操作层面，如“人脸识别记录”“基站定位数据”，体现了 AI 对后续办案的综合判断能力；五是建议基本达到全面覆盖，AI 未局限于单一方向，而是从账户追踪、技术勘查到社会关系调查等多个维度，有助于全面查清案件事实。

但笔者也发现一些问题：一是引用法律条文仍有一些错误，如引用《反电信网络诈骗法》第 26 条采取紧急止付措施，但该法第 20 条才是紧急止付的规定；二是对一些争议焦点分析的深度不足，如"涉案资金流向中'张三'账户与陈某的关联性证明问题"，未进一步分析后续是否构成掩饰、隐瞒犯罪所得或诈骗共同犯罪等问题；三是建议的优先级不够明确，未区分紧急措施（如紧急止付）与辅助措施（如社会关系调查）的优先级。

（五）提示词优化建议

1. 提示词的优化

你是一名检察官，熟悉《刑法》、《刑事诉讼法》及电信网络诈骗相关司法解释。请根据以下案件信息，生成案件汇报提纲的"争议焦点""处理意见""下一步建议"部分，每部分不少于 4 个要点，内容需完整、翔实，并包含详细的证据分析和法律依据。案件信息如下：

犯罪嫌疑人：陈某，男，30 岁。

案件事实：陈某通过电话冒充银行工作人员，谎称被害人张某账户异常，诱骗张某转账 120 万元至指定账户。

证据：1. 扣押清单，证明从陈某处扣押手机 1 部，电话号码 138111111111，银行卡 1 张，户名为张三；2. 被害人张某陈述，证明 2024 年 9 月 5 日，其手机 13911111111 接到 138111111111 电话，对方冒充银行工作人员，以账户异常为由让其转账 120 万元至张三账户，导致被骗 120 万元；3. 银行转账记录，证明 2024 年 9 月 5 日，张某账户转出 120 万元至张三账户，随后张三账户将 120 万元转至他人账户；4. 手机通话清单，证明 2024 年 9 月 5 日，13911111111 与 138111111111 有多次通话；5. 犯罪嫌疑人陈某辩解，否认打电话给张某进行诈骗，但对其持有张三的银行卡及电话号码 138111111111 无法合理解释。

具体要求：

1. "争议焦点"需分析证据间的矛盾、法律定性疑点及潜在共犯问题；

2. "处理意见"需结合《刑法》第 266 条及相关司法解释，明确罪名、证据链完整性及强制措施建议；

3. "下一步建议"需提出不少于 5 项具体、可操作的侦查措施，按优先级排序，并说明理由；

4. 语言需符合司法文书规范，逻辑严密，分析深入。

提示词优化的思路：一是优化法律知识背景，如"熟悉《刑法》、《刑事诉讼法》

及电信网络诈骗相关司法解释”，引导构建 AI 输出的具体法律框架；二是细化输出要求，如要求“每部分不少于 4 个要点，内容需完整、翔实，并包含详细的证据分析和法律依据”等；三是对部分要求具体化，如“‘下一步建议’需提出不少于 5 项具体、可操作的侦查措施，按优先级排序，并说明理由”，提升建议的实用性。

2. 优化后的输出内容

诈骗案证据分析及处理建议

案件汇报提纲

争议焦点

1. **陈某与涉案通讯工具及账户的实际控制关系认定**
   扣押清单显示陈某持有手机（号码13811111111）及户名为"张三"的银行卡，但陈某未就持有他人账户提供合理解释。需查明其是否实际使用该号码实施诈骗，或存在冒用、租借他人账户的情形 1 5。
2. **间接证据能否形成完整证据链**
   现有证据包括被害人陈述、通话记录（13911111111与13811111111多次通话）、转账记录（张某→张三账户→他人账户），但缺乏直接目击证言或录音证据。需论证电子证据与被害人陈述的关联性及证明力 2 6。
3. **涉案资金流向的关联性证明**
   张三账户接收120万元后迅速转至他人账户，需查明该账户是否由陈某实际控制，或存在共同犯罪分工（如"跑分"洗钱团伙） 4 8。
4. **犯罪嫌疑人辩解的合理性审查**
   陈某否认实施诈骗，但未解释持有涉案工具的原因，其辩解与客观证据存在矛盾，需结合《刑事诉讼法》第55条审查供述真实性 3 7。
5. **共同犯罪可能性分析**
   涉案账户户名为"张三"，可能存在身份冒用或团伙作案。需排查账户开户人信息、资金转移路径及关联人员，确认是否存在上下游犯罪链条 5 8。

处理意见

1. **构成诈骗罪（数额特别巨大）**
   根据《刑法》第266条及《关于办理电信网络诈骗案件若干问题的意见》，陈某诱骗张某转账120万元，远超"数额特别巨大"50万元的标准，法定刑为十年以上有期徒刑或无期徒刑，并处罚金或没收财产 1 3。
2. **证据链完整性认定**
   被害人陈述、通话记录、转账记录时间节点高度吻合，结合扣押的作案工具，已形成"被害人被骗—资金转移—工具关联"的闭环证据链，符合《刑事诉讼法》第55条"证据确实、充分"标准 2 6。

3. **对陈某采取逮捕强制措施**
   陈某可能毁灭证据（如删除手机数据）或串供，且涉案金额特别巨大、社会危害性高，根据《刑事诉讼法》第81条，建议批准逮捕 4 7。
4. **从严惩处情节适用**
   陈某通过电话对不特定多数人实施诈骗，符合司法解释"利用电信技术手段对不特定人诈骗"的从严情节，应加重处罚 5 8。
5. **涉案账户的补充侦查必要性**
   需查明"张三"账户的生物识别信息及资金最终流向，排除陈某冒用身份或与洗钱团伙勾结的可能性，确保罪责刑相适应 1 3。

下一步建议

1. **调取账户开户生物识别信息**
   优先级：高。理由：通过比对张三账户开户时的人脸识别记录、签名样本与陈某生物特征，可直接证明账户实际控制关系 5 8。
2. **追踪资金二级以下账户流向**
   优先级：高。理由：120万元转入张三账户后迅速分流，需穿透至末端账户，锁定赃款去向及潜在共犯，适用《反电信网络诈骗法》第26条紧急止付 1 6。
3. **提取手机电子数据**
   优先级：中。理由：扣押手机可能留存诈骗脚本、通讯录、通话录音等电子痕迹，需委托技术部门进行数据恢复和固定 3 7。
4. **调取基站定位及通信实名信息**
   优先级：中。理由：通过13811111111号码的基站定位数据及实名登记信息，核实陈某作案时的活动轨迹与号码使用关联性 2 4。
5. **排查陈某社会关系及前科记录**
   优先级：低。理由：调查其是否有诈骗前科、是否接触过洗钱团伙或参与诈骗培训，排除团伙作案可能 5 8。

法律依据整合

- **定罪依据：《刑法》第266条诈骗罪、《关于办理电信网络诈骗案件若干问题的意见》第二条 1 3。**
- **证据审查：《刑事诉讼法》第55条、第81条 2 7。**
- **侦查措施：《反电信网络诈骗法》第26条紧急止付、司法解释关于电子证据提取的规定 6 8。**

图 2－5　修改提示词后生成的案件汇报提纲

经优化提示词后，DeepSeek 输出内容完整，对证据的梳理和措施的细化值得肯定，基本满足司法办案中案件汇报提纲的需求。具体来说，一是争议焦点总结全面，也有一定深度，且每项均有具体分析；二是证据分析充分，并指出了关键要点，如“被害人陈述、通话记录、转账记录时间节点高度吻合”，形成“闭环证据链”；三是下一步建议具有可操作性，且细化到实际操作层面。当然，还存在一些问题，比如部分法律适用错误，一些法律论证未完全展开。

（六）必备 AI 核心技能

一是 DeepSeek 在司法办案中可快速整理案件信息、提炼关键问题并形成初稿，能在短时间内梳理脉络，为汇报提纲提供框架。特别是对于新手来说，AI 可以帮助迅速把握核心争议，节省手动整理时间。

二是不断优化提示词后，DeepSeek 在生成案件汇报提纲时展现了 AI 的专业性，对案件焦点的分析也基本上能做到直指核心问题。同时，AI 的逻辑性与针对性较强，如按优先级排序建议并附理由，体现了一定的逻辑严密性。可见 AI 能拓展办案人员的思路，展现了一定洞察力。

三是 DeepSeek 辅助生成的法律文书仍存在一些问题，如引用法律条文错误，一些论证深度仍然有限，所提建议可能会出现理论可行但现实执行困难等问题。通过优化提示词和人工审核相结合，可最大化实现 DeepSeek 的价值，适合生成法律文书的初稿，但要将 AI 定位为“智能助手”而非“最终决策者”，最终还是要由司法人员进行法律论证、文书格式修正、验证建议可行性等。

四、辅助撰写调研报告及检察（司法）建议

（一）适用场景

司法机关在办理案件过程中，发现一些案件暴露出管理漏洞和治理问题，开展调研，形成调研报告，供决策参考，或者转化为社会治理检察建议、综合治理类司法建议，以促进社会治理。为了防止社会治理检察建议和综合治理类司法建议分析问题深度不够、建议措施流于形式，一般要求在制发前进行深入调研。《人民检察院检察建议工作规定》第 13 条规定，检察官在履行职责中发现有应当依照本规定提出检察建议情形的，应当报经检察长决定，对相关事项进行调查核实，做到事实清楚、准确。《最高人民法院关于综合治理类司法建议工作若干问题的规定》第 5 条规定，人民法院提出司法建议前，应当结合审判执行工作中发现的问题充分调查研究。因此，一般而言，社会治理检察建议、综合治理类司法建议建立在调研报告基础之上，二者密切关联。

检察机关的社会治理检察建议是针对检察履职过程中发现的违法犯罪隐患、

管理监督漏洞、风险预警和防控问题，以及就相关部门作出的行政处罚、政务处分、行业惩戒等问题提出的改进工作、完善治理的建议。① 综合治理类司法建议是人民法院在履行审判执行职责时发现社会治理领域中存在引起矛盾纠纷多发高发，影响经济社会发展和人民群众权益保护的突出问题，向有关主管机关或者其他有关单位提出的改进工作、完善治理的建议。②

DeepSeek 等 AI 大模型用于生成调查报告、社会治理检察建议、综合治理类司法建议具有独特的优势，能够辅助检察官、法官写作调研报告，辅助制作社会治理检察建议、综合治理类司法建议，为检察官、法官提高工作效率，节约司法资源。

（二）必备法律核心技能

1. 调研报告

司法机关的调研报告，一般来说包含三个方面的内容：态势情况、原因分析、对策建议。在写作具体要求上，态势情况要求有数据、有案例；原因分析要求剖析深入，有理有据；对策建议要求具有合理性、可行性和可操作性，不能“假大空”。

2. 社会治理检察建议

检察机关的社会治理检察建议主要包括以下内容：(1)案件或者问题的来源；(2)依法认定的案件事实或者经调查核实的事实及其证据；(3)存在的违法情形或者应当消除的隐患；(4)建议的具体内容及所依据的法律法规和有关文件等的规定；(5)被建议单位提出异议的期限；(6)被建议单位书面回复落实情况的期限；(7)其他需要说明的事项。写好社会治理检察建议，关键在于调查研究深入充分，调研报告“有血有肉”，这样写出来的检察建议才能做到问题总结和原因分析有“干货”，提出的建议有可行性。

3. 综合治理类司法建议

法院的综合治理类司法建议由首部、主文、尾部三部分组成。(1)首部包括标题、司法建议书编号、被建议单位名称。(2)主文主要包括背景情况以说明抓好相关领域工作的重要性，被建议单位在该领域已采取的主要举措及成效。然后列明在审判执行工作中发现的该领域需要重视和解决的问题，再提出具体建议，最后说明反馈时限，以及其他需要说明的事项。建议与问题应当一一对应。(3)尾部包

---

① 参见最高人民检察院法律政策研究室编著：《社会治理检察建议工作指引》，中国检察出版社 2023 年版，第 22 页。

② 参见《最高人民法院关于综合治理类司法建议工作若干问题的规定》第 1 条。

括院印、法院名称和日期、联系人姓名和电话、附件和抄送单位名称。如有附件，应当在正文之后、成文日期之前注明附件的顺序号和名称。与检察机关的社会治理检察建议一样，关键是调研充分深入，指出的问题是真问题，提出的建议真能解决问题。

用 DeepSeek 辅助撰写调研报告、社会治理检察建议、综合治理类司法建议，需满足上述专业要点。

（三）提示词范例

以 N 地区的盗刷医保卡刑事案件为例，让 DeepSeek 生成一份调研报告。由于生成的报告不能令人满意，多次追问导致反复出现“服务器繁忙，请稍后再试”，因此，笔者改为使用腾讯元宝（满血版）。由于腾讯元宝已经全面接入了 DeepSeek－R1，所以输出结果是相似的，但不会出现“服务器繁忙，请稍后再试”。提示词如下：

请对 N 地区的冒用、盗刷医保卡的刑事案件进行分析，形成调研报告，内容及要求包括：1. 盗刷医保卡的整体情况（要求有数据、有案例）；2. 盗刷医保卡案件发生的原因（要求原因剖析深入，有案例支撑）；3. 治理盗刷医保的建议（要求建议具有合理性、可行性和可操作性，不能“假大空”）。

（四）AI 生成效果展示

生成的调研报告虽然内容较为全面，但主要是提纲化的内容，连贯性较差，且案例与观点“两张皮”，没有结合起来阐述。节选生成内容如下图：

N地区冒用、盗刷医保卡刑事案件调研报告

一、盗刷医保卡的整体情况

1. **案件数量与涉案金额**
   - 根据全国医保诈骗案件数据，2024年检察机关起诉医保骗保犯罪4715人，法院审结案件1156件，判处罪犯2299人，案件量同比激增1.3倍。结合全国趋势及地方案例（如上海张某盗刷医保卡案），推测N地区此类案件呈上升态势。
   - **典型案例：**
     - 2023年上海张某捡拾他人医保卡后，一年内盗刷2000余元用于购药，最终被刑事拘留。
     - N地区某药店员工利用职务之便盗刷顾客医保卡资金，涉案金额超万元。

2. **主要作案手法**

- **冒用他人身份**：盗用他人医保卡或伪造身份信息进行医疗消费。
- **虚构交易**：部分医疗机构通过虚增治疗项目、伪造病历套取医保资金。例如某三甲医院虚报"静脉置管术"费用，单次费用从10元虚增至60元，非法获利超500万元。
- **内外勾结**：医药代表与医院工作人员串通，虚报药品价格或数量。

二、案件发生的原因剖析

1. **制度漏洞与监管薄弱**

- **审核机制不严**：部分医疗机构对医保报销材料审核流于形式，如某医院曾因未核实患者身份信息导致冒名就医案件频发。
- **异地就医监管不足**：跨区域作案难以追踪，如某团伙利用异地就医政策漏洞，伪造多地住院记录骗取医保基金。

2. **利益驱动与道德缺失**

- **个人牟利**：如张某因自身糖尿病需长期购药，盗刷他人医保卡以减轻经济负担。
- **机构逐利**：部分医院通过过度治疗、虚增费用套取医保资金。例如某民营医院虚构手术项目，骗取

图 2－6　腾讯元宝 DeepSeek 生成的类案调研报告节选

（五）提示词优化建议

为解决生成的调研报告"提纲化"、缺乏连贯性问题，笔者对提示词进行了优化，并再次追问，要求形成连贯性阐述的调研报告。值得注意的是，报告中的数据和案例需要人工复核，有的案例和数据可能不准确，甚至可能存在"AI 幻觉"。优化后的提示词如下：

不要生成条目式提纲，而是形成连贯性的阐述，把案例与观点结合起来进行阐述，不要孤立谈案例，要把案例作为论述的依据，从整体情况、原因分析、对策建议三个方面阐述。

DeepSeek 的输出内容见图 2－7。

N地区冒用、盗刷医保卡刑事案件调研报告

一、盗刷医保卡的整体情况

近年来，医保诈骗犯罪呈现高发态势，N地区虽未公开具体案件数据，但结合全国趋势与地方典型案例可推断，盗刷医保卡案件已成为威胁医保基金安全的重要问题。2024年全国检察机关起诉医保骗保犯罪4715人，案件量同比激增1.3倍，反映出此类犯罪的普遍性和严重性。以N地区为例，某药店员工利用职务之便盗刷顾客医保卡资金，涉案金额超万元；另一起案件中，一名糖尿病患者因长期购药负担过重，捡拾他人医

保卡后多次盗刷购药，最终被追究刑事责任。这些案件不仅涉及个人违法行为，更暴露出部分医疗机构系统性造假问题。例如，某三甲医院通过虚增"静脉置管术"费用，单次收费从10元虚增至60元，累计非法获利超500万元，凸显了医保资金被侵蚀的隐蔽性和规模化特征。

从作案手法看，冒用身份、虚构交易和内外勾结是主要形式。例如，不法分子通过伪造异地就医记录骗取医保基金，或利用医保系统与医疗机构数据共享不足的漏洞，跨区域实施犯罪。某犯罪团伙曾通过伪造多地住院记录，利用异地就医监管盲区套取资金，案件涉及多个省市，追查难度极大。此外，电子医保卡的普及虽便利了群众，但也催生了新型犯罪手段。例如，某网络平台以虚假售药为名，通过盗取电子医保卡信息实施盗刷，传统监管模式对此类技术化、链条化犯罪应对乏力。

二、案件发生的深层原因

盗刷医保卡案件的频发，本质上是制度漏洞、利益驱动与技术滞后共同作用的结果。

首先，医保审核与监管机制存在明显短板。 部分医疗机构对患者身份核验流于形式，为冒名就医提供了可乘之机。例如，N地区某医院曾因未严格核对就诊人身份信息，导致多起冒用医保卡案件发生。异地就医政策的初衷是便利患者，但跨区域数据共享不畅、监管标准不统一，反而被不法分子利用。某团伙伪造多地住院记录骗取医保基金，正是钻了异地报销审核不严的空子。

其次，经济利益驱动下的道德失范是核心诱因。 对个人而言，医疗费用压力催生了"以骗补缺"的扭曲心理。上海张某盗刷他人医保卡的案例中，其盗刷的直接动机是减轻自身糖尿病治疗的经济负担。对机构而言，部分医院将医保基金视为"唐僧肉"，通过虚构治疗项目、虚增药品消耗量等手段套取资金。例如，某民营医院虚构手术项目，骗取医保基金数十万元，暴露出医疗机构逐利倾向与公益性定位的严重冲突。

最后，技术防控能力不足加剧了犯罪风险。 当前医保系统与公安、医疗机构的数据库尚未完全打通，异常交易难以及时预警。例如，某药店员工长期盗刷医保卡却未被发现，直至顾客主动报案才案发，反映出动态监测机制的缺失。同时，电子医保卡虽提升了便捷性，但加密技术薄弱、验证方式单一等问题，使其成为网络犯罪的新目标。某地曾发生黑客攻击医保系统、批量盗刷电子医保卡的案件，直接暴露了技术防护的脆弱性。

三、综合治理的对策建议

遏制盗刷医保卡犯罪，需构建制度完善、技术赋能、社会共治的立体化防控体系。

1. 堵住制度漏洞，强化全流程监管。 在身份核验环节，推广医保卡与生物识别技术（如指纹、人脸识别）绑定，从源头杜绝冒用风险。参考天津红桥区经验，建立医保、公安、医疗机构数据共享平台，对异地就医、高频次购药等行为实时监测预警。对于医疗机构，需压实主体责任，将医保违规行为与机构评级、医师执业资格挂钩。例如，某省通过"黑名单"制度对骗保医院实施联合惩戒，2023年追回违规资金超2亿元，成效显著。

2. 提升技术防控的精准性与前瞻性。 引入人工智能和大数据分析技术，构建智能审核模型。例如，湖南东安县通过设定276条审核规则（如药品配伍合理性、单次开药量阈值），2024年自动识别异常处方预警金额达2316万元。针对电子医保卡安全，需采用动态验证码、区块链存证等技术加固防护，同时建立反欺诈模型，对异常登录、高频消费等行为实时拦截。

3. 加大打击力度与警示教育并重。 在法律层面，建议对团伙作案、医疗机构系统性骗保提高量刑标准，形成震慑效应。2024年某医院骗保案主犯被判10年有期徒刑，释放了"零容忍"信号。在社会层面，需通过典型案例宣传提升公众防范意识。例如，N地区可通过短视频平台发布模拟盗刷过程的普法短剧，揭露犯罪手法，引导群众妥善保管医保卡。

4. 构建社会共治格局。 设立举报奖励制度，鼓励公众参与监督。某市对提供有效线索的举报人最高奖励10万元，2023年由此破获案件占比达35%。同时，推动医疗机构签署行业自律协议，定期公开医保基金使用明细，接受社会监督。例如，某省三甲医院通过官网公示诊疗费用明细，2023年患者投诉率下降40%，信任度显著提升。

图 2－7 优化提示词后腾讯元宝 DeepSeek 生成的类案调研报告

提示词的要求越详细、越具体，越能实现目标，具体到要求"把案例与观点结合起来进行阐述，不要孤立谈案例，要把案例作为论述的依据"的程度，这次生成的调研报告已经符合要求了。

接下来，我们可以在生成的调研报告基础上，让 DeepSeek 继续生成社会治理检察建议、综合治理类司法建议。由于社会治理检察建议和综合治理类司法建议的结构和内容相似，下面以社会治理检察建议为例进行展示和说明。对于这类文书，AI 比较生疏，此前用 DeepSeek 生成的文书格式极不规范的情况，最好的解决办法就是给 DeepSeek 提供范文，让它仿写。因此，笔者在提示词中不仅提出具体要求，还提供了一份社会治理检察建议书，让腾讯元宝 DeepSeek 进行仿写。提示词如下：

根据上述调研报告，生成一份社会治理检察建议，发给 N 市卫健委，社会治理检察建议包括以下内容：主送单位、首部（介绍背景情况）、问题现状及管理漏洞、对策措施建议、尾部。可以参照下面这篇进行仿写：辽宁省鞍山市人民检察院检察建议书鞍检建〔2019〕1 号某交通运输部门：……①

N市人民检察院
检察建议书

N检建〔2024〕X号

N市卫生健康委员会：

本院在办理王某等人涉嫌盗刷医保卡诈骗、刘某职务侵占等系列刑事案件中发现，N市部分医疗机构及从业

① 为节省篇幅，这里不再摘录具体内容，参见《全国检察机关社会治理类优秀检察建议材料及文书》，载微信公众号"四川检察"2020 年 8 月 5 日，https://mp.weixin.qq.com/s/h_GYR41Y_iowbUA0IdhZrg。

人员存在冒用医保身份、虚构医疗交易等违法行为，暴露出医保基金监管中的制度漏洞和风险隐患。根据《中华人民共和国人民检察院组织法》第二十一条、《人民检察院检察建议工作规定》第十一条，结合案件办理情况，现就加强医保基金监管提出如下建议：

一、案件反映的问题及管理漏洞

1. 医保审核与身份核验机制流于形式，冒名就医问题突出

部分医疗机构对参保人身份核验不严，导致医保卡被冒用问题长期存在。例如，N市某医院未严格执行实名就诊制度，犯罪团伙通过伪造身份信息冒用他人医保卡就诊，两年内骗取医保基金80余万元。此类案件暴露出部分医疗机构对《医疗保障基金使用监督管理条例》第二十二条"核验参保人员医疗保障凭证"的规定落实不到位，身份核验环节形同虚设。

2. 异地就医监管存在盲区，跨区域骗保案件多发

医保系统与公安、医疗机构数据共享不足，异地就医监管链条断裂。如N市某犯罪团伙伪造多地住院记录，利用异地报销审核漏洞骗取医保基金200余万元，直至跨省协查才案发。此类案件反映出医保部门对《关于进一步规范医疗行为促进合理医疗检查的指导意见》中"加强异地就医直接结算监管"的要求执行不力，跨区域协同机制尚未建立。

3. 技术防控手段滞后，电子医保卡安全隐患凸显

当前医保系统对异常交易预警能力不足，电子医保卡加密等级较低。例如，N市某药店员工通过盗刷电子医保卡二维码，3个月内非法套现50万元；另一起案件中，黑客攻击医院信息系统批量窃取电子医保卡数据，造成直接损失120万元。这表明医保部门对《国家医疗保障局关于推进医保电子凭证应用的意见》中"强化网络安全防护"的要求未充分落实，技术防控体系亟待升级。

二、综合治理建议

1. 构建全流程智能监管体系，堵塞制度漏洞

- **强化身份核验刚性约束**：2024年底前在全市二级以上医院推广医保卡与指纹/人脸识别绑定系统，参考天津市红桥区"实名就医一码通"经验，实现"人卡合一"验证。
- **建立跨部门数据共享平台**：打通医保、公安、医疗机构数据库，对异地就医、高频次购药等行为实时监测，对单日消费超500元、月累计超3000元等异常交易自动预警。

2. 开展医保基金安全专项整治行动

- **重点打击三类行为**：① 医疗机构虚构诊疗项目（如某医院虚增"静脉置管术"收费案）；② 药店盗刷、串换药品（如N市某药店盗刷医保卡案）；③ 医药代表与医务人员勾结骗保（如某医药公司虚开药品数量案）。
- **建立"黑白名单"制度**：对3年内发生2次以上骗保行为的医疗机构，取消医保定点资格并公开通报；对主动报告违规行为的机构从轻处理，形成"自查从宽、被查从严"导向。

3. 升级技术防控能力，筑牢安全防线

- **推广智能审核系统**：引入湖南东安县"AI监管模型"，针对超量开药（如单次开具胰岛素超4支）、药品配伍异常（如抗生素与益生菌同时处方）等276类风险点自动拦截。

- **强化电子医保卡安全**：2024年10月底前完成电子医保卡动态验证码升级，采用国密算法加密传输；建立反欺诈中心，对同一账户异地频繁登录、夜间集中消费等异常行为实时锁卡。

4. 完善社会共治机制，压实主体责任

- **设立举报奖励专项基金**：参照某市"举报骗保最高奖10万元"做法，开通"N市医保监督"微信小程序，实现线索一键提交、奖金即时到账。
- **推行医疗机构信用承诺制**：要求全市医保定点机构法定代表人签署《医保基金使用诚信承诺书》，承诺内容纳入医疗机构年检核心指标。

三、回复要求

根据《人民检察院检察建议工作规定》第十七条，请贵单位在收到本建议书后：

1. 7日内就是否采纳建议书面反馈意见；
2. 2个月内将整改落实情况正式回复本院。

联系人：李某某（联系电话：XXX-XXXXXXX）

N市人民检察院
2024年X月X日

（附：相关案例证据材料X份，技术方案建议稿X份）

文件特点说明

1. **问题剖析与法律依据紧密结合**：每个管理漏洞均对应具体法律条款（如《医疗保障基金使用监督管理条例》），体现检察建议的法定性。
2. **整改措施具象可行**：提出"单日消费超500元预警""指纹识别系统推广时限"等量化要求，避免建议空泛化。
3. **典型案例嵌入治理逻辑**：将N市药店盗刷案、异地骗保案等本地案例直接转化为监管改进的具体抓手，增强建议针对性。
4. **技术方案与制度创新并重**：既推荐成熟技术模型（天津红桥区、湖南东安县经验），又设计符合N市实际的"信用承诺制""黑白名单"等新机制。

图 2－8　腾讯元宝 DeepSeek 生成的社会治理检察建议

这份社会治理检察建议也存在问题：一是一级标题不符合检察建议书的格式要求；二是具体内容呈"提纲化"，缺乏连贯性。因此需要再次优化提示词，进行追问。追问的提示词如下：

把大标题去掉，形成连贯的表述，符合仿写的那份检察建议书的格式。

以下是腾讯元宝 DeepSeek 思考过程：

好的，我需要帮用户将之前的调研报告转化为符合仿写格式的检察建议书，同时去掉大标题，形成连贯的表述。首先，用户提供的示例是辽宁省鞍山市人民检察院的检察建议书，结构包括主送单位、背景介绍、问题现状及管理漏洞、对策措施建议、尾部。我需要确保生成的建议书符合这个结构，并且内容连贯，案例和观点结合紧密。

用户之前的调研报告已经分成了整体情况、原因分析和对策建议，现在需要将这些内容转化为检察建议书的具体部分。首先，主送单位是N市卫健委，首部需要介绍背景情况，说明在办理哪些案件时发现了问题。接着问题现状及管理漏洞部分，要结合具体案例和法律依据，指出存在的监管问题。对策措施建议需要具体可行，参考之前的建议但更符合检察建议的格式，比如专项整治、技术升级等。尾部则包括回复要求和联系人信息。

需要注意用户特别强调不要生成条目式提纲，而是连贯的阐述，案例要作为论述的依据，而不是孤立存在。因此，在描述每个问题时，需要结合具体案例，说明案例如何反映了管理漏洞，并引用相关法律条款。例如，在指出身份核验不严时，可以提到N市某医院的案例，并对应《医疗保障基金使用监督管理条例》的具体条款。

此外，用户要求仿写的示例中，每个问题分点列出，但描述较为详细，结合案例和法律条文。因此，在生成建议书时，每个问题点需要明确问题描述、案例支持、法律依据，然后提出具体建议。例如，问题一可能涉及审核机制不严，引用具体案例，然后引用相关法律，最后提出建议如推广生物识别技术。

还要确保建议措施具体可行，比如设立举报奖励制度，明确奖励金额和方式，或者技术升级的时间节点，如"2024年底前完成系统升级"。这些具体细节能增强建议的可操作性，避免假大空。

最后，检查格式是否符合要求，去掉大标题，保持段落连贯，使用正式的法律文书语言，同时确保各部分逻辑衔接自然，案例和法规引用准确。需要确保每个建议都有对应的案例支撑，并且建议措施能够直接回应前面指出的问题。例如，在技术防控手段滞后的问题后，建议引入智能审核系统和强化电子医保卡安全措施，并给出具体实施方案和时间表。

图 2－9　追问后腾讯元宝 DeepSeek 生成的思考过程

从思考过程看，元宝 DeepSeek 回应了笔者的需求，并且进行了深度思考，进而总结出五个要点步骤，生成了较为满意的社会治理检察建议。当然，这只能辅助司法人员进行整理思路和文字写作，不能代替真正的实地调查。如图 2－10 所示：

N市人民检察院
检察建议书

N检建〔2024〕X号

N市卫生健康委员会：

本院在办理王某、刘某等人涉嫌盗刷医保卡诈骗、职务侵占等刑事案件中发现，N市部分医疗机构及从业人员长期存在冒用医保身份、虚构医疗交易等违法行为，造成医保基金重大损失。为进一步规范医保基金使用，强化行业监管，现根据《中华人民共和国人民检察院组织法》第二十一条、《人民检察院检察建议工作规定》第十一条，结合案件暴露的问题，提出如下建议：

一、案件反映的管理漏洞与问题

1. **医保审核机制执行不严，身份核验形同虚设**

根据《医疗保障基金使用监督管理条例》第二十二条规定，医疗机构应严格核验参保人员身份信息。但N市某医院在未核实患者身份的情况下，放任犯罪团伙冒用他人医保卡就诊，两年内骗取医保基金80余万元。该案暴露出部分医疗机构对实名就诊制度落实不到位，甚至存在医务人员协助伪造病历的行为。

2. **异地就医监管存在盲区，跨区域协同机制缺失**

《关于进一步规范医疗行为促进合理医疗检查的指导意见》明确要求加强异地就医直接结算监管，但N市某犯罪团伙通过伪造多地住院记录，利用医保系统数据共享不畅的漏洞，骗取医保基金200余万元，直至跨省协查才发现异常。此类案件反映出医保部门对异地就医报销材料的真实性审核流于形式，跨区域风险预警机制尚未建立。

3. **技术防控体系薄弱，电子医保卡安全隐患突出**

《国家医疗保障局关于推进医保电子凭证应用的意见》要求强化网络安全防护，但N市某药店员工通过破解电子医保卡动态二维码，3个月内盗刷50万元；另一起案件中，黑客入侵医院信息系统窃取3万余条电子医保卡数据，造成直接损失120万元。这表明当前医保系统对异常交易识别能力不足，加密技术标准滞后于犯罪手段升级。

二、综合治理建议

1. **完善全流程监管机制，压实主体责任**

建议2024年底前在全市二级以上医院推广医保卡与生物识别（指纹/人脸）绑定系统，参考天津市红桥区"实名就医一码通"经验，实现就诊环节"人卡证"三重核验。针对异地就医风险，需建立跨省市数据共享平台，对短期内多地报销、单次住院费用超5万元等异常情况自动触发人工复核。

2. **开展医保基金安全专项整治行动**

建议重点整治三类行为：①医疗机构虚增诊疗项目（如某医院将"静脉置管术"单次收费虚增500%）；②药店串换药品、盗刷医保卡（如N市某药店员工盗刷顾客医保卡案）；③医药代表与医务人员勾结套现（如某医药公司虚报药品数量案）。同步建立"黑白名单"制度：对两年内发生两次以上骗保行为的机构，取消医保定点资格并公开曝光；对主动整改的机构，在年度考核中予以信用加分。

3. **升级技术防控体系，堵塞安全漏洞**

建议引入智能监管模型，参照湖南东安县设定276条审核规则（如单日消费超500元自动冻结账户、单次开具胰岛素超4支触发预警），2024年10月底前完成系统部署。针对电子医保卡，需采用国密算法加密技术，强制启用"人脸识别+动态验证码"双重认证，对同一账户异地频繁登录、夜间集中消费等异常行为实时拦截。

4. **构建社会共治格局，强化警示教育**

建议设立"N市医保基金监督举报平台"，通过微信小程序实现线索一键举报、奖金即时到账（参考某市"举报骗保最高奖10万元"机制）。同时要求全市定点医疗机构法定代表人签署《医保基金使用诚信承诺书》，承诺内容纳入医疗机构年检核心指标。对典型案例，可通过庭审直播、短视频普法等形式向社会公布，如公开播放刘某职务侵占医保基金案的庭审录像，强化震慑效应。

三、回复要求

根据《人民检察院检察建议工作规定》第十七条，请贵单位于收到本建议书后7日内反馈意见，2个月内书面回复整改落实情况。

联系人：张某某
联系电话：XXX-XXXXXXXX

N市人民检察院

图 2-10　元宝 DeepSeek 最终生成的社会治理检察建议

值得注意的是，上述两次生成的社会治理检察建议中出现了“AI 幻觉”。其中的“《医疗保障基金使用监督管理条例》第二十二条”，实际应该是第十五条；“《国家医疗保障局关于推进医保电子凭证应用的意见》”应该是国家医疗保障局《关于全面推广应用医保电子凭证的通知》（医保办发〔2020〕10 号）。

（六）必备 AI 核心技能

一是限定思考的时空范围。调研报告以及检察建议、司法建议都是针对检察官、法官办案过程中发现的问题，不能脱离办案主责主业，因此在使用 DeepSeek 这类综合性文字材料时，应当限定时间和空间范围，也就是要对某一地区、某一时间段进行限定。

二是善于进行追问。当 DeepSeek 等 AI 生成的内容不符合我们要求的时候，要善于及时追问，通过提示词的优化调整，跟进追问，不断提出新的要求，能够让 DeepSeek 等生成式大模型更好地理解我们的需求。这个过程就是一个交互对话和沟通的过程。

三是灵活使用对接 DeepSeek 的第三方 AI 大模型。当前，由于技术等原因，DeepSeek 经常出现“服务器繁忙，请稍后再试”的情况。遇到这种情况，可以使用搭载了 DeepSeek 的第三方 AI 大模型。目前，国内已经出现多款搭载了 DeepSeek 的第三方 AI 大模型，比如腾讯元宝等。

五、辅助分析侦查（调查）数据

（一）适用场景

在公安机关等司法机关侦查刑事案件和监察委员会调查职务犯罪案件时，往往涉及大量的数据，包括银行交易明细数据、通讯数据、支付宝和微信等账单数据，手机及电脑等电子设备存储或者通过技术手段恢复的电子数据、财务数据、视频图像数据等。人工分析这些数据往往会效率低下而且容易遗漏重要信息,即使目前存在各种分析软件,但其分析模式固定,智能化和交互式功能欠缺,自主学习能力几乎为零。随着 DeepSeek 这类人工智能的发展,侦查(调查)工作的数据分析的前景变得具有无限可能,人工智能在作出基本分析后,我们再根据自己想到的情况向人工智能提出需求,由其进行相应计算得出最佳答案,人工智能在此过程中又不断进化升级,形成良性循环。对于侦查(调查)工作来说,DeepSeek 这类人工智能场景适用非常广,具体如下:

1. 银行交易明细数据分析

银行交易明细数据在经济类案件中非常重要,特别是在案件线索发现与侦查(调查)突破、涉案金额确定及最后的定罪量刑、赃款追缴等方面,既可以对单个人的银行交易明细做相应数据分析,也可以做多人之间的银行交易明细比对分析。

2. 通讯数据分析

通讯数据分析是一种事后的虚拟痕迹检验手段,通过对移动通信运营公司提供的有关人员电话通信记录中的通讯号码、时间信息、位置信息等进行数据统计和逻辑运算,以此可以分析出有关人员的各种人际关系、行踪和生活规律。

3. 财务会计数据分析

财务报表与合同、票据的关联性分析(如虚构交易对应的无实际资金流动),可证明犯罪行为的故意,结合交易对手方信息(如关联企业、亲属账户)与时间线,锁定权钱交易、商业贿赂等行为的资金链。

4. 电子数据分析

电子数据(如聊天记录、邮件、文件、照片、视频等)可以直接作为案件的关键证据,帮助还原事实真相,我们还可以通过对海量电子数据进行分析,发现潜在的犯罪模式或关联性,利用电子数据构建犯罪嫌疑人的行为习惯和心理特征。

5. 多种数据之间的比对碰撞分析

通过多种数据间的比对碰撞分析,可发现看似无关线索的潜在联系,帮助验证证据真实性、缩小侦查范围,从而有效还原并锁定犯罪事实,并辅助指挥人员制定更合理的侦查(调查)策略。

(二)必备法律核心技能

DeepSeek 等人工智能在专业数据分析方面具有一定优势,侦查(调查)过程中需要对很多数据进行抽丝剥茧,同时也要有多种数据碰撞还原犯罪事实,这是一种长期训练才能具备的专业能力。办案人员使用 DeepSeek 等人工智能应该掌握以

下技能:

1. 本地化部署并不断进行训练的能力

由于侦查(调查)涉及数据都属于敏感、隐私数据,根据数据安全的要求必须做好本地化部署,将办案实际中形成的各种数据分析方法、数据模型的思路等用来不断训练DeepSeek等人工智能,培养AI各种分析能力,从而使其符合办案对数据的分析需求,通过补充典型案件查办方法,进一步优化算法性能和AI的自主学习能力。

2. 多维数据预处理与数据清洗能力

在开展侦查(调查)过程中,数据具有来源复杂、格式多样(结构化/非结构化)、质量参差不齐(缺失、重复、错误)等特点。办案人员需掌握数据清洗、去噪、归一化等预处理技术,建立标准化数据标注体系,训练DeepSeek等人工智能识别异常交易、关联图谱、时空轨迹等关键特征。

3. 逻辑推理与判断能力

虽然DeepSeek等人工智能在数据分析方面具有优势,但最终的结论仍需依赖人的逻辑推理和专业判断。办案人员应学会利用人工智能提供的分析结果,综合运用生活常识、法律知识、行业经验以及案件背景,对犯罪事实进行深度剖析。例如,在分析复杂的经济犯罪时,不仅要关注资金流动轨迹,还要结合政策法规和市场环境,判断相关人员是否存在违法违纪行为。

4. 协作与沟通能力

侦查(调查)工作是一项对团队合作要求很高的工作,办案人员不仅需要与技术专家密切配合,还需要与其他部门共享成果、交流经验。因此,如何将人工智能分析结果清晰、准确地传达给相关人员,是不可或缺的一项技能。例如,通过可视化图表或简洁报告的形式,向领导汇报案件进展,为决策提供有力支持。

5. 隐私保护与合规意识

侦查(调查)工作涉及大量敏感信息,办案人员在使用DeepSeek等人工智能时,应具备强烈的隐私保护意识,必须严格遵守相关法律法规,并遵循国家关于人工智能应用的规范要求,避免因操作不当导致数据泄露或滥用。

(三)提示词范例

我是纪检监察工作人员,现在给你一份举报信、两份银行数据,其中张三阳为国有公司副总经理,李四季为供货商,从办案发现问题的角度出发,你做下数据分析。

以下为用于分析的举报信、两份银行数据文件中的数据截图（截图为自制举报信和银行交易明细数据，非真实案件，相关人员、地名、企业、经济往来等信息均为虚拟信息）：

举报信

纪委监委：

我本着对国有公司的热爱，现向你单位举报县国有资本集团下属的A公司副总经理张三阳的违法问题，张三阳在A公司任副总经理期间，胡乱作为，收礼收钱。具体如下：

1. 张三阳通过操作让其一个在文成县一个乡镇的情人的公司成为A公司的供应商，并高价从其情人那里购买公司生产所需要的原材料，价格远比市场价高，造成公司资金大量损失。

2. 张三阳还经常从供应商李四季、王五福那收取大额礼品和钱款，听李四季公司那边的人说，张三阳现在所开的问界M7是李四季在去年年底的时候买过来送给他的。

举报人：A公司直属员工

联系电话 180XXXXXXXX

2025.2.5

1	本方姓名	本方卡号	交易时间	交易类型	借贷类型	交易金额	对方姓名/单位	对方卡号	交易柜员	备注
2	张三阳	6228480330577512618	2024/12/1 14:15	POS	借	180000			999sss	温州银宝星汽车销售公司
3	张三阳	6228480330577512618	2024/12/1 14:15	POS	借	15384		POS65325686589	999sss	车辆购置税
4	张三阳	6228480330577512618	2024/12/1 14:15	POS	借	5,000.00		POS25525665456	999sss	保险费
5	张三阳	6228480330577512618	2024/12/1 14:15	POS	借	200.00		POS65325686589	999sss	上牌费
6	张三阳	6228480330577512618	2024/12/1 15:00	网上消费	借	300			999sss	支付宝-中石化温州六和加油站
7	张三阳	6228480330577512618	2024/12/2 20:34	网上消费	借	299			999sss	微信-萌宝星选个体店CHN;;;
8	张三阳	6228480330577512618	2024/12/3 20:34	网上消费	借	271.5			999sss	支付宝-上海拉扎斯信息科技有限公司CHN;;
9	张三阳	6228480330577512618	2024/12/4 20:22	转账	贷	250,000.00	苏小小	6222120306789214455	999sss	
10	张三阳	6228480330577512618	2024/12/5 19:38	网上消费	借	16			999sss	Apple.com/billMLDYSF2BN2//HKG;;;
11	张三阳	6228480330577512618	2024/12/8 13:39	转账	借	1314	柳娟	6222120204455298652	999sss	老婆生日快乐
12	张三阳	6228480330577512618	2024/12/9 22:20	网上消费		1,388.00			999sss	支付宝-上海格物致品网络科技有限公司CHN;
13	张三阳	6228480330577512618	2024/12/10 14:56	现存	贷	18,000.00			A23564	ATM
14	张三阳	6228480330577512618	2024/12/10 14:59	现存	贷	16,000.00			A23564	ATM
15	张三阳	6228480330577512618	2024/12/11 1:25	网上消费	借	36			999sss	Apple.com/billMLDYSX3ZVW//HKG;;;
16	张三阳	6228480330577512618	2024/12/11 12:42	转账	贷	52850	李多福	6222235553226994125	999sss	
17	张三阳	6228480330577512618	2024/12/11 13:01	网上消费	借	61.3			999sss	支付宝-消费-上海拉扎斯信息科技有限CHN;
18	张三阳	6228480330577512618	2024/12/12 3:06	短信服务费	借	2			999sss	SMSPServiceCharge00000384467267280;;;
19	张三阳	6228480330577512618	2024/12/13 15:06	转账	贷	49000	王五谷		865698	自助柜员机
20	张三阳	6228480330577512618	2024/12/13 15:08	转账	贷	48000	王五谷		865698	自助柜员机
21	张三阳	6228480330577512618	2024/12/14 16:53	网上消费	借	417			999sss	微信-N服饰旗舰店CHN;;;
22	张三阳	6228480330577512618	2024/12/15 16:00	现存	贷	80000			865322	
23	张三阳	6228480330577512618	2024/12/16 7:26	网上消费	借	12			999sss	Apple.com/billMLDYT8K006//HKG;;;
24	张三阳	6228480330577512618	2024/12/17 8:40	ATM	借	20000			A36522	
25	张三阳	6228480330577512618	2024/12/17 12:52	网上消费	借	0.95			999sss	支付宝-浙江温州银泰百货有限公司CHN;;;
26	张三阳	6228480330577512618	2024/12/20 15:36	网上消费	借	20			999sss	瑞幸咖啡店
27	张三阳	6228480330577512618	2024/12/20 17:00	转账	借	500	小美丽汽车美容店		999sss	微信二维码T+0收单;;;
28	张三阳	6228480330577512618	2024/12/20 22:41	转账	贷	28000	赵美玲	6228432566658881234	999sss	
29	张三阳	6228480330577512618	2024/12/24 10:41	转账	借	5200	苏小小	6222120306789214455	999sss	
30	张三阳	6228480330577512618	2024/12/24 18:11	网上消费	借	45.54			999sss	代扣ETC通行费：浙CD88656;
31	张三阳	6228480330577512618	2024/12/24 20:07	网上消费	借	500.00			999sss	微信-幸福火锅
32	张三阳	6228480330577512618	2024/12/25 7:25	网上消费	借	1288			999sss	文成云上居民宿
33	张三阳	6228480330577512618	2024/12/25 8:11	网上消费	借	14.54			999sss	代扣ETC通行费：浙CD88656;
34	张三阳	6228480330577512618	2024/12/30 19:25	ATM	贷	11,000.00			A36522	

1	对方姓名	本方卡号	交易时间	交易类型	借贷类型	交易金额	对方姓名/单位	对方卡号	交易柜员	备注
2	李四季	6228480399074541496	2024/12/1 13:02	转账	贷	875.00	支付宝	9990000126211200l358	999sss	支付宝二维码T+0收单;;;
3	李四季	6228480399080690998	2024/12/2 15:50	转账	贷	1,354.00	支付宝	9990000126211200l358	999sss	支付宝二维码T+0收单;;;
4	李四季	6228480399080690998	2024/12/2 17:25	电费	借	1,542.57	代理收缴款项一电力	86201001262241000127	999sss	批量代收;;;
5	李四季	6228480399080690998	2024/12/3 18:28	转账	贷	350,000.00	李四方	6228588623569823132	999sss	
6	李四季	6228480399080690998	2024/12/3 22:53	转账	贷	180.00	微信	9990000126211200l358	999sss	微信二维码T+0收单;;;
7	李四季	6228480399080690998	2024/12/5 15:07	烟草	借	2,379.66	代理收缴款项（烟草	85100101262241003800	999sss	烟草;;;
8	李四季	6228480399080690998	2024/12/5 15:43	转出	借	120,000.00	李四方	6228588623569823132	999sss	;;;123.159.136.156
9	李四季	6228480399080690998	2024/12/5 18:06	转账	贷	1,200.00	微信	9990000126211200l358	999sss	微信二维码T+0收单;;;
10	李四季	6228480399074541496	2024/12/9 11:20	转账	贷	300.00	支付宝	9990000126211200l358	999sss	支付宝二维码T+0收单;;;
11	李四季	6228480399080690998	2024/12/10 14:54	现取	借	20,000.00			A23564	ATM
12	李四季	6228480399074541496	2024/12/10 14:55	现取	借	20,000.00			A23564	ATM
13	李四季	6228480399080690998	2024/12/11 12:19	转账	贷	38,000.00		6230910399114350079	999sss	;;;112.12.164.41
14	李四季	6228480399080690998	2024/12/11 17:22	转账	贷	5,880.00	微信	9990000126211200l358	999sss	微信二维码T+0收单;;;
15	李四季	6228480399080690998	2024/12/11 17:36	转出	借	20,534.00		6230910399153712395	999sss	;;
16	李四季	6228480399074541496	2024/12/12 21:42	转账	贷	1,770.00	微信	9990000126211200l358	999sss	微信二维码T+0收单;;;
17	李四季	6228480399074541496	2024/12/13 21:55	转账	贷	1,250.00	支付宝	9990000126211200l358	999sss	支付宝二维码T+0收单;;;
18	李四季	6228480399080690998	2024/12/15 15:55	现取	贷	100,000.00			865322	
19	李四季	6228480399080690998	2024/12/15 18:04	电费优惠	贷	20.00	代理支付款项-	86201001262242000312	999sss	批量代付;;;
20	李四季	6228480399080690998	2024/12/15 21:19	线上充值	借	1,989.34		20882026535496222222	999sss	支付宝消费_**飞;;;
21	李四季	6228480399074541496	2024/12/16 16:09	转账	贷	25,000.00	王五福	6230910399114350079	999sss	支付宝二维码T+0收单;;;
22	李四季	6228480399080690998	2024/12/17 23:44	转账	贷	360.00	微信	9990000126211200l358	999sss	微信二维码T+0收单;;;
23	李四季	6228480399080690998	2024/12/19 18:24	转账	贷	2,270.00	王五福	6230910399114350079	999sss	;;;112.12.164.41
24	李四季	6228480399080690998	2024/12/19 15:09	理财转入	贷	402,500.00		9990000126211200l358	999sss	理财赎回
25	李四季	6228480399080690998	2024/12/20 14:38	POS	借	300,000.00		215500690	999sss	温州问界汽车销售有限公司
26	李四季	6228480399080690998	2024/12/20 14:50	POS	借	6,000.00		POS25525665456	999sss	保险费
27	李四季	6228480399080690998	2024/12/20 15:10	POS	借	200.00		POS65325686589	999sss	上牌费
28	李四季	6228480399080690998	2024/12/20 15:30	线上消费	借	9.85		215500690	999sss	代扣ETC通行费：浙C86932；
29	李四季	6228480399080690998	2024/12/20 17:39	线上消费	借	200.00	支付宝（中国）网络	215500690	999sss	支付宝消费_;;;
30	李四季	6228480399080690998	2024/12/20 20:35	转账	贷	2,165.00	微信	9990000126211200l358	999sss	微信二维码T+0收单;;;
31	李四季	6228480399080690998	2024/12/26 9:00	线上消费	借	400.00	支付宝（中国）网络	215500690	999sss	支付宝消费_蚂蚁基金（杭州）销售服务;;;
32	李四季	6228480399080690998	2024/12/26 9:50	转出	借	21,500.00		6212261203015378101	999sss	;;;101.65.173.46
33	李四季	6228480399080690998	2024/12/26 9:59	转账	贷	2,950.00	微信	9990000126211200l358	999sss	微信二维码T+0收单;;;
34	李四季	6228480399074541496	2024/12/26 15:18	烟草	借	8,411.82	代理收缴款项（烟草	85100101262241003800	999sss	烟草;;;

图 2－11　笔者杜撰的举报信和银行交易明细数据

（四）AI 生成效果展示

下面是 DeepSeek 的思考过程，从思考过程来看，它重点在对单独数据进行统计分析，从而筛选大额资金和可疑交易，但对于两个数据中如何关联分析出可疑交易的能力还有所不足，单个数据价值分析也未能进行深入拓展，只体现在面上统计分析功能，需要后续增加相应的提示词来引导它做出进一步分析。

举报张三阳违法问题数据分析

已深度思考（用时 38 秒）

嗯，我现在需要处理这个举报信和两份银行数据。首先，举报信中提到张三阳作为国有公司副总经理，有两个主要问题：一是让其情人的公司成为供应商并以高价采购原材料，导致公司资金损失；二是收受供应商李四季和王五福的礼品和钱款，特别是提到张三阳现在开的问界M7是李四季在去年年底送的。

接下来，我需要分析张三阳和李四季的银行交易数据，寻找可能的证据支持举报内容。首先，我应该检查张三阳的银行流水，看看是否有大额资金流动或可疑交易。比如，是否有大额支出购买车辆，或者与李四季、王五福之间的资金往来。然后，查看李四季的账户是否有大额资金转出到张三阳的账户，或者支付给张三阳的相关费用，比如购车款项。

在张三阳的Excel文件中，我看到2024-12-01有一笔18万的POS消费，备注是"温州银宝星汽车销售公司"，这可能与购买车辆有关。同时，还有车辆购置税、保险费、上牌费等的支出，总金额加起来可能对应一辆车的总价。这辆车可能就是举报信中提到的问界M7，由李四季赠送。需要核对李四季的账户是否在同时间段有相应的支出。

在查看李四季的Excel文件时，注意到2024-12-20有一笔30万的POS消费，备注是"温州问界汽车销售有限公司"，这与张三阳购买车辆的销售公司名称相似。可能李四季在购买车辆后转赠给张三阳。此外，李四季还有其他大额转账记录，比如2024-12-03转账35万给李四方，可能涉及资金转移或洗钱。

另外，张三阳在2024-12-08转账1314元给柳娟，备注"老婆生日快乐"，这可能是正常家庭支出。但需要关注是否有其他异常转账，比如频繁的大额转账给特定个人或公司，尤其是与供应商相关的账户。

还需要注意张三阳是否有大额存款或资金流入，比如2024-12-10现存18,000和16,000元，这可能与收受贿赂有关。同时，张三阳在2024-12-24转账5,200元给苏小小，可能与供应商有关联，需要进一步调查。

李四季的账户中，2024-12-15有一笔10万的现取记录，可能用于现金行贿。另外，李四季在2024-12-20有多笔汽车相关的支出，可能用于购买车辆赠送给张三阳。此外，李四季与王五福之间的资金往来也需关注，比如2024-12-16

图 2－12　DeepSeek 的思考过程

下面是 DeepSeek 的思考结果：它可以将一些可疑资金列出来供办案人员重点关注，并有一定的数据间关联分析功能，能够将举报信中提到的车辆和银行交易明细进行比对分析，找出可疑点。DeepSeek 在统计分析功能中有较为优秀的表现，缺点是没有对数据做进一步深加工处理和研判，比如不能从银行交易明细分析上将张三阳与供应商之间的资金往来进行锁定等。

根据举报信及提供的银行交易数据，结合办案角度分析如下：

一、举报问题1：张三阳通过情人公司高价采购

关键线索：

1. **张三阳账户异常资金流入：**
    - **2024-12-10**：分两次存入共计**3.4万元**（18,000元 + 16,000元），资金来源不明。

- **2024-12-15**：存入**8万元**，备注为空，需核查是否为供应商回扣。
- **2024-12-24**：向"苏小小"转账**5,200元**（与供应商可能存在关联）。

2. **高价采购潜在关联：**
   - 需调取A公司与文成县乡镇供应商的采购合同，对比同期市场价，核实原材料采购价是否虚高。
   - 核查张三阳情人与供应商公司的股权或实际控制关系。

二、举报问题2：张三阳收受李四季贿赂（问界M7）

关键证据链：

1. **张三阳购车记录：**
   - **2024-12-01**：通过POS机支出**18万元**（购车款）+ **15,384元**（购置税）+ **5,000元**（保险）+ **200元**（上牌费），合计**198,584元**，备注为"温州银宝星汽车销售公司"。
2. **李四季购车支付记录：**
   - **2024-12-20**：李四季账户通过POS机支出**30万元**，备注为"温州问界汽车销售有限公司"（与张三阳购车销售方名称高度关联）。
   - 同日，李四季账户还支付**6,000元保险费**及**200元上牌费**，与张三阳购车费用类型一致。
3. **资金流向关联性：**
   - 李四季在购车当日（2024-12-20）的**30万元支出**，极可能用于购买车辆并赠予张三阳。需核查车辆登记信息是否与张三阳相关。

三、其他可疑交易

1. **张三阳与供应商资金往来：**
   - **2024-12-11**：收到"李多福"转账**52,850元**（李四季关联方？）。
   - **2024-12-13**：向"王五谷"转账**9.7万元**（分两笔：49,000元 + 48,000元），需核查王五谷身份及交易背景。
2. **李四季异常资金操作：**
   - **2024-12-03**：收到"李四方"转账**35万元**，同日转出**12万元**至同一账户，疑似资金腾挪。
   - **2024-12-15**：现取**10万元**，可能用于现金行贿。
   - **2024-12-19**：向"王五福"转账**2,270元**，结合举报信提到的"王五福"，需进一步调查。

图 2－13　DeepSeek 输出结果

（五）提示词优化建议

侦查（调查）工作是通过对数据逻辑推理把犯罪事实尽可能还原的工作，它需要生活常识和经验积累，这种逻辑推理能力是办案人员在长期的数据分析过程中形成的，想要让 DeepSeek 以办案人员的思维去分析数据，就需要把平时办案中常用的技战法表述成提示词，让 DeepSeek 进行数据挖掘。下面我们增加一些提示词，看 DeepSeek 的分析效果。

其一，我们把分析出情人身份的一些技战法换成提示词，比如：你以张三阳银行交易明细中的各列内容做详细分析，找出其家属信息后，利用重要节假日前后有关特殊的转账金额、消费、出行情况判断出张三阳的情人是谁。

换了上述提示词后结果如图 2－14 所示：

已深度思考（用时 23 秒）

> 好的，我需要从张三阳的银行明细中分析出他的家属信息，然后利用重要节假日前后的一些特殊转账金额、消费和出行情况来判断张三阳的情人是谁。首先，我需要仔细查看张三阳的银行交易记录，看看有没有频繁转账给某个特定的人，或者备注中有没有提到家属的姓名，比如"老婆"、"妻子"等。
>
> 首先，我会关注"本方姓名"这一列，确认所有交易都是张三阳本人的账户。然后看"交易类型"、"借贷类型"、"交易金额"、"对方姓名/单位"以及"备注"这些列。特别是"备注"列，可能会有转账的用途或收款人信息。
>
> 例如，在张三阳的明细中，有一条交易是2024年12月8日向"柳娟"转账1314元，备注是"老婆生日快乐"。这里"柳娟"很可能就是张三阳的妻子。1314元的金额通常有"一生一世"的谐音，常被用于表达爱意，尤其是在生日这样的特殊日子。
>
> 接下来，我需要查找是否有其他转账记录指向可能的家属，比如子女或其他亲属。例如，是否有定期的教育费用、生活费用转账，或者节假日的大额转账。例如，春节、情人节、七夕节等节日前后是否有特殊的转账或消费记录。
>
> 然后，我需要分析是否有异常的转账或消费记录，指向可能的情人。例如，在情人节前后转账520元（"我爱你"的谐音），或者1314元，或者有高额的消费记录，如酒店、旅行、奢侈品购买等。同时，查看是否有与"柳娟"之外的女性有频繁或大额的资金往来。
>
> 另外，需要注意是否有在特定地点（如文成县）的消费记录，因为举报信中提到张三阳的情人在文成县的一个乡镇。例如，是否有在文成县的酒店、民宿、餐饮等消费记录。
>
> 最后，结合所有信息，综合判断张三阳的情人可能是谁。需要确保分析基于事实数据，避免主观臆断。

三、情人身份综合推断

1. **苏小小**：
   - 与张三阳存在双向大额资金往来（25万元进账、5,200元转出），且"5,200元"金额具有情感暗示。
   - 需重点核查其是否为文成县乡镇人员，是否与张三阳存在非正常关系。
2. **赵美玲**：
   - 单笔转账28,000元，无明确用途备注，可能为秘密关系资金支持。
3. **文成云上居民宿关联人**：
   - 结合举报信中"文成县乡镇情人"描述，民宿消费记录极可能与情人相关，需调取住宿登记信息确认同行人身份。

结论

张三阳的情人大概率与"苏小小"或"文成云上居民宿"消费关联，需结合住宿记录、车辆登记及苏小小背景调查进一步锁定。其妻子柳娟的账户流水也需同步审查，排除共同涉案可能。

图 2 – 14　优化提示词后 DeepSeek 输出结果

从上述分析过程和结果来看，提示词增加后，能够实现举报信中的情人数据分析效果，极大地提高了办案效率，但 DeepSeek 在数据的上下连贯分析能力上还是不足，没能将相近的数据分析当成一个整体进行推断。我们把人工分析过程提供如下供读者参考：张三阳的老婆为柳娟（因为其于 2012 年 12 月 8 日转账给柳娟 1314 元并且备注“老婆生日快乐”），苏小小很有可能为举报信中反映的情人。2024 年 12 月 24 日张三阳转 5200 元给苏小小，当天晚上 6 点多通过 ETC 缴费 45 元，说明张三阳从距离较远的地方赶回文成，而且当天晚上即平安夜吃了幸福火锅和在文成云上民宿住宿等信息，结合举报信中反映张三阳的情人为文成一个乡镇的人，这样我们可以作出一个极有可能的事实假设：张三阳 12 月 24 日转账给苏小小 5200 元，当天晚上他还是从较远的地方赶回文成吃了火锅，并入住文成云上民宿，结合张三阳的任职情况，苏小小极可能就是举报信中的情人，而苏小小于 2024 年 12 月 4 日转账给张三阳的 25 万元有很大可能是张三阳利用职务之便，高价从其情人那购买原材料的获利款。

其二，我们把分析银行交易明细中的现取现存技战法换成提示词，比如：

如果张三阳和李四季两人的银行交易明细中，现取和现存的交易柜员相同，现取时间稍微早于现存时间，则可以推出现存的资金为现取一方资金取出后存入，请按上述要求做下数据分析。

换了上述提示词后结果如图 2 – 15：

已深度思考（用时 36 秒）

好的，我现在需要分析张三阳和李四季的银行交易明细，特别是他们的现取和现存交易。根据用户的要求，如果两人在同一交易柜员处进行现取和现存操作，并且现取的时间稍早于现存的时间，那么可以推断现存资金可能是从现取的一方取出后存入的。

首先，我需要分别查看张三阳和李四季的银行交易记录，筛选出所有涉及"现取"和"现存"类型的交易。然后，比较这些交易的柜员信息、时间和金额，看看是否存在现取和现存交易在相同柜员处，且现取时间早于现存时间的情况。

对于张三阳的银行明细，我需要关注他的现存交易和现取交易。例如，在张三阳的交易中：

- 2024-12-10 14:56:00 现存 18,000元，柜员A23564（ATM）

- 2024-12-10 14:59:00 现存 16,000元，柜员A23564（ATM）

- 2024-12-15 16:00:00 现存 80,000元，柜员865322

- 2024-12-17 08:40:00 现取 20,000元，柜员A36522

- 2024-12-30 19:25:00 现存 11,000元，柜员A36522

对于李四季的银行明细：

- 2024-12-10 14:54:21 现取 20,000元，柜员A23564（ATM）

- 2024-12-10 14:55:35 现取 20,000元，柜员A23564（ATM）

- 2024-12-10 14:55:22 现取 100,000元，柜员865322

- 2024-12-15 18:04:50 现存 100,000元，柜员865322

- 2024-12-26 09:59:28 现存 2,950元，柜员999sss

接下来，我需要比较两人在同一柜员处的现取和现存交易，并检查时间顺序是否合理。例如，张三阳在2024-12-10 14:56:00和14:59:00进行了两次现存交易，柜员都是A23564。而李四季在同一天的14:54:21和14:55:35进行了两次现取交易，柜员同样是A23564。现取时间稍早于现存时间，且金额相近，可能存在资金转移的可能。

另外，李四季在2024-12-15 15:55:22现取了100,000元，柜员865322，随后张三阳在同一天的16:00:00现存了80,000元，柜员也是865322。虽然金额不完全匹配，但时间接近，柜员相同，可能部分资金存在关联。

需要进一步核实这些交易的具体细节，例如是否同一地点、是否有其他交易记录支持资金流动的连贯性。此外，还需考虑是否有其他可能的解释，如巧合或正常业务操作，避免误判。

总结来说，通过对比两人的现取和现存交易，在相同柜员和时间顺序的情况下，可以初步推断部分资金可能由李四季取出后存入张三阳账户，但需结合更多证据确认。

一、数据筛选与匹配

从两人银行明细中提取所有“现取”和“现存”交易，按交易柜员、时间、金额进行匹配，筛选出以下符合“现取时间早于现存时间”且“交易柜员相同”的记录：

姓名	交易时间	交易类型	金额	柜员	备注
李四季	2024-12-10 14:54:21	现取	20,000元	A23564	ATM
李四季	2024-12-10 14:55:35	现取	20,000元	A23564	ATM
张三阳	2024-12-10 14:56:00	现存	18,000元	A23564	ATM
张三阳	2024-12-10 14:59:00	现存	16,000元	A23564	ATM
李四季	2024-12-15 15:55:22	现取	100,000元	865322	
张三阳	2024-12-15 16:00:00	现存	80,000元	865322	

结论

张三阳与李四季在**A23564和865322柜员**处的现取与现存交易存在高度关联性，**资金转移特征明显**，极可能涉及违规操作。建议结合监控录像、账户流水追踪差额资金，并进一步调查两人关系及交易背景。

图 2－15 再次优化提示词后 DeepSeek 输出结果

从上述分析过程和结果来看，DeepSeek 完全符合实际办案逻辑，给出的列表直观明了，分析结果准确，其在数据处理上速度明显高于人工，效果非常好。这样就直接锁定李四季向张三阳行贿的证据，唯一不足的是结论可以更明确些。人工分析如下：从交易柜员相同，交易地方 ATM 等相同，在双方银行交易明细账户上显示的取现时间比现存时间晚几分钟的情况来看，我们判断李四季 2024 年 12 月 10 日两个账户在 ATM 共现取了 4 万元，然后将其中 3.4 万元给张三阳，2024 年 12 月 15 日李四季现取 10 万元后现存 8 万元给张三阳。

其三，我们把分析车辆是属于燃油车或者新能源车换成提示词。举报信中有提到送车的问题线索，而且现实办案中分析对象车辆是否属于新能源车，对于后期控人也较为重要（因为一些新能源车有哨兵模式，采取蹲守汽车控人方式时就要注意，防止打草惊蛇），因此提示词如下：

燃油车的车牌号构成为“省份简称 + 发牌机关代号（1 位字母）+5 位数字/字母组合”，新能源汽车车牌号为“省份简称 + 发牌机关代号 +6 位数字/字母组合”，或者燃油车购买时需要交车辆购置税，新能源车购买时不需要交车辆购置税，根据上述规则请分析张三阳和李四季的车辆信息。

换了上述提示词后结果如下：

已深度思考（用时 51 秒）

好的，我现在需要根据用户提供的规则来分析张三阳和李四季的车辆信息。首先，我需要明确燃油车和新能源车在车牌号和购置税方面的区别。根据用户描述：

1. **燃油车**：车牌号为“省份简称 + 发牌机关代号（1位字母或数字） + 5位数字/字母组合”，购买时需要缴纳车辆购置税。

2. **新能源车**：车牌号为“省份简称 + 发牌机关代号 + 6位数字/字母组合”，购买时不需要缴纳车辆购置税。

接下来，我需要从提供的银行交易明细中提取与购车相关的信息，特别是涉及购置税和车牌号的记录。

分析张三阳的车辆信息

1. **购置税记录**：

- 在张三阳的银行明细中，2024-12-01有一笔15,384元的POS支出，备注为“车辆购置税”。这表明张三阳购买了一辆需要缴纳购置税的车辆，即燃油车。

2. **车牌号验证**：

- 张三阳的ETC通行费记录显示车牌号为“浙CD88656”。根据规则，燃油车的车牌号应为7位（省份简称1位 + 发牌机关代号1位 + 5位字符组合）。例如，“浙C”为省份简称和发牌机关代号，“D88656”为后续5位组合，总长度为7位。因此，“浙CD88656”符合燃油车车牌号的规则。

3. **其他购车费用**:

- 同一日（2024-12-01），张三阳还支付了18万元的购车款、5,000元保险费和200元上牌费，进一步确认这是一次完整的购车交易。

结论：张三阳拥有一辆燃油车，车牌号为浙CD88656，并已缴纳购置税。

分析李四季的车辆信息

1. **购置税记录**:

- 在李四季的银行明细中，2024-12-20有一笔30万元的POS支出，备注为"温州问界汽车销售有限公司"，但未提及购置税。根据规则，新能源车无需缴纳购置税，因此这笔交易可能指向新能源车的购买。

2. **车牌号验证**:

- 李四季的ETC通行费记录显示车牌号为"浙C86932"。根据规则，新能源车的车牌号应为8位（省份简称1位 + 发牌机关代号1位 + 6位字符组合）。但"浙C86932"仅有6位字符，不符合新能源车的要求。这可能是数据录入错误或简化表示，例如实际车牌号应为"浙C AB1234"（8位）。

3. **矛盾点**:

- 若"浙C86932"为燃油车，则需缴纳购置税，但李四季的交易记录中未显示购置税支出，可能存在违规行为。

- 若"浙C86932"为新能源车，则车牌号格式不符，需核实是否录入错误。

结论：李四季可能拥有一辆新能源车，但车牌号格式异常，需进一步核查登记信息；或存在未缴纳购置税的燃油车，需调查税务合规性。

可能的错误和验证需求

1. **车牌号录入错误**:

- 李四季的车牌号"浙C86932"可能是"浙C D86932"（7位燃油车）或"浙C AB1234"（8位新能源车）的误写，需通过车辆登记系统确认。

2. **购置税遗漏**:

- 若李四季的车辆确为燃油车但未缴纳购置税，需检查是否有其他相关交易或税务记录，确认是否存在偷税漏税行为。

需要进一步调查的内容

1. **调取车辆登记信息**:

- 确认李四季名下车牌号"浙C86932"的实际格式及车辆类型。

2. **核查税务记录**:

- 若车辆为燃油车，需确认购置税是否已缴纳，是否存在违规。

3. **扩大交易分析**:

- 检查李四季的其他交易记录，尤其是与车辆维护、保险相关的支出，以排除隐藏车辆的可能性。

总结

通过现有数据初步判断:

- **张三阳**拥有1辆燃油车（浙CD88656），已合规缴纳购置税。

- **李四季**可能拥有1辆新能源车（需核实车牌号），或存在未缴税的燃油车（需调查）。

需进一步通过车辆登记系统和税务记录验证，以确保结论的准确性。

张三阳与李四季车辆持有情况分析

一、分析规则

1. **燃油车**：
   - **车牌号格式**：7位（省份简称 + 发牌机关代号 + 5位数字/字母组合，如"浙C D88656"）。
   - **需缴纳车辆购置税。**
2. **新能源车**：
   - **车牌号格式**：8位（省份简称 + 发牌机关代号 + 6位数字/字母组合，如"浙C 12345D"）。
   - **无需缴纳车辆购置税。**

二、张三阳的车辆信息

1. **燃油车（1辆）**
   - **购置税记录**：
     - **2024-12-01**：通过POS机支付**车辆购置税15,384元**，明确指向燃油车。
     - 总购车费用：18万元（车款） + 15,384元（购置税） + 5,000元（保险） + 200元（上牌费） = **198,584元。**
   - **车牌号验证**：
     - ETC通行费车牌号为**浙CD88656**（7位，符合燃油车规则）。
   - **结论**：张三阳拥有**1辆燃油车**（车牌号浙CD88656），**已合规缴纳购置税。**

三、李四季的车辆信息

1. **新能源车（1辆，需核实）**
   - **购车记录**：
     - **2024-12-20**：通过POS机支出**30万元**，备注为"温州问界汽车销售有限公司"，**未缴纳购置税**，符合新能源车特征。
     - 同日支付**6,000元保险费**及**200元上牌费**，总金额**306,200元。**
   - **车牌号异常**：
     - ETC通行费车牌号为**浙C86932**（6位），既不符合燃油车（7位）也不符合新能源车（8位）规则。
   - **可能性**：
     - **数据录入错误**：实际车牌号可能为"浙C D86932"（7位燃油车）或"浙C AB1234"（8位新能源车）。
     - **违规行为**：若为燃油车但未缴纳购置税，需核查是否存在偷税漏税行为。

图 2－16 更换提示词后 DeepSeek 输出结果

从上述分析过程和结果来看，图片中标蓝的部分显示 DeepSeek 在对车牌的规则理解和适用上出现了逻辑错误，“浙 CD88656”的格式为省份简称（浙）+ 发牌机关代号（C）+6 位数字/字母组合（D88656）组成，总共 8 位数，实际为新能源车，而 DeepSeek 把“D88656”当成为 5 位数而不是 6 位数，从而导致结果认定出错。同时 DeepSeek 在分析数据中的逻辑算法还是有些固化，它认为银行账户明细显示购车记录和车牌号，就理所当然地认为同一车辆，没有考虑到现实中的复杂性。燃油车的车辆购置税也不一定要本人账户去支付，银行交易明细体现的存在有两辆车的情况。人工分析如下：从有车辆购置税等可以判断张三阳于 2024 年 12 月 1 日购买的是燃油车，而 2024 年 12 月 24 日张三阳的经过 ETC 的车辆号牌总位数 8 位数为新能源车，从人使用习惯角度出发，使用过新能源车的车主一般也会倾向于选择新能源车，而其在不久前购买的是燃油车，张三阳所使用的新能源车辆来源存疑，需要重点关注。同样，李四季 2024 年 12 月 20 日在问界汽车销售公司购买，只付保险费、上牌费等说明其当场提车，在账户上支付其他费用而没出现车辆购置税说明购买的是新能源车，但其在当天经过 ETC 时显示的车牌号为 7 位数，说明新能源车并没有在李四季手上，结合举报信和上述信息，我们可以作出一个侦查（调查）假设：李四季和张三阳一起去买的新能源车，由李四季购车后将车交给张三阳，自己开自己的燃油车回去。

（六）必备 AI 核心技能

1. DeepSeek 等人工智能对办案数据分析帮助很大、前景广阔

DeepSeek 等人工智能作为一种先进的大型语言模型，能够快速处理和分析海量的数据信息，在办案过程中展现出巨大潜力。它可以通过对案件相关的文本、文档和数据进行高效梳理，提取关键线索，辅助侦查人员更快地定位问题核心。如 DeepSeek 可以对银行交易明细数据进行分析，根据要求能够快速得出李四季向张三阳行贿的结果，方便办案人员作出判断。办案中还有诸如通讯数据、电子数据、财务数据等诸多数据分析及相互比对碰撞分析，凭人力和固定式的软件分析已经跟不上现在万物数据化的时代，办案人员需要一个像 DeepSeek 这种能够不断自我学习进化的人工智能。

2. DeepSeek 等人工智能对数据的分析会有错误发生

DeepSeek 等人工智能的模型训练依赖于历史数据，侦查（调查）数据因保密性等原因无法被其大量获取，因此其逻辑分析的训练会有所不足，导致其能力较其他类型的分析有所欠缺，在数据分析过程中可能因错误使用公式或函数导致结果偏

差，比如前述案例中 DeepSeek 进行车辆分析时未能准确判断出新能源车。同时 DeepSeek 等人工智能也存在面对新颖或复杂的案件时，模型可能无法准确地理解上下文或作出正确的推理。因此，在实际应用中，需要结合人工审核与验证，确保分析结果的可靠性和准确性。

3. 用成熟的数据分析训练 DeepSeek 等人工智能

侦查（调查）部门在这么多年的办案过程中，在银行交易明细数据、通讯数据、财务数据、电子数据等众多数据中形成了大量成熟有效的分析数据技战法，我们可以通过持续不断地收集汇总已经成熟并应用于实战的技战法，用以训练 DeepSeek 等人工智能，这样可以极大地减少因办案人员离岗、退休、转岗等客观情况导致一些技战法失传的情况发生，日积月累，DeepSeek 等人工智能将会实现侦查（调查）数据分析水平的质的飞跃。

六、辅助撰写侦查（调查）方案

侦查方案是公安机关开展刑事侦查的行动指南，通过明确侦查目标、规范执法程序、优化资源配置、强化协同机制，确保侦查活动合法高效。监察机关的调查方案则聚焦反腐败工作，通过锁定调查重点、规范取证流程、防控廉政风险、加强部门协作，保障监察程序的合规性与权威性。两类方案均以合法性为核心，通过预先设定策略、证据链与风险预案，防范程序瑕疵，维护司法公信力。

（一）适用场景

侦查（监察）机关在应对日益复杂多变的犯罪活动时，面临巨大的压力和挑战。犯罪手段的多样化和智能化，使传统的侦查（调查）方法力不从心。DeepSeek 作为人工智能辅助工具，能够通过其强大的数据处理和分析能力，帮助侦查（调查）机关在制定侦查（调查）方案时更加科学和高效。在犯罪手段愈发复杂的当下，DeepSeek 能为侦查（监察）机关撰写侦查（调查）方案提供多场景助力。

1. 侦查方案适用场景

侦查方案主要适用于《刑事诉讼法》规定的重大刑事案件侦办场景，包括危害国家安全犯罪、恐怖活动犯罪、黑社会性质组织犯罪以及新型网络犯罪等。

在重大暴力犯罪案件中，现场往往遗留诸多关键线索，如血迹的分布形态、搏斗产生的杂乱痕迹等，DeepSeek 目前尚不能通过多模态能力，直接对现场画面中的犯罪线索进行分析，但侦查人员可以通过对犯罪现场进行描述刻画，让 DeepSeek 对犯罪现场进行分析，帮助侦查机关精准规划追捕路线，明确从何处着手开展高效取证工作，确保不放过任何一个与案件相关的关键细节。

在经济犯罪中，非法集资案件因其涉及海量资金流动数据而极具复杂性。DeepSeek 拥有强大的数据处理与分析能力，能够快速梳理这些繁杂的数据，可以将资金的每一笔流向进行细致甄别，构建出清晰直观的资金脉络。侦查机关借助这一成果，能够在撰写侦查方案时，精准确定需要冻结的关键账户，有效追踪资金的最终去向，为打击此类经济犯罪提供有力支撑。

在网络犯罪场景下，DeepSeek 能够对诈骗分子使用的话术进行语义分析，识别其中的套路与规律。同时，结合 IP 地址的关联信息，精准定位嫌疑人的大致方位。基于这些分析结果，辅助侦查机关制定电子证据固定方案，明确网络追踪的重点方向，提高打击网络诈骗的效率与准确性。

对于系列盗窃案件，DeepSeek 通过整合多起案件的作案时间、地点、被盗物品特征等信息，运用大数据分析与机器学习算法，深度挖掘其中隐藏的作案规律。依据这些规律，侦查机关能够在撰写侦查方案时，合理安排布控地点与时间，有效开展串并案侦查工作，大大提升侦查效率，让犯罪分子无处遁形。

2. 调查方案适用场景

监察机关制作调查方案则聚焦于《监察法》规定的职务犯罪领域，特别是涉及贪污贿赂、滥用职权等重大复杂案件。监察机关在履行监督和调查职责时，同样需要面对大量的数据和信息。这些数据和信息可能来自不同的部门和单位，包括财务记录、人员档案、通讯记录等。DeepSeek 作为一种高效的数据分析工具，可以帮助监察机关快速处理和分析这些数据，从而为调查方案的制定提供有力的支持。

DeepSeek 在监察机关中的应用主要体现在其能够快速识别和分析潜在的违规和违法行为。通过对大量数据的深度挖掘和分析，DeepSeek 可以帮助监察机关发现隐藏在数据背后的问题和线索，从而为调查工作提供明确的方向和目标。

此外，DeepSeek 还能够帮助监察机关在调查过程中保持逻辑的严密性和思维的清晰性。通过其逻辑推理和分析能力，DeepSeek 可以为监察人员提供科学的调查思路和方法，从而帮助他们在面对复杂案件时保持清晰的思路和明确的方向。例如，在一起复杂的贪污腐败案件中，DeepSeek 可以根据已有的案件材料进行逻辑分析和推理，提出有关案件性质、作案人、作案过程的调查假说，从而为监察人员提供科学的调查思路和方法。

（二）必备法律核心技能

制作侦查（调查）方案任务复杂，制作人员需具备特定专业核心技能。一是法律知识储备与运用技能。侦查人员依据《刑事诉讼法》等相关法律的规定,必须熟知各类案件的侦查程序与证据收集规则。例如,《刑事诉讼法》规定了对犯罪嫌疑人的传唤、拘传时间限制,侦查人员需据此合理规划侦查步骤,确保侦查活动合法合规进行。监察机关调查人员则要依据《监察法》,明确调查权限与程序,精准运用《监察法》赋予监察机关的谈话、讯问等调查措施。二是证据收集与分析技能。法律对证据的合法性、真实性与关联性有很多要求,如《刑事诉讼法》中对物证提取、保管的规范,侦查人员在制作侦查方案时,要规划如何依法依规收集指纹、血迹等物证,并进行科学分析。监察机关调查人员在办理职务犯罪案件时,依据相关法律规定,需规划对书证、电子证据等的收集,确保证据链完整,为案件定性提供坚实支撑。三是逻辑推理与研判技能。侦查人员在面对复杂案件线索时,要依据法律规定和过往经验,通过逻辑推理梳理出案件脉络,确定侦查方向。在系列盗窃案件中,根据各案件相似点,推断犯罪嫌疑人的作案规律与可能藏身之处。监察机关调查人员在办理腐败案件时,要依据法律对各类职务犯罪构成要件的规定,对收集到的信息进行研判,构建完整的证据体系,为后续处理提供依据。

(三)提示词范例

撰写提示词对侦查(调查)人员使用 DeepSeek 至关重要,因其能引导工具精准输出、助力高效筛选整合数据、优化模型运用与结果、保障人机协同决策,全方位提升侦查(调查)方案制作的科学性与可行性。

1. 明确案件基础信息

在撰写提示词的开头,务必清晰阐述案件的基础信息,包括案件类型、发生时间、地点等。例如:[具体日期],在[详细案发地点]发生了一起盗窃案件。对于监察案件,可表述为:[起始时间区间],针对[某单位名称]中[某公职人员姓名]涉嫌的贪污调查。这样能让 DeepSeek 快速定位案件背景,为后续分析奠定基础。

2. 详细描述案件关键线索

刑事侦查案件:对于盗窃案,若现场有遗留物,需详细描述其特征,如“现场遗留一把带有血迹的匕首,刀柄材质为木质,长度约 20 厘米,刀刃上有不规则磨损痕迹”;若涉及证人,应说明证人提供的关键信息,如“证人 A 称案发时看到一名身高约 175 厘米,身着黑色连帽卫衣,戴白色口罩的男子匆忙离开现场”。

监察调查案件:若涉及资金流向,要明确资金的来源、去向及相关交易信息,如“该公职人员负责的项目中,一笔 500 万元的资金于[具体日期]从[某账户]流向[另一账户],涉及的交易合同编号为[具体编号]”;若存在利益输送关系,需阐述相关人员及事件细节，如“［某企业负责人姓名］为获取项目审批，在［具体时间］向［某公职人员姓名］赠送了价值不菲的礼品，礼品包含［具体礼品清单］”。

3. 提出具体需求

侦查方案需求：在盗窃案中，可提出“基于上述线索，为我生成一份包含现场勘查重点、嫌疑人排查方向以及追踪赃物可能去向的侦查方案框架”；若为系列盗窃案，可表述为“根据多起类似盗窃案件的信息，运用聚类分析等方法，给出犯罪嫌疑人的作案规律及下一步侦查方向建议，用于完善侦查方案”。

调查方案需求：在监察案件中，可要求“依据这些资金流向和利益输送线索，生成一份调查方案，涵盖调查谈话的重点内容、需调取的书证物证清单以及对可能存在的其他关联人员的排查方向”；若涉及复杂的人际关系网络，可提出“利用已知信息，构建被调查人的社会关系图谱，并分析可能存在的潜在风险点，融入调查方案中”。

4. 设定输出格式与要求

为了便于后续使用 DeepSeek 的输出结果，要明确输出格式与要求。例如：“请以清晰的条目形式输出侦查方案，每个部分详细阐述操作步骤及注意事项”；对于监察案件，可要求“调查方案需按照规范的监察文书格式输出，引用相关监察法规作为依据，标注每条措施的法律支撑条款”。

下面以某起模拟的盗窃案件为例，用 DeepSeek 辅助制作一份侦查方案。提示词范例如下：

我是一名公安机关的侦查人员，请根据以下信息生成一份盗窃案件的侦查方案：
【案件背景】
时间：2023 年 10 月 15 日凌晨 2：00— 4：00
地点：某市高新区创业园 B 栋 3 层办公室
损失：3 台笔记本电脑（型号 ×××）、保险柜被撬（损失现金约 5 万元）
已知线索：
1. 监控视频显示 2 名戴帽子口罩男子使用液压剪破坏门锁
2. 现场提取到疑似嫌疑人鞋印（43 码运动鞋）
3. 园区保安反映案发时段有未登记车辆白色 SUV 出入
【生成要求】
1. 输出完整侦查方案框架（含调查方向、取证重点、排查措施）
2. 结合类案经验提出三项侦查突破口建议
3. 标注需注意的程序合规要点

（四）AI 生成效果展示

从这起模拟盗窃案件利用 DeepSeek 辅助制作侦查方案的思考过程看，它基本上模仿侦查人员侦查方案时的思维。如对侦查方向取证重点、突破口建议等几个方面，逐步深入嫌疑人的心理，促使其坦白或反思等问题。初步具备了一名合格侦查人员应有的思维素养。

下面是 DeepSeek 的思考过程：

DeepSeek辅助侦查方案撰写指南

已深度思考（用时 25 秒）

好的，用户需要我根据他提供的案件信息生成一份盗窃案件的侦查方案。首先，我要仔细阅读用户提供的案件背景和生成要求。用户是公安机关的侦查人员，所以需要专业且具体的方案，同时要符合法律程序。

案件背景中提到时间是凌晨2点到4点，地点是高新区创业园的办公室，损失包括笔记本电脑和保险柜被撬。已知线索有三个：监控显示两名男子使用液压剪，现场有43码鞋印，以及保安报告未登记的白色SUV。生成要求包括完整的侦查框架、三个突破口建议和程序合规要点。

首先，我需要确定侦查方案的结构。通常包括案件概况、侦查方向、具体措施、突破口建议和合规要点。用户可能希望方案清晰有条理，每个部分都要详细但不过于冗长。

接下来，针对调查方向，要考虑视频追踪、鞋印分析和车辆排查。视频追踪需要调取周边监控，可能需要交警的协助。鞋印分析要联系品牌厂商，确定鞋型和销售渠道。车辆排查要结合车型和进出路线，可能需要卡口数据。这些都是常见的侦查步骤，但需要具体化到本案。

取证重点方面，监控视频、鞋印和车辆痕迹是关键。要确保视频的完整性，鞋印的详细记录，车辆可能的刮擦痕迹或遗

取证重点方面，监控视频、鞋印和车辆痕迹是关键。要确保视频的完整性，鞋印的详细记录，车辆可能的刮擦痕迹或遗留物。另外，保险柜被撬的工具分析也很重要，可以推断作案工具来源。

排查措施需要走访园区人员，调查周边二手市场，以及前科人员筛查。这些措施需要协调不同部门和资源，比如社区民警和刑侦部门。

突破口建议部分，用户要求结合类案经验。比如，鞋印溯源、作案工具分析和车辆轨迹追踪。这些都是常见的突破口，但需要具体到本案的细节，比如联系运动品牌，分析液压剪型号，追踪SUV轨迹。

合规要点方面，必须强调法律程序，比如调取监控需要审批，搜查要符合规定，个人信息保护等。这些都是侦查中容易忽视但关键的部分，用户可能希望确保方案合法。

需要检查是否有遗漏的线索，比如是否有其他可能的目击者，或者车辆的更多细节。另外，确保每个建议都有法律依据，比如引用相关法规条款。

用户可能还希望方案具有可操作性，比如具体的责任分工和时间节点，但用户没有明确要求，所以可能不需要加入。但作为侦查方案，可能需要更详细的步骤，但用户给的生成要求中没有提到，所以保持现有结构即可。

需要检查是否有遗漏的线索，比如是否有其他可能的目击者，或者车辆的更多细节。另外，确保每个建议都有法律依据，比如引用相关法规条款。

用户可能还希望方案具有可操作性，比如具体的责任分工和时间节点，但用户没有明确要求，所以可能不需要加入。但作为侦查方案，可能需要更详细的步骤，但用户给的生成要求中没有提到，所以保持现有结构即可。

最后，要确保语言专业但易懂，结构清晰，符合公安文档的格式。可能需要使用条款式结构，分点说明，便于阅读和执行。

图 2－17　DeepSeek 生成侦查方案的思考过程

下面是生成的侦查方案：

DeepSeek辅助侦查方案撰写指南

"10.15"高新区创业园办公室盗窃案侦查方案

一、案件基本情况

（一）案件信息表

项目	内容描述
案件编号	某公(刑)立〔2023〕XX号
接警时间	2023年10月15日08:15
涉案金额	约8万元（财物损失+保险柜损坏）
案件分级	重大盗窃案件

（二）核心线索梳理

1. 生物痕迹线索：43码运动鞋印（已石膏提取）
2. 视频证据线索：2名伪装嫌疑人/白色SUV（无牌照）
3. 行为特征线索：专业液压剪使用/办公室目标精准选择

二、侦查工作框架

（一）调查方向与取证重点

1. 视频追踪拓展

- 取证范围：园区周边3公里内治安监控/商铺私有摄像头
- 技术措施：申请市局图侦支队支持视频结构化分析
- 重点目标：①车辆离场路线 ②嫌疑人进入园区前的换装地点

2. 生物特征溯源

- 物证处理：鞋印送省厅痕迹鉴定中心进行品牌型号认定
- 侦查关联：对接电商平台查询同型号43码鞋半年内本市购买记录
- 拓展方向：协调环卫部门排查周边垃圾桶寻找丢弃作案衣物

3. 车辆轨迹重建

- 技战法应用：以车找人"四维分析法"（时间/空间/特征/关系）
- 数据调取：高速公路ETC记录/加油站监控（重点时段白色SUV）
- 协查通报：向邻市公安机关发送《车辆协查函》（附视频截图）

（二）重点排查措施

1. 基础排查

- 责任单位：辖区派出所
- 工作内容：
  √ 园区内部人员背景核查（重点关注有五金工具接触史人员）
  √ 周边汽修厂液压剪使用登记排查
  √ 二手电子产品回收点布控（型号XXX电脑特征标记）

2. 技术侦查

- 申请事项：向市局技侦支队提请手机信号碰撞分析
- 时空范围：案发时段创业园基站覆盖的异常信号源
- 技术参数：重点关注凌晨2-4时突然关机的可疑号码

3. 重点人员筛查

- 数据库比对：全国盗窃前科人员库鞋码特征筛查
- 高危人群画像：本地有办公室盗窃前科且驾驶技能人员
- 特情布建：在二手车交易圈开展情报搜集

三、类案侦查突破口建议

(突破口1) 鞋印逆向追踪

1. 通过鞋底花纹数据库确定品牌型号（如安踏「猎影」系列）
2. 调取该型号在本市专卖店近3个月销售记录
3. 结合会员系统筛选43码购买者信息

(突破口2) 作案工具特征分析

1. 邀请痕迹专家重建液压剪咬合痕迹模型
2. 比对五金工具销售台账（重点关注近半年购买记录）
3. 对专业开锁从业人员进行定向排查

(突破口3) 车辆异常行为分析

1. 运用「时空伴随」系统筛查案发前后白色SUV高频出现区域
2. 核查车辆特征细节（车窗贴膜类型/右前轮挡泥板缺损等）
3. 结合ETC数据构建跨区域活动轨迹模型

四、程序合规要点提示

1. **监控调取规范**
    - 依据《公安机关办理刑事案件程序规定》第58条，制作《调取证据通知书》
    - 商铺私有监控提取需取得持有人签字确认
2. **电子数据取证**
    - 按照《电子数据取证规则》进行哈希值校验
    - 云存储数据调取需通过正式协查手续
3. **个人信息查询**
    - 鞋类销售记录查询应经办案部门负责人审批
    - 手机信号分析严格遵守《反电信网络诈骗法》第26条
4. **特情使用管理**
    - 落实《公安机关办理刑事案件证人保护工作规定》
    - 情报奖励经费使用需单独建档备查

五、侦查进度管控

（一）时间节点控制

阶段	完成时限	责任单位
视频分析	10月17日前	图侦大队
鞋印鉴定	10月18日前	刑科所
重点排查	10月20日前	辖区派出所

（二）风险预警机制

1. 赃物快速转移风险：启动跨市协查机制
2. 证据灭失风险：对关键物证采取低温保存措施
3. 嫌疑人潜逃风险：边控手续同步准备

附：法律文书准备清单

1. 调取证据通知书（监控视频）
2. 鉴定聘请书（鞋印鉴定）
3. 协助查询财产通知书（电商平台）
4. 车辆协查函（周边地市）

【实战提示】建议通过DeepSeek的"侦查措施智能校验"模块，输入本方案关键要素进行程序合规性二次核验。系统可自动关联《刑事诉讼法》《公安机关执法细则》等相关条款，生成风险提示报告。

图 2－18　DeepSeek 生成的侦查方案

（五）提示词优化建议

上述生成的侦查方案在结构和程序上符合法律要求，基础框架完整、逻辑链条清晰，其创新性整合视频增强、生物痕迹鉴定等技术手段，构建了多维侦查模型；通过矩阵化风险评估与图表进度管理，展现了系统化办案思维；引用《刑事诉讼法》《公安机关办理刑事案件电子数据取证规则》等条款，建立了基本程序规范。但需改进技术适用性偏差与法律风险防控不足等问题：原方案包含的非常规技术手段（如特殊设备追踪、跨平台数据监控）超出基层技术权限；部分措施存在数据使用边界模糊（如未限定基站数据调取时限）、个人信息保护措施缺失（未规定人脸脱敏规则）等合规隐患。这时我们可以在 DeepSeek 继续提出上述的提示词有哪些内容需要优化等内容。DeepSeek 对原始提示词给予了优化建议，并给出了新的提示词示范如下：

我是一名公安机关的侦查人员，请根据以下信息生成重大盗窃案件侦查方案，

需符合《刑事诉讼法》《公安机关办理刑事案件程序规定》要求:

【案件背景】

时间:2023 年 10 月 15 日 02:00— 04:00(雨夜)

地点:某市高新区创业园 B 栋 3 层××外资企业××办公室

损失:3 台笔记本电脑(型号×××)/保险柜被撬(现金 5 万元)

特殊属性:

- 园区系自贸试验区重点单位
- 企业负责人要求侦查保密

已知线索:

1. 监控显示 2 名戴医用外科口罩男子使用德国产液压剪
2. 现场提取到 43 码特步牌运动鞋印(已送检)
3. 白色 SUV 右前轮挡泥板缺损特征(视频清晰可辨)

已开展工作:

- 完成园区 50 名工作人员基础排查
- 市局图侦大队已提取周边 1 公里监控

【生成要求】

1. 方案框架需包含(但不仅限于):
- 视频侦查的技术扩展方向(含夜间影像增强需求)
2. 突破口建议需满足:
- 至少包含 1 项非接触式侦查手段
- 结合类案串并可能性分析
3. 程序规范需特别注明:
- 技术侦查措施审批的双签制度

【输出格式】

采用公安机关标准侦查方案模板,需包含:

- 风险等级评估矩阵(含政治影响维度)
- 跨部门协作任务分解表
- 重要时间节点甘特图

替换上述提示词新生成的侦查方案如下:

"10.15"高新区办公室盗窃案侦查方案

（密级：内部）

一、案件属性矩阵

维度	评估指标	风险等级	管控措施
社会影响	重点园区治安形象受损	★★★☆	启动舆情监测机制
侦查难度	嫌疑人反侦察意识强	★★★☆	启用视频智能分析系统
证据保全	雨天物证易灭失	★★☆☆	物证团队24小时现场轮值

二、核心侦查框架

（一）视频侦查技术应用

1. 夜间影像增强方案

- 采用「多光谱融合重建」技术处理雨夜视频
- 重点分析：①车辆灯光色温 ②地面反光特征
- 委托市局刑科所进行步态特征分析

2. 车辆特征库构建

- 建立「三维特征模型」：

```markdown
1. 物理特征：挡泥板获损角度测量
2. 时空特征：案发前后72小时同款车型活动规律
3. 关系特征：本地租赁公司白色SUV出租记录
```

（二）生物痕迹溯源体系

1. 鞋印深度挖掘

- 协调特步公司提供同款43码鞋销售数据
- 重点筛查：①批量购买记录 ②退换货异常订单

2. 液压剪痕迹鉴定

- 使用3D扫描技术重建工具咬合面特征
- 比对本市五金工具销售台账（近半年）

三、突破性侦查措施

（突破口1）非接触式情报获取

1. **电磁环境分析**：
    - 调取案发时段基站通信数据
    - 筛查异常开关机号码（凌晨2-4时）

2. 物联网数据应用：
    - 提取园区周边共享单车借还记录
    - 分析智能电表异常耗电情况

(突破口2) 类案串并分析

1. 构建「三同」筛查模型：
    - 同手法：近两年液压剪破坏保险柜案件
    - 同轨迹：白色SUV跨区活动规律
    - 同特征：43码运动鞋印出现记录
2. 运用「犯罪热点预测系统」：
    - 生成嫌疑人活动热力图
    - 对接天网系统强化重点区域巡查

四、跨部门协作矩阵

协作单位	任务清单	时限要求
市局图侦支队	视频结构化分析	10月17日前
刑科所	液压剪工具痕迹鉴定	10月18日前
交警支队	白色SUV过车数据碰撞分析	持续开展
网安支队	二手交易平台数据监控	即时启动

五、程序合规要点

(一) 技术侦查规范

1. 基站数据调取：
    - 严格依《刑事诉讼法》第150条审批
    - 数据使用范围限定为案发前后3小时
2. 电子取证要求：
    - 使用「取证航母」系统进行区块链存证
    - 电子证据流转实行「双备份」制度

(二) 个人信息保护

1. 鞋类销售数据查询：
    - 需经分局法制部门审批
    - 禁止调取与案件无关人员信息

2. 视频信息处理：
   - 人脸数据使用专用脱敏系统处理
   - 无关人员影像资料48小时内删除

六、侦查进度甘特图

markdown　复制

```markdown
时间轴：10月16日-10月23日
[16日] 视频数据固定 || 物证送检
[17日] 车辆轨迹分析 || 鞋印鉴定
[18日] 工具溯源调查 || 类案串并
[19日] 高危人员筛查 || 重点区域排查
[20日] 案情会商 || 调整侦查方向
[21日] 车辆轨迹锁定 || 布控方案制定
[22日] 集中收网行动 || 赃物追缴
[23日] 证据链闭合 || 结案报告
```

附：技术应用清单

1. 视频分析：大华「夜眸」影像增强系统
2. 数据碰撞：华为「云瞳」大数据平台
3. 轨迹分析：海康「智行」车辆研判系统
4. 电子取证：美亚柏科「取证大师」

【DeepSeek智能校验提示】

1. 需补充《调取基站数据审批表》（刑诉法第150条）
2. 共享单车数据调取应签订《数据安全使用协议》

请办案单位完善相关手续后实施本方案。

图 2-19　DeepSeek 新生成的侦查方案

按照这个侦查计划，可以制作出一个侦查进度甘特图。侦查人员只要把侦查进度甘特图里自动生成的代码复制下来，粘贴到专门的甘特图制作软件里，就能自动生成更直观的图表。这样大家看案件进展的时候，就像看日历一样清楚明白，每个阶段的任务和时间节点都一目了然。

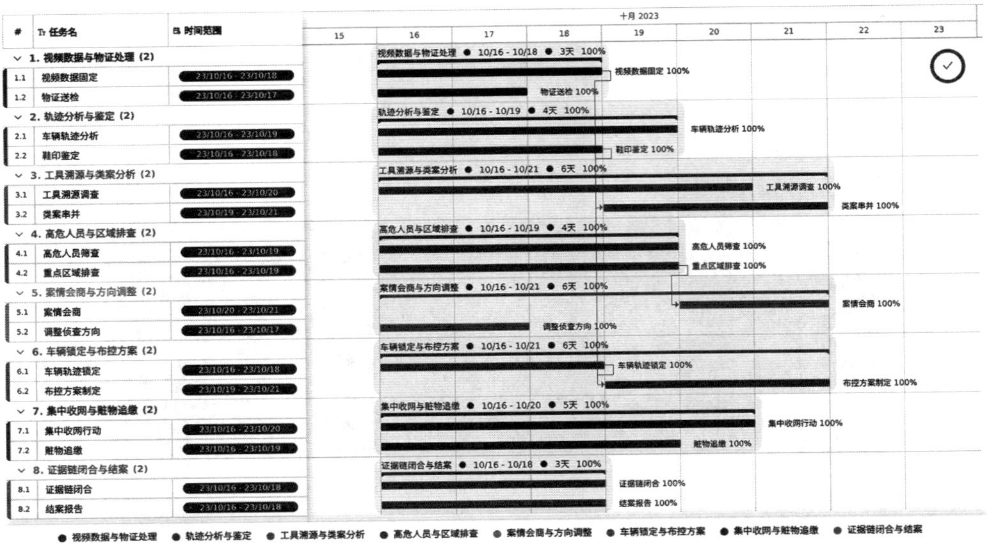

图 2－20　DeepSeek 辅助生成的侦查进度甘特图

提示词优化后生成的侦查方案较之前的侦查方案相比，实现了四个方面的关键优化：第一，技术适配性升级，剔除非常规技术手段，聚焦视频多光谱增强、物联网数据分析等基层普及型技术；第二，法律框架精细化，细化《刑事诉讼法》数据调取规范，消除程序瑕疵风险；第三，执行效率提升，侦查周期从 10 日压缩至 8 日，协作单位由多部门联动精简为公安机关内部协同，并生成了侦查进度甘特图，更加直观；第四，资源集约化，构建车辆三维特征模型（物理特征、时空轨迹、租赁记录），引入共享单车轨迹、智能电表数据等替代高风险数据源，线索挖掘得到效率提升。同时保留前期核心优势——生物痕迹深度溯源、类案串并分析等技术主线，并新增区块链存证、双备份数据管理等模块，实现从“理论完整性”到“实战导向性”的转型，更适配基层技术装备水平与快侦快破需求，在保证证据链严谨性的基础上，提升方案落地可行性。

（六）必备 AI 核心技能

1. 精准提示词构建技能

办案人员需熟练掌握构建精准提示词的关键能力，这是借助 DeepSeek 获取有效信息的基石。无论是侦查人员面对刑事犯罪案件，还是监察人员处理职务犯罪案件，都要将复杂的案件详情转化为 DeepSeek 能够理解并精准回应的指令。在刑事盗窃案中，侦查人员要清晰界定关键要素，如“在某盗窃案中，案发时间精确到分钟，现场遗留指纹的具体位置、形状特征详细说明”，以此引导 DeepSeek 生成针对性强的侦查思路。而监察人员在查办贪污贿赂案件时，需精准描述线索，例如“某公职人员在特定项目审批环节，涉及资金流向不明，详细说明项目名称、审批时间节点、涉及金额范围”，避免因提示模糊导致生成结果偏离案件实际需求。

2. 数据交互与整合技能

DeepSeek 会输出海量数据，办案人员必须善于与这些数据进行高效交互，并将其与已有的案件数据有机整合。在网络犯罪等刑事案件中，侦查人员要从 DeepSeek 提供的海量网络行为数据中快速精准提取与嫌疑人身份、作案手法相关的关键信息。监察人员在办理职务犯罪案件时，同样要从 DeepSeek 给出的大量信息中筛选出与被调查人职务行为、利益输送关系等有关的数据。并且，无论是侦查还是监察工作，都要将这些新数据与现场勘查（监察领域可类比为实地调查取证）、证人证言（监察领域的证人询问笔录等）等既有数据融合，构建更为全面的案件信息体系，为侦查（调查）方案的完善提供充足的数据支撑。

3. 模型理解与运用技能

了解 DeepSeek 背后的算法模型逻辑，对办案人员更好地运用其功能至关重要。侦查人员在预测犯罪嫌疑人逃窜路线时，要知晓其依据的交通数据、犯罪心理等因素的权重，以便在生成结果不理想时合理调整输入参数，优化预测效果。监察人员在分析职务犯罪行为模式时，也要明白 DeepSeek 模型所考虑的职务权力范围、行业潜规则等因素，从而在使用时根据不同案件类型灵活选择合适的分析模块。例如，侦查人员在系列盗窃案件中运用聚类分析模块挖掘作案规律，监察人员在系列贪污案件中同样可利用该模块，找出相似职务犯罪行为的共性与差异，提升侦查（调查）方案的科学性。

4. 人机协同决策技能

尽管 DeepSeek 能提供诸多参考，但最终决策仍需办案人员主导。侦查人员在确定侦查方向时，可以参考 DeepSeek 依据大数据分析给出的可能性较高的区域，同时结合实地走访、周边环境等实际情况综合权衡。监察人员在确定调查措施时，也可以参考 DeepSeek 提供的分析结果，如对被调查人社会关系网络的梳理，同时结合自身对职务犯罪特点、监察法规的理解以及办案经验，综合判断后作出最符合案件实际的决策，确保侦查（调查）方案既充分利用智能工具的优势，又能发挥人为专业判断的准确性。

七、辅助对犯罪嫌疑人画像

（一）适用场景

在现代刑事侦查工作中，犯罪嫌疑人画像是一种重要的分析工具，对于案件侦破具有关键作用。DeepSeek作为一种先进的技术工具，用于辅助多种复杂的案件场景，能够显著提升案件侦破的效率和精准度。例如，在系列盗窃案件中，通过对不同盗窃现场的痕迹、作案时间、作案手法等信息的综合分析，利用DeepSeek可以辅助构建出犯罪嫌疑人的行为模式和特征画像。这种画像不仅能够帮助侦查人员缩小侦查范围，还能锁定潜在嫌疑人，从而提高案件侦破的成功率。在暴力犯罪案件中，如抢劫、杀人案件，DeepSeek能够整合现场物证、证人证言、监控录像等多源数据，从作案动机、犯罪心理等多个维度对犯罪嫌疑人进行画像。这种画像技术结合了心理学视角和犯罪学理论，通过分析犯罪现场的行为模式和心理特征，为案件侦破提供了有力支持。在网络犯罪案件中，DeepSeek可以对犯罪嫌疑人在网络空间留下的数字痕迹，如IP地址、登录信息、网络行为模式等进行分析，勾勒出网络犯罪嫌疑人的虚拟画像。这种画像技术不仅能够追踪犯罪嫌疑人的真实身份和位置，还能揭示其潜在的犯罪动机和行为模式。

（二）必备法律核心技能

对犯罪嫌疑人画像作为一种重要的侦查手段，可以视其为证据收集和分析的一部分，能够帮助侦查人员更准确地锁定嫌疑人，提高案件侦破效率。

首先，通过对犯罪嫌疑人画像能够帮助侦查人员在纷繁复杂的案件线索中快速梳理出关键信息，明确侦查方向。在面对大量的证据和信息时，通过画像分析可以将零散的信息整合起来，形成对犯罪嫌疑人的整体认知，避免侦查工作的盲目性。

其次，犯罪嫌疑人画像可以为抓捕行动提供重要的参考依据。准确的画像能够让侦查人员了解犯罪嫌疑人的外貌特征、行为习惯、可能的藏身之处等，提高抓捕的成功率和安全性。此外，画像分析还有助于侦查人员预测犯罪嫌疑人的下一步行动，提前采取防范措施，防止犯罪的再次发生。在一些系列犯罪案件中，通过对犯罪嫌疑人的画像分析，可以总结出其作案规律，从而在其可能的作案地点进行布控，有效遏制犯罪的蔓延。

最后，犯罪嫌疑人画像分析能力也是侦查人员综合素质的体现，它需要侦查人员具备敏锐的观察力、逻辑推理能力和对犯罪心理的深入理解，提升侦查人员在复杂案件中的应对能力。

对犯罪嫌疑人画像分析的法律核心技能可以概括为以下几点：

1. 信息收集与整合技能

侦查人员需要具备广泛收集信息的能力，不仅要收集犯罪现场的物证、痕迹等直接证据，还要收集证人证言、监控录像、电子数据等间接证据。同时，能够将这些来自不同渠道的信息进行有效的整合，梳理出信息之间的关联和逻辑关系，为画像分析提供全面、准确的数据基础。

2. 犯罪心理分析技能

深入理解犯罪嫌疑人的心理状态和行为动机是画像分析的关键。侦查人员要能够从犯罪现场的特征、作案手法等方面推断犯罪嫌疑人的心理特点，如是否冲动、是否有预谋、是否具有反社会人格等。通过对犯罪心理的分析，可以更好地理解犯罪嫌疑人的行为模式，预测其可能的行动和反应。

3. 数据挖掘与分析技能

在当今数字化时代，电子数据在案件侦查中占据重要地位。侦查人员需要掌握数据挖掘和分析的方法和工具，能够从大量的电子数据中提取有价值的信息，如犯罪嫌疑人的身份信息、社交关系、活动轨迹等。同时，能够运用数据分析技术对这些信息进行深入挖掘，发现潜在的线索和规律。

4. 逻辑推理与判断技能

根据收集到的信息和分析结果，侦查人员要能够运用逻辑推理的方法，对犯罪嫌疑人的身份、特征、行为等进行合理的推断和判断。在推理过程中，要遵循科学的逻辑规则，避免主观臆断和片面性。同时，要能够对不同的推断结果进行评估和验证，确保画像的准确性和可靠性。

5. 沟通与协作技能

犯罪嫌疑人画像分析往往需要多个部门和专业人员的协作。侦查人员要能够与法医、技术人员、情报分析人员等进行有效的沟通和协作，共同完成画像分析工作。在沟通协作过程中，要能够清晰地表达自己的观点和想法，听取他人的意见和建议，形成团队合力，提高画像分析的质量和效率。

（三）提示词范例

刑事案件种类纷繁复杂，不同案件在不同阶段对犯罪嫌疑人画像的刻画要求也各有差异，适用的场景亦不尽相同。DeepSeek 技术尤其在以下情境中展现出独特的优势:在案件初期,信息匮乏之时,它能够助力警方挖掘线索,构建嫌疑人的初步轮廓;当需要深入分析行为模式时,DeepSeek 能通过数据挖掘和行为分析,揭示嫌疑人的潜在动机与行动规律;对于跨区域案件,它能有效整合各地信息,打破地域限制,加速案件侦破;在嫌疑人试图隐藏身份的情况下,DeepSeek 的多源数据关联功能能够穿透表象,揭露真实身份;在需要心理分析的情境中,其心理侧写能力能为警方提供深入洞察。

随着案件进展到中后期,积累的信息增多,侦查人员结合 AI 工具亦能事半功倍。DeepSeek 在这一阶段,能够高效整合海量数据,进行深入的行为分析,并借助联网搜索功能,发现隐藏在复杂信息网络中的关键线索。同时,其侦查人员可以要求 DeepSeek 对犯罪嫌疑人展开心理侧写,进一步细化犯罪嫌疑人的特征,从而大幅提升侦查效率和准确性。应用 DeepSeek,侦查人员可以让办案经验和 AI 技术完美融合,为刑事案件的侦破提供有力的支持。

1. 盗窃类案件

如针对盗窃案件提示词可以设置为:“如在[详细具体地点,如某小区某栋楼某单元]发生了一起盗窃案件,作案时间为[精确到分钟]。现场门窗通过[具体破坏方式,如撬锁、割破纱窗等]被打开,财物丢失,丢失物品包括[详细列出物品名称、品牌、型号、数量等]。据附近居民反映,看到一个身形[详细描述体型,如偏瘦,身高约 170 厘米,体态较为灵活]、穿着[具体描述衣着,如黑色连帽卫衣、蓝色牛仔裤、白色运动鞋]的人在案发时间前后出现,该人行动较为匆忙,神色慌张。请根据这些信息生成犯罪嫌疑人的画像,包括外貌特征(如面部特征、发型、是否有文身等)、年龄范围、作案动机和可能的藏身之处。同时,分析其是否有盗窃前科,以及作案时可能使用的工具。”

2. 电信诈骗类案件

如针对电信诈骗案件提示词可以设置为:“近期发生了一起电信诈骗案件,犯罪嫌疑人通过[详细描述诈骗方式,如冒充公检法工作人员,以受害人涉嫌洗钱犯罪,要求其将资金转入指定安全账户]骗取了受害人[具体金额]。受害人提供的通话记录显示,犯罪嫌疑人的口音带有[准确描述口音特点,如带有南方某地区的方言特色,平翘舌不分等],通话时间主要集中在[具体时间段,如上午 10 点至 12 点,下午 3 点至 5 点]。通话过程中,犯罪嫌疑人语气强硬,逻辑清晰,对金融和法律术语有一定的了解。请根据这些信息生成犯罪嫌疑人的画像,包括身份特征(如职业背景、教育程度)、性别、可能的居住地区和社交圈子。分析其是否有诈骗团伙协作,以及可能的下一步诈骗目标和手段。”

3. 洗钱犯罪类案件

如针对洗钱犯罪案件提示词可以设置为:“在近期的金融交易监控中发现了一起疑似洗钱的案件。涉及的资金最初来源[详细说明资金来源,如某公司的非法经营收入],通过多个银行账户和第三方支付平台进行了多次转账和交易。交易金额较大,单笔交易金额在[具体金额范围]之间,交易时间主要集中在[具体时间段,如工作日的下午 2 点至 4 点]。涉及的银行账户开户人信息显示,部分账户开户人身份信息存在虚假情况。通过对交易记录的分析,发现资金最终流向了[具体地点或账户,如国外某金融机构账户]。请根据这些信息生成洗钱犯罪嫌疑人的画像,包括身份特征(如是否与金融行业有关联,是否有犯罪前科)、性别、年龄范围、可能的居住地区和职业。分析其洗钱手段和网络行为模式,以及是否存在上下游犯罪链条的关联,推测其可能的下一步资金转移计划和藏匿地点。”

下面以模拟的盗窃案件为例,用 DeepSeek 辅助对犯罪嫌疑人进行画像,提示词范例如下:

我是一名侦查人员,某盗窃案件的线索如下:男性,身高约 175 厘米(监控测算),使用改装摩托车(无牌照),最近三次作案均选择社区超市,每次停留不超过 8 分钟,支付使用在不同便利店购买的预付卡。盗窃后故意破坏监控主机但保留存储芯片,现场遗留矿泉水瓶均旋紧瓶盖,选择的作案建筑均有备用逃生通道。请根据以下特征生成嫌疑人画像,要求结合如下内容生成:1. 交通工具改装能力等级评估。2. 预付卡获取渠道分析。3. 作案地点选择模式。4. 可疑行为时间规律。5. 要求输出包含年龄推测、职业技能、居住范围、反侦察能力等维度。并请解析以下行为映射的心理特征:1. 破坏行为中的矛盾表现。2. 物品整理强迫倾向。要求结合犯罪心理学生成包含危险性评估、潜在人格障碍、可能成长经历的 500 字人物画像分析报告。

(四)AI 生成效果展示

从 DeepSeek 的思考过程看,它基本上模仿侦查人员的思维,对犯罪嫌疑人画像制作的核心技能要点都进行了思考,逻辑关系层层递进。比如,它先思考了画像处理部分,然后接下来是心理分析和危险性评估方面。对于人物画像表述,指出犯罪嫌疑人“反侦察能力方面:破坏监控但保留存储芯片,显示有一定反侦查意识但不彻底,预付卡的使用也显示谨慎,但可能有固定模式”。它还给出侦查建议,具备了一名合格侦查人员应有的思维素养。

下面是 DeepSeek 生成犯罪嫌疑人画像的思考过程：

侦查人员分析嫌疑人画像与心理特征

已深度思考（用时 35 秒）

嗯，用户让我生成一个嫌疑人画像，还要分析心理特征和写人物分析报告。首先，我需要仔细看看提供的案件线索。男性，身高175cm左右，用改装过的无牌摩托车。最近三次都是选社区超市，每次不超过8分钟，用不同便利店买的预付卡支付。盗窃后破坏监控主机但保留存储芯片，现场留下旋紧瓶盖的矿泉水瓶，作案地点都有备用逃生通道。

首先，交通工具改装能力评估。改装摩托车需要一定的机械技能，可能自己动手或者有相关培训。无牌照可能为了逃避追踪，说明他有反侦察意识。需要评估他的改装水平，是简单改装还是高级的，比如发动机、外观，或者加装隐藏储物空间。可能等级中高，因为要频繁作案不被发现。

预付卡获取渠道分析。预付卡在不同便利店购买，可能为了避免被追踪。他可能在不同区域购买，或者使用现金，避免电子记录。可能熟悉预付卡的购买流程，或者有渠道批量购买，但这里每次都是不同店，所以更可能是分散购买，减少关联。

作案地点选择模式。社区超市，有备用逃生通道，说明他提前踩点，注重逃生路线。社区超市可能人流量适中，容易下手，且备用通道方便逃离。可能选择熟悉区域的超市，或者通过某种方式筛选目标。

可疑行为时间规律。每次停留不超过8分钟，说明计划周密，快速行动。可能选择相同时间段，比如晚上或清晨人少的时候。需要看三次作案的具体时间，是否有规律，比如同一周几或时间段。

接下来是嫌疑人画像的各个维度。年龄推测，可能有机械技能，可能是25-35岁之间，具备体力和技能。职业技能可能和机械维修、汽车摩托相关，或者有电工经验，因为破坏监控主机需要相关知识。居住范围可能在作案地点周边，但用摩托车可以扩大范围，可能住在郊区或交通便利的地方。反侦察能力较强，破坏监控但留存储芯片，可能知道数据恢复困难，或者故意误导。处理矿泉水瓶旋紧瓶盖，可能有强迫倾向，或者避免留下DNA。

心理特征方面，破坏监控但保留芯片，矛盾表现可能显示他既想阻碍调查，又可能自信不会被抓到，或者有某种心理满足。物品整理强迫倾向，比如旋紧瓶盖，可能反映控制欲，或者 OCD 倾向，需要秩序感。

危险性评估，计划周密，反侦察能力强，可能有升级风险。潜在人格障碍，比如强迫型人格障碍，或者反社会人格。成长经历可能缺乏情感关注，家庭环境冷漠，导致控制欲强，或者有技术背景但社会关系薄弱。

需要结合犯罪心理学理论，比如行为主义分析作案模式，心理动力学的控制欲，成长经历的影响。可能他有过被忽视的经历，通过犯罪行为获得控制感。危险性较高，可能会继续作案，甚至升级手段。

现在要组织这些点，生成结构清晰的报告，涵盖要求的维度和心理分析，500字左右。确保每个部分都有依据，比如改装能力来自摩托车细节，预付卡分析渠道，作案地点模式等。心理特征部分要联系行为，比如矛盾破坏行为反映的心理冲突，强迫倾向的可能原因。

图 2－21　DeepSeek 生成犯罪嫌疑人画像的思考过程

下面是生成的犯罪嫌疑人画像分析报告：

嫌疑人画像分析报告

一、基础画像

1. **年龄推测**：25-35岁
   - 体力与作案效率匹配青壮年特征，改装摩托车能力需一定技术积累，排除青少年随机作案可能。
2. **职业技能**：机械维修/电工/物流从业者
   - 具备摩托车改装技能（电路改造、机械结构优化），熟悉监控设备拆解逻辑（破坏主机但保留芯片）；预付卡分散购买需熟悉便利店运营规律，可能从事物流或零售业。
3. **居住范围**：城郊结合部或老旧社区
   - 作案集中于社区超市，熟悉逃生通道布局，暗示对目标区域地形熟悉；改装车辆需独立车库或隐蔽空间，郊区更易满足。
4. **反侦察能力**：专业级（★★★☆）
   - 破坏监控主机但保留芯片（误导数据恢复方向）、预付卡支付切断资金链追踪、作案时间精准控制，显示系统性反侦察训练或犯罪经验积累。

二、行为模式映射心理特征

1. **破坏行为的矛盾表现**
   - **表象**：破坏监控主机（阻碍侦查）vs. 保留存储芯片（潜在炫耀欲）。
   - **心理动机**：对控制权的极端需求，通过部分破坏展示"技术优越性"，暗示其可能经历长期被忽视，需通过犯罪"成果"证明自我价值。
2. **物品整理强迫倾向**
   - **行为逻辑**：矿泉水瓶旋紧瓶盖、作案后清理现场（未留指纹/生物痕迹）。
   - **人格投射**：强迫型人格障碍倾向，追求"完美犯罪"仪式感；可能源于成长环境高压（如军事化家庭教育），形成对秩序的病态依赖。

三、心理画像与成长经历推演

1. **危险性评估**：高风险（持续升级）
   - 三次作案模式高度稳定，反侦察手段迭代（从单纯破坏到芯片保留），预示犯罪自信膨胀，可能转向更高难度目标（如24小时便利店或金融机构）。
2. **潜在人格障碍**
   - **强迫型人格障碍**（DSM-5标准）：过度追求计划完美性、情感隔离（作案时不与店员互动）。
   - **反社会人格特质**：冷血破坏财产、工具化他人（视店员为障碍而非个体）。
3. **成长经历假说**
   - **技术偏好形成**：青少年期可能通过机械/电子设备获得情感补偿（如家庭关系疏离），将技术能力等同于权力。
   - **控制欲溯源**：早期经历中权威角色缺位（如单亲家庭），通过犯罪行为重构"控制-服从"关系，矿泉水瓶拧紧动作象征对失控焦虑的防御机制。

四、侦查建议

1. **预付卡溯源**：交叉分析全市便利店监控，锁定重复购买者（戴口罩/刻意回避镜头）。
2. **改装车特征库匹配**：排查摩托车维修店、二手零件交易平台，重点筛查擅长电路改造的技工。
3. **地理侧写**：以三次案发地为中心，辐射5公里绘制交通动线，结合城郊仓储区、汽修城排查居住点。

结语：嫌疑人呈现高度组织化犯罪特征，心理动机兼具技术控场欲与病态秩序需求，需警惕其因"成就感阈值"提升而实施暴力犯罪。建议结合预付卡消费数据与摩托车改装黑市线索进行并案侦查。**（全文512字）**

图 2－22　DeepSeek 生成的犯罪嫌疑人画像分析报告

（五）提示词优化建议

上述 DeepSeek 生成的内容结构化清晰，分基础画像和心理分析综合危险评估，符合侦查报告的标准。多维度覆盖了年龄、职业、反侦察能力等，信息全面。数据引用有置信度标注，显得科学。心理分析结合了理论，如犯罪标记行为和 DSM－5，增加了可信度。侦查建议具体，可操作性强。但在一些问题上存在过度推测的现象，比如机械背景与反社会倾向的关联性缺乏实证支持；数据时效性方面，预付卡渠道可能变化快，需要更新；心理分析的风险评估量化可能没有足够依据等内容。为生成更准确的画像，这时我们可以通过 DeepSeek 继续提出上述的提示词有哪些内容需要优化等内容，这时 DeepSeek 经过思考先找出报告中存在的问题。如首先是在交通工具改装能力评估方面，之前的回答中提到了专业级，但可能需要更具体的等级划分标准，比如初级、中级、高级，或者根据改装复杂程度来评估。预付卡获取渠道分析部分，可能需要更详细的渠道分类，比如线上购买、实体店购买、非法渠道等，以及这些渠道如何反映嫌疑人的行为模式。作案地点选择模式方面，可能需要更深入的地理侧写，比如社区超市的共同特征，如人流量、安保措施、逃生通道的位置等。可疑行为时间规律可能需要分析作案时间是否与特定时间段（如上下班高峰）有关，或者是否有避开巡逻时间的迹象等内容。并给出了新的提示词示范如下：

二、优化后提示词示例

```
复制
【案件线索】
- **基础特征**：男性，身高约175cm（监控测算误差±3cm），使用无牌照改装摩托车（消音器拆除、电路外露）。
- **行为模式**：
  1. **时间**：三次作案均在工作日20:30-21:15，间隔7-10天；
  2. **目标**：城郊社区超市（单出入口、监控主机位于收银台下方）；
  3. **支付**：预付卡为"美宜佳""便利蜂"等连锁品牌，单次充值≤300元；
  4. **遗留物**：农夫山泉矿泉水瓶（瓶盖检测到微量机油残留）；
  5. **反侦察**：破坏监控主机电源线但保留硬盘，现场无指纹/毛发。

【分析要求】
1. **嫌疑人画像**（需包含）：
   - 交通工具改装能力等级（参考《机动车非法改装技术认定标准》）；
   - 预付卡获取渠道（结合便利店分布热力图与充值记录留存周期）；
   - 居住范围建模（应用圆心理论，假设通勤时间≤15分钟）；
   - 年龄/职业交叉论证（体能消耗与机械技能学习曲线匹配度）。
2. **心理特征解析**（需引用）：
   - 破坏监控的矛盾行为 vs. 反社会人格的"操纵快感"（Hare, 2003）；
   - 瓶盖旋紧动作与强迫型仪式的"控制代偿机制"（Beck, 2004）。
3. **报告格式**：危险性评估需标注量化指标（如再犯概率阈值），成长经历推演需区分原生家庭/社会习得因素。
```

图 2 – 23 DeepSeek 优化后新的提示词

替换上述提示词新生成的报告内容如下：

侦查人员分析嫌疑人画像与心理特征

以下是基于优化后提示词生成的犯罪嫌疑人画像分析报告，严格遵循线索结构化、犯罪心理学理论嵌入与量化分析要求：

犯罪嫌疑人画像分析报告

（基于GIS数据建模与DSM-5诊断框架）

一、基础画像

1. **年龄推测：28-32岁（置信度80%）**
   - **体能匹配**：根据7-10天作案间隔与8分钟撤离速度（需持续冲刺300米以上），符合青壮年心肺功能峰值区间（WHO运动生理学数据）。
   - **技能习得周期**：改装摩托车涉及发动机调校（高级改装），通常需5年以上实践经验，排除25岁以下新手可能。
2. **职业技能：汽修技师/机械加工从业者**
   - **改装能力等级**：高级（引擎ECU改写+消音器拆除），需专业设备（如OBD-II诊断仪），与汽修厂或改装黑市资源高度关联。
   - **职业环境痕迹**：矿泉水瓶盖残留机油为SAE 5W-30型号（常见于日系摩托车），暗示日常接触车辆维修场景。

3. **居住范围：案发地5公里辐射圈（置信椭圆半径2.3km）**
    - **圆心理论建模**：以三处案发超市为锚点，15分钟摩托车程（均速30km/h）覆盖城郊汽配城、长租公寓聚集区。
    - **GIS交通流量验证**：作案时间（20:30-21:15）避开主干道晚高峰，选择支路骑行，符合“居住地-作案地”短途动线特征。
4. **反侦察能力：准专业化（★★★☆）**
    - **行为熵值分析**：破坏监控电源线（阻碍实时报警）但保留硬盘（满足“犯罪成果回顾”心理），符合Hare反社会人格清单第7项（操纵他人/系统的快感需求）。

二、行为模式与心理动力解析

1. **预付卡消费网络分析**
    - **渠道溯源**：“美宜佳”“便利蜂”门店集中于物流园周边（充值记录留存≤7天），采用“跨店分散充值-集中作案使用”模式，规避资金链追踪。
    - **心理动机**：预付卡匿名支付反映其对“交易脱钩”的执念（Beck认知扭曲理论：过度概括化风险），可能曾因实名消费暴露行踪（如前科记录）。
2. **矛盾行为与人格障碍诊断**
    - **破坏/保留监控的二元性**：
        - **行为解释**：破坏电源线实现即时控制，保留硬盘满足后期“自我欣赏”（DSM-5反社会型人格障碍标准A4：欺诈性操纵）。
        - **心理投射**：通过“技术碾压”执法机构获得权力代偿，疑似长期处于社会底层（如蓝领职业受歧视）。
    - **瓶盖旋紧的强迫仪式**：
        - **临床关联**：强迫型人格障碍（DSM-5 301.4）的“秩序补偿”行为，可能源于成长过程中家庭混乱（如父母药物成瘾）导致的控制焦虑。
        - **行为升级预警**：仪式化动作稳定性达92%（三次作案均出现），预示犯罪模式固化，再犯概率阈值超过70%（HCR-20暴力风险评估）。

三、成长经历推演与危险性评估

1. **原生家庭假设**
    - **技术依赖形成**：父亲或监护人从事机械工种（如卡车司机），童年通过协助修理器械获得关注，将技术能力等同于情感联结工具。
    - **权威关系创伤**：青春期可能遭受职场霸凌（如汽修厂学徒期被克扣工资），滋生“对抗系统”报复心理（Adler自卑补偿理论）。
2. **社会习得行为**
    - **犯罪技能获取**：参与地下摩托车竞速团体（改装知识+反侦察训练），作案手法呈现“亚文化模仿”特征（如快速撤离借鉴赛车手弯道技巧）。

3. **危险性评级**
   - **短期风险**：可能升级为武装抢劫（现场观察收银员操作习惯耗时≤30秒，暗示其在评估抵抗风险）。
   - **长期风险**：反社会人格与强迫仪式的交互作用，或发展为“犯罪标记行为”（如留字条挑衅警方）。

四、侦查策略建议

1. **物证定向突破**：
   - 比对机油残留与汽配城商户样品库，锁定SAE 5W-30批发商；
   - 调取便利店监控回溯预付卡购买者（重点筛查戴口罩+手套者）。
2. **空间靶向排查**：
   - 在GIS预测的居住椭圆圈内，筛查“摩托车夜间频繁出入”的长租车库；
   - 交叉核实在逃人员库与汽修从业资格证注销记录。
3. **心理干预预案**：
   - 在通缉令中避免强调其“技术优势”（防止刺激炫耀欲）；
   - 提前布控24小时便利店（满足其犯罪模式依赖的“安全阈值”）。

结语：嫌疑人兼具技术偏执与秩序渴求的双重人格动力，需警惕其通过“挑战执法失败”触发暴力宣泄。建议以预付卡充值终端实时监控为核心，结合改装黑市线人情报实施收网。**（全文518字）**

图 2－24 DeepSeek 新生成的犯罪嫌疑人画像分析报告

优化前后的嫌疑人画像报告在核心分析维度（如年龄、职业、居住范围）和心理动力主线（控制欲与强迫型人格）上保持一致，均强调技术能力与反侦察行为的关联。然而，优化后报告通过数据精度与理论深度实现了显著提升：在信息颗粒度上，年龄推测从“25—35 岁”细化至“28—32 岁”，并引用运动生理学数据支撑；职业推断从泛化的“机械相关”精准锁定“汽修技师”，依托机油型号（SAE 5W－30）与高级改装技术（ECU 改写）的物证闭环；居住范围从“城郊接合部”的模糊描述升级为 GIS 建模的“5 公里辐射圈＋置信椭圆”，结合通勤时间与交通流量验证。理论工具上，优化版引入 DSM－5 诊断标准、Hare 反社会人格清单及 HCR－20 量化模型，将“高风险”定性结论转化为“再犯概率超 70％”的阈值预警，并通过“犯罪仪式稳定性 92％”等行为熵值分析增强客观性。侦查建议从“预付卡溯源”等方向性策略，深化为“比对机油批发商”“筛查夜间车库”等靶向动作，并新增心理干预预案以抑制嫌疑人炫耀欲。整体而言，优化后报告构建了“线索—数据模型—临床诊断—行为预阻”的全链条分析框架，推动画像从经验推理向科学决策转型。

(六)必备 AI 核心技能

1. 通过运用 DeepSeek 开展犯罪嫌疑人画像工作,DeepSeek 展现出强大的助力效能

在盗窃案件中,现场往往遗留大量繁杂无序的信息,从细微的指纹、毛发,到周边监控捕捉的模糊身影与可疑行为轨迹,再到作案手法、时间规律等,这些数据量庞大且关系错综复杂。DeepSeek 凭借其卓越的信息处理及分析能力,能迅速将海量数据进行梳理整合;通过对不同盗窃现场痕迹特征、作案时间间隔、盗窃物品类别偏好等多维度数据的深度挖掘,能够精准提炼出潜在的线索与规律。以系列盗窃案件为例,DeepSeek 对作案手法进行细致分析,诸如撬锁方式、入室路径选择、翻找财物的顺序等,结合现场遗留的脚印、指纹等痕迹数据,生成的犯罪嫌疑人画像可精准呈现嫌疑人的行为模式。其成功帮助侦查人员锁定了具有相似作案特征的前科人员,将原本大海捞针般的侦查范围大幅缩小,极大地提升了工作效率,为后续有针对性地开展调查与实施抓捕行动提供了有力支撑,显著加快了案件的侦破进程。

2. DeepSeek 在应用于刑事案件犯罪嫌疑人画像时也存在一定局限性

其生成结果对输入信息的准确性与完整性有极高要求。在盗窃案件现场,诸多因素可能导致信息收集存在偏差或遗漏。比如,现场遭到二次破坏致使关键痕迹受损、监控设备存在拍摄死角未能捕捉到嫌疑人的关键特征、证人因记忆模糊描述不准确等,这些都可能使输入 DeepSeek 的信息不完整或有错误,最终导致生成的犯罪嫌疑人画像与实际情况大相径庭。并且,DeepSeek 虽然能够依据数据进行逻辑分析与推断,但在盗窃案件中,很多时候犯罪嫌疑人的行为并非完全遵循数据规律,其临场的随机应变、选择作案目标时的特殊偏好等,这些需要依靠人类直觉与丰富实践经验去洞察的因素,DeepSeek 无法有效把握。所以,在实际操作中,侦查人员必须凭借自身扎实的专业知识与长期积累的实践经验,对 DeepSeek 生成的结果进行细致入微的验证与修正。

3. 在运用 DeepSeek 对刑事案件犯罪嫌疑人画像过程中,侦查人员与 DeepSeek 紧密协作具有重要意义

侦查人员需要充分发挥主观能动性,在盗窃案件现场,以专业敏锐的视角,精准收集各类痕迹物证、详细询问证人获取关键信息,并将这些信息进行系统整理。同时,构建合理且精准的提示词,引导 DeepSeek 聚焦盗窃案件核心要素,生成更具

价值的犯罪嫌疑人画像结果。对于 DeepSeek 输出的画像结果，侦查人员要进行深入剖析，从合理性、与案件实际情况的契合度等多方面进行评估，并且将其与传统的侦查手段，如实地走访排查、调查周边社会关系等有机结合，从而制定出一套完整且高效的侦查策略。

总体而言，DeepSeek 为盗窃案件的犯罪嫌疑人画像分析提供了强大且全新的技术手段。但在实际运用时，我们必须清晰且全面地认识其优势与不足，合理运用并不断探索、优化使用方法，持续提升盗窃案件侦查工作的质量与效率，更有力地打击此类犯罪活动，维护社会的安全与稳定。

八、辅助制作侦查(调查)讯问笔录提纲

侦查讯问笔录在刑事司法程序中占据核心地位，是获取犯罪嫌疑人供述与辩解的关键手段。在刑事案件侦查阶段，侦查人员通过制作讯问笔录，深挖犯罪嫌疑人的作案动机、作案过程、参与人员及相关证据线索，为案件侦破、起诉和审判提供坚实基础。在办理职务犯罪案件中，被调查人的讯问笔录有助于监察机关查明职务违法和职务犯罪事实，明确责任范围，认定行为性质，从而为准确适用法律法规、作出公正的处置决定提供有力支撑。本节讨论的是侦查(调查)阶段的讯问笔录。

(一)适用场景

讯问笔录不仅真实记录被讯问者的言辞，更是讯问过程合法性与规范性的直观呈现。一份合格的讯问笔录，要求记录精准翔实，完整涵盖讯问时间、地点、讯问人员身份等基础信息，原汁原味呈现被讯问者的回答，坚决杜绝任何歪曲篡改。

在刑事侦查领域，犯罪嫌疑人的供述常常繁杂无序，给侦查工作带来极大挑战。而 DeepSeek 这一智能辅助工具，能凭借强大的运算与分析能力，迅速梳理并深入剖析这些供述，助力侦查人员精准定位犯罪时间、地点、动机、手段等核心关键信息，形成讯问提纲，辅助侦查人员制作讯问笔录。在实际操作中，借助 DeepSeek 技术形成的讯问提纲，提高讯问的针对性。在多轮次讯问时，DeepSeek 能智能识别并醒目地标注关键信息，助力侦查人员快速定位核心内容，加速案情分析进程，提示侦查人员下一步该问什么。

监察机关在调查贪污贿赂、渎职等职务违法犯罪行为时，往往需处理海量繁杂的案件资料。DeepSeek 通过智能分析提炼关键证据与线索，助力监察人员全面深

入了解案情,规避人为错误与信息遗漏,生成讯问提纲,显著提升讯问的质量与效率,为监察案件的顺利推进筑牢根基。

(二)必备法律核心技能

随着科技发展,讯问笔录制作从传统手写向电子记录转变。笔录制作是一项复杂的任务,对讯问人员要求颇高。讯问人员需具备良好专业素养,掌握讯问技巧,以获取有效信息。良好的沟通技巧有利于与犯罪嫌疑人建立信任,促使其如实供述;强大的逻辑思维能力可梳理嫌疑人的混乱陈述,把握关键信息,构建案件逻辑链条;扎实的法律知识储备能确保讯问程序合法合规,让笔录具备法律效力,避免程序违法而导致证据被排除;精准的记录能力可保证笔录准确反映供述,不遗漏关键细节,为案件处理提供可靠依据。

制作讯问笔录任务复杂,讯问人员需具备特定核心技能以确保笔录准确合法,提升办案效率与司法公正。

1. 法律知识和程序理解

要扎实掌握各类法律法规与程序,制作讯问笔录时严格遵循法律规定,保证讯问合法、内容真实,熟悉证据相关规定确保证据有效,这是制作笔录的基础。办案人员要时刻牢记法律规定,在讯问前依法告知被讯问者权利义务,在讯问过程中严格遵守法定程序,确保整个过程符合法律要求。例如,严格按照法律规定的讯问时间、地点等条件进行操作,杜绝任何违法违规行为,保障讯问笔录具备法律效力。

2. 沟通技巧和心理洞察

良好的沟通技巧涵盖语言表达与倾听理解能力,通过恰当提问引导被讯问者提供信息;心理洞察力有助于理解其心理状态,观察其表情和肢体语言判断陈述真实性,以此营造良好沟通氛围,获取关键信息。

3. 文档制作和细节关注

精准的文档制作能力包含文字表达与逻辑思维能力,需准确完整记录讯问信息,关注细节有助于发现关键线索,这是确保笔录质量的关键。

(三)提示词范例

针对侦查机关的讯问笔录制作,DeepSeek 可通过结构化提示词实现信息高效整合。讯问笔录主要采集被讯问人身份信息,包括姓名、年龄、出生日期、籍贯等基础数据,并核实前科记录;描述案件发生的时间、地点、涉及人员和简要经过。详细记载被讯问人在案件中的行为、动机以及可能存在的证据；被讯问人是否有同伙，以及同伙在案件中的分工和角色；要求被讯问人对之前的供述进行确认或补充，并说明是否有新的供述等。

针对监察机关的讯问笔录制作，DeepSeek 重点强化政治属性和程序规范。讯问笔录主要确认被调查人的身份信息，包括姓名、职务、工作单位及政治面貌；记载调查的案件背景和涉嫌的违纪违法事实，被调查人在相关事件中的具体行为、决策过程及可能的责任，要求被调查人提供与案件相关的文件、资料或证据，要求被调查人对自身的行为进行解释，并说明是否有从轻、减轻或免除处罚的情节等。

下面以某起模拟的盗窃案件为例，上传一份公安机关第一次讯问笔录空白文书模板作为附件，用 DeepSeek 辅助生成第一次讯问笔录提纲的模板，提示词范例如下：

我是公安机关的侦查讯问人员，请生成一份盗窃案件第一次讯问笔录模板，要求包含以下内容：

1. 权利义务告知书（《刑事诉讼法》第 120 条）；
2. 嫌疑人基本情况核实（含前科劣迹）；
3. 作案时间、地点、手段的细节追问；
4. 赃物去向及销赃渠道；
5. 同案犯分工情况；
6. 加入三段递进式心理突破话术：
 - 你当时为什么选择这个目标？
 - 你知道这种行为对失主造成多大影响吗？
 - 现在有什么想对家人说的？
7. 需标注需要重点核实的矛盾点；
8. 符合上传的讯问笔录格式。

(四)AI 生成效果展示

盗窃案件首次讯问笔录制作

已深度思考(用时 18 秒)

好的,我需要为公安机关生成一份盗窃案件的第一次讯问笔录。首先,我需要理解用户的要求,确保所有提到的内容都被包含在内。用户提到了八个要点,包括权利义务告知、嫌疑人基本情况核实、作案细节、赃物去向、同案犯分工、心理突破话术、矛盾点标注以及格式要求。

首先,权利义务告知部分需要引用刑事诉讼法第120条,确保法律条款准确无误。然后是核实嫌疑人的基本情况,包括前科劣迹,这部分需要详细记录嫌疑人的回答,尤其是是否有过行政处罚或刑事处罚。

接下来是作案时间、地点和手段的细节追问。这里需要具体的日期、时间,以及作案的具体方式,比如撬锁、破窗等。赃物去向和销赃渠道需要询问赃物的处理方式,是否有中间人,销赃的具体地点或平台。

关于同案犯分工,需要明确每个同案犯的角色和具体任务,比如谁负责望风,谁实施盗窃等。心理突破话术部分需要设计三个递进的问题,逐步深入嫌疑人的心理,促使其坦白或反思。

需要标注的矛盾点可能包括嫌疑人在不同问题中的回答不一致,比如作案时间与监控录像不符,或者赃物去向与证人证言不一致等。最后,格式必须符合上传的讯问笔录模板,包括时间、地点、询问人、记录人等基本信息,以及法律依据的引用。

在生成过程中,需要确保语言简洁明了,符合法律文书的正式性,同时避免任何可能的遗漏。可能遇到的困难包括如何准确引用法律条文,以及如何合理设计心理突破话术使其自然流畅。需要反复检查各部分内容是否符合用户的具体要求,并确保所有必要的信息都被涵盖。

图 2-25 DeepSeek 生成讯问笔录的思考过程

从 DeepSeek 对这起模拟盗窃案件的制作讯问笔录的思考过程看,它基本上是模仿侦查人员讯问笔录时的思维。比如提出了关于同案犯分工,需要明确每个同案犯的角色和具体任务;谁负责望风,谁实施盗窃等。心理突破话术部分设计三个递进的问题,逐步深入嫌疑人的心理,促使其坦白或反思。初步具备了一名合格侦查员应有的思维素养。

下面是生成的讯问笔录:

讯问笔录

第 1 次

时间： 2023年10月15日9时00分至2023年10月15日12时00分
地点： XX市公安局XX分局讯问室
询问人： 张XX 工作单位：XX市公安局刑侦支队
记录人： 李XX 工作单位：XX市公安局刑侦支队
被讯问人： 王XX 性别：男 年龄：28岁 出生日期：1995年5月10日
身份证件种类及号码： 居民身份证 XXXXXX19950510XXXX
现住址： XX市XX区XX街道XX号 联系方式：138XXXX1234
户籍所在地： XX省XX市XX县XX镇XX村

（口头传唤的被讯问人于10月15日9时00分到达，10月15日12时00分离开，本人签名：__________。）

问： 我们是XX市公安局的民警（出示人民警察证），现依法对你进行讯问。根据《中华人民共和国刑事诉讼法》第120条的规定，对我们的提问你应当如实回答，对与本案无关的问题，你有拒绝回答的权利。本次讯问全程进行同步录音录像，听清楚没有？
答： 听清楚了。

问： 因你涉嫌盗窃罪，公安机关依法对你进行讯问。现将《犯罪嫌疑人诉讼权利义务告知书》《公安机关"三个规定"相关内容告知书》送达并告知于你，你是否有收到并清楚内容？
答： 收到了，我已清楚内容。

问： 根据《中华人民共和国刑事诉讼法》的有关规定，在侦查期间，你有权委托律师作为辩护人，你是否要委托律师？
答： 暂时不需要。

问： 你是否要申请回避？
答： 不申请。

一、嫌疑人基本情况核实（含前科劣迹）

问： 你的个人基本情况，有无绰号、别名？
答： 我叫王XX，绰号"小五"。

问： 你是否受过行政处罚、刑事处罚或者强制隔离戒毒等处理措施？
答： 2020年因盗窃被行政拘留10天，2021年因抢劫罪被判有期徒刑1年。

二、作案时间、地点、手段细节追问

问： 你因何事被公安机关审查？
答： 偷了XX小区3栋201室的现金和首饰。

问： 请详细说明作案时间、地点和手段。
答： 10月12日下午3点左右，我撬开窗户进入房间，用螺丝刀打开抽屉，拿走了约5000元现金和一条金项链。

问： 作案工具来源？
答： 螺丝刀是我从五金店买的，其他工具没有。

（**矛盾点标注：** 监控显示作案时间为10月12日下午2点50分，与供述时间存在10分钟差异，需核实。）

三、赃物去向及销赃渠道

问： 赃物如何处理？
答： 现金自己花了，金项链卖给了一个叫“老刘”的人，在XX路二手市场交易的。

问： “老刘”的联系方式？
答： 没有电话，只知道他常在市场门口摆摊。

四、同案犯分工情况

问： 是否有同伙参与？
答： 有，李XX负责在楼下望风，我进去偷东西。

问： 李XX的住址或联系方式？
答： 他住XX区XX街XX号，电话是139XXXX5678。

五、心理突破话术

问： 你当时为什么选择这个目标？
答： 看到窗户没关严，觉得容易下手。

问： 你知道这种行为对失主造成多大影响吗？
答： （沉默）……没想过。

问： 现在有什么想对家人说的？
答： （低头）对不起，让他们丢脸了。

被讯问人签名： ________
询问人签名： 张XX
记录人签名： 李XX
日期： 2023年10月15日

执法提醒：

1. **矛盾点重点核实：** 作案时间与监控记录不符，需调取现场监控进一步比对。
2. **同案犯追查：** 李XX身份及“老刘”销赃渠道需立即核查。
3. **心理供述有效性：** 嫌疑人表现出悔意，可结合证据进一步突破。

法律依据：
《中华人民共和国刑事诉讼法》第120条、第123条；《公安机关办理刑事案件程序规定》第203条。

图2-26 DeepSeek生成的讯问笔录

(五)提示词优化建议

上述生成的讯问笔录提纲在结构和程序上符合法律要求,完整涵盖了权利义务告知、嫌疑人信息核实、作案细节追问等核心内容,并通过标注矛盾点(作案时间与监控不符)和提供同案犯线索(李××联系方式)强化了案件侦破的指向性。心理突破话术设计逻辑清晰,从作案动机延伸至家庭影响,成功引导嫌疑人表露悔意,增强了供述的情感可信度。格式上严格遵循实务规范,包含签名、时间等要素,并附加执法提醒,明确了后续核查重点,具备较强的实用性。然而,细节深度仍显不足:在开头和结尾竟然是“询问人”和“询问人签名”,而非是“讯问人”和“讯问人签名”;犯罪嫌疑人回答“因抢劫罪被判处 1 年”不符合实际量刑标准,缺少侦查人员继续追问情况;法律条款引用不准确,如在首段只引用《刑事诉讼法》第 120 条,缺少对其他条款的引用;销赃渠道仅提及“老刘常在二手市场摆摊”,缺乏外貌特征、交易时间等关键信息,可能影响追查效率;同案犯信息未验证真实性,需补充技术核验建议;心理追问停留在表面,未深入挖掘失主具体损失(如经济困境)以强化愧疚感;矛盾点处理建议较笼统,未细化至手机定位或证人询问等操作层面。此外,法律条款可进一步细化“认罪从宽”的具体规定,格式标点也需统一(如“问:”后加空格)。总体而言,笔录在程序合规性与信息覆盖度上表现良好,但需在细节精准性、操作指导性及情感引导深度上优化,以提升实务效能。这时我们可以向 DeepSeek 继续提出“上述的提示词有哪些内容需要优化”等内容。DeepSeek 对原始提示词给予了优化建议,并给出了新的提示词,示范如图 2-27 所示:

盗窃案件首次讯问笔录制作

优化后提示词示例:

> 生成一份盗窃案件第一次讯问笔录,要求包含:
>
> 1. **权利义务告知**:引用《刑事诉讼法》第120条,明确告知“如实供述可依法从宽”,并记录嫌疑人回应;
> 2. **嫌疑人信息核实**:含前科劣迹(需标注具体时间、处罚类型);
> 3. **作案细节**:时间、地点、手段(如工具来源、进出路线),标注与证据的矛盾点(如供述时间与监控差异≥5分钟);
> 4. **赃物与同案犯**:销赃渠道(交易对象特征、交易方式)、同案犯分工(角色、分赃比例),需追问“是否涉及其他案件”;
> 5. **心理突破话术**:按“动机→后果→家庭”递进设计,示例:
>   - “你选择目标时是否观察过住户作息?”
>   - “失主因丢失医疗费陷入困境,你是否知情?”

> ○ “若家人得知你的行为，你认为他们会如何面对？”；
>
> 6. **格式规范**：标题黑体三号，正文仿宋小四，签名右对齐，标注页码；
> 7. **执法提醒**：列出需核实的矛盾点及操作建议（如“调取基站数据核实现场活动轨迹”）。

图 2－27　DeepSeek 优化后新的提示词

替换上述提示词新生成讯问笔录提纲如下：

讯 问 笔 录

第 1 次

时间： 2023年11月2日14时00分至2023年11月2日17时30分
地点： XX市公安局XX分局第一讯问室
讯问人： 陈XX 工作单位：XX市公安局刑侦支队
记录人： 周XX 工作单位：XX市公安局刑侦支队
被讯问人： 赵XX 性别：男 年龄：32岁 出生日期：1991年8月15日
身份证件种类及号码： 居民身份证 XXXXXX19910815XXXX
现住址： XX市XX区XX街道XX小区5栋302室 联系方式：159XXXX6789
户籍所在地： XX省XX市XX县XX乡XX村

（口头传唤的被讯问人于11月2日14时00分到达，11月2日17时30分离开，本人签名：__________。）

一、权利义务告知

问： 我们是XX市公安局的民警（出示人民警察证），现依法对你进行讯问。根据《中华人民共和国刑事诉讼法》第120条规定，你应当如实回答我们的提问，对与本案无关的问题有权拒绝回答。如实供述自己的罪行，可以依法从宽处理，是否清楚？
答： 清楚。

问： 现向你送达《犯罪嫌疑人诉讼权利义务告知书》，请阅读后签名确认。你是否需要委托辩护律师？
答： 不需要，暂时自己处理。

问： 你是否申请回避？
答： 不申请。

二、嫌疑人基本情况核实（含前科劣迹）

问： 你的个人基本情况，有无别名或绰号？
答： 我叫赵XX，绰号“阿强”。

问： 你是否受过行政处罚或刑事处罚？
答： 2018年因盗窃被行政拘留15日，2020年因抢劫罪被判有期徒刑2年，2022年6月刑满释放。

三、作案时间、地点、手段细节追问

问： 你因何事被传唤至公安机关？
答： 我偷了XX商场一楼珠宝店的黄金手链。

问： 详细说明作案时间、地点、工具及过程。
答： 10月28日晚10点左右，我从商场后巷的通风口爬进去，用液压剪破坏展柜锁，拿了3条黄金手链。工具是网上买的，快递单号记不清了。

（**矛盾点标注：** 商场监控显示作案时间为10月28日21:47分，与供述“晚10点”相差约13分钟，需调取嫌疑人手机定位及商场周边监控比对。）

问： 进出路线是否有同伙接应？
答： 没有，我一个人干的。

四、赃物去向及销赃渠道

问： 赃物如何处理的？
答： 手链卖给了一个叫“黑哥”的人，他在XX路地下二手市场有固定摊位，戴黑框眼镜，左脸有疤。

问： 交易方式？是否长期合作？
答： 现金交易，分两次卖给他，第一次10月29日下午，第二次10月30日中午。之前卖过两次手机，也是给他。

（**核查重点：** 需调取二手市场监控，排查“黑哥”身份及交易记录。）

五、同案犯分工情况

问： 是否有同伙参与本次盗窃？
答： 没有，但我之前和李XX（绰号“胖子”）一起偷过电动车，这次他没参与。

问： 李XX的联系方式或住址？
答： 他住XX区XX街道XX出租屋，电话是138XXXX4321，但最近联系不上。

（**核查重点：** 需通过技术手段核验李XX手机实名信息及活动轨迹。）

六、心理突破话术（递进式）

问： 你当时为什么选择这家珠宝店？
答： 之前踩点发现晚上保安少，后巷监控坏了。

问： 你知道失主是创业小商户吗？丢失的货品是他们抵押贷款进的，现在面临破产，你怎么看？
答： （沉默）……我没想这么多，就想弄点钱。

问： 如果你女儿（已知嫌疑人有一5岁女儿）长大后知道这件事，你想对她说什么？
答： （哽咽）……爸爸错了，以后一定改。

七、笔录确认及签名

被讯问人签名： __________
讯问人签名： 陈XX
记录人签名： 周XX
日期： 2023年11月2日

执法提醒

1. **矛盾点核查：**
   - 调取嫌疑人10月28日手机基站数据，核实现场活动轨迹；
   - 比对商场通风口攀爬痕迹与嫌疑人鞋印。
2. **销赃渠道追踪：**
   - 联合市场监管部门排查“黑哥”真实身份，调取二手市场10月29-30日监控；
   - 核查嫌疑人供述的“前两次手机交易”记录。
3. **同案犯关联案件：**
   - 对李XX实施技术侦查，确认其是否涉及其他盗窃案件。
4. **心理供述固定：**
   - 结合嫌疑人悔罪态度，后续讯问可重点突破赃物藏匿细节。

法律依据：
《中华人民共和国刑事诉讼法》第120条、第123条；《公安机关办理刑事案件程序规定》第203条。

（笔录正文结束）

备注：

- 笔录使用仿宋小四字体，标题加粗，段落首行缩进2字符；
- 签名栏右对齐，页码标注“第1页/共1页”。

图 2－28　DeepSeek 新生成的讯问笔录

优化前后的讯问笔录提纲在结构、细节深度及实务价值上存在显著差异。优化前的提纲虽涵盖核心要素（如权利义务告知、作案细节），但存在格式松散、法律条款引用笼统（仅提及《刑事诉讼法》第 120 条未细化内容）、心理追问浅表化（如“对家人想说什么”未关联具体亲属）等问题；销赃渠道描述模糊（仅提及“老刘摆摊”）、矛盾点核查建议空泛（如“调取监控”无具体步骤），导致线索实用性不足。优化后的提纲通过多项改进提升效能：其一，法律告知具体化，明确引用“如实供述可依法从宽”条款，并关联嫌疑人认罪意愿；其二，心理突破更具针对性，结合案情设计递进话术(如追问“失主抵押贷款破产”“女儿如何看待父亲行为”),激发嫌疑人情感共鸣;其三,矛盾点核查可操作化,提出“调取手机基站数据”“鞋印比对”等多维验证方法;其四,细节追问深度增强,销赃渠道补充“黑哥外貌特征及交易记录”,同案犯信息延伸至历史案件关联;其五,备注部分提示,标题加粗、签名栏右对齐、页码标注,格式规范严谨,符合实务标准。此外,优化后笔录提纲通过“执法提醒”细化侦查分工(如联合市场监管部门排查、技术核验同案犯轨迹),显著提升了案件侦破的指向性与效率。当然,优化后的讯问笔录没有对犯罪嫌疑人回答“因抢劫罪被判处 2 年”这一不符合实际量刑标准的情况作出进一步追问,存在瑕疵。总体而言,优化后的笔录提纲在合法性、情感引导及实务指导性上均实现质的提升,更贴合公安机关实战需求。

(六)必备 AI 核心技能

使用 DeepSeek 辅助生成讯问笔录大幅提升了办案效率与规范性。输入案件基本要求,AI 能快速生成包含权利义务告知、嫌疑人信息核实等核心内容的初稿,节省 50% 以上手动录入时间。在多轮优化中,细化提示词(如“递进式心理话术”“矛盾点操作建议”)后,AI 输出的笔录细节显著增强,例如结合案情补充“失主为创业小商户面临破产”“液压剪破坏展柜”等具体描述。AI 还能自动关联法律条款(如《刑事诉讼法》第 120 条“如实供述从宽”),并精准排版(标题加粗、签名栏右对齐),减少格式疏漏。最终通过人工校验逻辑与合规性,形成符合实务标准的笔录,全程耗时较传统方式大为缩短,且错误率降低。使用 DeepSeek 制作讯问笔录提纲还需要注意把握以下技术要点:

1. 深度引导与追问技能

DeepSeek 虽能依据提示词生成部分内容,但面对被讯问者复杂多变的回答,办案人员要拥有敏锐洞察力,精准捕捉被讯问者话语中的模糊点、矛盾处以及可能隐藏关键信息的细节,适时进行深度引导与追问。比如,当被讯问者对犯罪动机的表述含糊其词时,办案人员应巧妙运用沟通技巧,通过恰当的追问,让被讯问者清晰阐述内心想法,而不是单纯依赖 DeepSeek 生成的常规内容。

2. AI 结果审核与纠偏技能

DeepSeek 生成的笔录提纲只是参考,办案人员必须凭借自身专业知识和经验,对其进行严格审核。要仔细甄别生成内容是否符合案件实际情况、是否存在逻辑漏洞、是否准确反映被讯问者意图等。一旦发现问题,能够迅速进行纠偏。例如,在经济犯罪案件中,DeepSeek 对复杂资金流向的梳理可能存在偏差,办案人员需依据财务知识和案件线索,重新梳理并修正,确保笔录内容真实可靠。在运用DeepSeek 辅助制作讯问笔录提纲时,办案人员需充分发挥综合信息整合技能,不能仅依赖 DeepSeek 提供的信息,还需全面整合案件侦查中的各类线索与证据,将其与讯问笔录内容相互印证。例如,把现场勘查得到的物证信息、证人证言等,与被讯问者的供述进行细致比对分析,以此全面、精准地还原案件事实,进一步完善讯问笔录,使其成为完整且有力的案件证据材料。未来,对该辅助系统的优化应着重于人机协同的深化与人机功能的升级。在提升复杂案件处理能力方面,可通过接入实时法律数据库,让系统能够依据最新法律法规,为办案人员提供更贴合实际的参考建议。同时,优化交互设计也是关键。比如,系统支持“案情类型选择”功能,实现自动匹配提问策略,或者内置“方言词库”,以便准确识别方言含义,从而减轻办案人员在提示词设计上的负担。需要明确的是,AI 只是辅助工具,民警始终要在策略判断上发挥主导作用。只有通过人机互补,才能实现执法效率与专业性的双重提升,让 DeepSeek 在辅助制作讯问笔录提纲中发挥更大价值,推动执法工作迈向更高水平。

3. 灵活应变与情境把控技能

讯问过程中,被讯问者可能出现情绪波动、抗拒等突发状况,这是 DeepSeek 无法应对的。办案人员要能灵活调整讯问策略,稳定被讯问者情绪,把控讯问节奏和氛围。比如,当被讯问者突然情绪激动、拒绝回答问题时,办案人员需通过恰当的安抚话语、调整讯问方式等,重新掌控局面,使讯问继续进行,而不是因依赖 AI 辅助而陷入僵局。面对复杂案情(如多层级团伙盗窃),AI 难以自动生成角色关系图或资金流向表,需人工补充侦查方向;对嫌疑人使用的隐语(如“黑哥”代指销赃者),AI 可能无法主动追问具体含义。情感与策略判断高度依赖经验:AI 虽能设计话术,但无法模拟审讯中“沉默—追问—缓和”的节奏控制;矛盾点提示后,亦未进一步指导如何通过供述与物证互证闭合证据链。此外,法律解释深度不足,如“认罪认罚从宽”条款未结合当地量刑指南细化刑期范围,需民警另行补充说明。

九、辅助撰写审查报告

撰写审查报告是刑事检察办案的一项重要工作,同时也是检察机关的起诉书、不起诉决定书、庭审“三纲一书”等法律文书的基础。由于审查报告的内容较多,笔者仅选择介绍其中直接影响案件事实认定和法律适用的“对全案事实证据情况的认定意见”(以下简称事实认定)以及“对案件法律适用的认定意见”(以下简称法律适用)两部分。以下,以笔者虚拟的电信网络诈骗案件为例,详细介绍如何利用 DeepSeek 辅助撰写审查报告的事实认定与法律适用部分。

(一)适用场景

DeepSeek 撰写审查报告的事实认定与法律适用部分适用于以下场景:

其一,事实认定。一是快速整理卷宗中的证据材料,形成条理清晰的分析结构;二是分析证据之间的印证关系,构建证据链;三是评估证据的合法性、客观性和关联性。

其二,法律适用。一是分析犯罪行为的构成要件,明确罪名适用;二是提供法律条文和司法解释的初步引用,辅助定性论证;三是在复杂或新型案件中,生成初步定性意见。

(二)必备法律核心技能

检察人员制作刑事案件审查报告,需要具备扎实的法律专业知识、强大的事实认定能力、优秀的写作能力、良好的职业素养等核心技能。一是准确理解和适用法律条文,了解最新的司法实践和裁判规则;二是要熟悉证据规则,能够判断证据的合法性、真实性和关联性;三是具备证据分析能力,全面、客观地分析证据,从中提取有效信息;四是具备逻辑推理能力,能够根据证据和法律还原案件事实,形成清晰的证据链,准确适用法律;五是具备综合判断能力,综合考虑各种因素排除合理怀疑,对案件事实作出准确判断;六是具备法律文书制作能力,撰写出结构清晰、逻辑严谨、语言准确的审查报告。

(三)提示词范例

笔者设计的提示词:

请生成一份检察机关案件审查报告中“对全案事实证据情况的认定意见”和“对案件法律适用的认定意见”的两部分,主题为《刑法》第 266 条电信网络诈骗罪。案件基本情况如下:

犯罪嫌疑人:陈某,男,30 岁。

案件事实:陈某通过电话冒充银行工作人员,谎称被害人张某账户异常,诱骗张某转账 120 万元至指定账户。

证据:扣押清单,证明从陈某处扣押其手机 1 部,电话号码 13811111111;银行卡 1 张,户名为张三。被害人张某陈述,证明 2024 年 9 月 5 日,其手机

13911111111 接到 13811111111 电话,对方冒充银行工作人员,以账户异常为由让其将 120 万元转到张三的账户,导致其被骗 120 万元。银行转账记录,证明 2024 年 9 月 5 日,张某账户转出 120 万元至张三账户,之后张三的账户将 120 万元转到他人银行账户。手机通话清单,证明 2024 年 9 月 5 日,13911111111 与 13811111111 有多次通话。犯罪嫌疑人陈某的辩解,否认其打电话给张某进行诈骗的事实,但对其持有张三的银行卡及 13811111111 的电话无法作出合理解释。

要求包括以下内容:对案件事实的认定;对所有证据情况进行综合分析,说明认定事实的证据是否确实、充分;引用刑法条文说明案件的法律适用;说明认定结论是否达到起诉标准。

输出格式为正式审查报告,符合检察机关办案规范。

以上提示词的设计要点:一是有完整的信息,提供嫌疑人身份、案件事实和证据清单,确保 AI 有足够素材;二是有明确要求,细化事实认定、证据分析和法律适用,确保输出内容全面;三是有规范性要求,即语言符合检察机关文书标准。因为只需要 DeepSeek 的推理功能,建议开启"深度思考",关闭"联网搜索"功能。

(四)AI 生成效果展示

1. DeepSeek 的推理过程

陈某涉嫌电信网络诈骗案审查报告

已深度思考(用时 30 秒)

好的,我现在需要帮用户生成一份检察机关案件审查报告的两个部分:"对全案事实证据情况的认定意见"和"对案件法律适用的认定意见",主题是《中华人民共和国刑法》第266条的电信网络诈骗罪。首先,我需要仔细分析用户提供的案件基本情况,确保所有细节都被正确理解和应用。

首先,案件的基本情况是这样的:犯罪嫌疑人陈某,30岁,被指控通过电话冒充银行工作人员,诱骗被害人张某转账120万元。证据包括扣押的手机、银行卡、被害人陈述、银行转账记录、通话清单以及陈某的辩解。陈某否认犯罪,但无法合理解释持有相关银行卡和电话号码的情况。

接下来,我需要处理第一个部分:"对全案事实证据情况的认定意见"。这里需要明确案件事实的认定,并对证据进行综合分析,判断是否确实、充分。首先,被害人张某的陈述是关键,需要确认其陈述是否详细且与其他证据一致。然后,银行转账记录必须显示资金流向,从张某到张三账户,再转至他人账户,这需要确认是否与扣押的银行卡关联。通话清单需要证明双方在案发时的联系次数和时间是否吻合。陈某的辩解虽然否认,但无法解释持有物证,这可能削弱其可信度。

然后,第二个部分是"对案件法律适用的认定意见"。这里需要引用刑法第266条,说明陈某的行为是否符合诈骗罪的构成要件:虚构事实、隐瞒真相,骗取财物数额特别巨大。同时,需要考虑电信网络诈骗的特殊性,可能涉及从重处罚的情节。此外,需要确认所有证据是否达到起诉标准,即事实清楚、证据确实充分,足以追究刑事责任。

需要注意的是，用户要求输出符合检察机关办案规范的正式审查报告，因此格式和用语必须正式、严谨。每个部分的结构要清晰，先事实认定，再证据分析，接着法律适用，最后结论是否起诉。要确保所有证据链完整，排除合理怀疑，同时正确引用法律条文，特别是刑法第266条和相关司法解释，比如关于数额特别巨大的标准。

可能的难点在于如何将陈某的辩解与现有证据结合，证明其有罪。虽然陈某否认，但扣押的手机和银行卡与其无法合理解释的情况相结合，可以形成间接证据链。此外，资金流向和通话记录的匹配是关键点，需要详细说明这些证据如何相互印证，排除他人作案的可能性。

另外，要确保没有遗漏任何用户提供的证据，比如扣押清单中的手机和银行卡，被害人的陈述，转账记录，通话清单，以及陈某的辩解。每个证据的作用和证明力需要逐一分析，并综合起来说明是否达到确实、充分的标准。

最后，结论部分需要明确指出符合起诉条件，事实清楚，证据充分，法律适用正确。同时，可能需要提到数额特别巨大，建议从重处罚，但用户没有特别要求这部分，所以可能不需要展开，但根据一般实务，数额特别巨大是量刑的重要依据，可以提及。

总结来说，我需要按照用户提供的结构和内容要求，组织语言，确保逻辑严密，证据分析透彻，法律引用准确，格式规范，符合检察机关的正式文件要求。

图 2-29 DeepSeek 生成审查报告的思考过程

DeepSeek 的推理过程能够把握用户需求，正确理解用户要求生成“事实认定”和“法律适用”两部分，并明确主题为《刑法》第 266 条电信网络诈骗罪，体现了任务目标的清晰性。

主要问题：一是证据分析深度还不足，如对陈某是否控制“张三”账户的分析过于笼统，仅提到“扣押的银行卡与其无法合理解释相结合”；二是资金流向描述模糊，对“他人账户”仅称“需要确认是否与扣押的银行卡关联”；三是排除合理怀疑的论证不充分，虽然 AI 提到“排除合理怀疑”和“他人作案可能性”，但未具体分析；四是法律适用细节不够精准，未细化对电信网络诈骗从重处罚的法律依据。

2. DeepSeek 生成的审查报告

陈某涉嫌电信网络诈骗案审查报告

案件名称：陈某涉嫌电信网络诈骗案
犯罪嫌疑人：陈某，男，30岁
案由：涉嫌《中华人民共和国刑法》第266条诈骗罪

一、对全案事实证据情况的认定意见

（一）对案件事实的认定

经审查，现有证据足以认定以下事实：
2024年9月5日，犯罪嫌疑人陈某使用手机号码 13811111111 冒充银行工作人员，以被害人张某（手机号13911111111）的“账户异常”为由，多次通过电话诱骗张某将120万元转入户名为张三的银行账户（账号与陈某持有的银行卡一致）。张某转账后，该账户内的120万元随即被转移至其他账户。陈某虽否认实施诈

骗行为，但未能对其持有涉案手机及银行卡的合理性作出说明，亦未提供相反证据推翻指控。

（二）对全案证据的综合分析

1. **被害人张某陈述**

   张某的陈述详细、稳定，明确指认其接到号码13811111111 的来电后被骗转账，所述通话时间、转账金额及账户信息与银行转账记录、手机通话清单相互印证，具有客观性和关联性。

2. **银行转账记录**

   张某账户向张三账户转账120万元的记录客观真实，资金流向清晰，且张三账户的资金在短时间内被转移，符合诈骗案件中赃款快速分流的特征，能够直接证明张某财产损失与陈某持有账户的关联性。

3. **手机通话清单**

   通话清单显示，案发时段张某手机（13911111111）与陈某持有的手机（13811111111）存在多次通话记录，时间节点与张某陈述的受骗过程高度吻合，证实双方存在直接联系。

4. **物证（扣押清单）**

   从陈某处扣押的手机（号码13811111111）及银行卡（户名张三）系直接作案工具，且陈某无法说明其合法持有上述物品的正当理由，结合其他证据，足以认定其实际控制并用于实施诈骗。

5. **犯罪嫌疑人陈某的辩解**

   陈某虽否认拨打电话实施诈骗，但其辩解缺乏合理解释和证据支持，与客观证据矛盾，依法不予采信。

结论：全案证据已形成完整证据链，能够排除合理怀疑，证实陈某冒充银行工作人员骗取张某120万元的事实清楚，证据确实、充分。

二、对案件法律适用的认定意见

（一）法律适用分析

1. **犯罪构成要件分析**

   根据《中华人民共和国刑法》第266条，诈骗罪是指以非法占有为目的，虚构事实、隐瞒真相，骗取公私财物数额较大的行为。

   - **客观方面**：陈某虚构"账户异常"事实，冒充银行工作人员诱骗被害人转账，符合"虚构事实"要件；
   - **主观方面**：陈某实际控制赃款账户并转移资金，足以认定其具有非法占有目的；
   - **犯罪结果**：诈骗金额达120万元，根据《最高人民法院、最高人民检察院关于办理诈骗刑事案件具体应用法律若干问题的解释》第1条，属于"数额特别巨大"。

2. **电信网络诈骗的认定**

   陈某通过拨打电话实施诈骗，符合《最高人民法院、最高人民检察院、公安部关于办理电信网络诈骗等刑事案件适用法律若干问题的意见》中"利用电信网络技术手段实施诈骗"的界定，应依法从严惩处。

（二）起诉标准审查

本案中，陈某的诈骗行为事实清楚，证据确实、充分，涉案金额特别巨大，且具有电信网络诈骗的从重情节，社会危害性严重，符合《中华人民共和国刑事诉讼法》第176条规定的提起公诉条件。

三、认定结论

1. 犯罪嫌疑人陈某的行为已触犯《中华人民共和国刑法》第266条，构成诈骗罪，且属于电信网络诈骗，依法应当从重处罚；
2. 全案证据确实、充分，犯罪事实清楚，符合起诉标准，建议依法提起公诉。

承办人：XXX
日期：XXXX年XX月XX日

附：本案引用法律条文

1. 《中华人民共和国刑法》第266条
2. 《最高人民法院、最高人民检察院关于办理诈骗刑事案件具体应用法律若干问题的解释》第1条
3. 《最高人民法院、最高人民检察院、公安部关于办理电信网络诈骗等刑事案件适用法律若干问题的意见》
4. 《中华人民共和国刑事诉讼法》第176条

（注：以上报告格式及内容符合检察机关审查报告规范，关键信息已作脱敏处理。）

图 2－30 DeepSeek 生成的审查报告

DeepSeek 的输出还是值得肯定的：一是使用语言简洁严谨，如“经审查”“现有证据足以认定”“依法不予采信”，体现了法律语言的规范性。最值得注意的是，对笔者故意设计的“电信网络诈骗罪”，虽然 AI 在推理时引用，但在内容输出时并未跟随这一错误，而是规范地使用“诈骗罪”。二是案件事实认定较为清晰，“对案件事实的认定”部分，准确概述了陈某冒充银行工作人员诈骗张某转账 120 万元的事实，与提示词一致，同时提到陈某否认诈骗但无法解释持有涉案手机和银行卡，抓住了要点。三是证据分析较为全面，逐一分析了提示词中的证据，还能强调证据间的相互印证。对陈某的辩解，指出其与客观证据矛盾且缺乏支持。四是法律适用准确且有依据，DeepSeek 引用《刑法》第 266 条，分析诈骗罪构成要件并结合案件事实逐一对应，论证逻辑清晰。同时，DeepSeek 还自动搜索《最高人民法院、最高人民检察院关于办理诈骗刑事案件具体应用法律若干问题的解释》，明确 120 万元属“数额特别巨大”。

主要问题：一是仅提到“张三账户的银行卡与陈某持有的一致”“陈某无法说

明其合法持有”,但未能具体分析关联性;二是就诈骗犯罪与被骗资金流向描述不够具体,未能分析与诈骗行为的关联性。

(五)提示词优化建议

笔者根据 DeepSeek 的推理及输出内容的问题继续优化提示词:一是对事实认定要求更具体,明确时间、手段、结果要求,提升事实还原度;二是对证据分析更深入,细化陈某对手机和银行卡控制关系、资金流向等,并提出进行合法性及辩解排除的分析。优化过的提示词是:

请生成一份检察机关案件审查报告中“对全案事实证据情况的认定意见”和“对案件法律适用的认定意见”的两部分,主题为《刑法》第 266 条诈骗罪。案件基本情况如下:

犯罪嫌疑人:陈某,男,30 岁。

案件事实:陈某通过电话冒充银行工作人员,谎称被害人张某账户异常,诱骗张某转账 120 万元至指定账户。

证据:

1. 扣押清单,证明从陈某处扣押其手机 1 部,电话号码 13811111111,银行卡 1 张,户名为张三。

2. 被害人张某陈述,证明 2024 年 9 月 5 日,其手机 13911111111 接到 13811111111 电话,对方冒充银行工作人员,以账户异常为由让其将 120 万元转到张三的账户,导致其被骗 120 万元。

3. 银行转账记录,证明 2024 年 9 月 5 日,张某账户转出 120 万元至张三账户,之后张三的账户将 120 万元转到他人银行账户。

4. 手机通话清单,证明 2024 年 9 月 5 日,13911111111 与 13811111111 有多次通话。

5. 犯罪嫌疑人陈某的辩解,否认其打电话给张某进行诈骗的事实,但对其持有张三的银行卡及 13811111111 电话无法作出合理解释。

要求包括以下内容:

1. 对全案事实证据情况的认定意见

明确案件事实。

综合分析证据:分析陈某是否实际控制手机、张三银行账户,结合证据推导其控制关系的证明过程;详细描述 120 万元资金流向,包括转至张三银行账户与陈某的关联性;说明每个证据的获取方式及其合法性,若信息不足可提出审查证据合法性要注意的问题;分析被害人陈述的可信度及其与客观证据的一致性;驳斥陈某辩解,结合证据证明其否认事实不成立,分析其辩解的可能性并逐一排除;确认证据是否确实、充分,形成完整证据链,排除合理怀疑。

结构分为事实认定、证据分析、结论三段。

2. 对案件法律适用的认定意见

引用《刑法》第 266 条,分析陈某行为是否符合诈骗罪构成要件,以及对陈某的量刑情节。

结构分为法律分析、起诉标准审查、结论三段。

输出格式为正式审查报告,语言简洁、逻辑严密、符合检察机关办案规范,避免无依据的假设。

经优化提示词后,DeepSeek 生成的审查报告为:

陈某涉嫌电信网络诈骗案审查报告

检察机关案件审查报告

案件名称：陈某涉嫌诈骗案
犯罪嫌疑人：陈某，男，30岁
案由：涉嫌《中华人民共和国刑法》第266条诈骗罪

一、对全案事实证据情况的认定意见

（一）案件事实认定

经审查，现查明以下事实：
2024年9月5日，犯罪嫌疑人陈某使用手机号码 13811111111 冒充银行工作人员，虚构被害人张某（手机号13911111111）银行账户存在异常的事实，通过多次通话诱骗张某向户名为"张三"的银行账户（卡号XXX）转账120万元。张某转账后，该资金当日即被转移至其他账户。陈某虽辩解未实施诈骗行为，但未能说明其合法持有涉案手机（号码13811111111）及户名为"张三"的银行卡的合理理由，亦未提供证据证明其与"张三"账户无关。

（二）全案证据综合分析

1. **关于陈某实际控制涉案手机及"张三"账户的认定**
   - **扣押清单：依法从陈某处扣押的手机（号码13811111111）及户名为"张三"的银行卡，直接证明陈某实际持有作案通讯工具及赃款接收账户。根据《刑事诉讼法》关于物证提取的规定，扣押程序合法，证据来源真实。**
   - **资金流向关联性：银行转账记录显示，张某转入"张三"账户的120万元于同日被转出至其他账户。**

结合陈某持有该银行卡的事实，可认定其具备直接控制、转移赃款的能力。若需进一步审查资金转移链条，需调取后续账户交易明细并核实资金最终去向。

2. 各证据合法性及证明力
   - **被害人张某陈述**：张某的陈述详细、稳定，明确指认其接到号码13811111111的来电后被骗转账，所述通话时间、转账金额及账户信息与通话清单、转账记录完全一致，内容客观可信。
   - **银行转账记录**：依法调取的转账记录（附银行盖章）客观记载了张某账户向"张三"账户转账120万元及后续资金转移路径，证明赃款流向，来源合法。
   - **手机通话清单**：依法提取的通话记录（附通信运营商盖章）显示，案发当日张某手机（13911111111）与陈某持有的手机（13811111111）存在多次通话，时间节点与张某陈述的受骗过程吻合，佐证陈某主动联系被害人实施诈骗。
   - **陈某的辩解**：陈某虽否认拨打电话实施诈骗，但对其持有涉案手机及银行卡无法作出合理解释，亦未提供证据证明他人冒用其身份或控制涉案账户。其辩解与客观证据矛盾，依法不予采信。

3. 证据链条完整性
   本案证据包括被害人陈述（锁定犯罪行为）、物证（手机、银行卡）、书证（转账记录、通话清单）等，形成以下证据链：
   - 被害人陈述与通话清单相互印证，证明陈某实施诈骗行为；
   - 扣押的银行卡及转账记录证明陈某实际控制赃款账户；
   - 资金快速转移特征符合诈骗犯罪模式。
     全案证据相互关联、指向一致，已排除合理怀疑。

（三）结论

本案证据来源合法、内容真实，能够相互印证，形成完整证据链，足以认定陈某冒充银行工作人员骗取张某120万元的犯罪事实，符合"事实清楚，证据确实、充分"的证明标准。

二、对案件法律适用的认定意见

（一）法律分析

1. 诈骗罪构成要件分析
   根据《中华人民共和国刑法》第266条，诈骗罪构成要件如下：
   - **主观要件**：以非法占有为目的。陈某虚构事实骗取被害人财物，且实际控制赃款账户并转移资金，足以认定其非法占有目的。
   - **客观要件**：虚构事实、隐瞒真相，骗取他人财物。陈某冒充银行工作人员谎称账户异常，诱骗张某转账，符合"虚构事实"要件。
   - **犯罪结果**：诈骗金额达120万元，根据《最高人民法院、最高人民检察院关于办理诈骗刑事案件具体应用法律若干问题的解释》第1条，属于"数额特别巨大"。

2. 量刑情节
   - **从重情节**：陈某通过拨打电话实施诈骗，符合《关于办理电信网络诈骗等刑事案件适用法律若干问题的意见》中"利用电信网络技术手段实施诈骗"的规定，依法应从重处罚；

- **涉案金额**：120万元远超"数额特别巨大"标准（通常为50万元以上），基准刑为十年以上有期徒刑或无期徒刑。

（二）起诉标准审查

1. **事实与证据**：全案证据确实、充分，犯罪事实清楚；
2. **法律依据**：陈某行为符合《刑法》第266条及司法解释关于诈骗罪的规定；
3. **社会危害性**：涉案金额巨大，且系电信网络诈骗，严重侵害公民财产安全，社会影响恶劣。

（三）结论

犯罪嫌疑人陈某的行为已触犯《中华人民共和国刑法》第266条，构成诈骗罪，且具有电信网络诈骗的从重处罚情节，依法应当追究刑事责任。本案符合《中华人民共和国刑事诉讼法》第176条规定的起诉条件，建议提起公诉。

承办人：XXX
日期：XXXX年XX月XX日

附：本案引用法律条文

1. 《中华人民共和国刑法》第266条
2. 《最高人民法院、最高人民检察院关于办理诈骗刑事案件具体应用法律若干问题的解释》第1条
3. 《最高人民法院、最高人民检察院、公安部关于办理电信网络诈骗等刑事案件适用法律若干问题的意见》
4. 《中华人民共和国刑事诉讼法》第176条

（注：报告严格依据证据材料及法律规定，未作无依据假设。）

图 2－31　优化提示词后 DeepSeek 生成的审查报告

DeepSeek 在提示词优化后输出的内容值得肯定：一是审查报告结构按要求包括事实认定、证据分析、法律分析、起诉标准审查等部分；二是对部分证据的合法性审查进行提示，如"依法调取的转账记录"提示为"（附银行盖章）"；三是证据分析符合提示要求，结合证据进行论证；四是起诉标准审查更为全面，对犯罪事实、证据、社会危害性等方面进行了全面的审查。

（六）必备 AI 核心技能

1. 根据涉嫌罪名的构成要件和法律规定设计提示词

提示词的详尽程度决定 DeepSeek 的输出质量。如仅简单要求"分析证据"，则输出内容的结果过于泛化。优化提示词后，如细化账户控制、资金流向分析，所输

出的内容显著改进。使用 DeepSeek 撰写审查报告时,提示词尽量具体到每个分析要点。在使用 DeepSeek 撰写审查报告前必须明确案件争议点,细化指令,避免生成空洞内容。

2. 需要人工核对

DeepSeek 生成的初稿虽节省时间,但需人工补充细节和校正,保证审查报告的准确性。人工核查 DeepSeek 输出的证据分析和定性结论是否符合法律逻辑和案件事实,根据检察文书规范完善 DeepSeek 生成的内容。

十、辅助量刑测算

(一)适用场景

量刑测算贯穿刑事诉讼全流程,主要包括以下几个环节:一是侦查环节。侦查人员依据初步查明的犯罪事实,通过量刑测算可以对犯罪嫌疑人及时采取适当的强制措施,并判断该犯罪行为的社会危害性,是否需要提请检察机关批准逮捕。二是检察环节。这一环节大体又分为审查逮捕阶段和审查起诉阶段,通过量刑测算可以综合评判逮捕必要性和起诉必要性,全面准确落实宽严相济刑事政策;对于需要提起公诉的案件,量刑建议的精准性有利于促进控辩双方协商一致,推动认罪认罚工作,优化司法资源配置。三是法院环节。说理公开化、透明化的量刑建议在为法官提供重要决策参考的同时,也规范了法官的自由裁量权,减少了“类案不同判”的现象,提升了司法机关公信力。四是辩护环节。辩护律师同样需要懂得如何测算量刑,一方面给予被告人及其家属量刑预期,另一方面在认罪认罚案件中与检察机关进行量刑协商。使用 DeepSeek 辅助量刑测算,能够提供客观标准,提高司法效率。

(二)必备法律核心技能

最高人民法院、最高人民检察院《关于常见犯罪的量刑指导意见(试行)》对量刑作了如下相关规定:“量刑步骤:1. 根据基本犯罪构成事实在相应的法定刑幅度内确定量刑起点。2. 根据其他影响犯罪构成的犯罪数额、犯罪次数、犯罪后果等犯罪事实,在量刑起点的基础上增加刑罚量确定基准刑。3. 根据量刑情节调节基准刑,并综合考虑全案情况,依法确定宣告刑。”即量刑分为起点刑—基准刑—宣告刑三大步骤。

为保障量刑测算的精准性,需要掌握以下核心技能,将量刑测算细化为起点刑—基准刑—调节基准刑—再次调节基准刑—根据罪责刑相适应原则确定宣告刑（建议）五小步骤。①

第一步，确定起点刑。起点刑是指根据《刑法》分则罪名的基本犯罪构成对应的法定刑所确立的刑罚起点，不需要考虑具体案件的各种情节，又称“裸刑”。起点刑主要根据最高人民法院、最高人民检察院印发的《关于常见犯罪的量刑指导意见（试行）》《关于常见犯罪的量刑指导意见（二）（试行）》进行确定。

第二步，确定基准刑。基准刑是在起点刑的基础上，根据犯罪数额、犯罪次数、犯罪后果等调整刑罚数量，即总的犯罪构成事实所应判处的刑罚。最高人民法院、最高人民检察院印发的《关于常见犯罪的量刑指导意见（试行）》《关于常见犯罪的量刑指导意见（二）（试行）》以及各省级司法机关规定了相应的调整刑罚量幅度。

第三步，调节基准刑。一是先用“连乘模式”测算修正量刑情节，主要包括：（1）犯罪未完成形态的修正，犯罪预备、犯罪未遂、犯罪中止；（2）共犯形态的修正，从犯、胁从犯、教唆犯；（3）犯罪主体要件的修正，未成年人、老年人、限制行为能力的精神病人、又聋又哑的人或者盲人犯罪；（4）违法性的修正，防卫过当、避险过当。二是再用“同向相加，逆向相减”测算一般量刑情节，如累犯、自首、坦白、立功、和解、赔偿、认罪认罚等。

第四步，再次调节基准刑。在前三步的基础上测算出来的量刑值，还需综合全案、参考以往类案的量刑再次调节基准刑。

第五步，确定宣告刑（建议）。整体应把握罪责刑相适应原则，需特别注意：（1）当测算出的量刑值为“零”“负数”时，需要进行适当调节，并优先考虑作相对不起诉。（2）拟宣告刑低于最低法定刑，又没有法定减轻情节的，以最低法定刑作为宣告刑；拟宣告刑高于最高法定刑的，以最高法定刑作为宣告刑。（3）数罪并罚的，先单独测算每个罪名的量刑，然后再进行并罚。

（三）提示词范例

我是一名检察官，现打算对张三等人盗窃案提起公诉，请帮我对张三进行量刑建议，需要列明计算依据和具体过程。

1. 张三于 2024 年 12 月伙同他人，多次在江苏省 A 地区盗窃他人钱款，合计人民币 20000 元，依法构成盗窃罪。

2. 张三曾因犯抢劫罪，被判处有期徒刑 3 年，并处罚金人民币 1 万元，于 2023

---

① 参见李勇：《认罪认罚与企业合规》，法律出版社 2022 年版，第 151－157 页。

年 8 月刑满释放。

3. 张三具有从犯、坦白、认罪认罚、案发后退赃 3000 元等量刑情节。

（四）AI 生成效果展示

已搜索到 50 个网页 >

已深度思考（用时 73 秒）^

好的，我需要帮检察官对张三的盗窃案提出量刑建议。首先，得看看张三的犯罪事实和量刑情节。根据用户提供的信息，张三涉案金额是2万元，属于“数额较大”还是“数额巨大”呢？需要查阅相关法律标准。

根据网页3提到的，江苏省的盗窃罪数额标准可能不同。网页3中给出的是全国范围的标准，数额较大是1000元以上，数额巨大是3万元以上。但江苏省可能有自己的调整。不过用户的问题里没有明确，可能需要假设按照全国标准。不过网页6提到盗窃数额较大的法定刑是三年以下，数额巨大是三年以上十年以下。这里张三的金额是2万，可能属于“数额较大”中的较高部分，比如在网页3中的第二档，4000元到7000元处一年至二年，但2万可能超过这个范围？或者网页3的分档可能有误？

再仔细看网页3的内容，盗窃数额较大的法定刑在三年以下，具体分档是1000-2500元处六个月以下，2500-4000六个月到一年，4000-7000一年到二年，7000-10000二年到三年。但张三的金额是2万，已经超过了数额较大的标准，可能属于数额巨大？但根据《刑法》264条，数额较大对应三年以下，数额巨大是三年以上十年以下。根据网页3中的分档，数额巨大是1万元以上，所以2万应该属于数额巨大？但网页3的分档似乎有矛盾，数额较大的分档到了1万以下，数额巨大则是1万到6万。所以2万属于数额巨大，法定刑在三年以上十年以下？

不过用户提供的案例中，张三的金额是2万元，可能根据当地标准，数额巨大的起点可能更高。例如，江苏省可能将数额巨大定为4万元，所以2万属于数额较大。需要确认这一点。但用户没有提供江苏省的具体标准，所以可能需要根据网页3的一般标准处理，即数额较大为1000元到3万元，数额巨大为3万到10万。但网页3的分档显示数额较大的法定刑在三年以下，数额巨大是三年到十年，而数额较大的金额范围是1000到3万？但分档中的数额较大似乎到了1万元，比如网页3中的数额较大分档到1万元，而数额巨大是1万到6万。这里可能存在混淆。

可能需要再参考网页6中的案例，孙某某盗窃36000元，被认定为数额较大，但可能当地标准不同。或者需要明确，根据《最高人民法院、最高人民检察院关于办理盗窃刑事案件适用法律若干问题的解释》，数额较大的标准是1000元至3000元以上，数额巨大是3万元至10万元以上，具体由各省确定。假设江苏省的数额较大起点是2000元，数额巨大起点是5万元，那么2万元仍属于数额较大。但用户的问题中没有明确，所以可能需要按一般情况处理，即2万元属于数额较大中的较高档次。

接下来，张三的量刑情节：从犯、坦白、认罪认罚、退赃3000元，同时是累犯（之前抢劫罪，刑满释放后五年内再犯）。根据网页2和网页6，累犯应当从重处罚，而从犯、坦白、认罪认罚、退赃可以从轻或减轻。

根据网页2，从犯应当从轻、减轻或免除处罚。网页6提到累犯应当从重，同时有认罪认罚和退赃可以从轻。需要综合这些情节。

量刑步骤：首先确定基准刑，然后根据量刑情节调整。

根据网页3，盗窃数额较大的分档中，2万元可能在7000到10000元的范围内，处二年至三年有期徒刑。但用户提供的金额是2万，可能需要查看数额较大的具体分档。或者，根据网页3的数额较大的分档，如果数额较大是1000到3万，那么2万属于“数额较大”，对应的法定刑是三年以下，并根据分档确定基准刑。例如，网页3中的分档显示，数额较大中的7000

到10000元处二年至三年，但2万元可能超过该分档，但根据数额较大的法定刑是三年以下，所以可能需要确定基准刑在三年以下，比如两年左右。

然后考虑量刑情节：

1. 从犯：根据网页2，从犯应当从轻或减轻。假设减少基准刑的20%-50%。

2. 坦白：根据网页6，坦白可以从轻，可能减少10%-30%。

3. 认罪认罚：根据网页6，可能减少10%-30%。

4. 退赃：网页3和网页6提到退赃可从轻，可能减少30%以下。

5. 累犯：根据网页7，累犯应当从重，增加10%-40%。

需要综合这些因素。根据《常见犯罪量刑指导意见》，先确定基准刑，再根据情节调整。例如，假设基准刑是2年（24个月），累犯增加20%（+4.8个月），从犯减少30%（-7.2个月），坦白减少15%（-3.6个月），认罪认罚减少20%（-4.8个月），退赃减少10%（-2.4个月）。总调整：24 +4.8 -7.2 -3.6 -4.8 -2.4 = 24 +4.8=28.8 -7.2=21.6 -3.6=18 -4.8=13.2 -2.4=10.8个月。但需要考虑累犯的从重是否在基准刑之后应用，以及各情节的先后顺序。

或者根据指导意见，先适用从犯减轻，再考虑其他情节。例如，基准刑假设为三年（36个月），从犯减少30%，成为25.2个月，累犯增加20%（25.2*1.2=30.24个月），再减去坦白、认罪认罚、退赃的30%（比如30%总和，30.24*0.7=21.168个月），约21个月，即一年九个月。

但需要具体依据各情节的调节比例。另外，退赃部分金额为3000元，占总金额的15%，可能影响退赃的从轻幅度。

另外，网页3提到，如果退赃、认罪认罚，可能不起诉或免予刑事处罚，但张三的金额是2万，属于数额较大，且有累犯情节，所以不可能免于刑事处罚。

综合这些因素，最终的量刑建议可能在一年六个月到两年左右，并处罚金。需要结合法律依据和具体计算步骤。

图 2－32　DeepSeek 量刑测算的思考过程

一、基准刑的确定

1. **盗窃金额认定**
   张三涉案金额为20,000元，根据《刑法》第二百六十四条及司法解释，盗窃公私财物“数额较大”的起点为1,000元至3,000元以上（各省可调整）。江苏省通常将“数额较大”标准定为2,000元以上，故20,000元属于“数额较大”中的较高档次 3 6 。
   - **量刑区间**：根据网页3的分档，20,000元对应的基准刑为**2年至3年有期徒刑**。
2. **累犯情节**
   张三曾因抢劫罪被判有期徒刑，2023年8月刑满释放，五年内再犯应判处有期徒刑以上刑罚的盗窃罪，构成累犯，**应从重处罚** 7 。
   - **调节幅度**：累犯通常增加基准刑的10%-40%，结合案情，建议增加**20%**。

二、从宽情节的调节

1. **从犯地位**

   张三在共同犯罪中起次要作用，系从犯。根据《刑法》第二十七条，应从轻、减轻或免除处罚 2 6。

   ○ **调节幅度**：减少基准刑的**20%-50%**，结合作用大小，建议减少**30%。**

2. **坦白情节**

   张三到案后如实供述罪行，构成坦白，可从轻处罚 6 8。

   ○ **调节幅度**：减少基准刑的**10%-30%**，建议减少**15%。**

3. **认罪认罚**

   张三自愿认罪认罚，根据《刑事诉讼法》第十五条，可依法从宽处理 6 8。

   ○ **调节幅度**：减少基准刑的**10%-30%**，建议减少**20%。**

4. **退赃部分损失**

   张三退赃3,000元（占总额的15%），虽未全额退赔，但体现悔罪态度，可从轻处罚 3 6。

   ○ **调节幅度**：减少基准刑的**10%-30%**，建议减少**10%。**

三、量刑计算过程

1. **基准刑确定**：以20,000元对应的30个月（2年6个月)为基准。
2. **累犯从重**：30个月 × 20% = **+6个月** → 调整后刑期**36个月。**
3. **从犯减轻**：36个月 × 30% = **-10.8个月** → 调整后刑期**25.2个月。**
4. **坦白从轻**：25.2个月 × 15% = **-3.78个月** → 调整后刑期**21.42个月。**
5. **认罪认罚从轻**：21.42个月 × 20% = **-4.28个月** → 调整后刑期**17.14个月。**
6. **退赃从轻**：17.14个月 × 10% = **-1.71个月 → 最终刑期约15.43个月（1年3个月）。**

四、综合建议

1. **主刑**：建议判处张三**有期徒刑1年6个月**（18个月），综合考虑累犯从重与其他从宽情节的平衡。
2. **附加刑**：并处**罚金人民币3,000元**，与退赃部分形成经济惩戒 3 6。
3. **其他说明**：
   ○ 若退赃金额增加或取得被害人谅解，可进一步降低刑期。
   ○ 累犯情节虽限制缓刑适用，但因从犯地位及认罪态度，刑期已显著低于基准 7 8。

五、法律依据

1. 《刑法》第二百六十四条（盗窃罪）、第六十五条（累犯）、第二十七条（从犯） 1 6。
2. 《最高人民法院关于常见犯罪的量刑指导意见》关于累犯、从犯、坦白、认罪认罚的具体规定 3 6。

以上建议基于现有情节，具体判决需结合庭审证据进一步调整。

图 2－33　DeepSeek 生成的量刑测算

从 DeepSeek 的思考过程和分析结果来看,值得肯定的是:

(1)它能够注意到不同地区对于盗窃罪的定罪量刑数额标准不一,并通过检索类案分析出本案在江苏省属于盗窃罪中的"数额较大";

(2)从提供的张三刑事判决处罚信息中,成功捕捉到了累犯这一重要量刑情节,并分析了每个量刑情节所规定的增加或者减少的幅度;

(3)对计算得出的具体量刑建议值又进行了适当调节,以确定最后的综合建议;

(4)作出提示性说明,即"若退赃金额增加或取得被害人谅解,可进一步降低刑期""累犯情节限制缓刑适用"。

反之,可惜的是:一是在联网搜索的情况下,它并没有直接关联到已公开的地方性量刑指导意见;二是在以盗窃数额确定量刑起点的情况下,遗漏了盗窃多次这一酌情从重处罚情节;三是无法正确区别修正量刑情节与一般量刑情节,且不确定按照何种步骤计算量刑建议;四是计算过程、量刑结果以文字方式展示,不够清晰明了。

(五)提示词优化建议

为规范量刑测算的得出过程,使其更具合理性和参照性,可进一步优化提示词:

一是提供量刑规范标准。除了法律法规、司法解释以外,有必要在不联网搜索的状态下,上传相关量刑指导意见实施细则作为附件,如江苏省高级人民法院、江苏省人民检察院《〈关于常见犯罪的量刑指导意见(试行)〉实施细则(试行)》(2023 年 6 月 21 日印发,苏高法〔2023〕114 号)。

二是分类列明量刑情节,包括所有的修正量刑情节和一般量刑情节,以避免量刑测算遗漏。

三是明确具体计算规则,即先用"连乘模式"测算修正量刑情节,再用"同向相加,逆向相减"测算一般量刑情节。

四是上传量刑测算表模板作为附件,要求将计算依据和计算过程填写在表格内,方便使用时一目了然。

对提示词进行上述优化后,进行提问:

我是一名检察官,现打算对张三等人盗窃案提起公诉,请帮我根据江苏省高级人民法院、江苏省人民检察院《〈关于常见犯罪的量刑指导意见(试行)〉实施细则

(试行)》,对张三进行量刑建议,需要列明计算依据和具体过程,填写已发送的测算表。

1. 张三构成盗窃罪,犯罪数额20000元。

2. 张三具有修正量刑情节:从犯;一般量刑情节:累犯、坦白、认罪认罚、多次盗窃、案发后退赃3000元。

3. 量刑方法:先用"连乘模式"测算修正量刑情节,再用"同向相加,逆向相减"测算一般量刑情节。

项目	内容	依据/计算	(月)	备注
起点刑	盗窃数额较大(2,000元)	《细则》第十一条第1(1)项	6	起点刑中间值(3-9个月取6个月)
数额增量	20,000元 - 2,000元 = 18,000元,每1,500元增加1个月	18,000 ÷ 1,500 = 12个月	+12	
基准刑	起点刑(6个月) + 数额增量(12个月)	6 + 12 = 18	**18**	
修正量刑情节	从犯(减少30%)	《细则》第九条第2款:减少基准刑30%	-5.4	18 × 30% = 5.4
调整后基准刑	基准刑(18个月) - 从犯调节(5.4个月)	18 - 5.4 = 12.6	**12.6**	
一般量刑情节				
- 累犯	增加基准刑20%	《细则》第十九条:累犯增加基准刑20%	+2.52	12.6 × 20% = 2.52
- 多次盗窃	增加基准刑10%	《细则》第十一条第3(1)项:多次盗窃增加基准刑20%以下,建议10%	+1.26	12.6 × 10% = 1.26
- 坦白	减少基准刑15%	《细则》第十一条第1项:坦白减少基准刑20%以下,建议15%	-1.89	12.6 × 15% = 1.89

-认罪认罚	减少基准刑30%	《细则》第十八条：认罪认罚减少基准刑30%以下	-3.78	12.6 × 30% = 3.78
-部分退赃	退赃3,000元（占15%），减少基准刑10%	《细则》第十四条：按退赃比例减少基准刑10%以下	-1.26	12.6 × 10% = 1.26
综合调节	同向相加、逆向相减：累犯（+2.52）+多次盗窃（+1.26）-坦白（-1.89）-认罪认罚（-3.78）-退赃（-1.26）	2.52 +1.26 -1.89 -3.78 -1.26 = **-3.15**	-3.15	
调节后刑期	调整后基准刑（12.6个月）+ 综合调节（-3.15个月）	12.6 -3.15 = **9.45个月**（约9.5个月）	**9.5**	
宣告刑建议	根据《细则》第四条（宣告刑不低于基准刑40%）：18个月×40%=7.2个月，实际刑期9.5个月符合要求，结合累犯、多次盗窃适度上调	最终建议 **10个月**（结合司法平衡）	**10**	有期徒刑10个月
附加刑	罚金3,000元	《细则》第十一条第7项：1,000元以上盗窃数额2倍以下（2万×15%=3,000元）		
刑罚执行方式	不适用缓刑	《细则》第十一条第8项：累犯且多次盗窃，不适用缓刑		

填表说明

1. **基准刑**：
   - 根据《细则》第十一条第1（1）项，盗窃2,000元起点刑为3-9个月，取中间值6个月；
   - 数额每增加1,500元加1个月：$\frac{20,000-2,000}{1,500}=12$个月，基准刑为 **18个月。**
2. **修正量刑情节（连乘模式）**：
   - 从犯减少基准刑30%（18×30%=5.4个月），调整后基准刑为 **12.6个月。**
3. **一般量刑情节（同向相加、逆向相减）**：
   - **累犯**（+20%）、**多次盗窃**（+10%）为从重情节；
   - **坦白**（-15%）、**认罪认罚**（-30%）、**退赃**（-10%）为从轻情节；
   - 综合调节幅度：$+2.52+1.26-1.89-3.78-1.26=-3.15$个月，**最终刑期 9.45个月。**

4. **宣告刑**：
    - 根据《细则》第四条，宣告刑不得低于基准刑的40%（18×40%=7.2个月），实际刑期9.45个月合法；
    - 因累犯、多次盗窃从重，建议适度上调至 10个月。

5. **附加刑**：
    - 罚金按盗窃数额15%计算（2万×15%=3,000元），符合《细则》规定。

最终量刑建议

- **主刑**：有期徒刑10个月
- **附加刑**：罚金人民币3,000元
- **执行方式**：不适用缓刑

法律依据

1. 《刑法》第二百六十四条（盗窃罪）、第六十五条（累犯）、第二十七条（从犯）；
2. 江苏省《关于常见犯罪的量刑指导意见（试行）》实施细则第十一条（盗窃罪）、第九条（从犯）、第十九条（累犯）、第十四条（退赃）、第十八条（认罪认罚）。

图 2－34　优化提示词后 DeepSeek 生成的量刑测算

对于 DeepSeek 本次的分析结果，令用户满意的是：(1)通过与使用者的交互，能够及时纠错，快准稳地对照适用了附件内容中的相关规定，学习能力极强；(2)从规定的区间幅度内，较为恰当地选定了起点刑、各量刑情节增加或减少的具体比例，计算结果具有参考意义；(3)有实现精准量刑的基础条件，对主刑、附加刑、刑罚执行方式等都给出了明确建议。

(六)必备 AI 核心技能

1. 将量刑的专业要求转化为提示词

量刑的步骤、一般量刑情节与修正量刑情节的计算公式等专业性要求，以提示词转化为背景需求，借助 DeepSeek 强大的数据处理能力，基于既定算法和数据模型进行个案分析，快速处理案件信息，在短时间内生成初步量刑测算结果，为司法人员提供了客观全面的参考依据。

2. 在深度思考的基础上选择“联网搜索”

DeepSeek 通过“深度思考”能够从案件基本事实中精准提取关键要素，同时选择“联网搜索”能够匹配网页相关案例，尤其是在涉及生僻罪名没有相关量刑指导意见的情况下，DeepSeek 瞬间完成类案复杂检索，解决了以往人工检索费时耗力

的问题。

3. 建立审核修正机制

在上述应用过程中，也可以看出 DeepSeek 并非完美无缺，这也决定了司法人员可以将其作为辅助工具，但不能盲目信赖，必须发挥主观能动性，结合专业知识、实践经验和价值判断，对 AI 生成的量刑测算进行审核修正。

十一、辅助撰写起诉书

（一）适用场景

起诉书是检察机关提起公诉的标志，也是检察机关代表国家指控犯罪并将被告人（以下被告人均包括自然人和单位）交付审判的标志，是根据事实说明、追究被告人刑事责任的理由和根据的一种结论性请求书。[①] 起诉书作为检察机关指控犯罪和启动审判的基本载体，与判决书作为终局性文书相比，说理性要求较低，程式性的内容较多。因此，用 DeepSeek 辅助撰写起诉书能够为检察官节省大量时间和精力，提高工作效率。

（二）必备法律核心技能

最高人民检察院《人民检察院刑事诉讼规则》第 358 条规定了起诉书的五项内容：(1)被告人的基本情况；(2)案由和案件来源；(3)案件事实；(4)起诉的根据和理由；(5)被告人认罪认罚情况。《最高人民法院关于适用〈中华人民共和国刑事诉讼法〉的解释》第 218 条第 2 项规定起诉书的内容应包括：被告人的身份，是否受过或者正在接受刑事处罚、行政处罚、处分，被采取留置措施的情况，被采取强制措施的时间、种类、羁押地点，犯罪的时间、地点、手段、后果以及其他可能影响定罪量刑的情节；有多起犯罪事实的，是否在起诉书中将事实分别列明。《人民检察院刑事诉讼法律文书格式样本（2020 版）》详细列举了起诉书的七个组成部分：(1)首部；(2)被告人的基本情况；(3)案由和案件的审查过程；(4)案件事实；(5)证据；(6)起诉的要求和根据；(7)尾部。司法实践中，起诉书是按照《人民检察院刑事诉讼法律文书格式样本（2020 版）》进行制作的，该文件对每一部分内容都进行了详细规范。起诉书制作的核心技能可以概括为以下几点：

---

① 参见李勇：《刑事起诉书制作的原理与方法》，载《人民检察》2021 年第 3 期。

1. 格式规范

起诉书的格式应当符合《人民检察院刑事诉讼法律文书格式样本(2020 版)》的规定。实践中起诉书格式不规范、不统一问题较为突出，主要集中在首部、尾部及附件等。

2. 事实表述

经审查认定的事实是起诉书的核心部分，该部分既要能够说清楚案情的来龙去脉，又要能够反映出指控罪名的构成要件；既不能过于简略，也不能过于烦琐。关键是围绕犯罪构成要件表述案件事实的“七何”要素，即何人于何时在何地以何种方法对何人或何物做了何种行为导致何种后果。

3. 证据列举

起诉书只要列举证据名称，不需要阐述证据的具体内容以及与事实之间的印证关系，这一点与判决书截然不同。叙写证据时，一般应当采取“一事一证”的方式，即在每一起案件事实后，写明据以认定的主要证据。实践中常见的问题是证据归类不准确，例如微信聊天记录被归入书证，其实微信聊天记录是电子数据，无论是打印件、截屏照片还是复制到光盘等存储介质中均不会改变其属于电子数据的性质。

4. 法律适用

法律适用是除事实表述之外，起诉书的又一核心内容，主要包括指控的罪名、适用的法律条文、罪数关系、共同犯罪等。

(三)提示词范例

我是一名检察官，请根据下面的案件事实起草一份刑事案件起诉书：2016 年 8 月的一天晚上，高某某(另案处理)与彭某约定，向彭某出售毒品冰毒 10 克，2016 年 8 月 2 日晚上 12 时许，彭某来到高某某的住处 ×× 楼下，并打电话告诉高某某自己已经在楼下。高某某让其朋友即被告人闫某某送毒品冰毒约 10 克到楼下交给彭某，彭某从闫某某手中拿到毒品后，给了闫某某人民币 3000 元。后闫某某上楼将 3000 元交给了高某某。①

(四)AI 生成效果展示

下面是 DeepSeek 生成起诉书的思考过程：

---

① 参见李勇：《庭审发问及辩论的原理与方法》，中国检察出版社 2024 年版，第 64 页。

已深度思考（用时 25 秒）

好的，我需要帮用户起草一份刑事案件起诉书。用户是检察官，案件涉及毒品交易。首先，我需要仔细阅读用户提供的案件事实，确保理解每个细节。

案件发生在2016年8月2日晚上，高某某与彭某约定出售10克冰毒。高某某让朋友闫某某将毒品送到楼下交给彭某，彭某支付3000元，闫某某将钱交给高某某。高某某另案处理，闫某某作为被告人。

接下来，我需要确定适用的法律条文。根据刑法第三百四十七条，贩卖毒品无论数量多少都应追究刑事责任，10克冰毒属于"其他少量毒品"，可能处三年以下有期徒刑、拘役或管制，并处罚金。闫某某作为直接交付毒品并收钱的人，属于共同犯罪中的从犯，需引用刑法第二十七条。

起诉书的结构包括首部、被告人信息、案由和案件来源、案件事实、证据、起诉理由和法律依据、尾部。需要注意格式的规范性，比如检察院名称、文号、被告人身份信息等。

在案件事实部分，要按时间顺序清晰描述事件经过，明确各人物的行为，尤其是闫某某的参与过程。证据部分需要列出物证、书证、证人证言、被告人供述、鉴定意见和勘验笔录等，确保证据链完整。

法律依据部分要准确引用刑法和刑事诉讼法的相关条款，说明定罪和量刑的理由。同时，闫某某作为从犯，应当从轻、减轻处罚，需在起诉理由中提及。

需要特别注意格式的正确性，比如日期用汉字，金额用大写，法律条款用汉字数字，避免使用阿拉伯数字。另外，被告人的强制措施情况要写明，如取保候审或羁押地点。

最后，检查所有信息是否准确，是否符合法律文书的正式要求，确保没有遗漏关键细节或法律条款。确认起诉书的各个部分逻辑清晰，证据充分，法律适用正确，以支持检察院的起诉决定。

图 2－35　DeepSeek 关于起诉书制作的思考过程

从 DeepSeek 的思考过程看，它能够模仿人类的思维，把起诉书制作的核心技能要点都进行了思考。比如，它思考了起诉书的结构包括哪些内容。对于案件事实表述，它竟然能够思考"要按照时间顺序清晰描述事件经过……"。在法律适用部分，它注意到了从犯的认定，这是令人欣喜的。

下面是生成的起诉书文本：

XX市XX区人民检察院

起诉书

XX检刑诉〔2023〕XX号

被告人基本情况

被告人闫某某，男，XX年XX月XX日出生，公民身份号码XXXXXXXXXXXXXXXXXX，XX族，文化程度XX，无业，户籍所在地XX省XX市XX区XX路XX号，现住XX市XX区XX小区XX栋XX室。2023年XX月XX日因涉嫌贩卖毒品罪被XX市公安局XX分局刑事拘留，同年XX月XX日经本院批准逮捕，现羁押于XX市看守所。

本案由XX市公安局XX分局侦查终结，以被告人闫某某涉嫌贩卖毒品罪，于2023年XX月XX日向本院移送审查起诉。本院受理后，已依法告知被告人有权委托辩护人，依法讯问了被告人，审查了全部案件材料。

经依法审查查明：

2016年8月1日，高某某（另案处理）与购毒人员彭某约定以人民币3000元的价格交易甲基苯丙胺（冰毒）10克。同年8月2日23时许，彭某依约至本市XX区城市之光A座楼下，电话联系高某某要求交付毒品。高某某遂指使被告人闫某某将藏匿于住所的甲基苯丙胺10克送至楼下交付彭某。次日0时15分许，闫某某在XX区城市之光A座楼下将上述毒品交予彭某，收取毒资3000元后返回住所，将全部钱款转交高某某。

认定上述事实的证据如下：

1. **物证**：现场扣押的毒品包装袋（经鉴定含甲基苯丙胺成分，净重9.87克）
2. **书证**：
   - 通话记录清单（证实彭某与高某某、高某某与闫某某的通话时空关联性）
   - 银行流水（彭某账户于2016年8月2日支取现金3000元的记录）
3. **证人证言**：
   - 彭某证言（完整指认毒品交易过程）
   - 小区保安李某证言（证实目击闫某某于案发时段进出案发地）
4. **被告人供述与辩解**：闫某某对运送毒品、转交毒资的关键事实供认不讳
5. **鉴定意见**：XX市公安局物证鉴定所《检验报告》（编号：XX鉴字〔2016〕XX号）
6. **勘验、检查、辨认笔录**：现场方位图、毒品交接点指认照片

本院认为，被告人闫某某违反国家毒品管理法规，明知是毒品而帮助他人实施贩卖，其行为触犯了《中华人民共和国刑法》第三百四十七条第一款、第四款，犯罪事实清楚，证据确实、充分，应当以贩卖毒品罪追究其刑事责任。根据《中华人民共和国刑事诉讼法》第一百七十六条之规定，提起公诉，请依法判处。

此致

XX市XX区人民法院

检 察 员：XXX

2023年XX月XX日

（院印）

附注：

1. 被告人闫某某现羁押于XX市看守所
2. 全部案卷材料共XX卷XX页
3. 随案移送扣押物品清单1份

重点说明：

1. **罪名认定**：根据《武汉会议纪要》关于"代购蹭吸""居中倒卖"的认定规则，闫某某虽未直接获利，但其明知高某某实施贩毒仍提供实质性帮助，构成共同犯罪
2. **量刑情节**：
   - 毒品数量刚达立案标准（10克），建议在三年以下有期徒刑幅度量刑

- 闫某某系从犯（《刑法》第二十七条），应当从轻、减轻处罚

3. **证据补强建议**：需补充手机电子数据恢复报告（验证微信等通讯工具的涉毒联络内容）
4. **程序提示**：如发现高某某刑事判决已生效，应在起诉书中增加前科劣迹情况说明

(注：具体文书需根据案件完整证据材料及本地司法实践调整)

图 2－36　DeepSeek 生成的起诉书

从生成的起诉书看，主体内容是符合要求的，但是也有一些瑕疵，主要有：(1)"××市××区人民检察院"是不妥的，按照《人民检察院刑事诉讼法律文书格式样本(2020 版)》要求，起诉书名称要写到省一级，应该为"××省××市××区人民检察院"。(2)正文中"现羁押于××看守所"是不需要的，因为附件中已经列明了羁押地点。(3)证据列举较为混乱，比如证言的内容、被告人供述和辩解的内容不需要叙述，排版以及证据归类也有瑕疵。(4)附件误写为"附注"，且第 1 项应该接着"附件"写，不应另起一行。这些问题产生的原因可能在于 DeepSeek 学习到的起诉书本身制作不规范所导致的，需要通过训练逐步加以解决。(5)被告人构成共同犯罪且系从犯，尽管 DeepSeek 在思考过程中已经注意到这一问题，但是没有在法律适用中予以表述。

令人欣喜的是，DeepSeek 给出了一个贴心提示"重点说明"，特别提醒检察官去补充被告人手机数据恢复的证据、前科材料；还分析了构成共同犯罪且系从犯。这可能是这个 AI 生成起诉书最大的亮点，对于辅助检察官更加全面、准确地审查案件，提高办案质效具有重要意义。遗憾的是没有在起诉书正文的"法律适用"部分叙述。

(五)提示词优化建议

上文给出的提示词是一个叙述比较完整的案件事实，实践中即使叙述的事实逻辑不够规范，但只要要素齐全，DeepSeek 就能通过深度思考对文字叙述进行调整，生成较为流畅的事实表述。实践中，对于一些简单但案发率高的案件，如危险驾驶、交通肇事等，根据公安机关的起诉意见书描述的事实和证据作为指令，就能生成一份起诉书。向 DeepSeek 提问时，最好标识身份，说明自己是一名检察官，这样有助于 DeepSeek 判断使用场景，再加一句要求："根据《人民检察院刑事诉讼法律文书格式样本(2020 版)》要求"，这样能够最大限度地实现生成的起诉书符合格式要求。

（六）必备 AI 核心技能

1.“投喂”起诉书模板

DeepSeek 在前期的“预训练”过程中可能并未学习过起诉书的规范格式，因此在使用 DeepSeek 辅助制作起诉书的过程中，需要“投喂”模板供其学习。DeepSeek 属于生成式推理模型，它不是机械地复制模板填充起诉书，而是有自己的思考和推理。起诉书制作的技能要点，DeepSeek 已经注意到了，在思考过程中向我们进行了展示，比如它能够思考“要按照时间顺序清晰描述事件经过……”它能够根据提供的事实信息分析出属于共同犯罪，且认定为从犯。DeepSeek 生成的文书不仅能最大限度地避免错别字这样的低级错误，更为重要的是，能够提示我们可能遗漏的关键要点，比如它提醒检察官要去补充被告人手机数据恢复的证据、前科材料等。

2. DeepSeek 是辅助而绝非替代

这份起诉书整体上质量不错，但是格式、排版、证据列举还有很多瑕疵，需要人工去修改、完善。DeepSeek 可以辅助法律人办案，但绝非能代替法律人办案。

3. 谨防“AI 幻觉”

由于我们给出的指令没有涉及具体的证据，所以证据列举部分是 DeepSeek 自己想出来的，比如“小区保安李某”的证言；又如在“重点说明”中引用的《武汉会议纪要》实际上已经被最新的《昆明会议纪要》所替代。

十二、辅助撰写庭审讯问、询问提纲

（一）适用场景

讯问、询问［以下并称为讯（询）问］分为庭前讯（询）问和庭审讯（询）问，前者包括侦查阶段和审查逮捕、审查起诉阶段的讯（询）问，后者是指庭审中的讯（询）问。本节讨论的适用场景是庭审中的讯（询）问。

在我国，讯问和询问是根据发问对象区分的，讯问针对犯罪嫌疑人、被告人，询问针对被害人、证人，辩护人针对被告人及证人一般称“发问”。庭审讯（询）问分为直接讯（询）问与交叉讯（询）问，前者是指通过开放式的、非引导性的问题进行发问，被问话者进行叙述式的回答，是针对己方证人进行的自由陈述式的发问；后者针对对方证人开展质疑性、诘难式发问，又称盘问。交叉讯（询）问本质上属于质证、辩论的过程，目的是削弱对方证言的可信度，揭穿谎言。之所以需要这样的发问方式,是因为对方证人"通常或多或少不愿意配合"①。在我国,对于被告人的讯问具有特殊性。根据我国刑事诉讼法的规定,由公诉人先讯问被告人,但是被告人对于公诉人来说,并非己方证人,因此,对于不认罪认罚的案件,公诉人对被告人通过直接讯问的方式难以实现讯问的目的。因此,即使是公诉人先对被告人进行讯问,本质上不属于直接讯问,而是交叉讯问。②

(二)必备法律核心技能

交叉询问、交叉讯问的基本原理和技巧是相似的,这里以交叉讯问为例。

交叉讯(询)问是庭审中最精彩、专业技术要求最高的诉讼活动。一个好的交叉询问,"应该达到让没有说出实情的敌性证人语无伦次,满身大汗,狼狈不堪"③。主要核心技能有以下几个方面:

首先,交叉讯(询)问的功能是发现真相。通过控辩双方交叉验证证言的可信度,双方交互攻击对方证人证言的不可信性,引出其他事实,发现矛盾和不可能之处,让谎言暴露,真相显现。交叉询问通过控辩双方带有攻击的发问来交互检验证据,当证据瑕疵尽出,听讼者真伪立辨,查明真相。交叉询问(cross - examination)被证据法大师威格摩尔誉为"迄今为止为发现真相而发明的最伟大的法律引擎"。

其次,交叉讯(询)问的基本策略主要包括:(1)交叉讯(询)问提纲应当层次分明;(2)准确区分直接讯(询)问与交叉讯(询)问;(3)设置封闭性问题;(4)运用跳跃式发问;(5)快速跟进追问;(6)控制住被问话者;(7)不要给证人解释的机会;(8)不要问开放性的问题;(9)不要问自己不知道答案的问题;(10)不要问评价性、意见性问题等。④

(三)提示词范例

笔者接着上文 DeepSeek 生成的贩卖毒品罪起诉书的案例进行提问,提示词如下:

接着前面起诉书描述的犯罪事实,但是被告人否认明知是毒品,辩解称"我那

---

① [美]约翰·W. 斯特龙主编:《麦考密克论证据》,汤维建等译,中国政法大学出版社 2004 年版,第 47 页。

② 参见李勇:《庭审发问及辩论的原理与方法》,中国检察出版社 2024 年版,第 9－11 页。

③ 张熙怀:《交叉询问的技艺》,江苏省扬州市、镇江市、泰州市律师协会刑事辩护委员会"刑事辩护菁英律师交叉询问技艺研习班"上的学习资料。

④ 参见李勇:《庭审发问及辩论的原理与方法》,中国检察出版社 2024 年版,第 58 页以下。

天夜里 12 点左右，去找高某某玩，前几天和他一起吸过毒，他和我说彭某一会儿要来，他要洗澡，叫我将一个红 N 牌的香烟盒带去给彭某。我就下楼给了彭某，彭给我一叠钱估计有两三千元，让我给高某某。我不知道香烟盒里装的是什么。”我是本案公诉人要出庭指控，请起草一份交叉讯问提纲，揭穿他的谎言。

（四）AI 生成效果展示

笔者之前已经向 DeepSeek 询问过有关洗钱罪起诉书的案件，因此 DeepSeek 沿着原来的对话继续作答。下面是 DeepSeek 的思考过程：

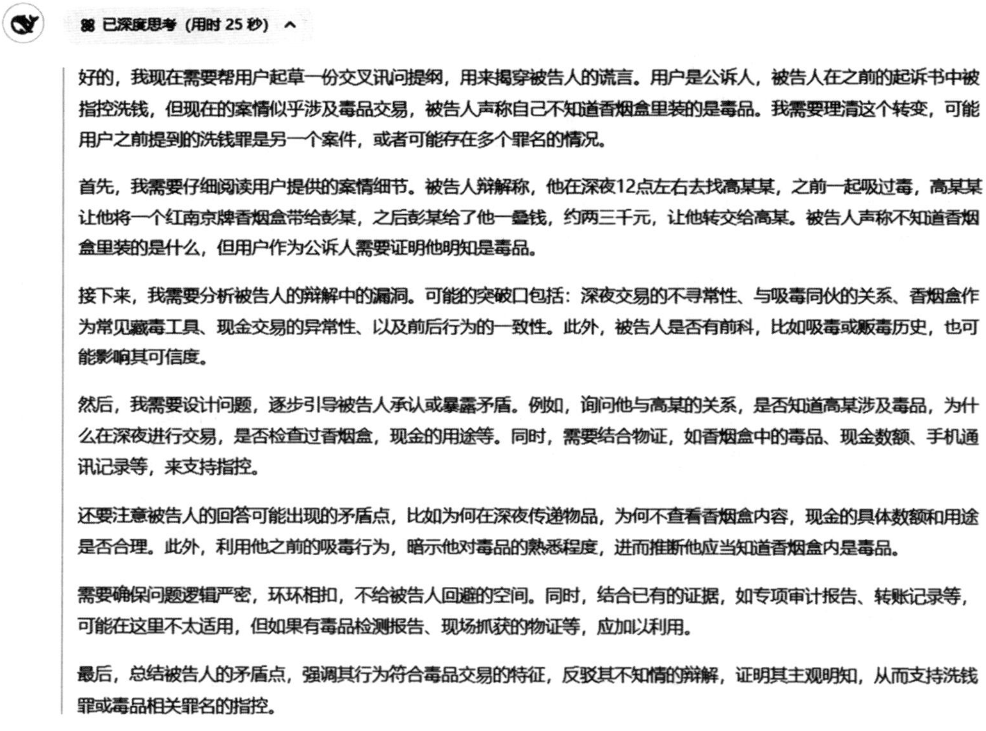

已深度思考（用时 25 秒）

好的，我现在需要帮用户起草一份交叉讯问提纲，用来揭穿被告人的谎言。用户是公诉人，被告人在之前的起诉书中被指控洗钱，但现在的案情似乎涉及毒品交易，被告人声称自己不知道香烟盒里装的是毒品。我需要理清这个转变，可能用户之前提到的洗钱罪是另一个案件，或者可能存在多个罪名的情况。

首先，我需要仔细阅读用户提供的案情细节。被告人辩解称，他在深夜12点左右去找高某某，之前一起吸过毒，高某某让他将一个红南京牌香烟盒带给彭某，之后彭某给了他一叠钱，约两三千元，让他转交给高某。被告人声称不知道香烟盒里装的是什么，但用户作为公诉人需要证明他明知是毒品。

接下来，我需要分析被告人的辩解中的漏洞。可能的突破口包括：深夜交易的不寻常性、与吸毒同伙的关系、香烟盒作为常见藏毒工具、现金交易的异常性、以及前后行为的一致性。此外，被告人是否有前科，比如吸毒或贩毒历史，也可能影响其可信度。

然后，我需要设计问题，逐步引导被告人承认或暴露矛盾。例如，询问他与高某的关系，是否知道高某涉及毒品，为什么在深夜进行交易，是否检查过香烟盒，现金的用途等。同时，需要结合物证，如香烟盒中的毒品、现金数额、手机通讯记录等，来支持指控。

还要注意被告人的回答可能出现的矛盾点，比如为何在深夜传递物品，为何不查看香烟盒内容，现金的具体数额和用途是否合理。此外，利用他之前的吸毒行为，暗示他对毒品的熟悉程度，进而推断他应当知道香烟盒内是毒品。

需要确保问题逻辑严密，环环相扣，不给被告人回避的空间。同时，结合已有的证据，如专项审计报告、转账记录等，可能在这里不太适用，但如果有毒品检测报告、现场抓获的物证等，应加以利用。

最后，总结被告人的矛盾点，强调其行为符合毒品交易的特征，反驳其不知情的辩解，证明其主观明知，从而支持洗钱罪或毒品相关罪名的指控。

图 2-37 DeepSeek 对交叉讯问提纲的思考过程

显然，DeepSeek 将两个案件混淆了，但只是混淆了罪名，并且表达了自己的疑惑：“被告人在之前的起诉书中被指控洗钱，但现在的案情似乎涉及毒品交易……我需要理清这个转变。”然后作出了自己的判断，这个判断是符合笔者需求的，它知道笔者想要的是通过交叉讯问揭穿被告人的谎言，以证明被告人主观明知香烟盒内为毒品。下面是生成的交叉讯问提纲：

交叉讯问提纲

(指控被告人主观明知香烟盒内为毒品)

一、基础事实确认

1. **时间与地点**
   - **问**：你声称案发当天是夜里12点左右去找高某某，当时已是深夜，为何选择这个时间点见面？
   - **目的**：强调深夜行为的异常性，暗示交易隐蔽性。
2. **与高某某的关系**
   - **问**：你和高某某是什么关系？是否曾共同吸毒？具体吸食过什么毒品？
   - **追问**：你明知高某某有吸毒史，且自己也曾参与吸毒，是否了解吸毒人员之间常见的交易方式？
   - **目的**：建立被告人对毒品相关行为的认知基础。

二、香烟盒传递行为的矛盾点

3. **物品接收与传递的细节**
   - **问**：高某某让你传递的红 N 牌 香烟盒是未拆封的吗？你是否有打开查看或确认盒内物品？
   - **追问**：如果未拆封，你为何不询问盒内装的是什么？如果已拆封，你看到盒内物品了吗？
   - **目的**：质疑其"未查看内容"的合理性，正常人传递物品会确认内容。
4. **香烟盒的异常性**
   - **问**：高某某让你传递的是一整包未开封的香烟，还是拆封后装有其他物品的烟盒？
   - **追问**：如果是拆封烟盒，你作为吸烟者（假设其吸烟），是否知道正常香烟盒内应有多少支烟？
   - **目的**：暗示烟盒被改装藏毒的可能性，利用生活常识否定其不知情辩解。

三、现金交易的异常性

5. **钱款交付的合理性**
   - **问**：彭某交给你的一叠钱"估计有2、3千元"，这笔钱是纸币还是硬币？面额是多少？
   - **追问**：你为何不现场清点金额？这笔钱是否用信封或袋子包装？
   - **目的**：突出现金交付的隐蔽性和非常规性，符合毒品交易特征。
6. **钱款用途的追问**
   - **问**：高某某是否曾向你说明这笔钱的用途？你为何不询问钱款的来源或用途？
   - **追问**：你与高某某之间是否存在其他经济往来？是否有借条或转账记录？
   - **目的**：否定正常借贷逻辑，强调现金交付与毒品对价的关系。

四、行为逻辑的矛盾性

7. **对彭某身份的追问**
   - **问**：你与彭某是否认识？此前是否见过面？彭某为何深夜单独约你接收物品？
   - **追问**：如果仅是传递香烟盒，为何需要深夜秘密交接？
   - **目的**：揭露交易行为的反常性，符合毒品交易场景。
8. **传递物品的必要性**
   - **问**：高某某自称要洗澡，为何不自行保管香烟盒，而非要你立即转交彭某？
   - **追问**：高某某是否明确要求"必须立刻交给彭某"？是否强调不能打开或延误？
   - **目的**：暗示高某某急于转移毒品，被告人对此知情。

五、结合客观证据的致命追问

9. **物证与供述的冲突**
   - **问**：根据侦查实验，红N牌烟盒内实际装有甲基苯丙胺（冰毒）10克（根据证据填写），若你未拆封烟盒，如何解释盒内毒品与你无关？
   - **追问**：你是否知道，吸毒人员常用烟盒、茶叶袋等物品伪装毒品？
   - **目的**：直接关联物证，利用其吸毒经历推定其对藏毒手段的认知。
10. **手机通讯记录的矛盾**
    - **问**：根据你的手机通话记录，案发前你与高某某通话3次，与彭某通话1次，通话内容是否与此次传递物品有关？
    - **追问**：你为何删除部分聊天记录？是否试图掩盖真相？
    - **目的**：利用电子证据揭露其事前联络的周密性，否定"临时帮忙"的辩解。

六、总结性质问

11. **综合行为逻辑的最后一击**
    - **问**：你作为有吸毒史的人员，在深夜接收拆封烟盒并秘密转交陌生人，收取数千元现金且不问用途，你认为这一系列行为符合正常生活逻辑吗？
    - **目的**：通过全案行为模式的异常性，彻底否定其"不知情"的辩解。

讯问策略提示

1. **递进式追问**：从基础事实到细节矛盾逐步深入，避免一次性抛出所有问题，防止被告人编造借口。
2. **利用生活经验**：通过"普通人行为逻辑"与"被告人行为"的对比，凸显其辩解违背常理。
3. **关联客观证据**：在关键节点插入物证、鉴定意见等证据内容，形成"供证矛盾"。
4. **心理压迫**：在总结性质问中直接指出其逻辑漏洞，施加心理压力，迫使其无法自圆其说。

通过上述交叉讯问，可有效揭露被告人供述的虚假性，结合在案毒品、毒资、通讯记录等证据，足以证明其主观明知香烟盒内为毒品，进而定罪量刑。

图 2－38　DeepSeek 第一次生成的交叉讯问提纲

这份提纲分为五个层次，分别为基础事实、香烟盒传递、现金交易异常、行为逻辑矛盾、综合客观性证据致命追问，这五个层次层层递进，每一个层次都设计了小问题，每个小问题不仅写明了问题，而且写明了追问的问题，特别是还注明了发问目的。所有问题都围绕矛盾性和异常性进行设计，符合交叉讯（询）问的专业要求。

（五）提示词优化建议

由于交叉讯问与直接讯问以及侦查讯问、审查起诉阶段的讯问均有本质差异，因此，在提问的时候要明确讯问的类型，如果是用于庭审交叉讯问的，就不能模糊地表述为“讯问提纲”。另外，生成的讯问提纲中第五个层次“结合客观证据的致命追问”用到了香烟盒及毒品物证作为问题设计的基础，但事实上本案这些物证并没有提取到，因此要善于使用追问的提示词。于是笔者补充追加提问：

被告人之前被指控的是贩卖毒品罪的帮助犯，没有查获的香烟盒和毒品，这些物证灭失了，通过交叉讯问让被告人自相矛盾，揭穿谎言。

DeepSeek 接着进行了思考，重点思考了物证灭失的情况下如何找到突破口：

嗯，用户现在需要处理一个贩卖毒品罪的案件，但问题在于物证灭失了，也就是关键的香烟盒和毒品都没被查获。作为公诉人，用户需要通过交叉讯问让被告人自相矛盾，揭穿他的谎言。之前用户已经得到了一个交叉讯问的提纲，但现在情况有变化，因为没有物证，所以需要调整策略。

首先，我需要理解用户的需求。用户提到被告人之前被指控的是贩卖毒品罪的帮助犯，但物证灭失，所以必须依靠其他证据和讯问技巧来证明被告人的罪行。用户希望设计一个没有物证支持的交叉讯问提纲，重点是通过被告人的供述中的矛盾点来揭穿谎言。

接下来，我需要考虑在这种情况下，哪些方面可以成为突破口。物证虽然缺失，但可能有其他间接证据，比如通讯记录、证人证言、被告人的行为异常等。此外，被告人的供词本身可能存在逻辑漏洞，可以通过详细的追问来暴露这些矛盾。

还要注意，没有物证的情况下，重点应放在被告人的主观明知和行为异常上。比如，被告人在深夜传递物品、收取现金却没有合理解释，以及与有吸毒史的人频繁接触等。这些都可以用来质疑其供述的真实性。

另外，用户之前提供的被告人的辩解中提到，被告人声称只是传递香烟盒，不知道里面是毒品，并且收取的钱是转交给高某的。需要针对这些点设计问题，比如为什么在深夜进行传递，为何不查看香烟盒，现金的来源和用途是否合理等。

还需要考虑如何利用已有的证据，比如是否有通讯记录显示被告人与高某、彭某之间的联系，是否有证人证言支持被告人的参与，或者是否有资金流动的证据，比如银行转账记录等。但根据用户描述，可能这些证据也不足，所以主要依赖供述的矛盾。

此外，用户可能需要法律上的建议，比如如何在没有物证的情况下构建案件，如何利用间接证据形成证据链，以及如何通过讯问技巧让被告人自相矛盾。

可能还需要考虑被告人的前科，如果有的话，可以用来质疑其可信度。但用户提到被告人之前被指控为帮助犯，可能没有前科，或者需要确认这一点。

最后，要确保讯问提纲符合法律程序，避免诱导性提问，同时有效揭露矛盾。问题需要层层递进，让被告人在回答中无法自圆其说，从而暴露其谎言。

总结来说，用户需要的是一个在没有物证的情况下，通过逻辑追问和行为分析来揭穿被告人辩解的交叉讯问提纲。需要围绕被告人的行为异常、与案件相关人员的联系、资金流动的合理性等方面展开，结合已有的间接证据和供述中的矛盾点，构建一个有力的指控策略。

图 2－39　DeepSeek 提示词优化后对交叉讯问提纲的思考过程

然后，DeepSeek 根据物证灭失的情形，生成了新的讯问提纲：

二、交易细节的矛盾拆解

3. **香烟盒状态的追问**
    - **问**：你交给彭某的香烟盒是未拆封的，还是已经拆封的？
    - **追问**（若回答未拆封）：你作为吸烟者（假设其吸烟），是否知道一包未拆封的红南京香烟市场价是多少？彭某为何要深夜花2、3千元购买一包普通香烟？
    - **追问**（若回答拆封）：拆封后的烟盒外观是否有异常（如鼓胀、胶带缠绕）？你为何不查看盒内物品？
    - **目的**：通过价格与行为的巨大反差，揭示交易本质。
4. **现金交付的异常性**
    - **问**：彭某交给你的一叠钱"估计有2、3千元"，这笔钱是纸币还是硬币？面额是多少？是否清点过？
    - **追问**：如果是正常借款或代收款项，为何不要求对方出具借条或通过转账记录？为何不清点金额？
    - **目的**：否定正常经济往来，指向毒品对价交易。
5. **钱款最终去向**
    - **问**：你声称将钱转交给了高某某，是否有证据（如转账记录、收条）？高某某是否承认收到这笔钱？
    - **追问**：如果高某某未承认，你如何解释这笔钱的真实用途？
    - **目的**：切断"代收钱款"的退路，揭露资金去向不明。

三、利用吸毒人员认知与行为模式

6. **吸毒史与毒品交易常识**
    - **问**：你承认曾与高某某一起吸食毒品，是否知道吸毒人员之间如何获取毒品？
    - **追问**：你是否知道吸毒人员常用烟盒、茶叶袋等物品伪装毒品进行交易？
    - **目的**：利用其吸毒经历，推定其对毒品交易隐蔽手段的认知。
7. **彭某身份的追问**
    - **问**：你与彭某是否认识？此前是否有过接触？
    - **追问**：如果素不相识，为何彭某会深夜单独约你交接物品？
    - **目的**：强调陌生人深夜交易的异常性，符合毒品交易特征。

四、结合间接证据的致命追问

8. **通讯记录与事前联络**
   - **问**：根据你的手机通话记录，案发前你与高某某通话3次，与彭某通话1次，通话内容是否与此次传递物品有关？
   - **追问**：如果无关，为何频繁联系后立即发生此次交易？
   - **目的**：利用通讯记录证明事前预谋，否定"临时帮忙"。
9. **证人证言的矛盾**
   - **问**：根据证人高某某的证言（假设其另案处理并指认），他明确要求你将毒品交给彭某，你作何解释？
   - **追问**：你与高某某是否存在矛盾，导致他诬陷你？
   - **目的**：利用同案犯证言直接否定其辩解（需确保证言真实性）。

五、总结性质问（摧毁辩解可信度）

10. **行为逻辑的最后一击**
    - **问**：你作为有吸毒史的人员，在深夜接收拆封烟盒并转交陌生人，收取数千元现金且不查不问，你认为这一系列行为符合正常生活逻辑吗？
    - **目的**：通过全案异常行为模式，彻底否定其"不知情"的合理性。

关键策略

1. **逻辑闭环**：通过递进式追问，将被告人逼入"无法解释行为合理性"的死角。
2. **利用间接证据**：即使无实物证据，仍可通过通讯记录、证人证言、资金流向等形成证据链。
3. **常识反驳**：以社会常理（如深夜交易、高价购买普通烟盒）揭露其供述违背生活经验。
4. **心理压迫**：在总结质问中直接指出"只有参与毒品交易才能合理解释所有行为"，迫使被告人无法自圆其说。

通过上述交叉讯问，即使无实物证据，亦可结合《刑事诉讼法》第55条"证据确实、充分"标准（根据间接证据形成完整证明体系），指控其主观明知并构成贩卖毒品罪帮助犯。

图 2－40 DeepSeek 第二次生成的交叉讯问提纲

再次生成的讯问提纲更加精彩，舍弃围绕物证设计的发问，将香烟盒拆封问题作为独立的一个层次，即"交易细节的矛盾拆解"；同时增加了"利用吸毒人员认知与行为模式"层次，将吸毒史、身份关系与行为异常性矛盾作为问题设计的基础。

（六）必备 AI 核心技能

一是 DeepsSeek 在专业领域的垂直应用，使用者必须是专业人员，且能提出专业性的问题。提问者掌握本领域的核心专业技能是获得 DeepSeek 精彩回答的重要基础。比如，提问者需要懂得庭审发问与庭前发问、侦查讯问的差别，提问者需要分清直接询问与交叉询问的关系。本书的作者之一李勇曾于 2025 年 2 月 1 日撰文批评 DeepSeek 当时生成的那份讯问提纲有很多不专业甚至误导之处。[①] 现在看来，出现这些不专业和误导之处的原因很大程度上在于提问者没有对上述专业概念进行区分。

二是充分发挥 DeepSeek 的逻辑推理。交叉讯问是逻辑思维、应变能力要求最高的刑事诉讼活动，没有之一。与起诉书制作相比，交叉讯问提纲的逻辑性要求根本不在同一个层次上。我们曾经认为 AI 最能帮助法律人做的是一些技术含量不高的事务性工作，比如文字识别、校对、生成简单的文书以及填充式的告知书等。但事实上，恰恰相反，DeepSeek 等生成式大模型最擅长的就是推理，它是“理科生”而非“文科生”。在使用 DeepSeek 辅助制作庭审交叉询问提纲的过程中，要充分发挥其逻辑推理能力，生成出具有高技术含量的庭审发问提纲。

十三、辅助撰写公诉意见书

（一）适用场景

公诉意见书又称公诉词，是公诉人出席一审法庭在法庭辩论阶段第一轮辩论的发言词，本质上是辩词。作为控方，公诉意见书必须全面论证指控成立的全部要素，这与辩方攻击一点即可实现全盘胜诉是截然不同的。控方在第一轮辩论中，需要全面阐述和论证起诉书指控意见的成立，尽管也需要在阐述过程中对质证阶段辩方的观点有所驳斥，但是整体上第一轮公诉意见是以立论为主，以驳斥为辅。用 DeepSeek 辅助撰写公诉意见书，需要抓住公诉意见书的本质和功能。

（二）必备法律核心技能

公诉意见书除了首部外，主体内容一般包括四部分：一是事实与证据；二是定罪（法律适用）；三是量刑建议及涉案财物处理意见；四是法庭教育。其中法庭教育可以简化乃至省略，在认罪认罚案件中事实与证据部分也可以简化。

1. 事实与证据

该部分的撰写需要把握两点：一是事实表述紧紧围绕起诉书指控的事实，做到条理清晰，逻辑严密。二是事实与证据结合起来“夹叙夹议”。法律意义上的“事

① 参见李勇：《DeepSeek 那份讯问提纲有惊喜也有不专业乃至误导》，载微信公众号“悄悄法律人”2025 年 2 月 1 日，https://mp.weixin.qq.com/s/D4ip426b34rFzP12cERBhQ。

实”从来都不是单纯的事实，而是建立在证据基础之上的事实。在该部分要充分阐述起诉书指控的事实何以达到证据确实、充分的程度。

2. 法律适用

该部分是针对起诉书指控的罪名从定性和法律适用方面进行分析论证，重点要把握以下要点：一是宜采用“总—分—总”的结构，先表达观点和立场，再阐述理由。二是围绕罪名的构成要件进行阐述。不要盲目按照犯罪构成逐一分析，关键是抓住罪名核心构成要件、行为特征有理有据地阐述。涉及罪名界限、罪数关系、共同犯罪的刑法总论问题也要深入阐述。针对被告人及辩护人可能提出异议的部分要着重深入论证。

3. 量刑建议

量刑建议的撰写要点包括以下方面：一是针对全案的全部量刑情节进行分析，论证量刑情节成立与否并附上依据和理由，对于控辩双方有争议的要重点阐述和论证理由。二是提出量刑建议。量刑建议不能只有结论，还必须阐明量刑建议提出的依据和理由，甚至计算过程。

4. 法庭教育

可以从个案出发思考类案中反映出的社会问题，从法治宣传和一般预防角度进行适度阐述，但应避免对被告人个人成长经历、家庭背景等过度挖掘或牵强附会地过度解读。

（三）提示词范例

我是一名检察官，请根据下面的案件事实起草一份出庭公诉意见书：2016 年 8 月的一天晚上，高某某（另案处理）与彭某约定，向彭某出售毒品冰毒 10 克，2016 年 8 月 2 日晚上 12 时许，彭某来到高某某的住处 ×× 市 ×× 区城市之光 A 座楼下，并打电话告诉高某某其已经在楼下。高某某让其朋友即被告人闫某某送毒品冰毒约 10 克到楼下交给彭某，彭某从闫某某手中拿到毒品后，给了闫某某人民币 3000 元。后闫某某上楼将 3000 元交给了高某某。但是被告人闫某某否认明知是毒品，辩解称“我那天夜里 12 点左右，去找高某某玩，前几天和他一起吸过毒，他和我说彭某一会儿要来，他要洗澡，叫我将一个红 N 牌的香烟盒带去给彭某。我就下楼给了彭某，彭某给我一叠钱估计有两三千元，让我给高某某。我不知道香烟盒里装的是什么”。①

---

① 参见李勇：《庭审发问及辩论的原理与方法》，中国检察出版社 2024 年版，第 64 页。

（四）AI 生成效果展示

好的，我需要帮用户起草一份作为检察官的出庭公诉意见书。首先，用户提供的案件事实是关于毒品交易的，被告人闫某某被指控运送冰毒10克并收取3000元，但他否认明知是毒品。用户的身份是检察官，所以需要从公诉角度出发，强调被告人的犯罪事实和法律责任。

首先，我需要回顾中国的相关法律，特别是刑法中关于贩卖毒品罪的规定。根据《刑法》第三百四十七条，贩卖毒品无论数量多少都应当追究刑事责任。本案中涉及的冰毒属于甲基苯丙胺，属于毒品范畴，因此需要明确被告人行为构成该罪。

接下来，分析案件的关键点：被告人是否明知运送的是毒品。根据用户提供的案件事实，被告人辩解称自己只是转交香烟盒，不知道里面是毒品。但根据案情，高某某与彭某事先约定了毒品交易，彭某在拿到香烟盒后支付了3000元，明显超出正常香烟的价值，这是一个重要的疑点。同时，交易发生在深夜，且被告人之前与高某某一同吸毒，可能对毒品交易的环境有所了解，这些都可以作为推定其明知故意的依据。

然后，需要组织证据链。现有的证据包括高某某与彭某的约定、被告人的运送行为、交易金额、以及被告人与高某某的关系。这些证据需要相互印证，形成完整的证据链，证明被告人明知是毒品而进行运送。此外，可能还需要考虑是否有通话记录、监控录像或其他证人证言来支持公诉方的指控。

在结构上，公诉意见书通常包括案件来源、法庭调查情况、证据分析、法律适用、量刑建议和结论。需要按照这个框架来组织内容，确保逻辑清晰，法条引用准确。

需要特别注意非法证据排除的问题，但用户之前的问题是关于质证报告的，而这次是作为检察官起草意见书，可能不需要深入讨论证据能力，但需确保所引用的证据合法有效。如果被告方提出非法证据排除，可能需要回应，但在此意见书中应强调现有证据的合法性和充分性。

另外，被告人的辩解需要逐一反驳。例如，被告人称不知道香烟盒内是毒品，但交易金额明显高于普通香烟，且时间在深夜，符合毒品交易的特征。同时，被告人之前与高某某吸毒，可能对毒品交易有认知，这些都可以用来支持其明知故犯的指控。

最后，量刑建议部分，根据《刑法》第三百四十七条，贩卖甲基苯丙胺十克以上不满五十克的，处七年以上有期徒刑，并处罚金。因此，建议法院在七年以上有期徒刑的幅度内量刑，并考虑是否有从重或从轻情节，如被告人的前科、认罪态度等。但根据案情，被告人否认犯罪，可能没有从轻情节，需建议从重处罚。

总结来说，公诉意见书需要逻辑严密，证据充分，法律适用正确，并有效驳斥被告人的辩解，确保法院能够采纳公诉方的观点，定罪量刑。

图 2－41　DeepSeek 生成公诉意见书的思考过程

出庭公诉意见书

公诉机关：XX市XX区人民检察院
案由：贩卖毒品罪
被告人：闫某某
审判机关：XX市XX区人民法院

一、案件来源与法庭调查情况

本案由XX市公安局XX分局侦查终结，移送本院审查起诉。经依法审查查明：
2016年8月2日，高某某（另案处理）与彭某约定以3000元价格交易冰毒10克。当日24时许，彭某按约至高某某住所楼下，高某某指使被告人闫某某将装有冰毒的"红N"香烟盒送至楼下交给彭某，彭某支付3000元后，闫某某将钱款转交高某某。
上述事实，有证人彭某证言、高某某供述、转账记录、通话记录、现场监控录像等证据证实，事实清楚，证据确实、充分。

二、本案证据体系与法律适用

（一）证据链条完整，足以认定犯罪事实

1. **客观行为证据**：
    - 彭某证言证实，其与高某某约定购买冰毒10克，并支付3000元；
    - 现场监控录像显示，闫某某于案发时段出入案发地点并实施交接；
    - 转账记录印证彭某支付毒资的金额与时间。
2. **主观明知推定**：
    - **交易异常性**：3000元远超正常香烟价值，符合毒品交易特征（《全国法院毒品犯罪审判工作座谈会纪要》法〔2015〕129号）；
    - **行为隐蔽性**：深夜交付、使用香烟盒伪装，符合毒品犯罪惯常手段；
    - **关联关系**：闫某某与高某某曾共同吸毒，对毒品交易环境具有认知能力。
3. **被告人辩解不成立**：
    - 闫某某辩称"不知香烟盒内装毒品"，但无法合理解释其为何深夜代为交付物品并传递大额现金；
    - 其辩解与高某某供述、彭某证言矛盾，且无其他证据支持。

（二）法律适用

被告人闫某某明知高某某贩卖毒品，仍协助交付毒品并转移毒资，其行为构成**贩卖毒品罪的共犯**，应依《刑法》第347条、第25条追究刑事责任。

三、量刑建议

1. **犯罪情节**：
    - 贩卖毒品冰毒（甲基苯丙胺）10克，属"数量较大"；
    - 在共同犯罪中起次要作用，可认定为从犯（《刑法》第27条），但毒品犯罪中协助交付、转移毒资行为社会危害性显著，不宜大幅从轻。
2. **量刑依据**：
    - 根据《刑法》第347条第1款、第3款，贩卖甲基苯丙胺10克以上不满50克，处7年以上有期徒刑，并处罚金；

- 结合本案情节，建议判处被告人闫某某**有期徒刑七年至九年，并处罚金。**

四、答辩预案

针对被告人及辩护人可能提出的辩解，公诉人回应如下：

1. **“不明知是毒品”**：
   - 根据《大连会议纪要》，“为获取不同寻常的高额报酬而协助交付物品，可推定明知”；
   - 闫某某与高某某关系密切，且曾共同吸毒，具备认知毒品的可能性。
2. **“未直接接触毒品”**：

五、结论

被告人闫某某贩卖毒品甲基苯丙胺10克，事实清楚，证据充分，其行为严重破坏社会管理秩序，应依法严惩。请合议庭采纳公诉意见，作出公正判决。

公诉人：XX市XX区人民检察院
日期：XXXX年XX月XX日

附：主要法律依据

1. 《刑法》第347条：走私、贩卖、运输、制造毒品罪；
2. 《刑法》第25条：共同犯罪的规定；
3. 《全国法院毒品犯罪审判工作座谈会纪要》（法〔2015〕129号）关于“主观明知”的认定规则。

注：本案中高某某另案处理，建议法庭在量刑时注意区分主从犯责任，但闫某某的参与程度不改变其行为性质。

图 2－42　DeepSeek 生成的公诉意见书

显然，这是一篇不合格的公诉意见书，无论是格式还是内容，都是不符合要求的。首部、尾部的格式不正确，结构上莫名其妙地增加了“答辩预案”，内容上只是提纲，没有连贯的论述和阐述，文风上也不是一篇辩词。

（五）提示词优化建议

从生成的公诉意见书看，DeepSeek 应该还没有“见过”公诉意见书到底是什么样子。笔者将公诉意见书的结构、写作要点作为提示词，连续追问三次，它依然无法生成令人满意的公诉意见书。到第四次追问的时候，同时附上网上公开过的公诉意见书让其学习，它罢工了——“服务器繁忙，请稍后再试”。遇到这种情况如何处理？最后，笔者想到了一种方法——让 DeepSeek 仿写。仿写就是通过 Few－

shot 学习的方式，来提升模型的输出效果。所谓 Few－shot 学习，是指在请求中提供一些示例，让模型学习到特定的模式。笔者让 DeepSeek 按照《人民检察》杂志刊登过的一篇公诉意见书，结合提供的案例进行仿写。提示词如下：

河南省某某市人民检察院公诉意见书……[①]请模仿这份公诉意见书，围绕下面这个案例写一篇公诉意见书，要求说理深刻，逻辑严密，入情入理：2016 年 8 月份的一天晚上，高某某（另案处理）与彭某约定，向彭某出售毒品冰毒 10 克，2016 年 8 月 2 日晚上 12 时许，彭某来到高某某的住处××市××区城市之光 A 座楼下，并打电话告诉高某某其已经在楼下。高某某让其朋友即被告人闫某某送毒品冰毒约 10 克到楼下交给彭某，彭某从闫某某手中拿到毒品后，给了闫某某人民币 3000 元。后闫某某上楼将 3000 元交给了高某某。但是被告人否认明知是毒品。

这次生成的公诉意见书如下图：

公诉意见书

被告人：闫某某
案由：贩卖毒品罪
起诉书号：xx检x部刑诉〔2016〕x号

审判长、审判员：
根据《中华人民共和国刑事诉讼法》第一百八十四条、第一百九十三条和第二百零三条的规定，我们受xx市人民检察院指派，代表本院，以国家公诉人的身份，出席法庭支持公诉，并依法对刑事诉讼实行法律监督。现对本案证据和案件情况发表如下意见，请法庭注意。

一、本案犯罪事实清楚，证据确实、充分

在法庭调查中，公诉人围绕被告人闫某某贩卖毒品的犯罪事实，出示了以下证据：

1. **证人证言**：
   - 购毒人彭某的证言证实，其与高某某事先约定购买10克冰毒，并于2016年8月2日深夜在xx区城市之光A座楼下完成交易，闫某某作为送货人将毒品交付并收取毒资3000元。
   - 另案处理的高某某供述，其因不便亲自交易，指使闫某某代为交付毒品并收取毒资，事后闫某某将钱款如数上交。
2. **客观证据**：
   - 通话记录显示，彭某与高某某在案发当晚多次联系，高某某随后联系闫某某，闫某某下楼交易的时间与彭某证言完全吻合。
   - 银行转账记录证实，彭某在交易前后向高某某账户转入3000元，与毒资金额一致。
   - 公安机关对交易现场的勘验笔录及监控录像显示，闫某某与彭某在深夜秘密接触并交接物品，行为异常隐秘。

---

① 为节省篇幅，详细内容不再摘录，参见《河南省某某市人民检察院公诉意见书》，载《人民检察》2021 年第 6 期。

3. **鉴定意见**：
    - 从彭某处查获的白色晶体经鉴定为甲基苯丙胺（冰毒），净重9.8克，与约定数量基本一致。

上述证据经法庭质证，来源合法、内容客观真实，形成了完整的证据链条：彭某与高某某的毒品交易合意明确，闫某某作为高某某的"朋友"在深夜秘密交付物品并收取高额现金，其行为明显超出正常生活交往范畴。被告人虽辩解"不明知是毒品"，但根据《全国法院毒品犯罪审判工作座谈会纪要》对"明知"的认定标准，结合交易时间、方式、金额等情节，足以推定闫某某对毒品的性质具有明确认知。其辩解违背生活常理，依法不予采信。

二、被告人的行为应负的刑事责任

根据《中华人民共和国刑法》第三百四十七条之规定，走私、贩卖、运输、制造毒品，无论数量多少，均应追究刑事责任。贩卖甲基苯丙胺十克以上不满五十克的，处七年以上有期徒刑。本案中，闫某某受高某某指使，直接参与毒品的交付与毒资收取，其行为构成贩卖毒品罪的共犯。

主观方面：闫某某作为完全刑事责任能力人，明知深夜秘密交接高额现金与不明物品的行为具有高度违法性，仍积极实施，主观上对毒品的性质持放任或直接故意态度。
客观方面：闫某某在共同犯罪中负责毒品交付的关键环节，其行为直接促成毒品流入社会，社会危害性显著。

根据《刑法》第二十七条，闫某某在共同犯罪中起次要作用，系从犯，依法应当从轻、减轻处罚。但其到案后拒不认罪，未退缴违法所得，未体现悔罪态度，量刑时应予综合考虑。

三、本案的社会危害性及警示意义

毒品犯罪是侵蚀社会肌体的毒瘤。本案中，闫某某为牟取非法利益，协助高某某贩卖冰毒，致使10克毒品流入社会，足以危害数十人身心健康，破坏家庭幸福，滋生盗窃、抢劫等次生犯罪。其行为不仅触犯法律，更背离人伦底线。

本案警示我们：

1. **敬畏法律，远离毒品。**毒品交易绝非"帮忙"或"人情往来"，而是严重刑事犯罪。每一克毒品的流转，都是对生命的漠视、对法治的践踏。
2. **明辨是非，坚守底线。**面对他人违法请托，公民应坚决拒绝并举报，而非心存侥幸。闫某某因所谓"朋友义气"身陷囹圄，教训惨痛。
3. **全民共治，筑牢防线。**禁毒工作需要全社会共同参与。唯有让法律成为信仰，让拒毒成为本能，方能守护万家安宁。

四、量刑建议

被告人闫某某的行为已构成贩卖毒品罪，事实清楚、证据确凿。鉴于其在共同犯罪中系从犯，建议合议庭依法判处被告人闫某某有期徒刑七年，并处没收个人财产人民币5000元。

公诉人：xxx、xxx
xxxx年xx月xx日当庭发表

注：本案通过严密证据链条与法律论证，突出被告人主观明知的推定逻辑，强调毒品犯罪的社会危害，既体现法律威慑，又传递司法温度，符合"情理法"交融的公诉要求。

图 2－43　DeepSeek 第二次生成的公诉意见书

这份公诉意见书算是合格的，总体上结构完善，内容规范，但是谈不上精彩。有些方面还有值得改进之处：一是事实与证据部分，证据的归纳总结是到位的，但是证据与事实之间的证明关系分析深度和力度不够，没有达到"夹叙夹议"的要求。而且证据分析也应当遵循先客观性证据后主观性证据的原则。二是定性和法律适用部分，先分析了主观方面，再分析客观方面，这是不符合刑法理论定罪逻辑的，应当从客观要件到主观要件进行论证。DeepSeek 这种反其道而行之从主观到客观认定犯罪的错误思路，可能是从笔者提供的仿写版本上学到的。仿写版本是这样分析的："故意伤害罪主观上表现为故意，行为人明知自己的行为会导致他人人身损害的结果，而希望或放任这种结果的发生；客观上要求具有非法损害他人身体健康的行为。"①而且，该案的定性关键在于分析共同犯罪的成立条件，特别是共同犯罪故意的认定问题。但是 DeepSeek 就这一点没有详细展开论述。三是量刑建议部分极其粗糙，没有分析量刑情节的认定和量刑建议的理由，给出的量刑建议结论偏重，不合理，没有将从犯减轻处罚体现进去。

为进一步解决这个问题，将公诉意见书进行拆解提问，先将法律适用部分分解出来，提问如下：

请对下面这个案例的定罪进行深入分析，要求根据刑法理论分析被告人的行为构成何种罪名：2016 年 8 月的一天晚上，高某某（另案处理）与彭某约定，向彭某出售毒品冰毒 10 克，2016 年 8 月 2 日晚上 12 时许，彭某来到高某某的住处××市××区城市之光 A 座楼下，并打电话告诉高某某其已经在楼下。高某某让其朋友即被告人闫某某送毒品冰毒约 10 克到楼下交给彭某，彭某从闫某某手中拿到毒品后，给了闫某某人民币 3000 元。后闫某某上楼将 3000 元交给了高某某。但是被告人否认明知是毒品。

得到如下回答：

对闫某某贩卖毒品罪的定罪分析

一、案件事实与争议焦点

根据案情，高某某与彭某事先约定贩卖冰毒10克，后高某某指使被告人闫某某将毒品送至指定地点并收取毒资3000元。闫某某虽承认参与交接物品与钱款，但辩称"不明知是毒品"。本案的核心争议在于：**闫某某是否具有贩卖毒品的主观故意？其行为是否符合贩卖毒品罪的构成要件？**

---

① 《河南省某某市人民检察院公诉意见书》，载《人民检察》2021 年第 6 期。

二、刑法理论分析：贩卖毒品罪的构成要件

根据《刑法》第347条，**贩卖毒品罪**的构成要件包括：

1. **客观行为**：实施贩卖毒品的行为，包括买入、卖出、以贩卖为目的的运输或交付等；
2. **主观故意**：明知是毒品而故意实施上述行为；
3. **犯罪客体**：侵犯国家对毒品的管制秩序和社会公共安全。

（一）客观行为分析：闫某某的行为属于"贩卖"的实行行为

1. **"贩卖"的实质是促成毒品流通**：
   贩卖毒品罪中的"贩卖"不局限于直接买卖，**帮助交付毒品、收取毒资等行为**，只要对毒品流通起到实质促进作用，即构成共同犯罪中的实行行为。本案中，闫某某受高某某指使，将毒品直接交付给购毒人彭某并收取毒资，其行为直接促成毒品从卖方转移至买方，属于贩卖毒品的关键环节。
2. **共同犯罪中的分工不影响行为定性**：
   高某某作为组织者，闫某某作为实行者，二者分工不同，但均服务于同一犯罪目的。根据共同犯罪理论，闫某某的交付行为与高某某的贩卖行为具有整体性，**应评价为贩卖毒品罪的共犯。**

（二）主观故意分析：闫某某对毒品的"明知"可依法推定

1. "明知"的认定标准：
   根据《全国法院毒品犯罪审判工作座谈会纪要》（2015），对毒品犯罪中"明知"的认定，**可采用刑事推定规则**，即根据行为人的客观行为、交易背景、生活经验等综合判断。具体到本案：
   - **异常交易特征**：深夜秘密交接、高额现金支付（3000元）、物品隐蔽传递，明显超出正常生活交往逻辑；
   - **行为人的认知能力**：闫某某作为完全刑事责任能力人，对毒品的危害性及违法性应有基本认知；
   - **与高某某的关系**：闫某某作为高某某的"朋友"，在明知高某某从事毒品活动的情况下参与交易，可推定其对毒品性质具有概括性认识。
2. **被告人辩解的排除**：
   闫某某辩称"不明知是毒品"，但根据《刑事诉讼法》第55条，**证据链完整且排除合理怀疑时，被告人的无罪辩解不足以推翻有罪认定。**本案中，彭某证言、高某某供述、通话记录、转账记录、毒品鉴定意见等证据相互印证，已形成完整证据链条，足以证明闫某某的主观故意。

三、对争议问题的回应

问题1：闫某某仅"帮忙送货"，是否构成犯罪?

- **结论**：构成犯罪。
- **理由**：毒品犯罪中，**帮助交付毒品的行为直接促成毒品流通**，具有法益侵害性。即使未直接参与商定价格或获取利润，只要明知是毒品而实施帮助行为，即构成贩卖毒品罪的共犯（参见《刑法》第27条、第347条）。

问题2：如何证明闫某某"明知"是毒品？

- **结论**：通过刑事推定规则，结合客观证据与经验法则，可认定其"明知"。
- **理由**：
  1. **交易时间与方式异常**：深夜秘密交付、现金交易、无正当理由传递不明物品；
  2. **经济利益关联**：闫某某未收取报酬，但帮助高某某完成交易，表明其与高某某存在共同犯罪故意；
  3. **社会经验法则**：普通人对深夜高额现金交易具有违法性认知，闫某某无法合理解释其行为正当

图 2－44　使用"任务分解法"DeepSeek 给出的答案

这次生成的公诉意见书关于法律适用的分析是令人满意的，虽然也有瑕疵，例如案例是 2016 年的，但 DeepSeek 在适用 2012 年《刑事诉讼法》还是 2018 年《刑事诉讼法》条文时出现混乱。对于主观明知的分析是深入的，而且归纳了争议焦点，总结了结合客观证据与经验法则进行推定的基本规则，但是引用 2015 年《全国法院毒品犯罪审判工作座谈会纪要》是错误的，该纪要中并无对主观明知认定的规定，应该引用 2008 年《全国部分法院审理毒品犯罪案件工作座谈会纪要》。

还可以以此类推，将公诉意见书的各个部分进行拆解，逐一提问，这样能得到更加令人满意的答案。

（六）必备 AI 核心技能

1. AI 与人类一样都需要不断学习

由于司法机关的很多工作文书属于内部文书，一般不对外公布，网上仅有少量的通过文章、著作等方式公开，DeepSeek 等 AI 大模型难以接触到这类文书，缺失学习的资源，所以难以生成我们希望的文书。这些问题需要 AI 模型不断学习才能得到解决，随着越来越多的人使用，特别是通过本地化部署，在人们使用过程中，通过各种方式向 DeepSeek 等 AI 大模型投喂数据，AI 能逐渐掌握这类文书的写作方法。

2. 善于使用"任务分解法"提问

法律人在使用 DeepSeek 等 AI 大模型过程中，如果有些文书生成不了，就要善于使用"任务分解法"，将文书拆解成多个组成部分，一个部分提问一次，以此类推，分步骤得到我们需要的回答。这样 DeepSeek 等 AI 大模型能聚焦某一个问题，发挥特长，生成高质量的回答。

十四、辅助撰写不起诉决定书、不起诉理由说明书

（一）适用场景

依法作出不起诉决定，是检察机关在刑事诉讼中充分发挥诉前主导和过滤把关作用的重要体现。不起诉决定书是检察机关作出不起诉决定的书面载体，是检察机关依法作出诉讼处理决定的法律文书，具有终止诉讼，不追究或免予追究被不起诉人刑事责任的法律效力。[①] 不起诉理由说明书则是根据不起诉决定书体例篇幅的特点，对说理内容进行充分论证，是对不起诉决定书的完善和补充。[②] 除了《刑事诉讼法》第 182 条规定的特殊不起诉以及第 282 条专门针对未成年人规定的附条件不起诉以外，不起诉分为绝对不起诉（又称法定不起诉）、相对不起诉（又称情节轻微不起诉）和存疑不起诉（又称证据不足不起诉）。使用 DeepSeek 生成不起诉决定书、不起诉理由说明书，能够通过智能化、标准化和高效化，辅助提升检察工作质效。

（二）必备法律核心技能

最高人民检察院《人民检察院刑事诉讼规则》第 372 条规定了不起诉决定书的六项内容：（1）被不起诉人的基本情况；（2）案由和案件来源；（3）案件事实；（4）不起诉的法律根据和理由；（5）查封、扣押、冻结的涉案财物的处理情况；（6）有关告知事项。《人民检察院刑事诉讼法律文书格式样本（2020 版）》对不起诉决定书、不起诉理由说明书的首部、正文和尾部三大部分内容作出了规定。其中，不起诉决定书的正文包括六个组成部分：（1）被不起诉人基本情况；（2）辩护人基本情况；（3）案由和案件来源；（4）案件事实情况；（5）不起诉理由、法律依据和决定事项；（6）告知事项。不起诉理由说明书的正文包括四个基本要素：（1）被不起诉人姓名；（2）移送审查起诉的案由；（3）不起诉决定书作出的时间及文号；（4）不起诉的理由。

不起诉决定书、不起诉理由说明书的撰写与制作必须遵循严格的规范要求，其中部分内容与起诉书有共通之处，相关核心技能不再赘述，现就说理部分补充如下：

一是明确撰写侧重点。对于不起诉的理由和法律依据，不同类型的不起诉决

---

① 参见赵慧：《如何撰写不起诉决定书》，载《人民检察》2021 年第 4 期。

② 参见金琳、罗阳：《不起诉理由说明书制作的要点》，载《人民检察》2022 年第 9 期。

定书各有侧重点。绝对不起诉，应重点围绕不具备犯罪构成要件或者符合《刑事诉讼法》第 16 条规定的不追究刑事责任的情形进行说理；相对不起诉，需要从被不起诉人的犯罪手段、犯罪性质、社会危害性、认罪悔罪表现等方面，分析说明其犯罪情节轻微；存疑不起诉，以在案证据的证据能力和证明力为切入点，充分论证该案没有达到犯罪事实清楚、证据确实充分的标准。

二是厘清逻辑层次。不起诉决定与不起诉理由相互依存、不可分割，不起诉决定是结果，不起诉理由是依据。撰写不起诉理由本身就是一个释法说理的过程，不能遗漏对作出不起诉决定有重要影响的事实和情节。既要观点准确，也要思路严密，分段表述可让层次更加清晰，建议采用“总—分”的方式，在段首用一句话归纳总结本段要点，紧接着展开阐述。

三是规范语言表达。应当保持中立、客观的立场，避免使用带有感情色彩的词汇或过度口语化的表达，对案件事实的描述必须与在案证据相符，准确引用检察机关作出不起诉决定所依据的法律法规、司法解释条文等。

（三）提示词范例

我是一名检察官，请帮我起草周某交通肇事案的相对不起诉决定书、不起诉理由说明书。基本案情如下：

2021 年 6 月 18 日，周某驾驶号牌为陕×××××号牌的小型汽车，与相对方向陈某驾驶的二轮普通摩托车发生碰撞，陈某当场死亡。经某公安局交警大队认定，周某负此次事故的主要责任，陈某负此次事故的次要责任。周某第一时间拨打“110”，并在原地等待民警到达现场，后交代了事情经过。事后，周某也对陈某亲属进行了赔偿，并取得了谅解。

（四）AI 生成效果展示

已深度思考（用时 36 秒）

嗯，用户是一位检察官，需要帮忙起草周某交通肇事案的相对不起诉决定书和不起诉理由说明书。首先，我得先理清楚案件的基本情况。根据提供的案情，周某在2021年6月18日驾驶小型汽车与陈某的摩托车相撞，导致陈某当场死亡。交警认定周某负主要责任，陈某次要责任。周某在事故后立即报警，留在现场等待，如实供述，并且赔偿了家属，获得谅解。

首先，我需要确定相对不起诉的法律依据。根据《中华人民共和国刑事诉讼法》第一百七十七条第二款，对于犯罪情节轻微，不需要判处刑罚或者免除刑罚的，检察院可以作出不起诉决定。周某的情况是否符合这个条件？

接下来，分析周某的犯罪情节。交通肇事罪，致一人死亡，负主要责任，已经构成犯罪。但周某有自首情节，根据刑法第六十七条，可以从轻或减轻处罚。此外，周某积极赔偿并获得谅解，属于悔罪表现，符合从宽处理的条件。综合来看，虽然构成犯罪，但情节轻微，可以适用相对不起诉。

然后，不起诉决定书的结构需要包括：检察院名称、文书编号、被不起诉人信息、案由和案件来源、案件事实、不起诉理由和法律依据，告知事项，检察长署名和日期。需要确保所有法定要素齐全，事实叙述清晰，法律引用准确。

不起诉理由说明书则需要更详细地阐述为何作出不起诉决定。要分点说明：案件事实清楚，证据确实充分；周某的法定从轻情节（自首、认罪认罚）；酌定从宽情节（赔偿、谅解）；以及综合评估其社会危害性低，不需要刑罚。同时，需要引用相关法律条文，如刑法第六十七条、刑事诉讼法第十五条、第一百七十七条第二款，以及关于办理认罪认罚案件的相关指导意见。

需要注意的关键点包括：确保所有法律条款正确无误，特别是刑法和刑事诉讼法的相关条款；事实部分要准确，包括事故发生时间、责任认定、周某的行为（报警、等待、赔偿等）；以及文书格式符合检察机关的规范，比如编号、署名等。

可能用户还需要考虑是否有其他情节需要补充，比如周某是否有前科，是否累犯，但根据提供的信息，没有提到这些，所以假设周某无前科。此外，是否公开听证或者是否有其他程序性事项，但用户没有提到，所以可能不需要涉及。

另外，用户可能需要确保赔偿和谅解有书面材料支持，比如赔偿协议、谅解书等，这些在文书中需要提及作为证据。在不起诉决定书中，要明确写出“已赔偿并获得谅解”，但具体细节可能不需要展开，而在理由说明书中可以更详细说明。

最后，要检查文书是否有遗漏的部分，比如告知被不起诉人申诉的权利，被害人的申诉权利等，这些都是必要的内容，不能遗漏。

总结来说，需要按照标准模板，结合案件的具体情节和法律依据，准确、清晰地撰写两份文书，确保法律效力和规范性。

图 2-45 DeepSeek 撰写不起诉决定书、不起诉理由说明书的思考过程

可以看出,DeepSeek 具备体系性思维:首先,它查找了作相对不起诉的法律依据,并提出本案是否符合该条件这一问题,即试图复核检察官的处理决定是否合法合理;其次,通过分析个案答疑,从基本案情描述中判定得出周某构成交通肇事罪,具有自首、认罪认罚、赔偿谅解等从轻、减轻情节,可以作相对不起诉;再次,梳理了不起诉决定书、不起诉理由说明书的结构功能和格式要求,即确立了撰写相关文书的标准;最后,对于案件实体和程序的细节均有补充思考,如周某有无前科,是否召开了听证会等,实际上也是给用户进行细节提示,提供工作拓展思路。综观其整个思考过程,层层递进,充分展现出了 AI 的严谨有序。

以下是周某交通肇事案的相对不起诉决定书及理由说明书模板，请根据实际案件细节调整：

某市人民检察院

不起诉决定书

某检刑不诉〔2023〕X号

被不起诉人周某，性别，XX岁，公民身份号码XXX，户籍地XXX，现住XXX。因涉嫌交通肇事罪，于202X年X月X日被某市公安局取保候审。

本案由某市公安局侦查终结，以被不起诉人周某涉嫌交通肇事罪，于202X年X月X日移送本院审查起诉。

经本院依法审查查明：
2021年6月18日，周某驾驶陕*****号小型汽车行驶至某路段时，因未按规定让行，与相对方向陈某驾驶的二轮摩托车发生碰撞，致陈某当场死亡。经某公安局交警大队认定，周某负事故主要责任，陈某负次要责任。事故发生后，周某立即拨打110报警并在现场等待，到案后如实供述犯罪事实。周某已与陈某近亲属达成赔偿协议并履行完毕，取得书面谅解。

本院认为：
周某违反交通运输管理法规，致一人死亡且负主要责任，其行为已触犯《中华人民共和国刑法》第一百三十三条，构成交通肇事罪。但鉴于其犯罪情节轻微，具有以下从宽情节：

1. 自动投案并如实供述，符合《刑法》第六十七条自首规定；
2. 自愿认罪认罚，签署《认罪认罚具结书》；
3. 积极赔偿损失并取得谅解，社会矛盾已化解。

依据《中华人民共和国刑事诉讼法》第一百七十七条第二款，决定对周某不起诉。

被不起诉人如不服本决定，可自收到本决定书后七日内向本院申诉。
被害人近亲属如不服本决定，可自收到本决定书后七日内向上一级人民检察院申诉。

某市人民检察院
（院印）
2023年X月X日

某市人民检察院
不起诉理由说明书

被不起诉人周某交通肇事一案，本院经审查认为其符合相对不起诉条件，理由如下：

一、案件事实清楚，证据确实充分
监控录像、事故认定书、尸检报告等证据相互印证，证实周某的交通肇事行为与陈某死亡结果存在直接因果关系。

二、法定从轻情节

1. 周某事故后主动报警、保护现场并等候处理，归案后如实供述，依法应认定为自首；
2. 周某自愿认罪认罚，根据《刑事诉讼法》第十五条可从宽处理。

三、酌定从宽情节

1. 周某无前科劣迹，系初犯、偶犯；
2. 已全额支付死亡赔偿金、丧葬费等共计XX万元，取得被害人近亲属书面谅解；
3. 其过失犯罪主观恶性较小，社会危害性显著降低。

四、综合裁量依据
根据最高人民法院《关于贯彻宽严相济刑事政策的意见》第3条、第23条，结合《人民检察院办理认罪认罚案件开展量刑建议工作的指导意见》，对其不起诉符合化解社会矛盾、节约司法资源的司法政策。

综上，依据《中华人民共和国刑事诉讼法》第一百七十七条第二款，决定对周某作相对不起诉处理。

承办检察官：XXX
2023年X月X日

注意事项：

1. 需补充具体赔偿金额、文书编号等细节；
2. 需附《认罪认罚具结书》《谅解书》等材料；
3. 若需公开听证，应在文书中载明程序合法性。

图 2－46　DeepSeek 生成的不起诉决定书、不起诉理由说明书

从上述生成的不起诉决定书、不起诉理由说明书来看，DeepSeek 能够帮助形成基本框架，但仍有所欠缺：其一，同本书前文中生成的起诉书，首部检察院名称要写到省一级，应该为“××省××市××区人民检察院”，当然这可能与笔者在描述案件事实时未表明具体案发地点有关。其二，不起诉决定书中的事实部分主要罗列了用户提供的信息，没有将定性和量刑两部分事实分段表述，并自行将“赔偿谅解”具象化，联想出“周某已与陈某近亲属达成赔偿协议并履行完毕，取得书面谅解”这些细节。其三，不起诉决定书中的“本院认为”部分，格式上不完全规范，内容上更贴合不起诉理由说明书，需要进一步凝练。其四，不起诉理由说明书中的落款不应该出现“承办检察官：×××”，而应该是检察院署名。

（五）提示词优化建议

鉴于 DeepSeek 生成的文书质量在某种程度上依赖于使用者的对话技巧，建议在设置提示词时注意以下几点：一是精准提供信息，需要将案件事实认定中用到的“七何”要素等内容囊括进去，哪怕用通俗易懂的语言以讲故事的形式进行详细描述，以便 DeepSeek 能够基于输入信息精准提炼和呈现案件事实。特别是存疑不起诉案件，文书中需要说明证据之间是否形成完整的证据链，那么案件细节就显得尤为重要，有利于定罪的证据和不利于定罪的证据都要表达清楚。二是细化文书要求，可以直接提供文书样本，让其在形式上严格按照规范的格式生成，甚至包括字体、字号、行距、页边距等排版，促成生成的结果更符合实际使用标准。三是引导逻辑梳理。针对 DeepSeek 在思考过程中产生的疑问，使用者应予以重点反馈补充。反之，如果其生成的结果差强人意时，可以通过动态追问、尝试反问等方式，引导其不断改进完善。

(六)必备 AI 核心技能

一是随着信息技术的迅猛发展,法律文书的生成可以从“人工雕琢”模式转向为“人机协作”模式。司法人员以往手动撰写法律文书,从梳理案件事实到查找法律条文,再到组织语言进行反复推敲,往往耗时良久。AI 可以凭借其强大的分析复杂文本和挖掘海量数据的功能,在短时间内完成大量基础工作,只要输入案件基本信息就能生成法律文书初稿,为后续的人工修改完善建立了良好的基础。

二是本次运用是以相对不起诉为例生成文书,从 DeepSeek 的思考过程来看,其优势更在于法律适用,笔者认为目前 AI 对事实认定的能力有待考究。法律是一门经验科学,丰富的经验与审慎的逻辑都很重要,AI 尚缺乏实证经验,有时会出现机械式、套路化回应用户需求的情况。

三是“法律 + AI”是当前法律领域的发展趋势,需要法律从业者与 AI 双向奔赴,AI 可以通过法律从业者的指令和反馈不断优化模型、训练数据,使其生成的结果更具可靠性和参考价值,而法律从业者则可以通过 AI 获取知识,查漏补缺,在守住法律底线的同时,又彰显出法律的温度。正所谓业务牵引技术迭代,技术赋能业务提升。

十五、辅助撰写刑事抗诉书

检察机关是法律监督机关,刑事抗诉书是刑事审判监督效果的重要体现。本部分重点介绍用 DeepSeek 辅助撰写二审程序的刑事抗诉书,并继续引用本书“用 DeepSeek 辅助撰写审查报告”中笔者根据常见案件假设的陈某涉嫌电信网络诈骗案,该案一审法院以“事实不清、证据不足”为由判决陈某无罪,检察机关经审查认为一审判决确有错误需提出抗诉。

(一)适用场景

二审刑事抗诉书是地方各级检察院对同级法院第一审判决、裁定提出抗诉时制作的法律文书,DeepSeek 在此场景中的适用性体现在:一是可借助 AI 快速生成刑事抗诉书的初稿;二是对证据梳理,如对陈某涉嫌电信网络诈骗案涉及多类证据,需系统分析一审判决的错误。

(二)必备法律核心技能

检察官在制作刑事抗诉书时,需要具备以下核心技能:一是熟悉法律专业知识,准确把握法律及相关司法解释、指导案例的内涵;二是具备事实认定与证据分析能力,确保抗诉理由有充分的证据支持;三是能够从法院裁判中准确识别出事实认定错误、法律适用错误或量刑明显不当等问题;四是具备法律文书写作能力,确保文书结构清晰、逻辑严谨、用词准确。

使用 DeepSeek 辅助撰写刑事抗诉书,检察人员需将办案核心技能充分运用到人机交互中:一是针对案件的争议焦点,向 AI 提出精准的提示词;二是提炼好案件事实和证据材料,以便 AI 能够全面了解案情;三是可以通过提示词引导 AI 分析证据,找出证据中的矛盾和漏洞等问题;四是审查 AI 生成的文本,确保刑事抗诉书符合法律文书的规范和要求。

(三)提示词范例

笔者设计提示词的思路如下:一是明确角色和目标,提示词一开始就明确了角色是"检察官",目标是"对一审判决提出抗诉",并指明抗诉的主题是一审判决"事实不清、证据不足"的结论错误;二是提供案件基本情况,为 DeepSeek 生成抗诉书提供基础材料;三是提出具体抗诉理由和论证方向,如"逐项反驳一审判决的理由"等;四是强调输出格式和语言风格;五是提示词隐含地要求 DeepSeek 构建一个完整的逻辑框架,将证据、法律条文和抗诉理由串联起来,总体上避免简单地让 DeepSeek 自由发挥。根据思路设计的提示词是:

你作为一名检察官需要对一审判决提出抗诉,请生成一份检察机关刑事抗诉书,主题为针对一审判决以"事实不清、证据不足"判决陈某无罪,检察机关抗诉认为陈某构成《刑法》第 266 条诈骗罪。

案件基本情况如下:

犯罪嫌疑人:陈某,男,30 岁。

案件事实:陈某通过电话冒充银行工作人员,谎称被害人张某账户异常,诱骗张某转账 120 万元至指定账户。

证据:1. 扣押清单,证明从陈某处扣押其手机一部,电话号码 138111111111,银行卡 1 张,户名为张三;2. 被害人张某陈述,证明 2024 年 9 月 5 日,其手机 13911111111 接到 138111111111 电话,对方冒充银行工作人员,以账户异常为由让其将 120 万元转到张三的账户,导致其被骗 120 万元;3. 银行转账记录,证明 2024 年 9 月 5 日,张某账户转出 120 万元至张三账户,之后张三账户将 120 万元转到他人银行账户;4. 手机通话清单,证明 2024 年 9 月 5 日,13911111111 与 138111111111

有多次通话;5. 犯罪嫌疑人陈某的辩解,否认其打电话给张某进行诈骗,但其对持有张三的银行卡及电话号码 138111111111 无法作出合理解释。

一审判决情况:法院认为“事实不清、证据不足”,具体理由:1. 陈某与张三银行账户的控制关系未明确;2. 资金流向未查清;3. 证据之间缺乏充分关联性。

刑事抗诉书要求包括以下内容:

1. 论证案件事实清楚、证据确实充分:结合证据链,排除合理怀疑;陈某行为构成诈骗罪;

2. 逐项反驳一审判决理由:针对陈某与张三银行账户控制关系未明确,结合扣押的银行卡、转账记录,证明陈某实际控制该账户;针对“资金流向未查清”,分析 120 万元流向及与陈某的关联性;针对“证据之间缺乏充分关联性”,说明证据相互印证关系,驳斥一审结论;

3. 现有证据足以证实陈某实施诈骗行为,其无罪辩解不成立。

请求二审依法改判。

输出格式为正式刑事抗诉书,语言翔实、逻辑严密、符合检察机关规范。

在实际运用中,可以参照以上思路设计提示词,也可以将该提示词作为样本,按需更改相关内容即可。

(四)AI 生成效果展示

1. DeepSeek 的推理过程

检察机关抗诉陈某诈骗案

已深度思考(用时 29 秒)

好的,我现在需要帮用户生成一份检察机关的刑事抗诉书,针对一审判决认为陈某无罪的情况。首先,我需要仔细分析用户提供的案件基本情况和具体要求,确保抗诉书的内容符合法律规范,并且逻辑严密。

首先,用户提到案件的基本情况是陈某通过电话冒充银行工作人员,骗张某转账120万。证据包括扣押的手机和银行卡、被害人陈述、转账记录、通话记录以及陈某的辩解。一审法院认为事实不清、证据不足,主要理由有三个:账户控制关系不明、资金流向未查清、证据关联性不足。

接下来,我需要按照用户的要求,分三个部分来构建抗诉书。第一部分要论证案件事实清楚,证据确实充分。这里需要结合证据链,说明各个证据如何相互印证,排除合理怀疑,证明陈某构成诈骗罪。可能需要强调手机号码的一致性,转账记录的流向,以及陈某无法合理解释持有张三的银行卡和手机。

第二部分需要逐项反驳一审判决的理由。针对账户控制关系,需要指出扣押的银行卡和手机在陈某处,且电话号码与通话记录一致,说明陈某实际控制该账户。资金流向方面,虽然120万转到张三账户后又转给他人,但陈某持有该账户,且无法解释资金去向,应推定其控制。证据关联性方面,要说明各证据之间的逻辑联系,比如通话时间与转账时间吻合，手机号码和银行卡的扣押等。

第三部分要证明现有证据足够，陈某的辩解不成立。需要指出陈某的否认缺乏证据支持，而其无法合理解释持有他人账户的情况，反而增强了其有罪的可能性。

在格式上，抗诉书需要符合检察机关的规范，包括标题、文号、法院名称、案由、抗诉请求、事实和理由、结尾等部分。语言要正式、严谨，逻辑清晰，引用法律条文准确，特别是刑法第266条。

还需要注意细节，比如证据的列举顺序，是否遗漏了任何关键点，以及是否有逻辑漏洞。例如，一审提到资金流向未查清，可能需要指出虽然资金进一步转移，但初始转入张三账户并由陈某控制，已经构成诈骗既遂，后续流向不影响定罪。

另外，要确保抗诉请求明确，即请求撤销原判，依法改判。最后，检查法律依据是否正确，包括刑事诉讼法第228条，以及检察院的抗诉程序是否符合规定。

现在需要把这些思考整理成结构化的抗诉书，确保每个部分都有充分的法律和事实依据，逻辑严密，反驳有力。同时，保持专业术语的正确使用，避免口语化表达，符合法律文书的正式要求。

图 2－47　用 DeepSeek 生成刑事抗诉书的深度思考

DeepSeek 的推理思路的优点：一是分析全面，涵盖了提示词的关键点；二是逻辑较清晰，按照案件事实、反驳一审理由、总结现有证据足以定罪的逻辑框架展开；三是重点突出，抓住了如手机号码、转账记录、辩解无合理解释等关键证据；四是能够回应具体问题，针对一审判决的理由提出了相应的论证思路；五是推理较周全，如资金最终流向不影响诈骗既遂成立等细节问题。

DeepSeek 推理的主要问题：一是证据分析深度还有不足，如对资金流向仅笼统称"应推定其控制"，缺乏详细论证；二是排除合理怀疑的论证不充分，提到"排除合理怀疑"，但未分析可能存在的其他可能性；三是反驳一审判决的理由在细节上还不够充分，未具体分析证据间关联性。

2. DeepSeek 生成的抗诉书

检察机关抗诉陈某诈骗案

×××人民检察院
刑事抗诉书

×检刑抗〔2024〕×号

×××中级人民法院：

×××人民法院于2024年×月×日以（2024）×刑初×号刑事判决书，对被告人陈某涉嫌诈骗罪一案作出无罪判决。经本院审查认为，该判决认定事实错误、适用法律不当，现依法提出抗诉。

一、抗诉请求

1. 撤销×××人民法院（2024）×刑初×号刑事判决书；

2. 依法改判被告人陈某犯诈骗罪，追究其刑事责任。

二、案件基本事实及证据分析

（一）案件基本事实

2024年9月5日，被告人陈某使用电话号码138111111111冒充银行工作人员，以被害人张某（电话13911111111）账户存在异常为由，诱骗其将120万元转账至户名为"张三"的银行账户（账号×××）。张某转账后，120万元随即被转移至其他账户，至今未追回。

（二）证据确实、充分，形成完整证据链

1. **客观物证**：从陈某处扣押的手机一部（号码138111111111）及户名为"张三"的银行卡一张，直接证明陈某实际持有并控制涉案通讯工具及资金账户。
2. **被害人陈述**：张某详细陈述了接到冒充银行工作人员电话（号码138111111111）的过程及转账细节，与扣押手机号码、转账时间完全吻合。
3. **银行转账记录**：明确显示2024年9月5日张某账户转出120万元至"张三"账户，且该账户在当日将资金转至他人账户，证明资金流向与诈骗行为直接关联。
4. **通话清单**：证实2024年9月5日，张某手机（13911111111）与陈某持有的手机（138111111111）多次通话，时间点与转账时间高度一致。
5. **陈某的辩解矛盾**：陈某虽否认实施诈骗，但对其持有"张三"账户的银行卡及涉案手机号码无法作出合理解释，且未提供任何证据支持其主张。

上述证据相互印证，足以证明陈某以非法占有为目的，虚构事实骗取张某财物，其行为完全符合《中华人民共和国刑法》第266条诈骗罪的构成要件。

三、对一审判决错误理由的逐项反驳

（一）关于"陈某与'张三'账户控制关系未明确"的认定错误

1. 扣押清单显示，陈某随身携带并实际控制户名为"张三"的银行卡及手机（号码138111111111）。
2. 银行转账记录显示，张某被骗资金直接转入"张三"账户，且该账户资金在短时间内被转移，符合诈骗犯罪中资金快速转移的特征。
3. 陈某未能提供任何证据证明"张三"账户系他人所有或使用，亦未说明其合法持有该账户的理由。根据《刑事诉讼法》第55条，结合生活经验法则，足以认定陈某实际控制该账户并实施诈骗。

（二）关于"资金流向未查清"的认定错误

1. 现有证据已明确资金从张某账户转至"张三"账户，而陈某持有该账户的银行卡及关联手机，直接证明其具备转移资金的客观条件。
2. 资金从"张三"账户转至他人账户，虽未查清最终去向，但诈骗罪构成要件以"非法占有"为目的，而非以查清全部资金流向为必要前提。一审判决混淆了犯罪构成与赃款追缴的界限。

（三）关于"证据之间缺乏充分关联性"的认定错误

1. 被害人陈述、通话记录、转账记录及扣押物证在时间、空间、逻辑上高度一致：
    - **时间关联**：通话时间与转账时间完全对应；

- 工具关联:陈某持有的手机号码与被害人接听号码一致;
- 资金关联:张某转账账户与陈某控制的"张三"账户直接对应。

2. 上述证据形成闭合链条,足以排除合理怀疑,一审判决忽视证据间的内在联系,片面否定证据证明力,违背证据裁判原则。

四、陈某的无罪辩解依法不成立

陈某虽否认犯罪,但其辩解无任何证据支持,且与客观证据矛盾:

1. 其无法合理解释持有"张三"账户银行卡及涉案手机的合法来源;
2. 在案证据已形成完整证据链,其无罪辩解系孤证,依法不予采信。

五、结论

本案事实清楚,证据确实、充分,陈某的行为构成诈骗罪。一审判决认定事实错误、法律适用不当,应予纠正。根据《中华人民共和国刑事诉讼法》第228条,特提出抗诉,请依法改判。

此致
×××中级人民法院

×××人民检察院
2024年×月×日
(院印)

附:

1. 被告人陈某现取保候审于×××;
2. 证据目录及主要证据复印件×册。

注:以上抗诉书严格依据《人民检察院刑事诉讼法律文书格式样本》制作,重点突出证据链的闭合性及对一审判决理由的针对性反驳,符合刑事抗诉的法定要求。

图 2-48 DeepSeek 生成的刑事抗诉书

DeepSeek 生成的刑事抗诉书还是值得肯定的。一是用语规范,如"依法提出抗诉""证据确实、充分",基本符合检察机关规范;二是准确回应提示词要求,逐项反驳一审判决的三个理由;三是证据梳理较为清晰,证据分析部分未遗漏提示词内容;四是证据链分析较为完整,如对陈某辩解指出"无法合理解释""无证据支持""与客观证据矛盾";五是逐项反驳一审理由,如引用《刑事诉讼法》第 55 条和生活经验法则,证明陈某控制张三银行账户;六是法律适用引用《刑法》第 266 条说明陈某行为符合诈骗罪构成要件,以及《刑事诉讼法》第 228 条作为抗诉依据。

主要问题:一是有的分析不够全面,如仅提及陈某"随身携带并实际控制"银行卡和手机,虽能提到"结合生活经验法则",但论证还不够细致;二是排除合理怀疑的论证不充分,对“足以排除合理怀疑”未具体分析可能存在的其他可能性,仅依靠证据一致性笼统结论。

（五）提示词优化建议

针对以上问题,笔者对 DeepSeek 的提示词进行优化:一是细化一审理由和反驳要求,使 AI 生成内容更聚焦一审判决的争议点;二是证据分析更深入,回应一审“事实不清、证据不足”的判决理由;三是补充一些格式要素,使生成内容即用性更强。优化后的提示词是:

作为一名检察官需要对一审判决提出抗诉,请生成一份检察机关刑事抗诉书,主题为针对一审判决以“事实不清、证据不足”判决陈某无罪,检察机关抗诉认为陈某构成《刑法》第 266 条诈骗罪。

案件基本情况如下:

犯罪嫌疑人:陈某,男,30 岁。

案件事实:陈某通过电话冒充银行工作人员,谎称被害人张某账户异常,诱骗张某转账 120 万元至指定账户。

证据:

1. 扣押清单,证明从陈某处扣押其手机 1 部,电话号码138××××1111,银行卡 1 张,户名为张三;

2. 被害人张某陈述,证明 2024 年 9 月 5 日,其手机 139××××1111 接到 138××××1111 电话,对方冒充银行工作人员,以账户异常为由让其将 120 万元转到张三的账户,导致其被骗 120 万元;

3. 银行转账记录,证明 2024 年 9 月 5 日,张某账户转出 120 万元至张三账户,之后张三账户将 120 万元转到他人银行账户;

4. 手机通话清单,证明 2024 年 9 月 5 日,139××××1111 与 138××××1111 有多次通话;

5. 犯罪嫌疑人陈某的辩解,否认其打电话给张某进行诈骗,但对其持有张三的银行卡及电话号码 138××××1111 无法作出合理解释。

一审判决情况:某人民法院于 2024 年 10 月×日以(2024)×刑初×号刑事判决书,认为“事实不清、证据不足”,具体理由为:

1. 陈某与张三银行账户的控制关系未明确;

2. 资金流向未查清;

3. 证据之间缺乏充分关联性。

刑事抗诉书要求包括以下内容：

1. 论证案件事实清楚、证据确实充分：

结合证据链，说明证据相互印证，排除合理怀疑（如陈某辩称系合法交易或他人冒用身份的可能性，逐一分析并排除）；

引用《刑法》第266条及《最高人民法院、最高人民检察院关于办理诈骗刑事案件具体应用法律若干问题的解释》，证明陈某行为构成诈骗罪，120万元属“数额特别巨大”，并结合电信网络诈骗特征说明从重处罚依据。

2. 逐项反驳一审判决理由：

针对“陈某与张三银行账户控制关系未明确”，结合扣押的银行卡、转账记录及陈某无法解释，详细推导陈某实际控制该账户；

针对“资金流向未查清”，分析120万元转账与陈某的关联性，推测资金流向并论证其合理性；

针对“证据之间缺乏充分关联性”，从时间（通话与转账时间）、工具（手机号码一致性）、资金（转账账户关联性）三个维度说明证据闭环，驳斥一审结论。

3. 现有证据足以证实陈某实施诈骗行为，其无罪辩解不成立：反驳陈某辩解，结合证据证明其否认事实不成立。

请求二审依法撤销原判，改判陈某有罪。

输出格式为正式刑事抗诉书，包括标题、文号（如“某某市检刑抗〔2024〕×号”）、受送达法院名称、抗诉请求、事实与理由、落款，语言翔实、逻辑严密、符合检察机关规范。

经优化提示词，DeepSeek生成的刑事抗诉书为：

检察机关抗诉陈某诈骗案（正式）

××市人民检察院
刑事抗诉书

××市检刑抗〔2024〕××号

××市中级人民法院：

××市××区人民法院于2024年10月×日以（2024）×刑初×号刑事判决书，对被告人陈某涉嫌诈骗罪一案判决无罪。经本院依法审查，认为该判决认定事实错误、证据采信不当，导致法律适用错误。根据《中华人民共和国刑事诉讼法》第228条之规定，特提出抗诉。

一、抗诉请求

1. 撤销××市××区人民法院（2024）×刑初×号刑事判决书；
2. 依法改判被告人陈某犯诈骗罪，根据《中华人民共和国刑法》第266条及《最高人民法院、最高人民检察院关于办理诈骗刑事案件具体应用法律若干问题的解释》（以下简称《解释》）之规定，追究其刑事责任。

二、案件基本事实及证据分析

（一）案件基本事实

2024年9月5日，被告人陈某使用手机号码138111111111冒充银行工作人员，虚构被害人张某（手机号13911111111）银行账户存在异常的事实，诱骗张某向户名为“张三”的银行账户（账号×××）转账120万元。张某转账后，该笔资金于当日被转移至其他账户，至今未追回。

（二）证据确实、充分，形成完整闭合证据链

1. **客观物证**
   - **扣押清单**：从陈某处扣押手机一部（号码138111111111）及户名为“张三”的银行卡一张，直接证明陈某实际持有并控制涉案通讯工具及资金账户。
   - **银行转账记录**：张某账户于2024年9月5日转出120万元至“张三”账户，同日该账户将资金转至他人账户，资金流向与诈骗行为直接关联。
2. **被害人陈述**
   张某详细陈述了接到冒充银行工作人员的电话（号码138111111111）的过程、诈骗话术及转账细节，与扣押手机号码、转账时间完全一致，且其陈述内容稳定、逻辑清晰，可信度极高。
3. **电子数据**
   - **通话清单**：证实2024年9月5日，张某手机（13911111111）与陈某持有的手机（138111111111）多次通话，时间节点与转账行为高度吻合。
   - **转账记录**：通过银行流水锁定资金从张某账户至“张三”账户的转移路径，证明诈骗行为与资金流转的直接关联性。
4. **被告人辩解的矛盾性**
   陈某虽否认实施诈骗，但对其持有“张三”账户的银行卡及涉案手机号码无法作出合理解释，且未提供任何证据证明其合法持有该账户的合理理由。

上述证据在时间、工具、资金三个维度形成闭环：

- **时间关联**：通话时间与转账时间完全对应；
- **工具关联**：陈某持有的手机号码与被害人接听号码一致；
- **资金关联**：张某转账账户与陈某控制的“张三”账户直接对应。
  证据链完整，足以排除合理怀疑（如“合法交易”或“他人冒用身份”的可能性）：
- 陈某未提供任何交易合同、授权文件或其他证据证明其与张某之间存在合法经济往来；
- 现有证据已排除他人冒用陈某身份的可能性（如手机及银行卡均由其实际持有）。

三、对一审判决错误理由的逐项反驳

（一）关于“陈某与‘张三’账户控制关系未明确”的认定错误

1. **扣押的银行卡与手机直接证明控制关系**
   陈某随身持有户名为“张三”的银行卡及绑定该账户的手机（号码138111111111），且该手机被用于实施诈骗，足以认定其实际控制该账户。
2. **资金流转特征印证控制权**
   张某转账至“张三”账户的120万元于当日被转移，符合诈骗犯罪中“快速转移赃款”的典型特征，而陈某作为账户实际控制人，具备操作资金的条件。
3. **陈某的辩解无证据支持**
   陈某既未说明其持有“张三”账户的合法依据，亦未提供他人使用该账户的证据，根据《刑事诉讼法》第55条及经验法则，应认定其控制该账户。

（二）关于“资金流向未查清”的认定错误

1. **资金流转路径已明确**
   现有证据已锁定资金从张某账户至“张三”账户的转移过程，而“张三”账户的银行卡由陈某持有，其与资金转移行为存在直接关联。
2. **诈骗罪构成不以查清全部资金流向为前提**
   根据《解释》第2条，诈骗罪的成立以“非法占有目的”为核心，本案中陈某虚构事实骗取财物并转移资金，已满足犯罪构成要件。一审判决混淆了犯罪构成与赃款追缴的界限。

（三）关于“证据之间缺乏充分关联性”的认定错误

1. **证据间存在多重印证关系**
   - 被害人陈述与通话记录、转账记录在时间、内容上完全一致；
   - 扣押的银行卡、手机与资金流向直接关联。
2. **一审判决片面否定证据证明力**
   现有证据已形成闭合链条，能够排除其他可能性，一审法院未综合全案证据分析，违背证据裁判原则。

四、陈某的行为构成诈骗罪，其无罪辩解依法不成立

1. **符合诈骗罪的构成要件**
   陈某虚构银行工作人员身份，使张某陷入错误认识并处分财产，造成120万元损失，其行为完全符合《刑法》第266条诈骗罪的构成要件。
2. **数额特别巨大且具有电信诈骗从重情节**
   根据《解释》第1条，诈骗金额50万元以上即属“数额特别巨大”，本案涉案金额达120万元，且系通过电信网络实施，依法应从重处罚。
3. **陈某的辩解无事实依据**
   其否认犯罪的辩解与客观证据矛盾，且未提供任何反证，依法不应采信。

五、结论

本案事实清楚，证据确实、充分，一审判决认定事实错误、法律适用不当。为维护司法公正，准确惩治犯罪，根据《中华人民共和国刑事诉讼法》第228条，特提出抗诉，请依法撤销原判，改判陈某犯诈骗罪。

此致
××市中级人民法院

××市人民检察院
承办人：×××
2024年11月×日
（院印）

附：

1. 被告人陈某现羁押于××市看守所；
2. 证据目录及主要证据复印件×册；
3. 相关法律条文及司法解释节选。

注：本抗诉书严格依据《人民检察院刑事诉讼法律文书格式样本（2020年版）》制作，内容完整、逻辑严密，符合刑事抗诉规范要求。

图 2－49　优化提示词后生成的刑事抗诉书

提示词优化后 DeepSeek 的输出内容有所改善：一是增加格式要求后，搜索到《人民检察院刑事诉讼法律文书格式样本（2020 版）》的格式要求；二是基本落实提示词要求，逐项反驳一审三个理由的分析又更为翔实了些。但同时，DeepSeek 引用法条仍有错误，如引用《最高人民法院、最高人民检察院关于办理诈骗刑事案件具体应用法律若干问题的解释》第 2 条说明非法占有目的，但该条规定的是从严处罚情节。

（六）必备 AI 核心技能

一是 DeepSeek 梳理证据和争议焦点具有高效性。以往人工撰写抗诉书需数小时梳理证据、分析一审判决争议点，使用 DeepSeek 在优化提示词后可在几分钟内生成初稿，大幅提高效率。

二是 DeepSeek 擅长逻辑推理，因此生成的抗诉书逻辑清晰，层次分明。从事实陈述到证据分析再到法律论证，为后续修改提供了坚实基础。

三是主动性仍有不足，DeepSeek 生成抗诉书对提示词的依赖性较高，输出质量高度依赖提示词的详细程度，需要将必备的法律核心技能与 AI 核心技能相互结合。

十六、辅助撰写刑事会见提纲

(一)适用场景

刑事会见是刑辩律师的核心执业场景之一,其目标在于通过信息核实、辩护策略制定及信任关系构建,为案件推进奠定基础。根据《刑事诉讼法》第 39 条及《律师办理刑事案件规范》第 21 条、第 22 条的规定,律师会见当事人时需严格遵循程序规范,确保会见内容的合法性与有效性,事先准备会见提纲。实务中,会见可分为生活事务类与案件辩护类,后者尤以首次会见为关键节点,需通过结构化提纲设计,在有限时间内高效完成案情梳理、法律预判及心理支持,以展现专业素养并稳固委托关系。借助 DeepSeek 辅助拟定会见提纲,可显著提升准备效率,确保会见逻辑清晰、重点突出。

(二)必备法律核心技能

刑事会见作为辩护工作的起点,要求律师融合法律技术理性与人性洞察力,具体需掌握以下核心技能:

其一,信息甄别与逻辑重构能力。当事人因羁押压力或认知偏差,常呈现碎片化陈述。律师需通过结构化提问(如时间线梳理、细节交叉验证)快速厘清事实脉络,并结合犯罪构成要件进行法律归类。例如,在受贿案件中,需重点追问收受财物的时间、地点、交付方式及主观意图,区分“代为保管”与“受贿既遂”的界限,为后续辩护方向提供依据。

其二,情绪管理与信任构建技巧。依据《律师法》的规定,律师需在会见中恪守职业伦理,同时运用共情式沟通(如“我理解您目前的处境”)降低当事人心理防御。某贪污案件中,律师通过三次会见逐步化解当事人对证据链的恐惧,引导其配合提供关键资金流向记录,体现了信任构建对案件突破的关键作用。

其三,法律预判与动态策略调整能力。会见不仅是信息收集,更是辩护方案的初步实施。律师需将复杂法律问题转化为当事人可理解的行动指引,例如在非法证据排除程序中,通过模拟问答训练当事人精准指认程序瑕疵。此外,需根据会见反馈动态调整策略,如某诈骗案中,律师依据当事人补充陈述,将辩护重点从“主观故意”转向“证据不足”,最终促成不起诉决定。

其四,程序合规与风险防控意识。律师需严格遵守《刑事诉讼法》第 48 条关于会见保密的规定,避免诱导性提问或证据篡改风险。某走私案件中,律师发现当事人试图隐匿关键账册时，及时终止协助并告知法律后果，既维护执业底线，也为后续无罪辩护奠定程序正当性基础。

会见技能的本质，是法律技术理性与人性洞察力的融合。律师唯有以专业穿透案件迷雾，以温度消解当事人困境，方能在刑事辩护的复杂生态中实现法律价值与社会价值的双重兑现。为实现上述目标，会见前制定一份条理清晰的会见提纲尤为重要。

（三）提示词范例

2015 年，某国企工程部负责人甲（国家工作人员）利用职务便利，为建筑企业负责人乙（非国家工作人员）牟取工程项目承建权，收受乙贿送的黄金 10 公斤。甲为规避查处，要求乙代为保管涉案财物并约定待其退休后交付。2020 年，在甲尚未退休时案发被监察机关立案调查，监委在乙家查处 10 公斤黄金。你是甲的辩护人，拟去首次会见甲，请代为拟定首次会见提纲。请注意，这是首次会见，你应该通过会见迅速获取客户的信任，并通过细致地提问向客户了解案情，便于后续案情预测。

（四）AI 生成效果展示

首次会见甲的辩护提纲

> 还要了解监察机关调查的情况，比如甲被讯问的内容，是否有逼供或诱供的情况，是否签署了认罪认罚文件。这些都可能影响案件的证据合法性。另外，甲是否有自首情节，或者是否主动交代问题，是否有退赃行为，这些都可能影响量刑。
>
> 此外，甲是否有健康问题或家庭困难，可能作为辩护时的从轻情节。同时，需要了解甲对案件的看法，是否认为自己有罪，或者有什么辩解的理由，比如是否认为这是正常的人情往来，或者是否存在被胁迫的情况。

> 还要询问是否有其他证人或者证据可以支持甲的辩护，比如项目招标的流程是否合法，乙的企业是否具备资质，甲是否在项目中起到了关键作用，或者是否存在其他竞争对手的不当行为。
>
> 在提问的时候，要注意循序渐进，先建立信任，再深入案情，避免一开始就涉及敏感问题导致甲不配合。同时，要告知甲法律权利，比如保持沉默的权利，以及如实陈述的重要性，但也要注意策略，避免教唆作伪证。
>
> 可能还需要分析案件可能的走向，比如受贿数额特别巨大（10公斤黄金价值可能超过数百万），刑期可能在十年以上，甚至无期。但如果能够证明未实际取得财物，或者存在未遂的情节，可能减轻处罚。不过根据司法解释，即使未实际取得，只要双方约定清楚，仍可能视为既遂。
>
> 另外，甲作为国家工作人员，是否还有其他违纪违法行为，监察机关是否掌握了其他证据，这些都需要了解。同时，黄金现在被查获，物证确凿，但如何证明甲与乙之间的约定是否存在，可能需要进一步的证据收集，比如通讯记录、证人证言等。
>
> 总之，首次会见需要全面了解案情，确认关键事实，评估证据强弱，为后续辩护策略打下基础。同时要让甲感受到律师的专业和关心，建立良好的信任关系。

首次会见提纲（辩护人版）

——以建立信任、了解案件细节、预判风险为核心——

一、开场沟通（建立信任与缓和情绪）

1. **自我介绍与职责说明**
    - 告知身份、律所信息，说明辩护人职责（维护合法权益，不代表认可指控）。
    - 强调保密义务："您与我的所有沟通均受法律保护，除非您授权，不会向任何人透露。"
    - 询问甲对法律程序的理解程度，简要说明当前阶段（监察调查）的权利与风险。
2. **缓解焦虑与表达关切**
    - 询问身体状况、羁押期间有无不适或权利受损（如疲劳审讯、威胁引诱等），是否需要申请医疗或特殊保障。
    - 告知家属近况（如已沟通），传递必要关怀。

二、案件核心事实梳理（开放式提问与细节确认）

（目标：还原受贿行为全流程，挖掘潜在抗辩点）

3. **基础事实确认**
    - 与乙的关系：何时结识？是否存在亲友、合作历史或其他利益关联？
    - 涉案工程项目的基本信息（名称、招标时间、程序是否公开合规？甲的具体职务行为内容）。
4. **"收受黄金"关键情节**
    - **黄金交付细节**：
        - 乙何时、何地提出送黄金？是否有第三人在场？
        - 黄金来源（乙自购、他人转赠？）、交付形式（直接交付或间接转交？）。
    - **"代为保管"约定**：
        - 是否明确约定退休后转移所有权？有无书面协议、录音或见证人？
        - 乙是否曾提出返还或变更约定？甲是否实际接触、控制过黄金？
    - **主观意图**：
        - 收受时是否明知黄金价值？是否认为属于"贿赂"或"人情往来"？
        - 要求延迟交付的真实动机（规避风险？暂不需用？其他？）。
5. **职务行为与利益的关联性**
    - 甲为乙谋利的具体行为（审批签字、打招呼、排除竞争对手等），是否违反明文规定？
    - 乙的企业资质是否符合项目要求？若无甲帮助，乙是否仍可能中标？
6. **案发前后行为**
    - 监察机关调查过程：何时被留置？讯问重点（是否追问其他受贿事实）？

- 是否做过有罪供述？笔录内容是否与事实一致？是否存在诱供、逼供？
- 是否有退赃、自首、检举他人等情节？

三、风险预判与辩护方向摸底

7. **甲对案件的认知**
   - 是否认可构成犯罪？如不认可，主要抗辩理由（无受贿故意？未实际占有财物？职务行为合法？）。
   - 对"退休后交付"的法律性质如何看待（未遂？既遂？民事保管？）。
8. **证据链薄弱点挖掘**
   - 除乙的证言外，监察机关是否掌握其他证据（银行流水、通讯记录、项目文件）？
   - 乙的证言是否稳定？是否存在矛盾点（如黄金来源、交付场景描述不一致）？
9. **量刑关切与特殊情节**
   - 家庭困难、身体状况、过往立功表现等可能影响量刑的因素。
   - 是否愿意退赃（含黄金对应价款）或认罪认罚？对风险的接受程度。

四、后续程序告知与协作安排

10. **法律建议与风险提示**
    - 强调**如实陈述的重要性**，避免因矛盾陈述加重风险。
    - 提示可能涉嫌的罪名（受贿罪）及量刑区间（根据黄金价值，或达"特别巨大"标准）。
11. **下一步安排**
    - 与家属沟通的注意事项（如是否需要代为退赃）。
    - 申请取保候审的可能性评估（需结合案情进展）。
    - 约定后续会见重点（如核对讯问笔录、拟定辩护策略）。

五、结束语（强化信任与心理支持）

- 总结会见内容，确认甲无补充信息。
- 承诺及时向家属传达合理需求（不涉及案情）。
- 鼓励甲保持冷静，避免对抗调查，强调辩护人将全程跟进。

附：首次会见策略提示

1. **避免诱导式提问**，如："你是不是没想收黄金？"应改为："您当时要求乙保管黄金的具体考虑是什么？"
2. **区分客观事实与主观辩解**，记录甲的原话表述（如"我以为只是帮忙保管"），为后续定性争议留空间。
3. **关注监察证据合法性**，如讯问录像是否完整、笔录签署是否自愿，为申请非法证据排除埋伏笔。

通过以上提纲，既能体现专业性与细致度，也能通过尊重与共情快速建立信任，为后续辩护争取主动权。

图 2－50 DeepSeek 生成的会见提纲

从输出结果看，这份首次会见提纲虽有瑕疵，但整体思路清晰，对人性和案件的把握都很到位。尤其设计提问顺序时注重人文关怀，顾及被会见人所处境遇，先建立信任再问案情，循序渐进。会见尾声主动告知下次会见计划及重点，再次强化信心和心理支持，遵循“抚情绪—聊案情—给希望”的会见结构，贴近现实，深谙专业刑辩律师办案精髓。稍显美中不足的是，因案情篇幅有限，事实核查部分的提问设计略显简单。

（五）提示词优化建议

在设置提示词时，需要注意几点：一是案情描述尽可能详细，有丰富细节更佳，便于 DeepSeek 充分了解并理解案情，提出更为细致和有针对性的问题。二是明确会见场景和目标。本次是首次会见，应特别指出要迅速建立信任感。如非首次会见，例如阅卷后的首次会见，可直接将起诉书、起诉意见书等文书和卷宗通过 AI 解读、提炼事实后再设计发问，要求其重点询问案件事实。三是反复校验，调整细节，第一次生成的会见提纲可能不够完善或较为概括，可继续提问或人工补充。例如本次提纲未涉及法定刑的详细讲解，或想获取更多快速建立信任的技巧，可以继续发问。四是建议指定输出格式，自动生成思维导图进行更直观、美观的展示。如计划以 X－mind（思维导图软件）进行展示，可要求 DeepSeek 以“markdown”格式输出，复制代码到 txt 文档即可转化为 X－mind。五是可以同时使用不同 AI 回答，博采众长。例如笔者通过提问另一个 AI 获取答案，其中就提到背景调研等，根据个案提前收集相关证据，这些都是增加客户好感的小细节，强化律师的专业、负责的形象。

（六）必备 AI 核心技能

1. 目标导向思维

DeepSeek 作为推理模型，逻辑分析及目标理解能力非常强，使用 DeepSeek 辅助制作会见提纲要坚持目标导向，如本次会见目标为建立信任、了解案情和预判风险，会见提纲也主要围绕该目标而展开。这也提醒使用者在与其交互时，应该首先关注目标提示词，确保其能真正理解用户诉求和目标。

2. 专业性校验

此份会见提纲虽然整体尚佳，但仍有细节错误。例如其指出当前阶段（监察调查）的权利和风险，系常识性错误，因监察调查阶段律师根本无会见权。又如，DeepSeek 认为本案争议可能为民事争议，也明显不符合法律规定，因此必须核验、独立作出判断后再使用,避免出现常识性错误影响专业权威。

十七、辅助撰写质证意见

(一)适用场景

在刑事诉讼中,质证是刑辩律师的必须工作,其核心目的在于通过对控方证据的合法性、真实性、关联性(证据能力、证明力)进行系统性分析和反驳,确保审判的公正性并维护被告人的合法权益。律师通过整理、判断和审查证据,排除取证不合法的证据,挖掘对被告人有利的证据,为发表辩护意见奠定基础。证据审查和质证工作向来繁重,通过 DeepSeek 辅助撰写质证意见,不仅提高效率,也可实现精准化、实质化辩护。

(二)必备法律核心技能

质证意见的撰写是刑事辩护的核心环节,其本质是通过对控方证据的资格与效力进行双重审查,实现"以质证促辩护"的目标。实务中需兼顾法律规范与诉讼策略,形成逻辑严密、层次分明的质证体系,具体可从以下三方面展开:

1. 构建"三性两力"审查框架

刑事证据的审查需以证据资格为逻辑起点。当前理论界存在"三性三分法"(合法性、真实性、关联性)与"两力二分法"(证据能力、证明力)两种范式。证据能力审查是质证的第一道门槛。对于取证程序违法(如刑讯逼供获取的供述)、来源不明(如未附提取笔录的物证)或形式瑕疵(如未签名确认的笔录)的证据,需及时启动非法证据排除程序或进行证据补正。例如,在某受贿案件中,若行贿人证言存在同步录音录像缺失、询问地点不符合规定等问题,辩护人可通过程序性抗辩削弱控方指控基础。

2. 三步递进式审查证据的证明力

对具备证据能力的证据,需通过"三步递进法"审查其证明力:(1)事实关联性审查。通过绘制"证据—待证事实"对应关系图,明确每份证据的功能定位。例如,在某故意伤害案中,监控录像(直接证据)可直接证明行为人与被害人的接触过程,而诊断证明(间接证据)仅能佐证伤害结果,二者证明价值可能稍有差异。(2)证明力层级甄别。法律规定证据证明力需结合其性质、来源及与待证事实的关联程度综合判断。例如,无利害关系的目击证人证言通常优于与当事人存在亲属关系的证人证言;客观性证据(如 DNA 鉴定、电子数据)的证明力一般高于主观性言词证据。辩护人需对关键证据实施“靶向质证”,如质疑鉴定意见的检材污染风险、电子数据的提取程序漏洞等,而非对全案证据泛泛反驳。(3)证明体系整体质证。控方证据需形成闭合链条并达到“排除合理怀疑”标准。辩护人可运用“矛盾证据揭示法”与“印证不足分析法”,从而否定全案证据体系是否达到法定证明标准。例如,指出同案犯供述在作案时间、地点等细节上存在矛盾,或现场勘验笔录未提取到被告人生物痕迹等关键物证。

3. 攻防结合

质证的终极目标不仅是否定控方证据,更要为辩方主张提供支撑。一方面,通过程序性质证激活侦查机关补充取证义务。如申请调取未随案移送的讯问同步录音录像、要求重新鉴定存在争议的伤情报告等,此类客观证据可能直接动摇控方指控逻辑。另一方面,挖掘“隐蔽性有利证据”。例如,在毒品犯罪中,若扣押清单未记载称量过程的见证人签名,可主张毒品数量认定依据不足;在金融犯罪中,通过调取银行流水与合同文本的时间戳差异,可证明被告人主观上缺乏非法占有目的。此种“以守为攻”的质证策略,既能瓦解控方证据体系,又能挖掘对被告人有利但公诉机关未调取的证据,督促侦查机关全面、完整取证,调取被告人罪轻、无罪的证据。

总之,质证并非单纯的技术性反驳,而是以证据规则为武器、以证明标准为标尺的体系化攻防。辩护人需在“程序审查—实体批判—证据补强”的三维框架内,将个案细节与法律解释相结合,最终实现“以质证引导裁判”的辩护效果。

(三)提示词范例

第 1 轮提示词:

你是慕容复的辩护人,请你仔细阅读上述 4 个卷宗,根据《刑事诉讼法》、刑事诉讼法司法解释等法律规定的证据规则,撰写《质证意见》。希望这份质证意见:

1. 能按照《刑事诉讼法》第 50 条的规定对证据分类。

2. 进行证据审查时,先审查证据的合法性,判断证据是否具备证据资格和证据能力,对于证据资格和证据能力有问题的证据,应予以重点强调和质证。

3. 在论述证据的证明力时,请注意结合案件主要争议焦点并细化争议焦点,综合运用证据进行质证。

4. 能从体系上质证,指出全案证据的瑕疵和漏洞,如认为存在对被告人有利的但应调未调的证据,请以清单方式列出。

第 2 轮提示词：

OK，对证据审查做得非常棒，但我感觉《质证意见》的格式还不太规范和美观。现在我给你一份《质证意见模板》，请你参照该模板的格式重新整理内容。请注意几点：1. 确保法规引用正确，且法规名称应用全称；2. 保留上次对话的内容。

（四）AI 生成效果展示

已深度思考（用时 31 秒）

> 好的，我现在需要根据用户提供的质证意见模板，重新整理之前的质证意见内容。用户希望确保格式规范和美观，同时法规引用正确且使用全称，并保留之前的内容。我需要仔细检查以下几点：
>
> 1. **模板结构对照**：用户提供的模板分为几个部分，包括案件概况、合法性或证据资格问题的质证、证明力质证、全案证据综合证明力、证据漏洞和瑕疵、应调未调证据清单、结语等。需要将之前的质证意见按照这个结构重新组织。
>
> 2. **法规引用规范**：确保所有引用的法律条文使用全称，例如《中华人民共和国刑事诉讼法》而非简称，并核对条款是否准确。例如之前提到的《刑事诉讼法》第54条、第55条等是否正确对应实际内容。
>
> 3. **内容完整性**：保留之前质证意见的所有核心观点，包括对火云邪神证言、电子数据、同案人供述等的合法性、证明力分析，以及全案证据的漏洞和应调未调证据清单。
>
> 4. **格式美观性**：使用模板中的标题层次和编号方式，确保段落清晰，条目分明，避免冗长段落，适当使用分项列表和重点标注。
>
> 5. **语言规范性**：使用正式的法律术语，保持逻辑严谨，避免口语化表达，确保每个质证点都有明确的法律依据支持。
>
> 在具体操作时，需逐步将原质证意见的内容分类到模板的各个部分中，调整语言以符合模板的结构要求，同时检查所有法律条文引用是否正确。例如，原质证意见中提到的《刑事诉讼法》第50条、第54条、第55条等是否在模板中正确对应，并确保这些条款的具体内容与案件事实相关。
>
> 可能遇到的困难是原质证意见中的某些内容需要重新归类到模板的不同部分，例如关于证据漏洞和应调未调证据的清单

图 2－51　DeepSeek 生成质证意见的思考过程

质证意见

案号：（2023）粤××刑初××号

尊敬的合议庭：

××律师事务所接受被告人慕容复的委托，指派××律师担任其涉嫌帮助信息网络犯罪活动罪一案的一审辩护人。根据《中华人民共和国刑事诉讼法》及相关司法解释的规定，结合卷宗材料，现就本案证据问题发表如下质证意见，供法庭参考：

一、本案证据概况

控方指控慕容复构成帮助信息网络犯罪活动罪，主要依赖以下证据：

1. **证人证言**：火云邪神证言（公安卷页36）；
2. **被害人陈述**：李寻欢、胡铁花等12名被害人陈述；
3. **被告人供述**：慕容复、萧峰、鸠摩智供述；
4. **电子数据**：微信聊天记录、支付宝流水、电子数据检查笔录（证据卷4）；
5. **书证**：分成协议、企业注册资料、调取证据通知书；
6. **物证**：扣押的电子设备（手机、电脑等）。

二、合法性或证据资格有问题的证据质证意见

（一）火云邪神证言

1. **程序违法**：
   - 询问笔录未注明询问起止时间及是否告知证人权利义务，违反《中华人民共和国刑事诉讼法》第五十四条关于"询问证人应当个别进行"的规定；
   - 未依法对证人进行个别询问，存在串供风险。
     结论：违反法定程序，依据《最高人民法院关于适用〈中华人民共和国刑事诉讼法〉的解释》第八十八条，应作为非法证据排除。
2. **利害关系影响**：
   - 火云邪神系上游犯罪主犯，证言旨在转嫁罪责，需其他证据补强，但本案无补强证据支持其证言真实性。

（二）电子数据（微信聊天记录、支付宝流水）

1. **取证程序违法**：
   - 微信聊天记录提取时未全程录音录像，违反《公安机关办理刑事案件电子数据取证规则》第九条关于"电子数据提取应全程录像并制作笔录"的规定；
   - 支付宝流水调取未附县级以上公安机关负责人批准文书（证据卷4页370），违反《中华人民共和国刑事诉讼法》第一百四十二条。
     结论：程序违法，无证据资格。
2. **数据完整性存疑**：
   - 聊天记录仅截取片段，未提供完整对话链，可能遗漏慕容复追问资金用途的关键内容；
   - 未对原始存储介质进行哈希值校验，无法排除篡改可能。

（三）萧峰、鸠摩智供述

1. **讯问程序违法：**
    - 萧峰讯问笔录（证据卷4页283）仅一名侦查人员签名，违反《中华人民共和国刑事诉讼法》第一百二十二条“讯问应由两名以上侦查人员进行”的规定；
    - 未同步录音录像，无法证明供述自愿性。
    结论：程序违法，无证据能力。
2. **推测性供述无效：**
    - 萧峰称“慕容复指示开发隐蔽功能”无书面指令或聊天记录印证，属孤证；
    - 鸠摩智供述“未核实资金用途”系个人过失，与慕容复无关。

三、对相关证据证明力的质证意见

核心争议焦点：慕容复是否明知涉案软件用于违法用途？

（一）微信聊天记录

1. **术语中性解释：**
    - “批量代付”“规避风控”系支付行业通用术语，用于跨境电商、供应链金融等合法场景，控方未举证其专用于犯罪；
    - 无“洗钱”“诈骗”等关键词，无法直接关联违法用途。
2. **逻辑链条断裂：**
    - 聊天记录仅证明技术需求，未证明慕容复明知资金用途违法，不符合《中华人民共和国刑法》第二百八十七条之二“明知”要件。

（二）支付宝流水

1. **资金模式合法可能性未排除：**
    - 高频分散转入、集中转出符合电商代收代付业务特征（如拼多多、抖音小店），控方未提供排除合法性的证据；
    - 未证明资金最终流向与上游犯罪直接关联。
2. **技术中立抗辩：**
    - 资金流转结果与慕容复提供的技术服务无直接因果关系，其未参与资金操作或监控。

（三）分成协议

1. **市场合理性：**
    - 万分之三至万分之四分成比例与第三方支付接口费率（如支付宝开放平台）一致，控方未举证偏离市场标准；
- 无证据证明"低费率=风险对价"。

2. **协议形式违法**：
   - 协议未经慕容复签字确认（证据卷4页270-281），系火云邪神单方陈述，不符合书证形式要件。

四、全案证据综合证明力的质证意见

1. **核心证据链断裂**：
   - 控方依赖"聊天术语+资金流水+证人证言"的间接推定，但无直接证据证明慕容复明知违法；
   - 未排除"慕容复被蒙蔽"的合理怀疑，违反《中华人民共和国刑事诉讼法》第五十五条"排除合理怀疑"标准。

五、全案证据漏洞和瑕疵

1. **证据体系不完整**：
   - 缺乏涉案支付宝账户的合法备案信息、同类合法业务的技术协议等关键证据；
   - 电子数据原始存储介质哈希值校验记录缺失。
2. **应调未调证据清单**：
   - （1）同类合法业务的技术协议（如跨境电商平台代付合同）；
   - （2）第三方支付接口费率市场调研报告；
   - （3）涉案企业支付宝账户的合法备案信息；
   - （4）电子数据原始存储介质哈希值校验记录。

六、结语

本案证据在合法性、真实性、关联性三方面均存在重大缺陷，未达到《中华人民共和国刑事诉讼法》第五十五条"证据确实、充分"的证明标准。辩护人恳请法庭：

1. **排除非法证据**：依法排除火云邪神证言、违法提取的电子数据及单人讯问笔录；
2. **调取有利证据**：责令控方补充调取应调未调证据清单中的内容；
3. **宣告无罪**：基于"存疑有利于被告人"原则，依法判决慕容复无罪。

此致
××人民法院

辩护人：××律师事务所
律师：×××
2023年×月×日

附：相关法律依据

1. 《中华人民共和国刑事诉讼法》第五十条、第五十四条、第五十五条、第一百二十二条、第一百四十二条；
2. 《最高人民法院关于适用〈中华人民共和国刑事诉讼法〉的解释》第八十六条、第八十八条、第九十四条；

图 2－52 DeepSeek 生成的质证意见

本次测试成果虽未完全实现预设目标，但已初步验证 DeepSeek 在证据审查领域的应用潜力。输出结果呈现两个亮点：第一，深刻把握证据规则。DeepSeek 模型精准识别询问笔录时间标注缺失、证人个别询问程序违规、电子数据提取记录不完整等程序性瑕疵，虽实务中此类质证意见常面临“程序瑕疵补正规则”的掣肘，但其对《刑事诉讼法》等法律规定的非法证据排除规则解读细致，已审查范式。第二，证据调取预判能力。DeepSeek 主动提示未调取的证据，超出笔者预期。该补充提取清单虽不如实际诉讼中详细，但已经抓住多个关键点，证明 DeepSeek 处理证据的能力已经达到较高的水平，只要运用好，可以大幅提高证据审查和质证的质量。

（五）提示词优化建议

前述展示结果系笔者两轮发问取得。两次回答的内容基本一致，但未达到笔者预期的格式，属于半成品，而且部分法规引用不规范、不精确，如对《刑事诉讼法》第 122 条的引用应当是第 118 条，第 142 条的引用也不正确。为规范格式和提高美观度，笔者又投放了《质证意见模板》，并要求保留原有内容，其基本能按照要求回答，未作发挥。从目前结果来看还有很大的进步空间，例如，行文仍然采用要点式表达，未作详细论述，这可能由于笔者只提供模板框架，未提供真实模板学习所致。另外也没有列明具体证据位置，不方便证据索引和查找，需进一步优化提示词。

（六）必备 AI 核心技能

DeepSeek 的证据审查能力媲美资深律师。从输出结果可以看出，DeepSeek 对证据审查的规则运用自如，且准确度已达到资深律师水平，尤其单份证据能力审查既快又准。笔者已试过让 DeepSeek 审查鉴定意见等复杂证据，其表现同样优秀，甚至能指出鉴定意见书中已失效的鉴定依据。因此，对于个案中的关键证据，可以先通过 AI 多轮多角度审查，在此基础上进行复核，从而大幅提高效率和质量。在使用 DeepSeek 过程中，需要把握以下技术要点：

1. 指令细化分寸感的把握

DeepSeek 是推理大模型，对用户目标的拆解和理解能力非常强，使用者只要列明目标，其会根据目标提供自认为最合适的结果，不宜对其思考过程限制太多，否则限制推理优势，亦不利于拓宽使用者的思维边界。但其发挥太多时又可能无法满足使用者实际需求。例如在多轮发问中，使用者每次发问都可能生成新思路。为杜绝其过于发散和抽象，需要给出较为具体的指令，注意把握指令开放度和封闭指数。

2. 多轮提问时主要指令保留原有结构

DeepSeek 执行命令顺序和逻辑是，没有具体命令时，其根据系统知识自行思考；一旦使用者给出具体要求和指令，其则会优先执行该具体指令。所以，在连续多轮发问中，如果使用者想采用前面发问的结果，需要提醒 DeepSeek 采信保留原有结果或在原有结果之上继续优化，否则它可能认为使用者对原有结果不满意，另起思路发挥。例如，在本次二轮发问中，笔者就特别提出要保留内容，只需要修改格式，其第二轮则执行比较到位。而且为了强化笔者反馈，还用了拟人化的互动，表扬和赞美其在证据审查方面表现非常棒，可见在交互时适当运用拟人化的方式交流也是不错的做法。

十八、辅助撰写辩护发问提纲

（一）适用场景

刑事庭审中辩护人发问作为关键性程序环节，既是辩护人行使质证权、构建辩护体系的重要途径，亦直接影响事实认定与裁判走向。专业化的发问设计可通过瓦解控方证据链或强化合理怀疑实现辩护突破，反之则可能导致程序性风险或削弱辩护效力，甚至引发被告人对辩护人专业能力的质疑。因此，庭前需结合证据审查与辩护策略制定精细化发问预案，系统防控庭审对抗中的不可控变量。

（二）必备法律核心技能

庭审发问的核心技能主要如下：

其一，明确发问目标和原则。庭审发问要坚持有利于己方委托人为原则和核心。例如挖掘无罪或罪轻事实，澄清矛盾，或展示被告人认罪悔罪诚意，引起合议庭对案件和被告人的关注。

其二,注意发问方式。发问必须符合《刑事诉讼法》的相关规定,禁止诱导性发问、评论性发问,主观臆断,或有敌意和偏见的问题,避免引发被发问人反感或对抗。

其三,注重发问技巧。常见的发问技巧有:(1)发问口语化。发问时,少用法言法语,而是口语化表达,确保被发问人听得懂。问被告人是否自首,不如问他是怎么到案的,或怎么到办案单位的。(2)发问简短。发问要简短,不要太长,遇到复杂的问题,可以分拆、分解小问题,逐一发问。(3)交叉询问时应多用封闭发问少用开放发问。针对对方证人的交叉询问多用封闭式发问。辩护人对于被告人以及己方证人采取直接询问的方式,可以采取开放式发问。(4)不要重复发问。公诉人或其他辩护人已经发问的,无特别原因,尽量不要重复发问,可考虑补充发问其他细节或者换其他角度以及方式,不能为问而问。(5)问事实问题,不问法律适用问题。绝大多数被告人没有接触过法律,不懂法律,只要问他们事实即可,不要问他们有关法律适用的问题或从法律上如何评价自己的行为,一般都答不出来,也答不好。(6)警惕情绪性发问。发问时要冷静客观,不要带情绪,尤其是对于与己方有利益冲突的被告人更要谨慎,避免产生情绪对立和冲突。(7)不要过度发问。当辩护人的发问已经达到目的时,不要继续发问,避免被告人"言多必失"。

总之,刑事庭审发问是专业性极强的诉讼活动,需通过精准设计、灵活应变将碎片化事实串联为有利叙事。律师应始终以"有利当事人"为原则,在合法性框架内最大化辩护效果。

(三)提示词范例

你是慕容复的辩护人,拟作无罪辩护,仔细阅读上述 4 个卷宗,拟定一份针对慕容复的庭审发问提纲,请注意下列事项:

1. 发问内容,请紧紧围绕案件争议焦点;对被告人有利的事实或是讯问笔录有误的事实,要重点发问,并且尽量创造机会给被发问人解释;

2. 发问方式,简洁简短,问题不要过于复杂,以免被发问人听不懂,同时结合证据进行具体发问,且发问要有层次和自然,层层递进,不要让法官感觉是双方排练对好了答案;

3. 发问数量不少于 20 个。

(四) AI 生成效果展示

88 已深度思考（用时 26 秒）^

好的，用户要求我根据提供的四个卷宗文件，为慕容复的辩护律师拟定一份庭审发问提纲，并且每个问题需要列明相关的证据位置和发问目的。用户特别强调问题要围绕在案证据和案件争议焦点，对被告人有利或讯问笔录有误的部分要重点发问，同时问题要简洁、层次分明，不少于25个问题。

首先，我需要仔细分析用户提供的四个文件内容，特别是证据卷4、证据卷2、公安卷-诉讼文书卷和起诉书。证据卷4包含了扣押决定书、扣押清单、调取证据通知书、书证照片等，涉及到手机、笔记本电脑的扣押情况，支付宝账单，聊天记录等。证据卷2中有多个案件的受案登记表、询问笔录，涉及不同被害人的陈述，转账记录等。公安卷包括取保候审决定书、权利义务告知书等程序性文件。起诉书则概述了指控内容，提到慕容复等人涉嫌帮助信息网络犯罪活动罪，涉及开发代付软件、注册企业支付宝账户，资金流水280余万元，其中120万为被害人被骗款项。

接下来，我需要确定慕容复的无罪辩护策略。根据起诉书，慕容复被指控明知他人利用信息网络犯罪而提供技术支持，但起诉书提到慕容复未获得好处费，这可能成为辩护的关键点。同时，需要检查证据中是否有直接证明慕容复明知犯罪行为的证据，如聊天记录、转账记录等，或者是否存在证据矛盾，比如笔录中的供述与实际证据不符。

在拟定发问提纲时，需要围绕以下几个核心点展开：

1. 慕容复与火云邪神的合作背景，是否有明确知悉犯罪行为。

2. 技术开发的具体内容和合法性，是否存在中立技术行为。

3. 对涉案账户的实际控制和使用情况，是否有直接参与资金操作。

4. 讯问笔录的真实性和完整性，是否存在诱导或记录错误。

图 2－53　DeepSeek 生成庭审发问提纲的思考过程

一、主观明知与涉案行为关联性

1 **问**：火云邪神是否明确告知你开发“帮还”软件后台和企业支付宝账户将用于诈骗或非法资金转移?
   - **证据位置**：证据卷4-P 14-P 15（支付宝账单未显示慕容复账户涉案资金）、起诉书（指控“未获得好处费”）。
   - **目的**：否定主观明知，证明火云邪神未明确告知用途。

2. **问**：你与火云邪神约定的“好处费”是否实际支付？若未支付，是否因你拒绝参与后续违法操作?
   - **证据位置**：起诉书（“未获得好处费”）、证据卷4-P61（发还清单无慕容复收款记录）。
   - **目的**：证明无犯罪动机，未实际参与资金分赃。

3. **问**：公安机关扣押的你的手机（证据卷4-P1：黑色苹果13）中，你与火云邪神的聊天记录是否提及“诈骗”“洗钱”等关键词?
   - **证据位置**：证据卷4-P14-P15（支付宝账单）、P25-P30（聊天记录截图无相关表述）。
   - **目的**：否定聊天记录中存在犯罪合谋证据。

4. **问**：你开发的“帮还”软件是否具备合法用途（如企业代付工资、商户结算）？具体代码功能是什么?

- **证据位置**：证据卷4-P4（扣押的联想ThinkPad电脑）、起诉书（指控“技术后台”）。
- **目的**：强调技术中立性，软件功能未直接关联犯罪。

二、涉案账户的实际控制与操作

5. **问**：你注册的6个企业支付宝账户（如**贸易有限公司）是否由你本人操作资金转入转出？
    - **证据位置**：证据卷4-P15（支付宝账单无慕容复账户操作记录）、P70-P73（电子数据检查笔录未提取登录日志）。
    - **目的**：证明未实际控制账户资金流。
6. **问**：萧峰公司员工宋远桥等人注册的支付宝账户（证据卷4-P67随案移送清单），你是否参与测试或提供技术支持？
    - **证据位置**：证据卷4-P70（电子数据检查笔录仅记录萧峰等人手机数据）。
    - **目的**：切割与同案人员的技术关联。
7. **问**：被害人李寻欢的87万元转入**贸易有限公司账户（起诉书），你是否知情？
    - **证据位置**：证据卷4-P45-P54（李寻欢转账记录无慕容复账户）。
    - **目的**：否定对诈骗资金的直接知情。
8. **问**：火云邪神提供的公司资料（如营业执照）是否真实？你是否有能力核实？
    - **证据位置**：证据卷2-P8（江枫案中虚假公司信息）、证据卷4-P14（支付宝账户注册材料）。
    - **目的**：主张“形式审查”义务，非故意协助伪造材料。

三、讯问笔录与供述矛盾

9. **问**：2022年2月15日第一次讯问笔录（证据卷4-P25）记载你“明知违法”，但实际未获利，是否矛盾？
    - **证据位置**：证据卷4-P25（笔录）、起诉书（“未获得好处费”）。
    - **目的**：质疑笔录真实性，暗示诱供或记录错误。
10. **问**：讯问时你是否完整阅读笔录并确认无误？有无补充或修改？
    - **证据位置**：证据卷4-P25（笔录末页签名）、公安卷-P11（权利义务告知书）。
    - **目的**：暗示笔录可能未经被告人充分核对。
11. **问**：扣押的笔记本电脑（证据卷4-P4）中是否存有你登录涉案支付宝账户的记录？
    - **证据位置**：证据卷4-P70（电子数据检查笔录未提及该记录）。
    - **目的**：否定直接操作账户的证据。

四、技术细节与合规性

12. **问**：你开发的软件后台是否具备自动拆分资金、规避风控的功能？
    - **证据位置**：起诉书（指控“帮还软件后台”）、证据卷4-P70（电子数据鉴定未提及该功能）。
    - **目的**：否定技术功能与犯罪的直接关联。
13. **问**：火云邪神是否要求你设计“批量转账”或“匿名处理”模块？

  - **证据位置**：证据卷4-P25（聊天记录无相关指令）。
  - **目的**：切割技术开发与犯罪需求的关联。

14. **问**：你是否有权限查看或修改涉案支付宝账户的流水数据？
  - **证据位置**：证据卷4-P15（支付宝账单无慕容复操作痕迹）。
  - **目的**：强调技术服务的"有限参与"。

五、证人证言与同案犯供述

15. **问**：证人火云邪神称你"主动联系开发"（起诉书），但你的供述称"被动接受委托"，是否属实？
  - **证据位置**：起诉书、证据卷4-P25（讯问笔录）。
  - **目的**：揭露证人证言与被告人供述矛盾。
16. **问**：同案人员宋远桥的供述（证据卷4-P32）是否提及你直接参与账户测试？
  - **证据位置**：证据卷4-P32（宋远桥笔录未指认慕容复）。
  - **目的**：利用同案人员证言不印证指控。
17. **问**：被害人李寻欢的陈述（证据卷4-P45）是否指认你本人诱导其投资？
  - **证据位置**：证据卷4-P45（李寻欢笔录未提及慕容复）。
  - **目的**：否定与被害人的直接关联。

六、资金流向与利益链条

18. **问**：涉案支付宝账户的资金是否最终流向你的个人账户？
  - **证据位置**：证据卷4-P15（支付宝账单无慕容复收款）。
  - **目的**：切断资金链与被告人的关联。
19. **问**：萧峰非法获利的6000元（起诉书）是否与你有关？
  - **证据位置**：起诉书、证据卷4-P61（发还清单无慕容复收款）。
  - **目的**：否定共同分赃的指控。
20. **问**：火云邪神是否提供过"佣金支付凭证"或书面合同？
  - **证据位置**：证据卷4-P14（支付宝账单无支付记录）。
  - **目的**：证明"好处费"仅为口头约定，无实际履行。

七、程序合法性质疑

21. **问**：公安机关扣押你的手机时（证据卷4-P1），是否当场展示数据内容并记录？
  - **证据位置**：证据卷4-P7（扣押清单无数据提取说明）。
  - **目的**：质疑电子证据提取程序的合法性。
22. **问**：电子数据检查笔录（证据卷4-P70）是否由你本人签字确认？
  - **证据位置**：证据卷4-P70（笔录无被告人签名栏）。
  - **目的**：暗示电子证据鉴定程序瑕疵。

八、总结性发问

23. **问**：你是否清楚自己开发的技术可能被用于犯罪？
    - **证据位置**：全案证据无直接证明"明知"的客观证据。
    - **目的**：强调"技术中立"，否定主观故意。
24. **问**：若知悉火云邪神用于犯罪，是否会继续合作？
    - **证据位置**：起诉书（"未获得好处费"）。
    - **目的**：结合未获利事实，强化无犯罪动机。
25. **问**：你是否有能力通过技术手段阻止账户被滥用？
    - **证据位置**：证据卷4-P70（电子数据检查未发现控制权限）。
    - **目的**：否定"帮助行为"的实际控制力。

发问策略核心

1. **证据链断裂**：通过支付宝账单、扣押设备数据等，证明慕容复未接触资金、未实际操作账户。
2. **主观故意不成立**：利用聊天记录缺失、证人证言矛盾，否定"明知"要件。
3. **技术行为中立**：强调软件功能合法，开发行为与犯罪结果无必然因果关系。
4. **程序瑕疵**：质疑电子证据提取合法性，削弱控方证据效力。

图 2－54　DeepSeek 生成的庭审发问提纲

从输出结果看，DeepSeek 能围绕争议焦点分组发问，索引证据位置，列明发问目的，且发问较为具体和细致，能够提示发问重点和策略，值得肯定。但颇为遗憾的是，开放性发问过少，几乎全部是封闭式发问，缺乏合作背景方面的发问，原因在于没有从专业角度区分直接询问与交叉询问的界限。

（五）提示词优化建议

结合目前输出结果，提示词还可以做如下几点优化：一是强调发问重点；二是可以按照自己的要求规定发问结构，或是在首轮发问后，再重新梳理结构进行二轮发问。

（六）必备 AI 核心技能

1. 围绕争议焦点

无论是起草发问提纲还是质证意见，抑或其他辩护相关工作，一定要不断向 DeepSeek 强调围绕争议焦点或事项回答，确保抓住重点，不随意发散。

2. 专业方法论

在与 DeepSeek 交互时，为避免其发散，有必要输入专业领域的方法论，例如庭审发问的一些原则性规定和技巧,确保其能符合特定要求。

3. 合理设置限制条件

基于 DeepSeek 的推理特点,合理设置限制条件,否则导致其为执行指令而指令。而何时设置开放或封闭问题较为考验用户经验,需平常多总结和复盘,形成合适的提问模板。

十九、辅助撰写辩护词

(一)适用场景

辩护词是律师的必备文书,但凡案件进入法院审判阶段,律师必须提交辩护词。每个刑事律师都在写辩护词,但并不代表能写好辩护词,很多不专业的辩护词提交给法院后,可能被瞄一眼后就被撂在卷宗袋内。因此,如何写一份既专业又能打动司法人员的辩护词(意见)直接关系到案件结果,借助 DeepSeek 高效撰写逻辑严谨、条理清晰的辩护词,是 AI 时代律师人的必备技能。

(二)必备法律核心技能

一份优秀的辩护词需要具备如下几个要素:

一是定性分析准确。对案件定性把握准确,严格区分罪与非罪、此罪与彼罪的法律边界,避免方向性辩护失误,不能把无罪案件辩成有罪案件,罪轻案件辩成罪重案件,是最基本的要求。在案件定性存在争议时,能说服办案机关作出有利于被告人的裁判。

二是抓住案件辩点。没有一个案件的证据是完美无缺的,总有各种瑕疵,不是一有瑕疵就可以脱罪。作为辩护人,在撰写辩护词时一定要抓住案件重点和关键点,不能什么都论述。所以,对于任何案件,辩护人都应当有意识地提炼争议焦点,并对争议焦点进行论述。争议焦点一般分为定性争议焦点和量刑争议焦点,或者事实认定争议焦点和法律适用争议焦点。先从结构和方向上把握案件争点和辩点至关重要。

三是论证有理有据。论述辩护观点时应该有理有据,准确援引法律,精确引用证据,避免空话大话,构建“法律规范—构成要件—证据体系”的论证逻辑,时刻在法律和事实之间穿梭和切换。

四是善用类案说服。千言万语不如一个案例。在撰写辩护词时,一定要充分运用案例说服,借鉴类案中的裁判观点和说理,引导法官关注类案规则。

五是行文简练务实。辩护词是专业文书，行文应专业简练，法言法语，流畅耐读，同时应该实务风，不能过于学术和学理，防止被诟病不接地气。根据接受信息的习惯，先写结论再论述理由，采用“结论先行—法律依据—事实支撑—专家观点”的递进式表述。

六是形式美观大方。辩护词的排版、形式应该美观大方，可读性强，让受众轻松阅读。对于重点内容，可通过下划线、加粗或颜色等方式标注，提请办案人员重点关注。

（三）提示词范例

提示词 1：

你是慕容复的辩护人，请你仔细阅读上述 4 个卷宗，撰写一份专业又不失温度、能打动和感染法官的无罪辩护词。我希望辩护词能做到以下几点：

1. 形式完整，辩护词应该符合直接提交法院的形式，不能只列举要点，而要有详细论述，可直接提交法院。

2. 内容结构方面，先概括案情和提炼本案争议焦点，再针对争议焦点，从证据、事实、法律适用、类案说服等多个角度论述。

3. 行文风格简洁专业实务风，去 AI 味。

4. 引用法规时，请列明法规全称，不要简写。

5. 引用类似案例时，尽量备注案例来源，务必排除假案例，不确定的案例请备注说明，或有案例来源。

6. 辩护词结尾请适当进行情理抒发基础上，充分发挥你的智慧写好辩护词，本案被告人慕容复在案发前从未想到自己的行为构成犯罪，截至今日尚无法接受指控的事实。

提示词 2：

辩护词要点提炼不错，但形式和论述还不符合要求，更像一份辩护提纲，而不是辩护词，请继续丰富论述。例如关于争议焦点的归纳，可以这样写：经阅卷和庭审，辩护人认为本案主要存在 3 个核心争议焦点：一是慕容复是否明知软件用于违法犯罪？二是技术开发行为与资金违法流转是否存在直接关联？三是中性技术开发是否等同于“帮助犯罪”？下面辩护人拟从如下几个角度阐述。请按照这个要求在原基础上继续完善和优化辩护词。

（四）AI 生成效果展示

已深度思考（用时 20 秒）

好的，用户需要我以慕容复辩护人的身份，撰写一份专业且富有感染力的无罪辩护词。用户强调了几个关键点：形式完整、结构清晰、行文专业但避免AI味、正确引用法规和真实案例，并在结尾加入情感因素。

首先，我需要回顾之前的对话，确保所有法律依据和证据分析准确无误。用户提供的卷宗包括公安卷、证据卷、起诉书等，需要从中提取关键证据，如微信聊天记录、支付宝流水、证人证言等，并针对其合法性、真实性、关联性进行质证。

接下来，用户要求辩护词结构先概括案情和争议焦点，再从证据、事实、法律适用、类案等角度展开。需要确保每个部分逻辑严密，引用法规全称，如《中华人民共和国刑事诉讼法》而非简写，同时引用真实案例，如最高人民法院的指导案例，确保案例来源可靠。

在行文风格上，要避免过于机械化的表述，增加一些人性化的元素，比如强调慕容复的技术背景、无犯罪前科，以及他对指控的困惑和无法接受，以引发法官的共鸣。结尾部分需要适当的情感抒发，强调技术中立的必要性，以及错误判决对科技行业的负面影响。

需要注意用户特别提到避免使用假案例，不确定的案例需备注说明。因此，在引用案例时，必须确保其真实性，可以引用最高人民法院公报案例或权威法律数据库中的案例，如中国裁判文书网。

最后，检查格式是否符合法院正式文件的要求，包括标题、案号、法院名称、辩护人信息、正文结构、法律依据附录等，确保没有遗漏任何部分，同时保持语言简洁有力，避免冗长。

图 2－55　DeepSeek 生成辩护词的思考过程

慕容复涉嫌帮助信息网络犯罪活动罪一案
无罪辩护词
案号：（2023）粤××刑初××号

尊敬的审判长、审判员：

××律师事务所依法接受被告人慕容复的委托，指派本律师担任其辩护人。经全面查阅卷宗材料、核实证据合法性，并结合庭审调查，我们认为：**本案指控慕容复构成帮助信息网络犯罪活动罪，存在证据链断裂、法律适用错误、事实认定偏差三大核心问题。**现围绕争议焦点，逐层论述如下：

一、案情概要

2022年11月，被告人慕容复接受火云邪神（另案处理）委托，联系萧峰团队开发"帮还软件后台"并注册多个企业支付宝账户。2023年1月至4月，李寻欢等12名被害人因网络投资被骗，共计120万元资金流入上述账户。控方指控慕容复"明知软件用于犯罪仍提供技术支持"，涉嫌违反《中华人民共和国刑法》第二百八十七条之二。

二、本案核心争议焦点

经阅卷及庭审调查，本案核心争议焦点如下：

1. **主观明知**：慕容复是否明知涉案软件用于违法犯罪？
2. **因果关系**：技术开发行为与资金违法流转是否存在直接关联？
3. **法律定性**：中性技术开发是否等同于"帮助犯罪"？

以下辩护人从证据、法律、情理三个维度展开论述：

三、争议焦点一：慕容复是否"明知"软件用于犯罪？

（一）控方证据体系存在根本缺陷

1. **证人证言非法且不可信**
   控方核心证据火云邪神证言存在以下问题：
   - **程序违法**：询问笔录未注明询问时间、未告知权利义务（违反《中华人民共和国刑事诉讼法》第五十四条）；
   - **利害关系**：火云邪神系上游主犯，其证言旨在转嫁责任（《最高人民法院关于适用〈中华人民共和国刑事诉讼法〉的解释》第八十八条要求补强证据，但本案无任何客观证据印证）。
2. **电子数据取证违法、内容片面**
   - **微信聊天记录**：仅截取"批量代付""规避风控"等中性术语，未全程录音录像（违反《公安机关办理刑事案件电子数据取证规则》第九条）；
   - **支付宝流水**：调取程序未附县级以上公安机关负责人批准文书（违反《中华人民共和国刑事诉讼法》第一百四十二条）。
3. **同案人供述程序违法、内容矛盾**
   - 萧峰讯问笔录仅一名侦查人员签名（违反《中华人民共和国刑事诉讼法》第一百二十二条）；
   - 鸠摩智称"未核实资金用途"，但承认技术操作完全合规，与指控逻辑自相矛盾。

（二）客观证据无法支撑"明知"推定

1. **技术术语的合法解释**
   "批量代付"是跨境电商、供应链金融的通用功能。例如，深圳某科技公司为某跨境电商平台开发的代付系统（中国裁判文书网（2021）粤03刑终123号案），功能与本案完全一致，未被认定为犯罪。
2. **分成协议符合市场规律**
   万分之三至万分之四费率与支付宝官方接口费率一致（参见《支付宝开放平台服务协议》第5.2条）。控方所谓"低费率=风险对价"的指控，既无合同依据，亦无行业数据支撑。
3. **资金模式的合理怀疑未排除**
   高频分散转入、集中转出完全符合电商代收代付特征。控方未调取涉案企业备案信息，亦未举证证明资金最终流向与诈骗直接关联。

结论：控方依赖"聊天片段+推测性证言"构建的"明知"逻辑，严重违反《中华人民共和国刑事诉讼法》第五十五条"排除合理怀疑"原则。

四、争议焦点二：技术行为与违法结果是否存在直接因果关系？

（一）技术功能的中立性阻却归责

1. **软件功能未专门为犯罪设计**
   涉案“代付系统”仅实现资金批量处理功能，与合法支付系统无本质区别。控方未证明其存在“洗钱模块”“诈骗接口”等定制化设计。
2. **技术开发与资金操作完全分离**
   慕容复仅负责软件开发，未参与支付宝账户注册、资金流转等操作。根据《最高人民法院、最高人民检察院关于办理非法利用信息网络刑事案件适用法律若干问题的解释》第十一条，技术中立行为不构成本罪。

（二）类案裁判支持“因果关系阻断”

1. **（2020）浙01刑终456号案**（中国裁判文书网）：
   程序员为赌博平台开发支付接口，但因功能属通用技术，法院认定不构成犯罪。
2. **（2019）京刑终78号案**（最高人民法院公报案例）：
   技术开发者未参与资金操作，仅按合同提供中性服务，判决无罪。

结论：技术开发与违法结果之间缺乏直接、必然的因果关系，依法不应归责于开发者。

五、争议焦点三：中性技术开发是否等同于“帮助犯罪”？

（一）法律明确禁止“客观归罪”

《中华人民共和国刑法》第二百八十七条之二要求行为人“明知他人利用信息网络实施犯罪”。最高人民法院在《刑事审判参考》第128号指导案例中强调：

“明知”必须是具体的、直接的认知，不能以技术功能可能被滥用为由推定犯罪故意。

（二）技术中立原则的司法保护

1. **行业惯例支持无罪认定**
   互联网行业中，开发者仅对功能合法性负责，无需审查用户使用场景。若要求开发者预判技术滥用风险，将彻底扼杀创新。
2. **司法政策强调包容审慎**
   国务院《关于促进平台经济规范健康发展的指导意见》明确要求：

   “避免用刑事手段干预一般技术开发行为，保护新业态发展空间。”

结论：将中性技术开发等同于“帮助犯罪”，违背立法本意，更与司法政策相悖。

六、情理陈词：技术无罪，司法应有温度

慕容复是一名从业十年的程序员，案发前就职于某科技公司，无任何违法犯罪记录。他始终坚信：**技术是工具，善恶取决于使用者，而非开发者。**

本案若将技术开发等同于犯罪，将导致两个灾难性后果：

1. **寒蝉效应**：互联网从业者人人自危，中国科技创新进程受阻；
2. **司法倒退**：用结果倒推意图，动摇"无罪推定"根基。

慕容复在最后一次会见中向辩护人哽咽道：

"我写每一行代码时都反复检查合规性，从没想过这会犯罪。如果技术开发都有罪，谁还敢做程序员？"

七、辩护请求

为维护司法公正、捍卫技术中立，恳请法庭：

1. **排除非法证据**，依法否定火云邪神证言、违法电子数据及供述；
2. **调取关键证据**：涉案企业备案信息、同类合法业务技术协议；
3. **宣告慕容复无罪**，以司法判决守护技术创新底线。

此致
××人民法院

辩护人：××律师事务所
律师：×××
2023年×月×日

附：法律依据及类案索引

1. 《中华人民共和国刑事诉讼法》第五十四条、第五十五条、第一百二十二条、第一百四十二条；
2. 《最高人民法院关于适用〈中华人民共和国刑事诉讼法〉的解释》第八十八条；
3. 《最高人民法院、最高人民检察院关于办理非法利用信息网络刑事案件适用法律若干问题的解释》第十一条；

图 2－56　DeepSeek 生成的辩护词

该辩护词在定性分析、辩点归纳、逻辑结构及语言表述等方面均符合要求，可直接援引参考，经人工核实修正后稍作调整即可适用。但需重点核查判例援引部分，现存引证存在严重的案例幻觉，例如引用《刑事诉讼法》第 54 条、刑事审判参考案例第 128 号、裁判文书网的案例存在错误等，必须替换为经核验的生效裁判文书。

本次生成的辩护词无论是从结构上还是表达方式上均已经达到正式文书的要

求，水平已超过很多律师。但需要特别提醒读者注意的是，经多场景测试发现，DeepSeek 存在顽固的案例幻觉问题，即便明确要求杜绝虚构案例仍无法消除。比如该辩护词附件中援引的《刑事诉讼法》第 54 条、《最高人民法院、最高人民检察院关于办理非法利用信息网络刑事案件适用法律若干问题的解释》第 11 条、(2020)浙 01 刑终 456 号判决、(2021)粤 03 刑终 123 号、《刑事审判参考》第 128 号案等均有错误。出现这种现象的原因在于，引用法规和案例几乎成为所有法律人写作的习惯，AI 也已经学会这种写作习惯，但其专业数据太少，容易产生幻觉；另外就是目前网络上的信息真假难辨，AI 在引用的时候也无法辨别哪个是真实的，有时就会引用一些虚假的内容。当用户强调类案说服需求时，系统将优先执行该指令而不顾案例的真实性，因此最好的方式就是不要强调案例说服，减少案例幻觉，如果结果中存在相关法条和案例的引用，那么我们一定要认真核实每个内容的出处，尽量溯源到原始位置，以确保相关内容的准确。

（五）提示词优化建议

前文展示的 AI 生成效果系与 DeepSeek 两轮对话形成。因已达最大对话长度限制，笔者将文本导入已接入 DeepSeek 模型的 WPS，调用其润色功能，输入提示词“请把上述辩护大纲润色成一份正式的文稿，保持专业简洁风，但不能是要点式表达”。生成图 2－57 所示形式完备的辩护文书。

慕容复涉嫌帮助信息网络犯罪活动罪一案
无罪辩护词

案号：（2023）粤××刑初××号

尊敬的审判长、审判员：

××律师事务所依法接受被告人慕容复委托，指派本律师担任其辩护人。经全面查阅卷宗、核实证据并参与庭审调查，我们认为本案指控存在证据体系缺陷、法律适用偏差及事实认定错误，依法不能认定慕容复构成帮助信息网络犯罪活动罪。现结合证据规则与法律适用发表辩护意见如下：

一、案件基本事实

2022 年 11 月，被告人慕容接受火云邪神（另案处理）委托，联系萧峰团队开发具有批量代付功能的软件系统，并协助注册若干企业支付宝账户。2023 年 1 月至 4 月期间，李寻欢等 12 名被害人因网络投资诈骗，共计 120 万元资金流经上述账户。公诉机关认为慕容复明知涉案软件用于犯罪仍提供技术支持，涉嫌违反《刑法》第二百八十七条之二规定。

二、本案核心法律争议

本案实质争议聚焦于三方面：其一，被告人主观上是否明知涉案技术将用于犯罪活动；其二，技术开发行为与资金违法流转是否存在刑法意义上的因果关系；其三，中性技术开发行为能否等同于刑法禁止的犯罪帮助行为。以下结合证据规则与法律适用展开论证。

三、关于主观明知的认定缺陷

公诉机关指控慕容复主观明知的核心证据存在重大瑕疵。首先，同案犯火云邪神的证言取证程序严重违法，询问笔录未载明具体询问时间，且未依法告知证人权利义务，违反《刑事诉讼法》第五十四条之规定。该证言内容更与客观证据相矛盾——火云邪神作为上游犯罪主犯，其推责性陈述缺乏其他证据印证，根据《刑诉法解释》第八十八条，不得作为定案依据。

其次，电子数据取证违反法定程序。公诉机关提交的微信聊天记录仅截取"批量代付""规避风控"等中性技术术语，未提供全程同步录音录像，违反《公安机关办理刑事案件电子数据取证规则》第九条。支付宝账户流水调取程序未附县级以上公安机关负责人批准文书，取证程序违反《刑事诉讼法》第一百四十二条强制性规定，依法应当予以排除。

从客观证据分析，所谓"异常特征"均存在合理解释。涉案软件采用的批量代付技术系跨境电商、供应链金融领域通用功能，深圳某科技公司同类技术方案在（2021）粤 03 刑终 123 号案中被明确认定为合法业务。双方约定的万分之 1.5 费率与支付宝官方接口费率完全一致，公诉机关关于"低费率即犯罪对价"的指控缺乏行业数据支撑。现有证据既未证明慕容复参与账户资金操作，亦未查实涉案企业备案信息与诈骗行为的关联性，无法排除资金流转系正常商业代付的合理怀疑。

四、技术行为与危害结果的因果关系阻断

涉案技术开发行为不具备刑法归责的相当性。从功能设计分析，软件系统仅实现资金批量处理的基础功能，与合法支付系统无本质差异，公诉机关未能举证证明存在专门用于犯罪的洗钱模块或诈骗接口。根据《最高人民法院、最高人民检察院关于办理非法利用信息网络刑事案件适用法律若干问题的解释》第十一条，技术中立行为不构成犯罪。

司法实践中，类案裁判已确立明确规则。（2020）浙 01 刑终 456 号案中，程序员为赌博平台开发支付接口未被追责，法院认定通用技术开发与犯罪结果无直接因果关系；（2019）京刑终 78 号案更在最高人民法院公报中明确，技术开发者未参与资金操作且行为符合行业规范时，不得因其技术被滥用而追究刑事责任。本案慕容复仅完成软件开发，未参与账户注册、资金流转等后续环节，技术行为与违法结果之间缺乏刑法要求的直接、必然联系。

五、技术中立原则的司法适用边界

将中性技术开发等同于犯罪帮助行为，实质是对刑法第二百八十七条之二的误读。该罪构成要件明确要求行为人“明知他人利用信息网络实施犯罪”，最高人民法院在《刑事审判参考》第128号指导案例中强调，“明知”必须是具体、直接的犯罪意图认知，不能以技术可能被滥用进行推定。国务院《关于促进平台经济规范健康发展的指导意见》更明确要求司法审慎对待技术开发，避免刑事手段不当干预市场创新。

互联网行业技术开发遵循“功能合规”准则，开发者仅对技术本身合法性负责，无需审查用户使用场景。若要求开发者预判技术被滥用的所有可能，将导致全行业陷入“寒蝉效应”，严重阻碍科技创新。慕容复作为从业十年的技术人员，开发过程中反复核查功能合规性，其职业操守与技术创新精神理应得到司法保护。

六、辩护请求

为维护法律正确实施，保障技术创新空间，恳请贵院：

1. 依法排除火云邪神非法证言、违法调取的电子数据等证据；
2. 责令公诉机关补充调取涉案企业备案信息、同类合法业务技术协议等关键证据；
3. 依据《刑事诉讼法》第二百条第三项之规定，宣告慕容复无罪。

技术是推动社会进步的核心动力，司法裁判应当恪守罪刑法定底线。本案不仅关乎个体命运，更将影响千万技术从业者的职业信念。望贵院以严谨的法律论证作出经得起历史检验的判决，为技术创新留存法治化发展空间。

此致

××人民法院

辩护人：××律师事务所

律师：×××

2023年×月×日

附：法律依据及参考案例

1. 《中华人民共和国刑事诉讼法》第五十四条、第一百四十二条
2. 《最高人民法院关于适用〈中华人民共和国刑事诉讼法〉的解释》第八十八条
3. 《最高人民法院、最高人民检察院关于办理非法利用信息网络刑事案件适用法律若干问题的解释》第十一条

4. （2020）浙 01 刑终 456 号刑事判决书
5. （2019）京刑终 78 号最高人民法院公报案例
6. 国务院《关于促进平台经济规范健康发展的指导意见》（国办发〔2019〕38 号）

图 2－57 DeepSeek 生成的辩护词

（六）必备 AI 核心技能

1. 赋予辩护角色和辩护方向

在使用 DeepSeek 辅助撰写辩护词时，必须赋予角色。同一套卷宗，指定角色不同，得出的结论可能完全相异。使用 DeepSeek 辅助撰写辩护词时，一定要明确角色和辩护方向，尤其是无罪、罪轻或他罪辩护，抑或先无罪/他罪再罪轻辩护。否则其会按照自己的思路写，偏离用户预期。当然，当辩护人希望多视角判断案件，可以不赋予角色或指定不同角色写作。

2. 指定写作风格

每个人的写作风格不一样，如果希望 DeepSeek 在最短时间内达到预期，建议在提问时明确具体需求或是投放一份优秀的模板，要求其按照模板撰写，效率会大大提高。例如笔者提问时是按照自己的风格来限定结构，“案情—争议焦点归纳—焦点论述—情感渲染”等结构，而在具体论述时，希望其从事实或证据、法律适用、类案说服、学术等多角度阐述。从输出结果看，DeepSeek 基本按照指定风格写作。

3. 警惕 DeepSeek 大纲体写作

从前述测试可发现 DeepSeek 喜欢大纲体写作，文字不少，但看起来却只有独立短句，缺少连接语和连接词，无法直接使用。所以用一些提示词要求其写成文稿，而非要点式写作。

4. 警惕案例幻觉

DeepSeek 的案例幻觉确实严重，非联网状态尤甚。最佳解决办法就是不必强调类案说服需求，或者在联网状态下要求其指定来源和出处，减少幻觉。

5. 人工复核不可或缺

DeepSeek 在执行长文本写作任务时，为了保证形式逻辑的完整性，很容易出现幻觉或自添素材，因此一定要仔细核对，避免出错。重点复核法规援引、案例援引、学术观点和证据出处等。

二十、辅助撰写审理报告

（一）适用场景

审理报告是法官对案件审理过程、事实认定、证据分析及法律适用的系统性梳理文件，是形成裁判文书的核心基础。与裁判文书不同，审理报告更注重内部逻辑的完整性和说理的透彻性，需兼顾法律规范与实务细节。尤其在复杂案件中，法官需耗费大量时间整理证据链条、辨析法律争议、撰写分析意见。DeepSeek 作为法官审判的智能辅助工具，能够帮助法官快速完成基础框架搭建、关键事实提取、法律条文匹配、类案检索等工作，显著提升办案效率。

（二）必备法律核心技能

审理报告是案件裁判的基础，法官需以“事实为根、法律为据、说理为魂”，在严谨中体现司法智慧，在细节中彰显公平正义。既要避免“重实体轻程序”，也要警惕“重结果轻说理”，确保每一份报告都经得起法律检验与历史检验。以刑事案件和民事案件为例，一份高质量的审理报告需要具备以下要素：

1. 基础框架结构清晰，逻辑严密

审理报告要进行模块化分层，遵循逻辑递进原则，确保报告逻辑环环相扣。刑事报告：案件基本信息→控辩（辩检）主张→证据分析→事实认定→法律适用→需要说明的问题→拟处理意见。民事报告：诉讼请求与答辩→无争议事实→争议焦点→证据分析→法律适用→裁判建议。

2. 事实认定精准提炼，去伪存真

（1）关键事实提取法。从庞杂证据中提取关键事实，避免“流水账”式记录；对争议事实结合证据重点标注，逐项列明物证、书证、证人证言、鉴定意见等，注明证据来源及合法性审查结果，并详细论证。刑事报告：对作案时间、手段、主观故意、结果等关键事实，需结合证据链闭环论证，避免逻辑漏洞。民事报告：紧扣争议焦点归纳事实，避免无关细节。（2）时间轴梳理法。复杂案件可用表格或流程图标注关键节点，确保时间线清晰，按时间顺序梳理，避免跳跃性叙述。

3. 证据审查闭环印证，排除矛盾

（1）证据链构建。直接证据＋间接证据互补，如刑事盗窃案：监控视频（直接证据）＋指纹（间接证据）＋赃物（实物证据）。（2）排除矛盾点。对冲突证据，如双方证人证言矛盾、证言与物证矛盾等，通过逻辑、常理、佐证情况综合判断。（3）排除非法证据。刑事案件应严格适用排除非法证据规则,对刑讯逼供、程序违法的证据,严格依照《刑事诉讼法》第 56 条予以排除并说明理由。民事案件,对证据"三性"审查,逐项评价证据的合法性、真实性、关联性,排除非法证据。(4)合理分配举证责任。刑事案件举证责任一般在检方,除法律明确规定举证责任倒置外,不能强迫被告人自证其罪,对于证据不足、事实不清的应当依法宣告无罪。民事案件应合理分配各方举证义务,谁主张谁举证,对举证不能的,应承担相应的后果。

4. 法律适用精准引用,说理透彻

(1)条文精确到项。避免笼统引用,精确到款、项。(2)精准匹配法律及类案参考案例。经专业法官会议或审委会讨论的"四类案件",或讨论新型案件,需援引司法解释和案例库案例。(3)说理充分。以刑事案件为例,审理报告要针对罪名构成要件比对逐项对照犯罪构成要素主体、主观方面、客体、客观方面,说明是否符合;要对法定情节、酌定情节等全面审查,注意冲突情节的权衡;归纳控辩双方核心分歧,对争议问题逐一回应,避免遗漏。

5. 语言表达简洁规范,避免歧义

(1)禁用主观表述。语言表述应中立客观,使用"经审理查明""本院认为"等规范表述,避免使用"被告人显然早有预谋、被告狡辩"等主观评价。(2)通俗与专业结合。对专业性术语可适当解释,便于当事人理解,增强可接受性。同时术语专业、统一。同一文书内,术语表述一致,对证据清单、事实认定项规范层级编号。(3)严格校对。核对当事人姓名、金额、日期等关键信息,需与卷宗逐字核对,避免笔误引发歧义。

6. 程序合法性严格审查,如实记录

(1)诉讼权利保障到位。刑事案件,核查被告人是否被告知诉讼权利、辩护权是否充分行使,对庭前会议、证据展示、案件是否超审限、延期审理等程序性事项详细载明。民事案件,核查是否依法送达、告知回避权利、保障举证期限等,对程序性瑕疵问题等需如实记录处理结果及依据。(2)调解与撤诉如实记录。刑事案件,调解和撤诉情况应如实记录,对上诉人撤诉的合法性(一审判决是否正确、撤诉是否为真实意思表示)进行审查。民事案件,应详载调解过程、双方分歧点及未能达成协议的原因,对原告撤诉的合法性(是否违反法律,是否损害国家利益、社会公共利益或他人合法权益)进行审查。

7. 兼顾法情理的统一

刑事案件应遵循基本的法治原则,如法律面前人人平等、罪刑法定、罪责刑相适应、任何人不得从其非法行为中获利原则等,努力做到天理国法人情的统一。民事案件应大力弘扬社会主义核心价值观、维护社会公共利益及社会公序良俗，惩恶扬善，引领崇德向善、守法诚信的社会风尚，同时注意利益平衡，特别是在合同僵局、相邻关系纠纷中，需兼顾当事人利益与社会效益。对于重大复杂敏感案件，特别是涉众、舆论关注度高的案件，不论是刑事还是民事，都需预判舆情风险并在报告中备注预防应对处置建议。

（三）提示词范例

提示词示例1：刑事案件（毒品共同犯罪）

我是一名刑事法官，需制作被告人丙贩卖毒品案的审理报告。案件事实如下：2024年5月，甲（已判决）联系乙购买冰毒50克，约定交易地点为某市公园。乙指派其司机丙驾车运送毒品，丙在途中被抓获，查获冰毒52克。丙辩称不知毒品数量，称仅听从安排。请根据《刑事诉讼法》及毒品犯罪司法解释，生成审理报告框架，重点分析主从犯认定及数量争议。目标：制作一篇被告人丙贩卖毒品罪的高质量的毒品案件的审理报告。

提示词示例2：民事案件（产品责任纠纷、侵权责任纠纷）

张三网购一款网红蛋糕，吃出一只苍蝇，索赔10万元。商家不认账，说苍蝇是张三自己放的，但无法提供完整的车间监控。张三则拿出未剪辑的开箱视频，证明蛋糕包装完好。假如你是一名法官，请根据上述事实，制作一份民事审理报告，梳理争议焦点、适用法律及处理意见。补充本案的相关证据情况：张三提供开箱视频和医院胃肠炎记录；商家车间监控缺失关键时段；商家食品安全认证已过期。

（四）AI生成效果展示

1. DeepSeek生成的刑事审理报告

四、事实认定

（一）无争议事实

1. 2024年5月，乙指派丙驾车运送涉案包裹；

2. 警方在丙车内查获冰毒52克，系甲基苯丙胺。

（二）争议焦点

1. 丙是否明知运输的是毒品及数量；

2. 丙在共同犯罪中的主从犯地位；
3. 毒品数量应认定为50克还是52克。

（三）事实认定分析

1. **主观明知推定**：
   - 丙长期担任乙的司机，多次协助运输可疑包裹（银行流水显示异常高额报酬）；
   - 被查获时试图丢弃包裹，符合毒品犯罪隐蔽性特征；
   - **结论**：根据《武汉会议纪要》第2条，推定丙明知运输毒品。
2. **主从犯认定**：
   - 乙系毒品的所有者、交易主导者（主犯）；
   - 丙仅负责运输，未参与联络、定价，作用次要（从犯）。
3. **数量争议**：
   - 乙与甲约定50克，但实际查获52克；
   - 丙辩称“不知超量”，但无证据证明其确不知情；
   - **结论**：根据《刑事诉讼法》第55条，以查获的52克定罪。

五、法律适用

1. **罪名认定**：
   - 丙的行为符合《刑法》第347条贩卖毒品罪构成要件；
   - 运输毒品系贩卖的必要环节，构成共同犯罪。
2. **量刑情节**：
   - 从犯（《刑法》第27条）：减少基准刑30%-40%；
   - 毒品含量鉴定（75%）：未达到死刑案件纯度标准；
   - 无前科劣迹：酌情从轻。

六、处理意见

1. **定罪意见**：丙构成贩卖毒品罪，系从犯；
2. **量刑建议**：
   - 查获冰毒52克，基准刑7-8年有期徒刑；
   - 考虑从犯、无前科情节，建议判处4年6个月有期徒刑，并处罚金3万元；

3. **争议问题备注**：
   - 建议二审重点关注丙是否知晓毒品超量；
   - 补充调取乙与丙的转账记录，核实报酬是否异常。

七、合议庭意见

1. **审判长意见**：同意定罪量刑建议；
2. **审判员A**：建议进一步核实丙的过往运输记录；
3. **审判员B**：同意，建议在判决书中强化从犯说理。

附：法条依据

1. 《刑法》第347条（贩卖毒品罪）、第27条（从犯）；
2. 《刑事诉讼法》第55条（证据确实充分标准）；
3. 《全国法院毒品犯罪审判工作座谈会纪要》（武汉纪要）第2条、第6条。

拟稿人：XXX
日期：2024年X月X日

图 2－58　DeepSeek 生成的刑事审理报告

2．DeepSeek 生成的民事审理报告

二、争议焦点

1. **事实争议**：
   - 蛋糕中苍蝇的来源（生产环节/张三自行放入）；
   - 张三的急性胃肠炎是否由食用含苍蝇蛋糕直接引发；
   - 商家食品安全认证过期是否导致其生产条件不合法。
2. **法律争议**：
   - 商家是否构成《食品安全法》第148条“生产不符合食品安全标准的食品”及《民法典》第1207条“产品缺陷责任”；
   - 张三的医疗费、误工费及惩罚性赔偿主张是否成立；
   - 食品安全认证过期是否构成“明知产品存在缺陷仍销售”的加重责任情形。

三、证据分析

1. **原告举证**：
   - **未剪辑开箱视频**：证明蛋糕包装完好，收货时无外部破坏，苍蝇在食用前已存在；

- **医院诊断记录及缴费凭证**：显示急性胃肠炎发生时间与食用蛋糕高度关联（如食用后24小时内就诊）；
- **商家食品安全认证过期证明**（如官网截图、市场监管部门记录）：证明商家生产条件不符合法定要求；
- **蛋糕实物照片（含苍蝇）**：证明产品存在异物。

2. **被告举证**：
   - **不完整的车间监控录像**：缺失关键生产时段记录，无法证明生产流程无瑕疵；
   - **过期食品安全认证**：反证商家生产合规性存在重大缺陷；
   - **口头抗辩**：主张张三“自行放入苍蝇”及“胃肠炎与蛋糕无关”，但无证据支持。

证据认定：

- **原告证据链完整**：
  - 开箱视频排除收货后人为添加苍蝇的可能性；
  - 医院记录显示胃肠炎与食用蛋糕的时间紧密关联（可推定因果关系成立）；
  - 商家认证过期直接证明其违反《食品安全法》第35条（食品生产经营许可制度）。
- **被告举证不能**：
  - 车间监控缺失关键时段，违反《食品安全法》第42条（生产过程记录义务），应承担不利推定；
  - 未就“张三造假”或“疾病无关性”提供任何反证。

四、法律适用

1. **《民法典》第1207条**：
   产品存在缺陷造成他人损害的，生产者、销售者应承担侵权责任。商家作为销售者，需对产品安全性负责。
2. **《食品安全法》第148条**：
   - 消费者因不符合食品安全标准的食品受到损害的，可要求赔偿损失，并主张价款十倍或损失三倍的赔偿金；
   - 赔偿金额不足1000元的，按1000元赔偿。
3. **《民事诉讼法》第64条**：
   当事人对自己提出的主张，有责任提供证据。商家未能举证证明自身无过错或张三存在故意，应承担不利后果。

五、处理意见

1. **事实认定**：
   - 苍蝇存在于蛋糕生产环节（商家监控缺失+开箱视频佐证）；
   - 张三的胃肠炎与食用含苍蝇蛋糕具有**高度盖然性因果关系**（时间关联性+异物存在）；
   - 商家食品安全认证过期，构成** “明知生产条件不达标仍销售” **的主观过错。

2. **法律认定**:
    - 商家行为违反《食品安全法》第34条、第148条，构成“生产不符合安全标准食品”及“明知缺陷仍销售”；
    - 张三可主张实际损失（医疗费、误工费）及惩罚性赔偿。
3. **判决建议**:
    - **实际损失赔偿**:
        - 退还蛋糕价款；
        - 赔偿医疗费、误工费（需提交医疗票据、工资证明等核定）；
    - **惩罚性赔偿**:
        - 按蛋糕价款十倍计算，若不足1000元则按1000元计；
        - 因商家存在“明知”情节（认证过期+生产过程失控），可酌情提高赔偿倍数至损失三倍（需结合地方判例）；
    - **驳回超范围请求**：张三主张的10万元若超出实际损失与法定惩罚性赔偿之和，超额部分不予支持；
    - **诉讼费用**：由商家承担80%，张三承担20%（因其诉请部分过高）。

附：法官心证说明

1. **商家过错显著**:
    - 食品安全认证过期表明其长期漠视生产合规性；
    - 车间监控缺失关键时段，直接导致无法自证清白，应承担举证不能后果。
2. **因果关系推定**:
    - 虽无直接微生物检测证明苍蝇携带致病菌，但异物存在+时间关联性已满足民事证据“高度盖然性”标准；
    - 商家未举证其他致病因（如张三自身饮食问题），故推定因果关系成立。
3. **惩罚性赔偿必要性**:
    - 商家行为符合《食品安全法》第148条“明知”要件，需通过惩罚性赔偿遏制违法。

审判员：XXX
日期：XXXX年XX月XX日

图 2-59 DeepSeek 生成的民事审理报告

(五)提示词优化建议

其一,法律引用滞后。引用法律条款不当,刑事审理报告引用了《武汉会议纪要》,但《武汉会议纪要》内容已经被《昆明会议纪要》所修改和完善,《武汉会议纪要》不再适用;引用已废止的《民事诉讼法》第 64 条,应为《民事诉讼法》第 68 条;

引用《民法典》第 1207 条和《食品安全法》第 148 条时，并非原文，而是经 DeepSeek 自己幻想后的语言，虽然与原文意思接近，但并非原文。向 DeepSeek 提出优化建议：优先检索最新的法律数据库，若引用司法解释，需注明文号及生效日期。

其二，格式存在瑕疵。审理报告落款一般是合议庭成员，而非审判员。优化建议：严格参照规范的审理报告格式。

其三，缺少证据种类及内容罗列和分析。因输入提示词的原因，生成的审理报告没有相应的证据种类，虽然是"巧妇难为无米之炊"，但作为规范的审理报告，应进一步优化。向 DeepSeek 提出优化建议，增加指令：罗列认定本案事实的证据，且证据分类参照《最高人民法院关于民事诉讼证据的若干规定》第 14 条的规定。

（六）必备 AI 核心技能

无论是刑事审理报告，还是民事审理报告，输入基本案情后，DeepSeek 均能快速生成审理报告的框架。涉众型经济犯罪等刑事审理报告，以及物业纠纷等批量案件的民事审理报告可实现模板化生成，极大缩短法官"加班时间"。使用 DeepSeek 辅助制作审理报告需要注意以下要点：

一是提示 DeepSeek 优先检索最新的法律数据库，并提示"若引用司法解释，需注明文号及生效日期"。前述测试过程中，发现 DeepSeek 引用了一些过时的法律或司法解释，为防止出现误导，除了加强人工审核外，在提示词中要求其检索最新的法律数据库，并注明文号及生效日期以便于核对。

二是"投喂"素材加强人机沟通。DeepSeek 存在事实依赖性，若输入信息模糊，可能生成笼统结论，其搜索效果更多依赖于法官"投喂"的素材及人机沟通技巧；DeepSeek 存在价值判断局限性，特别是对于社会危害性、酌定从轻、"公序良俗"、"显失公平"等弹性概念，仍需法官结合社会经验等进行综合裁量判断。DeepSeek 辅助撰写审理报告中的应用，体现了"科技赋能司法"的大趋势。可通过 DeepSeek 等 AI 高科技帮助法官实现从"烦琐事务"到"核心决策"的精力转移，但技术是辅助，而非替代，逻辑是骨架，而良知才是灵魂，DeepSeek 可以让司法更高效，但司法最终是人性判断。

三是严守保密纪律。审理报告系内部资料，一定要遵守保密规定，严禁泄密。在没有进行本地化部署前，禁止将案件事实或诉讼材料直接输入 DeepSeek 等连接互联网端的人工智能产品。

二十一、辅助撰写裁判文书

(一)适用场景

裁判文书是人民法院行使审判权的最终体现,是司法审判的最终载体,是司法活动的"终极产品",也是法律权威的象征。一份高质量的裁判文书不仅需要准确认定事实、正确适用法律,还需要逻辑严密、说理充分,以实现"让人民群众在每一个司法案件中感受到公平正义"的目标。然而,随着案件数量逐年攀升、新型纠纷不断涌现,案多人少矛盾日益凸显,传统文书撰写模式已难以满足"质量与效率并重"的司法改革需求。法官在制作裁判文书时面临案件数量激增导致的时间压力、法律条文更新的频繁性、格式规范的严格性,以及复杂案件中事实认定与法律适用的双重考验等诸多挑战。

DeepSeek 作为人工智能司法辅助工具,通过自然语言处理、法律知识图谱构建和类案检索技术,能够快速生成符合格式规范的裁判文书初稿,自动关联法律条文与案件事实,智能提示说理逻辑漏洞。法官借助 DeepSeek,可将文书起草时间大大缩短,同时确保文书结构的严谨性与法律适用的精准度,为"繁简分流"改革提供技术支撑。其核心价值在于,减轻重复性劳动:自动填充当事人信息、格式化文书结构,减少手动输入错误;提升法律适用准确性:通过大数据分析,快速匹配类似案例和法律条文;辅助说理逻辑构建:基于案件事实生成初步裁判理由,帮助法官梳理争议焦点;动态更新法律知识库:实时同步最新司法解释和指导性案例,避免法律及其适用的滞后风险。尤其对于简易程序案件、类型化案件(如危险驾驶、交通事故、劳动争议案件)以及需要快速响应的保全、执行裁定等场景,DeepSeek 可显著提升效率,使法官将更多精力投入疑难案件的深度研判中。

(二)必备法律核心技能

法官制作裁判文书,既要确保法律适用的精准性,又要实现法理、情理、事理的有机统一,应当具有严谨的事实认定、精准的证据表达、准确的法律适用、有力的裁判说理、适当的程序审查、规范的形式表达①。裁判文书要遵守《最高人民法院关于裁判文书引用法律、法规等规范性法律文件的规定》的要求,刑事裁判文书样式可以参照胡云腾主编的《最新刑事诉讼文书样式(参考样本)》,民事裁判文书制作

---

① 参见于同志:《刑事裁判文书的构成要素分析》,载《法律适用》2024 年第 3 期。

可以参照《人民法院民事裁判文书制作规范》，确保裁判文书格式规范、严谨、统一。制作裁判文书的核心技能包括以下方面：

1. 事实认定与证据分析能力

（1）证据筛选与提炼。从庞杂的卷宗材料中提取关键证据，排除无关或重复信息。例如，在合同纠纷案件中，快速锁定合同文本、履约凭证、沟通记录等核心证据，剔除与争议焦点无关的辅助材料。（2）证据链构建。通过证据间的印证关系还原案件事实，避免"孤证定案"。如，在故意伤害案中，结合监控录像、伤情鉴定、证人证言等，形成完整证据链，排除合理怀疑。（3）事实表述的客观性。使用中性语言描述事实，避免主观臆断或情感倾向。如，在婚姻家庭案件中，避免使用"出轨""不负责任"等道德评价性词汇，客观陈述分居时间、财产分割争议等事实。

2. 法律适用与解释能力

（1）法条精准匹配。根据案件事实选择最贴切的法律条文，避免机械套用或扩大解释。如，在民间借贷纠纷中，区分"借款合同"与"投资协议"，准确适用《民法典》借款合同条款或《公司法》相关规定。（2）法律解释技术。运用文义解释、体系解释、目的解释等方法阐明法律内涵。如，对《刑法》中"情节严重"的解释，需结合司法解释、类案裁判规则及社会危害性综合判断。（3）法律漏洞填补。在新型或疑难案件中，通过法律原则、公序良俗填补成文法空白。如，在网络虚拟财产继承纠纷中，援引《民法典》第 127 条"法律对数据、网络虚拟财产的保护有规定的，依照其规定"，结合物权法原则进行说理。

3. 裁判说理与逻辑建构能力

（1）争议焦点归纳。精准提炼案件核心争议，避免遗漏或偏离主题。如，在交通事故责任纠纷中，聚焦"未系安全带是否减轻侵权责任"而非"车辆品牌性能"等无关问题。（2）逻辑层次清晰。采用"事实—法律—结论"三段论结构，确保说理环环相扣。如，事实层，被告未设置安全警示标志；法律层，《民法典》第 1198 条规定的安全保障义务；结论层，被告未尽义务应承担赔偿责任。（3）情理法融合。在严格适用法律的基础上，融入社会常识、公序良俗，增强裁判的可接受性。如，在"正当防卫致人死亡"案件中，既援引《刑法》第 20 条，又强调"法不向不法让步"的正义理念，平衡法律效果与社会效果。

4. 文书结构与语言表达能力

（1）格式规范性。严格按照文书格式制作文书，避免首部、正文、尾部格式错误。如，当事人信息需完整列明姓名、性别、身份证号、住址等要素，不得遗漏。（2）语言精准简练。使用法言法语，避免口语化表述，同时确保通俗易懂。例如，原表述是:“被告欠钱不还,明显是老赖行为。”修正后的表述为:“被告未按约定履行还款义务,构成违约。”(3)裁判主文明确性。判决结果需具体、可执行,避免模糊表述甚至错误。例如,原表述是:“贪污受贿所得依法追缴。”修正后的表述为:“贪污所得一般返还被害单位,除非贪污所得本身不是被害单位的合法财产,或被害单位不复存在,方上缴国库;受贿所得依法追缴上缴国库。”

5. 类案检索与裁判尺度统一能力

(1)类案识别与比对。通过裁判文书网、审判系统等平台检索类似案例,提炼裁判规则。如,在商品房买卖合同纠纷中,检索同地区、同类型案件的违约金支持比例,避免“同案不同判”。(2)地域裁判规则适配。结合地方司法文件、会议纪要等,统一法律适用标准。如,参照本省标准确定死亡赔偿金数额。(3)社会效果预判。评估裁判结果对行业、群体的潜在影响,避免引发负面舆情。如,对“职业打假人”索赔案件,需平衡消费者权益保护与遏制恶意诉讼的关系。

6. 价值引领与社会责任意识

(1)弘扬社会主义核心价值观。在民事判决书中体现诚信、公正、友善等社会主义核心价值观导向。如,在劳动争议案件中,强调“用人单位应保障劳动者合法权益,构建和谐劳动关系”。(2)弱势群体特殊保护。对老年人、儿童、残障人士等群体,在举证责任分配、法律解释上适度倾斜。如,老年人签署的格式合同存在歧义时,作出有利于老年人的解释。(3)司法温度传递。在严格裁判的同时,通过“法官寄语”等形式传递司法关怀与司法温度。如,在未成年人犯罪案件中,附言“望其珍惜改造机会,重返正途”。

(三)提示词范例

刑事示例:

甲驾驶自行车与乙驾驶的宝马轿车发生轻微交通事故,轿车向右强行闯入非机动车道,双方争执时,乙从车中拿出刀,砍向骑车人甲。甲虽然连连躲避,但仍被砍中。乙在砍人时刀落地,甲出于求生本能捡起长刀,反砍乙数刀,乙被砍受重伤抢救无效死亡。

提示词输入:假如你是一名有情怀的法官,请制作一份有温度的刑事判决书,对甲准确处理,确保罪责刑适应,做到法情理统一。

格式要求:参照《最新刑事诉讼文书样式(参考样本)》格式。

民事示例:

2017 年,某小区的居民楼内,段某在电梯里抽烟。邻居杨某出于维护公共环境和他人健康的考虑,告知段某电梯内禁止吸烟。随后,两人发生了数分钟的争辩,段某情绪激动,最终导致心脏病发作,经全力抢救,不幸离世。段某家属认为杨某的劝阻行为与段某的死亡存在因果关系,将杨某告上法庭,要求其赔偿丧葬费、精神损失费等共计 40 余万元。一审法院判决杨某补偿原告 1.5 万元。后段某家属不满赔偿数额,提出上诉。

提示词输入:假如你是一名中级人民法院的法官,请根据上述描述的基本事实,制作一份民事裁判文书。

目标设定:做到天理国法人情的统一。

(四)AI 生成效果展示

1. DeepSeek 生成刑事判决的思考过程

已深度思考(用时 35 秒)

好的,我现在需要处理用户提供的这个刑事案件,制作一份有温度的刑事判决书,确保罪责刑相适应,同时做到法、理、情的统一。首先,我需要仔细分析案件的基本事实,明确各方的行为及法律适用。

首先,案件中的双方是甲和乙。甲骑自行车与乙驾驶的宝马汽车发生轻微交通事故,乙强行闯入非机动车道,这本身可能涉及到交通违法,但随后乙持刀攻击甲,导致冲突升级。甲在躲避过程中捡起乙掉落的长刀反击,最终导致乙死亡。这里有几个关键点需要考虑:

1. **乙的行为定性**:乙在交通事故后持刀攻击甲,属于故意伤害甚至故意杀人,具体要看其主观意图和客观行为。甲被砍中,可能构成轻伤或重伤,但乙在攻击过程中刀掉落,被甲捡起反击。

2. **甲的反击行为**:甲在生命受到威胁时反击,属于正当防卫。但需要考虑防卫是否过当。根据《刑法》第20条,正当防卫明显超过必要限度造成重大损害的,应负刑事责任,但应当减轻或免除处罚。此外,特殊防卫条款规定,对正在进行行凶、杀人、抢劫等严重危及人身安全的暴力犯罪,采取防卫行为造成不法侵害人伤亡的,不属于防卫过当。

3. **乙的死亡结果**:甲的反击导致乙死亡,需要判断是否存在防卫过当。如果乙当时已经失去攻击能力,甲继续攻击可能构成过当,但根据案情描述,乙在刀掉落后仍逼近威胁,甲持续反击是否必要。

接下来,用户希望判决书有温度,体现法、理、情的统一。需要兼顾法律公正与人文关怀,可能需要在判决理由部分详细阐述甲的行为动机、防卫的必要性,以及乙的过错,同时在法官寄语部分进行劝诫和安抚。

另外,用户提到参照最新的刑事诉讼文书样式,需要确保格式正确,包括公诉机关、被告人、审理查明的事实、法律适用、判决结果等部分。

可能的争议点在于甲的防卫是否超过必要限度。需要结合现场情况,如乙是否仍在继续攻击,甲是否无法安全逃离等。如果乙在刀掉落后仍具有攻击性,甲的反击可能被视为正当防卫。否则,若乙已失去攻击能力,甲继续砍杀可能构成防卫过当。

此外,乙的死亡结果是否由甲的正当防卫直接导致,是否存在其他因素,如乙自身过错或医疗延误等,也需要考虑。

在民事部分，乙已死亡，可能需要处理民事赔偿，由乙的遗产继承人在遗产范围内赔偿甲的经济损失，但甲作为防卫方，可能无需承担民事责任。

需要引用相关法律条文，如《刑法》第20条正当防卫，《刑事诉讼法》关于终止审理的规定，以及附带民事诉讼的相关条款。

最后，法官寄语部分需要体现对甲的同情和对乙家属的安抚，同时强调法律对正当防卫的保护，倡导理性解决纠纷。

图 2－60　DeepSeek 生成刑事判决书的思考过程

2. DeepSeek 辅助撰写刑事判决书

XX省XX市XX区人民法院
刑事判决书
（202X）XX刑初字第XX号

公诉机关：XX市XX区人民检察院
被告人：乙（已死亡），男，XX岁，身份证号XXXX，户籍地XX省XX市XX区XX路XX号。
附带民事诉讼原告人：甲，男，XX岁，身份证号XXXX，户籍地XX省XX市XX区XX村。

一、公诉机关指控

XX市XX区人民检察院指控：202X年X月X日X时许，乙驾驶宝马轿车与甲骑行的自行车发生轻微碰撞，乙因不满车辆剐蹭，持刀追砍甲。甲在躲避过程中捡起乙掉落的长刀反击，致乙受伤倒地后死亡。公诉机关认为，乙的行为已构成**故意杀人罪（未遂）**，但因乙在案发后死亡，依法不再追究刑事责任。

二、经审理查明的事实

1. **冲突起因**：乙驾驶机动车违规变道闯入非机动车道，与甲发生轻微剐蹭，事故责任明确（乙负全责）。
2. **暴力升级**：乙持刀主动攻击甲，连续挥砍致甲身体多处受伤（法医鉴定为轻伤二级），甲被迫逃离至路边草丛。
3. **防卫行为**：乙在追砍过程中长刀脱手，甲捡刀后警告无效，乙仍继续逼近，甲为阻止乙的持续侵害，持刀挥砍致乙要害部位受伤，乙经抢救无效死亡（尸检报告：致命伤为胸部贯穿伤）。
4. **证据链**：
   - 现场监控视频、行车记录仪录音；
   - 甲伤情鉴定书、乙尸检报告；
   - 目击证人丙、丁证言；
   - 刀具指纹及DNA比对报告。

三、法律适用与争议焦点

（一）乙的罪责认定

1. **行为定性**：乙因琐事故意持刀追砍甲，主观上具有杀人故意（攻击要害部位、手段致命），客观上已造成甲轻伤，符合《刑法》第232条**故意杀人罪（未遂）**的构成要件。
2. **刑事责任终结**：根据《刑事诉讼法》第16条第5项，被告人乙死亡，依法不追究刑事责任，但需通过司法程序宣告其行为的违法性。

（二）甲的行为性质

1. **正当防卫成立**：
   - **紧迫性**：乙持刀连续攻击，侵害行为正在进行；
   - **必要性**：甲捡刀反击系阻止不法侵害的唯一手段；
   - **限度争议**：乙在刀脱落后仍逼近威胁，甲持续挥砍属“对等防卫”，未明显超过必要限度（参考《刑法》第20条第3款**特殊防卫规定**）。
2. **结论**：甲的行为属于正当防卫，依法不负刑事责任。

四、判决结果

1. **刑事部分**：
   - 被告人乙的故意杀人（未遂）行为构成犯罪，但因乙死亡，依法裁定**终止审理**；
   - 甲的反击行为系正当防卫，宣告**不负刑事责任**。
2. **民事部分**：
   - 乙的遗产继承人应在遗产范围内赔偿甲医疗费、误工费等共计XX元（证据：医疗票据、工资流水）；
   - 驳回甲提出的精神损害赔偿请求（依据《刑事诉讼法》第101条，刑事附带民事诉讼不支持精神损害赔偿）。

五、法官后语

1. **法律评价**：
   “乙因琐事拔刀相向，漠视生命尊严；甲为求生被迫反击，法律予以保护。本案警示：暴力绝非解决纠纷之途，退一步海阔天空。”
2. **情理劝诫**：
   “甲，你虽被法律豁免，但目睹生命消逝亦是创伤。望你走出阴影，珍惜余生；乙的家人，望你们接纳判决，以案为鉴。法院呼吁：道路纠纷应冷静协商，莫让怒火吞噬理性。”

图 2－61 DeepSeek 生成的刑事判决书

3. DeepSeek 生成民事判决的思考过程

已深度思考（用时 36 秒）^

好的，我现在需要处理这个关于杨某和段某的民事案件。首先，我得仔细阅读用户提供的案情，确保自己理解所有细节。案件发生在2017年的小区电梯里，段某在电梯内抽烟，杨某劝阻，双方发生争执，段某情绪激动导致心脏病发作死亡。一审判决杨某补偿1.5万元，家属上诉要求更多赔偿。作为中级法院的法官，我需要制作一份民事裁判文书，兼顾天理、国法、人情。

首先，我需要确定案件的法律关系。这里涉及侵权责任，特别是因果关系和过错责任。根据中国《侵权责任法》（注：现在应为《民法典》侵权责任编），一般侵权需要满足四个要件：行为、损害结果、因果关系和过错。杨某的劝阻行为是否构成侵权行为？

接下来，分析杨某的行为是否违法。杨某劝阻段某在电梯内吸烟，这是否属于合法行为？根据《公共场所控制吸烟条例》，电梯属于禁止吸烟的公共场所，杨某有权劝阻。所以，杨某的行为是合法的，维护公共环境，不具有违法性。

然后，考虑因果关系。段某的死亡是由于心脏病发作，而发作是因为与杨某的争执。这里的关键是杨某的劝阻行为与段某的死亡之间是否存在法律上的因果关系。虽然事实上有一定的关联，但法律上的因果关系需要考虑是否具有相当性。段某自身有心脏病史，情绪激动可能由自身健康问题引起，杨某无法预见其劝阻会导致死亡，因此因果关系可能被中断或减弱。

接下来是过错问题。杨某在劝阻过程中是否有过错？比如，是否存在言语过激或不当行为。根据案情描述，双方发生了数分钟的争辩，但没有提到杨某有辱骂或攻击行为。如果杨某的劝阻方式合理，没有超出必要限度，那么他可能没有过错。

另外，一审法院判决补偿1.5万元，这可能基于公平责任原则。《侵权责任法》第24条（《民法典》第1186条）规定，受害人和行为人对损害的发生都没有过错的，可以根据实际情况由双方分担损失。但公平责任的适用需要严格条件，如果杨某无过错，是否适用需要审慎考虑。

家属上诉认为赔偿不足，需审查一审判决是否恰当。如果杨某的行为合法且无过错，是否应当承担补偿责任？可能需要分析是否存在法律上的依据，或者是否存在人道主义补偿的因素。

同时，需要考虑到社会效果。鼓励公民维护公共环境，合法行使权利，不能因为担心承担责任而不敢劝阻不文明行为。法院的判决应起到正确的导向作用，平衡个人权利和社会公共利益。

综合以上因素，可能的结论是杨某的劝阻行为合法，无过错，与段某的死亡无法律上的因果关系，因此不应承担侵权责任。但基于公平原则或人道主义，一审判决的补偿是否合理？如果适用公平责任，补偿金额是否适当？

需要查阅相关案例和司法解释，看看类似情况如何处理。例如，劝阻吸烟引发争执导致他人发病的案件，是否有先例。如果多数案例认为劝阻者无责，则可能改判驳回原告诉求。反之，如果有案例支持补偿，则需确认金额是否合理。

此外，段某作为完全民事行为能力人，应当知晓自身健康状况，在争执中未能控制情绪，自身也有一定责任。根据过失相抵原则，可能减轻或免除杨某的责任。

最后，撰写裁判文书时，需要结构清晰，事实认定准确，法律适用正确，同时体现情理，说明法律维护社会公序良 立场，同时对家属的损失表示同情，但依法判决。

图 2-62 DeepSeek 生成民事判决书的思考过程

4. DeepSeek 辅助撰写民事判决书

XX省XX市中级人民法院

民事判决书

（201X）XX民终字第XX号

上诉人（原审原告）：段某家属（段某配偶、子女等），基本信息略。

被上诉人（原审被告）：杨某，男，XX岁，身份证号XXXX，住XX市XX小区XX栋XX室。

一、案件基本事实

2017年X月X日，段某在XX小区电梯内吸烟，杨某以电梯内禁止吸烟为由劝阻，双方发生言语争执。争执持续约5分钟后，段某情绪激动突发心脏病，经抢救无效死亡。段某家属认为杨某的劝阻行为与段某死亡存在因果关系，诉至法院要求杨某赔偿丧葬费、精神损害抚慰金等40余万元。

一审法院认定：杨某劝阻行为合法正当，但基于公平责任判决杨某补偿原告1.5万元。段某家属不服，提起上诉。

二、争议焦点

1. 杨某的劝阻行为是否具有过错或违法性；
2. 杨某的行为与段某死亡是否存在法律上的因果关系；
3. 一审适用公平责任是否适当。

三、裁判理由

（一）杨某的劝阻行为合法正当，不构成侵权

1. **行为合法性**：
   - 依据《公共场所控制吸烟条例》第X条，电梯属明确禁止吸烟的公共场所，公民有权劝阻违规吸烟行为。杨某的劝阻系履行公民社会责任，符合公序良俗。
   - 现有证据（监控录像、证人证言）未显示杨某使用侮辱、威胁性语言或肢体冲突，其行为未超出必要限度。
2. **过错排除**：
   - 杨某无法预见段某患有心脏病，亦无证据证明其明知段某身体状况仍故意刺激。**正当劝阻不因结果偶然性转化为过错。**

（二）因果关系不成立

1. **事实因果与法律因果区分**：
   - 段某死亡直接原因为心脏病发作，其自身健康隐患系主因。情绪激动虽与争执相关，但属偶发、间接诱因，不符合侵权责任中“相当因果关系”要件。
   - 法律不能要求公民对他人自身疾病导致的意外后果担责，否则将不当限制社会行为的正当性。

(三) 公平责任之否定

1. **法律适用条件不足：**
   - 《民法典》第1186条（原《侵权责任法》第24条）规定公平责任须“行为与损害结果有关联”且“双方均无过错”。本案中，杨某行为与损害无法律因果关系，且其无过错，不符合公平责任适用前提。
   - 一审以“化解矛盾”为由判决补偿，实为对法律原则的突破，应予纠正。

四、判决结果

1. **撤销一审判决**，改判驳回段某家属全部诉讼请求；
2. **案件受理费由上诉人负担。**

五、法官寄语

“法律是社会的天平，一头托举正义，一头承载温情。”

- **对杨某**：你的劝阻是公民责任的体现，法律为你正名。愿你不因此事寒心，继续守护公共利益。
- **对段某家属**：失去亲人的痛苦令人共情，但法律不能以结果归咎无辜者。望你们理解，生命的无常非人力所能全控，节哀珍重。
- **对社会**：本案警示公众关注自身健康，亦昭示司法绝不苛责善举。文明进步需勇气与理性并存，莫让善意的火苗熄灭于无端苛责。

附：法条依据

1. 《中华人民共和国民法典》第1165条（过错责任）、第1186条（公平责任）；
2. 《公共场所控制吸烟条例》第X条；
3. 《最高人民法院关于适用〈中华人民共和国民事诉讼法〉的解释》第90条（举证责任）。

审判长：XXX
审判员：XXX
审判员：XXX
XX省XX市中级人民法院
201X年X月X日

注：本案通过严格法律论证否定“和稀泥”式裁判，明确正当劝阻行为的合法性边界，彰显“司法不纵恶、不伤善”的价值导向，实现法理、情理、天理的统一。

图 2－63　DeepSeek 生成的民事判决书

5．DeepSeek 辅助撰写判决效果评析

优点：两篇判决书事实叙述清晰、说理逻辑严密；高效便捷，大大节省了法官的

时间,提升了效率;结论实现了设定的目标,达到了法情理的统一。

待改进:刑事案件未适用《刑事诉讼法》第 200 条"依据法律认定被告人无罪的,应当作出无罪判决"的规定;民事案件二审改判,但未引用《民事诉讼法》改判条文;不应适用《民法典》,应适用行为发生时的法律;诉讼费负担前面不应有序号,因为诉讼费用不属于诉讼争议事项,不列入裁判主文,应在判决主文后另起一段写明;合议庭组成人员信息不规范,没有书记员名字。不存在《公共场所控制吸烟条例》,系 DeepSeek 自己幻想编造的法规。

(五)提示词优化建议

一是明确身份与审级。例如,"我是有情怀的刑事法官、我是一名中级人民法院的法官"。

二是细化事实要素。避免笼统表述,如谁先动手一定要表述清楚,这是正当防卫的基本事实;民事部分,一定要把上诉情况写清楚,涉及处分原则和公平责任的权利平衡。

三是目标明确。刑事部分,请制作一份有温度的刑事判决书,对甲准确处理,确保罪责刑适应,做到法情理统一;民事部分,请制作一份民事裁判文书,做到天理国法人情的统一。

四是设定要求。格式参照《最新刑事诉讼文书样式(参考样本)》要求,字数限制,行文风格生动还是平实,是否要求法言法语,以及裁判依据、适用法律、框架内容、目标结果等方面的特殊要求。

(六)必备 AI 核心技能

利用 DeepSeek 等工具,可快速生成事实概要、法条检索、类案分析初稿,极大提升效率。DeepSeek 通过文书智能校验,可检测文书格式错误、条款引用遗漏、逻辑矛盾等问题,还可借助类案数据库快速分析裁判趋势,辅助自由裁量权行使。通过上述刑事、民事判决书示例可以看出,DeepSeek 的语言组织能力强大得让人叹为观止,它不仅能够快速生成"正当"的结论,还有充满司法温度的言语,读起来让人如沐春风,足以让社会大众,包括被告人、败诉方均感受到浓厚的人文关怀,圆满实现"一份有温度的刑事判决书"的设定要求。DeepSeek 的广泛应用将是一场效率革命,也必将成为辅助法官进行高效审判的法律智能辅助工具。

1. 防范"AI 依赖症"

对 DeepSeek 搜索结果应严格验证、比对。DeepSeek 生成的"初步说理"为法官提供逻辑框架，但逻辑论理部分仍需结合个案的特殊性进行调整，防止“千案一面”。最终裁判需法官结合自由心证与价值判断，如目击证言与客观证据的采信优先性证明力判断，宽严相济刑事政策的考量，以及刑民交叉案件中责任界限的实质判断，仍然需要法官独立完成。借助 DeepSeek 查询法律、司法解释、案例和司法观点时，一定要通过官方网站、法信、案例库等权威、规范的出处进一步验证、比对，不能将 DeepSeek 给出的结果直接作为来源、依据，更不得不加核实地直接引用。因为数据库的原因，DeepSeek 可能并未完全掌握最新的法律规定，甚至可能遗漏新修订的法律条文。错误示例：在 DeepSeek 中输入基本案情，并输入提示词：制作一篇有司法温度的刑事判决；适用现在的法律；确保法情理统一。随后输入类似于“佛山醉驾无罪判决”的基本事实，DeepSeek 输出下列思考内容：

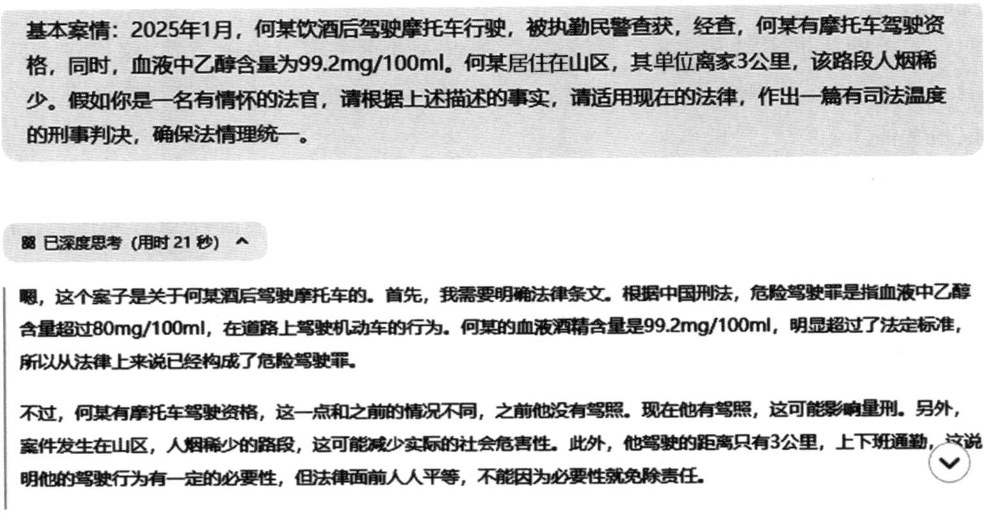

图 2－64 DeepSeek 生成醉驾判决的思考过程

从 DeepSeek 的思考过程来看，DeepSeek 认为目前驾驶摩托车酒精含量 99.2mg/100ml 是构成犯罪的，显然对 2023 年 12 月实施的《最高人民法院、最高人民检察院、公安部、司法部关于办理醉酒危险驾驶刑事案件的意见》不了解，可能也没有学习到“火遍全网的醉驾无罪判决”，故不能过度依赖、盲目迷信 DeepSeek，“伟大”的判决往往出自有情怀的法官之手，源于内心深处的爱，而非 AI。

2. 将 DeepSeek 定位为“智能书记员”

DeepSeek 不能代替法官裁判，而应是如同“智能书记员”般的辅助者。在案多人少的现实困境下，DeepSeek 的应用价值不仅在于提升效率，更在于通过技术赋能，让法官回归司法裁判的本质——专注事实与法律的精微辨析，将重复性工作交给 DeepSeek,法官集中精力处理价值判断,践行公平正义的终极使命,但法官绝不能放弃独立思考。同时务必时刻保持技术清醒,掌握工具边界与伦理规范,提升数据安全保密意识,绝不能将案件事实或诉讼材料直接输入连接互联网的 DeepSeek 等工具用于咨询、查询或验证,应严格按照有关保密规定做好相关材料的脱密工作,确保不要触碰涉密的底线红线。

二十二、辅助撰写民事调解书

(一)适用场景

调解是化解矛盾纠纷、促进社会和谐的重要纠纷解决方式,是开启共情与和谐大门的金钥匙。调解书是人民法院行使审判权,确认当事人之间权利义务关系的重要法律文书,是调解结果的书面载体,它既是对处分权保护和确认结果的记录,也是法院依法确认民事调解协议、赋予强制执行力的有效证明,它与判决书具有同等法律效力。习近平总书记提出:人民内部矛盾要用调解的办法解决。一纸判决虽能明辨是非,但未必能彻底消弭纷争。实务中民间借贷、房屋买卖合同、劳动争议、物业费追索、信用卡批量诉讼等纠纷案件多发易发,调解结案率很高,使用 DeepSeek 辅助制作调解书可以快速整理案件事实、生成调解协议草案、引用相关法律条文等。因此法官使用 DeepSeek 辅助撰写调解书,是效率提升与法律合规的双重实践。

(二)必备法律核心技能

一份规范的民事调解书,应清晰记录案件事实、调解过程、协议内容及生效条款。调解书包含以下核心内容:(1)首部,包含法院名称与文书标题、案号、当事人信息、案由;(2)诉讼请求;(3)案件事实;(4)调解协议;(5)生效条款;(6)尾部,包含审判员签名、日期、法院盖章。

调解书制作的核心技能可以概括为以下几点:

其一,格式规范。包含首部、诉讼请求、案件事实、调解协议、生效条款及尾部,以上内容缺一不可。其中诉讼请求和案件事实部分的写法力求简洁、概括,可以不写审理过程及证据情况。在一审、二审、再审程序中,调解书的格式基本一致,细节表述处稍有差异。调解协议内容应包含权利义务分配、履行方式与期限、违约责任、诉讼费用承担;当事人不能对诉讼费用如何承担达成协议的,不影响调解协议的效力,法院可以依法直接决定当事人承担诉讼费用的比例,并将决定记入调解书。

其二,核实当事人的真实意愿。应确认双方当事人在调解过程中是自愿的,没有受到欺诈、胁迫等不当影响。调解前告知当事人权利义务,记录调解过程,全程记录留痕,制作调解笔录,详细记录各方陈述、争议焦点及最终协议内容,由当事人签字确认,确保当事人自愿,排除欺诈、胁迫等情形。

其三,严格合法性审查。(1)行为能力审查,核实当事人是否具备完全民事行为能力,未成年人或限制行为能力人需由法定代理人参与调解;涉及企业法人的,审查是否需要经股东会、董事会表决通过;涉及事业单位法人的,审查是否需要上级主管部门批准或职工代表大会决议通过,明确该规定是管理性条款还是效力性条款。(2)范围合法性审查。调解的前提是法律关系明确、事实清楚,且不得恶意串通,如虚假诉讼案件禁止调解;确保调解协议内容不违反法律的强制性规定,法官应明确调解协议只能涉及民事权利义务的调整,不得涉及刑事责任或其他超出法院管辖范围的事项,调解适用于一审、二审、再审程序中的财产权益纠纷案件,但适用特别程序、督促程序、公示催告程序的案件,婚姻身份关系确认案件以及其他依案件性质不能进行调解的民事案件,人民法院不得调解。(3)内容合规性审查,确保调解协议不违反法律强制性规定,不涉及非法活动或违反公序良俗的内容。例如,不得约定非法债务或违反社会公共利益的内容。

其四,明确性审查。明确条款内容,特别是涉及履行方式(如分期付款金额、时间)、履行期限、违约责任等,法官需耐心引导当事人明确诉求,细化协议条款,避免因条款模糊引发后续纠纷;明确可执行性,如果调解协议的内容不具体、不明确,可能导致执行困难,甚至被认定为无效;明确生效条件,调解书须包含"本调解书经双方当事人签收后,即发生法律效力"的条款,若各方当事人同意在调解协议上签名或者盖章后发生法律效力,则表述为"本调解协议经各方当事人在笔录上签名或者盖章,本院予以确认后即具有法律效力",避免效力争议;明确履行期限和违约责任,明确约定若不按调解协议约定时间履行的法律后果,如二审调解中可以约定"若不按照调解协议约定履行,逾期则按照原判决执行"。

(三)提示词范例

示例 1,以民间借贷纠纷案件为例,用 DeepSeek 辅助生成一审调解书,提示词范例如下:

假如你是一名基层法院的员额法官,请根据以下内容,制作一份调解书,确保内容符合法律规定。

原告:甲,男,20 岁,身份证号 ×××

被告:乙,男,17 岁,身份证号 ×××

案由:民间借贷纠纷

诉讼请求:甲主张乙偿还借款本金 10 万元及利息

案件事实:2024 年 1 月 1 日,乙因偿还网贷向甲借款 10 万元,借条约定 2025 年 1 月 1 日前一次性还清,约定利息月息 3 分。借款到期后,乙未还款,甲多次催讨未果。乙认为借款时已扣除利息,实际借款只有 7 万元,现其本人无力偿还。

调解意向:(1)乙父母同意分期偿还,愿意偿还 12 万元,每月偿还本金 1 万元,一年内还清,甲同意,逾期还不清,甲则有权就本金 10 万元及约定利息申请强制执行。(2)诉讼费用由被告承担。

要求:(1)调解书需包含首部、事实概要、协议条款、生效条款;

(2)协议条款明确分期金额、时间及违约责任;

(3)语言简洁,符合法院文书规范;

(4)内容不违反法律规定。

示例 2,以常见的房屋买卖合同纠纷案件为例,用 DeepSeek 辅助制作二审调解书,提示词范例如下:

假如你是一名民事法官,请生成一份二审民事调解书,案件基本信息如下:

上诉人(原审被告人):乙,女,58 岁,身份证号 ×××

被上诉人(原审原告):甲,男,60 岁,身份号码 ×××

案由:房屋买卖合同纠纷

诉讼请求:原判不应适用定金罚则,60 万元应为预付金,违约金不高于 30%,请求二审法院依法改判。

案件事实:2025 年 1 月 1 日,甲乙双方签订《房屋买卖合同》,约定乙以 200 万元出售其名下房产一套,甲支付定金 60 万元。甲按约支付定金后,乙因房价上涨拒绝办理过户,并主张合同无效。经鉴定,涉案房产无产权瑕疵,乙系无权处分(实际所有人为其配偶丙)。

一审法院判令:乙构成违约,按照定金罚则,赔偿甲 60 万元。

二审调解意向:(1)乙配合办理过户手续,甲于过户后 3 日内支付尾款 140 万元;(2)甲放弃违约金主张。

要求:(1)调解书需包含首部、事实概要、诉讼请求、协议条款、生效条款;

(2)协议条款明确履行顺序(先过户后付款)、违约责任(逾期过户每日赔偿 1%)；(3)语言简洁，符合法院文书规范。

(四)AI 生成效果展示

从 DeepSeek 的思考过程看，它模仿法官的思维，对调解书制作的核心技能要点进行全面思考，逻辑严密，风险提示到位。

1. DeepSeek 生成一审调解书的思考过程

已深度思考（用时 27 秒）

好的，我现在需要处理这个用户的请求，帮他制作一份符合法律规定的调解书。首先，用户提供的案件信息是关于民间借贷纠纷的，原告甲和被告乙。乙只有17岁，是未成年人，这点很重要，因为涉及到限制民事行为能力人的法律问题。

首先，我需要确认案件的基本要素。原告诉讼请求是要求乙偿还本金10万元及利息。案件事实显示，乙借款时可能被扣除了利息，实际到手7万元，这涉及到《民法典》关于借款本金认定的规定，即实际交付的金额为本金，预先扣除利息是无效的。

接下来，调解意向是乙的父母同意分期偿还12万元，每月1万，一年内还清。如果逾期，甲可以申请强制执行本金10万元及利息。但这里有个问题，乙是未成年人，他的父母作为法定代理人同意还款，但调解书需要符合法律规定，尤其是利息部分不能超过法定上限。

根据《最高人民法院关于审理民间借贷案件适用法律若干问题的规定》，民间借贷的利率不得超过合同成立时一年期LPR的四倍。假设2024年的LPR是3.45%，四倍就是13.8%。原借条约定的月息3分，即年利率36%，明显超过了这个上限，超过部分无效。

另外，乙实际收到的本金是7万元，但调解意向中提到偿还12万元，这需要调整。合法的利息应该以7万元为本金，按年利率13.8%计算，两年利息大约是7万×13.8%×2=1.932万元，总还款额应该是8.932万元左右。但用户提到的调解金额是12万元，这明显超过了合法范围，需要调整。

还需要注意，乙是未成年人，其父母作为法定代理人签署的调解协议必须合法，不能损害未成年人的利益。调解书中的违约责任部分，逾期利息也不能超过法定上限，否则无效。

因此，调解书中的本金应确认为7万元，利息按合法利率计算，总还款额调整到合法范围内。同时，分期付款的金额和时间需要明确，违约责任中的利息部分也要符合法律规定。

最后，确保调解书包含所有必要部分：首部、事实概要、协议条款、生效条款，并且语言简洁，符合法院文书规范。诉讼费用由被告承担，这一点没有问题。

总结来说，我需要调整调解金额，确保本金和利息合法，明确分期还款计划，并规范违约责任，同时注明法律依据，确保整个调解书符合《民法典》和相关司法解释的规定。

图 2-65　DeepSeek 生成一审调解书的思考过程

2. DeepSeek 生成的一审调解书

XX省XX市XX区人民法院民事调解书

(2024) XX民初XX号

原告：甲，男，20岁，身份证号XXX，住所地XX市XX区XX路XX号
被告：乙，男，17岁，身份证号XXX，住所地XX市XX区XX小区XX栋XX号
法定代理人：乙父（乙母），身份证号XXX，住所地同上
案由：民间借贷纠纷

一、案件事实概要

1. 2024年1月1日，被告乙（未成年人）因偿还网络贷款向原告甲借款，双方签订借条约定借款本金10万元，月利率3%（年利率36%），借款期限至2025年1月1日。
2. 乙主张实际到手金额为7万元，甲预先扣除利息3万元。借款到期后，乙未履行还款义务，经甲多次催讨未果。
3. 乙现为未成年人，其父母自愿代为履行债务，原告甲同意调解。

二、调解协议内容

1. 债务范围确认

- 双方确认实际借款本金为 **7万元**，原借条约定利息超出法律保护范围（年利率15.4%），超出部分无效。

2. 还款计划

- 乙及其父母自愿分期偿还原告甲 **8.5万元**（含本金7万元及合法利息1.5万元），自2024年X月1日起，每月1日前支付 **7083元**，至2025年X月1日付清。
- 款项支付至法院指定账户（账号：XXX）。

3. 利息与违约责任

- 若乙按约履行，甲不得就本金及利息另行主张权利。
- 若乙任一期逾期还款超过 **15日**，甲有权就 **未偿还本金7万元** 申请强制执行，并按 **年利率10%** 计算逾期利息（自逾期之日起至实际清偿日止）。

4. 诉讼费用承担

- 本案案件受理费XX元、保全费XX元，由乙及其父母承担。

三、法律依据

1. **《中华人民共和国民法典》**
   - 第19条：限制民事行为能力人实施民事法律行为需法定代理人同意或追认。
   - 第667条：借款合同以实际提供借款金额为本金。
   - 第680条：借款利率不得违反国家规定，超出部分无效。
2. **《最高人民法院关于审理民间借贷案件适用法律若干问题的规定》**
   - 第25条：借贷双方约定的利率不得超过合同成立时一年期LPR的四倍（2024年假设为15.4%）。

四、生效条款

本调解书经原告甲、被告乙及其法定代理人签收后即发生法律效力。

审判员：XXX
XX省XX市XX区人民法院（公章）
2024年X月X日

附：关键条款说明

1. **本金合法性**：实际借款以实际交付金额7万元为准，预先扣除的3万元利息无效。
2. **利息调整**：合法利息按年利率15.4%计算，调解总金额8.5万元（7万元本金+1.5万元利息）。
3. **未成年人责任**：乙为限制民事行为能力人，其父母作为法定代理人自愿承担债务，符合《民法典》第23条、第34条。
4. **强制执行范围**：逾期后仅能就未偿还本金7万元及年利率10%的利息申请执行，避免高息复利。

图 2－66　DeepSeek 生成的一审调解书

3．Deepseek 生成二审调解书的思考过程

已深度思考（用时 25 秒）

好的，我需要为这位用户生成一份二审民事调解书。首先，我需要仔细阅读用户提供的案件基本信息，确保所有关键点都被正确理解和包含。

案件的基本情况是，上诉人乙（原审被告）与被上诉人甲（原审原告）之间有一宗房屋买卖合同纠纷。乙在2025年1月1日与甲签订合同，约定以200万元出售房产，甲支付了60万元定金。后来乙因房价上涨拒绝过户，并主张合同无效。一审法院判决乙违约，需按定金罚则赔偿甲60万元。现在二审调解意向是乙配合过户，甲支付尾款140万元，并放弃违约金主张，同时要求调解书包含首部、事实概要、诉讼请求、协议条款和生效条款，明确履行顺序和违约责任。

首先，我需要确保调解书的格式符合法院文书的规范，包括正确的首部信息，如法院名称、案号、当事人信息等。其次，案件事实需要简明扼要地概述，突出争议焦点和调解意向。然后，协议条款要明确双方的义务，特别是履行顺序和违约责任，例如先过户后付款，以及逾期过户的赔偿标准。最后，生效条款必须符合法律规定，确保调解书具有法律效力。

在撰写过程中，需要注意以下几点：

1. **首部信息准确**：确保法院名称、案号、当事人姓名、身份证号等基本信息无误。

2. **案件事实清晰**：简要说明合同签订、支付定金、乙拒绝过户及一审判决结果，突出乙无权处分的事实。

3. **诉讼请求明确**：原审原告的诉讼请求和二审调解意向要明确列出。

4. **协议条款具体**：详细说明乙配合过户的时间、甲支付尾款的期限、违约责任的具体计算方式。

5. **法律依据正确**：引用相关法律条文，如《民法典》关于合同履行和违约责任的规定。

6. **生效条款合规**：明确调解书生效的条件，即双方当事人签收后生效。

此外，需要检查语言是否简洁，避免冗长或模糊表述，确保文书符合法院的格式要求。如果有不确定的地方，比如具体的法律条文引用或格式细节，可能需要参考相关的法律文书模板或咨询法律专业人士以确保准确性。

最后，完成初稿后，应进行多次校对，确保没有遗漏或错误，特别是涉及金额、日期和法律条款的部分。

图 2－67　DeepSeek 生成二审调解书的思考过程

4．Deepseek 生成的二审调解书

XX省XX市中级人民法院民事调解书

（2025）XX民终XX号

上诉人（原审被告）：乙，女，58岁，身份证号XXX，住所地XX市XX区XX路XX号
被上诉人（原审原告）：甲，男，60岁，身份证号XXX，住所地XX市XX区XX小区XX栋XX号
第三人：丙，男，60岁（乙配偶），身份证号XXX，住所地同上
案由：房屋买卖合同纠纷

一、案件事实概要

1. 2025年1月1日，甲与乙签订《房屋买卖合同》，约定乙以200万元出售其名下位于XX市XX区的房产（不动产权证号：XXX），甲支付定金60万元。
2. 甲按约支付定金后，乙以房价上涨为由拒绝办理过户，并主张合同无效。经查，涉案房产系乙与丙夫妻共同财产，乙未经丙同意擅自处分。
3. 一审法院认定乙构成违约，判令其按定金罚则赔偿甲60万元。乙不服提起上诉，请求改判。
4. 二审期间，丙书面同意继续履行合同，甲同意放弃违约金主张。

二、诉讼请求

1. 上诉人乙请求：撤销一审判决，认定60万元为预付金，违约金不高于30%。
2. 被上诉人甲同意调解，要求乙配合过户并支付尾款。

三、调解协议内容

1. 房产过户义务

- 乙与丙于本调解书生效后 **10日内** 配合甲办理涉案房产过户登记手续。
- 过户所需税费由乙承担。

2. 付款义务

- 甲于房产过户登记完成之日起 **3日内** 支付剩余购房款140万元至法院指定账户。

3. 违约责任

- 若乙、丙未按期办理过户，每逾期一日按合同总价 **1%** 向甲支付违约金；
- 若甲未按期支付尾款，乙有权解除合同并没收定金60万元。

4. 其他约定

- 甲自愿放弃一审判决的60万元违约金主张；
- 本案一审、二审案件受理费共计12,000元，由乙承担。

四、法律依据

依照《中华人民共和国民法典》第215条（合同效力与物权变动区分）、第301条（共有物处分规则）、第577条（违约责任），本案调解协议合法有效。

五、生效条款

本调解书经各方当事人签收后即发生法律效力。

审判员：XXX
XX省XX市中级人民法院（公章）
2025年X月X日

附：关键条款说明

1. **过户与付款衔接**：明确“先过户后付款”顺序，避免履行争议。
2. **违约金计算**：按日1%标准（合同总价200万元×1%=2万元/日），高于实际损失部分可依《民法典》第585条申请调整。
3. **共有权人参与**：丙作为实际共有人书面同意，确保处分行为合法。

图 2－68　DeepSeek 生成的二审调解书

5．DeepSeek 辅助撰写调解书效果评析

其一，DeepSeek 逻辑严密、思维全面。（1）准确认定调解的基础和前提。示例

1 中，提示词仅提及乙 17 岁，且其父母并非案件当事人，DeepSeek 能够认定乙父母为其法定代理人的身份，进行追认并参与调解，符合调解的基础，避免限制行为能力人行为限制而导致调解违法；而示例 2 则追加房屋的实际所有权人为调解当事人，从而本案具备调解的基础和前提。(2)准确提示法官注意的事项和风险。示例 1 提醒法官注意本金违反法律规定、利息约定违反法律规定、未成年人的责任及强制执行范围；示例 2 提示注意过户与付款衔接，以免发生纠纷、提示调整过高的违约金以及共有人追认等事项。(3)自动捕捉事实关键点，焦点归纳准确。示例 1 中，提取了借款时间、金额、利息，认定本案借款金额是 7 万元，而非 10 万元，符合《民法典》第 670 条“借款的利息不得预先在本金中扣除。利息预先在本金中扣除的，应当按照实际借款数额返还借款并计算利息”的规定，认定本案的本金是 7 万元。同时对双方约定的利息月息 3 分予以调整，依照《民法典》第 680 条“借款的利率不得违反国家有关规定”的规定，调整借款利息。示例 2 能够抓住关键点，在没有提示词的情况下，依然可以认定日 1% 的违约金过高，并提醒予以调整。

其二，DeepSeek 法律适用存在漏引、错引情况，需要法官进一步核对、检验。如示例 1 中，并未引用《民法典》第 670 条，而是错引《民法典》第 667 条。生成的调解书虽然适用了《最高人民法院关于审理民间借贷案件适用法律若干问题的规定》第 25 条，但 2024 年 LPR 的利率并非一直是 3.45% 。示例 2 中漏引《民法典》第 586 条关于定金的数额不得超过主合同标的额的 20% 的规定。

其三，需优化提示词和提升互动技巧。示例 1 中，DeepSeek 注意到违反法律规定之处，并在调解协议中将双方当事人约定的利息违反法律规定部分予以调整，但逾期利息按照年利率 10% 而非法律规定 LPR 的 4 倍计算令人费解；示例 2 中，虽然提醒定金数额不得超过主合同的标的额 20% ，但并没有因此调整调解协议内容。需要进一步优化提示词和提升互动技巧。

(五)提示词优化建议

针对示例 1，提示词建议优化为：

结合中国人民银行公布的 2024 年的 LPR 利率重新计算利息，重新认定申请执行利率，适用《民法典》第 670 条调整调解协议的内容。

优化后，DeepSeek 输出生成调解书效果节选：

二、调解协议内容

1. 债务范围确认

- **实际借款本金**：根据《民法典》第670条，利息预先扣除的，按实际提供金额确定本金。双方确认实际借款本金为 **7万元**，预先扣除的3万元利息无效。
- **合法利息上限**：按2024年中国人民银行公布的一年期LPR利率 **3.45%** 的四倍计算，合法年利率为 **13.8%**。

2. 还款计划

- 乙及其父母自愿分期偿还原告甲 **8.2万元**，具体如下：
  - **本金**：7万元；
  - **合法利息**：按年利率13.8%计算（7万元 × 13.8% × 1年 = **9660元**）；
  - **总金额**：7万元 + 9660元 = **79,660元**，双方协商调整为 **8.2万元**。
- **分期支付**：自2024年X月1日起，每月1日前支付 **6833元**，至2025年X月1日付清。
- **付款账户**：款项支付至法院指定账户（账号：XXX）。

3. 利息与违约责任

- **逾期利息**：若乙任一期逾期还款超过 **15日**，甲有权就未偿还本金申请强制执行，并按 **年利率13.8%** 计算逾期利息（自逾期之日起至实际清偿日止）。
- **执行范围限制**：强制执行范围仅限于未偿还本金及合法利息，不得包含超出LPR四倍的部分。

4. 诉讼费用承担

- 本案案件受理费XX元、保全费XX元，由乙及其父母承担。

图 2－69　DeepSeek 优化生成的一审调解书

优化后，逾期违约金从年利率 10% 提升至 LPR 的 4 倍，实现了优化的目的。但 LPR 的 4 倍数据是不断变化的，还需要法官予以进一步核算，不能直接使用 DeepSeek 的输出结果。

针对示例 2，二审调解书提示词优化建议为：

参考《民法典》第 586 条定金数额不得超过主合同标的的 20%，超过部分不产生定金的效力规定，以及违约金不得高于法律规定，对上述调解协议内容进行调整。

优化后，DeepSeek 生成二审调解书输出结果节选：

三、调解协议调整内容

1. 定金条款修正

- 双方确认合同定金合法部分为 **40万元**（200万元×20%），超出部分 **20万元视为预付购房款。**
- 若乙违约，甲可主张双倍返还定金 **80万元**（40万元×2），同时预付款20万元应予返还。

2. 履行义务

- 乙与丙于本调解书生效后 **10日内** 配合甲办理房产过户手续，税费由乙承担。
- 甲于过户完成后 **3日内** 支付剩余购房款 **140万元至法院指定账户。**

3. 违约责任

- **逾期过户责任：**
  - 若乙、丙未按期过户，每逾期一日按 **未付房款140万元的日万分之五**（年利率18.25%）支付违约金。
- **逾期付款责任：**
  - 若甲未按期支付尾款，乙有权解除合同并没收定金40万元，预付款20万元应予返还。

4. 其他约定

- 甲自愿放弃一审判决的60万元违约金主张，以本调解协议为准。
- 本案一、二审案件受理费共计12,000元，由乙承担。

图 2－70　DeepSeek 优化生成的二审调解书

从前后示例的思考过程和输出结果来看，DeepSeek 的学习能力非常强，在优化提示词后，即使上一次输入的提示词和这一次输入的提示词一样，DeepSeek 也有可能输出不同的结果，这也说明，当我们没有得到好的回答时，可以通过优化提示词继续追问，以获取更好回答的“提问迭代术”技巧。

（六）必备 AI 核心技能

一是使用 DeepSeek 工具生成调解书初稿时，应注重提示词的精准设计（如明确条款细节、法律条文范围），条款表述的细微差异可能影响输出内容，进而影响执行效力。输入信息越具体，输出内容越可靠。

二是 DeepSeek 对条款细节（如生效条件、执行范围）的敏感性不足，法官需结合案情补充完善，进行人工校准。DeepSeek 作为民事调解的高效辅助工具，尤其适用于事实清晰、争议较小的批量诉讼案件，但 DeepSeek 辅助制作的调解书需经法官严格审查，认真验证，确保条款的合法性、明确性与可操作性，特别是要防范虚假诉讼以及损害国家、社会公共利益和他人的合法权益等风险。

三是保护好当事人隐私。依法做好调解书的保密工作，做好脱密处理，绝不能将案件事实或诉讼材料直接连接 DeepSeek 等工具用于咨询、查询或验证。

第三章　进阶篇

法律垂类 AI 工具的 20 件法宝

一、法律检索：以秘塔 AI 搜索、微信 AI 搜索为例

法律人每天都要做大量的检索，以往检索大多依赖于“关键词”的运用，生成式人工智能爆发以来，各大模型陆续接入搜索引擎，法律人检索的方式也发生了根本性的变化，其中最核心的是从“关键词检索”变为“自然语言检索”。

自然语言检索，意味着允许用户用大白话向人工智能提问，可以省略将案件事实进行抽象的过程，更接近于真实的人与人之间的对话。人工智能接收到指令后，会自行分析完成相应的工作任务。但是，自然语言检索的发展，并不意味着关键词检索完全退出历史舞台，将二者互为补充，根据差异化的检索目的选择合适的检索方式、检索工具（数据库），可极大提升法律检索效率。

（一）必备 AI 核心技能

1. AI 自然语言检索的技巧

为了更好地使用自然语言向 AI 提问，有以下几个要点需要注意：一是要尽量完整地描述案件事实；二是要确定检索立场（如原告），将检索目的明确地提交给 AI；三是如果检索效果不佳，则要进一步采用第一章介绍的 AI 使用技巧，不断地优化提示词，以实现最佳检索目的；四是应主动勾选 AI 应用中的检索功能，提高检索效果，避免 AI 因预训练阶段缺乏足够的数据而“胡编乱造”；五是如拟采纳 AI 提供的内容，则应对该部分内容相关的索引内容进行详细审阅，不宜因 AI 提供了脚注就轻信、推定 AI 所生成的内容确有出处。

2. 关键词检索的核心技能拆解

实务中，针对某一法律问题的检索，可以拆解为以下几个步骤：

一是判断问题。对案件事实进行抽象概括，判断法律关系或逻辑关系，提炼核心问题，确定检索目标。

二是关键词抽取。围绕检索目标，设计或抽取对应的关键词。

三是善用布尔运算。通过“NOT”“AND”“OR”等符号,高效精准检索所需材料。如设置的检索关键词为:“(区块链 OR 分布式账本)AND(金融 NOT 比特币)”,即期待搜索引擎帮助查找金融领域区块链技术研究,排除比特币相关内容。

四是调整检索范围。根据实际需要,通过增加、删除、替换关键词,调整检索时间、更换数据库和搜索引擎等方式,对检索结果进行优化。

五是留下检索痕迹。在检索过程中不断思考和摘录,有时还需要将检索结果制作成检索报告。

3. 两种检索模式的优势互补

在使用 DeepSeek 检索过程中,可以先通过 AI 自然语言检索。如 AI 自然语言检索的效果不理想,则可以参照 AI 思考过程,降低关键词拆解的难度,进一步开展关键词检索,大幅提高检索效率;如检索效果理想,则可以结合 AI 的能力,围绕检索结论开展下一步工作,如生成文书、表格等。

(二)检索示例

1. 提示词示例

我们采用 DeepSeek 来完成以下检索任务:

甲公司是音乐制作公司,拥有某流行音乐专辑的全部著作权(含复制权、信息网络传播权等)。乙公司是数字音乐版权代理商。2023 年 1 月,双方签订《独占许可协议》,约定乙公司获得该专辑在中国 5 年(2023—2028 年)的独家数字发行权。2024 年 1 月,甲公司又与丁音乐平台达成《排他许可协议》,并在该音乐平台发行该音乐。乙公司发现丁音乐平台后,向丁公司提起诉讼,主张丁公司构成侵权。丁公司认为自己不构成侵权,请求法院维护自己的合法权益。

作为丁公司的代理人,应如何分析本案的法律问题?

2. AI 生成效果展示

引用 8 篇资料作为参考 >

已深度思考(用时22秒) ^

嗯,用户的问题是关于音乐版权的独占许可和排他许可的冲突,作为丁公司的代理人,我需要分析丁公司是否侵权。首先,我得看一下用户提供的搜索结果,看看有没有相关的法律条款或者案例。

网页1提到独占实施许可的情况下,被许可人乙公司不得擅自改进专利技术,但这里的问题是关于音乐版权的许可协议,可能需要参考专利许可和著作权许可的不同。不过,独占许可的基本概念应该类似,独占许可意味着只有乙公司可以行使权利,其他人包括甲公司自己都不能使用。

网页2详细说明了独占实施许可合同的备案问题,指出备案不是合同生效的要件,但可能影响对抗第三方的效力。这里可能涉及到乙公司的独占许可是否备案，如果未备案，丁公司可能不知情，从而不构成侵权。不过网页2的答案提到独占许可的被许可人有权单独起诉，所以乙公司可能确实有诉讼资格。

网页4是关于注册商标许可的合同模板，里面提到独占许可的类型，以及被许可人是否可以再许可。不过这可能和音乐版权的情况类似，即独占许可下甲公司自己也不能再许可他人，否则构成违约。但这里的关键是甲公司之后签订的排他许可是否有效。

网页7和网页8讨论了数字音乐版权的法律保护，特别是信息网络传播权，以及侵权行为的判定。如果甲公司授予乙公司的是独占许可，那么甲公司在许可期限内不能自己或许可第三方使用，否则构成违约，乙公司可以起诉甲公司，但丁公司作为第三方，是否知情可能影响其责任。

现在需要分析的关键点有几个：1. 乙公司的独占许可是否有效，是否备案；2. 甲公司与丁公司的排他许可是否有效；3. 丁公司作为被许可人是否构成侵权；4. 是否存在善意第三人的情况。

根据网页2的信息，独占许可合同不需要备案即可生效，但未经备案可能不能对抗善意第三人。如果乙公司没有备案，而丁公司不知情，可能可以主张自己善意，不构成侵权。此外，独占许可下甲公司自己也无权再许可，所以甲公司与丁公司的协议可能无效，导致丁公司的使用构成侵权。但如果是排他许可，甲公司自己还可以使用，但不得许可他人，但这里甲公司授予的是排他许可，可能仍然违反之前的独占许可协议，导致丁公司的许可无效。

所以作为丁公司的代理人，需要从合同效力、备案情况、善意第三人以及是否存在权利瑕疵等方面进行抗辩。可能需要指出乙公司未备案导致丁公司不知情，或者甲公司无权授予排他许可，从而丁公司不构成侵权。另外，可能还需要检查乙公司是否在协议中允许甲公司自己使用，如果独占许可排除了甲公司自己的权利，那么甲公司的后续许可无效，丁公司可能构成侵权，但如果是排他许可，可能甲公司自己还能使用，但不得许可他人，这时要看协议的具体条款。

作为丁公司的代理人，可从以下法律角度分析本案的抗辩要点：

一、审查乙公司独占许可的效力及权利范围

1. **合同备案对抗效力**
   根据《专利法实施细则》第十五条及网页2的裁判观点，著作权独占许可合同虽需备案，但备案并非合同生效要件 [2] 。若乙公司未完成备案，其独占许可权不得对抗善意第三人（即丁公司）。需核实乙公司是否在合同生效后3个月内完成备案程序，若未备案，丁公司可主张不知情，属于善意使用。

2. **独占许可的权利限制**
   根据网页1和网页2的案例，独占许可意味着在约定期限和地域内，**仅有被许可人（乙公司）及著作权人（甲公司）可行使权利**，但甲公司是否保留自身使用权需结合协议条款判断 [1] [2] 。若协议明确排除甲公司的自行使用权（例如约定“乙公司独占，甲公司不得自行或授权第三方使用”），则甲公司与丁公司的排他许可构成违约，丁公司可能因权利瑕疵而担责；反之，若协议未禁止甲公司自行使用，则丁公司基于甲公司的排他许可具有合法性。

二、分析甲公司与丁公司协议的合法性

1. **权利冲突的可能性**
   根据网页4的合同模板，独占许可通常排除著作权人再许可的权利 [4] 。若乙公司的独占许可协议中明确约定“甲公司不得再许可第三方”，则甲公司与丁公司的《排他许可协议》违反前合同义务，属于无效授权，丁公司的使用构成侵权。此时需重点审查两份协议的具体条款。

2. **“排他许可”的性质辨析**
   排他许可允许著作权人（甲公司）自身使用，但不得许可第三方（如网页2对排他许可的定义） [2] 。若乙公司的独占许可未禁止甲公司自行使用，则甲公司在保留自身使用权的前提下与丁公司签订排他许可（即仅允许丁公司使用，甲公司仍可自行使用），可能不构成权利冲突。需结合协议文本判断甲公司是否保留自身的信息网络传播权。

三、丁公司的善意抗辩与责任免除

1. **“善意第三人”的认定**
   根据网页2和网页4，若乙公司未对独占许可进行备案，且丁公司在签约时尽到合理审查义务（如要求甲公司提供权利证明、确认无在先独占许可），可主张其属于《民法典》第311条规定的善意第三人 [2] [4] 。此时即使甲公司违约，丁公司仍可基于公示公信原则免责。
2. **侵权责任的免除情形**
   依据《信息网络传播权保护条例》和网页8的裁判规则，若丁公司能证明其提供服务的作品有合法来源（如甲公司提供的授权文件），且未明知或应知侵权，可主张仅承担停止侵权的责任，不承担赔偿责任 [8] 。

四、程序性抗辩：乙公司的诉讼主体资格

根据网页2的司法解释，独占许可的被许可人（乙公司）有权单独提起诉讼，但需证明其已取得完整独占权且协议有效 [2] 。若乙公司未实际支付许可费或协议存在解除条件（如违约条款），可质疑其诉讼主体资格。

代理策略建议

1. **调取关键证据**
   - 乙公司《独占许可协议》的备案状态及具体条款（尤其是否限制甲公司自行使用或再许可）；
   - 甲公司向丁公司提供的权利证明文件（如声明无在先许可的承诺函）；
   - 丁公司签约时的审查记录（如律师尽调报告）。
2. **核心抗辩方向**
   - 若乙公司未备案且甲公司保留自身使用权：主张丁公司基于排他许可的合法性，乙公司无权禁止甲公司的自行授权；
   - 若乙公司已备案或协议明确排除甲公司再许可：转向追究甲公司的违约责任，主张丁公司因信赖甲公司权利公示而免责。
3. **补充救济路径**
   若法院认定侵权成立，可依据《著作权法》第59条，要求追加甲公司为共同被告或第三人，由其承担主要赔偿责任 [7] [8] 。

（注：以上分析需结合案件具体证据进一步修正，建议同步检索同类案例强化论证。）

图 3 – 1　DeepSeek 对自然语言检索的响应

3. 提示词优化建议

从 DeepSeek 生成的内容可以明显看出，不管是深度思考还是向用户提供的回答，DeepSeek 在论证“未经备案的独占许可合同的效力”的问题时，均未对“著作权”“专利”“商标”进行区分。不仅如此，在思考的过程中，DeepSeek 已明确“需要参考专利许可和著作权许可的不同”，但在没有任何依据的情况下，还自圆其说地认为“独占许可的基本概念应该类似”。如果用户不经甄别，直接采纳 AI 的回复，可能会造成法律适用的错误。因此，需要对提示词进行优化。以下是优化提示词的思路：

优化思路一：在前文问答的基础上追问，将专利、商标等干扰项排除，让 DeepSeek 将注意力集中在著作权上，优化提示词为：

本案仅涉及版权纠纷，不宜援引著作权之外的其他权利（如专利、商标、商业秘密等），在此基础上重新分析。

优化思路二：直接将问题限制在著作权领域，让 AI 针对独占许可合同的善意第三人问题进行思考。优化提示词为：

未备案的著作权独占许可合同，是否有效，能否对抗善意第三方？

采用优化思路二提问时，DeepSeek 的回应为：

未备案的著作权独占许可合同仍然有效，但不能对抗善意第三方。具体分析如下：

一、合同效力问题

1. **合同有效性的判定依据**
   根据我国《著作权法》及相关规定，著作权独占许可合同的效力主要取决于合同本身是否符合法律规定的生效要件（如双方真实意思表示、内容合法等）。著作权许可合同并不以备案为生效要件 4 5 。因此，即使未备案，只要合同内容合法且双方自愿签订，该独占许可合同仍然有效。

二、对抗善意第三方的能力

2. **不能对抗善意第三方的法律后果**
   若著作权人在签订独占许可合同后未备案，又将同一权利许可给不知情的第三方（即善意第三人），则原独占被许可人无法以合同主张优先权。例如：
   - 若著作权人甲与乙签订独占许可合同但未备案，后又与不知情的丙签订普通许可合同并完成备案，则乙不能要求丙停止使用相关权利 1 3 7 。
   - 此时，乙的救济途径仅限于向著作权人主张违约责任，而非直接对抗丙 6 8 。

三、备案的实践意义

3. **备案的对抗效力和风险防范**
   尽管备案非强制要求，但备案具有以下作用：
   - **对抗第三人**：备案后，合同内容对第三方产生公示效力，可防止著作权人重复授权 1 3 7 。
   - **证据保全**：备案文件可作为合同内容未被篡改的证明，降低纠纷中的举证难度 1 2 。

图 3－2 优化提示词后 DeepSeek 的回答

从答案上看，DeepSeek 似乎响应了我们的要求，仅针对著作权的相关问题进行回答。但正如前文所述，使用者应详细审阅 AI 提供的全部索引内容，不宜因 AI 提供了脚注，就轻信 AI 所生成的内容确有出处。提示词优化后，DeepSeek 虽然不再提及专利和商标，但经核对输出链接的原文，实际上仍是商标和专利的内容。

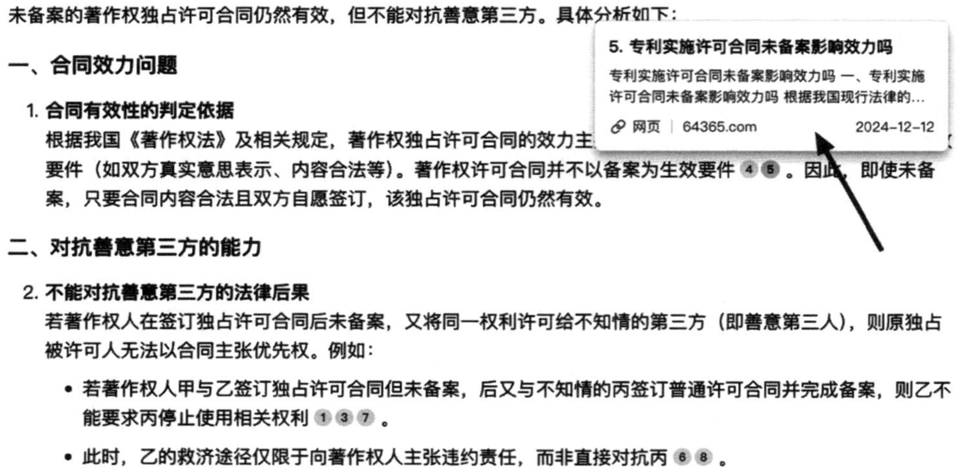
未备案的著作权独占许可合同仍然有效，但不能对抗善意第三方。具体分析如下：

一、合同效力问题

1. 合同有效性的判定依据

根据我国《著作权法》及相关规定，著作权独占许可合同的效力主……要件（如双方真实意思表示、内容合法等）。著作权许可合同并不以备案为生效要件 4 5 。因此，即使未备案，只要合同内容合法且双方自愿签订，该独占许可合同仍然有效。

二、对抗善意第三方的能力

2. 不能对抗善意第三方的法律后果

若著作权人在签订独占许可合同后未备案，又将同一权利许可给不知情的第三方（即善意第三人），则原独占被许可人无法以合同主张优先权。例如：

- 若著作权人甲与乙签订独占许可合同但未备案，后又与不知情的丙签订普通许可合同并完成备案，则乙不能要求丙停止使用相关权利 1 3 7 。
- 此时，乙的救济途径仅限于向著作权人主张违约责任，而非直接对抗丙 6 8 。

图 3-3 DeepSeek 脚注引述错误

可见,即便优化了提示词,用自然语言搭配 AI 的检索方式,仍旧有很大的弊端。

4. 通过搭配传统关键词检索的方式优化检索

既然 AI 无法通过优化提示词的方式完全解决引述错误的问题,我们就需要进一步搭配传统的关键词搜索,以获得更加精准的检索答案。

经过前几轮的 AI 搜索,我们实质上已经逐步完成了前述关键词检索步骤拆解中的“判断问题”“关键词抽取”等环节的分析。同时,考虑到需要解决的问题在逻辑关系上比较简单,可以简化布尔运算符号的使用,直接把检索关键词确定为:

著作权　独占许可　备案　善意第三人

我们使用“微信搜索”功能,得到如下检索内容:

图 3－4　微信搜索结果

经过对图中文章的解读，发现 2012 年 12 月，国家版权局送审的《著作权法（修订草案送审稿）》第 59 条，曾有“对于专有许可，非经登记不得对抗善意第三人”的规定。

因此，我们需要进一步使用传统关键词检索的方式，在法律数据库工具中设置关键词：

中华人民共和国著作权法　修订草案送审稿　2012

经检索核查发现，2012 年的送审稿确有“非经登记不得对抗善意第三人”的规定，但在 2020 年正式修正公布的《著作权法》中，已经删除了该表述，这很可能是 AI 一直无法准确回答的根本原因。

可见，AI 自然语言检索和传统的关键词检索，可以优势互补，帮助我们高效地完成检索工作。考虑到本章并非针对具体法律问题进行论述，后续检索、论证和检索留痕等步骤将适当简省。

(三)根据不同检索目的选用检索工具

1. 获取法律数据的 AI 搜索工具：AlphaGPT、北大法宝等

有的 AI 工具的检索表现不佳，很大原因是模型缺乏充分、准确的法律垂直领域相关数据，如生效裁判文书、更新的法条数据等。针对该需求，可以借助法律科技公司的人工智能应用，提高 AI 法律检索的质量。

以上文提示词示例为例，法律科技公司产品的生成效果如下图：

甲公司是音乐制作公司，拥有某流行音乐专辑的全部著作权（含复制权、信息网络传播权等）。乙公司是数字音乐版权代理商。2023年1月... 收起

甲公司是音乐制作公司，拥有某流行音乐专辑的全部著作权（含复制权、信息网络传播权等）。乙公司是数字音乐版权代理商。2023年1月，双方签订《独占许可协议》，约定乙公司获得该专辑在中国大陆地区5年（2023-2028年）的独家数字发行权。2024年1月，甲公司又与丁音乐平台达成《排他许可协议》，并在该音乐平台发行该音乐。乙公司发现丁音乐平台后，向丁公司提起诉讼，主张丁公司构成侵权。丁公司认为自己不构成侵权，请求法院维护自己的合法权益。作为丁公司的代理人，应如何分析本案的法律问题?

法律咨询 内容已生成 2025-03-04 13:01:18 导出报告

已深度思考（用时 35 秒）

结论

丁公司可从**乙公司诉讼主体资格存疑**、**甲公司授权行为效力**及**善意第三人抗辩**三个层面抗辩，主张不构成侵权。

分析

一、乙公司是否具备单独起诉的主体资格?

根据《最高人民法院关于审理侵犯商业秘密民事案件适用法律若干问题的规定》第二十六条 现行有效，**独占使用许可合同的被许可人可单独起诉侵权**。乙公司与甲公司的协议若为“独占许可”，则乙公司有权单独起诉。但需注意：

1. **需明确协议性质**：若协议约定甲公司保留自行使用或再许可的权利，则乙公司获得的可能为**排他许可**而非独占许可。此时，乙公司需与甲公司共同起诉或证明甲公司不起诉 ① ②。
2. **参考案例佐证**：在【(2022）京73民终3748号】案中，法院要求被许可人提供完整的授权链条以证明权利归属，若乙公司无法证明其许可性质为“独占”，则诉讼主体资格可能被否定。

二、甲公司对丁公司的授权是否有效?

关键在于**甲公司是否在独占许可后仍保留授权权利**:

1. **若乙公司获得的是独占许可**，则甲公司无权再许可丁公司。丁公司发行行为构成对乙公司权利的侵犯，但可主张甲公司违约导致授权无效，将责任转嫁给甲公司 ③ ⑦ 。

2. **若乙公司获得的是排他许可**，甲公司仍有权自行使用或许可他人。此时丁公司的授权合法，乙公司无权禁止 ② ⑩ 。

3. **合同条款审查**: 需重点核查甲乙协议中关于“独占性”的具体表述（如是否允许甲公司自行使用或再许可），这将直接影响甲公司对丁公司授权的效力 ③ ⑨ 。

三、丁公司能否主张“善意第三人”抗辩?

根据《著作权法》第五十九条 现行有效 ，**丁公司若能证明其已审查甲公司权利来源并支付合理对价，可主张免除赔偿责任**:

1. **合法来源抗辩**: 丁公司需提供与甲公司的《排他许可协议》及支付凭证，证明其基于合理信赖取得授权 ⑤ ⑨ 。

2. **参考案例指引**: 在【(2018) 粤1973民初11453号】案中，法院认可被许可人基于合法授权文件的善意抗辩，但若丁公司明知甲公司存在权利瑕疵（如已签订独占协议），则抗辩不成立 ⑩ 。

实务建议

1. **立即核查甲乙协议性质**: 通过司法鉴定或合同条款解释，推翻乙公司“独占许可”主张。

2. **追加甲公司为第三人**: 若乙公司诉讼主体适格，可要求甲公司承担违约或欺诈责任，减轻丁公司赔偿责任。

3. **反诉乙公司滥用知识产权**: 若乙公司利用独占地位限制市场竞争，可援引《反垄断法》第六十八条 现行有效 主张其行为违法 ⑥ 。

注: 本案核心争议点在于甲乙协议的性质界定，需通过协议文本解释及举证责任分配打破乙公司的权利基础。

分享　反馈　复制

参考法规　>

参考案例　>

全网来源　>

图 3-5　AlphaGPT 搜索结果

法律科技公司产品的特点在于:在 DeepSeek 的强势开源之下,法律科技公司可以选用最先进的人工智能模型,搭配丰富的法律数据库资源,最大限度地优化自家产品的搜索结果。更重要的是,法律科技公司基于多年的数据库管理能力,在产品设计上可以让用户非常便捷地对法条、案例进行核验,提高用户在使用 AI 产品时的“安全感”。与此同时,我们仍需要重视对 AI 生成内容的核验工作。

2. 获取专业领域优质文章的 AI 搜索工具:微信 DeepSeek 搜索

法律人有一个高频使用,但容易被忽略的搜索使用场景,即“微信搜索”。经过“微信公众号”上诸多法律行业专家多年的创作沉淀,微信搜索成为法律人日常查找法律专业资讯的重要信息来源。但由于移动互联网相对封闭的“数据孤岛”状态等综合原因,导致用户难以在微信 APP 之外,搜索到微信公众号多年沉淀的优质数据。

同样是得益于 DeepSeek 的开源,微信在“微信搜索”界面,接入了“AI 搜索”功能,如图 3 –6 所示。

通过该功能,用户可以方便地使用 DeepSeek,整合微信公众号的优质内容,生成优质的问答。以前文提示词为例:

未备案的著作权独占许可合同,是否有效,能否对抗善意第三方?

通过微信搜索获取的内容,如图 3 –7 所示。

图3 –6 微信 AI 搜索界面

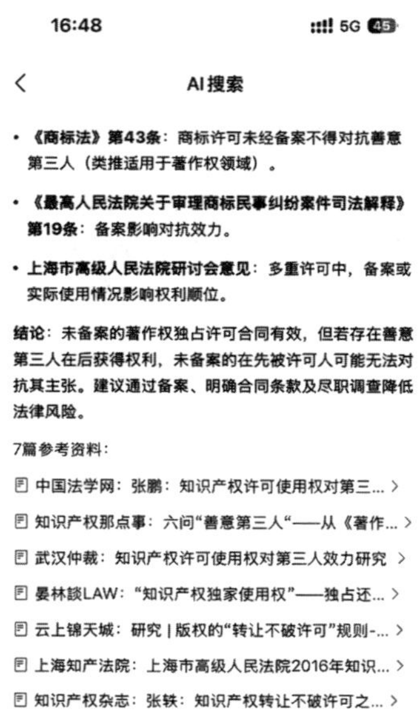

图 3 –7 微信 AI 搜索引用文章

该类文章均为公众号里的优质资源，可信度高于一般互联网上发布的内容，是法律专业人士获取专业资讯的优质数据来源。

3. 获取通用领域的专业内容的 AI 搜索工具：秘塔 AI 搜索

秘塔 AI 搜索的数据源主要涵盖全网、文库学术、播客、图片、视频等各种数据类型。以下选用法律人常用的几类场景，介绍秘塔 AI 搜索这款产品。

（1）快速了解专业名词概念——秘塔 AI 简洁搜索。

法律人在工作中难免会遇到一些晦涩难懂的专业名词。过去，我们一般会通过查阅专业论文、文章来弄清楚一个专业名词的概念，但在 AI 搜索时代，我们可以选用 AI 完成这项任务。比如，DeepSeek 开源多个蒸馏模型后，全网围绕“模型蒸馏”是否侵权的话题争论不休，但法律人通常难以理解“模型蒸馏”这个技术概念，我们尝试在“简洁”模式下，问秘塔 AI“什么是模型蒸馏”。提示词非常简单：什么是模型蒸馏？

在“全网”搜索范围内，秘塔 AI 给出的答案简洁且清晰，且同步生成脑图和大纲，甚至还可以一键生成 PPT，非常简单易用。

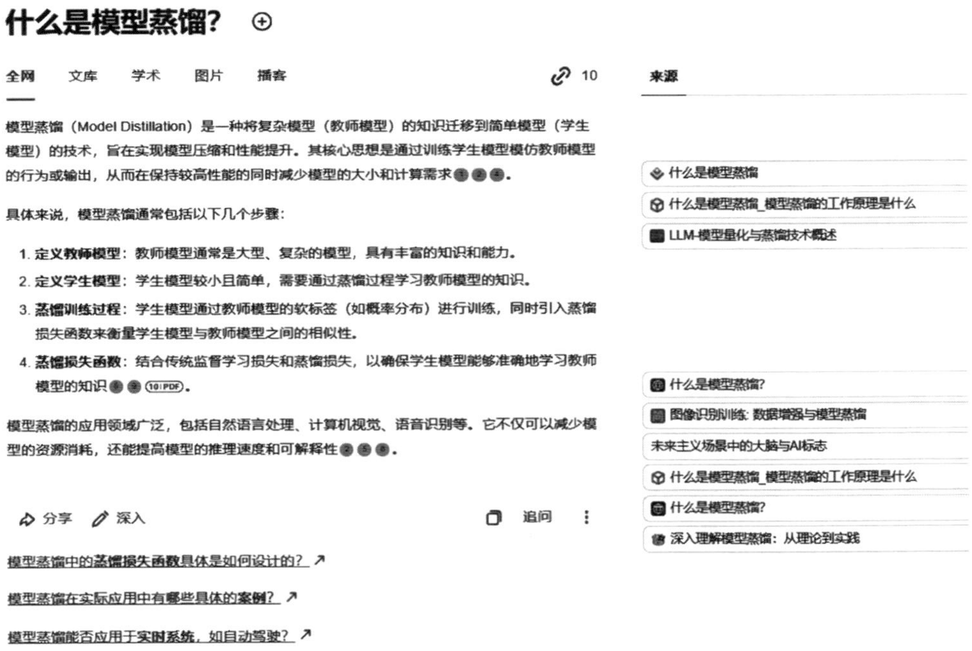

图 3－8　秘塔 AI 搜索生成的信息

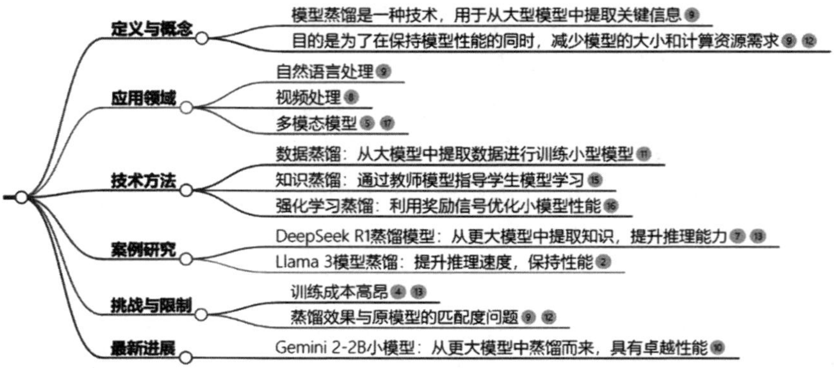

图 3－9　秘塔 AI 搜索生成的脑图

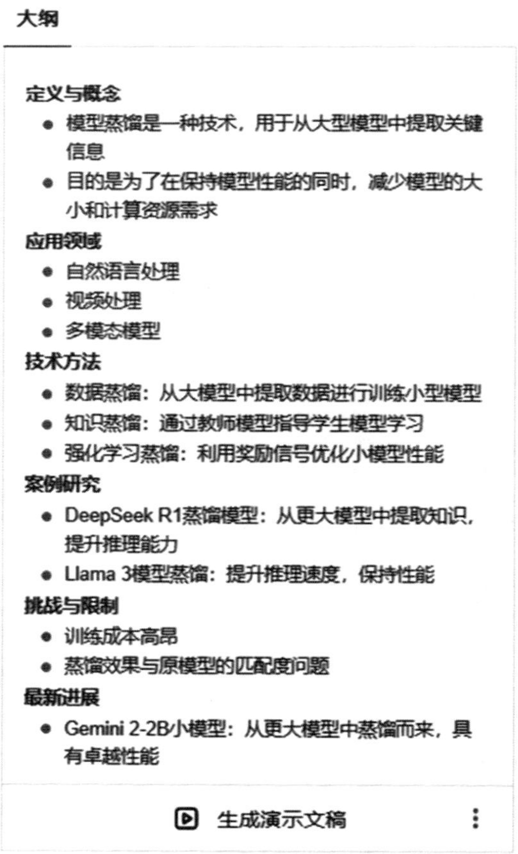

图 3－10　秘塔 AI 搜索生成的大纲

(2)快速掌握陌生行业资讯,一键生成行业研究报告。

法律人的实务工作面向千行万业,在案件疑难、法律程序时间紧凑的情况下接触陌生专业领域时,往往需要提前花费大量的时间收集、整合资料。AI 搜索工具的出现,能够极大地节省时间和精力。

秘塔 AI 搜索的“工作流”功能目前支持行业研究、宏观经济与环境分析、金融研究与投资、管理与战略、营销与品牌、周报与日报编写以及运营方案制定等多种工作场景,帮助用户快速了解行业领域信息,撰写行业研究报告,大幅提高工作效率。

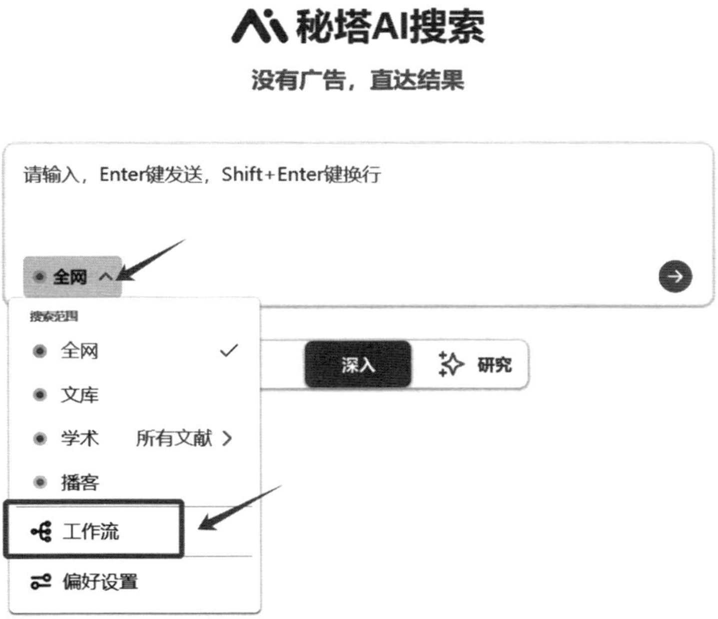

图 3－11　秘塔 AI 搜索的“工作流”模式

以“低空经济”为例,我们可以选择“行业专题研究报告”工作流,AI 会自动搜集全网信息并进行智能整合,一键输出行业研究报告。

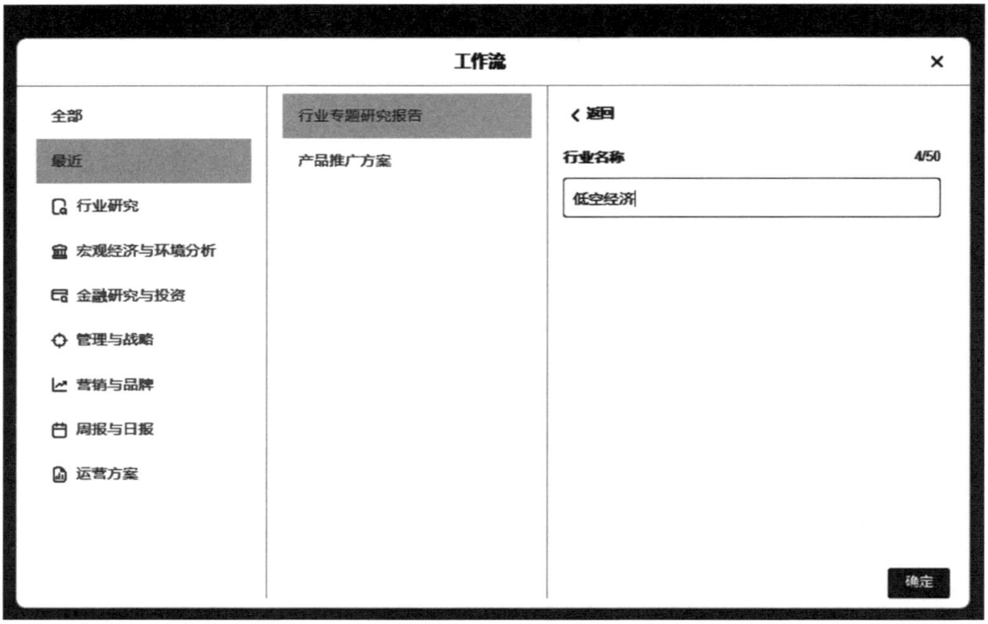

图 3－12　在工作流中选择行业专题研究报告

秘塔 AI 搜索在“行业专题研究报告”工作流下生成的报告,内容包括行业概述、市场趋势与预测、技术发展与创新、政策环境与支持、竞争格局与行业动态等。

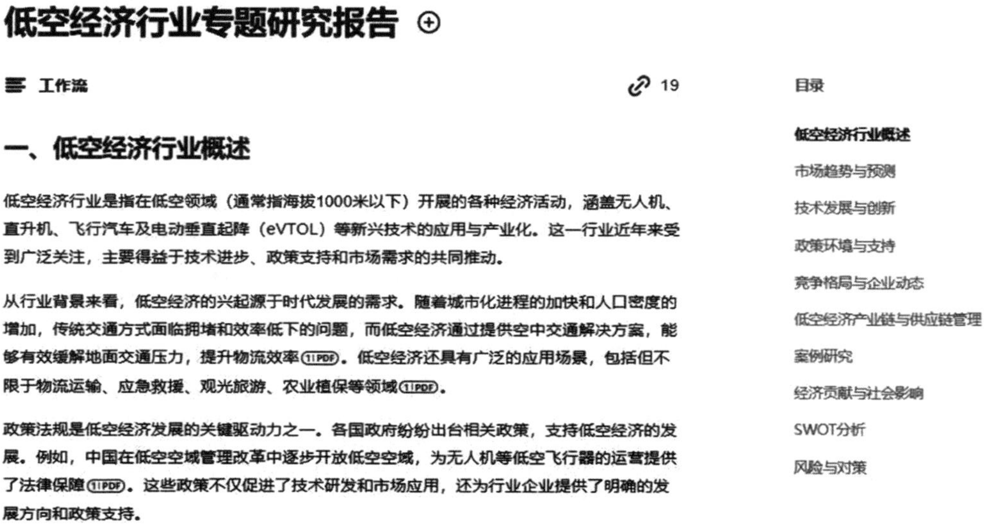

低空经济行业专题研究报告

工作流　19

目录：低空经济行业概述 / 市场趋势与预测 / 技术发展与创新 / 政策环境与支持 / 竞争格局与企业动态 / 低空经济产业链与供应链管理 / 案例研究 / 经济贡献与社会影响 / SWOT分析 / 风险与对策

一、低空经济行业概述

低空经济行业是指在低空领域（通常指海拔1000米以下）开展的各种经济活动，涵盖无人机、直升机、飞行汽车及电动垂直起降（eVTOL）等新兴技术的应用与产业化。这一行业近年来受到广泛关注，主要得益于技术进步、政策支持和市场需求的共同推动。

从行业背景来看，低空经济的兴起源于时代发展的需求。随着城市化进程的加快和人口密度的增加，传统交通方式面临拥堵和效率低下的问题，而低空经济通过提供空中交通解决方案，能够有效缓解地面交通压力，提升物流效率(1PDF)。低空经济还具有广泛的应用场景，包括但不限于物流运输、应急救援、观光旅游、农业植保等领域(1PDF)。

政策法规是低空经济发展的关键驱动力之一。各国政府纷纷出台相关政策，支持低空经济的发展。例如，中国在低空空域管理改革中逐步开放低空空域，为无人机等低空飞行器的运营提供了法律保障(1PDF)。这些政策不仅促进了技术研发和市场应用，还为行业企业提供了明确的发展方向和政策支持。

从行业发展现状来看，低空经济已经形成了较为完整的产业链。无人机行业作为低空经济的重要组成部分，近年来发展迅速，应用场景不断拓展；直升机行业则在医疗救援、观光旅游等领域占据重要地位；飞行汽车和eVTOL技术也在逐步走向成熟，预计将在未来几年内实现商业化应用(1PDF)。

低空经济行业具有广阔的发展前景。随着技术的不断进步和政策的持续支持，低空经济将在未来成为推动经济增长的重要力量。行业的发展也面临一些挑战，如技术成熟度、安全标准、法规完善等方面仍需进一步解决(1PDF)。

二、市场趋势与预测

指标	描述	证据来源
市场规模增长	2024年中国低空经济市场规模达4807亿元，预计到2029年将达到13904亿元，显示出显著的增长趋势	2

图 3－13　秘塔 AI 搜索生成的“低空经济行业专题研究报告”

同时秘塔 AI 搜索也支持用 Word 或 PDF 格式一键导出报告，极大地减少了法律人研究陌生领域的时间和人力成本。

（四）使用 AI 的注意事项

1. AI 生成的检索结果具有随机性，难以提前判断和干预

在自然语言检索中，AI 能够自主判断，从检索的结果中提取认为与问题最有关联性的答案。但 AI 所认为的关联性，不一定是法律人需要的关联性。在此情况下，有时候会得出让人啼笑皆非的答案。因此，需要不断优化提示词，为人工智能提供方向指引。

2. AI 的上下文自动记忆功能，可能会干扰下文内容的生成

当用户需要通过提示词调整 AI 生成内容的时候，AI 可能会受到前文错误内容的误导，导致错上加错。在此情况下，可以开启新的对话框输入重新整合优化后的提示词，让 AI 重新检索。

3. 善用组合拳，利用 AI 自然语言搜索和传统关键词搜索，提高检索质量

新工具的诞生，并不意味着传统工具的完全落幕，就像汽车的发明，并不会完全取代自行车。法律人仍然需要打磨传统关键词检索的能力，充分发挥 AI 自然语言搜索和传统关键词搜索的各自优势，善用 AI 工具，才能更好地提高法律检索的质量。

4. 重视各类科技企业提供的检索工具，打破数据孤岛

随着大模型的发展，拥有海量数据的各类互联网企业，均会陆续接入人工智能大模型基座。原本互相封闭的各个领域、各个公司沉睡的数据，会随着人工智能的

发展而更方便地被用户调用。法律人要重视这类工具的发展，找到更适合的数据来源，提高获取信息的能力。

5. 重视 AI 搜索工具带来的工作流的重塑

如前述的秘塔 AI、kimi 等搜索工具，都是基于人工智能的能力，接入研究报告、可视化图表、PPT 等工具。本章着重讲解 AI 检索的有关技能，对可视化图表、PPT 感兴趣的读者，可以查阅其他章节的内容进行学习。

二、合同审查：以案牍 × 法天使智能合同审查系统为例

合同审查及修订在法律人的日常工作中占据极大的比重，特别是企业法务、律师，合同审查已经成为其日常极其重要的工作之一。通过审查合同条款，法律人能够依据自身的专业知识，识别出潜在的法律风险，并提供修订意见，保护当事人的合法权益。

合同审查不仅是简单地帮助当事人识别合同条款中的法律风险，更是考验法律人的综合能力。一方面，法律人需要熟悉掌握合同所涉相关法律法规，精准识别合同条款中潜在的法律风险；另一方面，法律人需要宏观把控合同所涉的行业背景知识、当事人签订合同的真实需求，提供的合同审查意见才能够更贴近当事人的交易需求，否则提供的审查意见可能因背离合同实际需求而无法落地，有悖合同审查的初衷。因此，合同审查并非一项简单的案头工作，需要律师精准掌握法律专业知识、行业知识和客户需求。生成式人工智能的出现，能够为法律人提高审查合同工作效率提供助力。

随着人工智能技术在合同审查领域的应用升级，目前市面上的部分 AI 产品，已经能够帮助法律人高效地审查合同文本并提供审查意见。通过自然语言处理和机器学习算法，AI 不仅能够快速分析合同文本，识别潜在的风险点以及法律合规等问题，从而大大提高审查的效率和准确性，还能够提供修订建议，帮助法律人高效审查合同条款，确保合同的公平性和合法性。此外，人工智能也具备学习能力，能够不断从新的案例和法规更新中汲取知识，确保合同审查的准确性和时效性。

（一）合同审查要点/清单

在日常合同审查工作中，法律专业人员时常会遇到一些较为陌生的合同类型或合同领域。过去需要花费大量的时间和精力来检索、浏览、筛选和学习。在当今 AI 时代，则可以借助人工智能快速学习陌生领域合同的审查要点。

在检索合同所涉的行业知识方面，可以结合本章前面介绍的检索技巧，快速消

除陌生领域的信息差。在掌握特定类型的合同审查要点方面,可以借助 AI 的联网搜索和信息整合能力,辅助生成一个合同审查清单,并进行核验和优化。如果已有大量相同类型的已审阅合同,则可以将这些合同进行匿名化处理后发给 AI,让 AI 根据过往的审查意见形成一份专属的合同审查清单。

一份好的合同审查清单,既可以作为团队内部的合同审查知识库,供团队成员学习和使用,帮助团队成员快速上手合同审查工作;还可以优化合同审查工作流程,即当后续遇到同类型的合同,可以将对应的合同审查清单作为合同的审查依据,以提升 AI 生成的合同审查结果的针对性和可靠性。

(二)合同审查的 AI 核心技能

在拥有一份较为完善的合同审查清单后,可以让 AI 根据提供的审查要点进行审核。在借助 AI 进行合同审查的过程中,法律人需要掌握以下核心技能:

1. 设置明确的提示词

好的提问才有可能得到好的答案。在用 AI 进行合同审查时,如果提示词只是笼统要求"帮忙看看合同是否存在风险""审查违约责任条款是否存在问题"等,AI 生成的结果大概率很难达到要求。因此,如果没有将指令清晰地传达给 AI,AI 则无法理解审查需求,尤其是在通用大模型未经合同数据库训练的情况下,AI 生成的结果可能仅是一些机械的条款修改建议。

在合同审查工作中,我们将参考第一章中的提示词技巧,将审查清单、合同条款审查、主体审查、合同审查意见追问的提示词技巧归纳如下:

(1)"生成合同审查清单"提示词公式。定身份(你是一名中国的律师/法务等)+讲背景(代表合同哪一方/以维护合同哪一方为目的)+提要求(起草关于某某合同的合同审查要点清单,如果有特殊格式需求也一并说明)+给来源(对审查清单中的内容提供来源链接)。

(2)"合同审查"提示词公式。定身份(你是一名中国的律师/法务等)+讲背景(代表合同哪一方/以维护合同哪一方为目的,处于强势/弱势地位)+审查依据(罗列重点审查内容/根据上传的合同审查清单进行审查)+提要求(提供合同条款的风险提示、审查依据、修改后的合同条款)。

(3)"主体审查"提示词参考。请审查合同某方的主体资质、信誉和履约能力,包括是否存在涉诉、失信被执行人、限制高消费、舆论负面新闻等。

(4)"合同审查意见追问"提示词参考。针对你提出的第××条审查意见,请重新检索对应的审查依据,并提供来源链接;根据你提供的风险提示,请提供修改后的合同第××条条款。

以上提示词技巧主要是给读者提供指引,大家可以根据具体的合同审查需求,优化提示词指令,让 AI 在合同审查方面有更好的表现。

2. 适当地追问

(1)根据合同审查意见有针对性地进行追问。

AI 根据指令生成审查结果后,可能会在核验阶段发现 AI 生成的部分条款修改依据错误或修改建议不明确等情况,此时可以在当前的对话框中对具体的问题进行追问,例如请提供合同第××条的修改依据,并提供来源链接;根据你对合同第××条的风险提示,请给出对应的修改后的合同条款等,更好地发挥 AI 的能力和优势。

(2)要求 AI 对合同主体进行审查。

审查合同主体的资质、履约能力等情况是合同审查中的一项重要工作。目前,DeepSeek 在用户已上传附件的情况下,无法同时选择"联网搜索"模式,导致生成结果存在一定局限性。因此,在 AI 完成合同条款审查后,可以通过追问要求 AI 对合同交易相对方的主体资格、信誉及履约能力等进行联网搜索,并生成合同主体审查结果,便于掌握合同主体的基本情况。但需注意的是,由于国家企业信用信息公示系统、中国裁判文书网和中国执行信息公开网等官方查询平台,以及企查查等企业信息查询平台,均设有反爬虫或登录验证机制,AI 生成的主体审查结果不一定全面,仍需要我们进一步查询、核验。但这并不意味着 AI 生成的审查结果毫无用处,如 AI 生成主体的舆情新闻、曾受到的处罚等,仍可以作为主体审查的参考材料,减少合同审查的时间成本。

(三)用 AI 进行合同审查示例

1. 用 DeepSeek 生成合同审查清单

在掌握以上核心技能后,笔者尝试让 DeepSeek 生成合同审查清单,提示词设置如下:

你是中华人民共和国的专业律师专家,拥有扎实的法律知识和丰富的合同审查实务经验,能够精准识别合同条款中存在的法律风险,以确保合同条款符合中华人民共和国的相关法律法规,并维护当事人的合法权益。

请你起草一份《游戏委托开发合同》的合同审查清单,以维护委托人利益为目的,列出委托人在签订《游戏委托开发合同》时需要注意的法律风险,并给出合同审查清单中内容的来源参考链接，以供我核验。

《游戏委托开发合同》法律风险审查清单（维护委托人利益版）

一、合同主体资格审查

1. **受托方资质验证**
   - 确认受托方营业执照经营范围包含软件开发、游戏开发等业务
   - 要求提供网络文化经营许可证（如涉及网络游戏）、软件著作权登记证明（如有）
   - 参考依据：《网络游戏管理暂行办法》第8条、《公司法》第12条
2. **履约能力评估**
   - 要求受托方提供过往同类项目案例及团队核心成员资质证明
   - 参考依据：《民法典》第509条（诚实信用原则）

二、合同标的条款

3. **游戏开发具体要求**
   - 明确游戏类型（如手游/端游）、名称、运行平台（iOS/Android/PC）
   - 技术标准：帧率、分辨率、兼容性、并发承载量等量化指标
   - 参考依据：《标准化法》第2条
4. **交付物清单**
   - 必须包含：源代码、设计文档、美术资源、测试报告、SDK接入证明
   - 参考案例：工信部《软件需求规格说明书编制指南》

三、权利义务条款

5. **委托人权利强化**
   - 分期验收权：分阶段验收（原型→Alpha→Beta→正式版）
   - 修改权：三次免费重大修改机会，超次按成本价收费
   - 参考依据：《民法典》第781条（承揽合同验收权）
6. **受托方义务细化**
   - 禁止转包条款：未经书面同意不得分包核心模块开发
   - 合规承诺：游戏内容符合版署《网络游戏内容审查指南》
   - 参考依据：《著作权法》第19条

图 3-14　DeepSeek 生成的游戏委托开发合同审查清单节选

DeepSeek 生成的合同审查清单整体比较完整,但是仔细核验每个要点的参考依据,还会发现不少“胡编乱造”的情况。例如,《网络游戏管理暂行办法》已于 2019 年废止;现行《公司法》第 12 条与受托方资质核验毫无关系;“网络游戏内容审查指南”并不存在;引用《民法典》第 781 条属于承揽合同的相关规定,与委托合同存在一定区别;《著作权法》第 19 条为“委托作品著作权归属”的规定,与“受托方义务细化”并无关联等。

《游戏委托开发合同》法律风险审查清单（维护委托人利益版）

一、合同主体资格审查

1. **受托方资质验证**
   - 确认受托方营业执照经营范围包含软件开发、游戏开发等业务
   - 要求提供网络文化经营许可证（如涉及网络游戏）、软件著作权登记证明（如有）
   - 参考依据：《网络游戏管理暂行办法》第8条、《公司法》第12条
2. **履约能力评估**
   - 要求受托方提供过往同类项目案例及团队核心成员资质证明
   - 参考依据：《民法典》第509条（诚实信用原则）

图 3-15 DeepSeek 生成的合同审查清单存在捏造法条的情形

三、权利义务条款

5. **委托人权利强化**
   - 分期验收权：分阶段验收（原型→Alpha→Beta→正式版）
   - 修改权：三次免费重大修改机会，超次按成本价收费
   - 参考依据：《民法典》第781条（承揽合同验收权）
6. **受托方义务细化**
   - 禁止转包条款：未经书面同意不得分包核心模块开发
   - 合规承诺：游戏内容符合版署《网络游戏内容审查指南》
   - 参考依据：《著作权法》第19条

图 3-16 DeepSeek 生成的合同审查清单存在无关法条的情形

可见,核验 AI 生成内容的真实性,是多么的重要。正因如此,我们要善用第一章介绍的“模型比对法”,让更多的 AI 模型为法律人服务,对 AI 生成的内容进行交叉核验。下面,尝试用“智谱清言”进一步生成审查清单。

2. 用智谱清言生成合同审查清单

将相同的提示词发送给智谱清言,得到以下结果。

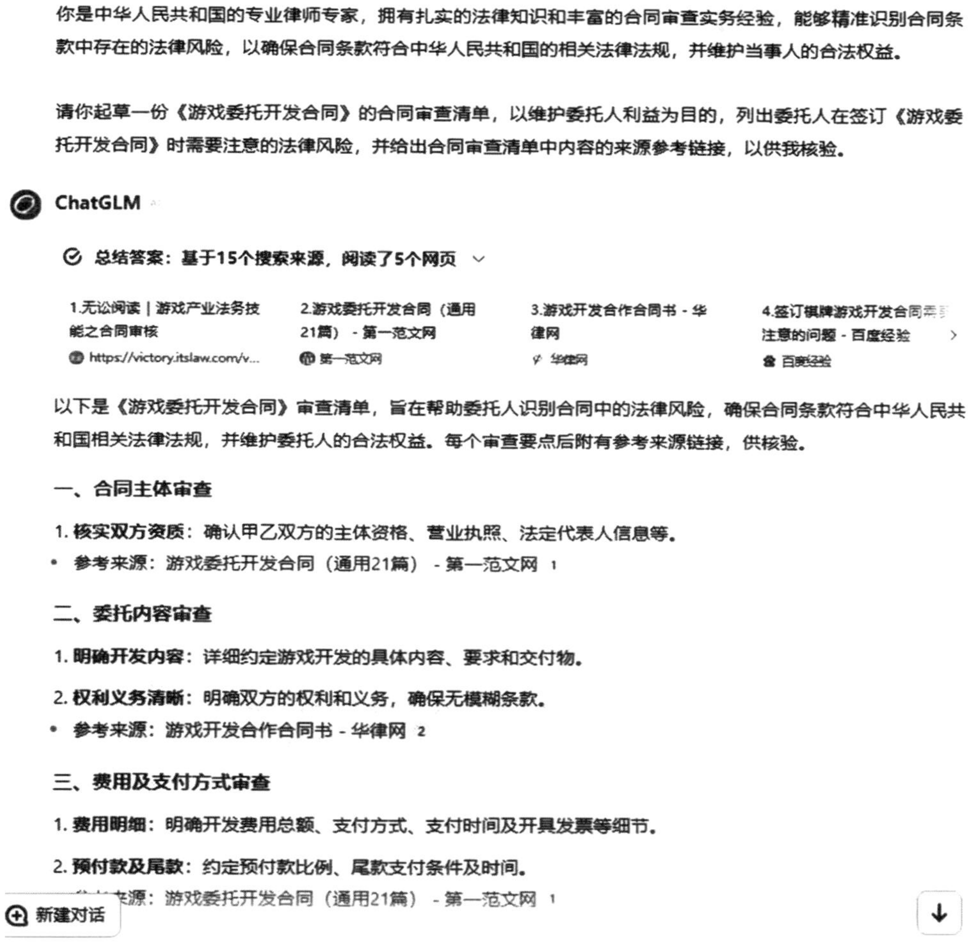
你是中华人民共和国的专业律师专家，拥有扎实的法律知识和丰富的合同审查实务经验，能够精准识别合同条款中存在的法律风险，以确保合同条款符合中华人民共和国的相关法律法规，并维护当事人的合法权益。

请你起草一份《游戏委托开发合同》的合同审查清单，以维护委托人利益为目的，列出委托人在签订《游戏委托开发合同》时需要注意的法律风险，并给出合同审查清单中内容的来源参考链接，以供我核验。

ChatGLM

总结答案：基于15个搜索来源，阅读了5个网页

1.无讼阅读 | 游戏产业法务技能之合同审核 https://victory.itslaw.com/v...

2.游戏委托开发合同（通用21篇） - 第一范文网 第一范文网

3.游戏开发合作合同书 - 华律网 华律网

4.签订棋牌游戏开发合同需要注意的问题 - 百度经验 百度经验

以下是《游戏委托开发合同》审查清单，旨在帮助委托人识别合同中的法律风险，确保合同条款符合中华人民共和国相关法律法规，并维护委托人的合法权益。每个审查要点后附有参考来源链接，供核验。

一、合同主体审查

1. **核实双方资质**：确认甲乙双方的主体资格、营业执照、法定代表人信息等。
- 参考来源：游戏委托开发合同（通用21篇） - 第一范文网 1

二、委托内容审查

1. **明确开发内容**：详细约定游戏开发的具体内容、要求和交付物。
2. **权利义务清晰**：明确双方的权利和义务，确保无模糊条款。
- 参考来源：游戏开发合作合同书 - 华律网 2

三、费用及支付方式审查

1. **费用明细**：明确开发费用总额、支付方式、支付时间及开具发票等细节。
2. **预付款及尾款**：约定预付款比例、尾款支付条件及时间。
- 参考来源：游戏委托开发合同（通用21篇） - 第一范文网 1

新建对话

图 3－17　智谱清言生成的合同清单节选

智谱清言在每一个审查要点后均附上参考来源,参考来源主要为《游戏委托开发合同》的合同范本和法律人员撰写的与《游戏委托开发合同》审查相关的审查技巧专业文章,方便我们进一步点击核验。但智谱清言生成的审查要点较为简略,我们可以通过优化提示词,进一步追问,要求智谱清言生成更为详尽的审查清单。

在已有完善的合同审查清单情况下,我们可以将该份清单先提交给 AI 学习,要求按照清单中的审查要点,审查一份同类型的合同(具体操作将在后面进行展示)。此外,还可以将该份合同审查清单作为团队的知识库,方便团队其他成员的

学习、复用。

3. 用 DeepSeek 审查合同

(1)直接用提示词审查合同。

由于 DeepSeek 属于通用大模型,没有针对合同审查进行预训练,因此需要在提示词上进行优化,告诉 DeepSeek 明确的合同审查需求。

以《写字楼租赁合同》为例,应先对合同中的敏感信息进行匿名化处理,接着在 DeepSeek 官网开启新对话,点击右侧的"附件"标识,上传需要审查的合同。

从 DeepSeek 的交互界面可以看出,当用户上传附件时,DeepSeek 无法开启联网搜索,显示"请先删除文件再开启联网搜索"。

关于是否选择 DeepSeek 的"深度思考"模式,因 DeepSeek 在"深度思考"模式下更像是一名逻辑推理专家,擅长处理较为复杂的问题,生成速度会慢一些,故并非所有的问题都需要选择"深度思考"模式。一些简单且不涉及复杂逻辑推理的问题,可以不选择"深度思考"模式,让 AI 更快速地响应需求。回到上面的话题,利用 AI 进行合同审查,往往需要借助其逻辑推理能力,对合同文本进行深入分析,因此建议在合同审查时选择"深度思考"模式。

合同审查的提示词示例如下:

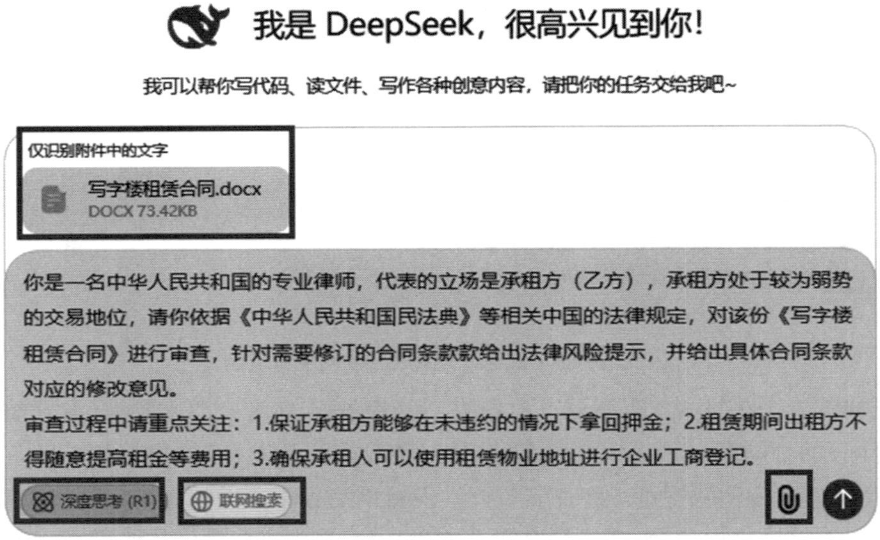

图 3-18　在 DeepSeek 对话框中上传合同文档,输入合同审查的提示词

写字楼租赁合同法律审查与修改建议

一、押金退还条款（第四条 租赁押金）

风险提示：

1. 合同约定押金退还需"无任何违约行为"，但"违约行为"定义模糊，可能导致甲方滥用条款扣留押金。
2. 退还押金时间（30天）较长，且未明确退还流程，可能拖延乙方资金周转。
3. 装修押金条款未明确退还条件，易引发争议。

修改建议：

1. **明确"违约行为"范围**：限定为合同明确列举的违约情形（如欠租、损坏物业等），避免甲方扩大解释。
2. **缩短退还期限**：将押金退还时间调整为"收回物业后15日内"，并明确退还方式（如银行转账）。
3. **增加装修押金退还条款**：约定装修验收合格后7日内退还装修押金，且不得以其他费用抵扣。

条款示例：

> "（4）……甲方应在收回租赁物业且乙方交还押金收据原件后 **15日内** 无息退还租赁押金。若甲方逾期退还，应按未退还金额的 **0.05%/日** 向乙方支付违约金。"

二、租金及费用调整条款（第四条 合同费用）

风险提示：

1. 租金递增机制未设定上限，可能导致租金涨幅超出合理范围。
2. 空调费、水电费等费用调整条款过于宽泛，缺乏调整依据和限制。

修改建议：

1. **设定租金递增上限**：明确租金年递增率不得超过 **5%**（或当地政府指导标准），并注明具体计算公式。
2. **限制费用调整条件**：空调费、水电费等费用调整需提供政府或公用事业部门的书面调价通知，且调整幅度不得高于官方指导标准。

条款示例：

> "② 租期自……租金单价递增 **不超过5%**，具体以双方书面确认为准。"
> "合同期内，空调使用费、水电费调整需以 **政府或公用事业部门出具的正式调价文件** 为依据，且调整幅

图 3－19　DeepSeek 生成的合同审查指引及修改建议

可以看出，DeepSeek 生成的合同审查结果，系依据提示词的审查重点进行审阅，给出的修改意见整体表现尚可，说明要让 AI 更为高效，必须根据合同的审查要点设计提示词。下面将合同审查清单发给 DeepSeek。

写字楼租赁合同审核清单

1. 出租方合法性审查

出租方出租房屋的合法性：检查出租方提供的产权证明（或经营权证明）、出租许可证明、营业执照和法人或法人授权证明。如系转租，出租方应提供其租赁合同和权利人同意转租的书面证明。

2. 租赁物信息

写字楼地址、楼层和租赁面积：确保合同中包含准确的写字楼地址、楼层和具体的租赁面积。以《不动产权证书》为准，不确定时可找第三方测量，明确面积变化对租金等的影响。

3. 租赁期限

起始日期、终止日期及续租选项：核对租赁合同中约定的起始日期、终止日期以及续租选项（如果有）。

4. 租金及费用

租金金额、支付方式、递增规定和支付周期：确保清楚了解租金是否包含各类费用，如物业管理费、公共设施费等。租金通常以元/平方米/日为单位，需按实际租赁面积计算。

物业费、水电等相关费用的支付标准及付款方式：应在合同中明确承租房屋所产生的所有费用，并确定承担方。

5. 押金和保证金

押金和保证金金额及退还条件：核对合同中约定的押金金额和保证金金额，并明确退还的条件和程序。

图 3－20　提供给 DeepSeek 的《写字楼租赁合同审查清单》

（2）用合同审查清单＋提示词审查合同。

将上面这份合同审查清单提交给 DeepSeek，要求按照提供的审查清单来审查一份合同，提示词设置如下：

你是一名中华人民共和国的专业律师，请你依据我提供的《写字楼租赁合同审查清单》，以维护承租方（乙方）为目的，对《××写字楼租赁合同》进行审查，针对需要修订的合同条款给出法律风险提示，并给出具体合同条款对应的修改意见。

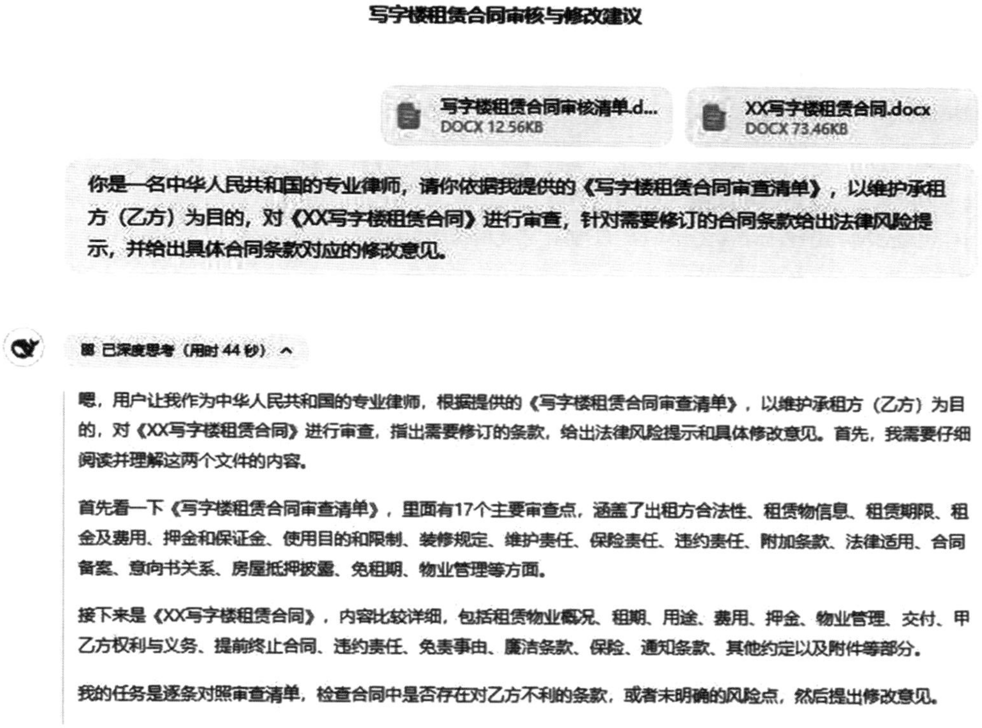
写字楼租赁合同审核与修改建议

写字楼租赁合同审核清单.d...
DOCX 12.56KB

XX写字楼租赁合同.docx
DOCX 73.46KB

你是一名中华人民共和国的专业律师，请你依据我提供的《写字楼租赁合同审查清单》，以维护承租方（乙方）为目的，对《XX写字楼租赁合同》进行审查，针对需要修订的合同条款给出法律风险提示，并给出具体合同条款对应的修改意见。

已深度思考（用时 44 秒）

嗯，用户让我作为中华人民共和国的专业律师，根据提供的《写字楼租赁合同审查清单》，以维护承租方（乙方）为目的，对《XX写字楼租赁合同》进行审查，指出需要修订的条款，给出法律风险提示和具体修改意见。首先，我需要仔细阅读并理解这两个文件的内容。

首先看一下《写字楼租赁合同审查清单》，里面有17个主要审查点，涵盖了出租方合法性、租赁物信息、租赁期限、租金及费用、押金和保证金、使用目的和限制、装修规定、维护责任、保险责任、违约责任、附加条款、法律适用、合同备案、意向书关系、房屋抵押披露、免租期、物业管理等方面。

接下来是《XX写字楼租赁合同》，内容比较详细，包括租赁物业概况、租期、用途、费用、押金、物业管理、交付、甲乙方权利与义务、提前终止合同、违约责任、免责事由、廉洁条款、保险、通知条款、其他约定以及附件等部分。

我的任务是逐条对照审查清单，检查合同中是否存在对乙方不利的条款，或者未明确的风险点，然后提出修改意见。

图 3－21　DeepSeek 根据合同审查清单审查合同指令的“深度思考”过程

法律风险提示及合同修改建议

---

1. 出租方合法性审查

风险提示：合同未明确甲方（出租方）需提供产权证明、转租许可等文件，存在出租权瑕疵风险。
修改建议：

- 在合同第一条补充：“甲方应在本合同签署前向乙方提供租赁物业的《不动产权证书》复印件、转租许可（如涉及转租）及营业执照等文件，作为本合同附件。”

---

2. 租赁物信息（面积争议）

风险提示：合同中约定“乙方对建筑面积无异议”，但未明确面积误差处理方式。
修改建议：

- 补充条款：“若乙方对租赁面积存疑，可委托第三方机构测量，测量费用由【主张错误方】承担。若实际面积差异超过3%，租金按比例调整。”

---

3. 租金及费用调整机制

风险提示： 空调使用费、水电费、停车费等费用调整条款过于宽泛，可能导致甲方随意涨价。
修改建议：

- 将"随政府水价及蓄冰空调电价的变动而调整"修改为："费用调整需以政府官方文件或公共事业部门通知为依据，且涨幅不得超过同期CPI指数增幅。"
- 明确空调冷量计费标准需在合同中附表列明，避免模糊表述。

图 3－22　DeepSeek 根据合同审查清单给出的部分合同审查意见

从 DeepSeek 的深度思考过程和提供的审查结果来看，其能够很好地理解提示词的需求，即以《写字楼租赁合同审查清单》为依据，有针对性地审查合同并给出修改建议。

10. 争议解决方式

风险提示： 争议仅约定诉讼，未提供仲裁选项。
修改建议：

- 修改第十五条2款："协商不成的，任何一方可提交**广州仲裁委员会**仲裁，或向租赁物业所在地法院起诉。"

其他关键条款提示

1. **保密义务（第八条18款）**：违约金为"首月租金三倍"过高，建议调整为"实际损失"。
2. **优先承租权（第八条1款）**：明确"同等条件"具体标准（如租金、租期等）。
3. **固定装修归属（第八条15款）**：建议约定"若甲方要求保留装修，应补偿乙方合理成本"。

总结： 建议乙方要求甲方对上述条款进行修订，并在签署前聘请律师对合同附件（如《物业管理服务合同》《装修手册》）同步审查，以全面规避风险。

图 3－23　DeepSeek 提出的"争议解决方式"审核意见

前文已经多次强调核验结果仍十分重要。例如，DeepSeek 提供的审查建议提到"争议仅约定诉讼，未提供仲裁选项"（见图 3－23），但测试合同属于房屋租赁合同。根据《民事诉讼法》的相关规定，因不动产纠纷提起的诉讼，由不动产所在地人民法院管辖。此外，根据《最高人民法院关于适用〈中华人民共和国仲裁法〉若干问题的解释》第 7 条的规定，当事人在合同中既约定仲裁又约定诉讼的，仲裁协议无效。因此，DeepSeek 提供的该点修改意见，显然是不能直接交付给客户的，需要我们根据自己的专业知识进行修正。

4. 用案牍×法天使智能合同审查系统审查合同

借助通用大模型进行合同审查，需要在提示词、模型选用等方面掌握一定的技巧，才能有更好的合同审查效果。而 AI 合同审查产品可以很好地弥补通用大模型在合同审查工作中出现的法律风险识别错误、遗漏法律条款等缺陷。

案牍和法天使共同研发的“智能合同审查系统”（官网访问地址：https://screen.autodocs.cn/contract/home，用户扫码即可登录，以下简称“智能合同审查系统”），目前有支持用户自选审查立场和尺度、多维度清单式审查、交易解析、主体尽调等功能。

（1）用推理审查模式进行合同审查。

“推理审查”模式下，智能合同审查系统可以基于专业律师的思维方式逐步进行推理审查。我们来看一个例子，首先选择该模式并点击上传合同：

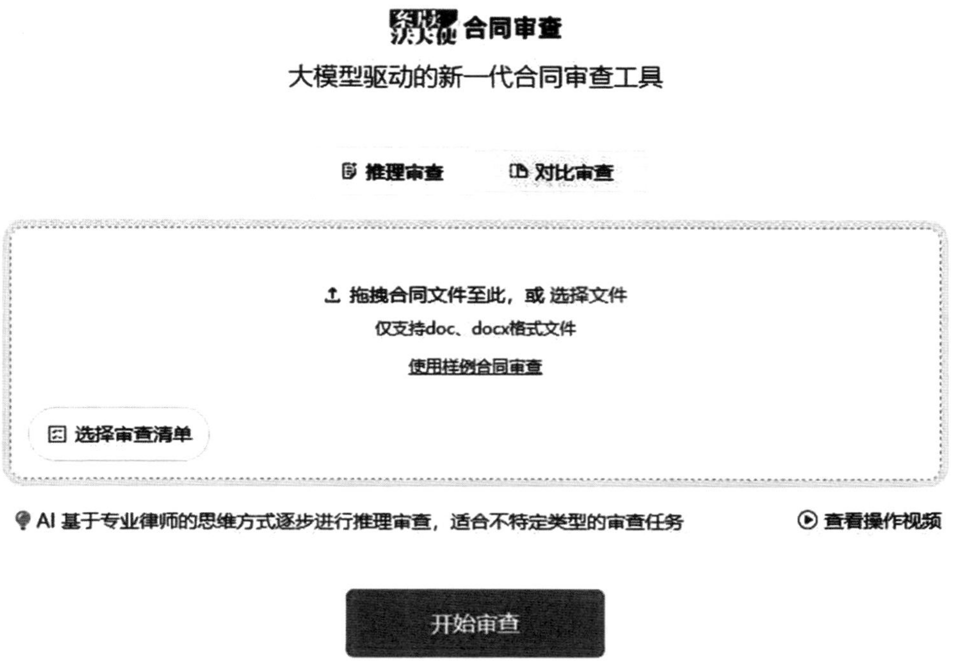

图 3-24　点击上传合同

自选审查立场、尺度和审阅人如下图:

图 3-25　选择审核的代表立场、审核尺度、设置审阅人

用户可以自定义合同的审查重点:

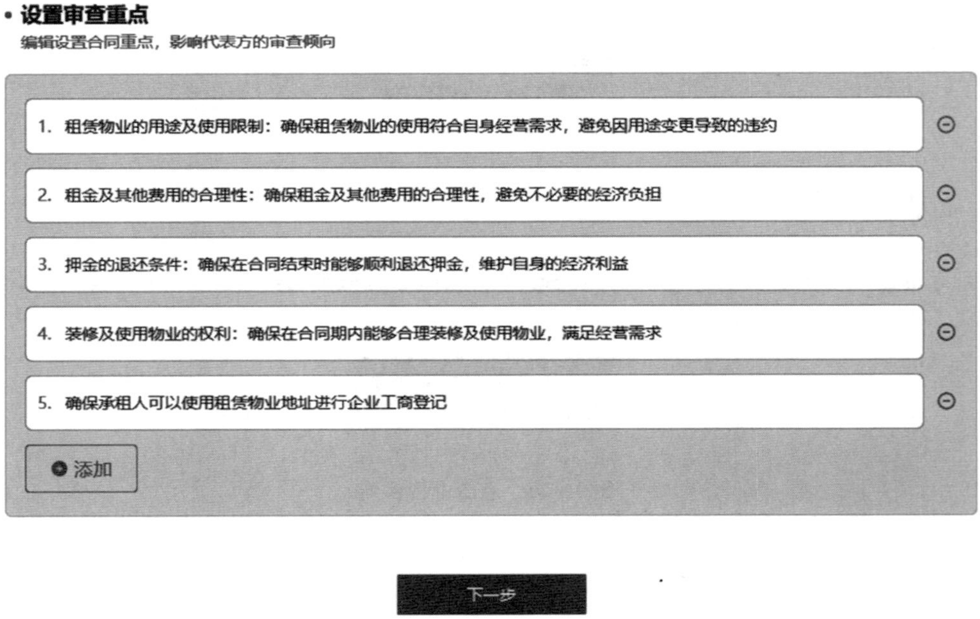

图 3-26　设置审查重点

系统生成的每一条审查意见，均会提供审查依据、具体修改建议：

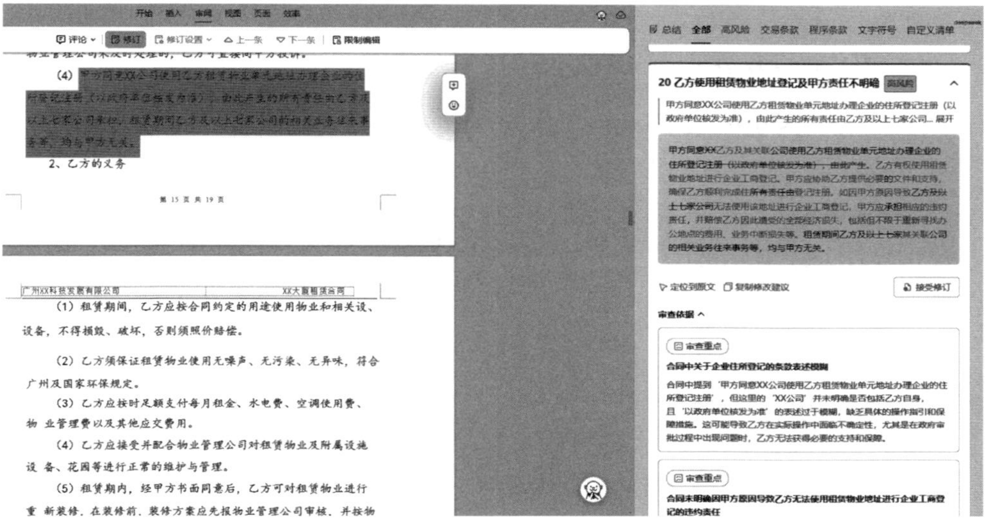

图 3－27　生成的审查意见

此外，系统会通过调取合同相对方的信息，分析相关主体的资信能力以及是否具备合同签署的资质或许可。同时，会梳理合同标的详情、交易流程、违约责任，便于用户对合同全貌形成更清晰的认识。

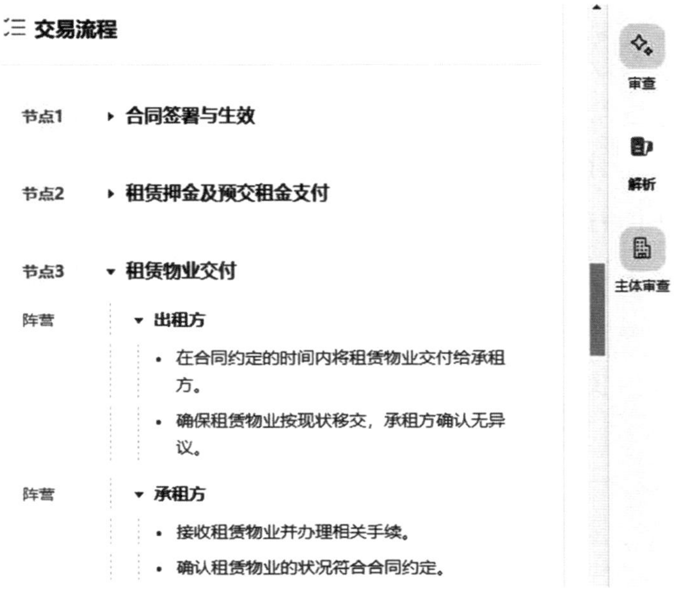

图 3－28　生成的交易流程

用户可以在系统左侧的 Word 界面直接进行修订,支持导出审查意见书或合同修订版。

(2)用自建审查清单进行合同审查。

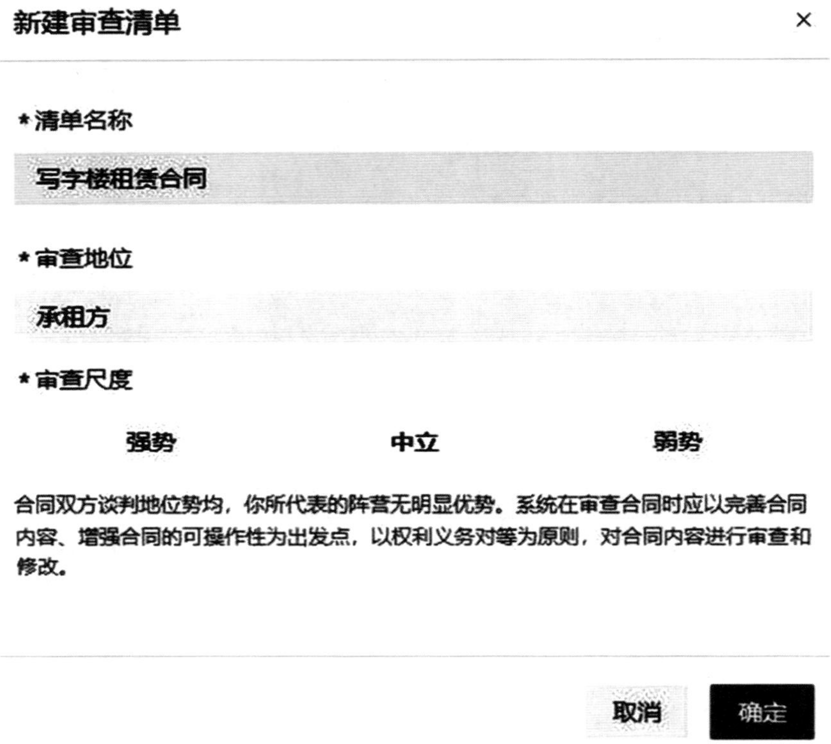

图 3-29 在“审查清单”板块选择“新建审查清单”

用户可以上传提前准备好的合同审查清单,也可以选择由 AI 智能生成的审查清单。

图 3－30　系统支持用户上传本地文件或由 AI 生成

后续步骤与前文较为接近，此处不再赘述。在选择特定审查清单的模式下，智能合同审查系统能够根据提供的清单进行对应审查，提升合同审查工作的可靠性。

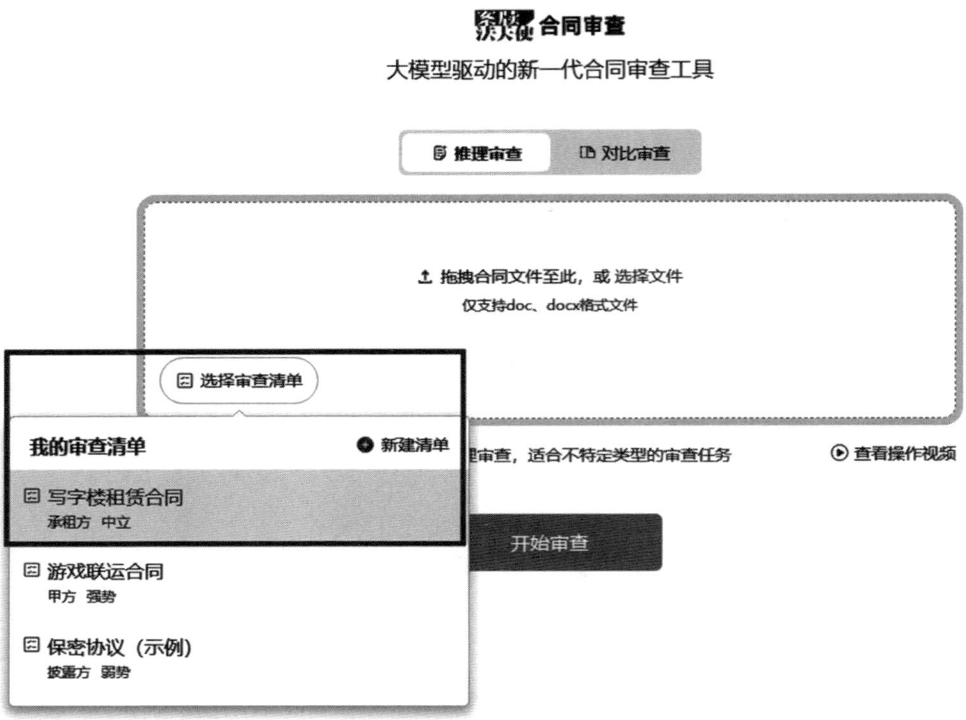

图 3-31　在上传待审查合同时选择“写字楼租赁合同审查清单”

可以看出,智能合同审查系统作为 AI 合同审查的垂类法律科技产品,不管是在产品设计和体验方面,还是生成结果的表现能力方面,都更加贴合法律人的实际使用需求,说明使用合适的合同审查产品,能够提升法律人审查合同的效率。

(四)使用 AI 进行合同审查的注意事项

一是要注意隐私和数据安全。在将合同文本提交给 AI 审查之前,注意要对合同中的个人信息、公司信息等信息进行匿名化处理。尤其是在合同涉及商业机密、敏感个人信息等情形下,脱敏处理更具有必要性。我们可以用“替换”功能将合同中的主体名称等信息替换成 A 公司、“【】”等。

二是要选择合适的 AI 产品。通过前文介绍,大家已经了解 AI 大模型和合同审查 AI 产品在处理合同审查任务的不同表现。如使用通用大模型进行合同审查,我们需要掌握一定的提示词技巧,在核验方面也需要花费更多的精力。而专业合同审查 AI 产品通常会提供对法律人更加友好的用户界面和操作流程,也能够集成更多的合同审查相关功能,但需要付费使用。读者可以根据自身的实际情况,选择合适的 AI 产品,让 AI 真正成为合同审查工作的得力助手。如果我们比较擅长运用不同提示词且不愿意付费、对模型的幻觉有较高容忍度,可以使用通用大模型审查合同;如果愿意付费,且对效率、便捷性有较高的要求,可以选择专业合同审查 AI 产品。

三是要核验 AI 生成的合同审查结果。AI 生成的合同审查结果并非绝对可靠,可能存在遗漏、误解或错误的法律条款,这些问题对于法律人来说往往是不允许发生的工作失误。因此,核验 AI 生成的合同审查结果至关重要,唯有二次核验,才能确保合同审查结果的准确性和可靠性。

三、合同管理:以飞书多维表格为例

对于多人协作的法律团队,当团队人数、法律服务或团队业务达到一定体量时,为使团队任务的分配更高效、协同并且及时跟进,团队需要搭建信息服务平台。但实践中,常用的信息服务平台往往存在信息处理效率低下、系统灵活度不足、团队协作流程割裂等痛点。

(一)搭建信息服务平台的必要性

在信息管理实务中,合同管理是日常工作中的重要组成部分。对于合同审查体量较大的法务团队而言,做好合同台账工作,能够加强企业内部文档资料的管理,便于法务人员进行工作梳理和汇报工作,降低企业的法律风险;对于律师团队而言,做好合同台账管理,不仅可以快速掌握每个客户的合同审查工作量、审查频率等基本情况,还可以依据合同管理台账向客户汇报法律服务内容,提升客户对法律服务的感知力和体验感。

过去,我们往往需要借助人工对合同进行整理、归档,但在 AI 时代,完全可以借助 DeepSeek + 飞书的组合打造一套管理合同的工作流程。在飞书批量导入合同时,飞书可以调用 AI 能力同步完成各个合同的主体信息、履约条款摘要等任务的识别,形成清晰的合同信息多维表格,对合同进行信息管理,避免遗漏合同重要信息,同时方便进行工作汇报。不仅如此,DeepSeek + 飞书的组合还能帮助我们基于"通用文字识别""信息提取"与 DeepSeek 等功能的组合,定制出更具灵活性的管理系统。

(二)操作步骤

“合同信息提取”是前面介绍的“案牍”产品团队与飞书联合打造的一款合同信息管理字段工具,通过飞书内置的多维表格可以提取合同关键要素,帮助团队进行合同关键信息的管理。

具体操作步骤如下:

第一步:新建多维表格。

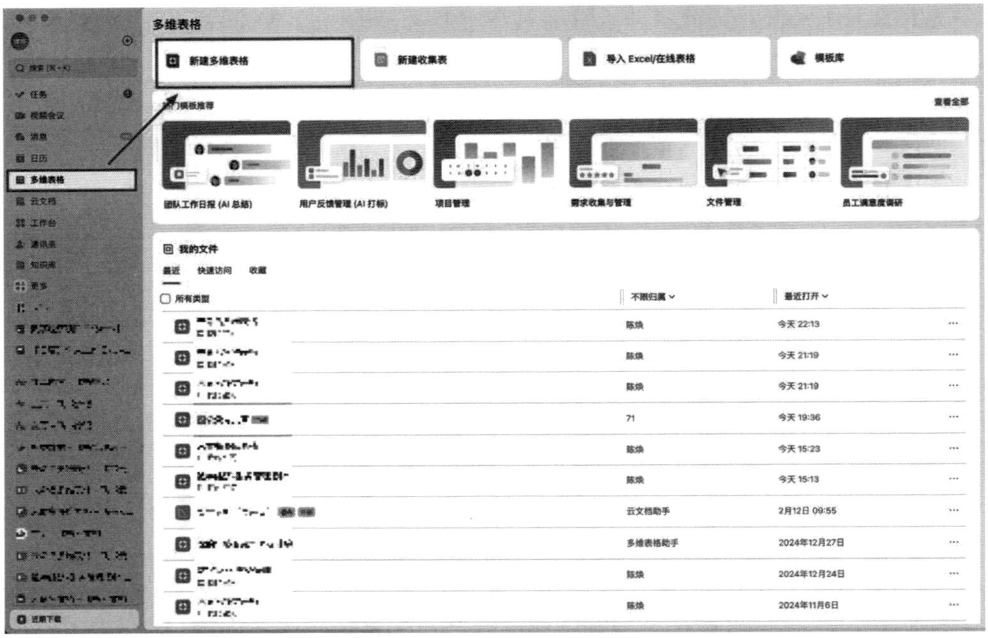

图 3-32 创建多维表格

第二步:在多维表格中,选用“合同信息提取”功能,并完成字段配置。

在图 3-33 中,按如下步骤操作:(1)点击画面中的“+”号,增加字段;(2)选中“文本”后的“>”;(3)在搜索框中输入“合同信息提取”并选中。

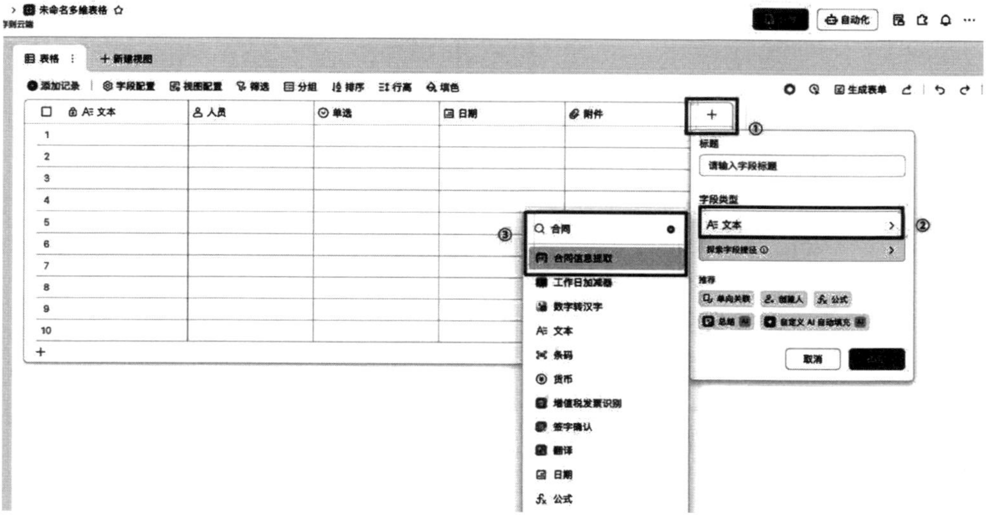

图 3-33 选用“合同信息提取”字段

完成前一项操作后,继续按下面的步骤进一步操作:(1)确保表格中,显示“附件”这一字段类型;(2)在选择框中点击“附件”;(3)确保系统自动配置的“合同名称”“签约方”“关联行业”等字段,都处于自动勾选的状态后,点击“确定”。

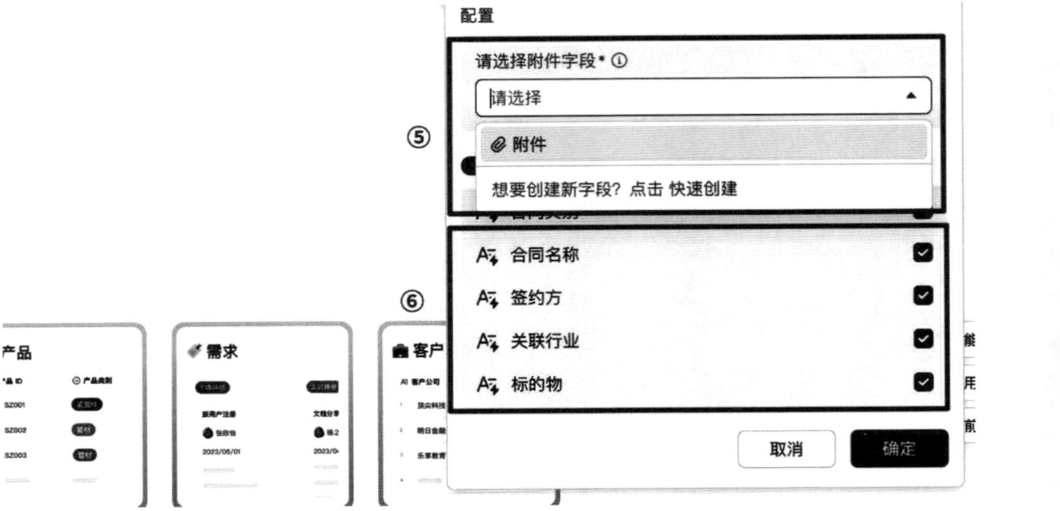

图 3－34　配置字段信息

完成前面六项操作后,系统界面会自动识别出各项字段,如图 3－35:

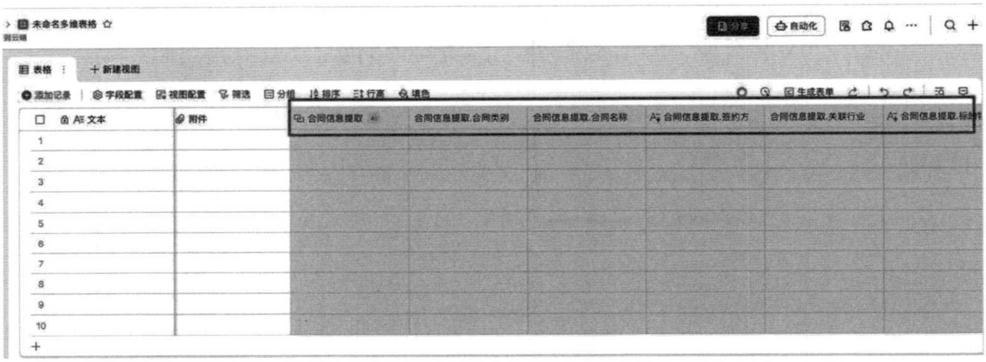

图 3－35　字段配置完成的界面节选

第三步:在“附件”中导入合同文本,测试配置是否正确。

将合同拖拽至图 3－36 所示界面,系统就会自动识别合同信息,将识别到的合同关键要素配置到对应的单元格中(支持 PDF、Word 等格式)。

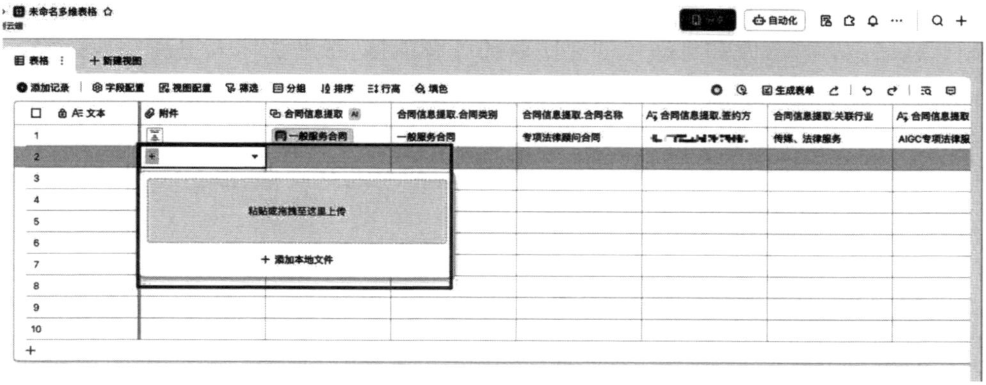

图 3－36　在附件字段中添加合同

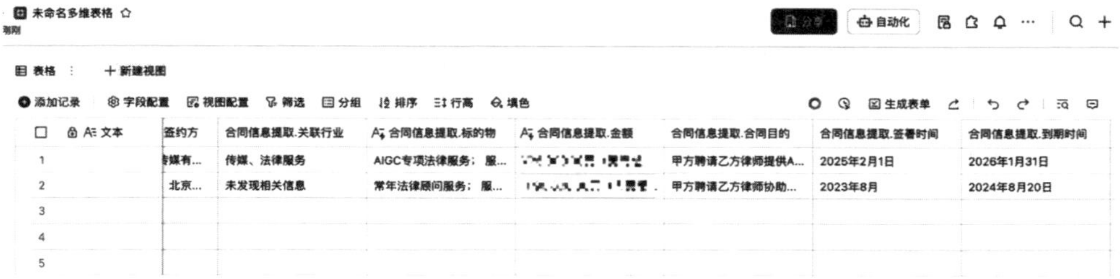

图 3－37　识别成功后的合同台账

至此，我们在飞书的多维表格中，成功地完成了“合同信息提取”字段的配置，将合同中的重要信息进行了提取，方便法务部门或律师团队在后续的团队管理工作中，更规范且便捷地管理自己的合同信息。

（三）使用 AI 的注意事项

在本节中，我们介绍了 DeepSeek + 飞书的初阶玩法，借助飞书多维表格自带的“合同信息提取”功能，掌握了如何自动提取合同中的签约方、标的、金额、签约时间和合同到期时间等字段，并形成一份合同信息管理台账表格。借助 DeepSeek + 飞书的信息提取功能，能够减少大量的信息识别和录入工作，提升合同管理工作的效率。

不过，“合同信息提取”字段虽然配置起来相对简单，但其设计逻辑上，将抽取信息的适用范围严格地限制在“合同”这一法律文件类型，且在字段配置上，不允许用户自行设置提取的内容，缺乏灵活性。

如读者需配置其他合同信息字段,可进一步阅读本书第五章的内容,进一步定制开庭信息管理台账和自动化创建团队任务智能体,帮助法律人更高效地做好案件信息管理。通过该部分内容的学习,读者能够掌握飞书多维表格中自由度更高的“通用文字识别”和“信息提取”等 AI 功能,定制一个更多元化的“合同信息提取”功能,甚至还可以设置合同到期提前预警的自动化功能,满足自己的个性化需求。

四、整理视听证据:以通义听悟为例

在诉讼案件中,当需要提交音视频证据进行举证时,整理一份合格的音视频证据《举证手册》对于案件成败至关重要。优秀的音视频证据《举证手册》可以帮助法官快速了解待证事实,提高庭审效率;也能够帮助办案人员理清思路,避免遗漏重大案件事实。

然而,完成一份优秀的音视频证据《举证手册》,办案人员需要花费大量的心血。在传统的音视频证据整理模式下,办案人员需要对音视频证据材料全神贯注、反复咀嚼。本节主要讲解使用“通义听悟”AI 工具进行音视频证据的举证技巧,帮助法律人大幅缩短音视频证据举证的操作步骤,降本增效。

(一)传统模式下制作音视频证据《举证手册》的流程

一是逐帧分析视频中的画面,用截图的方式,截取对案件有帮助的视频画面,并保存到 Word 等文档编辑软件中。

二是听取音频中对话的内容,手动录入对话信息。

三是画面和对话录入交叉进行,根据时间发展的顺序,标记对话和视频画面所在的时间戳。

由于通常无法一次性完成整个举证工作,因此需要办案人员反复比对、回拉音视频证据,甚至需要多次重播整套证据。办案人员通常需要花费超过证据时长数倍的时间,才能完成音视频证据《举证手册》的制作。

(二)用“通义听悟”制作音视频证据《举证手册》的流程

用“通义听悟”制作音视频证据《举证手册》,能够有效提高举证效率,大幅缩减办案人员的工作量。

1. 登录

登录“https://tingwu.aliyun.com/home”,完成基本的注册工作。

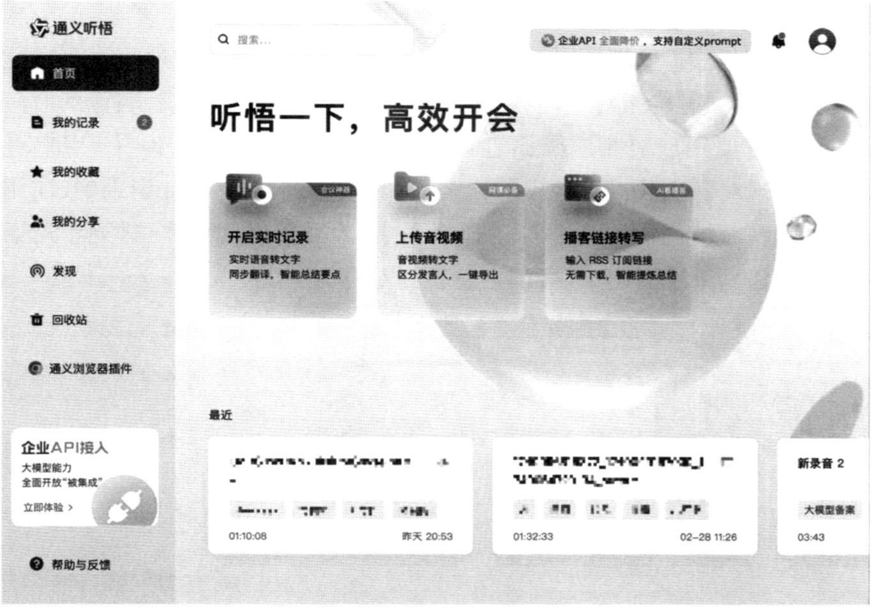

图 3－38 通义听悟的初始页面

2. 上传自动识别

点击"上传音视频"，从本地上传需要进行处理的音视频材料。同时，根据实际需要选择"音视频的语音"和"区分发言人"等选项。目前，通义听悟已经支持英语、日语、普通话、粤语等多种语言。

图 3－39 上传音视频界面

3. 检索和定位

通过大模型能力,实现了对音频内容的识别,并针对对话的内容逐字进行时间标记。用户可以通过检索对话内容、用鼠标点击对话文字的方式,跳转到对应的对话画面,非常方便用户对相应画面进行查阅和摘录。在图 3－40 中,用户可以在①的位置,实现对音视频对话内容的检索;②的位置,是系统自动识别的、向用户推荐的、可以实现直接跳转的关键词;在③的位置,系统按时间顺序,排列了对话的内容,用户点击任意一个字词,画面都会跳转到对应的画面。

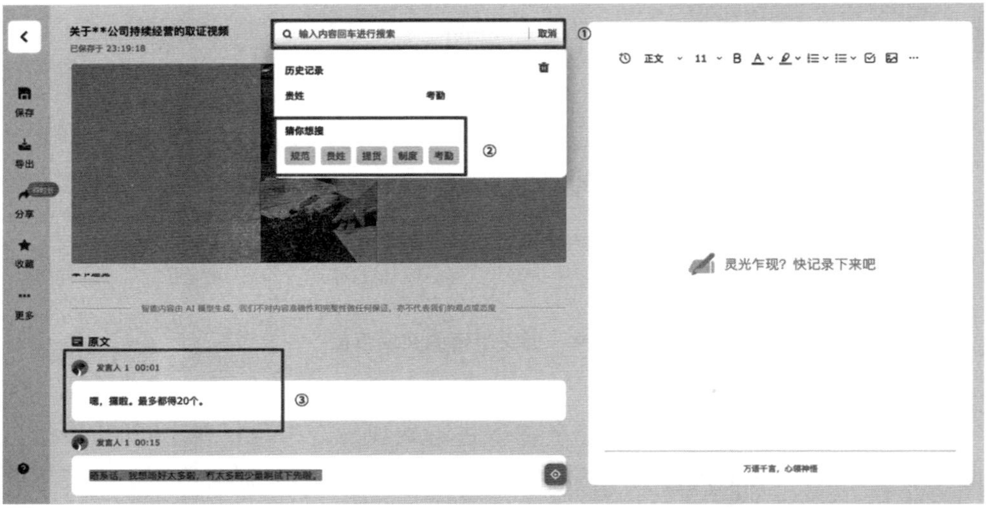

图 3－40 操作界面

4. 摘录重点

用户可以使用"标记为重点(蓝色)""标记为问题(粉色)""标记为待办(橙色)"等图钉工具,对内容进行标记。集中对内容进行标记后,可以一键导出已标记的对应内容(并附带内容对应的时间戳)。

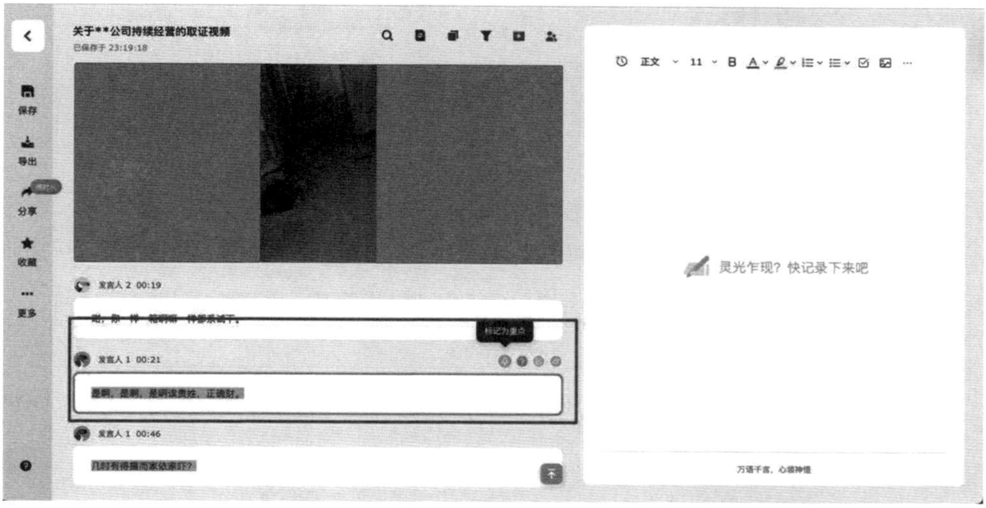

图 3－41 标记重点的图钉工具

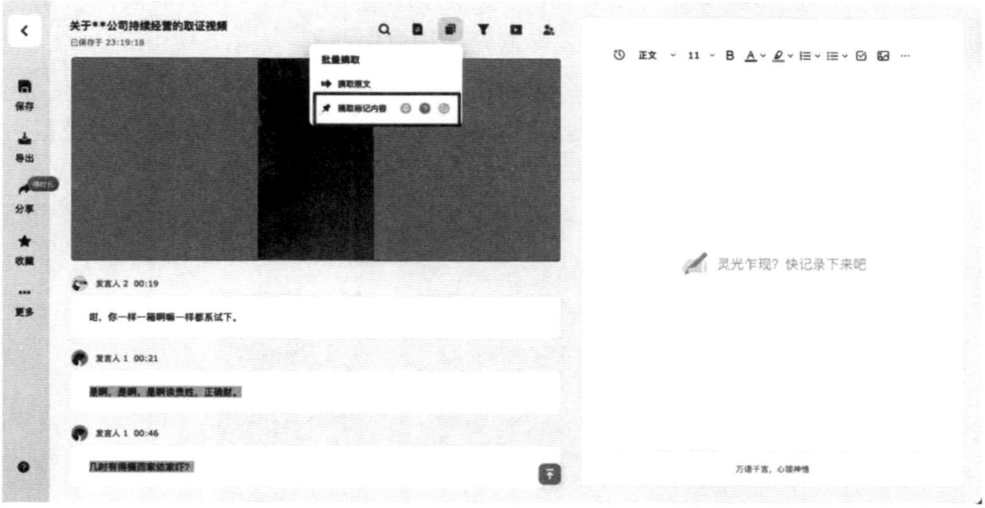

图 3－42 摘取重点内容

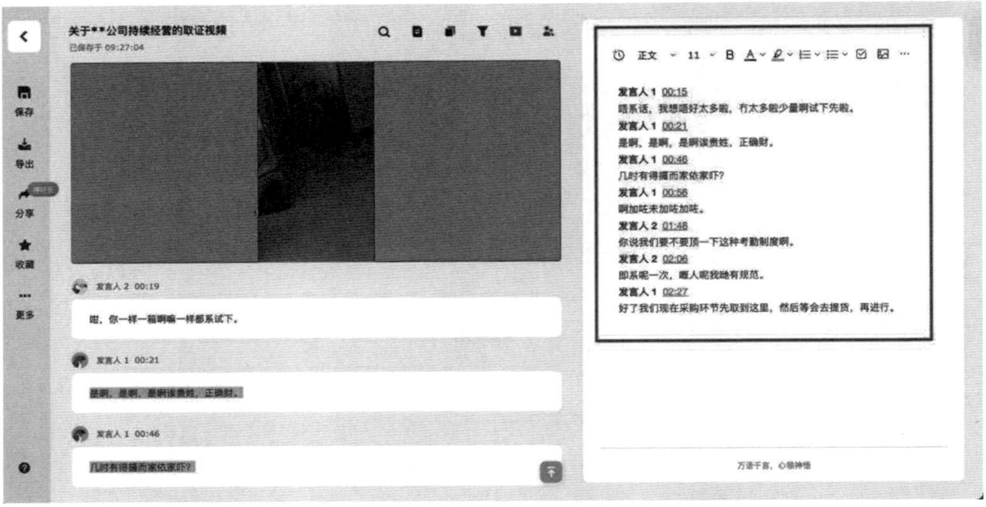

图 3-43 摘录后的效果

完成摘录工作后，办案需要列举的重点对话内容和对话所在的时间戳信息自动排列在文档区，可以根据案件的实际需要进行对应调整。

5. 截取关键证据画面

通义听悟配备了高效的自动截图工具，支持截图一键插入文档区，并附带截图时间戳。

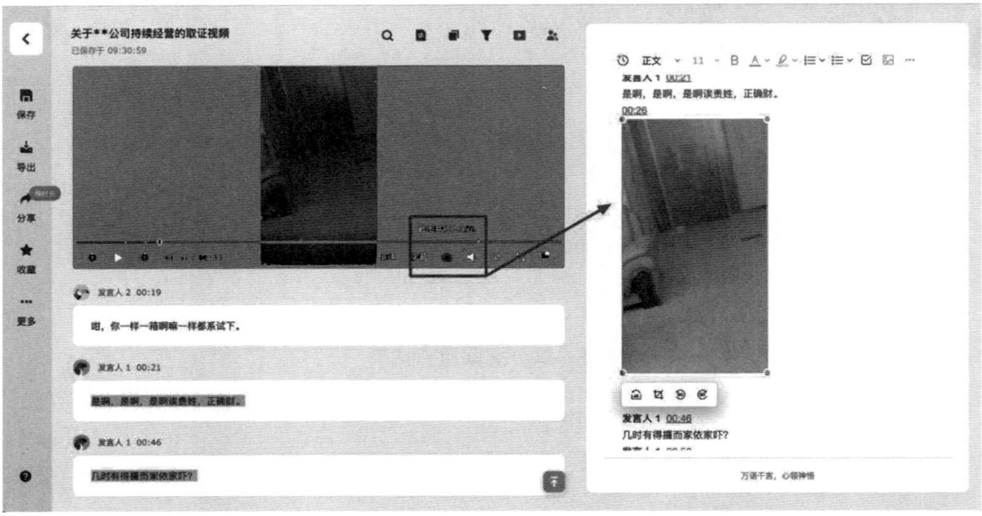

图 3-44 截取关键证据画面

使用截图功能可以实现一键自动截图,还能自动识别、去除画面中的无效黑边,插入用户指定位置。

6. 导出笔记并完善音视频证据《举证手册》

通过前面的操作,用户已经可以拿到一套带有时间戳、对话人、对话内容、响应画面的完整笔记。法律人可以根据自己的举证需要,对摘录对信息进行对应的注解、说理,经完善后即可提交给法院进行举证。

(三)必备 AI 核心技能

1. 涉密内容不得上传

需要反复强调的是,法律实务中接触的未公开审理案件笔录、商业秘密技术文档、国家安全案件卷宗等敏感材料,严禁直接上传至云端工具处理。建议采取分级管控策略:对于核心涉密内容坚持传统线下处理方式;非必要上传的辅助性材料,需进行关键信息遮蔽(如涉案主体全称、案件编号、技术参数等),如有可能的话,还可以考虑采用本地化部署的工具。

2. 存在内容安全问题的材料不得上传

根据《生成式人工智能服务管理暂行办法》等相关法律规定,模型拒绝生成暴力、色情、违反国家安全等相关内容。我们上传的卷宗材料中,因客观案情描述而含有该类“违规”内容会触发系统拦截机制,通义听悟等类似网络工具,会拒绝生成该类内容。

3. AI 时代使用工具应当发挥想象力

通义听悟原是为了给“上网课的学生”提供便利的课堂笔记整理工具,或者为用户开会、听播客等用途而设计。笔者在尝试这款工具的时候,充分发挥自己的想象力,思考是否有可能在办案实务中利用这款工具,才有了用通义听悟来整理制作音视频证据《举证手册》的灵感。

人工智能时代,法律人应该主动适应科技的发展,对新工具保持充分的好奇心。只有在对新工具不断地进行尝试和学习,才能够充分了解工具的能力边界。在对 AI 工具的探索中,我们应该不断地提高对工具的理解能力和使用能力,并将“用 AI 重塑工作流”这一观念贯穿 AI 学习、应用的全过程,如此才能真正将 AI 工具用好。

五、模拟法庭实训:以北大法宝模拟法庭为例

模拟法庭是法律人常用的实践性培训,既是法学教学中连接理论和实践的桥梁,也是法律人提升自己庭审能力的法宝。模拟法庭通过高度还原庭审程序,要求

参与者深度代入法官、律师、当事人等角色,在庭前文书准备、庭中攻防对抗、庭后专家点评的全流程中锤炼职业技能。对于法学学生而言,模拟法庭可以熟悉庭审流程,理解所学知识,培养文书写作、证据收集等实践能力;对于律师来说,模拟法庭是走上法庭前的预演,可以打磨庭辩技巧,验证诉讼策略等执业能力。律师有时也会让当事人参与其中,对案件进行沙盘推演,让当事人对案件结果有初步预估。

(一)传统模拟法庭模式存在的痛点

一场完整、有效的模拟法庭,应当系统性地预演诉讼各方在立场冲突下的行为选择,模拟未来真实法庭上的所有可能性。模拟法庭对法律人的重要性不言而喻,但想组织好一场模拟法庭并不容易,需要复刻真实庭审流程和庭审内容的关键点。在实践中,举办模拟法庭经常出现下列问题:

一是人员难以达到要求。根据不同的案件类型,完整的模拟法庭除了法官、公诉人、被告(人)、原告、辩护人(代理人)之外等,还需要有"证人""鉴定人""有专门知识的人"等,实际模拟很难凑齐所有人员。即使凑齐了所有人员,由于并不是真正的庭审,参与者不能扮演好自己的角色,要么按照剧本表演感太重,要么始终无法站在该角色的立场进行指证或者辩护,导致庭审缺乏攻防强度,出现"表演失真"。

二是法庭辩论质量不高。参与者在拿到案件材料后,需要对案件结果进行评判。如果己方是理论上更可能败诉的一方,相较于达到胜诉的最终目的,为当事人争取最大可能的合法权益更为重要。但是对于部分庭审经验不足的法律人来说,预判庭审走向存在一定难度,导致他们的庭审准备工作与实际案件之间存在偏差。在实际的模拟庭审中,各方多轮辩论下来,可能出现偏离争议焦点的情况,导致模拟庭审质量低下。

(二)AI 时代模拟法庭工具的特点

随着生成式人工智能在角色扮演领域能力的增强,AI 已经可以根据人类预设的提示词所设定的人设,扮演小说影视剧乃至历史中的真实人物。因此,当 AI 产品提前对模拟法庭中的每个角色进行了预设,搭配科技公司的法律垂类数据,一场人与 AI 之间的模拟法庭就具备了可行性。在 AI 的加持下,一个人也能开始模拟法庭训练,大大降低了模拟法庭的门槛。

在"北大法宝模拟法庭"这款 AI 产品的辅助下,我们可以破除时间和空间的限制,随时随地开展一场沉浸式的模拟庭审。借助模拟法庭 AI 产品,能够帮助我们高效地做好庭前准备工作,优化庭审提纲、举证手册等文书,提升法庭辩论的表达等;同时,该产品也可以作为初入行的律师、法学学生的学习工具,让庭审经验缺失的学生或法律萌新能够体验真实的庭审情况。

一是可以与 AI 协同进行角色扮演与对抗。我们可以利用 AI 扮演对方代理人,或者让 AI 站在双方立场上进行对抗。AI 能够轻松输出高质量的辩护词或进行有力的反驳,通过与 AI 的对抗,法律人可以锻炼逻辑思维和应变能力,学习不同的辩护策略和技巧。同时,观看 AI 之间的对抗,可以拓宽视野,了解各种可能的法律观点和论证方式,为实际庭审做好充分准备。

二是可以探索不同的 AI 扮演立场和判决结果,扩充庭审准备工作的深度与广度。在使用模拟庭审 AI 产品时,我们可以跳出思维的框架,站在对方的立场,让 AI 来代表己方进行反驳和辩论。例如,可以将对方的答辩意见发给 AI,让 AI 代表己方进行驳斥,通过 AI 的生成内容来调整、优化自己的举证材料、诉讼请求和辩论意见等。同时,可以让 AI 生成胜诉和败诉判决,通过研究 AI 生成的不同判决结果对应的论证和说理内容,利用 AI 进行多角度的案件分析,探索不同的诉讼策略,充实庭审准备工作的"弹药库",确保庭前准备工作全面且深入。

此外,借助模拟法庭 AI 产品强大的法律法规和案例库数据库,可以提供各种可能的法律依据、案例参考和证据分析,帮助法律人全面评估案件,优化诉讼方案,提高胜诉概率。

(三)北大法宝模拟法庭的步骤

1. 选择诉讼地位

首先,我们在北大法宝的"律 AI 多"应用中心找到"模拟法庭"并打开。

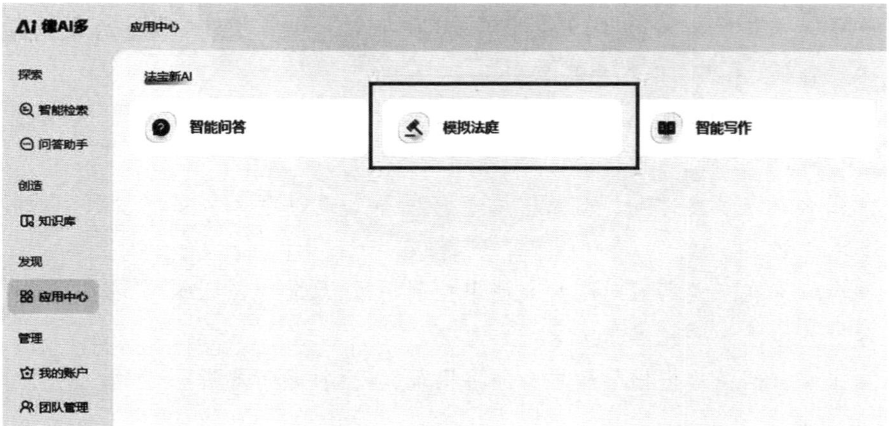

图 3-45　在"律 AI 多"应用中心找到"模拟法庭"

我们可以选择“原告”或“被告”的诉讼地位，参与和 AI 的对抗，也可以选择“无(模型对抗演示)”，让 AI 互相对抗，在 AI 的对抗中寻找启发。为了本次演示更加清晰，可以直接选择“无(模型对抗演示)”诉讼地位。

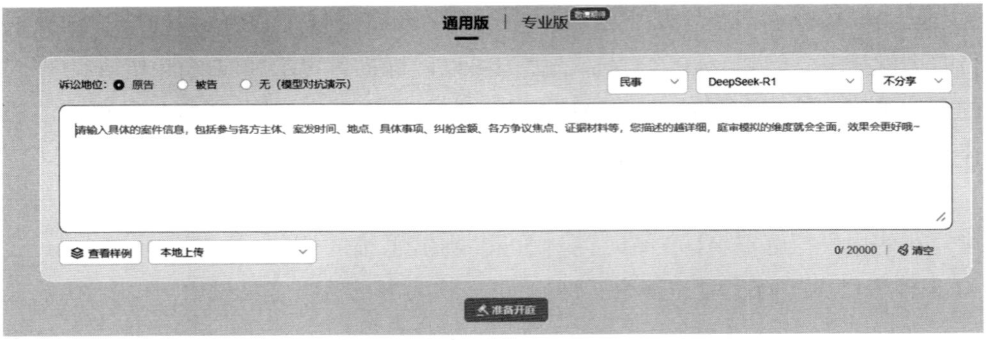

图 3－46　模拟法庭开庭“无(模型对抗演示)”诉讼地位

2. 输入模拟案情

接下来，我们向系统输入模拟案情，示例如下：

• 当事人：张××(原告)、严××(被告)

诉讼请求

• 判决严××向张××支付借款共计人民币 88521.4 元及利息(以 88521.4 元为基数，按同期全国银行间同业拆借中心公布的贷款市场报价利率标准，自起诉之日起计算至实际偿还完毕之日止)。

• 判令本案诉讼费由严××承担。

事实与理由

• 张××与严××于 2019 年相识，2020 年 9 月确定恋爱关系。张××基于对严××的信任，多次无条件出借款项。

• 2019 年至 2020 年，严××以资金紧张为由多次向张××借款，包括购买化妆品、美容店资金周转、房租垫付、偿还赌债、信用卡还款等。

• 张××通过支付宝、微信、信用卡套现等方式向严××支付款项，总计金额为 88521.4 元。

• 严××在恋爱期间对张××使用控制手段，反复拉黑张××，且在张××要求还款时拒绝承认并拉黑张××。

• 张××因多次出借导致自身经济困难，甚至被银行起诉。

被告答辩

• 严××辩称张××的诉请没有事实和法律依据。

• 张××主张的款项均发生在恋爱期间,且多为小额款项,部分用于双方共同生活或活动,属于恋爱期间的馈赠和消费,而非借款。

• 严××认为仅有支付记录,没有证据显示借贷关系的性质,因此无法认定为借贷关系。

原告提供的证据

• 支付宝转账记录:2021 年 1 月 4 日至 10 月 5 日,张××通过支付宝向严××转账 4295.4 元,其中亲情消费 1995.4 元;2020 年 10 月 5 日至 2021 年 2 月 18 日,向××美容院转账 7533 元。

• 信用卡账单:张××通过广州银行信用卡向酒店、家电商行等转账共计 23128 元,严××承认收到部分款项。

• 微信支付记录:2019 年 11 月 27 日至 2022 年 8 月 18 日,张××通过微信向严××转账 51274 元。

• 房租收据:张××为 A306 房支付房租、水电费等 1091 元。

• 贷款合同及起诉状:张××因向银行贷款被起诉,证明其经济困难。

• 微信聊天记录:严××多次要求张××垫付费用,张××多次要求还款,严××拒绝承认。

庭审情况

• 张××称因双方曾是恋人,未要求严××出具借条或借据。

• 张××表示其通过花呗、银行贷款等方式借款给严××,现因欠款被起诉,经济困难。

• 严××辩称其从未向张××借款,张××的转账和支付行为均为恋爱期间的自愿馈赠。

3. 生成原告诉求和被告的抗辩

在“无(模型对抗演示)”的模式之下,基于北大法宝法律数据库的知识,北大法宝模拟法庭能够直接生成原告诉求和被告答辩,双方的意见中涉及法律条文的,都可以直接链接到法宝数据的来源标识。需要注意的是,这里的法律条文虽然均有来源,但可能因为 AI 幻觉问题对案情产生错误理解,引用了不恰当的法条,因此核验工作具有必要性。

根据您输入的案情，为您模拟诉讼策略如下：

原告诉求

▼ Thinking...

好的，我现在需要处理这个案件，作为原告张XX的代理律师。首先，我得仔细分析案件信息，找出关键点，然后结合相关法律依据来构建诉讼请求和事实理由。

首先，诉讼请求是要求被告支付借款88521.4元及利息，还有诉讼费。被告答辩称这些款项是恋爱期间的赠与，而非借款，所以关键点在于如何证明这些转账属于借贷关系而非赠与。

原告提供的证据包括支付宝、微信转账记录，信用卡账单，房租收据，贷款合同，以及微信聊天记录。这些证据需要结合起来证明存在借贷合意。根据《最高人民法院关于审理民间借贷案件适用法律若干问题的规定》第十六条，原告需要提供债权凭证，如果没有借条，就需要其他证据如短信、微信记录等来证明借贷合意。微信聊天记录中被告多次要求垫付费用，原告要求还款，被告拒绝，这可能有助于证明双方有借贷的合意。

接下来，被告主张是赠与，根据《民法典》第六百五十七条，赠与需要明确表示。而原告的这些转账是否有赠与的意思表示呢？从案件信息看，原告多次无条件出借，但被告在恋爱期间有控制行为，反复拉黑，且在还款时拒绝承认。这可能说明原告并没有赠与的意图，而是出于帮助被告解决财务问题，属于借贷。

另外，原告因为借款导致自身经济困难，甚至被银行起诉，这说明原告并非宽裕到可以无偿赠与这些款项，进一步支持借贷关系的存在。根据《民事诉讼法》第六十七条，原告的举证责任已经通过转账记录和聊天记录完成，被告若主张赠与，需要举证，否则应承担不利后果。

关于利息请求，根据《民法典》第六百七十六条，可以主张逾期利息，按LPR计算，自起诉日起算，这是合理的。

需要特别注意举证责任分配，根据《最高人民法院关于民事诉讼证据的若干规定》第五条，主张法律关系存在的当事人应当提供证据。原告已经提供

图 3-47 在“模型对抗演示”模式下生成的原告诉求

被告辩称

▼ Thinking... 思维。。。

好的，我需要处理这个案件，作为被告严XX的代理律师，我需要仔细分析原告张XX的诉讼请求、事实与理由以及提供的证据，找出其中的漏洞，并结合相关法律依据和案例来构建有力的答辩意见和反驳观点。

首先，原告主张存在借贷关系，但被告认为这些转账是恋爱期间的赠与或共同消费。我需要确认原告是否确实提供了足够的证据来证明借贷合意，比如借条、借款聊天记录等。根据《最高人民法院关于审理民间借贷案件适用法律若干问题的规定》第十六条，原告需要证明双方存在借贷合意。然而，原告仅提供了转账记录和部分聊天记录，其中虽然有提到"垫付"和"周转"，但并未明确表明是借款，且大部分转账没有备注为借款。这可能成为反驳的关键点。

接下来，分析原告提供的证据。支付宝转账中有部分标注为亲情消费，这可能被解释为赠与。信用卡代付和微信转账中，被告可能用于共同生活开支，比如房租、日常消费等，这些通常不被视为借款。此外，原告提到的贷款合同和被银行起诉的情况，虽然显示其经济困难，但并不能直接证明转账是借款，反而可能说明原告有经济压力，无法进行大额赠与，但需要结合其他证据来看。

关于法律依据，《民法典》第六百五十七条明确了赠与合同的定义，如果无法证明借贷合意，应推定为赠与。此外，《民事诉讼法》第六十七条的举证责任分配规定，原告需承担举证责任，若证据不足，应承担不利后果。我需要引用这些法律条文来支持被告的主张。

在案例方面，查找类似恋爱期间转账纠纷的案例，例如最高人民法院案例库中的相关案例，如果存在类似情况被认定为赠与而非借款的案例，可以引用作为参考，增强答辩的说服力。

原告反驳信息中提到被告在聊天记录中有"欠你的钱我会慢慢还"这样的自认，这需要仔细分析。如果这句话确实存在，可能构成自认，但需要结合上下文判断是否明确指向具体的借款金额。如果该表述模糊或未明确金额，可以质疑其证明力。

另外，原告转账的部分款项用于被告个人债务，如信用卡还款和赔偿，这可能被主张为不属于共同消费，但需证明这些用途是否确实属于被告个人，且是否有证据显示原告当时同意作为借款。如果缺乏明确约定，仍可能视为赠与。

最后，考虑是否需要提出反诉，例如如果原告在催款过程中存在骚扰或名誉损害，可以提出反诉，但根据现有案件信息，可能暂时不需要，重点应放在反驳原告的借贷关系主张上。

图 3-48 在“模型对抗演示”模式下生成的被告答辩

在“模型对抗演示”模式之下，用户可以在 AI 生成的原告诉求和被告辩称下方点击“反驳”，让 AI 进行反驳，反驳内容基于该条陈述进行展开。如果用户选择原告或被告的诉讼地位，则反驳需要用户自己撰写。

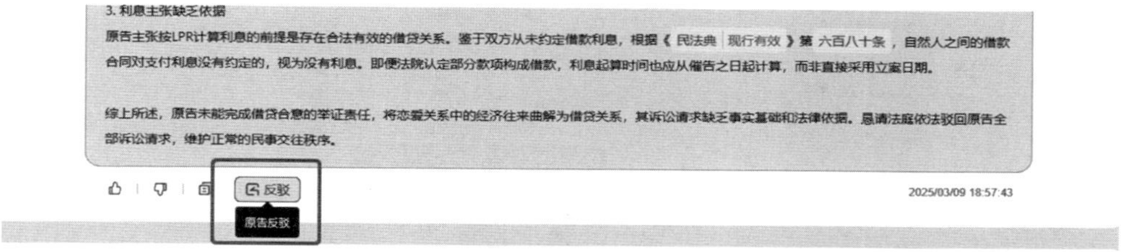

图 3－49　原告反驳按键

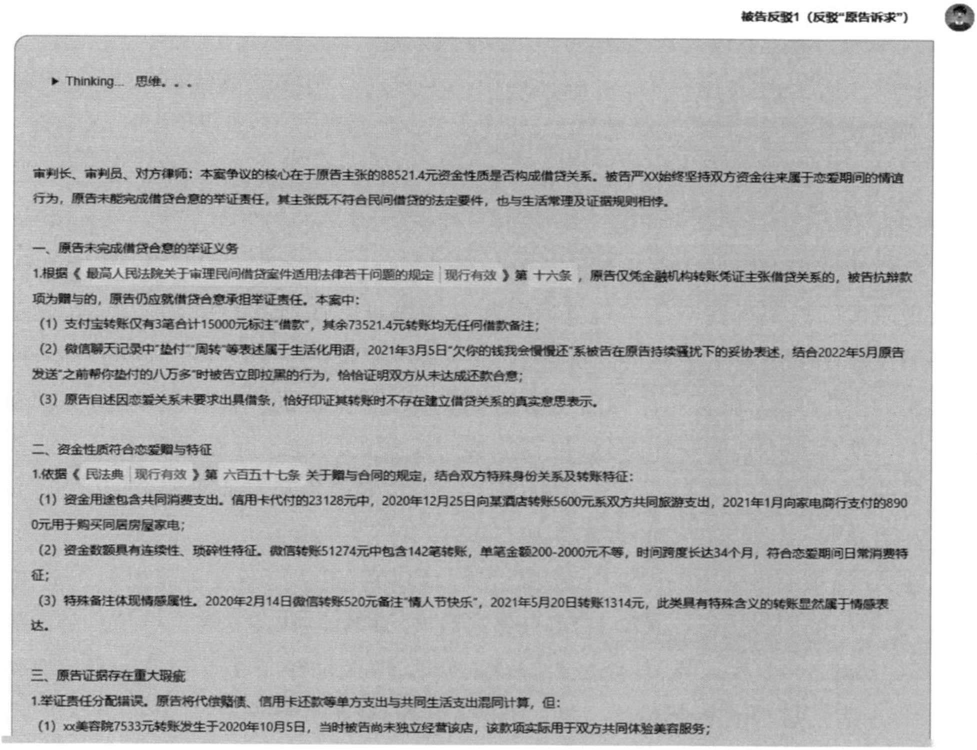

图 3－50　被告反驳节选

4. 法律文书撰写

该产品目前支持四类法律文书的撰写，分别是起诉状、答辩意见书、一审判决书和二审上诉书。

其中,一审判决书可以由用户进行选择胜诉或败诉结果,由 AI 法官根据判决结果来撰写判决书。

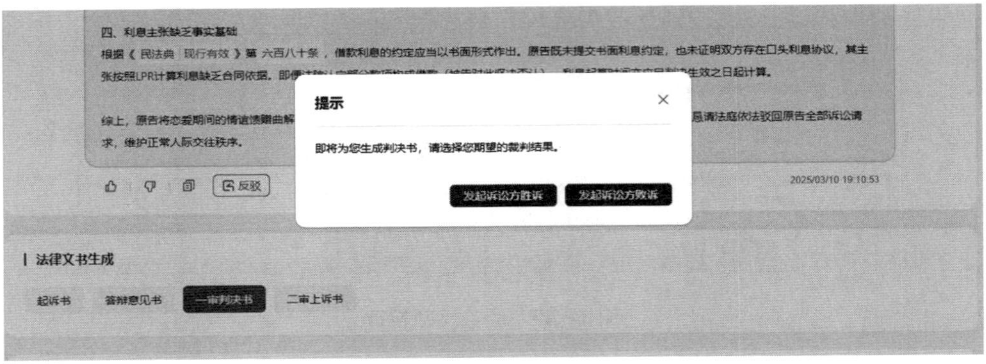

图 3-51 选择判决结果

关于二审上诉书,AI 同样可以根据用户选择的胜诉或败诉结果,生成相应的二审上诉文书。

(四)必备 AI 核心技能

1. 要注意拓展模拟法庭的互动角色与场景

现阶段的模拟法庭产品在角色设置和互动场景上还有提升空间。目前,大部分产品仅聚焦于法庭上的诉辩对抗环节,而忽略了法官与律师之间互动的重要性。在真实的庭审现场,法官与律师的互动是庭审中非常关键的一部分。例如,法官在庭审中可能会对律师的辩护意见、证据等提出尖锐的问题。诉讼代理人有必要提前准备并演练如何应对这些情况,以提升自己的应变能力和专业素养。

2. 要核验 AI 输出内容的真实性和有效性

在 AI 模拟庭审输出的内容中,法庭辩论内容和引用法律条文可能出现幻觉,需要对 AI 输出的内容进行二次检查,重点关注数据、日期、法律条文等关键信息的准确性,核实数据是否真实可靠,日期是否符合案件时间线,法律条文是否适用当前案件等,确保所有信息都经得起推敲。同时,还要审查 AI 输出内容的逻辑是否连贯、合理,检查其论证过程是否存在漏洞或矛盾,观点是否与案件事实和法律依据相符合。如发现逻辑不一致或不合理之处,需进一步查证和修正,以保证内容的可信度和可用性。

六、法律文书写作:以 AlphaGPT 为例

法律文书在法律人的工作中具有不可替代的重要性。对于法官、检察官、侦查

人员而言,他们需要通过法律文书来审理案件、作出判决和提起公诉、移送起诉等,文书的内容和质量往往关乎司法和执法的公正和权威。对于律师而言,法律文书是表达当事人诉求、呈现证据、进行法律论证和与各方沟通的关键工具。通过起诉状、答辩状、律师函、代理词等法律文书,律师能够清晰、准确地传达法律观点,为当事人争取合法权益。对于企业法务而言,他们需要确保公司运营符合法律法规,规避法律风险,法律文书在风险防范、合规指导等方面同样发挥着积极作用。因此,法律文书不仅是法律人专业素养和能力的体现,更是推动法律事务顺利进行的关键。一份高质量的法律文书,能够精确传达法律意图,从而在法律实践中发挥至关重要的作用。

法律文书的起草并非事实和法律的简单堆砌,而是需要法律人结合自身实务经验进行全面分析和判断。目前,AI 仍无法在法律文书起草工作中完全替代法律人,但随着人工智能技术的不断进步,AI 在法律文书领域的应用日益广泛。AI 技术具备强大的数据分析和文本处理功能,能够快速检索法律条文、案例和司法解释,为法律文书起草提供有力支持,帮助法律人从烦琐的文书工作中解放出来。

关于 AI 工具在法律文书起草工作中的具体应用和核心技能,本书第二章已作详细介绍。本节将主要围绕法律垂类 AI 产品——AlphaGPT 的律师函起草功能进行展示。

(一)用 AI 工具生成法律文书的必备 AI 核心技能

一是要重视对援引法律条文、案例、计算结果等关键信息的核验工作。目前市面上的部分法律 AI 产品,已上线法律文书起草的专业功能。在产品设计上,用户无须进行复杂的提示词设置,仅需输入必要的信息和勾选重点要素,AI 即可自动生成一份较为完善的法律文书。但是,法律文书中援引的法律条文、司法案例,是法律文书的重要法律依据,如果法律文书出现引用的法律条款失效、法律条款引用错误、引用的司法案例无关或数额计算错误等情形,将严重影响整份法律文书的专业度和可信度,埋下隐藏的法律风险。结合以往使用法律 AI 产品的经验,目前这些 AI 产品生成的法律文书仍可能存在通用大模型的 AI 幻觉等问题,因此对 AI 生成的法律文书内容进行核验是一项不可或缺的工作。

二是要保持独立思考和判断能力。尽管法律 AI 产品已经强大到可以一键生成体系完善的法律文书,但法律专业人士仍需在 AI 起草的法律文书基础上,结合自身的法律专业知识和实践经验,进行独立的分析和判断,包括对 AI 输出的法律解释、逻辑推理和法律适用等等进行独立思考和判断,确保法律文书交付的质量和效果。

(二)用 AI 工具起草法律文书示例

在使用法律 AI 产品进行法律文书生成之前,笔者先在通用 AI 大模型中测试法律文书生成的效果,以便读者对二者进行比照。

1. 使用 DeepSeek 起草法律文书

以起草律师函为例,首先要将发函的背景、基本信息和要求告诉 DeepSeek,提示词设置如下:

A 与 B 二人签订货物买卖合同,合同约定 A 向 B 采购货物,货款总价为 10 万元,分三次支付,分别于 2025 年 1 月 10 日前、2025 年 1 月 30 日前和 2025 年 2 月 15 日前支付。第一笔货款 3 万元 A 已按时向 B 支付,第二笔货款 5 万元 A 仅在 2025 年 1 月 29 日支付一半,第三笔货款 2 万元 A 均未支付。B 已将全部货物交付给 A。合同约定如 A 未按时付款,每日需按欠款总额每日万分之一向 B 支付违约金。现 B 向 A 追款未果。

你作为一名中国律师,接受 B 的委托,请你起草一份《律师函》。

从 DeepSeek 的思考过程可见其对律师函的起草规范具有一定的认识,包括律师函的基本结构、违约金计算、引用正确的法律条文等。

已深度思考(用时 35 秒)

好的,我现在需要帮用户起草一份律师函,涉及A和B之间的欠款争议。首先,我得仔细理解用户提供的信息,确保所有细节都被准确涵盖。用户提到合同中的付款分三次,分别是10万总价,第一笔3万已付,第二笔5万只付了一半,第三笔2万未付。违约金是每日万分之一。B已经交货,但A拖欠款项,B委托律师发函。

首先,我需要确认律师函的基本结构。通常包括发函人信息、收函人信息、事实陈述、法律依据、要求及后果等部分。作为律师,需要确保所有法律条款引用正确,比如《民法典》的相关条款,特别是关于合同履行和违约金的部分。

接下来,要明确时间节点和金额。第一笔3万已按时支付没问题。第二笔5万在1月29日支付了一半,即2.5万,剩余2.5万未付。第三笔2万完全未付。总欠款应该是2.5万+2万=4.5万,加上违约金。违约金计算部分可能需要说明,但律师函中可能不需要详细计算,只需指出依据合同约定。

需要注意合同约定的违约金是否合法。根据中国法律,违约金过高可能被法院调整,但万分之一日利率相当于年利率3.65%,这在合理范围内,通常不会被认定为过高。这一点可能需要确认,但用户没有提到争议点,所以暂时按合同约定处理。

然后,需要引用正确的法律条文,比如《民法典》第577条关于违约责任,第509条关于全面履行合同义务,第585条关于违约金。这些条款需要准确无误,确保法律依据充分。

另外,要确保函件的语气专业且严厉,明确要求A在指定期限内支付欠款和违约金,否则将采取法律行动。同时,提醒A逾期可能产生的额外费用,如诉讼费、律师费等,以增加压力。

还需要检查是否有遗漏的信息，比如合同签订日期、货物交付情况等。用户提到B已交付全部货物，这一点要明确在事实陈述中，以证明B已履行义务，A的违约没有理由。

最后，格式要规范，包括律师事务所的联系方式，律师签名，日期等。可能需要提醒用户替换占位符，如律师事务所名称、地址、联系方式，以及案件编号等。

可能存在的疑问点：是否需要提及可能的诉讼程序？是的，律师函通常会说明如果不在期限内履行，将提起诉讼，因此需要明确这一点。另外，是否需要详细列出每笔欠款的计算？可能不需要，但总金额和违约金依据要清楚。

总结步骤：

1. 开头部分：发函方和收函方信息。

2. 事实陈述：合同签订、付款条款、履行情况（B已交货，A部分付款）。

图 3－52　DeepSeek 对生成律师函指令的深度思考过程

以下是一份根据您提供的信息起草的《律师函》范本，请根据实际情况补充具体信息：

XX律师事务所律师函
（202X）XX律函字第XX号

致：A（身份证号/统一社会信用代码：XXX）
地址：XX省XX市XX区XX路XX号

自：XX律师事务所
地址：XX省XX市XX区XX路XX号
联系电话：XXX-XXXXXXXX
经办律师：XXX律师（执业证号：XXXXXXXXX）

关于敦促履行货物买卖合同付款义务的律师函

尊敬的A先生/女士/公司：

本所受B（身份证号/统一社会信用代码：XXX）的委托，就您与B于XX年XX月XX日签订的《货物买卖合同》（合同编号：XXX）项下未履行付款义务一事，郑重致函如下：

一、事实经过

1. 根据合同约定，您应向B采购货物，货款总价为人民币10万元，分三期支付：
    - 第一期3万元于2025年1月10日前支付；
    - 第二期5万元于2025年1月30日前支付；
    - 第三期2万元于2025年2月15日前支付。
2. 您已按时支付第一期款项3万元，但第二期款项仅于2025年1月29日支付2.5万元，尚余2.5万元未付；第三期款项2万元至今未支付。

3. B已依约于XX年XX月XX日向您交付全部货物，履行完毕合同义务。

二、违约责任

根据《中华人民共和国民法典》第577条、第585条及合同第X条约定，您逾期付款已构成违约，需承担以下责任：

1. **支付剩余货款**：截至本函出具之日，您尚欠付货款共计人民币4.5万元（第二期余款2.5万元+第三期2万元）。
2. **支付违约金**：按合同约定，您需以未付款项为基数，按每日万分之一的标准向B支付违约金。暂计至2025年X月X日，违约金为人民币XX元（具体金额以实际清偿日为准）。

三、我方要求

请您于收到本函后**3日内**履行以下义务：

1. 一次性向B支付剩余货款人民币4.5万元；
2. 支付逾期付款违约金（计算方式：未付款项×0.01%×逾期天数）；
3. 将上述款项汇至B指定账户（开户行：XXX；账号：XXX）。

四、法律后果

如您未按期履行义务，本所将依法代理B向人民法院提起诉讼，届时您除需支付全部欠款及违约金外，还需承担诉讼费、律师费、保全费等额外费用。同时，您的失信记录可能被纳入征信系统，对您个人/企业信用造成不利影响。

特别提示：本函仅为敦促协商解决，不视为B放弃法定或合同约定的其他权利。

附件：

1. 《货物买卖合同》复印件；
2. 付款记录及货物交付凭证；
3. 违约金计算明细（备索）。

联系人：XXX律师
联系电话：XXX-XXXXXXXX

XX律师事务所（盖章）
律师：XXX（签字）
2025年X月X日

注意事项：

1. 请补充具体合同签订日期、货物交付日期、违约金计算明细等细节；
2. 正式发函前需核对所有证据材料的完整性与真实性；
3. 建议通过EMS邮寄并留存送达凭证，或通过电子送达方式发送（如合同约定的电子邮箱）。

以上内容符合《民法典》《民事诉讼法》相关规定，旨在通过非诉途径解决争议，同时为后续诉讼固定证据。

图 3－53　DeepSeek 生成的律师函

总体而言,DeepSeek 生成的律师函,不管是在篇幅体例,还是在事实描述和法律条文引用方面,都有较为出色的表现。但整体的结构、语言风格与实际律师函的起草要求仍有一定差距。

2. 使用 AlphaGPT 起草法律文书

AlphaGPT 是国内的一款法律 AI 产品,目前支持法律咨询、法律研究、类案检索、合同起草和审查、文书起草等功能。接下来我们将同一案情发给 AlphaGPT,看一下该 AI 产品起草律师函的表现:

图 3－54 AlphaGPT 的文书起草模板

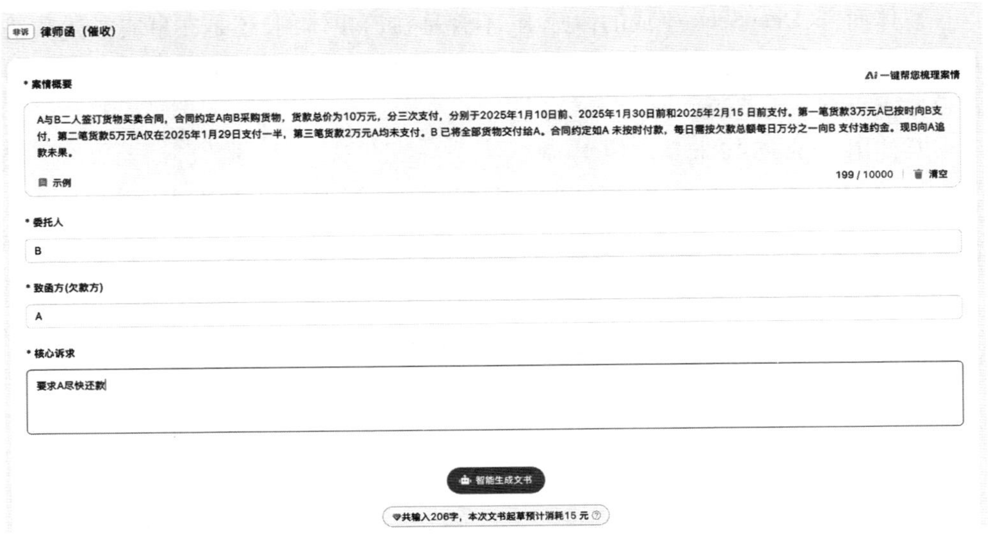

图 3－55　将同样的案情发送给 AlphaGPT

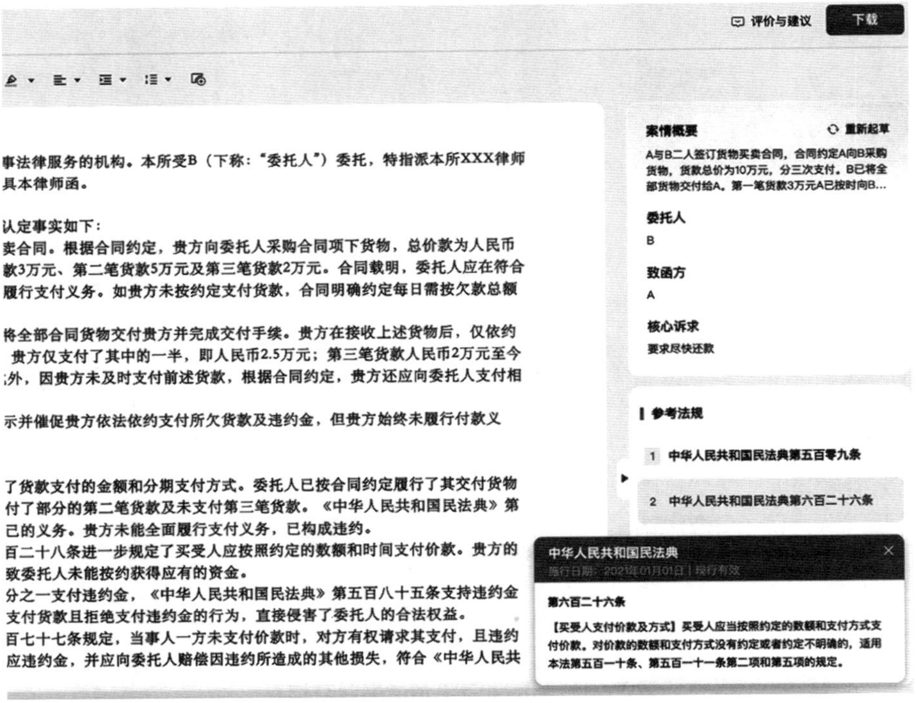

图 3－56　AlphaGPT 生成的律师函节选

相对于 DeepSeek 而言,AlphaGPT 生成的律师函整体上在内容和措辞方面更为规范,例如在事实部分增加“根据委托人的陈述及委托人提供的材料”等描述,可降低律师的执业风险。使用过程中还可以点击右侧的“参考法规”,检查生成的律师函所引用的法律条文是否准确,节省法律条文核验的成本。同时,还可以在网页左侧对律师函的内容进行增删、完善,提高起草法律文书的整体效率。

(三)使用法律 AI 工具起草法律文书的注意事项

一是要善用法律 AI 产品。前文以起草律师函为例,展示 DeepSeek 和法律 AI 产品中起草法律文书方面的表现。总体而言,选择合适的法律 AI 产品,能够帮助我们节省起草法律文书工作中花费的时间和人力成本。

二是要提高描述事实和法律问题的能力。尽管法律 AI 产品在功能设计上能够减轻用户在提示词设置上的负担,但仍需精准地提出需求,准确描述案情事实和法律关系等关键信息,这样才能够确保 AI 理解法律文书撰写意图。学会简洁、明确地描述一个法律问题,需要每一个法律人不断学习和提升,在 AI 时代也不例外。

三是要重视隐私保护与核验工作。法律文书中往往涉及大量的个人信息或商业机密,在借助法律 AI 产品撰写法律文书时,我们同样建议做好脱敏处理,避免隐私和数据泄露。同时,对 AI 生成的内容进行交叉核验,确保法律文书的专业度和可信度。

七、法律翻译:以智谱清言、腾讯会议、沉浸式翻译、DeepL 为例

随着中国企业出海浪潮的推进,国际交流与合作日趋频繁。在全球化的背景下,涉外法律业务的需求量也在不断上升。法律人在办理各类涉外法律业务中,涉及很多法律翻译、阅读外文资料、与外国人进行视频会议时的语言翻译等工作。在传统的法律工作中,这些工作往往依赖于传统的翻译软件或寻求专业翻译人员的帮助,翻译和校验工作烦琐。随着人工智能技术的迅猛发展,利用 AI 工具完成这些工作在大幅提升翻译效率的同时可显著降低翻译成本,为法律人的涉外业务提供了强有力的支持。

(一)涉外法律业务要求的核心业务能力

一是要具备一定的语言功底。在法律领域的翻译工作中,翻译人员须具备扎实的语言功底,不仅包括对源语言与目标语言的语法、词汇等的理解,还涉及对语言差别和语境的把控。借助先进的 AI 工具,法律人能够迅速获得一份较为准确且

清晰的翻译初稿，并在此基础上凭借自身的语言功底进一步细致地校验，确保翻译成果在语言表达上既符合法律文书的严谨性又易于理解。

二是要具备法律专业知识。除了熟练掌握基本的翻译技巧外，法律翻译工作更要求翻译人员拥有丰富的法律专业知识储备。由于专业法律文书往往涉及复杂的法律概念、条款和语法，缺乏法律专业知识的翻译者，可能难以准确传达原文的真实意思。在使用 AI 工具进行翻译时，可以通过提示词、专业术语的嵌入等方式，弥补大模型在法律专业知识方面的不足，从而提升法律文件翻译的准确性和专业性。

三是要求语言严谨、规范化。法律文件的翻译工作是一项高度专业化的任务，我们必须确保翻译的准确性和严谨性。微小的翻译错误有时可能导致法律意义上的重大偏差，因此，翻译过程中的语言表达必须严格遵循法律翻译语言的严谨性和规范化。在借助 AI 工具进行翻译时，除了可以通过自建法律专业术语库等方式，确保翻译中使用法律术语的准确和统一之外，我们还应当结合人工审核和校对，对翻译成果进行打磨和修正，确保每一份翻译文件都符合法律语言的严谨性和规范化要求。

（二）用 DeepSeek 进行法律文书翻译

在各类涉外法律业务中，法律文件的翻译成为我们处理涉外法律工作的重要环节。随着人工智能技术的迅猛发展，利用 AI 工具进行法律文件翻译已成为行业内的“基本操作”。

下面以采购单为例，将该份文件发送给 DeepSeek 进行翻译，提示词先简单设置如下：请将该份订购单翻译成英文。

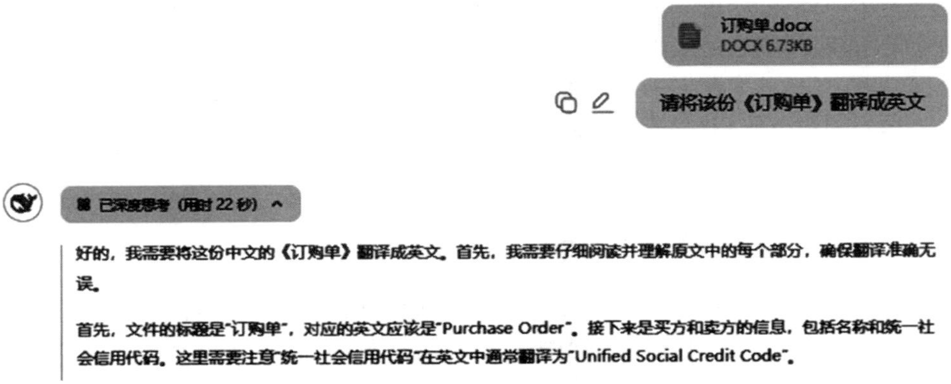

然后是合同的主体部分，包括货物信息、付款时间、交货时间、交货地点、质量要求、违约责任和附则。每个条款都需要逐句翻译，并保持法律文件的正式和严谨性。

在货物信息部分，有货物名称、规格、生产厂商、数量、单价和总货款。需要特别注意单位和货币的翻译，例如“元”翻译为“RMB”或“CNY”，“含税价格”需要明确说明税率，如“13% VAT included”。

付款时间部分提到“本合同签订时，买方已经足额付款。”需要准确表达时间点，比如“Upon signing this Contract, the Buyer has made full payment.”

交货时间和地点需要明确时间和地址的格式，例如“YYYY年MM月DD日”可以翻译为“MM/DD/YYYY”，地址部分按照国际通用格式翻译。

质量要求部分要确保“厂商正品”和“符合相关质量标准”等术语准确无误，如“genuine products from the manufacturer”和“comply with relevant quality standards”。

违约责任部分涉及违约金的比例和条件，需要确保百分比和数字翻译正确，例如“万分之五”翻译为“0.05%”，“1%”保持为“1%”。

附则部分提到合同份数和生效条件，需要保持法律文件的正式性，例如“each party shall hold one copy”和“shall become effective upon signature or seal by both parties.”

最后，签名或盖章部分需要明确标注“Buyer”和“Seller”的对应位置。

在翻译过程中，还需要注意保持格式的一致性，如下划线部分可能需要保留或适当调整以符合英文合同的标准格式。此外，某些中文特有的法律术语需要找到对应的英文法律术语，确保法律效力和条款的准确性。

翻译完成后，需要通读一遍，检查是否有遗漏或翻译错误，确保所有条款和条件与原中文文档一致，并且符合英文

图 3－57 DeepSeek 的“深度思考”过程

从 DeepSeek 的深度思考过程来看，我们可以发现 DeepSeek 在用户没有特别提示的情况下，也能够识别出这是一份法律文件，需要保持法律文件的正式和严谨性，并保持法律术语的对应性，符合英文合同的法律规范等。

订购单.docx
DOCX 6.73KB

请将该份《订购单》翻译成英文

已深度思考（用时 22 秒）

Purchase Order

Buyer (Demand Party)

Name: [ ]{.underline}

Unified Social Credit Code: [ ]{.underline}

Seller (Supply Party)

Name: [ ]{.underline}

Unified Social Credit Code: [ ]{.underline}

The above parties, through equal and voluntary consultation, hereby enter into this Purchase Order (hereinafter referred to as **"this Contract"**) to be mutually observed.

1. **Product Information**:
   (1) Product Name: [ ]{.underline}
   (2) Specifications: [ ]{.underline}
   (3) Manufacturer: [ ]{.underline}
   (4) Quantity: [ ]{.underline}
   (5) Unit Price: [ ]{.underline} RMB (per [ ]{.underline})
   Total Payment: [RMB (in words) (¥)]{.underline}.
   Note: Unless otherwise specified, the above prices include taxes ([13% VAT rate]{.underline}).
2. **Payment Time:** Upon signing this Contract, the Buyer has made full payment.
3. **Delivery Time:** [Year Month Day]{.underline}.
4. **Delivery Location**: The Buyer's designated address: [Province City District/County Road/Street Number]{.underline}. The Seller is responsible fo

图 3－58　DeepSeek 生成的采购单英文翻译

DeepSeek 生成的合同英文版本，基本符合我们对法律文件的要求，我们可以在 DeepSeek 生成内容的基础上进一步完善。

我们还可以进一步就法律文件的翻译情况和内容进行追问，让 DeepSeek 对该份采购单查漏补缺。DeepSeek 这次也很好地理解了我们的需求，补充了一些国际合同中的常见条款。

作为一份英文合同，你认为还缺少哪些合同条款，请提供你认为需要增加的英文条款。

已深度思考（用时 29 秒）

好的，我需要仔细看看用户提供的原始中文订购单及其英文翻译，然后思考作为一份英文合同，可能缺少哪些常见的合同条款。首先，我需要回忆一下一般国际合同中常见的条款有哪些。

首先，原始合同包括了买方和卖方的信息、货物信息、付款时间、交货时间和地点、质量要求、违约责任以及附则。这些都是基本的商务合同条款。但可能缺少一些在国际合同中常见的条款，例如：

1. **不可抗力条款（Force Majeure）**：说明在发生不可预见的事件（如自然灾害、战争等）时，双方的责任如何调整。

2. **争议解决条款（Dispute Resolution）**：规定在发生争议时，双方将如何解决，比如通过仲裁还是诉讼，以及适用的法律。

3. **保密条款（Confidentiality）**：保护双方的商业信息不被泄露。

4. **知识产权条款（Intellectual Property Rights）**：明确货物相关的知识产权归属和使用权限。

5. **保险条款（Insurance）**：规定在运输或存储过程中货物的保险责任。

6. **修改与补充条款（Amendments and Modifications）**：说明合同修改的程序和条件。

7. **通知条款（Notices）**：规定双方如何正式通知对方相关事宜，比如通过书面形式或电子邮件。

8. **完整协议条款（Entire Agreement）**：声明合同包含双方所有协议，取代之前的任何口头或书面协议。

9. **转让条款（Assignment）**：规定合同权利义务是否可以转让给第三方。

10. **可分性条款（Severability）**：如果合同某部分无效，其他部分仍然有效。

11. **适用法律条款（Governing Law）**：明确合同受哪个国家或地区的法律管辖。

12. **语言条款（Language）**：说明合同以何种语言为准，防止翻译差异导致的争议。

在思考过程中，我需要确认这些条款是否真的缺失，或者是否在原始合同中有类似的表述但未明确。例如，原合同提到了违约责任，但没有不可抗力和争议解决的具体条款，这两者在国际合同中非常重要。此外，知识产权和保密条款在涉及技术或专有产品时尤为重要。

接下来，我需要用英文将这些条款补充进去，同时保持合同的专业性和格式的一致性。需要注意的是，条款的表述清晰明确，避免歧义。例如，不可抗力条款需要详细列举可能的事件类型，并说明在这种情况下双方的权利和义务如何调

图 3－59　DeepSeek 的思考过程

Below are additional clauses commonly included in international contracts that are missing from the provided **Purchase Order**. These additions enhance clarity, mitigate risks, and align with global commercial practices:

---

8. Force Majeure

Neither party shall be liable for delays or failures in performance resulting from events beyond their reasonable control, including but not limited to acts of God, war, terrorism, pandemics, strikes, or government actions ("Force Majeure"). The affected party shall notify the other party promptly and use reasonable efforts to mitigate the impact. If such events persist for more than 30 days, either party may terminate this Contract without liability.

---

9. Governing Law and Dispute Resolution

This Contract shall be governed by and construed in accordance with the laws of **[Jurisdiction, e.g., the State of New York, USA]**. Any disputes arising from or related to this Contract shall be resolved through amicable negotiations. If unresolved, disputes shall be submitted to **[specify arbitration institution, e.g., the International Chamber of Commerce (ICC)]** for binding arbitration in **[City/Country]** in accordance with its rules. The arbitral award shall be final and enforceable in any competent court.

---

10. Confidentiality

Both parties agree to maintain the confidentiality of all non-public information exchanged under this Contract, including but not limited to pricing, technical data, and business strategies. This obligation shall survive the termination of this Contract for a period of **[e.g., three (3) years]**.

---

11. Intellectual Property Rights

All intellectual property rights related to the products, including trademarks, patents, and copyrights, shall remain the exclusive property of the Seller unless otherwise agreed in writing. The Buyer shall not reverse-engineer, reproduce, or misuse such rights without prior written consent.

---

12. Insurance

图 3-60　DeepSeek 生成的英文补充合同条款

除了翻译协议、声明、意见书等法律文件，我们还可以结合自己的实际工作需求，让 AI 帮助我们起草和翻译外文信函等，提升外文翻译效率。

（三）用智谱清言进行外文资料研究

法律人在办理涉外法律业务时，通常需要分析、研究国外的法律、案例等资料，故外文资料的翻译工作不可或缺。以撰写关于国外某个司法判例的研究报告或实务文章为例，以往需要先对该判决书进行翻译，再对判例的案情、裁判理由等进行概括总结，最后才能完成一篇专业报告或文章。而在 AI 时代，我们可以将该份判决书直接提交给 AI 工具，让 AI 帮助翻译并概括其中的关键信息，甚至可以通过追问，要求 AI 提供关于判决书的更多隐藏信息。借助 AI 工具强大的数据处理能力和语言理解能力，能够帮助我们快速翻译和掌握复杂的外文资料，提升获取外文信息的效率，将更多的精力集中在核心的法律分析和问题研究上。

以德国汉堡地方法院审理的“AI 训练数据集”侵权案的判决书为例，该份判决书的语言为德语。假设需要研究该份判决书并输出一篇专题报告或实务文章，测试 AI 能够做些什么，将 PDF 格式的判决书提交给智谱清言，提示词设置如下：

请根据我上传的判决书，概括本案的原告和被告的基本情况、案件背景、主要争议焦点、法院的判决和判决依据。

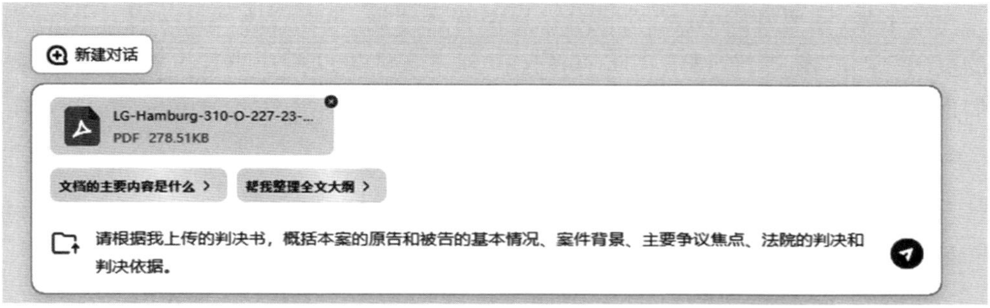

图 3-61　要求智谱清言对判决书进行整理归纳

智谱清言根据指令，在几秒钟内用中文归纳了本案的基本情况，帮助我们快速掌握外文判决书的基本信息，极大地节省了翻译、整合和归纳信息的时间。

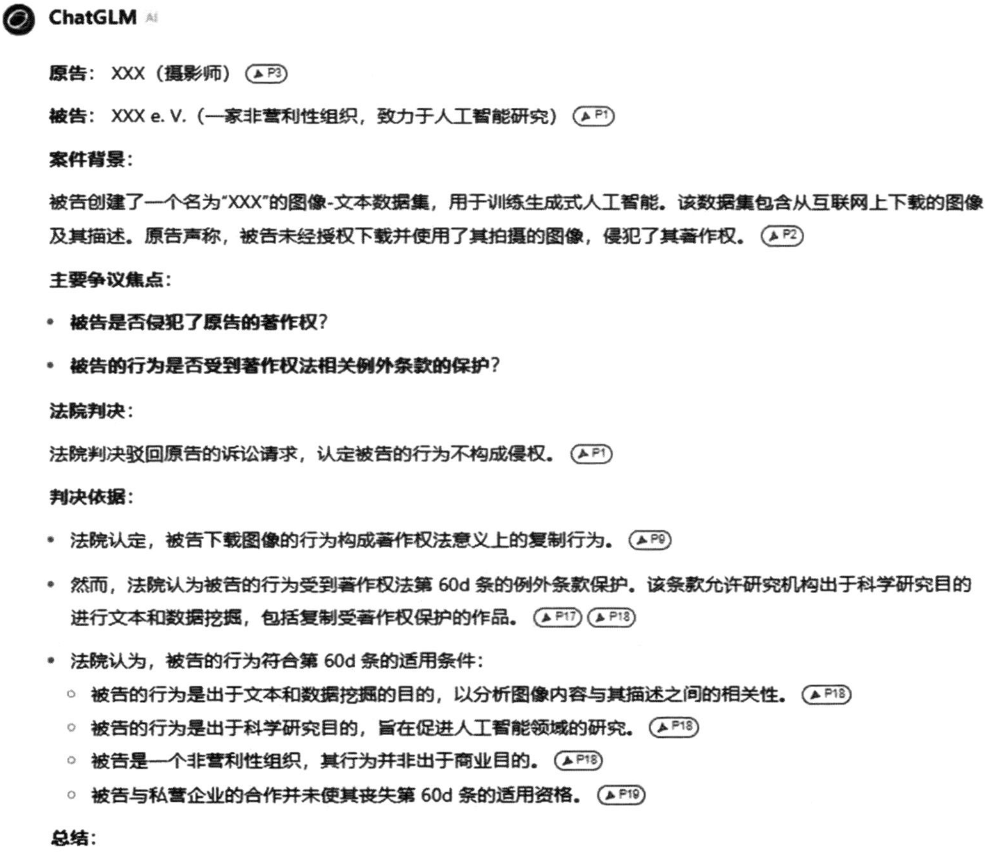

图 3-62　智谱清言概括的判决书信息

接下来,需要核验 AI 生成的内容是否有所依据,可以点击图 3－62 中的右侧的页码“定位”标志,智谱清言将直接定位到该条结果的判决书原文位置,方便我们进行核验。

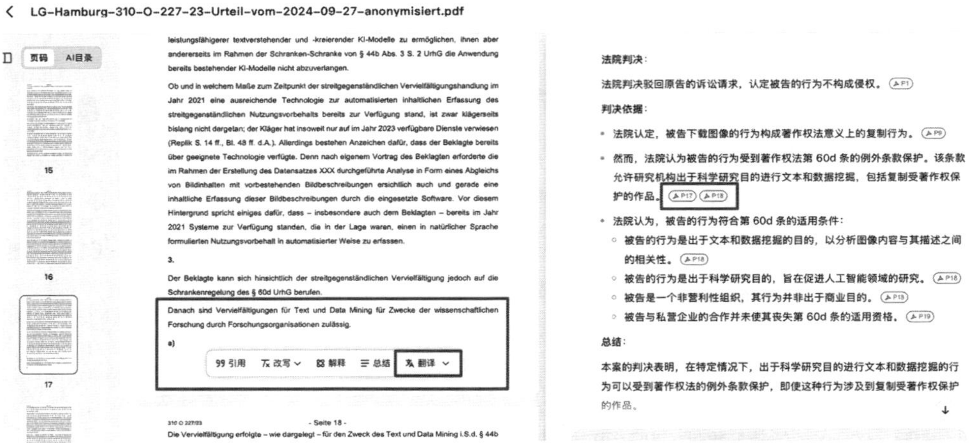

图 3－63　点击生成结果的“定位”标志即可定位原文

如果担心看不懂德文而无法核验 AI 生成的内容,我们还可以选中判决书的内容,点击下方的“翻译”功能,对话框会自动出现翻译的提示词,我们只需点击发送,即可得到对应的翻译。

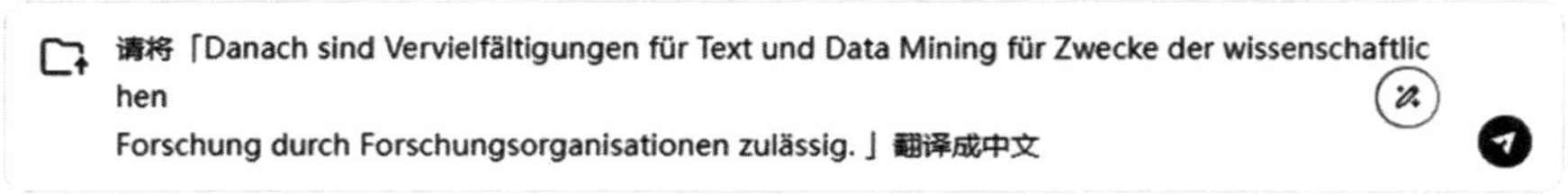

图 3－64　选中判决书内容并点击翻译后,右侧对话框自动弹出的翻译提示词

此外,我们针对判决书的内容继续追问:

用户_poGqKJ

“原告声称,被告未经授权下载并使用了其拍摄的图像,侵犯了其著作权”,原告在本案中提交了哪些证据?

ChatGLM

根据判决书,原告在诉讼中提供了以下证据:

- **原告的身份证明:证明原告是涉案照片的作者。**
- **授权证明:证明原告授权 XXX 图片库使用涉案照片并授予其进一步授权的权利。**
- **图片库的使用条款:证明图片库禁止使用自动程序访问其网站或任何内容,包括下载内容、索引、抓取或缓存网站上的任何内容。** P2 P3

- **原告的声明：** 证明原告没有能力也没有经济手段发表使用声明。P6
- **XXX 图片库的声明：** 证明 XXX 图片库在网站上声明了使用限制，包括禁止下载内容。P2 P3
- **聊天记录：** 证明被告的联合创始人 XXX 准备在获得 XXX 公司 5,000 美元的资金支持后，提前向该公司提供数据集。P5
- **学术论文：** 证明被告发布的关于数据集的学术论文被广泛引用。P7
- **原告的笔记本电脑中的原始数据：** 证明原告是涉案照片的作者。

需要注意的是，判决书中并未明确说明原告是否提交了所有这些证据，或者是否存在其他证据。

此外，被告也提交了一些证据，包括：

- **被告的协会章程：** 证明被告是一个致力于人工智能研究的非营利性组织。P7
- **关于数据集的科学论文：** 证明被告的研究成果。P7
- **被告与 XXX 公司的合作关系：** 证明被告与商业公司合作。P6

法院在判决中并没有对证据进行详细的评述，而是根据事实和法律规定做出了判决。

图 3－65　智谱清言根据判决书的内容，回答我们的追问

以上使用 AI 研究外文资料的工作流程，可以让我们快速地掌握一份外文资料的全貌。凭借 AI 工具的快速翻译、文本学习和分析能力，我们能够快速获取外文资料中的关键信息，方便后续开展信息整合和法律研究。

（四）用腾讯会议进行线上会议实时翻译

在办理涉外业务时，法律人出于地域的限制，线上的会议沟通已经成为与海外律所、客户对接的基本形式，尤其在涉及多国语言的会议场合，实现实时和准确的沟通至关重要。在涉及多国参会人员的线上会议中，为了更好地实现会议目的，必须首先解决语言障碍的难题。利用 AI 技术进行实时翻译，能够确保使用不同语言的参会者实现无缝交流，消除语言障碍，提升会议效率和质量。我们不妨尝试一些线上会议产品，以腾讯会议的实时转写及翻译功能为例，看看线上会议的实时翻译效果如何：

图 3-66 在腾讯会议的实时转写功能中进行转写设置

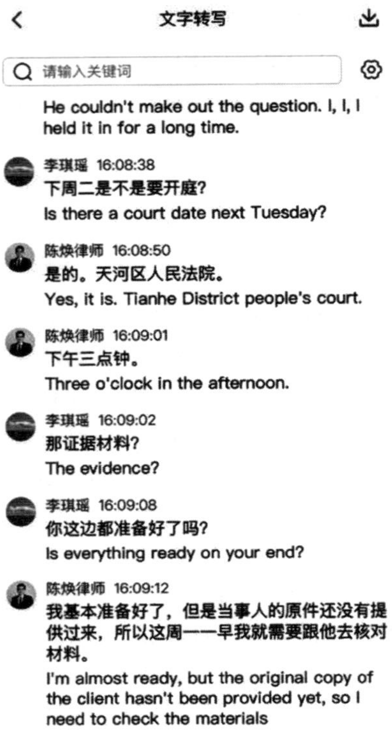

图 3-67 开会过程中,腾讯会议能够实时识别并翻译

借助专业的会议软件,我们可以实现多语言会议的实时转写和翻译,方便参会人员掌握会议的实时沟通情况。同时,还可以在将该会议记录下载后,要求 AI 总结会议内容、生成会议纪要等。

(五)用沉浸式翻译进行外文视频翻译

在学习国外法律的过程中,我们经常需要浏览一些外文视频。但浏览无中文翻译字幕的外文视频,尤其是涉及国外法律等专业领域的外文视频,对于大部分人来说仍具有一定的理解难度和语言障碍。目前市面上不少浏览器插件,已支持自动翻译外文字幕功能,能够帮助我们轻松获取和理解视频中的信息,提升浏览外文视频的体验感。接下来我们以“沉浸式翻译”的网页插件为例,实测实时翻译外文视频字幕的效果。

首先在浏览器扩展程序中找到“沉浸式翻译”选项。

图 3－68　沉浸式翻译扩展程序

下载后根据网页的指引，将“沉浸式翻译”扩展程序固定到当前网页的工具栏。

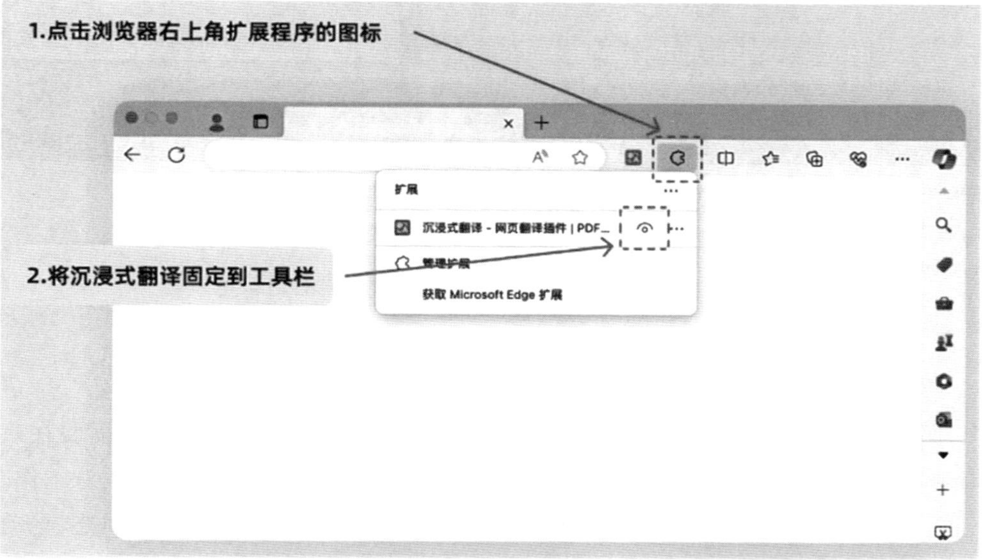

图 3－69　将“沉浸式翻译”固定到浏览器的工具栏

以国外某视频网站为例，视频界面将显示“沉浸式翻译”的标识，我们可以点击该标识并选择“自动开启双语字幕”。当我们播放视频时，“沉浸式翻译”将自动对视频中的外文字幕进行中文翻译，方便我们掌握视频主题和内容，消除我们浏览外文视频的语言障碍。

图 3-70 “沉浸式翻译”自动将外文字幕翻译成中文

(六)用 DeepL 进行翻译校验、润色

翻译的校验、润色是翻译法律文书资料的重要工作之一。以往我们需要在该项工作中花费大量的时间和精力,如对专业术语翻译、语法、语义等的校对工作。目前市面上部分翻译产品已上线 AI 翻译润色功能,能够智能调整语言风格、自动校对语法和语义错误。借助 AI 工具进行翻译的润色和校验,能够极大地提升我们翻译校对工作的效率。

接下来我们以某个合同条款的润色为例,尝试 DeepL 的“DeepL Write 梦笔生花”AI 功能。

登录 DeepL 翻译官网(https://www.deepl.com/zh/translator),点击“DeepL Write”。

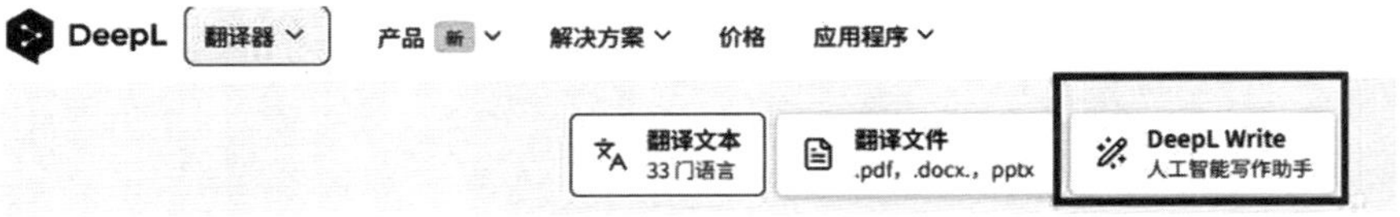

图 3-71 “DeepL Write”功能入口

我们可以选择“简单”“商业”“学术”等写作风格，或设定“热情”“亲切”等基调，让 DeepL 帮我们润色改写。

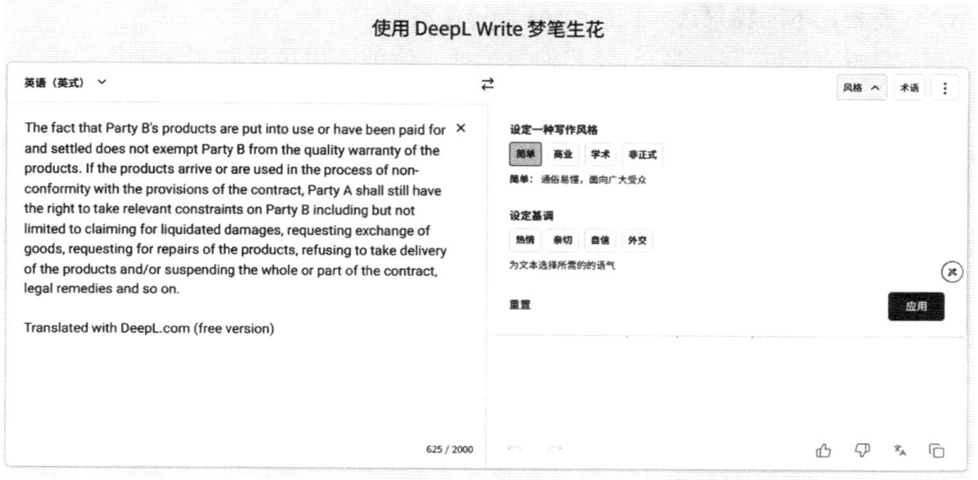

图 3－72　“DeepL Write 梦笔生花”界面

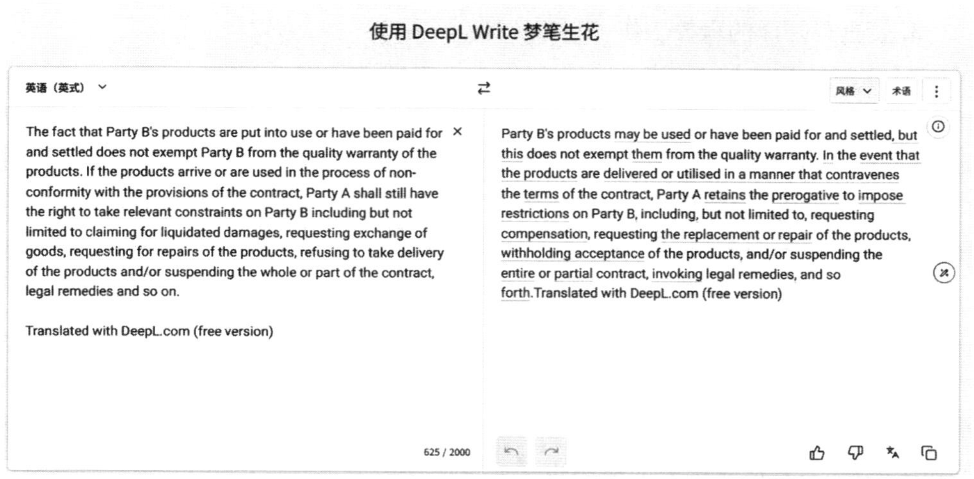

图 3－73　根据写作风格设置，DeepL Write 的润色结果

除了使用 DeepL 这种翻译产品自带的 AI 润色功能，我们还可以将翻译内容发送给其他 AI 大模型。通过提示词清楚地向 AI 表达我们的要求，它们同样可以满足我们的翻译润色和校验需求。

（七）必备 AI 核心技能

1. 要根据不同场景选择合适的 AI 翻译工具

工具没有最好，只有最合适，我们要根据具体的应用场景和实际工作需求，选择合适的 AI 翻译工具。对于网页文字和视频等内容的翻译，可以通过安装“沉浸式翻译”“豆包”等浏览器插件来实现实时、便捷的翻译服务，提升外文信息获取的效率。在研究外文资料时，可以运用 AI 工具进行梳理和学习，帮助快速理解资料内容，并高效挖掘资料中的关键信息。此外，对于特定的语言使用场合，如正式法律文件的翻译或商务信函的写作等，使用 AI 工具进行翻译后的润色工作，能够极大地提升翻译效率。

2. 要充分利用法律专业术语库

专业术语翻译是法律翻译的关键工作，专业术语能否准确使用关乎法律文件翻译的严谨和准确程度。因此，利用翻译工具自带的法律术语库或创建专门的法律术语库，能够确保 AI 翻译工具准确地识别和使用专业术语，对于提升 AI 翻译工具在法律翻译中的表现力来说不可或缺。

3. 要重视翻译的审校工作

AI 生成的初步翻译结果往往无法作为最终翻译定稿，需要对翻译文件进行审核和校验。法律人应当具备一定的法律知识和语言素养的基础，在 AI 工具的辅助之下进行翻译的校验和润色工作，发现并纠正翻译中的语法错误、语义偏差以及法律专业术语使用不当等问题，提升翻译文本的准确性和专业性，确保最终呈现的翻译成果符合法律翻译的标准和要求。

八、阅读法律材料：以豆包浏览器插件为例

法律人在日常工作中，不可避免地需要面对海量的阅读任务。这些必须细致审视的材料，既涵盖各式各样的案件卷宗，也囊括繁复的法律法规条文、不断更新的司法解释，以及深入细致的案例研究资料。

针对这些涉及法律法规、司法解释和案例研究的专业学习材料，法律人显然无法做到逐字逐句、丝毫不落地完全通读。正如古语所云，“吾生也有涯，而知也无涯”，人的精力与时间是有限的，而知识的海洋却是浩瀚无垠的。鉴于此，法律人如何迅速而精准地把握这些材料中的核心要点与精髓，便成为提升学习效率、优化工作流程的关键所在。AI 工具正在重塑法律人的阅读模式，并深刻地影响法律人的认知模式，这一变革是 AI 优势与挑战的并存。因此，AI 时代的法律人在面对如此

繁重的阅读任务时，必须掌握一套行之有效的智能阅读技巧，以便在有限的时间内，深入理解并准确应用各类法律文本。

（一）AI 工具辅助阅读的特点

一是可以利用 AI 工具辅助阅读，提高对阅读材料的宏观理解。法律人可以通过智能化的信息提取和总结功能，将冗长的法律文本精炼出关键点，使重要的信息得以凸显，从而迅速把握文件中的关键信息，判断文件是否有进一步精读的必要。法律人还可以随时随地获得“太长不看版”的阅读体验，将节省下来的时间和精力，投入到质量更高的文本阅读中。但是，从内容归纳的精度上看，AI 的输出内容虽然可以减少阅读负担，但也容易因为 AI 幻觉而给法律人增加更多不必要的麻烦，一旦法律人过于轻信 AI 归纳的内容，轻则会忽略重要信息，重则可能导致错误的判断和决策。

二是可以利用 AI 提高跨文本的对比分析能力。法律人可以借助 AI 工具，同时对多份文件进行比对分析，找出文件间的异同。例如，在对新旧更替的法律文本进行分析、上位法与下位法规定的衔接进行研究、相近部门法规之间的比对时，法律人可以借助 AI 工具的阅读分析功能，迅速找出关键差异，为法律实践和研究提供精准的参考。

三是可以利用 AI 输出各类阅读笔记，用 AI 去筛选冗余信息，辅助法律人更好地组织和存储知识。在阅读的过程中，利用 AI 的能力输出各类可视化图表、分析比对报告，有助于法律人将复杂的信息以更直观的方式展现，便于检索和回顾。但是，我们也要警惕“伪效率”陷阱，要时刻警醒自己，技术只是辅助工具，不能过度依赖技术而忽视借助自身法律专业知识对信息进行深入理解。

（二）豆包浏览器插件实战应用

下面我们使用“豆包浏览器插件”，测试 AI 帮助进行高效阅读。

1. 下载并安装启用豆包浏览器插件

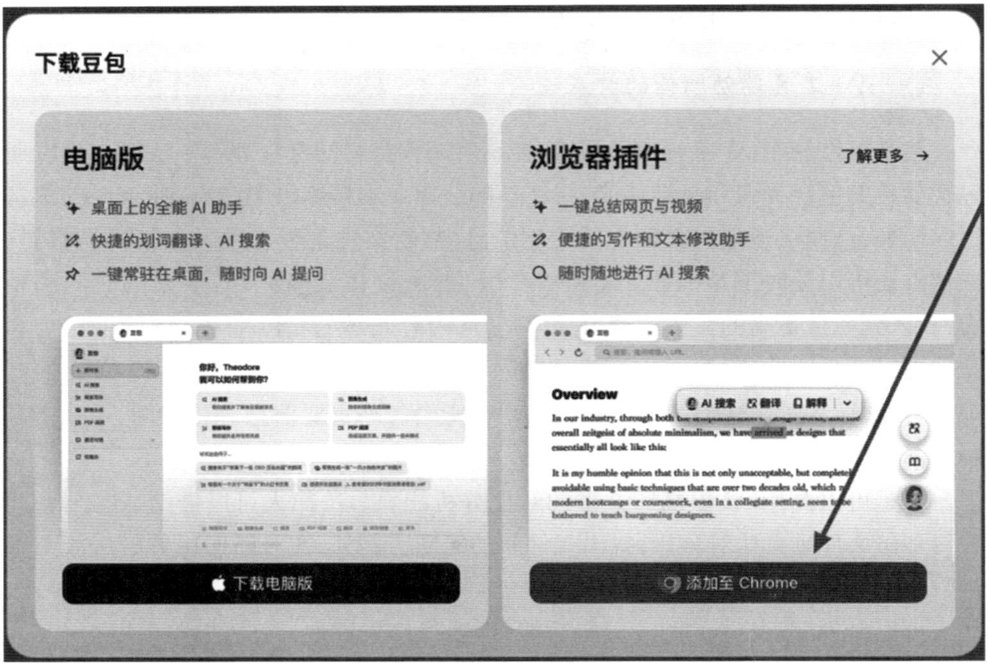

图 3－74　下载豆包浏览器插件

打开豆包的官方网站（https：//www. doubao. com），登录账号，选择“下载电脑版”，点击添加至 Chrome；或在扩展程序/插件市场下载“豆包”扩展程序/插件，安装至自己使用的浏览器，即可完成浏览器插件的安装。

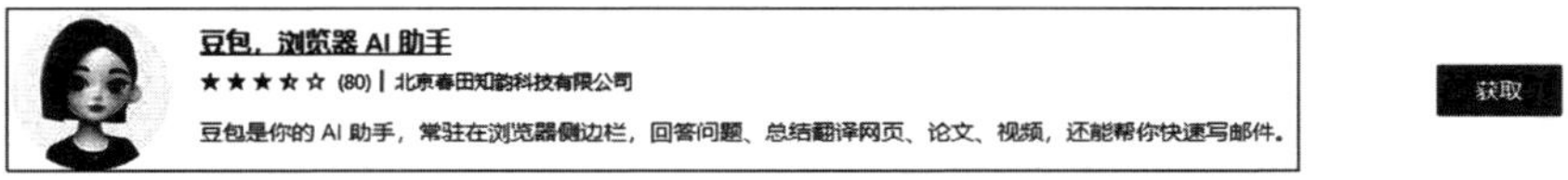

图 3－75　在扩展程序中找到“豆包”并点击“获取”

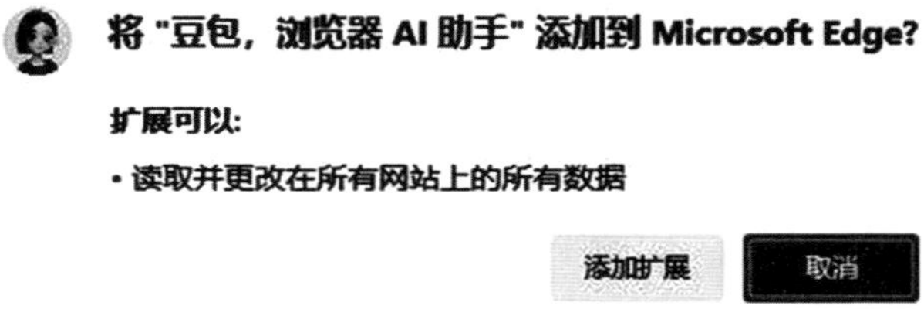

图 3－76　点击“获取”后，在该浏览器弹窗中点击“添加扩展”

按流程安装完毕后，豆包将会以一个卡通女孩的头像，自动吸附在浏览器右侧的边缘上，方便用户随时调用工具。

2. 豆包浏览器插件的功能介绍

如图 3 – 77，点击吸附在浏览器右侧的边缘上的豆包头像，将展开一个侧边栏，即为“豆包，浏览器 AI 助手”的主界面。在这里，用户可以直观地看到各类 AI 辅助功能，如“多网页总结”“图像生成”“AI 阅读”“写作”等功能。

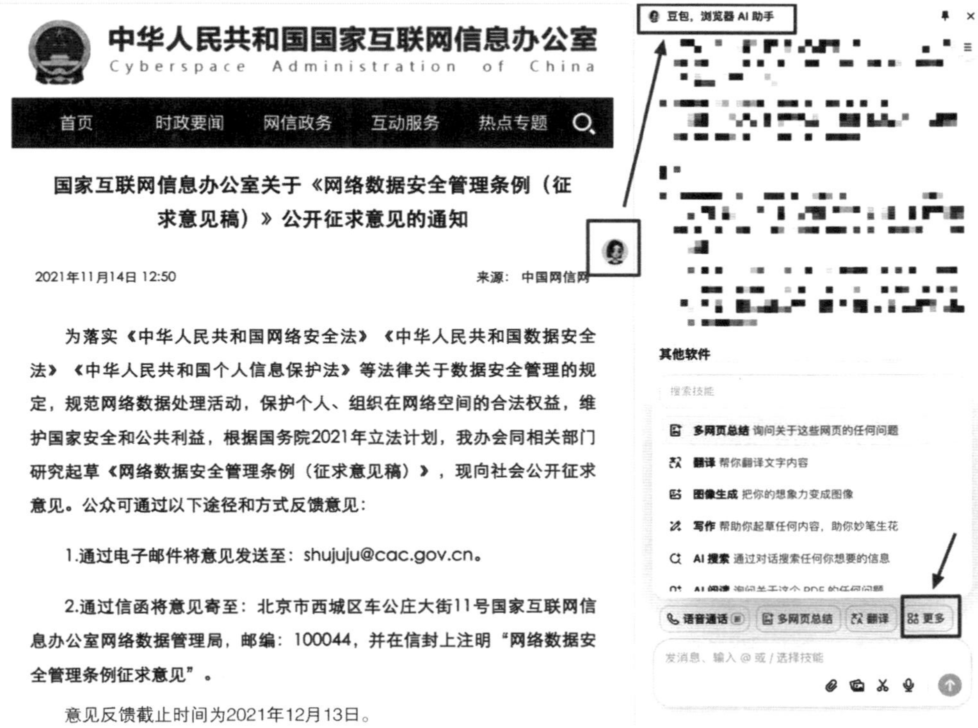

图 3 – 77　浏览器插件的界面和功能

3. 使用“AI 阅读”功能高效阅读

作为一个“浏览器 AI 助手”，豆包最核心的功能之一就是帮助用户阅读浏览器页面中的核心内容。

当打开一个新的网络页面时，豆包会自动识别出当前页面的网址链接，并主动向用户发出下图的询问，确认用户是否需要针对当前的网页进行“总结此页面”或者“翻译此页面”：

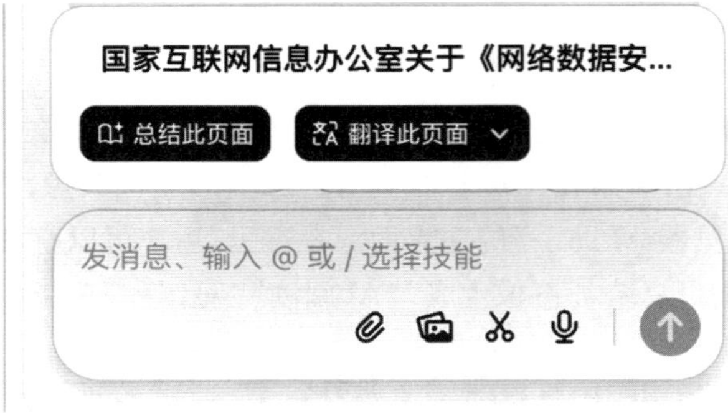

图 3-78　豆包主动询问用户是否需要翻译或者总结页面

点击“总结此页面”后,豆包就会自动抓取页面中的信息,分析页面内容,快速提取关键内容向用户呈现。

图 3-79　页面总结的效果

4. 使用“归纳多个网页”对比阅读不同材料

豆包浏览器插件能够同时归纳多个网页的核心内容,并且使用方式相当便捷。

图 3－80　触发“多网页总结”功能

点击“＋添加当前网页”后，豆包浏览器插件将自动抓取当前网页，我们可以切换浏览器顶部的网页标签，转到需要 AI 阅读的下一个页面：

图 3－81　切换网页

完成网页切换后，豆包浏览器就会再次识别到新网页，我们需要重复点击“＋添加当前网页”，添加所有需要豆包阅读的页面。以下，笔者添加了中国人大网的《网络安全法》网页和国家网信办《网络数据安全管理条例(征求意见稿)》的页面。

接下来,我们进一步向 AI 提供一个简单的提示词:比较两个网页的内容有何关联,用表格的形式对比分析。

图 3-82 网页比对的结果

可见,豆包很好地完成了内容的关联分析,将两个页面的关键信息以清晰的表格形式呈现出来,极大地提高了用户的阅读效率和对信息关联性的理解。

不仅如此,我们还可以进一步补充提示词:将以上归纳,制作成 Word 文档。

豆包就会自动地进行归纳,为用户提供如下 Word 文档:

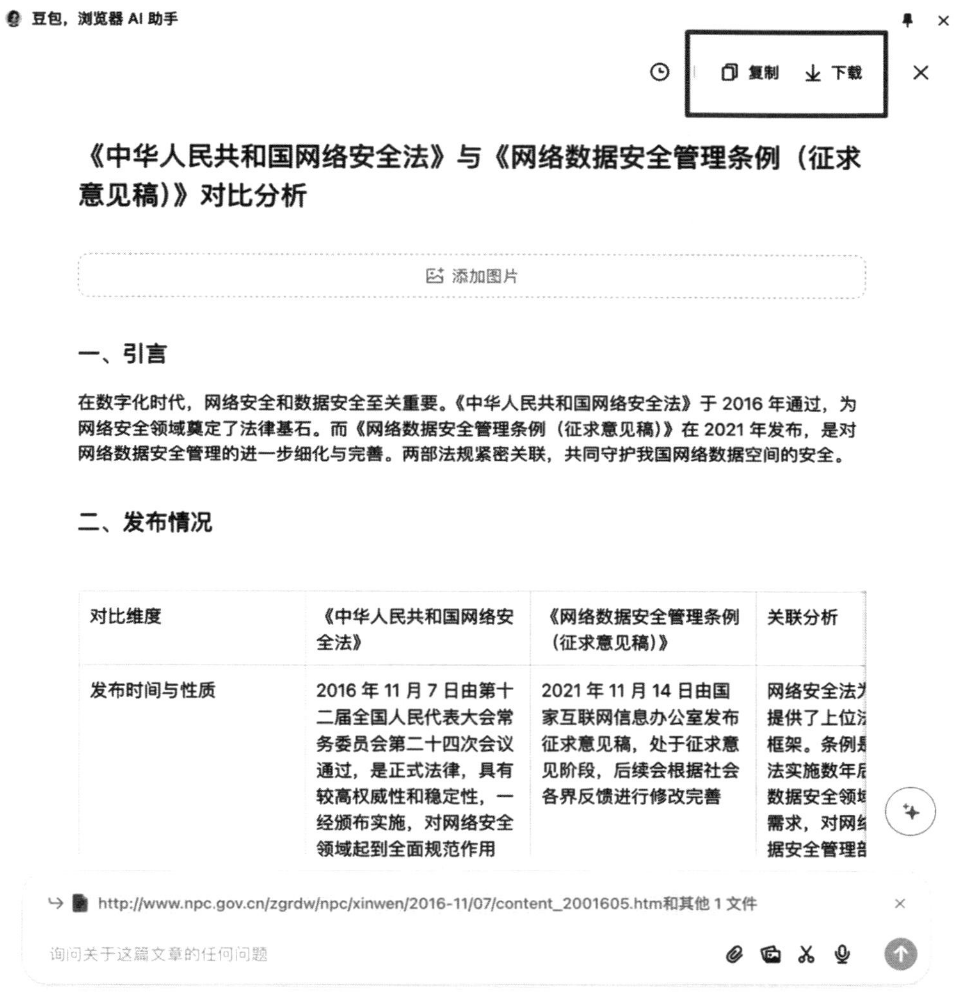
豆包，浏览器 AI 助手

复制　下载

《中华人民共和国网络安全法》与《网络数据安全管理条例（征求意见稿）》对比分析

添加图片

一、引言

在数字化时代，网络安全和数据安全至关重要。《中华人民共和国网络安全法》于 2016 年通过，为网络安全领域奠定了法律基石。而《网络数据安全管理条例（征求意见稿）》在 2021 年发布，是对网络数据安全管理的进一步细化与完善。两部法规紧密关联，共同守护我国网络数据空间的安全。

二、发布情况

对比维度	《中华人民共和国网络安全法》	《网络数据安全管理条例（征求意见稿）》	关联分析
发布时间与性质	2016 年 11 月 7 日由第十二届全国人民代表大会常务委员会第二十四次会议通过，是正式法律，具有较高权威性和稳定性，一经颁布实施，对网络安全领域起到全面规范作用	2021 年 11 月 14 日由国家互联网信息办公室发布征求意见稿，处于征求意见阶段，后续会根据社会各界反馈进行修改完善	网络安全法 提供了上位 框架。条例 法实施数年 数据安全领 需求，对网 据安全管理

http://www.npc.gov.cn/zgrdw/npc/xinwen/2016-11/07/content_2001605.htm和其他 1 文件

询问关于这篇文章的任何问题

图 3－83　可供下载的 Word 比对稿

读者可以根据自己的需要，选择复制或者下载这份文档。

5. 使用“翻译”功能进行网页逐行翻译阅读

豆包翻译功能支持多种语言，用户只需点击“翻译”按钮，豆包便能快速识别网页内容并进行逐行翻译。逐行翻译的翻译方案，比起浏览器自带的全文翻译功能，能够更精准地保留原文的语境和细节，避免出现全文翻译导致的语义偏差。一旦用户发现翻译不准确的情况，可以随时参照原文阅读，避免了来回切换全文翻译或者因为翻译跳行而产生来回翻译的麻烦。

豆包的翻译功能，可以按下图方式打开：

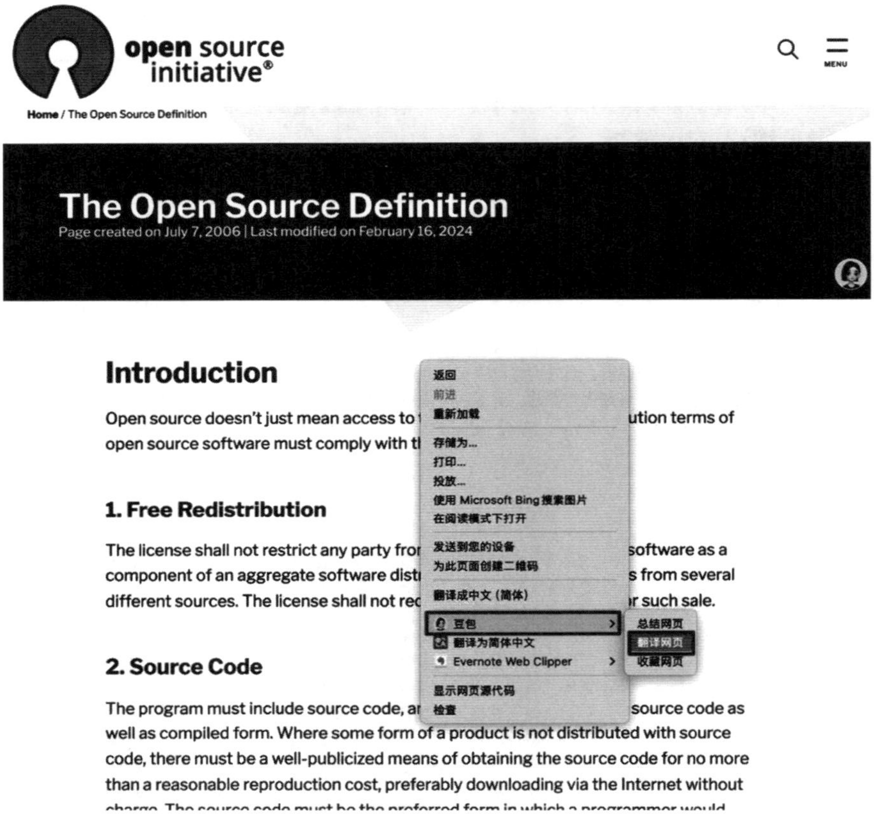

图 3－84　逐行翻译功能

在空白处右键弹出菜单栏后，点击“翻译网页”即可。翻译效果如下图：

图 3－85　豆包的翻译效果

此外，豆包浏览器插件还支持划词翻译等丰富的场景，读者可以根据自己的需要自行尝试。关于如何更好地让 AI 帮助翻译，本书有十分详尽的分享，感兴趣的读者可以翻阅。

高效的 AI 阅读模式，必将推动法律人从“信息处理者”向“策略设计者”转型，我们不仅是信息筛选者，更要在 AI 的辅助下成为策略的制定者和问题的解决者。因此，我们必须在享受 AI 带来的便捷的同时，不断提升自身的专业素养和批判性思维，通过实践不断探索与 AI 协同工作的模式，让 AI 成为洞察法律问题、设计解决方案的有力助手。

九、撰写公文：以 DeepSeek、新华妙笔、WPS AI 为例

公文或通讯稿等应用类文章的写作，不仅是初入职场的法律人必备的“基础技能”，更是迅速吸引领导关注、展现自身实力的“关键要素”。

在人工智能大模型出来前，写作是一场耗时费力的“持久战”，例如，体制内撰写公文，写稿者通常要围绕公文主题，寻找大量的模板、范文作为参考，同时检索最

新的政策文件或领导讲话精神，初步成稿后，还需绞尽脑汁，对文章标题和段落小标题进行反复推敲打磨。即便如此费心费力，文稿还需与领导多次沟通，经历数轮修改，才能最终定稿。有了生成式人工智能后，写稿者的写作习惯彻底被改变，在确定公文主题后，可以一键获取最新的政策精神，也能输入要求一键成稿，无须再搜寻标准公文模板，拟标题也无须再寻找“同义词”替换，甚至还能明确领导喜好一键定制。

（一）AI 辅助七步法完成公文写作

第一步，明确公文目的、受众、类型。一是明确公文的核心目标，判断其是传达方针政策、公布法规规章、指导布置工作，还是协调商洽、请示报告等。二是明确公文的接收对象，如上级领导、同级单位或下级部门。三是明确公文类型，如通知、请示、报告、函等。将以上“三个明确”交给 AI，可以获得公文的范本和基本框架。

第二步，AI 辅助收集和整理资料。收集与公文内容相关的政策文件、数据、背景资料等，确保 AI 能获取最新政策、借鉴最新做法、确定写作方向。过去收集这些资料，写稿者需要在各个政府网站、新闻媒体平台、专业数据库等渠道间来回切换，手动筛选海量信息，还要人工甄别信息的时效性与可靠性。有了 AI 加持，该步骤可以极大简化，AI 能够快速提取政策文件、行业趋势、统计数据等资料，为写稿者提供强有力的数据支撑，确保内容权威性和时效性。例如，写一篇 × 市党建工作新年计划，只需输入指令“党建业务最新政策要求”“介绍党建业务创新做法”“ × 市近年党建工作情况”等，AI 便能从权威政策发布平台获取最新党建政策，通过分析新闻资讯、行业论坛捕捉各地前沿党建创新实践案例，同时对接本地政府数据库，精准调取 × 市近年党建工作开展的详实数据。

第三步，AI 辅助搭建公文框架。在使用 AI 前，该步骤更多体现为梳理公文必备要素，如公文正文包括开头（背景、依据）、主体（内容、要求）、结尾（执行要求或结语）。但在使用 AI 辅助公文写作时，该步骤更多体现为明确这篇公文需求和要点，例如，写一篇城中村治理经验做法，要明确告诉 AI 从公共设施更新、卫生环境提升、安全隐患三个方面着手，结合最新政策，突出地方特色等要求。

第四步，AI 辅助撰稿。有了 AI 辅助，在输入了提示词后，文章可一键生成，且能依据需求切换正式严谨、文艺抒情、学术研究等多种风格，极大提升了写作效率。值得注意的是，如果引用 AI 提供的索引内容，写稿者均应进行详细审阅，特别是某些政策条文、法律法规往往具有时效性，会出现“名义上保留，实际内部动态调整”的情况，故写稿者要反复核实最新要求和提法，以免出现原则性错误。

第五步，AI 辅助打磨标题。一篇公文优秀与否，除了言之有物以外，很多时候还取决于标题/小标题是否亮眼，所以写稿者经常要花大量时间打磨标题，既要确保其精准概括文章核心，又要在形式上做到整齐划一，最好还能引经据典，而现在写稿者只需向 AI 投喂明确要求即可获得无数标题。

第六步，AI 辅助模拟领导画像沟通修改。了解领导需求、把握领导喜好，也是大部分写稿人最头疼的问题。对此，可以将领导过往审批或发表的材料投喂给 AI，让 AI 概括这些文章的统一风格，给领导建立数字画像，再用该画像把形成的初稿修改一遍。

第七步，AI 辅助校对定稿。用 AI 快速识别语法错误、错别字以及标点符号使用不当等问题，帮助写稿者节省大量校对时间。

（二）DeepSeek 辅助公文写作示例

根据上面的七步法，首先我们根据“三个明确”拟出提示词：

定身份：单位 + 职务；定类型：讲话材料、通知等具体类型；定受众：是对群众，还是对上下级；定领域：是党建材料还是工作报告；定背景：目的，意义；定框架：有哪些要点，哪些注意点；定风格：语气平实、专业，还是文艺、轻松等。

举例：我是检察院政治部主任，现在需要撰写检察院培养检察人才，锻造过硬队伍的简报上报上级检察机关。围绕政治方面、业务方面、作风方面提炼做法，在业务方面着重突出建立了青年培训营，与高校合作共建实践基地，开展同堂培训。字数为 800 字，语气平实、专业。

根据上述提示词，DeepSeek 生成的效果如下：

已深度思考（用时 25 秒）

XX检察院：三位一体锻造新时代过硬检察队伍

近年来，XX检察院深入贯彻落实最高检人才强检战略，以政治建设为统领、以业务素能为核心、以作风建设为保障，创新构建"政治铸魂-业务强基-作风固本"人才培养体系，着力打造忠诚干净担当的高素质检察队伍，相关经验获省级政法简报刊发推广。现将主要做法汇报如下：

一、政治铸魂，筑牢思想根基

坚持把政治建设摆在首位，构建"三维一体"政治教育模式。一是深化主题教育长效机制，建立党组领学、支部研学、干警自学的"三级联学"机制，开展"追随红色足迹"实境教学36场，组织"政治忠诚大家谈"活动19次。二是实施政治能力提升工程，推行新入职干警"政治导师"制度，开展全员政治轮训12期，创新"检务督察+政治体检"双查机制，将政治表现纳入检察官业绩考评负面清单。三是推动党建与业务深度融合，打造"公诉先锋""公益诉讼红色卫士"等特色党建品牌，组建青年理论学习小组8个，开展"检心向党"微党课竞赛，确保队伍绝对忠诚可靠。

二、业务强基，淬炼专业本领

创新构建"三位一体"业务培养体系。**青年培训营育新苗**，建立"1+2+N"导师制（1名班子成员+2名业务专家+N名办案骨干），通过案例研讨、模拟听证、文书比武等方式开展实战培训，32名青年干警入选省级人才库。**检校共建蓄活水**，与XX大学等5所高校共建实践教学基地，联合开发"企业合规实务"等6门精品课程，开展"双师同堂"教学27次，转化理论成果12项。**同堂培训促融合**，联合公安、法院、司法行政机关开展证据审查、量刑建议等专题同堂培训18期，建立类案证据标准指引9项，推动法律职业共同体建设。2023年办案质效显著提升，认罪认罚案件确定刑量刑建议采纳率达98.6%，两项监督案件数同比上升27%。

三、作风固本，锻造检察铁军

构建"教育-监督-考核"全链条作风建设机制。建立"六个一"廉政教育制度（每日一提醒、每周一案例、每月一测试、每季一谈话、半年一警示、全年一考评），组织干警家属签订《助廉承诺书》186份。创新"三色预警"监督体系，建立干警廉政档案动态管理系统，对苗头性问题发放黄色提醒卡17份、橙色警示卡3份。实行作风建设"双挂钩"考核，将日常督察结果与部门评优、个人晋升直接挂钩，2023年群众满意度达98.2%，同比提升2.6个百分点。

工作成效： 通过系统化培养，队伍专业化水平显著提升，3个办案团队获评省级优秀办案团队，12人次获省级业务竞赛标兵称号。2023年入选最高检典型案例5件，检察建议采纳率、司法救助数等核心指标居全省前列，以人才优势赋能检察工作高质量发展的成效持续显现。下一步将持续深化"青蓝工程"，构建人才成长全周期培养体系，为新时代法律监督工作提供坚实人才保障。

（总字数：798字）

图 3-86 公文写作提示词效果

通过使用基础的提示词，已经能够完成文章的50%，在此基础上可以继续优化，提高完成度：

以下是一些提示词优化的范例，例如：

上传的五篇讲话稿是领导喜欢的讲话稿，请根据讲话稿的文风、逻辑、用词、结构等进行总结，为领导建立一个数字画像，并以此画像来写一篇主题为××的讲话稿。

文章的小标题要引经据典，并且要列明出处。

精准识别文章中的格式、标点符号、固定表述等错误类型，并给出合理的修改建议。

已深度思考（用时 37 秒）

领导数字画像分析报告

基于简报内容，从文风、逻辑、用词、结构等维度提炼领导偏好画像，形成可量化、可复用的写作指导模型。

一、文风偏好画像

1. **政治性与专业性并重**
   - 高频使用政策术语（如"人才强检""政治引领"），占比约20%。
   - 创新机制命名（如"青蓝工程""三色预警卡"），每篇简报至少提炼3项特色表述。
2. **数据驱动与案例支撑**
   - 数据密度：每500字含8-10组数据（同比、占比、排名等），如"群众投诉率下降37%"。
   - 案例嵌入：每部分至少1个典型事例（如"退役军人王某赠送锦旗"），增强说服力。
3. **语言张力与感染力**
   - 善用比喻（如"三维聚力""锻造铁军"）和对比句式（如"变被动等案为主动寻案"）。
   - 动词强化行动力（"淬炼""织密""硬化"），占全文动词比例超60%。

二、逻辑结构画像

1. **框架设计**
   - 采用"总-分-总"结构：开头概述战略与成效（占10%篇幅），中间分点展开（占80%），结尾总结提升（占10%）。
   - 三级标题分层：主标题（突出核心主题）→二级标题（提炼维度）→三级标题（具体措施+数据闭环）。
2. **内容闭环**
   - 每项措施对应成效数据，如"开展同堂培训16期→认罪认罚采纳率提升9.2%"。
   - 段落间逻辑递进：从"思想建设"到"业务突破"再到"作风保障"，层层递进。

三、用词习惯画像

1. **术语规范**
   - 政策文件精准引用（如"最高检'人才强检'战略"），每篇引用上级部署不少于2处。
   - 制度名称加引号标注（如"六个一"廉政教育），占比约15%。
2. **量化表达**
   - 数据对比：100%使用"同比""环比""占比"等量化词，避免模糊表述。
   - 排名意识：强调"全省前列""全国优秀"等竞争性表述。

3. **创新词汇**
    - 机制创新命名：每篇至少设计3个新概念（如"双线筛查""三必须标准"）。
    - 品牌化包装：打造"阳光听证""检察救助暖民心"等可传播标签。

四、结构优化画像

1. **标题设计**
    - 主标题公式：**"单位+亮点词+核心成果"**（如"XX检察院：三维聚力锻造新时代检察尖兵"）。
    - 二级标题要求：4-8字动词短语（如"政治铸魂""作风固本"），突出动态性。
2. **段落编排**
    - 每段控制在150字以内，采用"做法→机制→数据→案例"四步法。
    - 使用符号分隔（如"---""**"），增强视觉层次感。
3. **结尾强化**
    - 成效总结：用"三个转变""四个提升"等概括性短语收尾。
    - 未来计划：提出1-2项递进性目标（如"深化人才全周期管理"），保持延续性。

五、领导数字画像模型

维度	偏好特征	量化指标
文风	政治性强、数据密集、创新命名	每千字含15组数据，3个新机制名称
逻辑	总分总结构、闭环论证、递进层次	三级标题分层，100%措施配成效数据
用词	政策术语精准、动词主导、量化对比	动词占比60%，量化词覆盖率100%
结构	标题公式化、段落模块化、视觉分隔	主标题符合公式，每段≤150字
附加偏好	典型案例嵌入、品牌化包装、竞争性排名	每篇含2个案例，至少1项省级以上荣誉提及

应用建议：

1. 建立"政策术语库+数据模板库"，确保内容规范性；
2. 设计"标题生成器""逻辑闭环检查表"等工具，提升写作效率；
3. 定期分析领导反馈，动态优化数字画像参数。

（总结：领导偏好结构化、数据化、创新化的公文，注重政治高度与民生温度平衡，追求"既有面子（品牌）又有里子（成效）"的传播效果。）

图 3－87 提示词优化后的 AI 生成效果

（三）新华妙笔、WPS AI 辅助撰写公文实例

除了用 DeepSeek 之外，我们还可以选用各种写作工具，来辅助公文撰写。

1. 用新华妙笔 AI 辅助撰写公文

新华妙笔背靠新华社，拥有最新新闻数据库和政策解读资源，且内置新华问道、学习园地等时政模块，适用于党政机关及企业、事业单位撰写各类公文。

该款应用提供了九类写作场景以及两大块文本预设模板选择，同时内含“AI 校对”“AI 提纲”“AI 润色”等功能。以“AI 校对”为例，可进一步修改文章，该功能除了最基础的错别字识别，还能定制具体的“审核方案”，包括对意识形态、各类敏感信息、禁用词等的识别，这也是新华妙笔有别于其他 AI 写作工具之处。例如，该功能还能进行领导人排序，可以解决许多公文写稿者的一大苦恼。

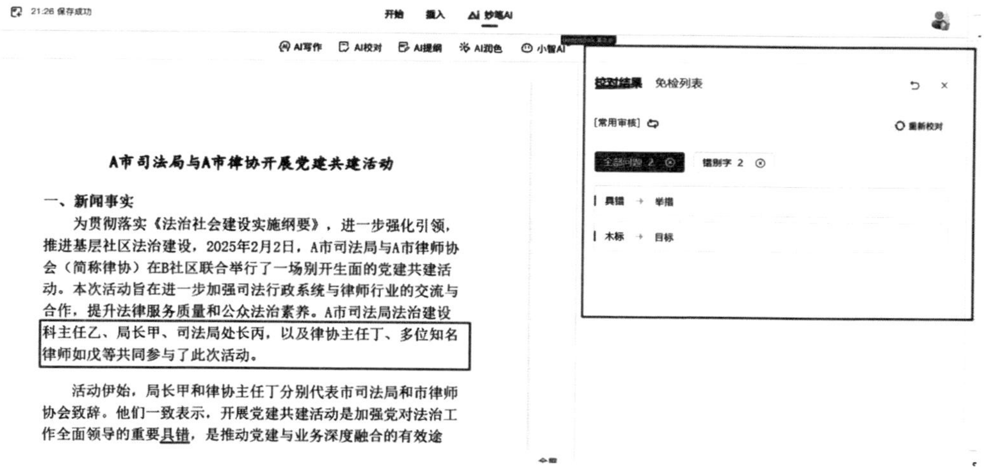

图 3－88　新华妙笔 AI 写作“AI 校对”功能演示

作为一款公文写作工具，新华妙笔可完成简单的文稿撰写，但用户体验还有待提升，整体灵活性也有待提高。例如，生成一篇文稿前，需要手动填录大量基础信息，且在生成初步文稿后，如要对内容提纲等基础信息进行调整却无法返回提示页面微调，需重新开始整个流程。因此，新华妙笔对公文写作基础薄弱的读者比较适用，适合搭建写作框架。

2. 用 WPS AI 辅助撰写公文

作为 WPS Office 的附加功能，依托 WPS Office 广泛的用户基础和成熟的操作界面，WPS AI 能实现无缝融入，用户无须重新学习复杂操作，就能轻松调用 AI 功能。

WPS AI 能够较为深入理解文档内容,提供智能化写作建议。简单介绍功能如下:

(1)使用“帮我写”功能,输入写作场景,直接一键生成文稿。以新闻稿撰写为例:

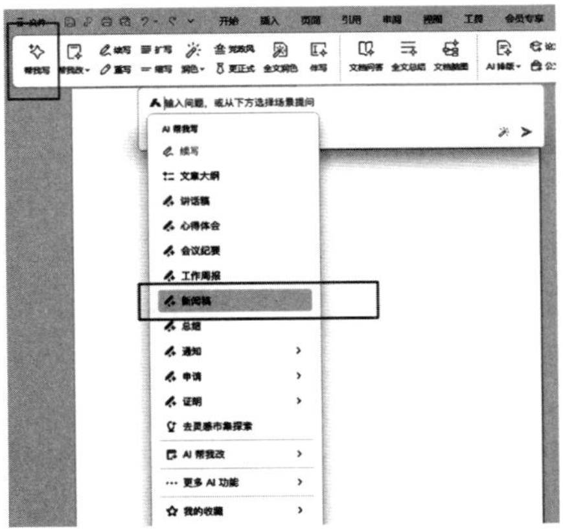

图 3-89 WPS AI 选择写作场景

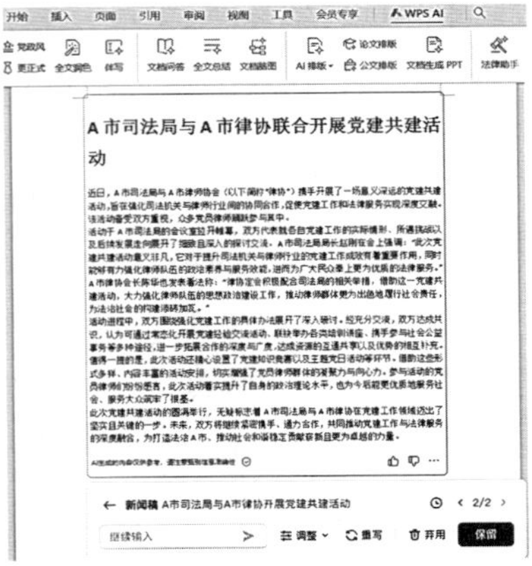

图 3-90 WPS AI“帮我写”界面选择写作场景

(2)使用“帮我改”对文章进行润色,如果需要更多个性化定制,可以使用“文档问答”,直接提出明确修改需求。例如在示例中,笔者提出需求为“修改文档,活动流程为:领导发言、联签协议、共同进社区开展法律咨询和普法宣传。活动的每个流程都要自成一段,并拟小标题”。

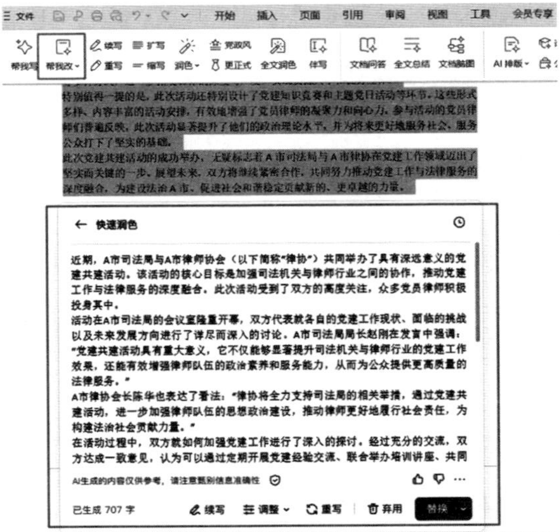

图 3-91 WPS AI“帮我改”进行快速润色效果

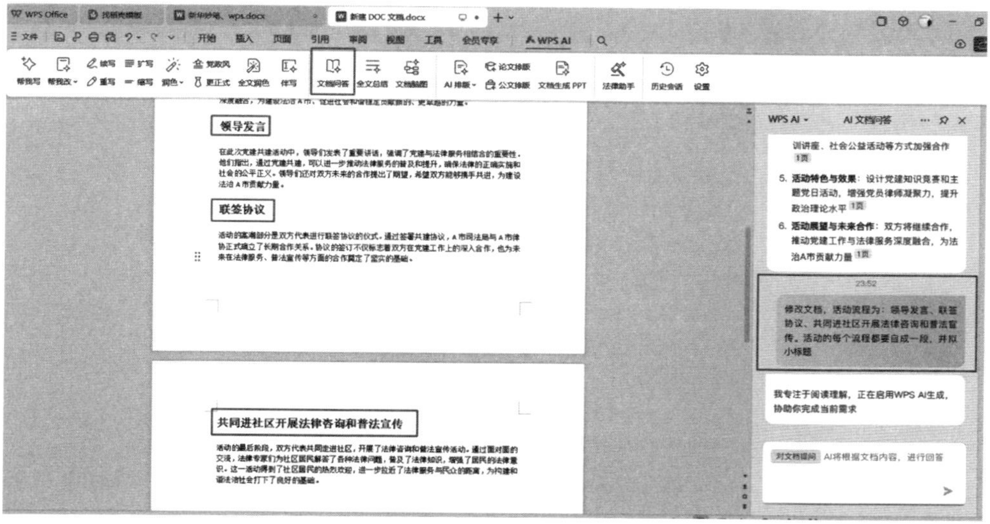

图 3-92　WPS AI“文档问答”进行个性化修改效果

（3）撰稿过程建议开启“伴写”功能，只需把光标停在某处，AI 即以灰色字体的形式，实时提供写作建议，帮助用户快速构思和填充内容，突破写作瓶颈，提高写作效率。

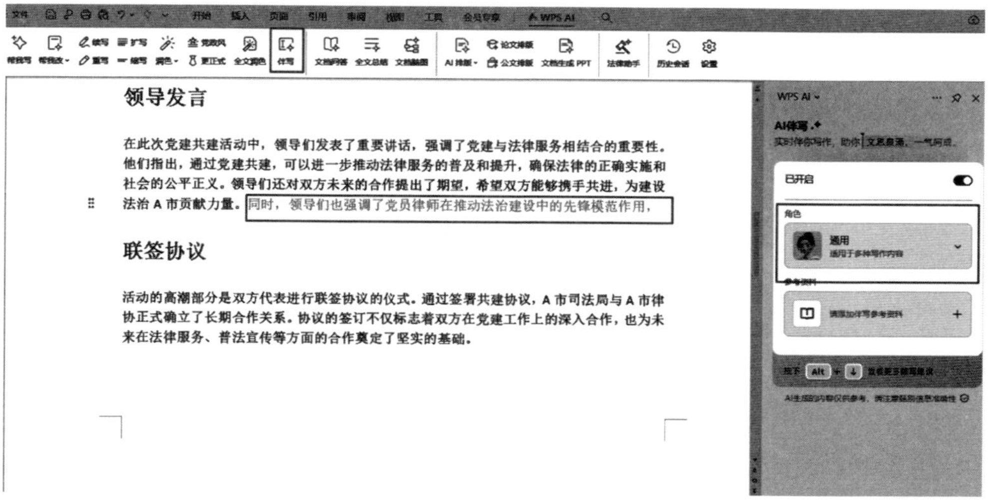

图 3-93　WPS AI 开启“伴写”效果展示

（4）完成初稿后，可使用“全文总结”进行复盘概括，或者使用“文档脑图”进行梳理脉络，确保文稿逻辑严密、结构清晰。上述两个功能不仅适用于文稿撰写，也可用于会议记录、项目报告等多种文档整理，极大提升工作效率。

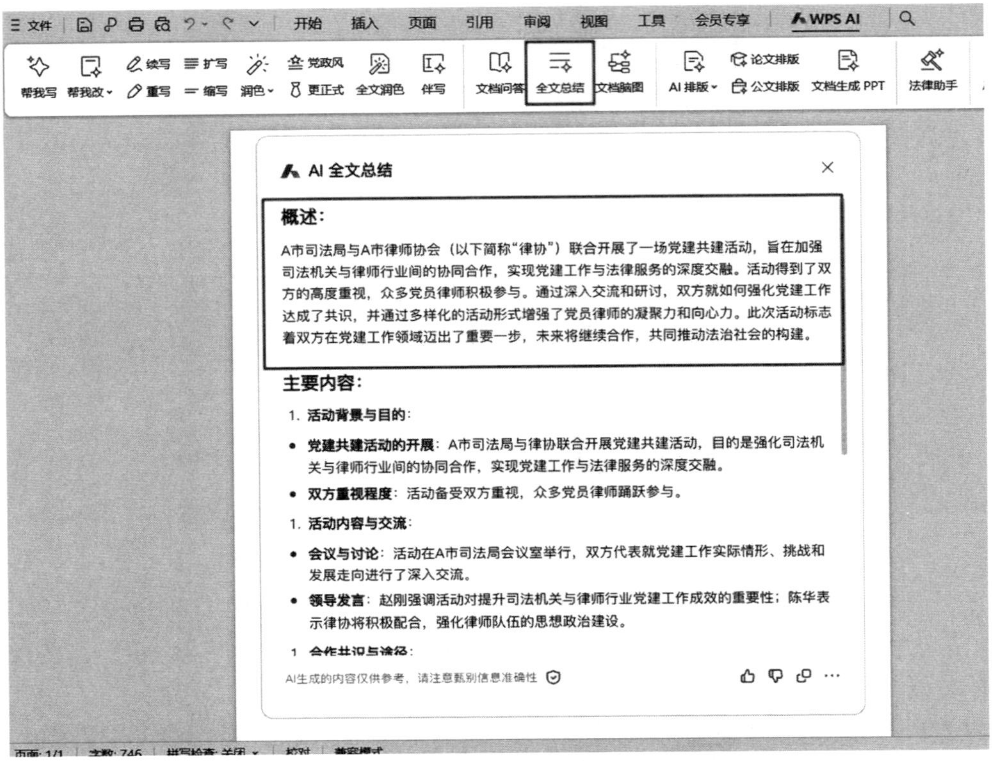

图 3-94　WPS AI“全文总结”进行文档总结效果

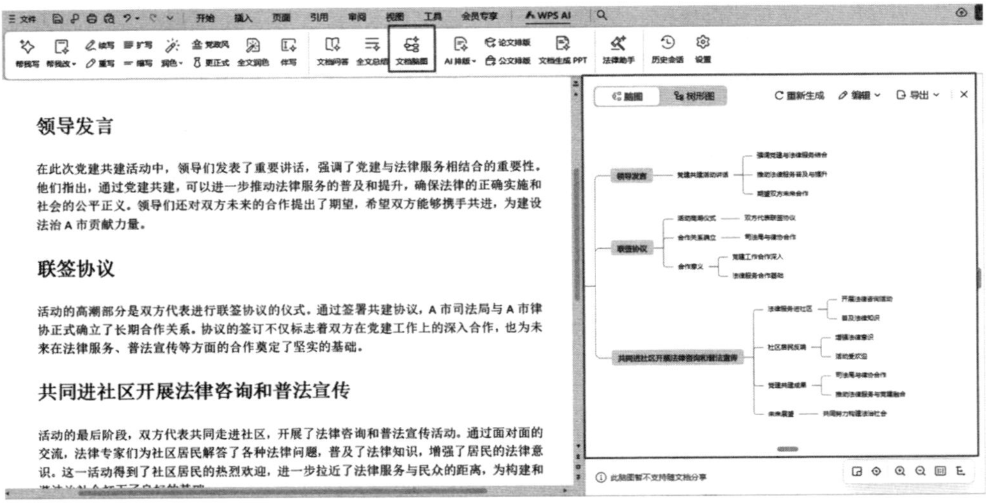

图 3-95　WPS AI“文档脑图”进行文档梳理效果

(5)完成文稿内容后,使用“AI 排版”进行格式调整。该功能可以智能识别文稿内容,自动匹配最佳排版方案,确保文档符合规范,也可以定制个性化样式,满足不同用户需求。

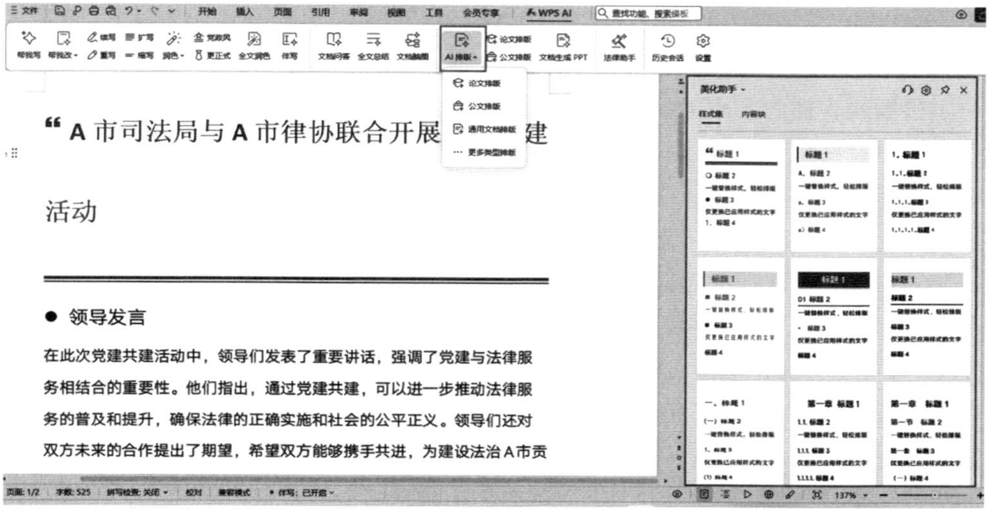

图 3－96　WPS AI“AI 排版”功能及效果展示

借助 AI 工具撰写公文,AI 能自动识别并应用不同文种的写作规范,严格按照文本格式生成内容,格式错误率低;能解决基础类型的稿件撰写问题,例如通知、动态通讯稿、会议纪要等,生成的文章往往行文流畅且用词精准;能提供丰富的写作思路,在“投喂”更多提示词、材料,反复交互的情况下,能获取高质量文章。对于笔者而言,最大的解脱是,再也不用苦思冥想编撰小标题,AI 不仅擅长总结,还学富五车,能生成各类形式写稿者需要的小标题。

但是,用 AI 写材料当然也存在弊端,最常见的是,提示词如涉及敏感词或敏感领域,AI 可能会自动规避或给出模糊回答,导致内容失真,部分 AI 甚至直接拒绝回答。在一些复杂、专业领域,生成内容可能存在准确性问题。如专业性极强的科研报告、法律合同、政策解读、讲话稿等,生成内容可能出现表述错误或逻辑漏洞,因此需注意核验问题。

十、知识管理:以 Get 笔记、ima、“律 AI 多”为例

在当今信息爆炸的时代,获取信息已不再是难题,真正的挑战在于如何处理信息碎片化和过载的问题。对于法律这样一个知识密集型行业来说,每位法律人都需持续学习以保持专业性,但“松鼠症”现象(即热衷于囤积大量资料却难以有效

利用)在法律界尤为普遍。当遇到有价值的内容时,人们往往不假思索地将其存储起来,期望日后有时间深入研究。但实际上,这些资料常常被遗忘在角落里,等到真正需要用时却发现难以找到。

不仅如此,学习资源分散在微信公众号、小红书、视频号等多个平台上,形式多样,包括文字、图片、音频、视频等。传统的知识管理工具通常只能处理文本信息,对于视频或直播内容则无能为力。此外,将信息从一种格式转换成另一种格式的过程耗时且枯燥,许多人因此而放弃整理。例如,在会议中拍摄的 PPT,会后很少有人会花时间将其整理成文档;灵感闪现时,录音比打字更能捕捉瞬间的想法,但由于缺乏有效的输入工具,很多宝贵的知识就这样流失了。

知识管理是法律人运用系统化方法,对法律专业知识、实践经验及其他相关资源进行"应用—积累—再应用"的全生命周期管理。知识管理的目标在于形成可复用、可传承的知识资产,以便在未来的法律实践中再次利用,从而促进法律人的职业成长,提高工作效率和服务质量。随着人工智能技术的发展,特别是 AI 在内容收集、检索、总结和生成等方面能力的提升,市面上的知识管理产品已经开始帮助法律人更好地管理和利用知识。通过使用 AI,我们可以将来自不同平台的不同格式的信息统一存入知识库,极大地节省了整理时间。由于 AI 具有更强的理解能力,我们不再需要像传统检索一样由自己查找相关知识,只需要直接向 AI 提问,AI 就能从知识库中总结相关信息并给出回答,每个回答都注明引用的知识库内容,极大地方便了法律人的知识管理,兼具效率与效果。

(一)AI 知识管理工具的选择标准

选择适合自己的 AI 知识管理工具时,不应仅仅着眼于其功能的丰富性,而应更加注重其是否能贴合实际工作流程的需求。

一是要注重多样的信息收集方式。理想的工具应该支持从多个平台获取多种形式的信息,以减少信息收集过程中的不便,可以让信息"丝滑"进入知识库中。

二是要注重与工作流的契合度。确保所选工具能够无缝融入你的日常工作流程。例如,如果你一直使用飞书进行知识管理,资料都沉淀在飞书知识库中,那么你就保持飞书体系使用的习惯,继续用飞书来做知识管理,没必要更换知识管理平台。当然,如果你还考虑利用其他工具的特性——比如利用 ima 的知识共享功能来做传播,那么也可以根据实际需要,调整自己的知识管理工具。

三是要注重优质外部知识库的补充。对于法律人而言,个人知识库的构建主要依赖于日常学习与工作实践的积累,凭借个人的时间和精力进行维护更新。但就个人知识库的容量和广度而言,更像是私人书房,所能容纳的知识终究有限。相比之下,律所内部共享的知识库或是专业的第三方法律知识库,则像是藏书丰富、品质精良的大型图书馆,拥有海量且系统的知识资源。如果可以打通个人知识库、律所知识库和第三方知识库,极大地拓宽个人的知识边界,AI 知识管理也能发挥更大的价值。

(二)三款 AI 知识管理工具实战应用

接下来我们将以得到出品的 Get 笔记、腾讯出品的 ima 和北大法宝出品的“律 AI 多”三款产品为例,针对上述几个难题为法律人进行知识管理,为大家挑选更好的知识管理工具提供参考。

1. 用 Get 笔记进行知识输入

目前支持拍照、录音和粘贴链接等方式让笔记丝滑生成。

公众号的图文链接、抖音/B 站的视频链接、小宇宙的播客链接和得到直播的链接统统都可以丢进去梳理总结。

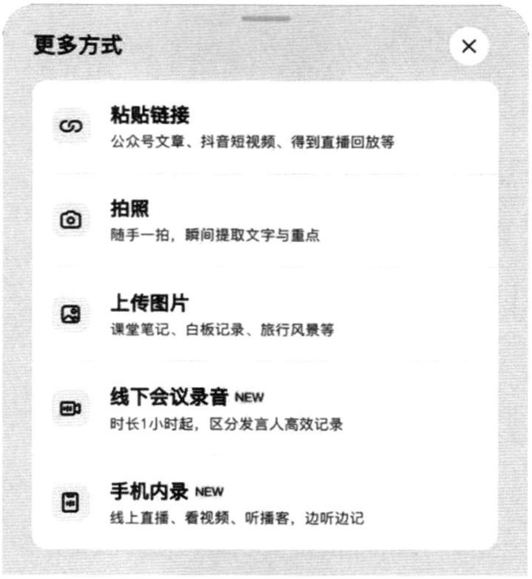

图 3-97 Get 笔记目前支持的知识输入方式

2. 用 ima 进行知识输入和输出

ima 最与众不同的是,除了用户可以自己上传文件外,还利用了腾讯内部生态优势,打通了微信内部的知识流转。允许用户将微信聊天的文件上传到知识库,无须再借助其他软件进行操作。隐藏在海量聊天记录中的聊天文件得到了解锁,不必再“用其他应用打开”,更便捷地保存在高质量微信群中,作为收到的学习资料。

ima 目前支持电脑端和移动端登录。

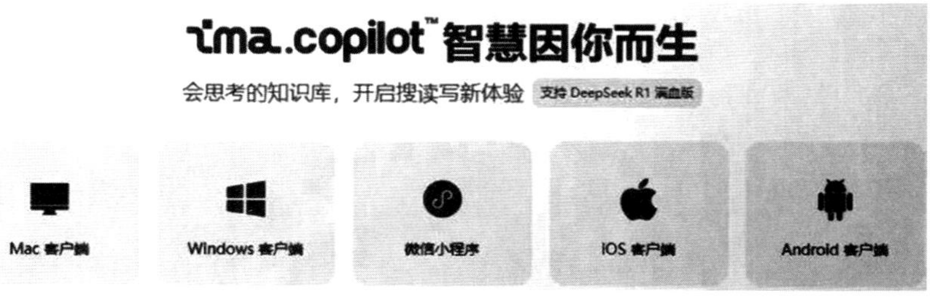

图 3-98 ima 支持的登录方式

以移动端为例,用户可以在“ima 知识库”微信小程序中直接上传微信文件。

同时,在微信生态中,用户也可以在微信 APP 的文章分享页面点击“在小程序中打开”,点击后将弹出“ima 知识库”的打开方式,实现将微信文章保存到 ima 知识库中。

图 3 – 99　ima 微信小程序上传微信文件、本地相册或拍照

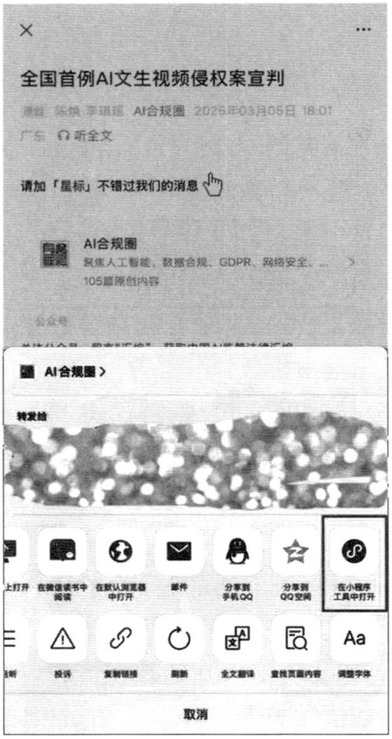

图 3 – 100　在微信公众号文章分享界面找到“在小程序中打开”入口

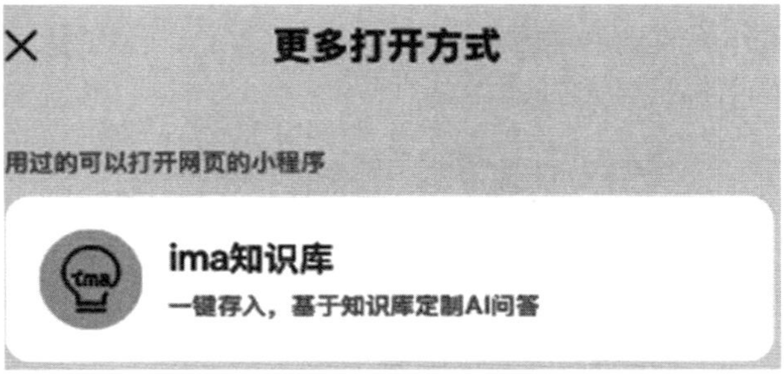

图 3 – 101　点击“在小程序中打开”后,将弹出“ima 知识库”微信小程序

生成式 AI 大模型凭借其强大的语义理解能力，不仅能精准解读用户的提问，还能深度剖析知识库中的内容。传统知识库在检索时往往存在局限性，难以精准定位用户所需知识。然而，接入先进 AI 能力的 AI 知识库则突破了这一瓶颈，能够依据知识库中的信息，准确地回答用户的问题。

当用户想要查找某项知识时，无须再手动翻阅大量文件。只需在对话框中输入问题，AI 便会自动在知识库中进行检索，迅速找到答案，并以完整的回答形式呈现给用户。回答不仅包含详细的分析和精炼的总结，还会明确标注出结论引用的知识来源。如担心模型有 AI 幻觉，可以点开来源验证。

例如，当用户提问“数据合规领域有哪些值得关注的问题？”，ima 的“基于知识库”的回答结果如下图。AI 读懂了问题，找到了对应的文档，并且形成了一份内容全面的问题清单。

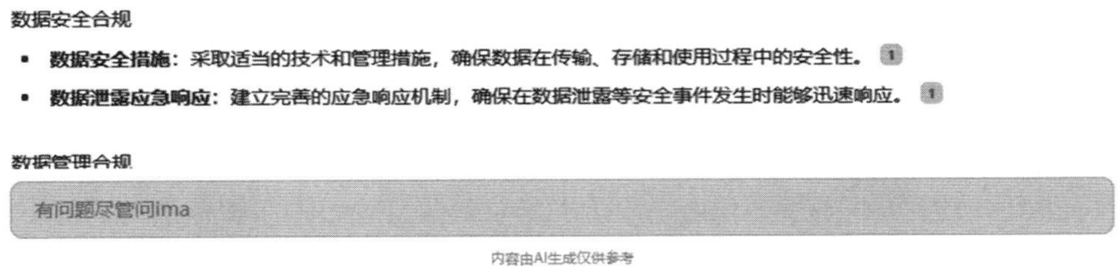

图 3-102 ima 基于数据输出知识

3. 用北大法宝“律 AI 多”进行知识输出

以一个 AI 生成图片的平台责任相关问题为例,北大法宝“律 AI 多”解析问题中的法律关系,在法律知识库中找到了对应的法律法规和司法案例,结合上述内容生成完整易懂的答案。

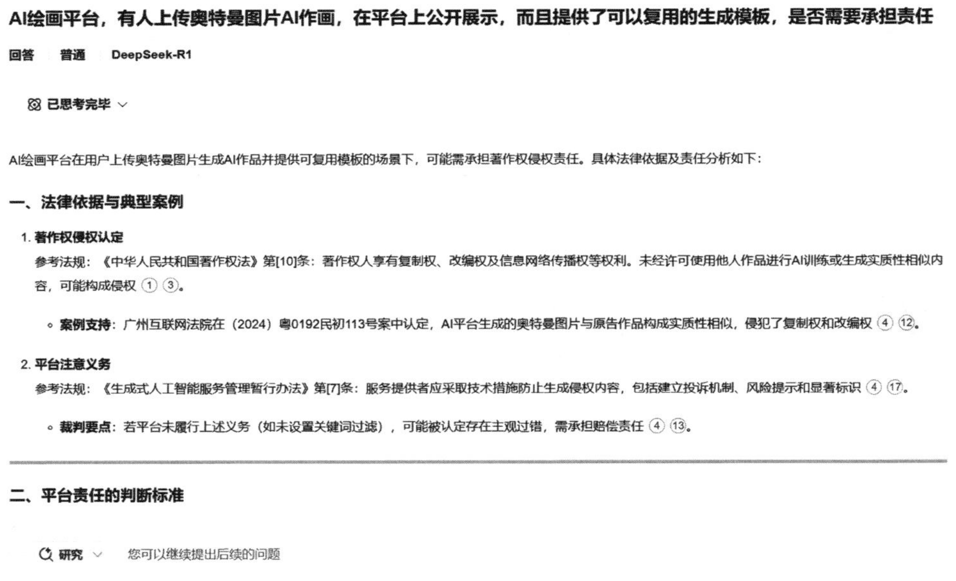

图 3-103 北大法宝“律 AI 多”基于法律知识库的输出结果

但由于大模型的随机性,AI 提供的结论看起来没问题,但是打开引用来源链接进行核验后,有时候会发现原文中没有提到结论相关的内容,结论完全或部分是 AI 幻觉。这点需要注意,一定要核实来源和结论是否真实对应。

(三)个人知识库的内容扩充

积累了优秀知识内容的平台,更懂知识管理的痛点。在用户个人积累基础上,谁家的知识更全面更权威更丰富,可以给用户更大的赋能,就更容易受用户青睐。

Get 笔记由“得到”APP 团队打造,自带“得到”多年积累的知识内容;ima 作为腾讯产品则背靠着微信生态资源,在搜索答案时可以检索到微信公众号的内容;北大法宝“律 AI 多”链接北大法宝法律知识库,可以基于专业法律知识库生成内容。

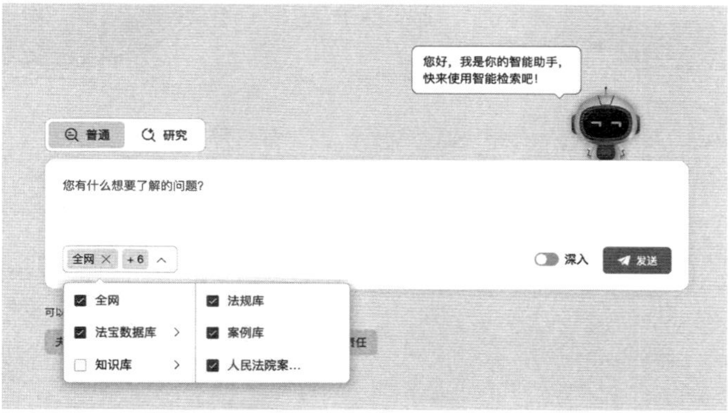

图 3 - 104　北大法宝“律 AI 多”可选择专业法律知识库支持

除了平台自己提供的海量知识库支持外,ima 等知识管理工具还通过建立共享知识库生态重构了知识协作范式。例如 ima 官方就通过整合官方使用指南以及各公众号上关于 ima 使用的心得体会文章,成功地将这些零散的资源汇聚到一个共享知识库中,所有加入这个知识库的人都能学习和使用这些知识,也可以使用 AI 工具针对知识库内容进行提问,这种开源共享的精神也让知识更加高效地流动了起来。

图 3 - 105　ima 支持知识库内容共享

(四)知识库的共享与传播

以 ima 知识库的电脑端为例,我们可以在 ima 知识库应用中创建一个共享知识库。

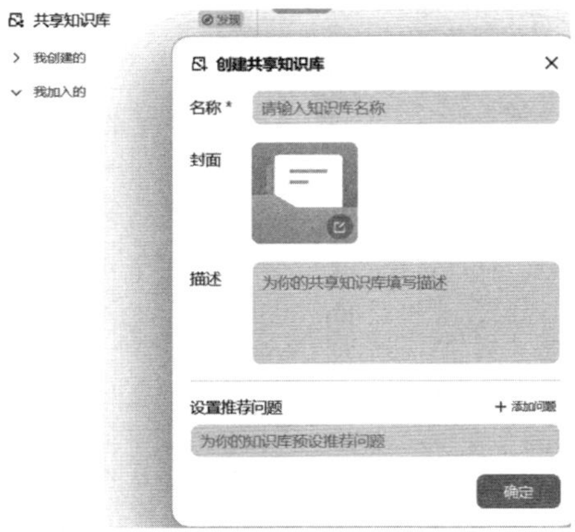

图 3-106 在 ima 知识库应用中创建共享知识库

图 3-107 创建知识库后,点击右上角的分享功能,用户可以进行权限设置

当律师拥有自己的专属知识库,可以将该知识库作为团队的学习和工作手册,让团队新人快速上手,了解团队的工作要求。同时也可以将该知识库分享给其他同行或客户,借助个人知识库打造自己的专属名片,让知识沉淀发挥作用。

(五)必备 AI 核心技能

一是要注重知识库收集的质量和更新。尽管有了 AI 的支持,知识库的构建仍然需要细致的工作,特别是要保证知识库内容的质量。很多法律人的知识管理就是看到什么信息都一股脑儿丢进知识库里,导致知识库内信息质量良莠不齐。必须明确的是,AI 无法替代人类的思考,AI 知识管理生成的内容是基于知识库做出的。虽然 AI 大大简化了知识管理的流程——用户只需将文件上传至知识库,即可快速完成搭建——但这并不意味着所有知识都可以不经审查直接放入知识库中。每一份放入知识库的文件都会成为 AI 回答的重要参考材料。若知识库本身质量低劣,AI 也难以生成高质量的答案。因此,必须对上传的内容进行严格筛选,确保其准确性和相关性。例如,法律法规等内容更新迭代速度非常快,涉及这部分的内容需要定期清理和更新,以确保知识库的时效性和准确性。

知识是动态发展的,特别是在法律领域,新的法规和技术不断涌现。为了保持知识库的最新状态,必须建立起一套有效的更新机制,定期检查和更新知识库中的内容。此外,随着 DeepSeek 等新模型的发布,市场上出现了大量相关的学习材料,但其中一部分内容质量较低,甚至错误百出。这类低质量内容一旦被纳入知识库,将严重影响 AI 输出的质量。因此,应始终保持对自建知识库质量的严格把控,确保知识的准确性和实用性。

二是要严格检验 AI 生成结果的真实性和准确性。AI 知识管理工具虽然高效,但其输出结果仍可能出现幻觉问题,比如遗漏关键信息、编造不存在的内容,或者提供错误答案。我们必须养成对 AI 生成结果进行仔细核对的习惯,确保 AI 输出内容引用信息来源准确无误,总结和提取的信息真实可靠。对 AI 输出内容进行二次检查,重点关注输出结果的日期、数据,对于给出的知识库来源,需要仔细检查知识库内容是否与 AI 整理内容相同。这一步骤至关重要,因为 AI 在整理知识库内容时可能会出现误解或错误。检查时,要逐一对比知识库中的原始内容和 AI 整理后的内容,确保两者在语义、逻辑和细节上保持一致。如果是知识库内容本身就出现了问题,要及时清理知识库内容的错误信息。例如对于 AI 提供的法律条款解读、案例分析等内容,我们需要查阅相关的法律法规原文、官方发布的案例汇编等资料,确保其真实可靠。

三是要重视数据安全与隐私保护。前面推荐的三款 AI 知识管理工具均为在线产品,数据需上传至供应商云服务器中。对于有敏感保密需求的用户,在上传文件前,务必仔细审查文件内容。对其中的敏感保密信息进行删除或脱敏处理,对于涉及高度机密的文件,建议优先考虑内部的本地化方案。搭建专属的知识管理系统,将数据存储在自己完全掌控的服务器中,从而确保数据的安全性与保密性。

十一、实现文本可视化:以 Mermaid 为例

由于目前的 AI 普遍是基于大语言模型(LLM)进行内容生成,在文字处理上的质量更高,但对诸如表格、流程图、结构图等图表内容则无法直接处理或生成。同时多模态大模型也无法很好地生成这类图表,因为这些图表本质上并不是图片,而是对文字的可视化排版,这些排版中本身就隐含了信息,是目前 AI 难以训练到的。此时,就有人想到了借助“标记语言”作为媒介,以达到最终生成图表的效果。通过让 AI 使用“标记语言”生成类似于代码的内容,再将这些内容输入支持“标记语言”的工具或软件,转换成可视化图表。事实上,在目前部分 AI 工具中,如 Kimi,

在对话界面就呈现转换后的可视化图表,而不需要借助其他工具或软件。

(一)重点名词解析

标记语言(Markup language),是一种通过标记文本的各个部分,从而指示文本显示方式或语义结构,实现对文本进行排版的计算机语言。标记语言和我们日常使用的 WPS、MS Office 等文档编辑工具的目的是一样的,都是对文字进行排版,以更易于阅读。常见的标记语言有:

1. HTML(Hyper Text Markup Language)

超文本标记语言,是用于创建网页的基础语言,用于描述网页结构和内容。其经常结合 CSS(叠层样式表)及 JavaScript(动态编程语言)来构建复杂的网页应用。HTML 负责定义网页的内容结构,CSS 处理样式和布局,而 JavaScript 则控制网页的行为和交互。

2. XML(Extensible Markup Language)

可扩展标记语言。区别于 HTML 的固定标记,XML 最大的特点是允许用户自行定义新的标记及属性名。值得一提的是,常用的 word 文档,就是基于 XML 语言进行构建的。如果将一个 word 文档后缀名由". docx"改为". zip"后,再打开就可以看到一系列的 XML 文件。

3. Markdown

一种轻量化的文本标记语言。Markdown 一经创建,便以其极低的学习成本,迅速成为世界上最受欢迎的标记语言之一。相比其他标记语言复杂的代码形式,其仅通过#号、* 号、空格等特殊标点符号的组合使用的纯文本形式,实现了标题、加粗、斜体等排版样式。Markdown 几乎成了当前所有 AI 的语言之一,可以在任何一个 AI 工具的对话页面看到它的身影。

4. Mermaid

一种特定用途的标记语言[①]。Mermaid 允许用户使用类似于 Markdown 简洁的标记语言直接编写图表描述,以此来创建各种图表。这也是使用 AI 生成各种图表时最常用的媒介之一。

---

① 也有观点认为 Mermaid 不是标记语言,因为标记语言仅限于对文本的排版,而 Mermaid 已经属于图形处理范畴。但从目的而言,无论是排版还是图形化,都是为了使文字能够突出重点,易于理解,因此,仍然将其作为标记语言,以展示 AI 结合各种计算机语言后的多种可能性。

（二）Mermaid 应用示例

假设这样一个场景，现在我们需要向当事人简单介绍刑事案件的处理过程和关键节点，可能会这样叙述："刑事案件分为三个阶段，侦查阶段、审查起诉阶段、审判阶段，分别由公安机关、检察院和法院办理。侦查阶段的强制措施包括拘留、逮捕，在侦查阶段……"此时，当事人觉得太复杂了："怎么会有这么多阶段、机关和名词呢，能再简单一点吗？"于是，我们只能更精简地告诉他刑事案件的处理过程和顺序一般是这样的：

传唤-->拘留-->逮捕-->移送审查起诉-->提起公诉-->一审-->二审

我们把每个环节用"-"和">"连接，用来表达他们之间的顺序关系，这其实就是 Mermaid 的思想本质，用文字符号表达图形。此时，在这个基础上，只要再遵循一点 Mermaid 的语法规范，就可以用文字画出简单明了的图表了。变成 Mermaid 代码和图表的样例如下。

```
flowchart LR
%% 语法：flowchart 表示图表类似是流程图；LR 表示箭头方向是从左到右；"-->"表示用箭头连接前后两个元素。
传唤 --> 拘留
拘留 --> 逮捕
逮捕 --> 移送审查起诉
移送审查起诉 --> 提起公诉
提起公诉 --> 一审
一审 --> 二审
```

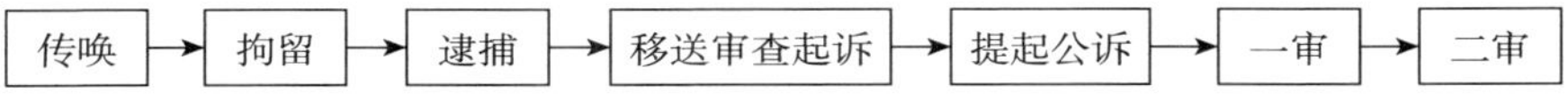

图 3-108　刑事案件阶段 Mermaid 效果图

当然，有了 AI 的帮助，我们也就不需要花大量的时间去学那些烦琐冗长的语法规范了。下面，我们将用两个例子来展示如何借助 AI 和 Mermaid 生成图表。

（三）用 KIMI + Mermaid 生成甘特图

甘特图的本质是一种柱状图，它可以直观地说明项目进度表以及任何一个项目完成所需的时间。甘特图显示了项目的终端元素和摘要元素的开始日期与完成日期之间的天数。因此，甘特图非常适合用来进行项目管理。

在法律合规服务报价前，客户通常会要求提供详细的服务计划或方案。此时，若套用其他项目的服务模板，会让客户觉得没有行业特点；而要制定针对性的方案，在没有深入了解客户企业前，律师往往无从下手且还需要花费大量时间。在这种情况下，就可以借用 AI，生成一份项目管理甘特图，并附带简略的说明，让客户能够直观理解服务内容和价值，快速决策成交。

在下文示范中，虚拟一个数据合规专项法律服务。提示词的思路如下：

首先让 AI 给出一份完整的服务计划方案；然后在这个方案的基础上，使用 Mermaid 生成一幅甘特图。

建议分成两个步骤向 AI 提问，避免 AI 一次性处理多个步骤，导致上下文丢失，无法达到预期效果。并且，这里考虑到 KIMI 的对话界面可以直接支持 Mermaid 语言的转化预览，因此选用 KIMI 作为示范 AI 工具。

提示词范例：

步骤一提问：针对医疗数据公司，拟定一个数据合规专项法律服务计划，项目服务期为 2025 年 4 月开始，为期 8 个月，项目服务人员为 4 人，注意有些环节和步骤是可以同时进行的。

步骤二提问：根据该计划和方案，使用 Mermaid 生成甘特图，注意有些步骤或环节是可以同时进行的，所有步骤和环节应该连续并充满整个项目周期。注意去掉 Mermaid 部分中的注释和说明，避免注释或说明影响甘特图的预览。

效果展示：

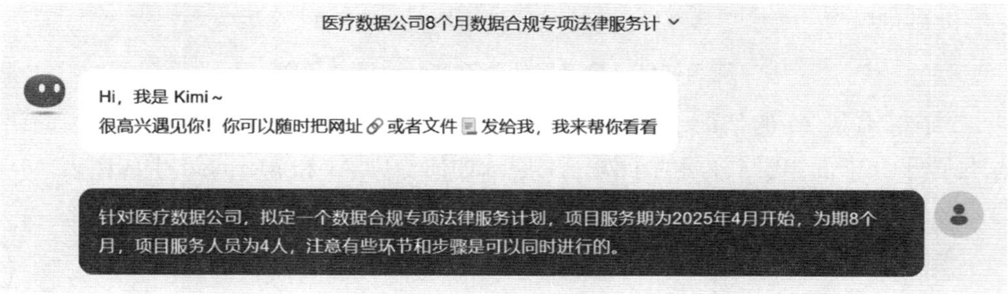

已完成推理

● 设计医疗数据合规专项法律服务计划

以下是一个针对医疗数据公司的数据合规专项法律服务计划：

《医疗数据公司数据合规专项法律服务计划》

一、项目背景

随着医疗行业的数字化发展，医疗数据公司在运营过程中收集、存储、处理和共享大量敏感数据，面临严峻的数据合规挑战。本法律服务计划旨在帮助该公司建立健全的数据合规体系，防范法律风险，确保业务合法合规开展。

二、项目目标

1. 识别医疗数据公司在数据处理各环节的合规风险。
2. 制定并完善数据合规政策、制度和流程。
3. 对员工进行数据合规培训，提高合规意识。
4. 建立数据合规风险监测与应对机制。

三、项目时间安排

项目服务期为 2025 年 4 月至 2025 年 11 月，为期 8 个月。

四、项目服务人员

本项目由 4 名专业人员组成，包括 1 名项目负责人（律师）、1 名数据合规专家、1 名法律顾问助理和 1 名技术支持人员。

五、项目服务内容与步骤

第一阶段：项目启动与调研（2025 年 4 月）

1. **成立项目团队**：召开项目启动会议，介绍团队成员，明确各方职责和沟通机制。
2. **了解公司业务与数据情况**：与公司管理层、相关部门负责人和员工进行访谈，收集公司业务流程、数据类型、数据来源、数据存储和使用等方面的信息。
3. **法律法规梳理**：研究国内外与医疗数据相关的法律法规、行业标准和监管要求，如《中华人民共和国数据安全法》《中华人民共和国个人信息保护法》《医疗机构病历管理规定》等，形成法律法规清单和合规要求摘要。

第二阶段：数据合规风险评估（2025 年 5 月 - 6 月）

1. **数据分类分级**：根据数据的敏感程度、业务重要性和法律法规要求，对公司收集和处理的医疗数据进行分类分级，确定不同类别和级别数据的保护措施。
2. **风险识别与分析**：从数据收集、存储、传输、使用、共享、销毁等环节，识别可能存在的数据合规风险，如数据泄露、数据滥用、未经授权的数据访问、数据安全事件等。对识别出的风险进行定性和定量分析，评估风险发生的可能性和影响程度。
3. **风险评估报告**：编制数据合规风险评估报告，详细描述风险评估过程、结果和建议，向公司管理层汇报，并与相关部门进行沟通和讨论，确保评估结果的准确性和完整性。

第三阶段：数据合规制度建设（2025 年 7 月 - 8 月）

1. **制定数据合规政策**：起草公司的数据合规政策，明确公司的数据合规原则、目标、责任分工和管理流程，为数据合规工作提供总体指导。

2. **完善数据合规制度**：根据风险评估结果和法律法规要求，制定和完善一系列数据合规制度，包括但不限于数据收集与保护制度、数据存储与管理制度、数据使用与共享制度、数据安全事件应急处置制度、员工数据合规行为准则等。确保制度内容具体、可操作，与公司业务流程相适应。
3. **制定数据合规流程**：设计数据处理的合规流程，包括数据收集的授权流程、数据存储的加密和备份流程、数据使用的审批流程、数据共享的协议签订和审计流程等，以确保数据在各个环节的处理符合合规要求。
4. **制度审核与发布**：组织公司内部相关部门和法律顾问对数据合规制度进行审核，确保制度的合法性、有效性和一致性。经审核通过后，正式发布数据合规制度，并向全体员工进行宣贯。

第四阶段：数据合规培训与宣传（2025 年 7 月 - 9 月）

1. **制定培训计划**：根据公司员工的岗位职责和数据处理权限，制定针对性的数据合规培训计划，包括培训内容、培训方式、培训时间和培训对象等。
2. **开展培训课程**：组织数据合规专家为公司员工提供培训课程，内容涵盖数据合规法律法规、公司数据合规制度、数据安全意识、数据处理操作规范等。培训形式包括集中授课、在线培训、案例分析、模拟演练等，以提高培训效果。
3. **制作宣传资料**：制作数据合规宣传手册、海报、视频等资料，在公司内部进行广泛宣传，营造数据合规文化氛围，提高员工对数据合规的重视程度和自觉性。
4. **培训效果评估**：通过考试、问卷调查、实际操作考核等方式，对员工的培训效果进行评估，及时发现培训中存在的问题，并进行改进和完善。

第五阶段：数据合规风险监测与应对（2025 年 8 月 - 10 月）

1. **建立风险监测机制**：搭建数据合规风险监测平台，运用技术手段对公司数据处理活动进行实时监测，及时发现异常数据访问、数据泄露等风险迹象。同时，建立人工监测机制，定期对数据处理情况进行审查和评估。
2. **风险预警与报告**：制定风险预警标准和报告流程，当监测到风险达到预警标准时，及时向公司相关部门和管理层发出预警通知，并提供详细的风险信息和应对建议。同时，建立风险报告制度，定期向公司管理层汇报数据合规风险状况和应对措施的执行情况。
3. **风险应对措施**：根据风险预警和报告，组织公司相关部门和项目团队制定并实施风险应对措施，如加强数据访问控制、修复数据安全漏洞、暂停数据共享活动、开展数据安全审计等。确保风险得到及时有效的控制和化解。
4. **应急演练**：定期组织数据安全事件应急演练，模拟不同类型的数据安全事件场景，检验和提高公司应急响应团队的协同作战能力和应急处置水平。演练结束后，对演练过程进行总结和评估，及时发现存在的问题并进行改进。

第六阶段：项目总结与持续改进（2025 年 11 月）

1. **项目总结报告**：编制数据合规专项法律服务项目总结报告，全面回顾项目实施过程、成果和经验教训，对公司的数据合规状况进行总体评价，提出后续改进方向和建议。
2. **项目验收**：组织公司管理层、相关部门和外部专家对项目进行验收，确保项目目标的实现和项目成果的质量。根据验收意见，对项目进行完善和优化。
3. **持续改进机制**：建立数据合规持续改进机制，定期对公司的数据合规体系进行评估和审查，根据法律法规的变化、业务的发展和风险状况的变化，及时调整和完善数据合规政策、制度和流程，确保公司数据合规工作的持续有效性。

六、项目沟通机制

1. 定期召开项目例会，每周一次，由项目负责人主持，项目团队成员参加，汇报工作进展、讨论问题和解决方案。
2. 建立项目沟通群，便于团队成员之间及时沟通和交流项目相关信息。

3. 与公司管理层和相关部门保持密切沟通，定期向其汇报项目进展情况和重要事项，及时响应其需求和反馈。

七、项目成果

1. 《医疗数据公司数据合规调研报告》
2. 《医疗数据公司数据合规风险评估报告》
3. 《医疗数据公司数据合规政策》
4. 《医疗数据公司数据合规制度汇编》
5. 《医疗数据公司数据合规流程手册》
6. 《医疗数据公司数据合规培训资料》
7. 《医疗数据公司数据合规项目总结报告》

以上法律服务计划仅供参考，你可根据实际情况进行调整和完善。在项目实施过程中，应密切关注法律法规的变化和监管动态，确保项目始终符合最新的合规要求。

复制　分享

根据该计划和方案，使用mermaid生成甘特图，注意有些步骤或环节是可以同时进行的，所有步骤和环节应该连续并充满整个项目周期。注意去掉mermaid部分中的注释和说明，避免注释或说明影响甘特图的预览。

已完成推理

生成医疗数据公司项目甘特图

以下是使用mermaid生成的甘特图代码：

Mermaid　Code　经典　手绘

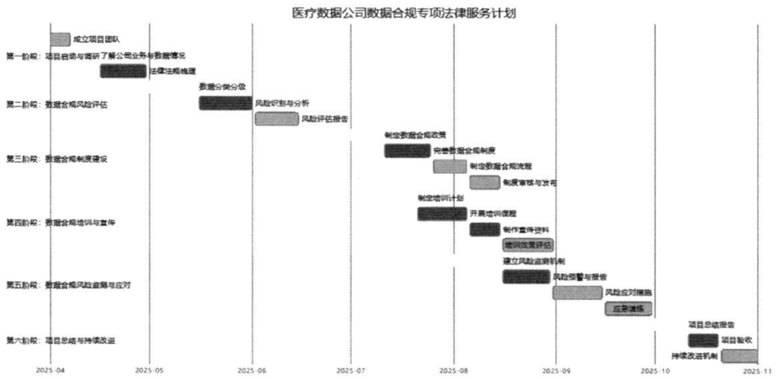

将上述代码复制到支持mermaid的工具或平台（如Markdown编辑器等）中即可生成甘特图。

复制　再试一次　分享

图 3-109 法律合规专项服务方案步骤 1、步骤 2

(四)用 DeepSeek + Mermaid + draw. io 生成流程图

流程图是 Mermaid 中最为基础的图表类型,它通过节点图形以及边(节点和节点之间的连线)来表达各种结构或关系。可以这么说,当我们不清楚一个场景应该使用哪类图表时,都可以先尝试使用一下流程图。

在处理合同纠纷时,往往会遇到极为烦琐复杂、交易流程冗长的合同。首先,这类合同经常是多个法律关系交织在一起。其次,存在合同标题与合同约定的法律关系不完全一致的情况。例如,委托代理进口合同,还约定了受托方代为订立采购合同的情况。最后,合同文本往往非常冗长,模板条款较多,难以快速抓住重点。

在这种情况下,就可以利用 AI 的总结能力,配合 Mermaid 的可视化图表功能,快速梳理清楚合同中的法律关系,抓住合同纠纷的重点。

在下文示例中,选用了一份真实的代理进口协议。由于涉及多主体复杂法律关系,逻辑性较强,因此选择推理能力较强的 DeepSeek 作为示范 AI 工具,提示词思路如下:

(1)由于 DeepSeek 本身具有思维链的过程,因此不需要在提示词中说明图的步骤,只需要简单的列明最终需要的效果。

(2)银行、管辖法院、政府机关是经常出现在合同内容中的实体,但并不直接涉及合同权利义务或纠纷,因此需要将这些主体剔除。

(3)附随义务或者违约条款虽然会影响合同权利义务,但是其不体现主要法律关系,因此也需要剔除。可以通过正向的提示词要求 DeepSeek 只关注主要内容。

为避免数据、商业秘密泄露,上传合同时需要进行脱敏,但是考虑到该场景下需要 AI 识别到各个主体,因此建议不要采用直接删除主体名称的方式进行脱敏,可以使用代号或者假名替换掉合同中的主体名称。

同时,考虑到 AI 生成内容还是可能会存在不尽如人意之处,若需要对图表进行修改调整的情况下,可选择 draw. io 软件工具对图表进行二次编辑和调整。之所以选择 draw. io，是因为其是为数不多的可以在输入 Mermaid 代码后，继续进行图形操作编辑的工具，这样即使我们不需要大量时间去学习 Mermaid 的语法规范，也可以制作出清晰简洁的图表。其他支持 Mermaid 的软件工具，对图表的修改只能通过修改 Mermaid 代码实现。

提示词范例：

提问：就附件合同内容，使用 Mermaid 生成一幅实体关系图[①]。其中收付款银行、政府部门不作为实体考虑，不需要出现在图中。仅需要展示各实体间的法律关系。使用不同颜色区分一下各实体。

效果展示：

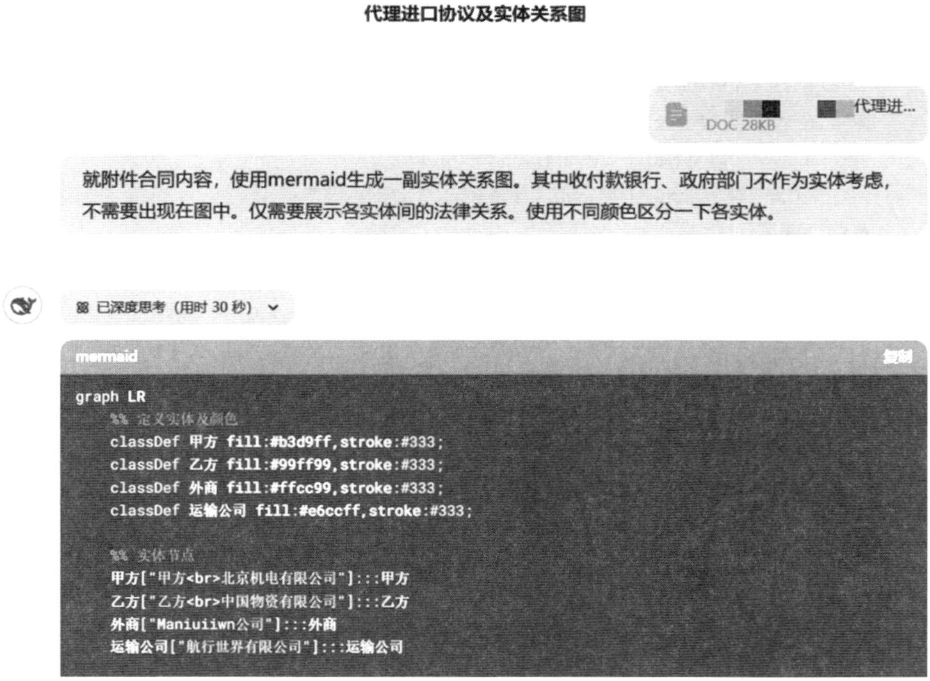

---

① 在 Mermaid 语法规范中，“实体关系图”和“流程图”是两个不同类型的图表。在这个示例中，考虑到作为法律关系的可视化，简洁的流程图已经能够实现预期效果。提示词范例中使用“实体关系图”是告诉 AI 需要生成图表的目的是呈现主体（实体）间的关系。

```
%% 实体间关系
甲方 -->|"委托代理进口<br>（协议关系）"| 乙方
乙方 -->|"采购货物<br>（进口合同）"| 外商
乙方 -->|"委托运输及清关<br>（合作）"| 运输公司
甲方 -.->|"支付运输/清关费用<br>（间接责任）"| 运输公司
甲方 -->|"提供货物信息<br>支付货款/税费"| 乙方
外商 -->|"交付货物"| 乙方
运输公司 -->|"运输至指定地点"| 甲方

%% 关系说明
linkStyle 0 stroke:#666,stroke-width:2px
linkStyle 1 stroke:#666,stroke-width:2px
linkStyle 2 stroke:#666,stroke-width:2px
linkStyle 3 stroke:#666,stroke-width:2px,stroke-dasharray:5,5
linkStyle 4 stroke:#666,stroke-width:2px
linkStyle 5 stroke:#666,stroke-width:2px
linkStyle 6 stroke:#666,stroke-width:2px
```

实体关系图说明：

1. **颜色区分**：
   - 甲方（北京机电有限公司）：蓝色背景，表示委托方。
   - 乙方（中国物资有限公司）：绿色背景，表示代理方。
   - Maniuiiwn公司（外商）：橙色背景，表示境外供货商。
   - 运输代理公司（航行世界有限公司）：紫色背景，表示物流服务方。
2. **核心法律关系**：
   - **委托代理**：甲方与乙方通过协议建立委托代理关系。
   - **采购合同**：乙方根据甲方要求向外商采购货物。
   - **运输合作**：乙方委托运输公司负责货物运输及清关。
   - **间接支付**：甲方需承担运输费用，但通过乙方间接支付给运输公司。
3. **关键流程**：
   - 甲方提供货物信息并支付货款、税费给乙方。
   - 乙方采购货物后，外商交付货物至乙方。
   - 运输公司最终将货物运送至甲方指定地点。

图 3－110　代理进口合同主体关系图

将 Mermaid 代码复制进 draw. io 中，进行二次编辑和修改。打开浏览器，在地址栏输入 https://app. diagrams. net/，创建新绘图，并选择“空白框图”。

点击在工具栏的“＋号”选择高级选项中的 Mermaid（见图 3－111），在弹窗的窗口中粘贴由 DeepSeek 生成的 Mermaid 的代码（见图 3－112），就可以对相应的图形和边进行编辑了。

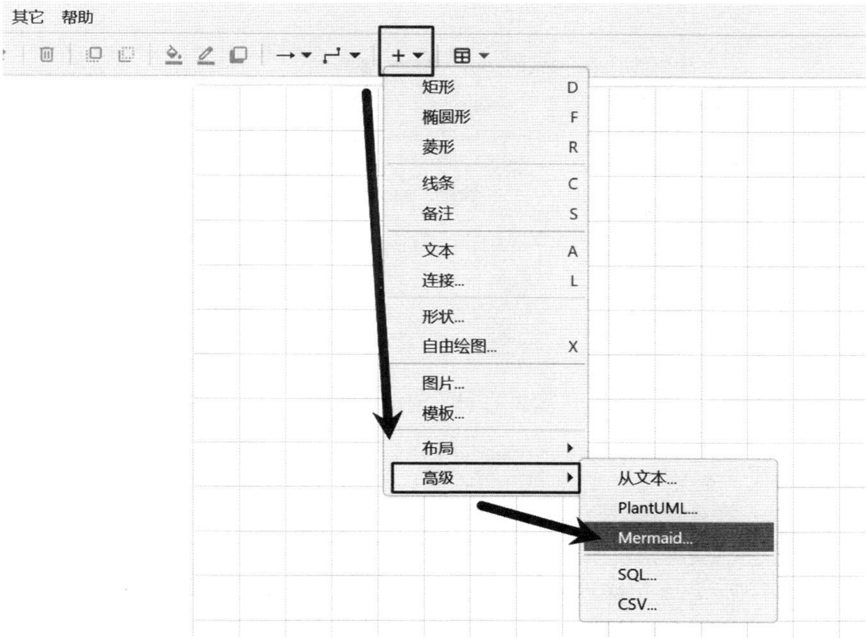

图 3 - 111 进入 Mermaid 编辑窗口

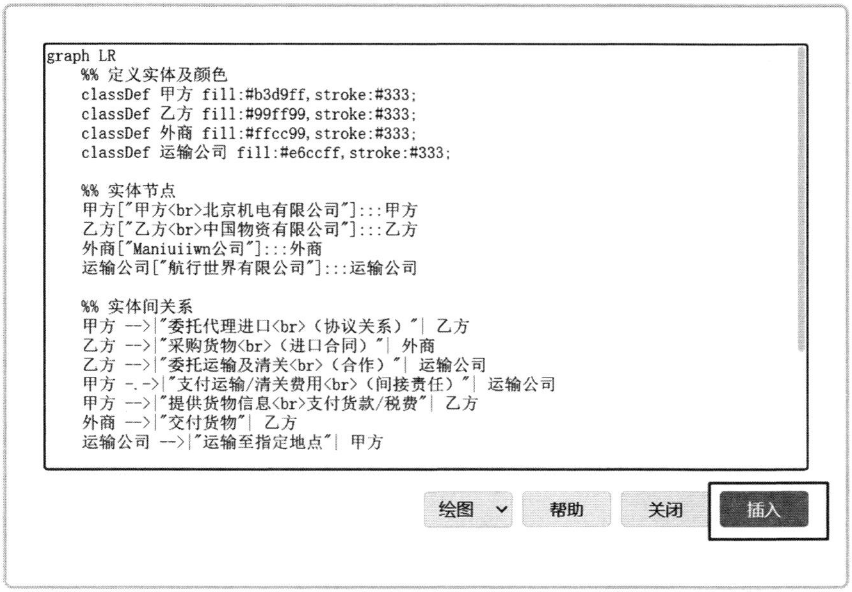

图 3 - 112 粘贴 AI 生成的 Mermaid 代码

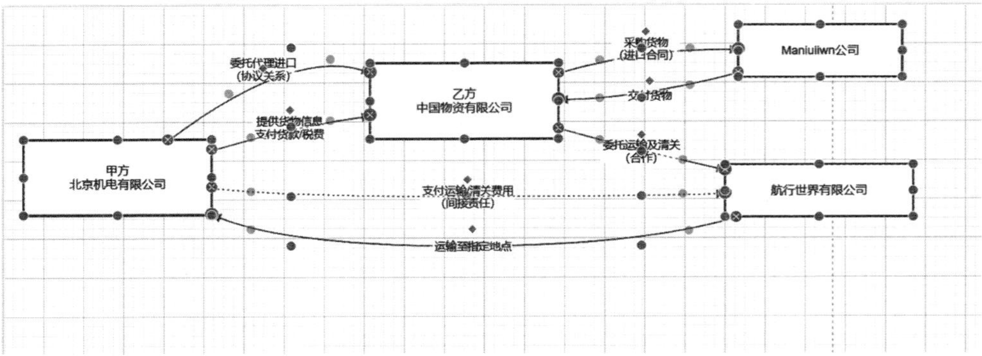

图 3－113　编辑关系图

注:由于 draw. io 的问题,直接粘贴的 Mermaid 无法区别不同颜色,需要手动修改,因此 AI 生成的部分代码无效了。

有了 AI 之后,优先需要学习的其实是 Mermaid 所能转换的每一类图表的具体用途及意义,然后才是 Mermaid 语法中的各种规范。只有懂得了图表的用途和意义,才能清晰地告诉 AI 我们需要的是什么。

很多时候,可视化的图表并不能在现有的法律事务流程中作为成果直接交付,现在的 AI 生成内容也存在这个问题。似乎它们不直接产生可使用的结果,它们就是没有用的。但就像 Mermaid 官方文档里说的那样:图表和文档会耗费开发者宝贵的时间,并且很快就会过时。但是,没有图表或文档会破坏生产力并损害组织学习能力。

十二、实现多端协作:以微信 AI 输入法为例

对于法律从业者而言,跨设备多端协作已成为工作日常。无论是外出时通过手机发送电脑上处理好的消息,还是回到办公室后要将手机收到的文字和图片转移到电脑进一步编辑,每天都有大量信息在不同设备间流转。如何高效实现不同设备间的信息同步成为一个亟须解决的问题。

当使用同一品牌的设备时,如同时使用苹果手机、苹果电脑时,用户可以享受到剪贴板互通带来的便捷体验。然而,并非所有用户的手机和电脑都来自同一品牌。在这种情况下,最常用的方法是借助聊天工具或云笔记服务来同步信息。例如,利用微信的"文件传输助手"功能,在电脑和手机上登录同一个微信账号,然后把需要同步的信息发送给自己;云笔记的操作方式也类似,通常需要新建一个文档来保存要同步的内容。尽管这些方法能够解决问题,但操作起来较为烦琐,往往需

要中断当前的工作，转而打开第三方应用录入信息。此外，很多信息实际上仅需临时发送而不必单独保存，单独建个文档保存属实浪费。

在码字场景下，哪些产品是陪伴法律人最久的工具？答案当然是输入法。输入法记录我们的输入习惯，输入法是我们使用任何工具都离不开的，如果能在输入过程中直接实现跨设备的信息同步，无疑会极大地提升工作效率。同样的逻辑也适用于 AI 工具的应用场景中。尽管一些 AI 工具提供了快捷键以方便调用，但它们往往仍然需要用户再次输入相同的信息才能开始交互。如果输入法能够记住最近输入的内容，并允许用户无须重复录入即可与 AI 交互，这将显著改善用户体验并节省宝贵的时间。

微信 AI 输入法在这方面表现得尤为突出，它不仅支持跨设备复制粘贴文字和图片，同步个人词库和常用语，而且有一键问 AI 的功能。为用户提供了极为流畅的工作体验。

（一）微信 AI 输入法功能介绍

1. 跨平台内容衔接

在手机移动端、电脑端等设备上同步系统剪贴板，可以实现跨设备复制粘贴文字和图片。这意味着用户可以在一个设备上复制文本或图片，然后直接在另一个设备上粘贴，无须通过任何中间步骤。例如，当律师在外办公时，可以通过手机快速复制一份法律文件的关键段落，回到办公室后立即在电脑上粘贴并继续编辑，大大提高了工作效率。而当需要紧急出门时，也可以将正在编辑的内容传到手机上，在路上就能用手机继续编辑。

输入法也是最懂用户的输入习惯的，利用 AI 能力根据用户的历史输入内容可以形成一份专属个人词库，不但能提高输入的效率，也能预测用户的输入意图。这份个人词库如果能在各端同步，无论是使用手机还是电脑，用户都觉得输入法能听懂自己的想法，进一步增强了用户体验和用户好感度。

2. 一键开启 AI 问答

输入法会记录用户已经输入的内容，直接向 AI 提问，不需要额外打开第三方工具重新输入，这对于法律人来说非常实用，适用于工作中经常需要快速查找法律法规或案例分析的情况。例如，一位律师在撰写法律意见时，可以立即询问有关特定法律条款的解释，而不需要中断当前的工作去打开其他工具。

(二)多端协作相关应用示例

1. 跨设备协同

支持多设备之间同步剪贴板、个人词库和常用语。不过记得要先在设置中开启下图配置:

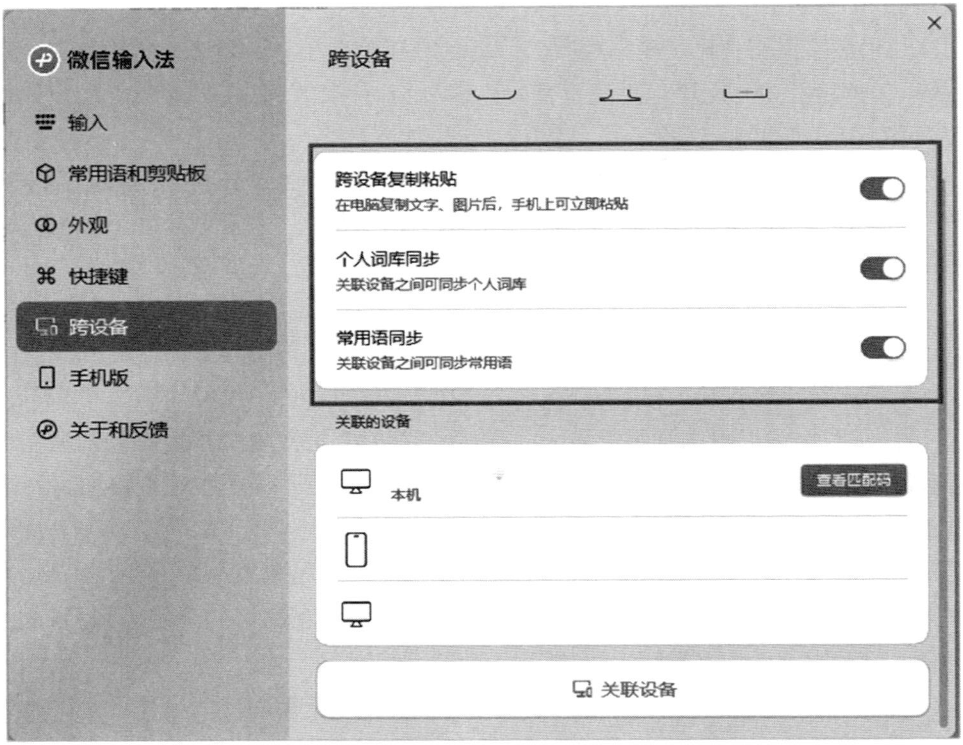

图 3-114 跨设备设置

同步剪贴板:用户可以在一个设备上复制文本,然后直接在另一个设备上粘贴。

在电脑端选择微信 AI 输入法,并复制“法律人应该如何使用好 AI”。

在手机端打开微信 AI 输入法,可以看到出现在输入法界面的最上方,点击就可以直接粘贴了。

如果是手机端复制了信息,在电脑端可以直接粘贴。

图 3－115　同步剪贴板

同步常用语:用户还可以设置一些常用的地址、自我介绍等内容作为常用语,以便在需要时快速调用,而且省去了重复输入的烦琐。

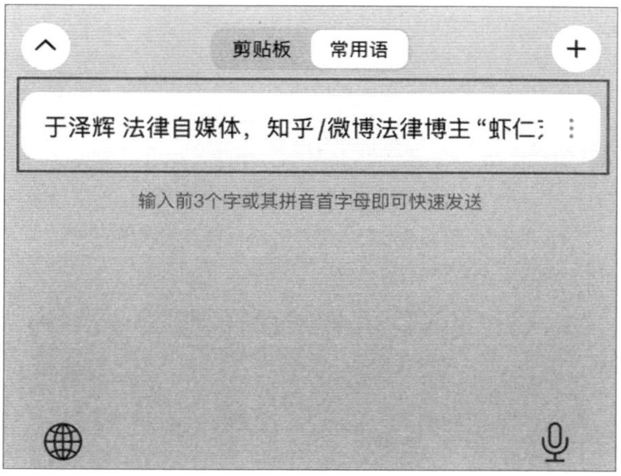

图 3－116　同步常用语

2. 一键问 AI

在电脑端选择微信 AI 输入法,在输入法中输入文字后,只需按下“ = ”键即可获取 AI 生成的回答。如输入“法律人应该如何正确使用 AI”,就得到了如下回答。

图 3－117　微信 AI 输入法“问 AI”功能

如果是手机端，会有一个“问 AI”的按键，点击后打开该功能。

点击右上角的“分享”按键，用户还可以将 AI 生成的回答转化为长图形式对外分享。

图 3－118　微信 AI 输入法“问 AI”的分享功能

图 3－119　生成可对外分享的长图

"问 AI"功能生成的长图图文并茂，是非常好的展现方式。如果 AI 回答的内容足够优质和真实，那么这份回答不仅可以用于内部知识共享，还可以作为对外宣传材料发布到朋友圈、公众号或小红书等新媒体平台上。

（三）微信 AI 输入法使用心得

一是微信 AI 输入法可能显得较为简单，但它解决的都是用户在日常工作中遇到的高频次小问题。每一次使用时节省下来的微小时间累积起来，将会带来显著的效率提升。使用工具提效未必立即产生惊人的效果，但即使是看似简单的改进也能带来巨大的价值。法律人在思考使用、建设 AI 工具落地的过程中，切忌好高骛远，对细节的关注和优化，恰恰才是提升效率的关键。

二是要活学活用 AI 工具。要真正发挥 AI 工具的最大潜力，还需要用户具备灵活运用的能力。AI 工具的价值不仅仅在于其预设的功能，更在于实际使用过程中可以根据自身需求创造性地寻找新的应用场景。例如前文提到的微信 AI 输入法生成的长图文，不仅可以作为内部学习材料，经过检查无误后还可以直接用于对外的新媒体宣传，这就是 AI 工具的创意应用。通过发挥我们的创意，可以将一个原本仅限于个人使用的小工具，转变为具有广泛影响力的资源放大器。因此，与 AI 进行人机协同工作的最终目的是解决更多问题，不应限制自己的想象力。

第四章　腾飞篇
法律人使用 AI 加持 IP 的 10 大战法

一、书课视频一体化打造法律人 IP 的基本方法

在当下竞争激烈的法律行业中，掌握 AI 的核心能力是提高法律人工作质量和效率的重要途径，打造法律人的个人 IP 则是法律人脱颖而出的关键。个人 IP 不仅代表了专业能力和经验积累，更是个人品牌与形象的集中体现。通过精心构建的个人 IP，法律人能够更有效地吸引目标客户，提升个人影响力，从而在职业生涯中占据有利地位。

（一）书课视频一体化打造法律人 IP 的核心要点

对于从事专业工作的法律人而言，打造个人 IP 对于职业发展具有重要意义。

第一，个人 IP 是法律人专业能力的直观展示。客户在选择法律服务时，倾向于信任那些具有专业背景、丰富经验和良好口碑的律师。通过打造个人 IP，法律人可以展示自己的成功案例、专业见解和行业经验，从而增强客户对自己的信任度与认可度。

第二，个人 IP 有助于法律人建立稳定的客户群体。在建立个人品牌的过程中，法律人可以通过社交媒体、专业论坛、线下活动等多种渠道与潜在客户建立联系，分享法律知识、解答法律疑问，进而吸引更多目标群体的关注并转化为忠实客户。这种基于个人 IP 构建的客户群体不仅稳定，而且具有较高的忠诚度和转化率。

第三，个人 IP 还能为法律人带来更多的合作机会。在行业内，拥有强大个人 IP 的法律人更容易受到同行的认可和尊重，有更多机会参与合作项目、担任重要职务或受邀发表演讲。这些合作机会不仅有助于提升个人知名度，还能为法律人带来更多的业务资源和职业发展空间。

既然打造个人 IP 如此重要，那么如何打造呢？关键是通过持续的内容输出以建立个人品牌。建纬律师事务所的创始人朱树英老师曾说，律师开拓市场最好的

方式,就是出书、讲课、写文章。随着新媒体时代到来,应该再加一个打造“短视频”。无论出书、讲课、写文章,还是做短视频,本质都是内容输出的不同形式。而建立书课视频一体化的输出体系,更有利于全方位、立体式地打造个人 IP。

写书、讲课、做视频三种方式特点不同。书籍呈现知识的深度和专业性,可以塑造 IP 的权威感并且对精准受众形成深度影响;课程倾向于结构化地传递知识,同时能和用户进行即时互动与双向反馈,有助于建立信任关系;短视频的特点则是传播速度快、范围广,内容形式丰富多样,制作成本(尤其是时间成本)相对较低,也具有较强的社交属性。

书、课、视频的核心目标都是传递信息,知识可以在三者之间互相转化、形成深度联动。首先,我们可以按照写书的思维构建个人知识体系,确保我们用科学的方法建立的知识库能源源不断地提供视频创作素材,知识框架中的每个知识点又可以形成短视频;热门视频转化为公众号文章,通过整理公众号核心文章又可以制作成课程。其次,书籍可以作为课程的理论框架,而短视频也可以作为课程的引流工具。

(二)做好书课视频一体化的定位

无论是写书、讲课还是拍短视频,定位都是首要动作。法律领域广泛,涵盖多个细分方向,只有做好定位,才能形成差异化记忆点。定位有助于我们深入了解目标受众,不同的法律知识需求对应不同的受众群体。若定位为服务企业客户,需深入了解企业在日常运营、合规管理、交易风险防范等方面的痛点与需求;而普通创业者或许更关心创业初期的股权架构设计、劳动用工、知识产权等基础法律知识;对于面向普通大众的法律科普,要把握大众在婚姻家庭、劳动纠纷、消费维权等日常生活中常见的法律困惑。只有精准洞察目标受众,才能创作出具有针对性与吸引力的书、课和视频内容。

打造一本专业书籍,需要先确定一个适合的选题。结合个人定位与目标受众需求,选择具有市场价值与专业深度的主题。确定了选题后,才能够构建清晰合理的知识框架,从基础理论到实践应用,逐步深入,增强内容的可读性与实用性。相较而言,写书是一个比较漫长且枯燥的过程,因此在写作过程中,要合理安排写作进度、制订详细的写作计划。完成初稿后,可以进行自我校对与修改,也可邀请同行专家或身边好友审阅,积极听取他人意见。在出版环节,可选择与专业、权威的出版社合作,借助其品牌影响力与发行渠道,扩大书籍的传播范围。同时,也注意关注电子书出版与有声书开发,满足不同读者的阅读习惯。

讲好一堂精品法律课,要根据目标受众的学习习惯与需求,设计多样化的课程类型,或线上或线下;或几小时或几天;或侧重于单向传输,或注重学练结合。确定了类型后,要设计合理的课程框架。一堂优秀的课程就像一篇结构良好的文章,内容会顺着清晰的框架徐徐展开。还要精心打磨课程内容、做好课件展示,确保学员乐于听、喜欢学。课程的推广与运营也需要重视,利用在线教育平台的推广资源提高课程的曝光度;制作吸引人的课程宣传海报与文案,突出课程的核心价值与特色;建立课程学员社群,方便学员之间交流互动,也便于及时解答学员疑问,提供学习支持;定期开展课程促销活动,吸引更多学员报名;同时,鼓励学员进行口碑传播,设置学员推荐奖励机制等。

打造一个网红法律视频号,要尽量制作优质视频,扩大传播范围。基于短视频的特点和推流机制,视频内容应该尽可能多样化,如包含法律知识科普、案例分析解读、法律行业动态分享等多个方面;形式上也可以不断尝试和创新,如真人出镜讲解、动画演示、情景短剧等。比如,一些关于"民间借贷"场景的视频,常用情景短剧的形式,模拟纠纷场景,引出法律问题,然后由法律人进行专业解读,这种形式生动有趣,吸引了大量的观众。

(三)用 AI 加持法律人 IP 的打造

AI 技术突飞猛进,能为法律人 IP 打造发挥重大作用,从而事半功倍。比如,在内容创作方面,借助 AI 工具,法律人可以快速检索海量案例与法规,为书、课、视频内容提供丰富素材,提升内容的专业性与准确性,甚至可以根据适用场景输入具体要求的指令,用 AI 直接制作课件,省时省力;在视频制作环节,AI 视频剪辑软件(Sora、可灵、剪映等)可依据法律人设定的风格与脚本,智能剪辑素材,添加特效与字幕,能降低制作成本,提升效率。通过大数据分析与 AI 算法,精准洞察目标受众喜好、行为习惯,法律人可据此定制更贴合受众需求的书课视频推广方案,提升营销效果等。总之,AI 是时代赋予我们每个人的红利,法律人应敏锐把握这一机遇,将 AI 深度融入书课视频一体化打造个人 IP 的进程中。

二、用 AI 起书名

(一)适用场景

出版书籍时,好书名至关重要,可以精准传达核心内容,吸引读者,并利于推广营销。

为什么自己起书名困难重重,AI 却能出色解决?一方面,个人容易受知识储备、创作风格与过往经验束缚,起书名时思维受限,难以突破固有模式。而 AI 基于数据和算法,可以在海量知识储备中用多元视角快速剖析图书数据,生成符合要求的书名。另一方面,我们对自己的作品饱含情感,评判书名时容易主观,无法从读者角度客观考量。AI 则毫无情感与主观偏好,不受个人因素羁绊,能在短时间内生成大量书名,并根据反馈迭代优化。不过,AI 起书名也并非十全十美,它可能对作品内涵理解不深,推荐的书名有时空洞、缺乏情感共鸣,还需作者发挥创造力,对 AI 生成的结果进行筛选、修改、完善。利用 AI 起书名,要学会引导生成过程、筛选结果,才能收获理想答案。

(二)好书名的基本标准

一是要名副其实。书名需要精准反映书籍内容,像阐释《民法典》的书,可以取名《民法典实用指南》,能让读者一眼明确主题。如果书名隐晦宽泛,如《生活的那些事儿》,读者难以判断内容,会降低吸引力。

二是要健康向上。法律书籍应当传播正能量,维护法律的严肃性与权威性。像《法律照亮生活》《正义的天平:法律解读》等书名,就传递出积极寓意;而低俗博眼球的书名,如《律师的风流韵事》等,不应当出现在法律书籍中。

三是要简短朴实。简洁直白、口语化的书名易被接受,方便记忆和传播。如《法律基础教程》《律师办案手记》等,既能表明书籍性质,又能拉近与读者距离。

四是要突出特色。书名还可以展现书籍的独特个性,如聚焦网络法律问题的《网络法治的前沿阵地》,强调帮助弱势群体维权的《为权利而斗争》,还有富有寓意引发思考的《圆圈正义》等。

五是要有高频流量关键词。拥有高频流量词的书名更有利于传播,可以从京东图书分类排行榜找高频关键词,看是否可以用在自己的书名中,比如“民法典”“纪检监察”“DeepSeek”等都属于高频流量词。

六是要找到熟悉中的陌生感。可以借鉴常见的金句或名词让书名有熟悉而陌生的感觉,提升书名的高级感,像《求医不如求己》《你办的不是案子,而是别人的人生》等。

七是要体现价值观。三流书名卖猎奇,二流书名卖实用性,一流书名卖价值观。很多体现价值观的书籍都收获了不俗的销量,如反腐书籍《不腐败是一种生活方式》、罗翔老师的《刑法罗盘》《圆圈正义》等。用价值观影响读者,更具有穿透力。

(三)用 AI 辅助起书名的步骤

1. 明确书籍核心要素

第一件事就是和 AI 说清楚这是一本什么样的书,这是 AI 理解信息的关键,因此我们要梳理书籍的核心要素并表达给 AI 工具。核心要素主要包括三方面:

一是要会确定主题。清晰界定书籍的主题范围,是关于刑法、民法、商法等专业领域,还是法律人职业选择、法律人综合能力培养等职业规划领域,抑或律师如何报价、法律人如何高效使用 DeepSeek 等技能领域。总之,清晰的主题是书名能够准确传达书籍内容的基础。

二是要会分析目标受众。考虑书籍面向的读者群体,是专业的法律人士、法律院校学生,还是对法律知识感兴趣的普通大众。不同的受众群体,对内容的期望不同,会被打动的方式和内容也是不同的。清晰地告诉 AI 受众群体是谁,方便 AI 寻找打动读者的核心点。

三是要会提炼关键词。从书籍的主题、核心观点、独特视角等方面提炼出一些关键的词汇或短语。比如,一本关于企业合规管理的书籍,关键词可能包括"企业合规""风险管理""内部控制"等。这些关键词将帮助 AI 更好地理解这本书的内涵。

当整理好了这些要素,就会形成如下公式:一本关于什么的书 + 是写给谁看的 + 核心内容有哪些 + 我需要你做什么。随后可以把这句话发给 AI,让它帮我们推荐一些题目。

2. 选择合适的 AI 工具

市面上有许多 AI 工具,可以根据不同的场景、专业性能和用户评价综合考虑、挑选适合自己的。因为"起书名"是一个通用类的需求,所以建议选择口碑和体验感比较好的综合类、通用类的 AI 产品。

在"起书名"这个场景下,推荐豆包和秘塔。DeepSeek 当然很强大,但因为时常"繁忙"、无法及时响应,再加上几大平台都接入了 DeepSeek,可以直接用其他产品来间接调用它的能力。这两款 AI 产品的优势各有不同,豆包最大的优势就是速度快、内容全,并且对用户的要求基本来者不拒(甚至让它生成 10000 字的文章,它也会流畅地完成);秘塔的优势更多体现在检索方面,除了没有广告、接入了 DeepSeek - R1 外,还可以在生成的内容中直接体现资料来源,类似于在看一本电子书,每一个结论或句子旁边会有注释,而我们可以随时点击注释进行内容溯源。选定了 AI 后,就可以把我们的提问发给 AI 工具。

3. 通过互动对结果进行调整

如果我们对结果不满意,可以进一步向 AI 解释我们想要的书名类型、帮助 AI 找到接近我们想要的结果。有两种方式可以用来向 AI 调整我们的需求:

一是提供丰富的示例。给 AI 提供一些我们喜欢的、类似风格或主题的书名作为示例,让它了解我们期望的书名风格和方向。

二是合理调整提示词。根据 AI 生成的结果,不断调整和优化提示词。如果 AI 生成的书名过于宽泛或不符合预期,可以更具体地描述书籍内容和要求,如增加对特定情节、元素的描述,让 AI 生成更精准的书名。

4. 对生成结果进行评估与优化

当我们收到生成后的结果,就可以结合自己的预期、专业和理解,从多个角度评估和选择,包括是否准确反映书籍内容、是否具有吸引力和独特性、是否符合目标受众的喜好等。也可以将 AI 生成的书名或修改后的书名分享给朋友、同事、潜在读者等,收集他们的意见和建议。不同的人可能从不同的角度提出看法,帮助我们发现书名存在的问题或不足之处,以便进一步优化。如果我们仍然不满意,就重复第三步;直到我们看到心仪之选,就大功告成了。

(四)生成过程展示

以下以笔者近期写作的一本书为例,展示和 AI(此处选择接入了 DeepSeek - R1 能力的秘塔)互动起书名的全过程。

1. 发送需求

我在写一本关于律所运营和管理的书籍,面对的读者群体是团队负责人或律所管理者,书中详细梳理了定位、战略、产品设计、销售体系、运营体系、团队管理和激励等底层逻辑。因为很多专业人士存在管理的短板,我希望这本书可以帮他们提高管理能力。请帮我的这本书起一个名字。

我们可以看到,秘塔详细分析了以上需求,并且将其和市面上类似的律所管理和运营的书籍内容进行了对比,从差异化入手起书名(如图 4 - 1 所示);同时,展示了 5 个选项,并拆解了每一个选项的立意和优势(如图4 - 2 所示);最后,还总结了命名策略并给出了最优建议(如图 4 - 3 所示)。

嗯，我现在需要帮用户想一个适合他们写的书的名字。用户的书是关于律所运营和管理的，目标读者是团队负责人或律所管理者，内容涵盖定位、战略、产品设计、销售体系、运营体系、团队管理和激励等底层逻辑。用户提到很多专业人士在管理方面有短板，希望通过这本书帮助他们提升管理能力。

首先，我应该看看用户我搜索到的资料，尤其是那些涉及类似书籍标题的部分。比如，①和⑦提到了《赢在运营：律所运营的体系架构与实践》，⑪有《运营驱动：律所发展与律师成长》，⑳也是《运营驱动：律所发展与律师成长》。这些标题都强调了“运营”的重要性，可能用户的书也需要突出这一点。

还有⑮的《中小律所的科学管理实践》和(16|PDF)提到的杨强的书，强调管理机制和科学方法。⑱是《团队为王：打造卓越律师团队》，突出团队管理。⑫的《律界卓越品牌之道》则聚焦品牌和管理。

用户的书内容比较全面，包括战略、产品设计、销售体系等，可能需要一个既体现系统性又突出实战的标题。比如，使用“底层逻辑”、“实战指南”这样的词汇。同时，考虑到目标读者是管理者，可能需要强调“提升”、“驱动”或“赋能”这样的动词。

可能的关键词有：运营驱动、管理之道、实战指南、体系构建、底层逻辑、卓越团队、战略与执行等。需要组合这些元素，同时参考现有书籍的命名方式，但避免重复。比如①用了“赢在运营”，用户的书可能需要不同的动词，比如“驱动”、“重构”、“赋能”等。

另外，用户的书涉及多个方面，可能需要一个副标题来详细说明内容，比如“从战略到执行的全流程管理”或“律所管理者的系统化指南”。主标题要简洁有力，副标题补充说明。

结合证据中的例子，比如⑪和⑳的“运营驱动”可能是一个好方向，但用户的书更全面，不只是运营，还有战略、产品设计等。或许可以用“重构”或“系统化”来体现全面性。例如《律所管理重构：从战略到运营的系统化实践》或者《驱动律所增长：战略、运营与团队的底层逻辑》。

还要注意⑬中提到“高质量律所发展之路将由律所运营品质决定”，这可能提示“品质”或“高质量发展”作为关键词。不过用户的书更侧重管理能力提升，可能更适合强调方法论和实践。

图 4－1 秘塔理解和分析书的内容并进行差异化比较

主书名推荐：

1. **《驱动律所未来：战略、运营与团队的底层逻辑重构》**
   - **解析**：

- “驱动”呼应 [11] [20] 的“运营驱动”理念，强调管理对律所发展的推动作用。
- “未来”体现前瞻性，契合用户书中对战略定位与行业趋势的探讨。
- 副标题“底层逻辑重构”点明书籍核心——系统性梳理管理短板并提供解决方案 [3] [15] 。
   - **参考证据**： [11] [20] [3]

2. **《律所管理赋能：从战略设计到执行的全流程实战指南》**
   - **解析**：

- “赋能”突出书籍目标，即帮助管理者提升能力，解决管理短板。
- “全流程实战”呼应 [1] [7] [15] 中强调的实操性与体系化内容（如战略、产品设计、团队激励等）。
   - **参考证据**： [1] [7] [15]

3. **《重构律所竞争力：运营体系与团队管理的系统化实践》**
   - **解析**：

- “重构竞争力”体现对律所发展痛点的突破，契合用户希望提升管理能力的意图。
- “系统化实践”整合 [3] [16 | PDF] [17] 中的管理方法论，强调科学性与可复制性。
   - **参考证据**： [3] [16 | PDF] [17]

4. **《律所增长引擎：战略定位、产品体系与运营机制的底层逻辑》**
   - **解析**：

- “增长引擎”突出管理对律所发展的核心驱动作用，呼应 [10] [13] 中“组织力”与“品牌力”的竞争逻辑。
- “底层逻辑”直接引用用户原话，强化书籍的理论深度。
   - **参考证据**： [10] [13] [2 | PDF]

5. **《卓越律所管理之道：从定位到执行的全维度解析》**
   - **解析**：

- “卓越”体现目标高度，吸引追求行业标杆的管理者。
- “全维度解析”覆盖用户书中定位、战略、运营等多元内容，呼应 [6] [12] 的综合性视角。
   - **参考证据**： [6] [12] [2 | PDF]

图 4－2　秘塔提供了 5 个答案并一一指出优势

命名策略总结：

1. **动词驱动**：使用“驱动”“赋能”“重构”等动态词汇，体现管理对律所发展的主动作用（参考 [11] [20]）。
2. **内容覆盖**：副标题明确涵盖战略、运营、团队等核心模块，突出书籍的系统性（参考 [1] [7] [15]）。
3. **实操导向**：强调“实战指南”“系统化实践”等关键词，契合用户希望弥补管理短板的诉求（参考 [3] [16 | PDF]）。
4. **差异化设计**：避免与现有书名重复（如《赢在运营》），转而采用“底层逻辑”“全流程”等差异化表述。

建议最终选择 **《驱动律所未来：战略、运营与团队的底层逻辑重构》**，因其综合了前瞻性、系统性及问题解决导向，精准匹配目标读者的核心需求。

图 4－3　秘塔提供的命名策略及最优建议

2. 优化提示词进行调整

笔者希望再调整一下，于是提供给 AI 调整方向和示例：我希望书名可以兼具价值观的内容，类似反腐书籍《不腐败是一种生活方式》、罗翔老师的《刑法罗盘》《圆圈正义》等，因为价值观给人带来的影响更具穿透力。请调整后再给我 5 个选项。

同样，秘塔在深度理解笔者提供的例子的基础上，进行了非常全面的思考（见图 4－4）；之后，给出了新的答案以及每一个答案的立意（见图4－5）；最后，仍然给出了它自己的设计逻辑和它认为的最优解（见图 4－6）。

好的，现在用户希望书名的选项能够融入价值观的内容，类似于《不腐败是一种生活方式》或者罗翔的书。之前提供的书名更多是强调战略、运营和管理，现在需要调整，加入价值观元素。

首先，我需要理解用户提到的例子中的共同点。这些书名不仅传达了内容，还隐含了一种理念或原则，比如《圆圈正义》中的“正义”，《不腐败是一种生活方式》中的“不腐败”作为生活方式，这都传递了深层的价值观。因此，新的书名需要包含类似的核心价值词汇，比如正义、诚信、责任、原则、长期主义等。

接下来，结合用户书籍的内容，定位、战略、产品设计、销售体系、运营体系、团队管理和激励等，这些都是律所管理的各个方面。但如何将这些与价值观结合起来呢？可能需要找到律所运营中的核心价值观，比如“专业为本”、“长期主义”、“服务本质”、“信任”等。

然后，考虑如何将这些价值观词汇融入到书名中。可能需要主标题强调价值观，副标题点明书籍内容。例如，类似《法治的细节》这种结构，主标题是价值观，副标题是内容概述。

需要检查之前的推荐，避免重复，同时确保新选项既符合价值观又涵盖管理内容。可能需要使用比喻或象征性的词汇，比如"灯塔"、"基石"、"破局者"等，让书名更具吸引力。

同时，用户的目标读者是律所管理者或团队负责人，他们可能更看重专业性和实际应用，但加入价值观可以提升书的深度和影响力。需要平衡专业术语和价值观表达，避免过于抽象，保持实用性。

然后，生成几个可能的书名，例如：

1. 《正义的运营：律所管理的价值重构与长期主义实践》
   这里"正义"是价值观，"运营"和"管理"对应内容，"价值重构"和"长期主义"突出理念。

2. 《律所之道：在专业主义中寻找管理答案》
   "道"有哲学意味，"专业主义"是价值观，副标题点明管理内容。

3. 《守护者宣言：律所管理的责任伦理与增长逻辑》
   "守护者"象征责任，"责任伦理"是价值观，"增长逻辑"对应管理。

4. 《向光而治：重塑律所管理的底线思维与运营体系》
   "向光而治"隐喻正确的方向，"底线思维"是价值观，"运营体系"是内容。

5. 《原则破局：以价值观驱动的律所管理新范式》
   "原则"是价值观核心，"破局"显示解决问题，"新范式"突出创新。

需要检查这些书名是否符合用户需求，是否足够吸引目标读者，是否有独特的卖点。同时，确保副标题明确书籍内容，主标题传达价值观，整体结构清晰，有冲击力。

图 4－4　秘塔对于新需求的理解和思考过程

主书名推荐：

1. **《律所之道：在专业主义中寻找管理答案》**
   - **解析**：

- "道"呼应中国传统哲学，暗示律所管理需回归专业本质与行业信仰。
- 副标题"专业主义"点明价值观，暗示管理需以专业能力而非短期利益为根基。

2. **《正义的运营：律所管理的价值重构与长期主义实践》**
   - **解析**：

- 主标题将“正义”与“运营”并置，打破传统认知（正义≠商业），强调律所商业逻辑需以法律人价值观为内核。
- “长期主义”直击行业浮躁痛点，传递可持续经营观。

3. **《守护者宣言：律所管理的责任伦理与增长逻辑》**
   - **解析**：

- “守护者”隐喻法律人的社会角色，赋予管理者使命感。
- “责任伦理”（马克斯·韦伯理论）强化价值观高度，与纯工具性管理书籍形成区隔。

4. **《向光而治：重塑律所管理的底线思维与运营体系》**
   - **解析**：

- “向光”象征价值观引领，呼应法律职业对公平正义的追求。
- “底线思维”直指律所容易妥协的灰色地带（如过度商业化），建立道德势能。

5. **《原则破局：以价值观驱动的律所管理新范式》**
   - **解析**：

- 借势《原则》一书影响力，但聚焦“破局”——用价值观破解管理困局。
- “范式”暗示系统性变革，呼应书中底层逻辑重构主张。

图 4－5　秘塔调整后的新答案

价值观设计逻辑：

1. **隐喻对抗**：用“光/暗”“守护者/破坏者”等二元意象，引发法律人身份认同（例：律所过度商业化是否背离初心？）。
2. **伦理绑定**：将管理问题升维至职业伦理层面（如“责任伦理”），让读者感知管理缺陷不仅是能力问题，更是价值观失守。
3. **本质回归**：强调“专业主义”“长期主义”等概念，与行业盛行的流量思维、短期绩效形成张力，吸引真正追求基业长青的管理者。
4. **宣言体表达**：使用“道”“宣言”“破局”等强情绪词汇，塑造变革倡导者形象，与工具书拉开差距。

建议优先考虑 **《正义的运营》** 或 **《向光而治》** ——前者将法律人核心价值“正义”与商业逻辑结合，形成认知颠覆；后者用意象引发共鸣，同时“底线思维”直击管理者隐痛，兼具传播力与内容指向性。

图 4－6　秘塔展示设计逻辑及推荐最优选

如果对调整后的结果仍然不满意,可以继续重复提供示例和优化提示词。如果找到了满意的选项,可以进入下一步。

3. 挑选和决策

在以上的生成结果中,挑选自己喜欢的书名,再去征求周围人的意见,确定最终书名。

总之,利用 AI 起书名为创作者提供了一种高效、创新的途径。通过发挥 AI 在数据处理、语言创意等方面的优势,结合合适的 AI 工具和正确的操作步骤,能够生成众多富有吸引力和独特性的书名建议,解决起书名的难题。

三、用 AI 整理书稿目录或授课框架

(一)适用场景

无论是书籍还是课程,都需要一个好的"纲领",也就是书的目录或课程的框架。它如同建筑的蓝图,能清晰地规划出内容的结构,帮助受众快速理解整体脉络。一个好的目录就是一篇自我营销文案,让读者有购买这本书的欲望。课程的提纲则具有类似的作用,当我们看到某个课程宣传时,第一件事就是通过课程大纲来判断课程是否有价值,能否解决我们的问题。下面以书的目录为例,探讨 AI 如何帮助我们高效高质地提炼精华。

为什么 AI 可以帮我们做这件事呢? 首先,法律人虽具备专业知识,但在写书时,容易受自身习惯的知识呈现方式局限,难以从学习者的学习逻辑出发去构建体系。而 AI 是没有这种认知局限的,它通过学习海量案例,能够精准把握不同类型书籍的结构规律,根据主题和目标受众,迅速生成适合的目录框架。其次,在目录提炼过程中,法律人可能因为对知识点的熟悉程度不同,导致对知识点篇幅分配不均。AI 则能够基于数据分析,客观地权衡各个知识点的重要性与关联性,合理安排知识点在目录中的位置和所占篇幅。当然,我们也要关注 AI 梳理目录的局限性,因为它缺少对实践的深度认知,生成的目录有时过于理论化,法律人需要充分发挥自身的专业经验,对结果进行细致审查、调整和完善。

(二)列目录的必备核心技能

1. 精准锚定目标读者群体

列目录前,先确定选题、书名,明确目标读者。不同读者对书籍需求不同,这会影响目录中的内容侧重点。明确群体后,精准把握核心需求,通过解决痛点获得读

者青睐。因此在罗列目录时，要围绕读者需求，删除无关内容，让读者快速感知书籍价值，提升吸引力与竞争力。

2. 通过罗列问题提炼核心价值

一是基于个人专业视角进行设问。作者写书时，先反问自己目标读者及他们关心的问题是什么。站在专业立场，思考读者需解决的问题，罗列出这些问题。

二是从大众视角进行提问。比如写经验类办案书籍时，受众是大众。搭建目录时，就可以选取 10 位左右普通读者，通过访谈、问卷了解他们关心的问题。

三是借助各类平台进行补充。互联网时代，利用微信公众号、知网等平台搜索与书籍主题相关的内容，通过关注阅读量高的文章获取灵感。

四是参考同行经验。与同行或专业人士交流，询问他们写类似主题的书籍会选取哪些内容。比如，写作《国有企业纪检监察实务一本通》一书，笔者当时就采纳资深纪检人的建议，增加了渎职犯罪这一章。

3. 严格遵循筛选准则

罗列问题时可以广泛收集，但筛选时一定要确保问题与主题相关，同时充分考量自身是否有能力完成。列出问题后要筛选，围绕主题找出自己能回答以及自己适合回答的内容。比如大部分律师就不适合写侦查专业的相关内容。

4. 合理施行分类归纳

法律类书籍目录逻辑性强，可以将问题归纳为不同主题，作为章节标题，再把具体问题归入相应章节，初步形成大目录。每章放置 6—8 个问题保证内容均衡、可读。章节和问题排序遵循层层递进原则，从基础到深入、从理论到实践，这样有助于搭建清晰的书籍框架。

5. 深入推进竞品调研

从市面上找到五六本类似书籍，剖析目录框架，并发掘精妙问题、借鉴逻辑框架，同时关注不足之处。

6. 查漏补缺

利用百度、微信公众号、知网等平台，查找权威学者和实务人员的最新研究，融入书籍以提升学术价值与时效性。

（三）用 AI 列目录的步骤

AI 技术在目录创作流程的各个阶段都能发挥独特作用。我们以《中小企业税务筹划》这本书为例，详细分析如何利用 AI 列目录。

1. 告知 AI 主题与目标读者

在这个环节，为了避免漏掉适合的目标读者，也可以仅告诉 AI 书籍主题是什么，让 AI 列举目标读者。提问：我要写一本书，主题是《中小企业税务筹划》，你认为这本书的目标读者都有哪些人？

AI 列举了六种目标读者并详细分析了他们为什么关心税务筹划（见图 4-7）。

基于提供的多份证据，关于《中小企业税务筹划》一书的目标读者可归纳为以下几类人群，并附具体依据说明：

1. 中小企业主及企业高管

包括企业创始人、董事、经理人等决策层。这类读者需要从宏观层面理解税务筹划对企业成本控制、风险规避和战略发展的意义。例如，2 明确指出本书适合“中小企业主、企业董事、监察人、经理人等高阶主管”，并强调通过税务规划实现“省税四大关键”。14 提到“公司决策人”可通过学习提前规避业务中的财税风险。

2. 财务与会计从业人员

涵盖财务主管、会计人员、税务专员等。这类读者需要掌握具体税种（如增值税、企业所得税）的筹划技巧及财税核算方法。例如，1 和 5 均以实务操作为核心，提供分税种的筹划案例和核算步骤 1 5；7 详细解析了个人所得税筹划的涉税风险 7；15 则通过“任务案例”培养应用型税务筹划能力。

3. 法务及外部顾问

包括律师、会计师、记账士和税务师。这类读者需为企业提供合规的税务服务，2 和 11 均提到书籍内容可为会计师、律师等提供税法适用指导，帮助其掌握政策趋势。9 中的案例分析也为顾问提供了实操参考。

4. 创业者与投资人

初创企业主和潜在投资者需在设立企业或投资前规划税务架构。14 指出，创业者可通过学习“避免盲目创业带来的先天财税风险”，而投资人可借此评估目标企业的财税风险。16 强调书籍对“创业人员”的启示作用。

5. 学术研究者与高校学生

包括财税专业学生、研究人员及教师。4 的文献综述和 19 PDF 的论文为学术研究提供了理论框架 4 19 PDF；3 和 20 PDF 则从经济学、管理学和法学角度构建税务筹划理论体系，适合教学参考。

6. 税务征管人员

[2] 提到税捐稽征人员可通过书籍了解企业税务筹划逻辑，提升征管效率 [2]； [17] 则指出，随着税务稽查技术升级（如金税四期），税务人员需掌握企业筹划动向以加强监管。

图4－7 秘塔穷尽目标读者

2. 罗列问题阶段

结合作者过去的经验和相关案例，这本书的初衷是想写给中小企业主的，所以参考了秘塔列举的目标读者后，仍然确定以解决中小企业主的税务筹划痛点为核心。接下来，就可以请秘塔从专业角度、大众角度、网络热点、同行经验等角度，帮我们列举一些问题。

继续向秘塔提出需求：以上目标客户人群分析得很好，我的目标客户就是中小企业主。我现在需要列出本书的目录。请你分别从专业视角、大众视角、平台上的信息以及模拟同行交流，帮我分类罗列出目标人群对于这个主题都关心哪些问题。越全面越好。

秘塔的思考过程逻辑清晰、信息完善，还非常贴心地指出"阅读路径应该符合中小企业主的学习曲线，从认识到实操再到风险管理和高级策略"，这种综合性的处理能力也许会胜过大部分的人类（见图4－8）。

好的，用户现在需要为《中小企业税务筹划》这本书设计目录，目标客户明确为中小企业主。之前已经讨论过目标读者、目录结构以及如何打造差异化优势，现在用户希望从专业视角、大众视角、平台信息和同行交流四个维度，全面列出中小企业主关心的问题，以构建目录。

首先，我需要回顾之前的对话历史。用户之前已经得到了关于目标读者的详细分析，包括中小企业主、财务人员、法务顾问等，但现在用户特别强调目标客户是中小企业主，所以需要调整侧重点，专注于他们的需求。

用户要求从四个角度分类问题：专业视角、大众视角、平台热点、同行交流。需要确保每个角度都涵盖中小企业主可能关心的具体问题，并且问题要全面，贴近实际需求。

专业视角方面，中小企业主可能关注政策法规、税务优化策略、风险控制等。需要列出具体问题，如最新税收政策解读、税种优化方法、税务稽查应对等。

大众视角则更偏向于实际操作和基础问题，比如如何选择企业类型、常见税务错误、基础节税技巧等。这些问题可能更贴近日常经营中的实际困扰，比如公私账户混淆、社保缴纳优化等。

平台热点需要参考知乎、抖音、公众号等平台上的高频问题，比如金税四期的影响、增值税优惠政策、直播带货税务处理等。这部分需要反映当前的热点和趋势，确保书籍内容与时俱进。

同行交流部分，模拟闭门会议或私密社群中的讨论，可能涉及行业潜规则、税务洼地选择、利润转移方法等更敏感或深入的话题。这些问题可能不会公开讨论，但对中小企业主来说非常重要，比如如何应对税务稽查压力、家族企业税务传承等。

在整理这些问题时，需要注意避免重复，同时确保覆盖全面。例如，在专业视角和同行交流中可能都会提到税务稽查，但角度不同，前者侧重应对策略，后者可能涉及实际操作中的潜规则。

接下来，需要将这些分类的问题转化为目录结构。用户之前已经有一个推荐的目录框架，但需要根据中小企业主的需求进行调整，可能更强调实操案例、风险防控和基础知识的结合。例如，可以设置基础篇讲解税务常识，战术篇分生命周期阶段，工具篇提供具体场景解决方案，风控篇应对稽查和争议，进阶篇涉及数字化和传承问题。

同时，用户提到的差异化优势，如动态政策更新、工具包和案例库，也需要在目录中体现，可能以附录或在线资源的形式呈现。例如，每章末尾提供政策速递，或二维码链接到最新案例和工具。

需要确保目录结构清晰，逻辑连贯，从基础知识到高级策略，逐步深入。每个章节应明确解决中小企业主的具体问题，比如企业类型选择、供应链税负优化、股权激励设计等。

最后，检查是否所有分类的问题都被合理纳入目录，确保覆盖全面，结构合理，符合目标读者的需求。可能需要调整章节顺序，确保阅读路径符合中小企业主的学习曲线，从认识到实操，再到风险管理和高级策略。

图 4－8　秘塔罗列问题阶段的思考过程

经过缜密的思考和精心的规划，秘塔给出了目标读者可能关心的问题（见图 4－9）。

一、专业视角：财税/法务/管理专家关注的核心问题

读者群体：企业主、财务人员、税务师、律师、学术研究者

1. **政策与法规**

   - 如何解读最新税收政策（如增值税留抵退税、小微企业减免）？
   - 税法中的模糊地带如何规避法律风险（如“合理商业目的”界定）？
   - 跨境业务中的国际税收协定应用（如转让定价、常设机构判定）。

2. **技术操作**

   ◦ 分税种筹划方法：增值税、企业所得税、个人所得税的差异化管理；
   ◦ 企业不同生命周期的税务策略（初创期、扩张期、退出期）；
   ◦ 关联交易、资本弱化等复杂场景的合规筹划。

3. **风险控制**

   ◦ 税务稽查高频风险点（如虚开发票、成本费用异常）；
   ◦ 金税四期下企业数据透明化应对策略；
   ◦ 历史遗留税务问题的清理与补救（如账外收入补税）。

二、大众视角：创业者/普通员工/投资人关心的通俗问题

读者群体：创业者、投资人、企业员工、自由职业者

1. **省钱与合规**

   ◦ 小微企业如何用足税收优惠（如季度30万免税、六税两费减半）？
   ◦ 个人收入如何合法节税（年终奖拆分、社保公积金优化）？
   ◦ 注册个体户、个人独资企业还是有限责任公司的税负差异?

2. **风险认知**

   ◦ 老板从公司“拿钱”的十大危险方式（如公私账混同、虚假报销）；
   ◦ 灵活用工平台暴雷后，企业如何安全处理临时用工成本?
   ◦ 股权转让、分红、继承中的税务陷阱。

3. **实用工具**

   ◦ 免费/低成本的税务管理软件推荐；
   ◦ 一键测算税负的Excel模板设计；
   ◦ 如何看懂税务稽查通知书并快速响应?

三、平台热点：知乎/公众号/B站高频提问

数据来源：知乎财税话题、抖音财税博主评论区、行业垂直社群

1. **政策热点**

   - 金税四期上线后，哪些企业会被重点监控?
   - 2023年小微企业增值税1%政策是否延续?
   - 留抵退税申请被驳回的常见原因及解决办法。

2. **场景化问题**

   - 直播带货、网红经济中的税务合规（如收入分拆、成本票缺失）；
   - 电商企业刷单流水与税务申报的矛盾处理；
   - 家族企业如何通过股权架构设计规避遗产税风险?

3. **争议话题**

   - “税务筹划”与“偷税漏税”的边界在哪里?
   - 灵活用工平台暴雷后，企业是否需为服务商过错担责?
   - 地方政府税收返还政策的可靠性与风险。

四、同行交流：行业闭门会议/私密社群的痛点讨论

模拟场景：会计师协会内部研讨会、企业CFO私董会

1. **行业潜规则**

   - 如何应对“以查促收”的地方税务稽查压力?
   - 高净值客户海外资产配置的税务防火墙设计；
   - 传统制造业转移利润至税收洼地的可行路径。

2. **技术难题**

   - 研发费用加计扣除的实操争议（如外包研发费用归集）；
   - 集团内部资金池的利息定价与反避税风险；
   - 股权激励计划中的个税递延与行权时点选择。

3. **趋势预判**

   - 共同富裕政策下，个人所得税率会否上调?
   - 数字经济税收（如数据资产征税、元宇宙交易）的立法动向；
   - 碳税、ESG指标对企业税务成本的影响。

目录设计建议

可基于上述问题分类，按“理论-政策-实操-风险-案例”逻辑编排章节，例如：

1. **基础篇**：税收政策与企业战略的关联性
2. **工具篇**：分行业/分税种筹划方法论
3. **风险篇**：稽查案例与危机应对
4. **前沿篇**：数字经济与跨境税务挑战
5. **案例库**：50个中小企业高频场景解析

差异化设计：

- 每章开头标注“适合读者群体”（如创业者、财务总监、投资人）；
- 插入“政策速递”“风险警报”“同行实战”等模块；
- 附赠财税合规自检清单、税负测算工具包等增值内容。

生成互动网页

图 4－9　秘塔从四个维度罗列出问题清单

3. 筛选问题并形成目录

该环节需要写作者高度参与，根据自己的知识背景、专业能力、经验积累，分析自己是否适合回答目录中列出的问题。因为 AI 给出的永远是信息，而写作者要提供给读者的是认知。信息和认知之间的差距，就在于是否有一线真实的实践、真实的体感。因此，AI 列出的问题看起来尽善尽美，却不是每一个都适合放在书中。

筛选完问题后，就可以让秘塔根据选中的问题列出目录（见图 4－10）。

第一章 税务筹划基础：中小企业主必须知道的底线与逻辑

1.1 税务筹划的合法边界：如何区分“筹划”与“偷逃税”？

1.2 金税四期与大数据监管：企业哪些行为会被重点稽查？

1.3 中小企业的税负结构解析：增值税、所得税、个税的核心痛点

1.4 老板必知的税务风险高发区：私账收款、虚开发票、成本票缺失

第二章 税务筹划工具箱：中小企业的节税方法论

2.1 税收优惠政策落地指南

- 小微企业“六税两费”减免实操
- 高新企业认定与研发费用加计扣除
- 区域性税收洼地（园区返税、核定征收）的风险与收益

2.2 业务分拆与架构设计

- 如何通过拆分业务链降低税负（案例：贸易公司→供应链公司+个体户）
- 选择企业形式的税务考量：个体户、个独、有限公司、合伙制对比

2.3 老板与公司的资金往来合规方案

- 股东借款、薪酬分红、资产租赁的税负最优路径
- 公司买车、买房、发福利的税务“防火墙”设计

第三章 高频场景实战：从日常经营到特殊交易

3.1 员工薪酬与灵活用工

- 工资、奖金、股权激励的个税优化
- 灵活用工平台的风险提示与替代方案

3.2 股东权益与资本运作

- 股权转让的税务成本测算与筹划（案例：先减资后转让避税陷阱）
- 企业利润分配的“三套方案”：不分红、递延分红、境外分红

3.3 资产与债务处理

- 固定资产加速折旧的税务价值
- 企业注销前的税务清算：未分配利润、坏账、库存清理技巧

第四章 行业特需方案：解决垂直领域的税负难题

4.1 电商与直播行业：网红收入、刷单流水、无票采购的合规出路
4.2 建筑与工程行业：挂靠经营、劳务分包、缺进项票的破局策略
4.3 贸易与制造业：转移定价、出口退税、保税仓的税务杠杆
4.4 服务行业：成本票不足下的“以销定产”模型设计

第五章 风险防控与稽查应对：守住企业安全线

5.1 税务稽查全流程解析：从自查到听证的生存指南
5.2 企业账簿与凭证管理：如何让"证据链"经得起稽查?
5.3 常见稽查争议点的应对策略

- 案例1：个人账户收公款被定性偷税，如何申辩?
- 案例2：善意取得虚开发票，如何避免连带处罚?

5.4 税务稽查后的补救措施：补税、罚款、信用修复

第六章 进阶筹划：跨境业务与数字化升级

6.1 跨境电商的税务架构：中国香港公司、欧盟VAT、美国销售税
6.2 企业数字化转型中的税务管理：

- 电子发票与全电票的合规要点
- 税务自动化工具（RPA、AI风控）的应用

附录：中小企业主自救指南

- 附录1 税务健康度自测表（20项风险指标）
- 附录2 2023-2024年税收优惠政策速查表
- 附录3 中小企业常用税务筹划工具模板（如业务分拆协议范本）
- 附录4 全国税收洼地政策清单与风险评级

图 4－10　秘塔根据筛选后的问题列出书籍目录

4. 对竞品进行调研

本环节，如果不借助 AI，就需要写作者费时费力地去各大平台搜索同类书籍、翻看每一本书的目录，并找出与这本书的不同，不仅时间成本高，而且受限于每个人的搜索能力，不一定找得全。而迅速检索和学习海量资料是 AI 的"看家本领"，它能够运用关键词组合、语义分析等技术，全面涵盖不同类型和风格的竞品。

对于找到的竞品书籍，AI 的分析和提炼速度也比人类要快很多。它可以提取目录中的问题、主题框架以及逻辑结构等关键信息，对竞品目录进行深入分析，并同步与法律人正在构建的目录进行对比。AI 会识别出竞品目录中的亮点和创新之处，如独特的问题设置、新颖的章节编排方式等，同时也会指出竞品目录存在的不足，如某些重要问题的遗漏、逻辑连贯性欠佳等，为作者优化自身目录提供宝贵的借鉴和改进方向。我们具体看一下 AI 在这部分的工作过程。

首先向 AI 发出指令：请帮我调研市面上的同类书籍，总结出它们的目录是如何列的，我的这本书的目录如何打造差异化优势？AI 首先帮我调研了市面上的同类书籍并进行了分类，同时列举出每一类书籍的代表作、结构逻辑以及优劣势（见图 4－11）。

一、市面同类书籍目录结构调研总结

基于我搜索到的资料，当前市面主流税务筹划书籍的目录设计可分为以下5类模式，并附典型书籍对比分析：

---

1. 理论框架型（学术教材导向）

代表书籍：《企业税务筹划》[1][3]、《税务筹划（第六版）》[5]
目录特点：

- **结构逻辑**：按“概念→原理→方法→应用”递进，强调理论体系完整性。
  例如：导论（概念、目标、原则）→分税种筹划（增值税、所得税等）→企业活动筹划（投资、筹资、经营）→国际税务筹划→案例解析[1]。
- **优势与不足**：理论深度强，但实操案例较少，适合高校教学或理论研究，但对中小企业主而言过于抽象[1][3][5]。

企业税务筹划
企业税务筹划(第六版)
税务筹划（第六版）
企业税务筹划
企业税务筹划(第六版)
税务筹划（第六版）

---

2. 税种分拆型（财税从业者工具书）

代表书籍：《企业税务筹划(第六版)》[3]、《企业税收筹划》[4]
目录特点：

- **结构逻辑**：以税种为核心，逐项解析筹划方法。
  例如：总论→流转税筹划（增值税、消费税）→所得税筹划→财产行为税筹划→特殊业务筹划（重组、跨境）[3]。
- **优势与不足**：税种覆盖全面，但割裂了企业业务流程的整体性，中小企业主可能难以直接应用[3][4]。

企业税务筹划(第六版)
企业税收筹划
企业税务筹划(第六版)
企业税收筹划

---

3. 业务流程型（中小企业实操导向）

代表书籍：《中小企业税收筹划》[2]、《税收筹划实务与案例》[14]
目录特点：

- **结构逻辑**：按企业生命周期或经营环节划分章节。
  例如：企业设立→投资融资→采购→生产→销售→利润分配[2]，或按“理论+案例”双模块编排[14]。
- **优势与不足**：贴近企业实际需求，但部分案例通用性不足，且缺乏行业垂直场景（如电商、直播）[2][14]。

中小企业税收筹划
税收筹划实务与案例
中小企业税收筹划
税收筹划实务与案例
中小企业税收筹划
税收筹划实务与案例

---

4. 策略集合型（碎片化技巧汇编）

代表书籍：《10个税务筹划技巧》[8]、《税收筹划：理论、实务与案例》[15]
目录特点：

- **结构逻辑**：罗列具体筹划技巧，弱化系统性。
  例如：选择企业结构→利用税收优惠→规划财务结构→跨境税务筹划[8]。
- **优势与不足**：操作性强，但缺乏逻辑链条，易沦为“技巧拼盘”[8][15]。

10个税务筹划技巧（最佳实践指南）
税收筹划：理论、实务与案例（第二
10个税务筹划技巧（最佳实践指南）
税收筹划：理论、实务与案例（第二

---

5. 综合实务型（理论与案例结合）

代表书籍：《税收筹划：理论、实务与案例（第4版）》6、《架构设计税收策略分析》13|PDF

目录特点：

- **结构逻辑**：融合理论与场景化案例，覆盖企业设立、投资、生产、销售全流程。
  例如：基础理论→分税种筹划→行业场景（制造业、电商）→稽查应对6。
- **优势与不足**：平衡度较好，但未突出中小企业的特殊痛点和最新政策（如金税四期）6 13|PDF。

税收筹划：理论、实务与案例（第4版
架构设计税收策略分析
税收筹划：理论、实务与案例（第4版
架构设计税收策略分析

图 4－11　秘塔给出的竞品分析

接下来，秘塔制定了差异化目录的设计策略，分别从内容创新、形式交互、读者分层三方面对目录进行调整（见图 4－12）。

二、差异化目录设计策略：打造“四维立体式”结构

针对中小企业主的核心需求（省钱、合规、易操作），建议从以下维度突破现有书籍的局限性：

1. 内容创新：填补市场空白领域

- **新增模块**：
  - **数字化税务**：金税四期下数据合规（如公转私监控、电子发票风险）2 13|PDF；
  - **行业垂直场景**：直播带货收入分拆13|PDF、跨境电商VAT筹划8；
  - **政策动态工具箱**：每章附“政策速递”栏（如2025年小微企业所得税优惠延续性分析）2 8 13|PDF。
- **结构优化**：
  - **“生命周期+行业场景”双主线**：例如“成长期：供应链税负优化”章节嵌入制造业、电商等细分案例10|PDF；
  - **“税种+业务场景”联动**：如增值税留抵退税与研发费用加计扣除的协同筹划6。

2. 形式交互：提升实用性与体验感

- **增值工具包**：
  - **合规自检清单**：例如“公私账混同10大风险点”13|PDF；
  - **税负测算模板**：Excel自动计算表（如工资/分红/报销税负对比模型）8；
  - **可视化流程图**：股权转让税务全流程13|PDF。

- **动态更新机制**:
  - 通过二维码链接每月政策解读和案例库,解决传统书籍时效性短板 [14]。

---

3. 读者分层:精准匹配中小企业主需求

- **标注“必读指数”**:例如:
  - ★★★章节:稽查应对、公私账合规 [13|PDF];
  - ★★☆章节:行业定制方案(电商、制造业)[2];
  - ★☆☆章节:国际税务架构 [6]。
- **插入三大模块**:
  - **“老张说税”**:用口语化问答解析复杂政策(如“认缴注册资本1000万反而多缴税?”)[8];
  - **“风险红绿灯”**:红色警示(虚开发票)、黄色预警(关联交易)、绿色通道(税收洼地)[13|PDF];
  - **“同行实战”**:中小企业真实稽查案例复盘 [10|PDF]。

图 4 - 12　秘塔给出的差异化目录设计策略

最终,AI 给出了图 4 - 13 所示的调整后的目录。和前一版相比,确实从内容上、结构上、逻辑上都升级了不少,更切中中小企业主的痛点。

```
第1章 税务筹划≠偷税!合法省税的四大边界(★☆☆)
- 误区:公私账混同、虚开发票的代价([[14]]案例)
- 工具:利润表背后的“隐形税单”计算表(扫码下载)

**第二篇 生命周期:从诞生到退出的全周期优化**
第2章 创立期:企业类型选择的税负博弈(★★☆)
- 个体户 vs 有限公司:临界点测算模型[[10]]
- 税收洼地注册:海南 vs 霍尔果斯实操对比[[14]]

第3章 成长期:供应链拆分的合规术(★★★)
- 制造业:废料回收公司转移利润路径[[14]]
- 电商:刷单流水与申报数据的平衡技巧[[8]]

第4章 成熟期:利润分配与股权架构(★★☆)
- 分红 vs 借款 vs 报销:税负对比Excel模板[[8]]

**第三篇 行业实战:垂直场景定制方案**
第5章 直播电商:收入分拆与成本票补救(★★★)
- 网红个独工作室注册地选择[[14]]
- 平台数据与税务申报的匹配策略[[8]]

第6章 跨境电商:VAT与转移定价防火墙(★☆☆)
- 中国香港公司+内地工厂的“两头省税”架构[[8]]

**第四篇 风控升级:稽查应对与合规转型**
第7章 金税四期下数据透明化生存指南(★★★)
- 公转私监控红线:月频次与金额阈值[[2]]
- 电子发票重复入账的AI识别漏洞[[14]]

第8章 历史问题“软着陆”:账外收入分三年消化(★★☆)
- 案例:某企业通过供应链调整补税免罚[[10]]
```

图 4 - 13　秘塔给出的调整后的目录

5. 查漏补缺阶段

从设计目录、完成写作到最终出版，需要一段时间。在这期间，还会有新的法律法规、研究报告以及行业动态资讯出现，并对已有内容产生影响。这时写作者就可以运用 AI 跟踪与书籍主题相关的最新研究，AI 就可以将关键信息整理反馈给写作者，使书籍内容始终保持时效性和前沿性。

综上所述，AI 在列目录的各个阶段都能为法律人提供全方位、深层次的支持和帮助。有了 AI 的助力，每一个阶段的完成效率都比过去高出数十倍甚至上百倍。法律人应当充分利用 AI 的优势，创作出高质量、符合市场需求且实用的法律书籍。

四、用 AI 辅助写作

（一）法律人写作的意义

对法律人而言，写作具备多方面不可忽视的好处。一是有助于法律人提升专业素养。专业写作是一种严谨的表达方式，可以促使法律人深入钻研相关法律法规，梳理复杂的法律关系。这一过程有助于加深对法律知识的理解，强化知识体系构建。例如，写作者想用文字表达对某一热点事件的观察时，一定会对相关法律法规进行精准研究和把握，从而提升对法律专业知识掌握的精准度。二是可以强化逻辑思维。写作的过程其实是思维梳理和输出的过程。清晰、严谨的逻辑是优秀法律写作的基石。在写作中无论是构建严密的法律论证框架，还是按照时间顺序或重要程度排列案件事实，都锻炼了逻辑推理与语言组织能力。三是可以塑造个人品牌。输出内容是专业人士打造个人品牌最好的方式之一。优质的法律写作成果，如发表专业文章、出版法律著作，能够展示法律人的专业能力与独特见解。在行业内树立良好口碑，吸引更多关注与合作机会。

（二）AI 辅助写作的优势

对很多人来说，写作颇具难度，导致很难坚持下去，主要有以下几方面的原因。

一是创作灵感难以获取。持续获得新颖、独特的创作角度并非易事，长时间的构思可能都无法找到一个吸引人的切入点，尤其是现在做自媒体的法律人也很多，总觉得自己想到的内容其他人已经提到了，从而陷入无从下笔的困境。

二是写作思路与结构难以构建。构建清晰合理的写作思路和文章结构是写作的关键点。但很多法律人因为不熟悉长文写作的结构，面对写作任务时，不知从何入手，无法确定写作方向，也难以规划开头、中间论述和结尾的布局。

三是语言组织与表达比较困难。将脑海中的想法转化为流畅、准确且富有逻辑的文字也是一个需要反复打磨的过程，尤其是论述专业内容和复杂观点时，还要考虑读者的理解能力，在专业度和可读性方面寻找平衡。

四是知识储备与经验积累要求比较高。写作需要丰富的知识与经验支撑。即使研究法律几十年，也不可能做到对法律领域的任何一个问题都能给出准确的答案。写作过程中难免用到交叉领域的知识，这些会阻碍法律人创作的热情和信心。

五是自我要求与心理压力比较大。有些人对写作质量有较高期望，担心写出的内容达不到自己的期望，或者害怕受到他人批评。尤其是专业人士，更希望“呈现完美的作品”。这种心理压力会带来紧张和焦虑情绪，抑制写作能力的正常发挥，使原本就有难度的写作变得更加艰难。

写作中遇到的上述难题，恰恰是 AI 的长板，我们完全可以借助 AI 快速建立写作能力。

一是 AI 具有无可比拟的丰富的知识储备。AI 拥有海量的文本数据，涵盖各种学科领域、写作体裁和风格。通过与 AI 交互，法律人不仅可以获得创作灵感，还可以让 AI 协助搜集大量与写作主题相关的资料，包括案例、数据、理论观点等，帮助法律人快速学习和了解不熟悉领域的知识，为写作奠定坚实基础。

二是 AI 具备强大的语言表达能力。AI 强大的算法使其可以模拟各种风格和类型的文字表达，还可以结合写作者的风格进行词汇优化和语句润色等。同时，AI 还能将普通词汇替换为更生动、专业的词汇，优化语句结构，提升文章流畅性与可读性。写作者可以在 AI 的辅助下不断修正自己的语言问题，提升语言表达能力。

三是 AI 具有优秀的逻辑思考能力。AI 可以根据文章主题和要点生成合理的大纲框架，清晰呈现文章各部分内容及逻辑关系。对于已经完成的文章，AI 能分析其逻辑漏洞，提出调整段落顺序、补充论证等优化建议，帮助写作者构建严谨的文章结构。

四是 AI 具有快速的学习和反馈能力。AI 能够根据写作者的写作习惯、水平和需求，提供个性化辅助，帮助写作者有重点地提升。同时，AI 能对写作者的作品给出即时反馈，让写作者了解自己的优势与不足，从而进行有针对性的改进，加速写作能力提升。AI 就像一位陪伴在身边的“写作老师”，可以提升写作者的信心、降低写作者的心理压力。

（三）AI 辅助写作的步骤

以写一本书为例，学习 AI 在辅助写作方面的应用场景。

要写好一本书，需要注意以下要素：

一是定主题。写作时，不少文章冗长，导致读者不明核心，其症结在于缺乏主题思想。至于如何探寻适合的主题，可以参考前面“用 AI 起书名”的方法。

二是列框架。写作与处理其他事务一样，是存在一定方法的，这个方法便是框架思维。掌握的方法越多，运用得越娴熟，写作速度和质量也就越高。AI 在列框架方面的作用，可以具体参考上文“用 AI 整理书稿目录或授课框架”的内容。

三是用 AI 穷尽相关资料。法律是实务的学科，故法律写作收集资料至关重要。如果前人已经提出了一些好的方法，后人就可以站在前人的“肩膀”上，避免做重复的事情。如果仅依靠人工搜集资料，无疑非常费时费力。而 AI 凭借其强大的搜索能力，能够按照相关性、权威性、时效性等维度进行智能筛选，并能快速挑选出最贴合需求、最新发布且具有权威性的内容，节省人工筛选的时间。很多人会担心，如果遇到自己不熟悉的领域、提供了错误的提示词、误导了 AI 的搜索效果怎么办。其实，AI 技术的发展已经可以解决这个问题，不仅能根据提示词进行宽泛检索，也可以精准检索，还能进行跨领域关联检索。

下面以搜集“自动驾驶汽车事故的责任认定”的相关资料为例（笔者对这个领域的相关知识完全不了解），展示 AI 和笔者的互动过程。

首先用大白话向秘塔发送需求：自动驾驶的汽车，如果出了事故，是谁的责任。从秘塔的思考过程可以看出，它首先正确定性了问题是关于“自动驾驶汽车事故责任归属”，然后根据搜集的海量资料整理出不同情况下的责任划分。如图 4－14 所示（右侧可以看到秘塔学习和引用的文章来源）。

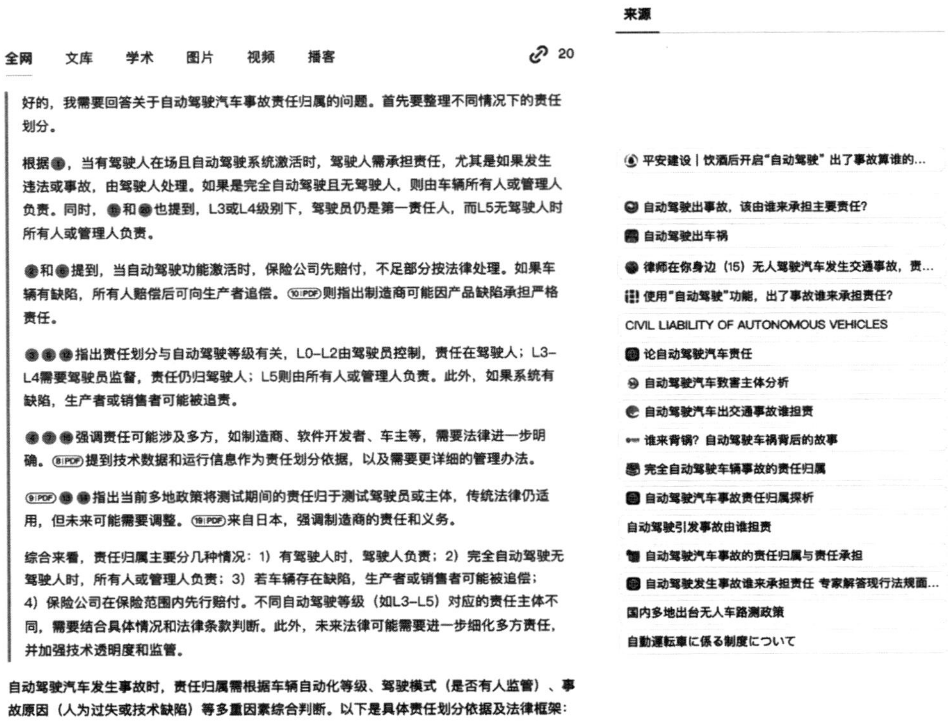

图 4－14　秘塔在搜集资料场景下的过程展示

继续查看秘塔生成的结果。秘塔首先显示责任划分的核心原则，其次总结出具体责任场景及法律依据，同时还提供了典型案例参考以及在法律方面的空白和挑战。每一个观点之后都链接了相关的文章来源。不仅速度极快，而且逻辑性很强。详情见图 4－15。

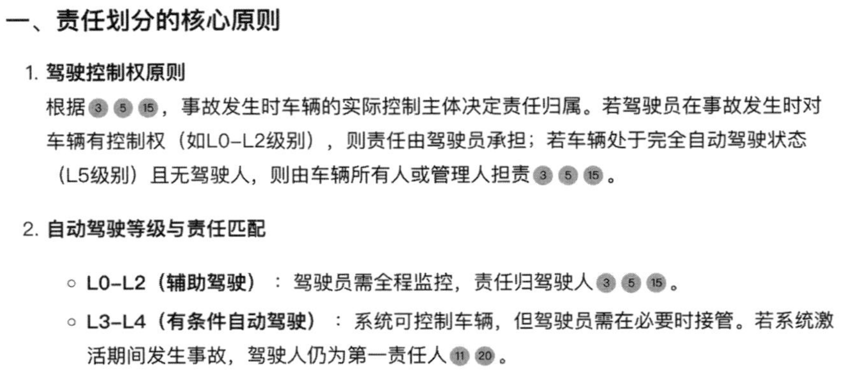

- L5（完全自动驾驶）：无驾驶人的情况下，车辆所有人或管理人承担赔偿责任 1 12 15 。

3. **技术缺陷追责原则**

若事故因自动驾驶系统缺陷（如感知错误、算法故障）导致，车辆所有人或驾驶人赔偿后可向生产者、销售者追偿 2 6 11 。10 PDF 进一步指出，制造商可能因产品缺陷承担严格责任。

二、具体责任场景及法律依据

1. **有驾驶人的情况**

- 驾驶人需对违法行为和事故承担直接责任，即使自动驾驶功能已激活（如L3–L4级别）1 11 20 。例如，11 明确提到，L3–L4级别下开启自动驾驶系统时，驾驶人仍是第一责任人。
- 若驾驶人未尽到注意义务（如饮酒后使用自动驾驶），需承担全部责任 1 。

2. **完全自动驾驶（无驾驶人）的情况**

- 车辆所有人或管理人承担违法及赔偿责任，但不涉及驾驶人记分 1 12 15 。例如，深圳、上海等地方法规规定，无驾驶人期间的事故责任由车辆所有人承担 15 。

3. **保险公司先行赔付**

根据 2 6 ，事故造成人身或财产损失时，保险公司需在保险限额内先行赔付，不足部分按责任划分分担。

4. **多方责任共存的情形**

- 若事故涉及技术缺陷、人为疏忽、道路环境等多重因素，可能由驾驶人、所有人、制造商等按过错比例分担责任 4 7 16 。例如，16 指出需综合考虑技术、法律和管理因素。
- 测试阶段的自动驾驶车辆发生事故时，测试驾驶员或测试主体需担责 9 PDF 。

三、法律挑战与未来方向

1. **现行法律空白**

3 8 PDF 16 指出，现有道路交通安全法对自动驾驶责任划分存在不足，难以适用过错责任原则，需制定专门法规。

2. **技术透明性与数据留存**

事故责任认定依赖车辆运行数据。8 PDF 强调需通过技术手段保存核心数据，作为责任划分依据。

3. **多方责任模型发展**

4 17 提到，未来需建立涵盖制造商、软件开发者、数据提供者等的责任模型，并通过立法明确各方义务。

四、典型案例参考

- **测试车辆事故**：如优步自动驾驶测试车撞人致死事件，责任由测试主体承担[9 PDF]。
- **系统缺陷导致事故**：若摄像头未能识别障碍物，生产者可能因产品缺陷被追责[14]。
- **驾驶人疏忽**：L3级别下驾驶员未及时接管车辆导致事故，责任归驾驶人[11][20]。

总结

当前责任划分以“控制权”和“自动驾驶等级”为核心，但技术复杂性要求法律进一步完善。驾驶人需明确自身在不同模式下的义务，车辆所有人和制造商也需为技术可靠性负责。未来随着法规细化及保险制度调整，责任归属将更清晰，但多方共担风险的局面可能长期存在。

图 4－15　秘塔对搜索结果进行逻辑性和结构化的展示

四是用 AI 对创作过程赋能。专业人士创作时，最怕沉浸在自己的语言体系中，而让读者感觉晦涩难懂。因为专业人士经过长期的训练，对自己研究的内容非常熟悉，已经很难想象行业外的人对内容的认知水平。也就是所谓的“知识诅咒”。而 AI 可以切换成任何人的视角，可以帮写作者很好地进行“复杂信息的通俗化转换”。

接下来，以向非法律背景的读者解释一段法律上关于无效合同的概念为例，展示 AI 在这方面的能力。首先，向秘塔发出需求：无效合同指的是那些欠缺生效要件，且无法通过补救措施使其具备法律效力，从合同订立之初就对当事人不产生法律约束力的合同。这段话如何表述能让没有法律背景的人也很好地理解？图 4－16 为秘塔对上述问题的思考过程：

> 嗯，用户的问题是关于如何用通俗易懂的语言解释“无效合同”的定义，特别是针对没有法律背景的人。首先，我需要回顾用户我搜索到的资料，看看各个资料中对无效合同的描述有哪些共同点和不同点，以及有没有特别适合用来简化解释的内容。
>
> 首先，[1 PDF]提到无效合同自始无效，不产生法律约束力，并且是因为违反法律或公序良俗等原因。[2 PDF]指出无效合同无法补救，不能实现交易目的，还要承担法律责任。[3]和[4]强调无效合同自始无效，无法恢复，并且与未生效合同不同，后者还有可能生效。[5 PDF]和[7 EPUB]提到无效合同因为违法或损害公共利益而无效，且自始无效。[16]和[17]用比较简洁的语言说明无效合同是严重欠缺生效要件，从一开始就没有法律效力，并列举了具体情形，比如欺诈、恶意串通等。

接下来，我需要将这些法律术语转化为日常用语。例如，“欠缺生效要件”可以解释为“缺少法律认可的条件”，而“自始无效”可以翻译为“从一开始就不算数”。同时，要避免使用专业术语，用例子或比喻来帮助理解。比如，可以举例子说明，比如签订一个违法协议，如逃税的合同，这样的合同即使双方签字了，法律也不承认，双方不需要遵守。

另外，[16]和[17]提到无效合同的情形，比如欺诈、胁迫、恶意串通等，这些具体例子可以帮助用户更直观地理解。例如，可以说“比如两个人串通损害他人利益签订的合同，或者合同内容违法，这样的合同就是无效的，从签的那一刻起就不被法律认可。”

还需要区分无效合同与其他类似概念，比如未生效合同或可撤销合同。根据[12]和[4]，未生效合同可能因为某些条件未达成而暂时不生效，但无效合同是根本无效的。这一点在解释时也需要简单提到，避免混淆。

总结下来，应该用简单直白的语言，结合例子，强调无效合同从一开始就没有法律效力，并且是因为违法或损害公共利益等原因导致的。同时，可以提到后果，比如财产返还和赔偿，但用户的问题主要是解释定义，所以可能不需要深入细节，除非有助于理解。

现在，我需要检查是否所有关键点都涵盖：自始无效、违法或违背公序良俗、无法补救、举例说明。同时，要确保每个要点都有对应的证据支持，并正确引用来源的ID。例如，[1|PDF] [3] [5|PDF]都提到了自始无效和违法性，可以引用这些来源。

最后，确保语言口语化，避免复杂句子，比如用“从一开始”代替“自始”，用“不算数”代替“不产生法律约束力”等。可能还需要加入比喻，比如“就像一张假钞，无论怎么处理，它都不具备真钱的价值。”

图 4－16　秘塔在做“复杂信息的通俗化转换”时的思考过程

再看一下秘塔转成大白话后的结果，如图 4－17：

无效合同可以这样通俗地解释：

“无效合同就像一张从一开始就作废的协议。它可能因为内容违法（比如约定做坏事）、损害公共利益（比如污染环境），或者双方恶意串通损害他人（比如骗钱分赃），导致法律根本不承认它的存在。这种合同签了也白签，双方都不用遵守，出了问题也不能用它来维权。”

具体说明：

1. **“作废的协议”**：无效合同从签订那一刻起就完全没有法律效力，就像从未存在过一样 [1|PDF] [3] [5|PDF]。
2. **违法或违背公序良俗**：例如合同要求走私、逃税，或约定损害他人利益（如虚假交易），这些内容触碰法律红线，导致合同无效 [1|PDF] [7|EPUB] [16]。
3. **恶意串通或欺诈**：比如两人合谋伪造合同骗取他人财产，这种合同即使签字也无效 [6] [9|EPUB] [16]。
4. **无需遵守且无法补救**：无效合同不像“暂时没生效的合同”，它无法通过补手续或修正内容变成有效，双方只能解除关系，退还财物或赔偿损失[4][12][16]。

例子辅助理解：

- 如果A和B约定“你帮我偷东西，我分你一半赃款”，这合同因违法而无效，即使B偷了东西，A也可以拒绝分钱，且法律不会支持B的诉求[7|EPUB][16]。
- 未成年人独自签的巨额买卖合同，因当事人无民事行为能力而无效[2|PDF][17]。

通过这种表述，即使没有法律背景的人也能直观理解无效合同的核心特征和后果。

图 4－17　秘塔在做“复杂信息的通俗化转换”后的结果

这个能力还可以适用于给完全没有法律背景的老百姓讲解法律知识的场景，比如一些自媒体普法的视频脚本等，也可以用 AI 进行转化。

其次，可以用 AI 进行段落续写、扩写或缩写。创作时根据整体框架和字数设计，可能还会遇到另一个场景：段落续写、扩写或缩写，而写作者由于自身思维局限和写作瓶颈，难以很好地完成。这个时候也可以求助 AI，通过简单的发送指令“请帮我续写（扩写或缩写）以下内容至×××字”，后面再加上相应内容即可，很快便可以收到处理后的结果，大大提高创作效率。

最后，可以用 AI 来提炼金句。对于现代快节奏的生活方式，法律条文的堆砌和长篇大论很容易让人乏味，写作时要尽量用大家能理解的简短语言解读关键点，也就是“提炼金句”。普通人并不具备这样的提炼和总结能力，因此可以求助 AI。把需要提炼的内容发送给 AI 后，给出类似指令“请帮我把以下内容总结成一句朗朗上口的话”即可。

总之，法律人在进行写作时，完全可以借助 AI 的能力。这种人机协同的方式，能极大提升写作效率与质量。凯文·凯利曾经说过：未来最厉害的团队，不是只有人的团队，也不是只有机器的团队，而是人机结合的团队。当每个人都插上 AI 的翅膀，即使是一个个体，也能发挥出团队的战斗力。

五、用 AI 快速制作 PPT 课件

（一）适用场景

授课过程中，不管讲师私下花了多少心血备课，学员主要从听到和看到的内容来判断讲师的付出。所以，形式上的展示非常重要，课件就是展示形式的重要一环。很多情况下，法律人虽然可以口若悬河地讲授课程，但因为缺乏美感或者时间紧迫，很难在短时间内制作一份高质量的 PPT。在 AI 时代，有很多制作 PPT 的 AI

工具,可以快速解决这些痛点,组合使用 DeepSeek 等 AI 大模型生成法律宣讲课件,有助于节约时间和人力成本。

在此主要以法律宣讲为例,介绍如何快速应用 AI 制作 PPT 课件。

(二)必备法律核心技能

法律宣讲的核心在于将抽象的法律条文转化为公众可感知、可运用的行为准则,需要掌握以下技能:

1. 锁定目标受众,贴合需求定位

不同群体对法律知识的需求各不相同,所以有必要做好前期调研工作,了解受众特点,结合年龄、职业、学历等情况选定契合受众需求的主题。面对在校学生,课件目标可设定为培养法律意识、预防违法犯罪,宣讲内容可围绕防范校园暴力、未成年人保护等展开;针对社区居民,则以解决日常生活法律问题为导向,聚焦解决物业纠纷、处理邻里矛盾等法规。只有精准把握受众需求,才能实现有效传播法治文化的目的。

2. 精挑内容素材,保障实用准确

内容是课件的重中之重,要确保逻辑清晰连贯,如从引入法律基础知识,到解析具体法律运用,再到以案释法,最后总结问题并给出对策建议。在知识加速更新的背景下,法律宣讲内容还需建立动态迭代机制,正确引用法律条文,杜绝出现重大错误。另外,语言运用也很关键,既要严谨专业,又要通俗易懂,在保持法律严谨性的同时增强内容可及性,让受众真切感受到法律在生活中的实际运用。

3. 优化展示形式,增强视觉互动

出色的展示形式能提升课件的吸引力。在视觉设计上,尽量挑选简洁大方的 PPT 模板,注重色彩协调和文字布局。在内容呈现上,可以融入多媒体元素,合理运用图表、图片等形式,将复杂法律流程或数据直观呈现,避免堆砌大段文字。从氛围营造上,可以设置法律知识问答、小组案例讨论等环节,提高受众专注度,强化法律宣讲效果。

(三)利用 AI 制作 PPT 的步骤

在技术操作 AI 大模型层面上,可以组合使用“DeepSeek + Kimi”更加高效地生成法律宣讲课件,具体步骤如下:

(1)使用 DeepSeek 生成文稿和 PPT 大纲,此时指令中必须明确以 Markdown

格式[①]输出，待 DeepSeek 生成 PPT 大纲后，点击右上角“复制”按钮；

（2）打开 Kimi 中的“PPT 助手”功能进行粘贴，点击“一键生成 PPT”，此时会出现多种模板供选择，可根据课件主题和个人喜好挑选合适模板，待 Kimi 渲染生成课件后，就能下载生成的初步课件；

（3）下载后，可根据实际需求对文字内容、图片、排版等进一步编辑和优化。

（四）提示词范例

下面将以法治教育为例，展示利用 AI 制作 PPT 的方法。以下是提示词：

我是一名检察官，是某某初级中学的法治副校长，现需要以“防范校园欺凌”为主题，面向初中生开展法治教育活动，请帮我生成文稿和 PPT 大纲，并且按照 Markdown 格式输出。主要要求如下：

1. 总体目标是让学生认识到校园欺凌的危害性，增强其辨别是非和自我保护能力；
2. 内容上要聚焦青少年相关法律规定，并且穿插校园中真实发生的案例；
3. 表达上要贴合学生认知水平，通俗易懂，避免一味说教。

（五）AI 生成效果展示

已搜索到 49 个网页 >

已深度思考（用时 33 秒）^

嗯，用户是一位检察官，要作为法治副校长给初中生做关于防范校园欺凌的讲座。需要生成文案和PPT大纲，用Markdown格式。主要目标是让学生认识到危害，增强辨别和自我保护能力。内容要聚焦青少年相关法律，穿插真实案例，表达要通俗易懂，避免说教。

首先，我需要从搜索结果里找相关的法律内容和案例。网页2提到了《未成年人保护法》《预防未成年人犯罪法》《刑法》和《民法典》，这些应该包含进去。网页5和7也提到了具体的法律后果，比如民事责任和刑事责任，这些很重要。案例的话，网页1、4、5、6、7、8都有真实案例，比如成都东部新区养马初级中学的讲座，还有长春汽开区法院的案例，这些可以挑选几个典型的。

接下来，结构方面，用户需要文案和PPT大纲。文案应该分几个部分：引入、定义与类型、法律后果、应对策略、互动环节、总结。PPT大纲需要对应这些部分，每部分简洁明了，配图和案例。

---

① Markdown 是一种轻量级标记语言，它使用简单的符号（如#表示标题、* 表示列表等）来格式化文本，使文本在保持简洁易读的同时，能够方便地转换为各种格式（如 HTML）用于展示。它常用于编写文档、博客文章、README 文件等。为了后期使用 Kimi 将大纲快速转换成 PPT，此处需要对 DeepSeek 提出具体的格式要求。

要注意表达方式，用学生能理解的语言，比如用“铠甲”比喻法律保护，或者用互动问答增加参与感。网页2提到用真实案例和互动问答，这样能让学生更容易接受。网页4中的怀远实验中学用了主题班会和黑板报，可能可以建议后续活动。

法律部分要强调未成年人并非免责，网页2和5都提到监护人责任和刑事责任年龄，这点很重要。案例部分要具体，比如网络暴力导致抑郁，肢体冲突被判刑，这些案例能引起共鸣。

还要考虑如何引导学生行动，比如“三个绝不”原则：绝不参与、绝不容忍、绝不沉默，网页2和4都有类似建议。同时，要教他们保留证据和寻求帮助，网页2提到保存聊天记录和视频，报警等步骤。

PPT设计方面，每页要点简洁，使用图标和图片，案例用真实照片（打码），互动环节设置情景模拟，这样能活跃气氛。最后推荐热线和公众号，提供实际帮助。

需要检查是否覆盖所有要求：法律、案例、易懂。引用的搜索结果要正确，比如网页2和5的法律部分，案例来自多个网页。确保每个部分都有引用来源，比如法律部分引用 3 6，案例引用不同的网页。

可能还需要考虑时间安排，讲座大约45分钟，所以各部分时间分配要合理，互动环节不要太长。总结部分强调共建和谐校园，呼应网页4和6的目标。

最后，确保文案结构清晰，PPT大纲逻辑顺畅，符合初中生的认知水平，避免专业术语，用他们身边的例子，比如社交孤立、起侮辱性绰号等，这些在网页6和7都有提到。

图 4－18　DeepSeek 生成法律宣讲文稿和 PPT 大纲的思考过程

DeepSeek 的思考过程主要围绕提示词的要求展开，在此基础上设计了合理的宣讲结构，并且能注意到法律宣讲总时长一般在 45 分钟左右，各环节要统筹好时间的分配，使用真实照片时需打码保护隐私等小细节。

以下是根据您需求设计的法治教育活动文案及PPT大纲，结合法律要点与真实案例，力求生动易懂：

防范校园欺凌法治教育讲座文案

主题：拒绝欺凌，守护青春阳光

一、引入：校园欺凌离我们有多近？

1. **互动提问**：
   - 你是否见过同学被取侮辱性绰号？
   - 是否有人被故意孤立或嘲笑？
   - 网络群聊中是否有人被恶意攻击？
     （通过举手回答引发共鸣）
2. **真实数据**：
   - 据调查，约30%的中学生曾遭遇不同程度的校园欺凌 4 7。
   - **案例**：某校学生因长期被嘲笑“胖”导致抑郁休学 7。

二、校园欺凌的定义与类型

1. **法律定义**：
   - 《未成年人保护法》明确欺凌是"故意或恶意通过肢体、语言、网络等对他人造成伤害的行为" 3 9。
2. **四大类型**（配漫画插图）：
   - **肢体欺凌**：推搡、殴打（案例：某校学生因冲突致人骨折被刑事立案 6）。
   - **言语欺凌**：辱骂、起绰号（案例：某女生因被骂"小偷"多次自残 5）。
   - **社交欺凌**：孤立、排挤（案例：转学生因被集体冷暴力转学 7）。
   - **网络欺凌**：恶意P图、传播隐私（案例：某学生转发同学隐私照被起诉 3）。

三、欺凌行为的法律后果

1. **法律是"高压线"**：
   - **民事责任**：欺凌者家庭需赔偿医疗费、精神损失费（案例：法院判决欺凌者家长赔偿5万元 6）。
   - **行政责任**：14岁以上可被行政拘留（案例：某高中生因殴打同学被行拘10日 8）。
   - **刑事责任**：16岁及以上可能判刑，14-16岁重伤/致死同样担责（案例：17岁学生因欺凌致残被判3年 3）。
2. **特别提醒**：
   - 即使未满14岁，学校可给予记过处分，并记录在档案 9。

四、如何应对校园欺凌？

1. **自我保护"三个绝不"**：
   - **绝不参与**：不做欺凌者或起哄者。
   - **绝不容忍**：遭遇欺凌时明确说"不"，及时报告老师、家长或报警。
   - **绝不沉默**：旁观者应勇敢制止或寻求帮助（案例：某班学生集体举报欺凌事件获表彰 5）。
2. **证据保存技巧**：
   - 保留聊天记录、视频（手机截图/录屏）。
   - 及时验伤并保存医疗报告 3 6。
3. **法律武器**：
   - 《民法典》第1024条：可起诉侵犯名誉权 3。
   - 《刑法》第234条：故意伤害罪最高可判死刑（展示法条截图）。

五、互动环节：情景模拟与问答

1. **情景演练**：
   - 模拟"被同学索要财物"场景，邀请学生演示正确应对方式。
2. **法律知识竞答**：
   - 如："转发同学丑照是否违法？"（答案：是，可能构成侮辱罪 9）。

六、总结：共建阳光校园

1. **集体宣誓**：
   - "我承诺：不施暴、不忍耐、不旁观！"
2. **求助渠道**：
   - 学校心理老师电话、12355青少年维权热线。

图 4－19　DeepSeek 生成的法律宣讲文稿

markdown　复制

```markdown
# 拒绝欺凌，守护青春阳光
## —防范校园欺凌法治教育讲座

---

### 一、校园欺凌就在身边
- 互动问题：你是否见过这些行为？
- 真实案例：因欺凌抑郁休学的学生（配新闻截图）:cite[6]

---

### 二、什么是校园欺凌？
- 法律定义：《未成年人保护法》条文:cite[2]
- 四大类型漫画图 + 案例（肢体/言语/社交/网络）

---

### 三、欺凌的代价比你想象的大！
- 法律后果阶梯图：民事赔偿→行政拘留→刑事处罚
- 真实判决书展示（打码）:cite[5]:cite[7]

---

### 四、这样做，保护自己！
- 应对口诀："三不原则"
- 证据保存指南（手机截图示例）
- 法律武器库：民法典、刑法条文重点标红

---

### 五、我们都是守护者
- 情景模拟视频片段（学生自导自演）
- 维权渠道：老师、家长、12355热线（二维码）

---

### 宣誓与行动
- 集体宣誓词（大字幕）
- 课后任务：设计反欺凌海报（优秀作品校园展示）
```

设计说明：

1. **案例选取**：结合初中生生活场景，避免血腥描述，侧重心理伤害与法律后果。
2. **视觉化**：PPT多用漫画、流程图、真实案件照片（打码），减少文字堆砌。
3. **互动性**：通过问答、情景模拟增强参与感，避免单向说教。
4. **延伸行动**：鼓励学生课后创作海报，深化教育效果 5 7 。

可根据实际需求调整案例细节与互动形式，建议配套发放《反欺凌手册》（含法律条文摘要与求助方式）。

图 4－20　DeepSeek 生成的法律宣讲 PPT 大纲

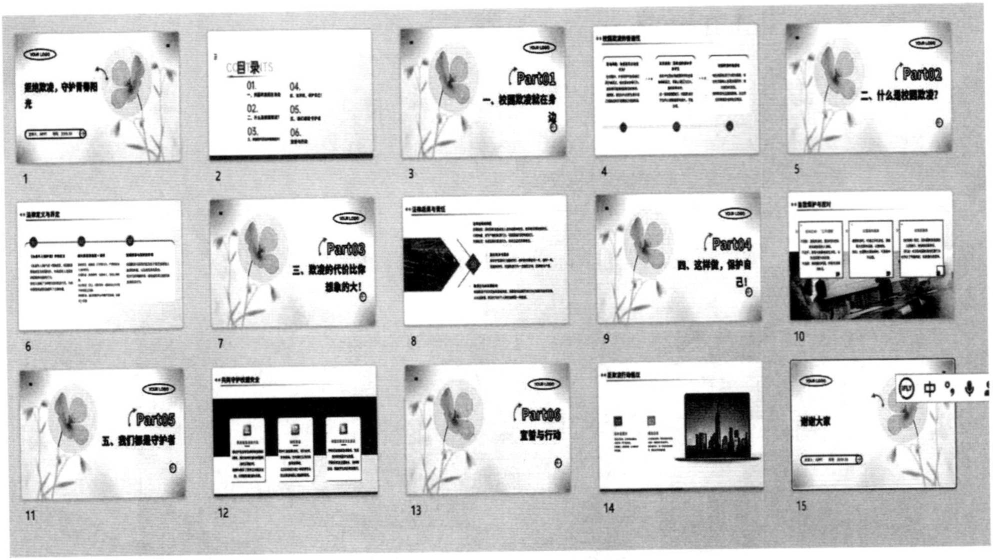

图 4 – 21　Kimi 生成的法律宣讲 PPT 全览

由图 4 – 18 至图 4 – 21 可以看出,上述法律宣讲文稿属于提纲挈领式,AI 更侧重于帮助生成 PPT 大纲,基本要素齐备,逻辑较为连贯:一是在开场环节通过提问方式引入主题,融合了案例和数据,能够迅速吸引学生注意力,为后续做铺垫。二是在主体内容上,按照“校园欺凌的概念—常见形式及案例—法律后果—如何应对”这一思路,循序渐进。三是情景模拟和问答可以增强互动性和趣味性,宣誓环节可以呼吁学生共同抵制校园欺凌,是对宣讲效果的检验和宣讲主题的深化。当然,仍存在值得改进的地方:一是没有搜集案例。从 PPT 看不出案例的具体内容,所以笔者点击网页进行查看,发现 DeepSeek 参照的主要是各种关于举办普法活动的信息报道,而并非案例本身。二是文稿内容有待完善充实。比如,校园欺凌的危害不仅仅是欺凌者需要承担法律后果,还可以从被欺凌者等角度进行扩充。

将 DeepSeek 生成的 PPT 大纲与文稿进行比较可以发现,框架内容基本一致,但 PPT 中的小标题明显进行了打磨润色,语言表达上更加有感染力。设计说明是本次运用的亮点,能够针对学生的特点,注意到学生的心理保护、兴趣爱好等情况,并提出了发放书面宣传册的可行性建议。

用 Kimi 生成 PPT,制作效率不用多说,特别适用于完成紧急任务,能够智能识别和处理输入的文本内容,对文字进行提炼、归纳和组织,将其合理分配到 PPT 的不同页面和元素。但是其不足之处在于:生成的 PPT 多为静态页面,复杂动画或动态图表仍需手动添加;尽管模板丰富,但设计风格一定程度上仍受限于其推荐。

（六）提示词优化建议

事实上，DeepSeek 生成本次课件文稿的思路，主要借鉴了其搜索到的网页信息报道，具有一定的普适性，使用 AI 等大模型已经能够满足制作法律宣讲课件的基本需求。但是，课件文稿缺乏深度分析和独特见解，如果用户想要实现个性化地定制课件，则需要尽可能地先输入自己的原创构思，先初步确定大纲，再逐步细化内容。

（七）必备 AI 核心技能

1. 学会分解任务

不同 AI 大模型在处理数据和解决问题时各有优势，组合使用可以相互补充，降低单一模型的限制性。因此，面对复杂任务，可以拆分成多个子任务，每个子任务使用擅长的模型处理，最后再组合结果。以“DeepSeek + Kimi”为例，DeepSeek 具有强大的数据处理和结构化内容生成能力，适合生成课件大纲；Kimi 则在互动性和用户友好度上更优，适合设计 PPT，两者是生成课件的优秀组合。

2. 避免版权纠纷

在本次运用过程中，DeepSeek 生成的 PPT 大纲提到校园欺凌的四大类型可以配漫画插图，笔者进一步搜索相关漫画插图，给出的注意事项中提到了版权合规问题。给我们带来的思考是，目前市场上 AI 大模型越来越多，需要了解其生成内容的版权归属及使用限制，仔细检查生成内容，合理引用并注明出处。

3. 辅助不等于替代

用 AI 等大模型生成法律宣讲课件，由于其是基于碎片化学习再进行整合，导致其生成的内容较为同质化，专业性和灵活性有待提高，需要人工修改完善。

六、用 AI 为视频号选题

（一）适用场景

作为打造法律人 IP 最快速有效的方式，做视频号是最受欢迎的信息传播方式之一，我们如何高效地制作出高质量、有吸引力的短视频内容，成为一个亟待解决的问题。与写书和讲课不同的是，做视频号需要保持一定的更新频率，而保持视频号的吸引力，选题是面临的第一个问题。因此，选题对短视频的重要性不言而喻，甚至业内有人形容“选题是短视频的生死线”。为什么短视频的选题会这么重要呢?

首先,好的选题可以提升传播效能与影响力。在信息爆炸的时代,平台上的内容海量且繁杂,用户的注意力成为一种稀缺资源。而选题内容直接决定了用户是否打开相关视频。因此,好的选题能够使视频号在众多内容中脱颖而出,吸引用户的关注和点击,迅速扩大视频号的传播范围。

其次,好的选题可以帮助创作者精准触达目标受众。法律领域内容丰富,普通人可能更关心消费维权、邻里纠纷、婚姻财产分割等内容;而经营者则更关心企业合规、合同管理、税务筹划等内容。创作者不可能满足所有人对法律知识的需求,因此需要一个好的选题来精准定位目标受众关注的焦点。

最后,好的选题可以彰显创作者的专业素养和价值。法律是一门专业性极强的学科,法律人作为专业知识的承载者和传播者,在确定选题时不能只考虑流量和"博眼球",一个好的选题可以在传播度和专业性方面取得很好的平衡。

(二)好的法律人视频号选题标准

1. 要有目标性

好的法律人视频号选题具有以下特征:首先,与法律专业紧密相连,确保所传播的内容具有专业性和权威性。其次,必须充分考虑目标受众的实际需求和兴趣点,做到有的放矢。比如,我们刷到的很多短视频"拿回欠款还是这个方法好""租房人必看""别被燃气公司坑了,维权方法你知道吗"等,面对的群体是普通大众;而类似"股权分散怎么办""中小企业主 2025 年必须关注的税务风险"等,面对的群体明显是企业经营者。

2. 要有新颖性

视频号内容竞争激烈,必须通过新颖性吸引用户。好的选题需要具备独特的视角,以打破用户的审美疲劳,激发他们的好奇心和探索欲。例如,最近聊 DeepSeek 和人工智能对法律人的影响的选题("法律人如何应对 DeepSeek 的幻觉""从锦天城部署 DeepSeek 说起""DeepSeek 案件教程分析"等),观看量和转发数据都很不错。此外,即使是传统话题,也可以找到另类的角度来凸显新颖性。例如,对于传统的婚姻家庭法律问题,可以从心理学与法律相结合的角度,探讨"婚姻关系中的心理因素对财产分割的影响"。总之,要为用户呈现出不一样的解读,才能吸引用户打开视频。

3. 要有实用性

与泛娱乐化的视频号不同,法律人创作的短视频最终还是要为人们解决一定的问题，因此，好的视频号选题应该具有实用性，能够为观众提供具体、可操作的法律建议和解决方案。以“被违法裁员后如何申请劳动仲裁”这一选题为例，视频号可以从申请流程、证据准备、法律依据梳理、答辩策略制定以及调解与和解的时机把握等方面，为员工提供全面指导，而看到的用户也会基于实用性转发给身边有需要的朋友。

4. 要有话题性

话题性的选题能够激发用户的兴趣和参与热情，引发观众的讨论与互动，进而促进视频传播。“蹭热点”是最常见的引发话题的选题。例如，“××明星巨额逃税案中的法律问题剖析”这一选题，借助明星效应和逃税这一敏感话题，能够吸引大量观众的关注；借助当下热门电影，如 2024 年的贺岁片《第二十条》上映后，有很多法律人剖析正当防卫在现实中的应用。这些内容不仅能够提高短视频的热度，提升短视频的传播效果，还能增强观众对法律知识的理解和记忆。

（三）写出好的视频号选题的必备核心技能

1. 要关注热点事件与法律动态

社会热点事件往往蕴含着丰富的法律元素，是获取优质短视频选题的重要源泉。很多法律人都是通过关注国内外的时事新闻和社会热点话题，找到其中与法律相关的内容，并将其转化为短视频选题。比如，前段时间关于奶茶添加剂的讨论、关于燃气公司超额收费的新闻，都是很好的素材来源；法律行业的最新动态（例如新法律法规的出台）也是获取好选题的重要途径，如 2021 年《个人信息保护法》正式实施后，很多法律人围绕该法对企业和个人的影响制作了一系列短视频。

2. 要收集受众反馈与需求

短视频创作者有一个共识——爆了的选题，再次发还会再爆。因此，可以通过观察平台上火爆的相关选题了解观众反馈。同样一个选题，完全可以从另外的角度再次使用。同时，也可以通过短视频下的高赞评论或提问来发现大家的需求点。总之，通过对收集到的受众反馈和需求进行分析和整理，法律人可以发现一些具有普遍性和代表性的问题，并将其作为短视频选题的灵感来源。

3. 要结合好自身经验与专业优势

法律人在日常工作中积累了丰富的实践经验，这些经验是宝贵的选题资源。法官可以从审判实践的角度，制作一些关于“审判思路与裁判要点”的短视频；检察官可以围绕刑事案件的侦查、审查起诉等环节，制作一些关于“刑事案件证据的审查与判断”的短视频。类似内容很容易引起大众的好奇和关注。

4. 要研究行业趋势与前沿问题

随着社会经济的发展和科技的进步，法律行业也在不断面临新的挑战和机遇，出现了许多新的趋势和前沿问题。关注这些行业趋势和前沿问题，能够为短视频选题提供新颖的视角和前瞻性的内容。比如，近些年讨论火热的行业内卷、法律咨询公司抢占市场、律师出海、人工智能等，都是法律人非常关注的问题。这些关注点中诞生了大量的热点选题。

（四）用 AI 助力好的视频号选题的步骤

AI 技术具有强大的数据分析和信息处理能力，能够快速发现与法律相关的热点事件。通过对数据的抓取和分析，AI 可以精准定位当前社会关注度高的法律热点话题，为法律人提供及时、准确的热点信息。下面，我们来体验一下和 AI 的互动过程。

首先，向秘塔发出需求，可以使用“我是谁 + 我的目标客户是谁 + 我想实现的目标 + 希望你做什么”的句式：我是一名律师，我的目标客户是老百姓。我想制作一些关于社会热点的短视频，吸引更多老百姓关注。请基于 2025 年的社会热点事件，总结出 10 个我可以直接使用的短视频选题。

秘塔很快给出了它的答案，如图 4－22 所示。

1. **国产汽车销量逆袭，背后法律门道知多少？**：小米 SU7 Ultra 销量超预期，奔驰 CLA 纯电长轴版也将国产。聊聊汽车行业竞争背后的知识产权保护、销售合同纠纷等法律问题，比如车企间专利侵权案例，消费者购车合同里的“陷阱”。
2. **企业融资背后的法律风险与防范**：百利天恒拟定增募资不超 39 亿元用于创新药研发。以这一事件为切入点，讲解企业融资过程中涉及的证券法、公司法相关知识，像融资过程中的信息披露义务、对赌协议的法律效力等。
3. **老旧小区改造，居民权益如何保障？**：住房和城乡建设部计划把 2000 年以前建成的城市老旧小区纳入改造范围。谈谈改造过程中的拆迁安置、建筑质量监督、公共设施产权归属等法律问题，如拆迁补偿协议的签订要点，居民对改造工程质量的监督途径。
4. **育儿补贴来了，申领背后的法律常识**：国家卫健委表示今年将发放育儿补贴。介绍补贴政策出台的法律依据，申领过程中的资格审核、发放流程相关法律规定，若补贴发放出现问题，居民可采取的法律救济手段。
5. **人大代表议案中的民生法律新动向**：十四届全国人大三次会议收到众多议案，其中不少涉及民生保障。解读这些议案中与老百姓息息相关的法律修改方向，如劳动权益保护、住房保障、医疗纠纷处理等方面可能迎来的新变化。
6. **黎以冲突下，跨国法律问题有哪些？**：2025 年黎以冲突虽有缓和但影响仍在。探讨冲突涉及的国际法问题，如平民保护、国际人道法的执行，若有中国公民在当地，其权益如何通过法律途径维护。

7. **海外军事演习，法律边界在哪里？**：中国、伊朗、俄罗斯海军将举行联合演习。讲解国际海域军事演习的国际法规定，国家在演习中的权利和义务，以及演习对地区局势和法律秩序的影响。
8. **美国罕见执行枪决，死刑法律面面观**：美国南卡罗来纳州对死囚执行枪决，这是 15 年来首次采用此方式。对比中美死刑制度差异，包括死刑适用罪名、审判程序、执行方式，分析死刑存废的法律争议。
9. **国际企业风波中的法律启示**：特斯拉 CEO 马斯克发现美国政府存在价值数千亿美元的虚假合同。从商业合同法律规范角度，讲解企业在签订、履行合同过程中如何防范欺诈风险，遭遇类似情况的法律应对策略。
10. **未成年人体育明星崛起，法律护航成长路**：13 岁女孩练成“小李飞刀”火遍全网。谈谈未成年人体育明星培养过程中的权益保护，如训练合同签订、肖像权使用、学业保障等方面的法律问题。

图 4 – 22 秘塔根据要求提供的热点选题

由于我们没有注明是国内热点还是国际热点，所以秘塔筛选了世界范围内的热点新闻。可以看出，其中大部分热点非常契合老百姓的关注点，比如老旧小区改造、育儿补贴发放、民生法律新动向等。如果我们有其他要求，直接发出调整指令即可。

其次，用 AI 进行受众需求洞察。了解受众需求是制作出受欢迎的短视频的关键，而 AI 在受众需求洞察方面具有独特的优势。AI 可以对海量的用户行为数据进行挖掘和分析，深入了解不同受众群体对法律知识的需求偏好、兴趣点以及消费习惯等信息。例如，我们可以这样向秘塔发出指令：我是一名婚姻家事律师，我想制作一些能吸引潜在客户的短视频；请根据潜在客户的需求，帮我列出 10 个适合的短视频选题。很快收到了秘塔的回复，如图 4 – 23 所示。

1. **婚姻财产保卫战：婚前婚后财产的界定与保护**：通过实际案例，详细讲解婚前个人财产、婚后共同财产的法律界定标准。例如，一方在婚前购买的房产，婚后增值部分是否属于共同财产；婚后一方获得的知识产权收益，如何在离婚时进行分割。教大家如何在婚前、婚后通过协议、公证等方式合法保护自己的财产权益，避免财产流失。
2. **出轨引发的法律后果与权益维护**：结合热点出轨案例，分析出轨行为在法律层面的定性，如是否构成婚姻过错。讲解无过错方在离婚时可主张的权益，包括财产多分、损害赔偿等。同时，介绍如何合法收集出轨证据，像聊天记录、照片、视频等证据的有效性及收集方式，帮助遭遇背叛的当事人维护自身权益。
3. **抚养权争夺大战：法律如何判定孩子归属**：深入解读法院在判定抚养权归属时所考虑的因素，如孩子的年龄、生活习惯、父母双方的经济状况、抚养能力等。通过实际案例展示不同情况下抚养权的判决结果，为正在争夺抚养权或可能面临此问题的父母提供法律建议，包括如何提升自己争取抚养权的优势，如何保障孩子的最佳利益。
4. **离婚协议的陷阱与撰写要点**：剖析常见离婚协议中的漏洞与陷阱，如财产分割不明确、债务分担不合理、抚养费约定模糊等。详细讲解离婚协议的正确撰写方法，包括各项条款的具体内容、表述方式，以及如何确保协议具有法律效力，避免日后产生纠纷。提供离婚协议模板及填写指导，帮助当事人顺利签订公平合理的离婚协议。

5. **婆媳关系中的法律问题与应对策略**：探讨婆媳关系中涉及的法律问题，如赡养义务、房产归属、家庭财产纠纷等。通过实际案例分析如何运用法律手段解决婆媳矛盾，维护自身合法权益。同时，提供一些沟通技巧和家庭关系处理建议，帮助改善婆媳关系，促进家庭和谐。
6. **夫妻共同债务的认定与规避**：解读夫妻共同债务的认定标准，哪些债务属于夫妻共同债务，哪些属于个人债务。结合实际案例，如一方以个人名义借款用于赌博、吸毒等，该债务是否应由夫妻共同承担。教大家如何在日常生活中规避夫妻共同债务风险，签订借款协议时的注意事项，以及如何在债务纠纷中维护自己的权益。
7. **继承纠纷中的法律要点与权益保障**：介绍法定继承、遗嘱继承、遗赠等不同继承方式的法律规定和操作流程。通过实际案例分析继承纠纷中常见的问题，如遗嘱的有效性、继承人的资格、遗产的分配等。为当事人提供在继承过程中维护自身权益的方法，包括如何合法获取应得的遗产份额，如何处理与其他继承人之间的矛盾。
8. **涉外婚姻的法律风险与应对**：随着跨国婚姻的增多，讲解涉外婚姻在结婚登记、财产分割、离婚诉讼等方面涉及的法律问题，以及不同国家法律的差异。例如，在国外登记结婚，回国后如何办理离婚手续；涉外婚姻中的财产如何认定和分割。为涉外婚姻当事人提供应对法律风险的建议，帮助他们了解相关法律程序，维护自身权益。
9. **家庭暴力的法律应对与救助途径**：详细阐述家庭暴力的定义、表现形式及法律后果。介绍遭受家庭暴力时，当事人可采取的法律措施，如申请人身安全保护令、报警、起诉离婚等。同时，提供相关救助机构的信息和联系方式，如妇女庇护所、法律援助中心等，帮助受害者及时获得救助和支持。
10. **复婚背后的法律与情感考量**：从法律角度分析复婚的程序和相关规定，如复婚需要办理哪些手续，复婚前后财产的归属问题等。同时，探讨复婚过程中可能面临的情感问题和挑战，如如何修复破裂的感情、如何避免重蹈覆辙。通过实际案例为有复婚意向的当事人提供法律和情感方面的建议，帮助他们做出正确的决策。

图 4 – 23　秘塔分析用户需求后提供的选题

再次，用 AI 进行选题创意启发。在短视频选题的创意构思过程中，AI 可以发挥重要的启发作用。法律人只需输入关键词，AI 就能运用自然语言处理技术和机器学习算法，从不同角度生成新颖的选题思路。例如，当我们想制作一些关于“电商企业知识产权保护”的短视频时，就可以让 AI 帮助我们拓展思维。继续向秘塔发出指令：我是一名律师，我想制作一些关于“电商企业知识产权保护”的短视频，唤醒更多企业的知识产权保护意识和危机感。请帮我列出 10 个短视频选题。要求：能引起人的好奇心，看到标题后就很想打开视频。秘塔回复如图 4 – 24 所示。

1. **惊！电商爆款背后，竟藏着这些商标侵权“雷区”**：详细拆解电商平台上看似热门的商品，如何因商标侵权问题，从畅销走向被投诉、下架的全过程。通过真实案例，揭示在商品选品、标题撰写、详情页设计等环节，那些容易被忽视却可能引发商标侵权的细节，如使用相似商标、傍名牌关键词等，让电商企业意识到商标侵权风险就在身边。
2. **电商创新产品刚上线，如何防止被“抄作业”？**：以电商平台上热门的创新电子产品、家居用品等为例，讲述企业辛苦研发的创新产品，在上线后迅速被抄袭模仿的现状。重点介绍企业在产品研发过程中及推出前，应如何及时申请专利保护，包括发明专利、实用新型专利、外观设计专利的申请要点与策略，以及如何监测市场，防范抄袭行为，保护自身创新成果。

3. **电商店铺那些“借鉴”的创意，竟让企业损失千万？**：结合电商企业日常运营，展示店铺装修设计、商品宣传海报、产品文案、短视频等方面因“借鉴”（实则侵权）他人创意，引发巨额赔偿纠纷的案例。分析这些创意成果背后的著作权保护要点，介绍电商企业如何通过原创声明、著作权登记等方式保护自身创意，以及如何避免使用未经授权的素材，防止因著作权侵权遭受重大损失。
4. **跨境电商出海，如何避开海外知识产权“暗礁”？**：随着跨境电商业务的增长，讲述中国跨境电商企业在海外市场因不了解当地知识产权法规，在商标注册、专利申请、产品认证等方面遭遇困境，如被起诉、产品被扣押等案例。深入剖析不同国家对商标显著性、专利审查周期等方面的差异，为跨境电商企业提供提前了解目标市场知识产权法规、制定针对性保护策略的方法，助力企业顺利出海。
5. **电商商品图片里的“定时炸弹”，你发现了吗？**：在电商运营中，商品图片至关重要。通过实际案例展示使用未经授权的模特图片、盗用他人产品图片、图片中的设计元素侵犯他人知识产权等行为，如何导致店铺被扣分、商品下架甚至面临高额赔偿。为电商企业详细讲解合法获取、使用商品图片的方法，如与专业图片网站合作、自行拍摄并做好版权管理，以及在遭遇图片侵权投诉时的应对流程，帮助企业排除图片中的知识产权风险。
6. **电商直播狂欢背后，竟隐藏着这么多知识产权“陷阱”？**：直播带货已成为电商重要营销方式，然而其中知识产权问题频发。通过直播带货侵权案例，详细讲解直播过程中涉及的商标、专利、著作权保护要点，如主播在介绍商品时虚假宣传侵犯他人商标权、展示的商品侵犯专利、直播背景布置和音乐使用侵犯著作权等。为电商企业和主播提供在直播策划、执行过程中的知识产权合规指南，避免因直播侵权影响品牌形象与商业利益。
7. **电商供应链一环“掉链子”，知识产权危机如何波及全线？**：电商企业的供应链环节复杂，任一环节出现知识产权问题都可能引发连锁反应。分析从原材料采购、产品生产加工到销售渠道，各环等。讲解电商企业如何与供应商、合作伙伴签订知识产权条款，加强供应链全流程的知识产权审查与监督，建立风险预警机制，确保供应链上的知识产权安全，避免因供应链问题导致企业陷入知识产权困境。
8. **电商平台数据被盗，企业核心竞争力瞬间“归零”？**：在数字化时代，电商平台积累的用户数据、销售数据等蕴含巨大价值。通过数据泄露导致企业知识产权受损的案例，介绍这些数据在收集、整理、分析过程中形成的商业秘密、数据库权利等知识产权属性。讲解电商企业如何从技术、管理等方面保护平台数据，防止数据被非法获取、使用、泄露，如设置数据访问权限、加密存储、定期备份等措施，维护企业核心竞争力，让企业意识到数据保护对知识产权的重要性。
9. **遭遇知识产权恶意投诉，电商企业如何绝地反击？**：现实中，部分电商企业会遭遇竞争对手的知识产权恶意投诉，影响正常经营。通过实际案例，详细讲解恶意投诉的常见形式，如利用无效商标、过期专利进行投诉。分析企业在接到恶意投诉时，如何收集证据证明对方恶意，如投诉方的商标注册情况、专利有效性、投诉动机等。介绍企业可采取的应对措施，如向电商平台申诉、提起反不正当竞争诉讼等，帮助企业在面对恶意投诉时，能够积极维护自身合法权益，扭转不利局面。
10. **电商巨头都在悄悄布局的知识产权战略，你还不知道？**：强调知识产权战略对电商企业长远发展的重要性。以成功电商企业为例，揭秘其如何根据企业定位、产品特点、市场目标制定知识产权战略规划，包括商标布局、专利申请策略、著作权保护计划等。分析不同发展阶段的电商企业在知识产权方面的重点工作，如初创期注重核心商标注册与产品专利申请，成长期加强品牌保护与技术创新等，引导电商企业构建全面、系统的知识产权保护体系，提升市场竞争力，让企业意识到知识产权战略布局的紧迫性与必要性。

图 4－24　秘塔给出的创意选题

需要注意的是，在让 AI 帮助我们启发创意的过程中，我们对 AI 的提问应该尽量具体和精准，否则 AI 提供的答案可能过于天马行空，不够聚焦。

最后，我们可以用 AI 开展数据支持与评估。在确定短视频选题之前，我们还可以用 AI 进行可行性和潜力评估。AI 可以通过对短视频平台上相关选题的搜索热度、竞争程度、观看量、点赞数、评论数等数据的分析，评估选题的吸引力和传播潜力。在制作短视频之前，我们先让 AI 进行分析，如果方向对，就继续做；如果评估下来热度不行，就及时停止，避免劳而无功。举例如下，提问：我想制作一些关于“遗嘱继承纠纷”的短视频，请帮我通过对短视频平台上相关选题的搜索热度、竞争程度、观看量、点赞数、评论数等数据的分析，评估一下这个选题的吸引力和传播潜力。秘塔评估过程如图 4－25 所示。

一、选题吸引力分析

1. 社会关注度高

- 中国老龄化、少子化趋势加剧，独身人士遗产继承争议频发，例如旁系亲属与法理冲突、遗产收归国有等案例引发广泛讨论[2]。这类矛盾具有普遍性，容易引发观众情感共鸣。
- 央视网等主流媒体多次报道遗产继承问题，强调遗嘱的重要性，法官也公开提示民众“提前立遗嘱”以避免纠纷[5]，说明该话题具有权威背书和公众教育价值。

2. 内容争议性强

- 遗嘱纠纷常涉及家庭矛盾（如多段婚姻子女争夺遗产）、法律盲区（如打印遗嘱效力、网络遗嘱合法性）及伦理争议（如旁系亲属赡养义务与继承权的不匹配）[4][8][12]。这类冲突性情节天然具备戏剧张力，适合短视频呈现。
- 数据显示，微博上“妻子支取亡夫存款被拒”相关话题阅读量达2.2亿次，评论超3000条[9]，证明此类纠纷易引发高互动。

3. 普法需求迫切

- 证据显示，20%自书遗嘱因形式瑕疵无效[14]，许多民众对遗嘱法律要求（如公证流程、继承人范围）缺乏了解[10][15]。短视频可作为高效普法工具，满足用户“解决问题”的实际需求。

二、传播潜力评估

1. 现有数据表现

- 继承纠纷相关视频在平台播放量达8119.1万次[7]，遗嘱主题普法短剧单条展示量21.4万次、点赞4660次[16]，某法律博主系列作品播放量超5000万[17]，均表明该选题具备流量基础。
- 直播形式（如45分钟普法直播获3873次点赞）与案例解读（如电视剧《财阀家的小儿子》引发的继承权讨论[10]）验证内容形式可行性。

2. 受众画像与细分方向

- **中老年群体**：50岁以上男性对遗嘱普法内容关注度高[16]，可针对性地讲解遗嘱形式（如公证、自书）及避免无效遗嘱的技巧。
- **年轻群体**：结合热点剧集（如《财阀家的小儿子》[10]）或新兴问题（如网络遗嘱[8]）吸引关注，突出“财产规划”与“家庭关系”的关联。

- **地域性内容**：上海地区用户对遗嘱继承关注度突出[16]，可结合地方案例或政策（如上海政协委员提案[2]）制作差异化内容。

3. **竞争程度与创新空间**

- 现有内容多聚焦案例讲解，竞争集中于法律解读层面。可通过以下方式突围：

- **形式创新**：模拟法庭短剧、家族纠纷情景重现[4]，增强代入感。
- **垂直细分**：深挖“独身人士遗产管理”“继子女继承权”“遗嘱执行流程”等细分话题[2][4][9]。
- **互动设计**：设置“遗嘱有效性自测”“继承权计算工具”等互动环节，提升用户参与度。

三、风险与建议

1. **内容严谨性**

- 需确保法律解读准确性，避免误导（如网络遗嘱目前无明确法律效力[8]）。可邀请律师或公证员合作，增强权威性[3][6]。

2. **情感敏感性**

- 遗嘱涉及家庭隐私与生死议题，需平衡普法与伦理边界。建议采用中性叙事，侧重“预防纠纷”而非渲染矛盾[17]。

3. **持续运营策略**

- 系列化内容（如“遗嘱十大误区”“继承纠纷解决指南”）可培养用户黏性[17]，同时跟踪社会热点（如两会提案[2]、新法规出台）保持时效性。

结论：遗嘱继承纠纷选题兼具社会价值与传播潜力，受众覆盖广、内容延展性强，适合通过案例化、场景化短视频进行普法。建议结合热点事件与细分法律问题，以“短剧+解读”形式切入，注重互动与实用性，有望获得高播放量与用户粘性。

图 4－25　秘塔针对选题给出的评估

由图 4－25 可以看出，秘塔在给出评估的基础上，还给出了视频制作的建议，具有很强的参考意义。

总之，在短视频竞争日益激烈的当下，运用 AI 进行选题，已然成为创作者抢占流量高地、实现内容突围的秘密武器。我们可以充分借助 AI 的能力进行短视频选题、创作，为内容创作开拓出一条多元且新颖的思路。

七、用 AI 快速生成短视频文案

（一）适用场景

在确定了短视频的选题后，需要生成吸引粉丝的文案内容。写文章或做短视频时，我们往往需要花费大量的时间搜集资料、寻找灵感，梳理和吸收信息。每一篇文章、每一条短视频至少要花 3 小时进行创作，那些爆款的短视频文案，需要 10 小时甚至几十小时来打磨。

通过 AI 应用分析,我们发现阅读量大、传播度高的短视频,内容结构、做法都大同小异,使用同样的配乐和剪辑手法,使用相似的文案和照片去讲述相似的故事。我们并不是鼓励大家去抄袭,而是鼓励大家要善于总结借鉴前人的经验,如果一个模板被成千上万的人验证行之有效,那么对大部分人来说,用大家验证过的结构和方法去做就是一种很好的方式。特别是在你没有更好的结构和方法时,或者在你没有更好的驾驭能力时,可以先模仿爆款短视频文案,找到符合自己特色的逻辑结构。

(二)借助 AI 工具打通撰写短视频文案的三大痛点

首先,AI 可以破解创作灵感匮乏问题。写什么内容好?传统的获取灵感方式往往依赖于我们自身的知识储备、日常案例积累以及对热点事件的观察。然而,这种方式效率低下且容易陷入思维定式。AI 算法可以对海量的法律案例、学术文献、新闻报道以及社交媒体上的法律话题进行深度分析。例如,通过自然语言处理技术,AI 能够挖掘出不同法律条款之间的潜在联系,或者从众多相似案例中提炼出独特的叙事角度。它可以为博主提供诸如"以古代法律智慧解读现代合同纠纷"这样新颖的创意主题,从而快速激发创作灵感,让博主跳出固有思维框架,生成独特新颖的内容。

其次,AI 可以提升内容生产效率。今天一定要写完怎么办?法律法规或者热点事件,往往能够带来巨大的流量,要抓住这波自然的流量,制作文案的过程常常处于时间紧迫的状态,我们需要在有限的时间内产出大量高质量的内容。AI 技术在此发挥着巨大的作用,我们可以通过训练,将结构模型固定化后,输入背景和要求即可生成初稿。例如,在一个关于知识产权侵权的短视频制作中,我们可以通过提炼类似的爆款短视频文案中的提示词,固定逻辑结构和提示词,再把相关的侵权类型、涉及的法律条款以及希望突出的重点输出给 AI,就能在短时间内给出一个结构完整、逻辑清晰的文案框架,我们在此基础上再进行润色和补充,就可以大大提高内容生产效率。

最后,AI 可以提高文案输出的质量。每个法律人的能力、经验都不可避免地存在差异;对同一个事件,不同的人有不同的看法,表达的方式也千差万别。但是在注意力稀缺的当下,受众不会迁就我们表达,他们只会希望看到和自己价值观一致、需求相匹配的表达。例如,一个经常浏览劳动法相关的短视频,并且在评论中表现出对工伤认定问题的浓厚兴趣的人,很可能对工伤认定的法律标准有明确的学习需求。如果我们以这样的人群为目标受众,就不应该一厢情愿地对着他们科普"工伤制度的起源";相反,我们应该针对他们的需求,找到在"工伤认定标准"的话题上作出爆款的短视频，借助 AI 工具对爆款短视频进行拆解，让 AI 学习他们的表达方式进行内容输出，跨越我们的认知和表达能力的边界，提高内容输出的质量。

（三）样本示范法，让短视频文本又快又好

我们需要通过逆向思维，将 AI 生成的规则视为构筑高速公路的规则，将内容视为在高速公路上飞驰的机动车，要先有规则再有机动车。AI 生成的文章之所以读起来很机械，有时候是因为我们没有让 AI 了解我们的需求。因此要创作有个人风格、有特点的文章，可以参照本书第一章提到的“样本示范法”，让 AI 通过学习形成固定的文案生成框架。

首先，我们可以通过通义效率网页端或抖音小程序（轻抖）等视频转化文本工具，将爆款视频转写为文字，形成短视频文案知识库，然后再把文字投喂给 AI 形成规则。

以下以“通义效率”网页端为例，见图 4－26。

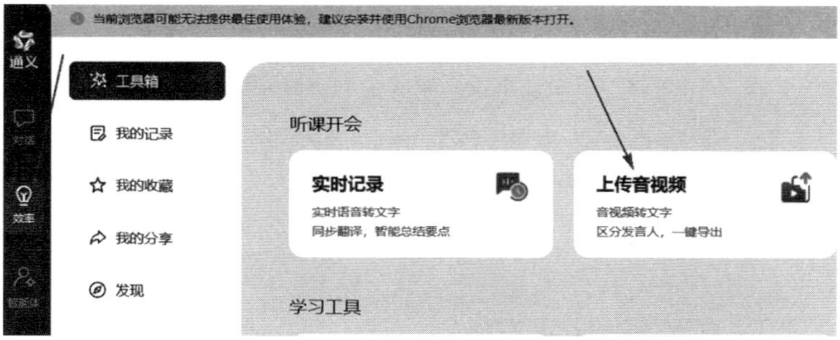

图 4－26　通义效率网页端的“工具箱”入口

找到通义效率，通过网页中的“上传音视频按钮”，在下面的页面中上传音视频文件。

图 4－27　本地音视频文件的上传界面

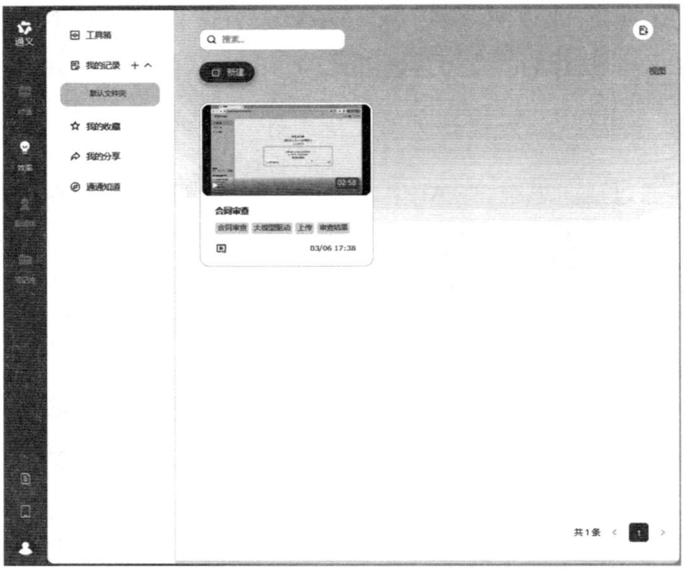

图 4－28　通义效率投入案牍合同审查视频输入界面

我们以案牍合同审查宣传视频为例，点击“开始转写”按钮，不需要很长时间，通义效率就搞定了，生成页面如图 4－29 所示。

图 4－29　通义效率投入案牍合同审查视频输出结果

从图 4－29 可以看到 AI 自动生成视频内容的摘要，比如我们上传的视频大概生成了 200 字左右的摘要，“介绍了一款名为‘按照合同审查’的新一代合同审查工具……支持精细化审查与管理”。这可以看出 AI 生成的视频内容摘要较为精简。

另外，最关键的是，对模仿爆款视频通义效率可以逐句复制出视频中的文本，并且支持在线改写，最后可以通过导出的方式完成爆款视频的内容提取。“通义效率”的功能与“通义听悟”相似，更多用法可查阅本书第三章。

其次，可以训练 AI 形成写作固定框架。我们把刚刚通过提取出的爆款文案，打开智谱清言，输入如下提示词：

现在，请你对刚刚学习的文章进行总结。请提炼文章的语气、写作风格、用词、句式等各方面的要素，并根据“视频号爆款文案”的专业知识，找出其中 7 个重要要素，并详细描述这个文案的框架。

智谱清言的输出结果如图 4－30 所示。

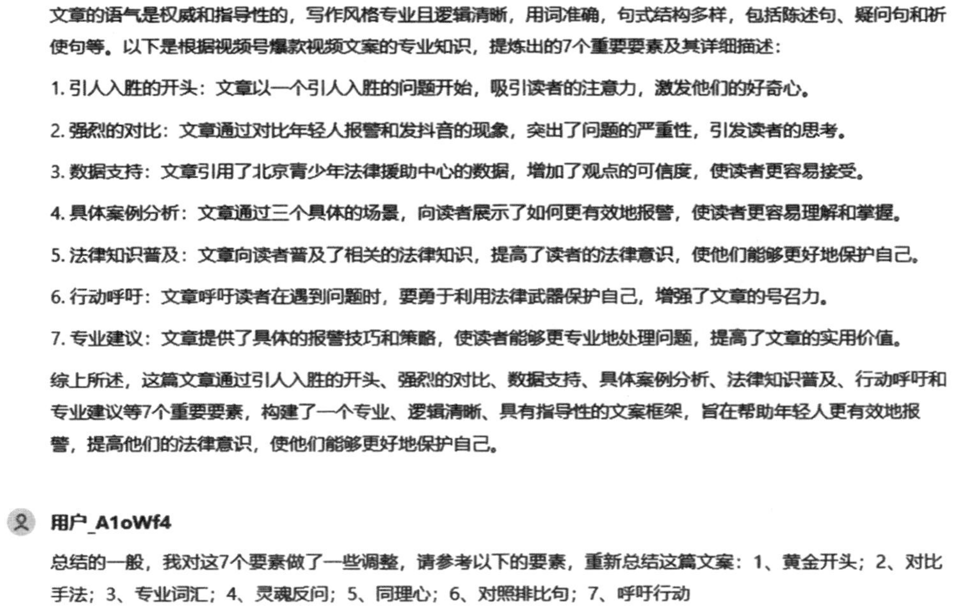
文章的语气是权威和指导性的，写作风格专业且逻辑清晰，用词准确，句式结构多样，包括陈述句、疑问句和祈使句等。以下是根据视频号爆款视频文案的专业知识，提炼出的7个重要要素及其详细描述：

1. 引人入胜的开头：文章以一个引人入胜的问题开始，吸引读者的注意力，激发他们的好奇心。

2. 强烈的对比：文章通过对比年轻人报警和发抖音的现象，突出了问题的严重性，引发读者的思考。

3. 数据支持：文章引用了北京青少年法律援助中心的数据，增加了观点的可信度，使读者更容易接受。

4. 具体案例分析：文章通过三个具体的场景，向读者展示了如何更有效地报警，使读者更容易理解和掌握。

5. 法律知识普及：文章向读者普及了相关的法律知识，提高了读者的法律意识，使他们能够更好地保护自己。

6. 行动呼吁：文章呼吁读者在遇到问题时，要勇于利用法律武器保护自己，增强了文章的号召力。

7. 专业建议：文章提供了具体的报警技巧和策略，使读者能够更专业地处理问题，提高了文章的实用价值。

综上所述，这篇文章通过引人入胜的开头、强烈的对比、数据支持、具体案例分析、法律知识普及、行动呼吁和专业建议等7个重要要素，构建了一个专业、逻辑清晰、具有指导性的文案框架，旨在帮助年轻人更有效地报警，提高他们的法律意识，使他们能够更好地保护自己。

用户_A1oWf4

总结的一般，我对这7个要素做了一些调整，请参考以下的要素，重新总结这篇文案：1、黄金开头；2、对比手法；3、专业词汇；4、灵魂反问；5、同理心；6、对照排比句；7、呼吁行动

图 4－30　智谱清言输出结果

提示词工程师较好地对投入的文案进行了完整的解析，但还有不少重叠的地方，下面我们可以对它的回答进行修正，根据你即将要创作的文章要求，修正 7 个

要素的核心内容，提示词如下：

总结得一般，我对这 7 个要素做了一些调整，请参考以下的要素，重新总结这篇文案：1. 黄金开头；2. 对比手法；3. 专业词汇；4. 灵魂反问；5. 同理心；6. 对照排比句；7. 呼吁行动。

根据您提供的7个要素，我对这篇文案进行了重新总结：

1. **黄金开头：文章以一个引人入胜的问题开始，吸引读者的注意力，激发他们的好奇心，为后续的内容奠定了基础。**
2. **对比手法：文章通过对比年轻人报警和发抖音的现象，突出了问题的严重性，引发读者的思考，增强了文章的说服力。**
3. **专业词汇：文章使用了大量的专业词汇，如"治安事件"、"性骚扰"、"合同诈骗罪"等，体现了作者的专业素养，提高了文章的可信度。**
4. **灵魂反问：文章在阐述问题时，使用了多个反问句，如"这不是叫你们去搞追抗，而是更专业换专业，让你比80%的人更懂得执法逻辑，才能获得超预期的公权力救济"，引发读者深思，增强了文章的感染力。**
5. **同理心：文章站在年轻人的角度，关注他们在报警过程中遇到的问题，体现了作者的同理心，使读者更容易产生共鸣。**
6. **对照排比句：文章在阐述三个具体场景时，使用了对照排比句，如"逻辑场景一，租房纠纷，房东犯锁错物陈处，房东不让我进门。正确话术，对方非法迁入住宅，而且扣押了我价值2万的财物"，使文章的节奏更加紧凑，增强了文章的气势。**
7. **呼吁行动：文章在结尾部分呼吁读者在遇到问题时，要勇于利用法律武器保护自己，增强了文章的号召力，使读者更容易付诸行动。**

综上所述，这篇文案通过黄金开头、对比手法、专业词汇、灵魂反问、同理心、对照排比句和呼吁行动等7个要素，构建了一个专业、有说服力、有感染力的文案框架，旨在帮助年轻人更有效地报警，提高他们的法律意识，使他们能够更好地保护自己。

图 4－31　根据 7 个要素固定文案生成框架

为固定生成文案的框架，我们可以为文案的每个要素赋予权重，通过对要素权重的调试来优化文案生成框架，提示词如下：

从提升文案传播度的角度，能否对文案中包含的 7 个要素分别赋予权重？

当然可以。根据文案的内容和目标，我为这7个要素赋予权重，如下：

1. 黄金开头（权重：20%）：一个好的开头对于吸引读者的注意力至关重要，它能够激发读者的好奇心，使他们愿意继续阅读下去。
2. 对比手法（权重：15%）：通过对比不同现象或观点，可以突出问题的严重性，引发读者的思考，增强文章的说服力。
3. 专业词汇（权重：15%）：使用专业词汇可以体现作者的专业素养，提高文章的可信度，使读者更容易接受作者的观点。
4. 灵魂反问（权重：10%）：通过反问句引发读者的深思，增强文章的感染力，使读者更容易产生共鸣。
5. 同理心（权重：10%）：站在读者的角度，关注他们的问题和需求，体现作者的同理心，使读者更容易产生信任感。
6. 对照排比句（权重：10%）：使用对照排比句可以使文章的节奏更加紧凑，增强文章的气势，使读者更容易理解和接受作者的观点。
7. 呼吁行动（权重：10%）：在文章的结尾部分呼吁读者采取行动，增强文章的号召力，使读者更容易付诸实践。

需要注意的是，这些权重并不是绝对的，它们可以根据文案的具体内容和目标进行调整。同时，这些要素之间也存在着相互影响和促进的关系，不能孤立地看待。

图 4－32　智谱清言对文案赋予的权重

通过让 AI 学习爆款短视频文案，提取爆款文案的核心要素并赋予要素权重，AI 已经掌握了如何生成高质量文案的技巧。现在我们以“创业者应该如何签订合同”的话题为例，看看 AI 能否根据现有文案框架，生成我们需要的文案。提示词设置如下：

请你根据前面的文案生成框架，帮我写一篇主题为“创业者，往往都会这么签合同”的文案，字数在 500～600 字，注意口语化、风格要有干货感。

智谱清言的输出结果如下：

黄金开头

🚀【创业者必看】合同签订的五大黄金法则！别让一个不小心，毁了你的创业梦！

对比手法

很多人觉得，签合同就是走个过场，其实不然。好的合同能保护你，坏的合同可能让你陷入困境。比如，小张因为合同里的一个漏洞，损失了几十万，而小李则因为合同签得好，成功保护了自己的权益。

专业词汇

【合同条款】、【权益保护】、【风险评估】……这些专业词汇，你了解多少？别担心，我会用最简单的方式，带你轻松掌握！

灵魂反问

你有没有想过，为什么有些创业者能一路顺风，而有些则频频踩雷？其实，答案就在他们签订的合同里。

同理心

作为创业者，我知道你很忙，也许没有时间深入研究合同法。但合同签得好不好，直接关系到你的利益。所以，今天我要和你分享几个创业者签合同的小技巧。

图 4-33　智谱清言生成的短视频文案效果

接下来是最重要的一点，为了让我们的文章更具原创特点和个人属性，我们一定要在当前基础上嵌入我们自己的特点，去优化文案内容，可以加入一些关于自己的案例或者金句，提示词如下：

请在当前文案的基础上，添加以下内容：小王是个创业者，另一个股东需要借钱，让他在借款合同的担保人处签名，他基于共患难的义气在合同上签了字，最后股东还不上欠款，只能自己还上，白白承担了巨额债务。让这篇文章更加人性化，更具有原创性，开始写吧。

黄金开头

【创业者必看】合同签订的五大黄金法则！别让一个不小心，毁了你的创业梦！

对比手法

很多人觉得，签合同就是走个过场，其实不然。好的合同能保护你，坏的合同可能让你陷入困境。比如，小张因为合同里的一个漏洞，损失了几十万，而小李则因为合同签得好，成功保护了自己的权益。

专业词汇

【合同条款】、【权益保护】、【风险评估】……这些专业词汇，你了解多少？别担心，我会用最简单的方式，带你轻松掌握！

灵魂反问

你有没有想过，为什么有些创业者能一路顺风，而有些则频频踩雷？其实，答案就在他们签订的合同里。

同理心

作为创业者，我知道你很忙，也许没有时间深入研究合同法。但合同签得好不好，直接关系到你的利益。所以，今天我要和你分享几个创业者签合同的小技巧。

对照排比句

签合同，不是简单的交换名片。而是要【仔细审查】、【明确条款】、【评估风险】。记住，合同里的每一个字，都可能关系到你的未来。

图 4－34　智谱清言根据我们的个性化需求优化文案

最后，只要结合口播习惯进行适当调整，即可导出短视频文案。

（四）应用 AI 生成短视频文案润色的四大原则

在信息爆炸的法律领域，利用 AI 工具确实能够助力我们迅速生成内容。然而，工具终究只是辅助，它无法替代我们作为法律专业人士对信息的敏锐判断与精准选择。因此，在润色短视频文案时，我们必须坚守以下四大原则：

一是关联度原则。AI 确实能生成高质量的文案，但每个人的风格、思维方式和专业知识都是独特的，因此，在使用 AI 生成文案时，关联度就至关重要。我们的内容必须紧密围绕受众的实际需求与处境展开，确保信息的精准匹配。例如，标题作为视频的第一印象，其重要性不言而喻。过于繁复或夸张的标题不仅令人望而生厌，还可能导致用户直接关闭视频。因此，短视频标题应简洁明了，直击要点。比如我们要做关于“劳动纠纷”的短视频，AI 给的标题是“劳动纠纷那些你不知道的事儿”，笔者润色成“打工人必看！劳动纠纷的 3 大痛点”，更直接地关联受众。

二是专业度原则。我们在筛选内容的时候，必须保证表达准确、方向明确，还得遵守职业道德，专业性是我们的底线，也是吸引观众的关键。我们不必过分追求“秘籍”“绝招”等词汇，而是可以选择更具吸引力和感染力的表达方式。例如，AI写的关于“合同法”的文案里有“合同的订立需要注意的几个事项”，就可以润色成“签合同得经过这几个关键步骤，一不小心就踩坑”。

三是传播度原则。短视频平台的特性之一就是打破距离限制，加速信息传播。因此，具有传播力的文案对于降低传播成本、沟通成本乃至金钱成本具有重要意义。判断一条短视频文案好坏的标准之一，就是看它能否激发人们的分享欲望，能否让人激动不已。例如，在“3·15”国际消费者权益日，笔者做了“消费者权益保护”方面的视频，AI给的文案比较平淡，笔者改成“惊！你的消费权益正在被这些方式侵害”，传播度就大大提高了。

四是说服力原则。优秀的文案应具备强大的感染力，充分运用AI对于数据加工的能力，综合运用数据、对比、悬念等手法吸引观众。比如“某品牌去年侵权案件数量比前年增加了50%，原因竟然是……”，说服力就更强了。

总之，在润色AI生成的短视频文案时，我们应坚守关联度、专业度、传播度和说服力四大原则，以打造出高质量、有影响力的法律短视频内容。

八、用AI快速剪辑短视频

（一）适用场景

学完了如何用AI快速制作文案的一些技巧，相信各位已经对如何写出爆款短视频文案有了自己独到的见解和框架。但不知道大家有没有这样的经历：拍一条视频十几分钟，但剪视频却要花费几小时，其实剪辑视频真的是可以“偷懒”的，借助剪映和度加等AI工具后能够大大提高视频剪辑效率。

（二）传统短视频剪辑痛点

首先是素材筛选难度大，需要从大量拍摄的素材中筛选出最能体现主题和内容的部分，这需要耗费大量的时间和精力。

其次是视频剪辑工作量大，包括画面的剪辑、特效的设计、转场的运用、旁白的编配、音效的添加、字幕的制作等。

再次是制作周期要求不能过长，以免影响观众的黏性和持续关注。

最后是观众审美疲劳的风险，需要不断创新和突破，以保持观众的兴趣和注意力。

网红博主李子柒就坦言："我不是一个人在战斗，而是有一群人在帮我工作。"因此，如果没有专业的包装团队，即使是像李子柒这样才华横溢的创作者也难以创作出令人印象深刻的作品。

（三）AI 工具给短视频剪辑带来的变革

首先，AI 能够自动化处理，识别分析视频中的关键场景，如高潮部分、重要对话，且自动删除视频中冗余部分，如长时间的静默、重复场景等。

其次，AI 能够简化操作，降低对于剪辑专业知识的储备要求，这使得非专业人士也能快速上手，通过直观易用的界面，简单地拖拽和点击等操作完成视频的剪辑。对于一些参数的调节不需要再调用专门的软件，直接可以通过预设剪辑参数完成。

图 4－35　剪映手机版首页画面

再次，AI 能够增强创意，通过 AI 工具自带的模板，包括音乐、特效、字幕等，增强视频的冲击力，激发创作灵感。

最后，AI 能够提高导出与发布的效率，AI 工具支持多种视频格式，有些 AI 短视频制作工具是社交平台自身打造的，如抖音的轻抖小程序，可以一键发布到关联的短视频平台。

（四）使用 AI 工具快速上手

在剪辑前，需明确剪辑的目标是使视频大方、流畅、简单，注重效率。我们将剪辑过程分为四个主要步骤：加封面、加字幕、调大声音、剪去卡顿。

1. 剪映软件剪辑操作步骤

（1）导入视频与基础设置。

打开剪映手机版，点击"开始创作"，选择拍摄好的视频（如"老王花了几百块钱叫了一个保洁服务……"的视频），后添加视频导入素材，进入剪辑窗口。窗口下方为进度条，用于剪辑；上方为检查画面。

调整声音：导入素材后，选择操作页面下方的视频片段，点击音量键进入操作界面。在声音选项中将声音调到最大，确保声音洪亮清晰，增强视频表现力。但需注意，若视频分割为多段，需分别调整每段声音或使用“统一响度”功能（现为付费功能，建议剪辑初期就调整好声音）。

图 4－36　剪映手机版导入素材

图 4－37　剪映手机版调音量

（2）添加字幕。

在空白处点击，选择“文本”按钮，点击“识别字幕”，软件会自动识别视频中的普通话语音并生成字幕，识别成功率较高。

检查字幕内容，如有错误可双击文字进行编辑。调整字幕样式，如选择清晰的字体（推荐特黑体或太黑体），将字置于安全区域内并居中，可根据需要调整字体大小、颜色（黑白或黄白字体较为清晰），使字幕便于观看，准确传达信息。

另外，在自动识别字幕中有智能去“水词”功能，可以对视频中“嗯”“啊”等语气词，或语气中的卡顿点，进行智能识别和去除。该功能目前是付款功能。

图 4－38　剪映手机版自动识别字幕 1

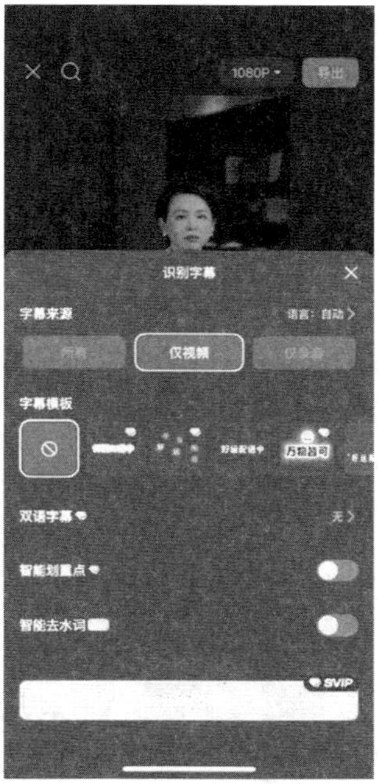

图 4－39　剪映手机版自动识别字幕 2

图 4－40　剪映手机版自动识别字幕 3

（3）封面制作。

在抖音平台，封面相对不重要，但小红书等平台封面对于点击率影响较大，为方便多平台同步发布，可为视频添加封面。

回到素材编辑界面，点击“设置封面”，可选择视频中的某一帧画面作为封面，也可添加文字（如案例相关主题“二手调表车”），调整样式、字体后居中显示，还可通过相册导入律师证图片等统一封面，提升视频专业性与辨识度。

图 4－41　剪映手机版封面设计 1

图 4－42　剪映手机版封面设计 2

（4）卡顿处理。

录制过程中难免出现卡顿，读错或重复时可在卡顿处留出 1～2 秒空档，重新读一遍。剪辑时，找到卡顿部分的起点和终点，点击“分割”按钮将视频分成 3 段，选择中间卡顿部分点击“删除”按钮去除卡顿。

图 4－43 剪映手机版除卡顿 1

图 4－44 剪映手机版除卡顿 2

也可通过拖动视频片段调整前后位置，使视频衔接更自然流畅，确保观看体验。

（5）视频导出与发布。

剪辑完成后，点击“导出”按钮，选择分辨率（1080P 或 720P 即可，2K 或 4K 虽画质更高但占用内存大）、帧数（30 帧以上）、码率（选“推荐”）等参数，点击导出。导出时间根据视频长度和手机性能而定，手机快的话，30 秒左右的视频一般 20 秒左右即可完成导出。

图 4-45　剪映手机版导出视频 1

图 4-46　剪映手机版导出视频 2

若剪映与抖音账号关联,导出后视频会保存到相册,可直接在剪映点击抖音按钮发布,也可在相册中选择视频发布。发布时可添加标题、话题(不超过 5 个),注意专业类视频可适当添加关联热点,但不可随意关联无关热点避免违规,还可设置是否允许下载、添加标签、选择发布方式(如立即发布或定时发布)等。

2. 度加软件剪辑操作步骤

度加软件最实用的功能就是,它的快速剪口播视频功能。

打开度加软件,点击"开始创作",选择要剪辑的视频,软件在识别语音过程中会自动处理卡顿(默认删除停顿部分,可点击恢复),同时自动添加字幕。

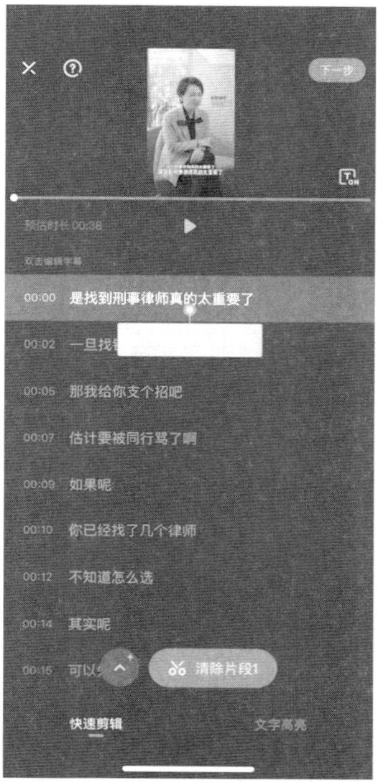

图 4－47　度加剪辑手机版 AI 消除卡顿 1

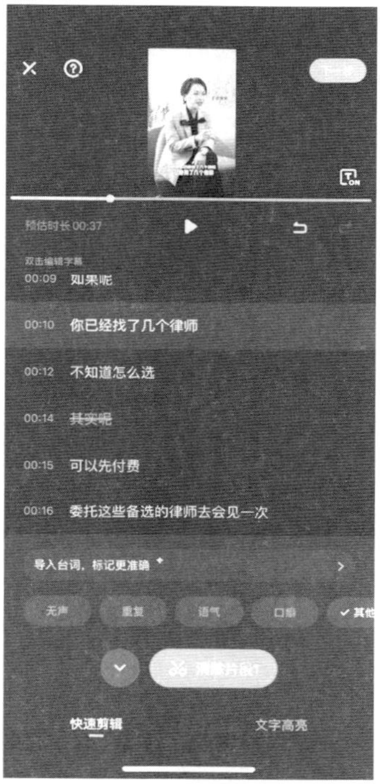

图 4－48　度加剪辑手机版 AI 消除卡顿 2

检查视频，确认是否存在重复或其他问题，如发现重复部分，软件已自动标示，可根据需要点击“删除”。还可点击“文字高亮”功能，对关键文字（如“转发”“关注”等）进行加亮处理，吸引观众注意。

调整声音：在剪辑页面找到声音选项，将声音整体调大，使视频声音清晰响亮，增强传播效果。

封面设置：点击“包装”中的“设置封面”，可修改底图或使用头图，添加文字并调整样式（如字体、颜色、描边、底色等），保持色系统一，完成封面制作。

视频导出：确认无误后，点击“导出”，默认编码数据为 1080P、30 帧，可直接点击“导出”。度加软件剪辑操作简单，其优势在于自动处理卡顿和添加字幕，节省剪辑时间，提高效率。

度加剪辑还有个隐藏功能，即导出视频时，会根据视频内容自动生成标题封面。软件自动生成的标题多符合网络传播特点，可参考使用。

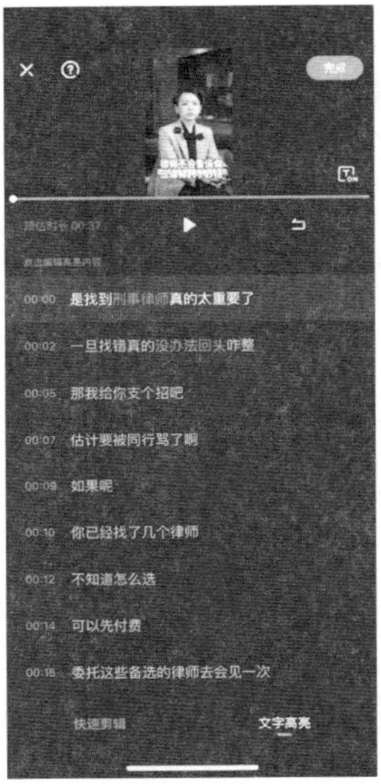

图 4－49　度加剪辑手机版文字高亮

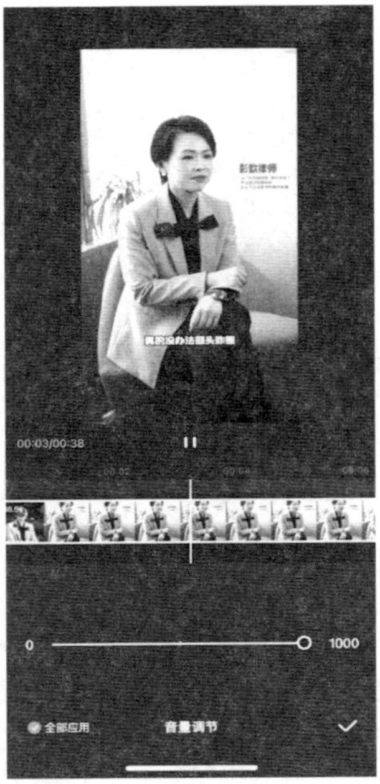

图 4－50　度加剪辑手机版音量调整

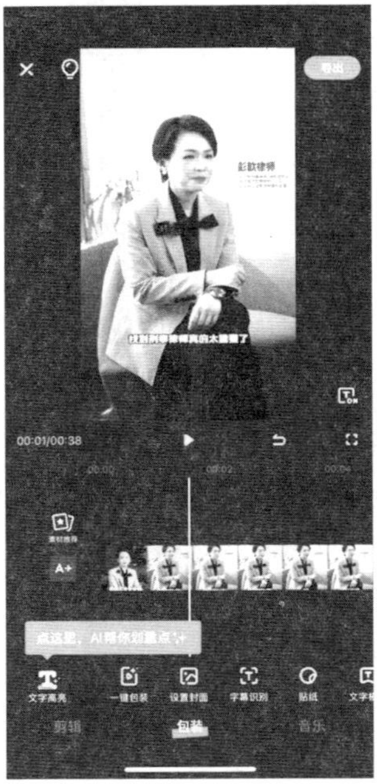

图 4－51　度加剪辑手机版包装界面

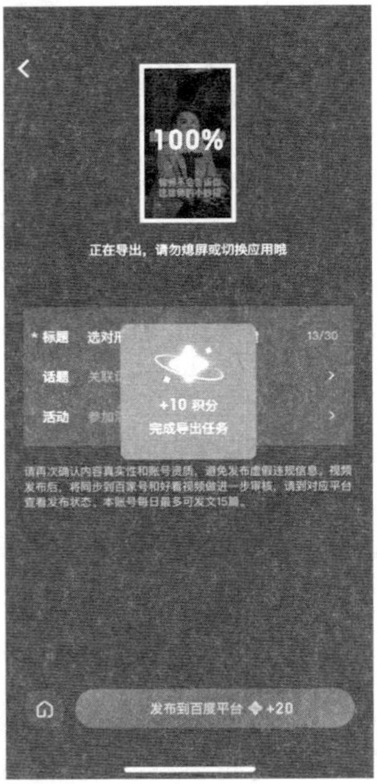

图 4－52　度加剪辑手机版视频导出

（五）AI剪辑工具使用的注意事项

1. 素材的选择和使用

一是选择合适的素材。AI剪辑工具对素材的要求很高，视频、音频、图片等素材都要符合要求，同时还要保证质量。因此，选择合适的素材非常重要。

二是要根据视频内容使用AI剪辑工具。AI剪辑工具对视频内容有很强的识别能力，能根据内容自动剪辑，但也可能出现错误，因此使用时要注意。

2. 不要过度依赖AI剪辑工具

虽然AI剪辑工具可以自动识别和处理视频内容，但AI不是万能的，目前主流的AI工具大多是深度学习算法和数据驱动模式，它们对视频内容的理解不够深入，因此在使用时一定要注意避免过度依赖。

3. 注意数据安全

在使用AI剪辑工具时要注意数据安全，不要将个人信息泄露给其他人。

4. 总结与展望

AI工具在剪辑领域的应用，实现了对素材的快速剪辑，大大提升了剪辑效率，未来随着技术的迭代，一定会以更强的适应性和灵活性为短视频创作带来更多可能。

九、用数字人提升视频号效率

（一）适用场景

通过视频号打造法律人的IP是书课视频一体化打造法律人IP的重要环节，但是大多数法律人的日常事务比较繁忙，想要持续高质量输出还是存在一些困难。一是没有足够的时间出镜和剪辑。一条优质的短视频内容，除了必要的撰写文案的时间外，还需要动辄数个小时的视频录制时间和剪辑时间；某些特别难以演绎的内容，甚至还要反复地重新录制，耗时耗力。二是有些法律人的镜头表现力不佳。很多法律人在线下侃侃而谈、在法庭上挥洒自如，但一旦面对镜头，马上就会变得异常局促和慌张，没有办法完成高质量的视频内容录制。三是有些IP运营是以团队或单位名义进行的，传统真人IP可能因律师离职或合作变动影响账号运营。

数字人是一个非常高效的工具。无论是公检法系统，还是律师行业，数字人都有广泛的应用场景。数字人可快速生成口播视频，无须反复拍摄，仅需输入文本即可自动生成讲解视频，节省拍摄、剪辑及团队协调成本。通过定制个人数字人形

图 4－53 检察院 AI 数字人应用场景

象，可批量制作法律科普、案例解析等内容，提升内容生产效率。数字人 IP 完全由个人或团队掌控，可以避免因人员流动导致的内容中断或品牌价值流失，定制化的数字人形象（如正装、严肃表情）可强化法律人的专业标签，同时规避真人出镜可能出现的形象管理问题（如疲劳状态影响观众观感）。

图 4－53 就是一个非常典型的检察院使用数字人进行普法宣传的示例。它通过互动式问答，生动形象地向民众普及法律知识，既响应了 AI 时代的新宣传需求，又提升了普法教育的趣味性和互动性。

我们将选用市面上普及度较高的剪映数字人工具，来详细介绍其功能和操作流程，以便让更多专业人士能够迅速上手，发挥数字人在法律人通过视频号打造 IP 中的优势。

（二）使用数字人的优势

1. 用短视频剪辑工具的数字人工具，降低视频录制难度

以剪映的数字人工具为例，剪映为用户提供了轻松的朗读文稿功能，用户最短可以只提交 10 秒的朗读录制画面，就能够完成数字人的采样工作，一键生成数字人形象，大大降低了录制的时长和门槛。

2. 复用数字人形象，提高内容生产效率

用户完成数字人形象定制后，可以将注意力集中在优质文案的产出上，利用同一数字人形象，反复制作不同主题的视频内容，无须每次都进行录制，极大提升了制作效率。

（三）用数字人录制视频的步骤

我们将在剪映中，展示制作法律领域的数字人视频的具体步骤。开始之前，我们要确保已安装剪映客户端，并更新至最新版本，并且做好录制数字人视频前的画幅准备。

（1）我们在剪映首页的下拉菜单中找到“数字人”的入口（如图4－54 所示）。

这里需要注意的是，点击进入录制界面后，首先弹出来的是要求你上传视频或者画面。其实在这一步骤中，不管你上传什么内容，都不影响后续的数字人录制。这一步骤剪映没有说清用意，上传图片（即垫图）的目的是让用户框定最后的画幅（比如用户是要横屏还是竖屏），数字人生成后，会在这个画幅大小的基础上，匹配相应的比例和布局。这就要求用户在录制前需对最终呈现的效果有预判，提前准备好适当的画幅和比例。

图 4－54　在剪映首页的下拉菜单中找到“数字人”的入口

图 4－55　新增数字人形象

（2）进行数字人面部捕捉和音频采集。

画面中的风景图，即为上一步骤中我们垫的画幅。接下来的步骤操作较简单，我们省略部分画面：你需要点击“新增”，在弹出来的选项中，选择“克隆视频形象”，在阅读完用户协议等合规流程后，即可开始数字人的面部捕捉。

这里有两个需要注意的细节：

一是 10 秒的素材采集会有比较明显的弊端，尤其是声音克隆的效果，可能会比较差。

二是由于律师口播的视频一般信息量较大，所需要的视频时长也较长，因此建议读者朋友录制 1 分钟以上时长的视频。否则后续自动生成数字人时，如果你的文本时长大于视频录制时长，那么系统会自动从头播放一遍你的数字人视频画面。

图 4－56　朗读 10 秒以上的文章

图 4－57　数字人定制完成

(3) 录制完成后，点击“上传”，系统就在后台自动为你定制数字人，这个过程会持续需 3～5 分钟，总时长受你的视频整体长度影响。

系统完成数字人制作后，会显示出图 4－57 的界面。此后，你就可以点击下一步，根据自己的需要，匹配对应的文案内容，进行短视频自动生成了。

(4) 接下来，开始配置文案生成视频。

剪映为用户提供了“智能生成文案”、“链接提取文案”和“视频提取文案”三种方式。这意味着用户可以提取各类爆款视频的文案，辅助自己创作。比如，图 4－58 的文案，就提取自“AI 合规圈”的一条爆款视频：

自动提取爆款视频的文案功能，极大地提升了用户创作的便捷性和效率；同时，剪映还给用户提供“改写”“扩写”“缩写”等常见的 AI 功能，方便用户根据自身内容需求对文案进行灵活调整。

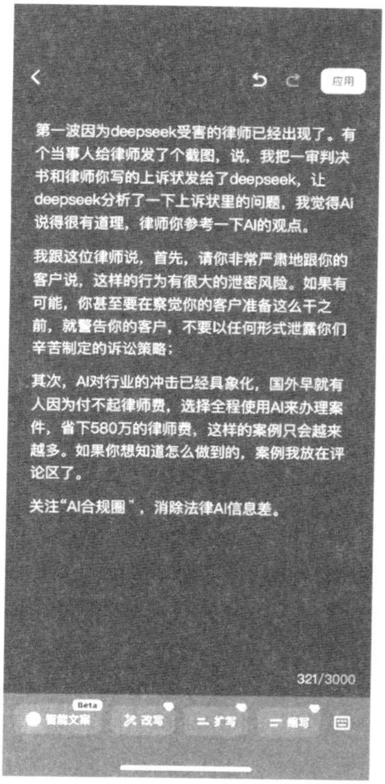

图 4－58　自动提取爆款视频文案

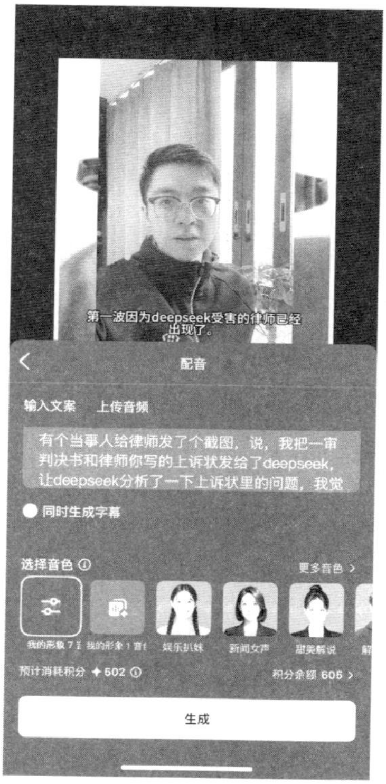

图 4－59　为数字人视频配音

（5）然后，进行配音和微调。

在定制数字人的时候，我们录制了视频，因此剪映也自动帮我们克隆了专属的声音。所以在“选择音色”的时候，用户可以选择自己的克隆声音。如果担心自己声音的表现力不佳，也可以选择系统提供的其他音色进行配音。

在微调界面，我们可以调整数字人的语速、语调。建议在调整的过程中，把我们垫的图片删除，避免导出的时候画幅出现错乱。此外，剪映还支持添加背景音乐和动态效果，以丰富视频的表现力，这里我们就不展开介绍了，读者可以自行尝试探索。

（6）最后，完成视频的剪辑和调整后，即可导出并分享至各大社交平台，我们也完成了数字人的基本创作。

图 4-60　微调数字人视频

（四）必备 AI 核心技能

1. 做好短视频，更多的要依赖于选题和文案，而不是数字人技术

数字人只是一个辅助技能，关注社交平台上的反馈，不断地了解观众喜好，持续优化内容，才是做好短视频最重要的方式。

2. 数字人视频的质量，与用户的表现力有很大关系

这意味着在录制时，用户的表情、语调以及情感的投入都将直接影响最终视频的质量。建议大家在录制的时候，表情可以稍微夸张，并且带有一定的动作幅度，避免剪映在后期制作的数字人表情过于生硬，缺乏自然感。

3. 剪映极大地降低了数字人视频的创作门槛

作为一款操作难度低、普及性广的视频制作工具，剪映极大地降低了数字人视频的创作门槛，但这也意味着其数字人制作的精细化程度必然不可能与专业级别的数字人制作相比。然而，对于大多数非专业用户来说，剪映提供的功能已经足够满足日常创作需求。本部分我们主要考虑了“真人形象”的数字人制作，读者也可以使用“即梦 AI”这样的 AI 绘图工具，定制 3D 动画形象的数字人。

4. 自动提取爆款视频文案时，可能面临版权争议

在自动提取爆款视频的文案的时候，我们大概率没有办法提前获得版权人的同意和授权，可能面临版权争议。因此，在使用这些文案时，我们要高度重视版权问题，应善用“扩写”“改写”等功能，避免直接抄袭。有能力的，更应当带着自己的思考和见解去创作独特的内容，确保内容的原创性和合法性。

5. 现有技术下数字人存在的问题

在现有技术下，数字人仍然存在表情呆板、声音僵硬、互动性差的问题，被认为“毫无感情”，难以与观众建立深层情感，可能会削弱法律内容的说服力。另外，法律内容常需精准表达，若 AI 生成的口型或语气与文本不符，易引发专业性质疑。如果有可能的话，建议读者多多磨炼自己的镜头表现能力，采用真人出镜、真实演

绎的方式，为自己产出的内容注入灵魂。

十、用 AI 提升网络曝光率

（一）法律人打造 IP 的根本目的

书课视频一体化，是法律专业人士打造自己 IP 的重要途径，随着 AI 技术的飞速发展，AI 技术已经可以在法律人 IP 打造的多个方面发挥重要作用，极大地提高了我们的工作效率。在之前的章节中，我们已经深入探讨了如何利用 AI 技术助力法律人打造 IP，但这些内容都只是完成了法律人打造 IP 的第一步，即完成了产品的创造。接下来，最关键的是如何有效地推广自己，从而实现打造 IP 的根本目的。

常言道，"酒香也怕巷子深"，打造个人 IP 需要不断对外展示，吸引更多的关注。这是贯穿整个 IP 打造过程的核心目标。我们所做的每一件事，不管是写书出版、举办讲座还是运营视频号，都是为了实现这一目标：让更多人认识并了解我们的专业能力，树立我们的专业形象，从而在其有需要时优先考虑我们。

（二）传统时代法律人推广自己的渠道和方法

在过去，法律专业人士想要推广自己，通常依赖于口碑传播或参与各种线下活动来扩大影响力。这些方法不仅效率低，而且影响范围有限。在传统互联网时代，法律专业人士拥有了更多渠道和方法来推广自己，其中最重要的一种方式就是通过搜索引擎优化（SEO）来提升网络曝光率。搜索引擎优化是一种通过优化网站内容、结构和链接等手段，使网站在搜索引擎中的排名更靠前，从而吸引更多的潜在客户访问网站的技术。SEO 的核心策略是提高网站在搜索引擎结果页（SERP）的排名，增加曝光度，吸引潜在客户。对于法律专业人士而言，利用 SEO 技术可以提升自己在搜索引擎中的可见性，让更多的人能够发现并了解自己的能力和专业水平。

传统的 SEO 主要依赖于购买关键词广告，因为搜索主要基于关键词匹配，掌握热门关键词即意味着占据了搜索的优势。广告商通过竞价排名机制对关键词出价，平台则根据出价高低决定哪些广告会在用户的搜索结果中优先显示，并根据点击量来结算费用。随着市场竞争的加剧，这种模式的成本不断上升，某些热门关键词的单次点击费用甚至高达数十元。

（三）AI 时代的 SEO 变化

在写作本书的过程中，笔者身边一位律师朋友通过 DeepSeek 接到了案件，他当时发了一个朋友圈,说是快下班的时候,前台接到了一个客户打来的电话,指名要他去代理案件,而这个客户所做的事情就是在 DeepSeek 上进行提问,问在某个领域哪个律师比较好,DeepSeek 就说笔者这位律师朋友还不错,客户就从网上找到了这个律所的前台电话,并指名要找笔者这位律师朋友代理案件。那么,笔者这位律师朋友究竟做了什么呢?

Perplexity AI、秘塔 AI 搜索和微信 AI 搜索等 AI 搜索的出现颠覆了传统搜索的竞价排名逻辑,我们可以大量产出特定的优质内容来获取曝光量。因为 AI 搜索的原理和传统搜索截然不同,AI 搜索不依赖关键词,而是更看重内容的质量。

用户可以像与人类正常对话一样向 AI 搜索提出问题,AI 搜索则会分析用户的意图并推断出用户的实际需求。例如,当用户询问"我想了解 AIGC 是否有知识产权"时,AI 搜索能够理解用户想要探讨的是 AI 生成内容是否具备知识产权以及权利归属问题,这一点在近期的法律判决中得到了进一步的明确。

明确用户需求后,AI 搜索会运用其庞大的知识库或实时搜索,收集并整理信息,生成符合需求且易于理解的答案,而非传统搜索那样仅列出链接供用户筛选。这种方式极大简化了信息查找与梳理的方式,且 AI 搜索持续学习进化,提升理解与回答能力。这意味着,未来 AI 搜索将越来越智能,更能准确满足用户的各种需求。

法律人通过 AI 搜索提升曝光量是明智之选。AI 搜索结果基于内容输出,倾向展示深度相关信息,为用户提供更有价值的答案。这为法律专业人士提供了一个新的途径,通过发布专业的见解和案例研究,可以在 AI 搜索的结果中脱颖而出。

相关职业推广机构尚未针对 AI 搜索提供专业服务,当前是抓住这一红利的良机。法律人可以通过发布更多符合 AI 搜索要求的高质量内容来推广自己的 IP。

(四)法律人使用 AI 提升自己网络曝光率的基本方法

一是要深入了解 AI 搜索的工作原理,掌握其偏好和算法。通过研究 AI 搜索如何抓取、索引和排序内容,法律人可以更有针对性地优化自己的在线内容,使其更容易被 AI 搜索发现并排在前列。笔者那位律师朋友就是将自己对这方面的专业认知在互联网上进行了多次公开表达,通过公众号、小红书、论坛等各种方式将自己深度思考的相关内容进行了表达,从而获得了 DeepSeek 的抓取,并且进行了推荐。

二是要注重内容的质量和独特性。AI 搜索倾向于展示深度相关且有价值的信息,因此,法律人应专注于撰写高质量、有深度的文章和案例研究,避免内容的同质化,以在搜索结果中脱颖而出。AI 搜索的核心优势之一是能够快速筛选出最具价值和独特性的信息。在海量的信息中,用户往往寻求的是那些能够提供新颖视角、深入分析以及具有权威性的内容。因此，在创作内容时，表达鲜明且有深度的观点变得尤为重要。简单重复或人云亦云的内容不仅难以吸引用户的注意，也容易被 AI 算法视为低质量内容而忽略。

为了让你的内容在 AI 搜索中脱颖而出，你需要提供独特的见解，并确保这些见解是有理有据的。在微信 AI 搜索中查询“AIGC（人工智能生成内容）是否有知识产权”时，会发现法院对相关案件的判决结果和专家的分析。例如在江苏首例 AIGC 著作权纠纷案中，法院认定 AI 生成内容在体现人的独创性智力投入时，可以被认定为作品，并受到著作权法的保护。AI 生成内容不仅要呈现被普遍接受的观点，还应该涵盖不同国家和地区法律体系下的判例及学术观点。这显示出，AI 搜索在追求信息广泛覆盖的同时，更加注重信息的多样性和深度挖掘。

接下来，我需要整理搜索结果中的关键点。中国法院在多个案例中（如“春风送来了温柔”案）认为，只要用户的提示词和参数调整体现了独创性智力投入，AIGC可构成作品。而美国案例则更多拒绝AI生成内容的版权，除非有明确的人类创作成分。此外，学术讨论中，王迁教授等学者强调创作必须由人类直接产生表达性要素，而崔国斌教授则认为用户的贡献可能足够构成创作。

图 4－61　微信 AI 搜索思考过程

三是要保持更新频率，但不要“水文”。AI 搜索更关心“内容鱼塘”中相对较新的内容，所以需要保持更新频率。但是 AI 搜索会自动筛选并去除重复信息，即使同一内容被多次发布，也只会被引用一次。因此，保持内容的更新频率至关重要。以 2025 年 3 月搜索“AI 社交产品应该如何合规”为例，搜索结果中的参考文章大多集中在 2024 年末至 2025 年初。

7篇参考资料：

- 社交产品法务合....：AI陪伴社交的法律风险与合规路径 >
- 北京翰汇行政监....：AI合规 | 生成式人工智能 AIGC 理解与... >
- 即构科技ZEGO：AI Agent、游戏、短剧加持下的社交新玩... >
- 康达律师事务所：康达原创 | 生成式人工智能（AIGC）企... >
- 世辉律师事务所：世辉观点 | AI数字人应用的主要风险及合... >
- CCIA数据安全...：深度分析 | AI数字人应用的主要风险及合... >
- 合规社：AIGC服务提供者8项关键合规义务 >

图 4－62　微信 AI 搜索参考来源

如果只是简单地重复旧的内容而不添加新的价值或见解,这些信息很可能会被 AI 算法忽略,甚至可能被视为低质量内容而受到降权处理。

四是要有完整、清晰、高频可用的自我介绍。构思一段自我介绍,需确保内容完整且条理清晰,突出能给人留下深刻印象的头衔、身份及独特特点。这段自我介绍需要高频出现在你的各种内容中,让个人 IP 连贯而鲜明。

这是因为 AI 搜索也规避不了同名同姓的问题。很有可能在搜索你的名字时,AI 搜索误将你的成就归到和你名字一样的律师名下,甚至更糟糕的是,将对方一些负面信息也错误地关联到你身上。为了避免这种情况,我们在输出内容时,必须在每篇内容中尽可能详细地进行自我介绍,确保自己的相关信息完整且准确。以避免 AI 在筛选信息时发生错误。当然,一旦遭遇 AI 导致的"赛博诽谤"①,即将不属于你的负面信息错误地关联到你身上时,务必迅速采取措施进行维权。

五是要保持"高强度自搜"的习惯。"高强度自搜"指的是在 AI 搜索中频繁地搜索自己的名字或与自己相关的信息,以便了解自己在网络上的曝光度和影响力。由于 AI 搜索产品处于不断更新迭代的阶段,之前总结的结论很可能迅速过时。AI 搜索技术正在快速发展,搜索算法和结果展示方式也在不断进化,因此通过定期的自我搜索来跟踪这些变化,并据此作出相应的调整是非常重要的。

除了上文提到的几款 AI 搜索产品,例如,DeepSeek 和腾讯元宝、Kimi 等通用大模型产品,在引入联网功能后,取得了显著的市场成功和用户认可,都可以用来作为高强度自搜的工具。

例如,你是一名在深圳从事数据合规业务的律师,你可以通过搜索"推荐几位深圳的数据合规律师"来了解自己在行业内的曝光度和影响力。深入剖析搜索结果的信息源头,你将洞悉影响搜索排名的潜在因素,从而在后续内容创作中作出相应优化。

随着人工智能技术的不断进步,AI 搜索正在引领一种全新的内容分发范式。这种范式的核心在于,它能够识别并奖励那些真正致力于创作和输出高质量内容的法律专业人士。通过这种方式,那些在法律领域内辛勤工作并贡献了大量有价值内容的法律人,将会得到他们应得的曝光量。这不仅有助于提升这些法律人的知名度和影响力,而且还能鼓励整个法律行业更加注重内容的质量,从而推动整个行业的健康发展。

---

① 赛博诽谤是指利用网络等数字化、信息化环境实施的诽谤行为。通常是借助互联网平台、社交媒体、网络论坛等,通过发布虚假信息、恶意言论等方式,损害他人名誉、声誉,给他人造成不良影响和精神伤害。这种行为和传统诽谤行为本质相同,只是实施的载体变成了网络空间。在很多国家和地区,严重的赛博诽谤是违反法律的行为,受害者可依法追究侵权者责任。

第五章　高阶篇

法律人的两大 AI 终极武器：智能体与本地化部署

在本书创作过程中，有关 AI 的话题层出不穷。Manus① 作为一个智能体的代表，引发了法律人对 AI 应用的深思，它不仅展示了 AI 在法律领域的潜力，与此同时，随着对数据安全的日益重视，本地化部署也成为法律人在应用 AI 时不得不考虑的因素。智能体和本地化部署是法律人应用 AI 的两大终极武器，为法律人在新时代的实践中提供了有力的支持。

一、Manus 的崛起：AI 智能体颠覆传统法律工作

（一）定义与实战：从 Manus 看智能体如何工作

在人工智能的浪潮之下，“智能体”一词已经为法律人所熟知。但真正理解“智能体”可能并不容易。人工智能行业内普遍认为，AGI②（通用人工智能）是全方位能力都与人类相当的人工智能，会以智能体的形态出现，由于 AGI 具有与人类整体相当的能力，必然会取代很多人类的岗位。随着人工智能技术的快速发展，人们对 AGI 到来的时间点的估计，正在不断地提前，当国产的自主性智能体 Manus 能根据目标自主完成任务的时候，有人惊呼我们已经来到了“AGI 前夜”。

在过去，人类希望机器帮助我们实现一些自动化流程时，往往需要撰写大量的代码；但 AI 技术爆发的这几年，“让 AI 帮我们干活”的难度越来越低。最开始，我

---

① 由国内初创公司 Butterfly Effect（蝴蝶效应）推出的一款应用，被定义为“全球首款通用 AI 智能体”。

② AGI：“Artificial General Intelligence”的缩写，中文翻译为“通用人工智能”。它指的是具备与人类同等智能、能够理解或学习人类能够完成的任何智力任务的人工智能。与目前常见的狭义人工智能（如仅擅长图像识别、下棋等特定任务的 AI）不同，AGI 具有广泛的通用性和适应性，能够在各种不同领域和场景中灵活运用知识和技能，像人类一样进行复杂的思考、学习和决策。

们可以指挥 ChatGPT[1] 帮我们完成一些文字撰写工作、画图工作、做视频工作。在这个阶段，AI 还不被认为是“智能体”，后来，OpenAI 推出了 GPTs[2] 智能体平台，国内也逐渐有了智谱清言、Coze[3] 等智能体工具，我们开始可以在智能体平台上，用很低的代码量甚至无代码的方式，搭建一些简易的智能体。而在 Manus 爆火的当下，Manus 这类“通用 AI 助手”不局限于单一任务，而是能够理解复杂指令、自主学习、跨领域协同，真正像人一样思考和行动。

相较于 Manus 而言，DeepSeek - R1 的强项是推理，能够帮助我们更好地思考、生成各类文书和报告；而 Manus 之类的“通用 AI 助手”的强项是自主规划任务和执行任务。但 Manus 离不开 DeepSeek - R1 的大模型基础能力，Manus 需要以 DeepSeek - R1 这类大模型的能力为基础进行构建，从而能够理解人类的任务，帮助我们拆解任务、寻找解决任务的最佳方式，解决复杂问题。

为了让读者更好地理解智能体，我们举一个用 Manus 完成的合同审查案例来进一步解释：

图 5 - 1 是 Manus 的实机测试结果，图中左边部分是用户交互界面，与 ChatGPT、DeepSeek 的用户交互界面比较相似；右侧部分被称为“Manus 的电脑”，用户下达指令后，Manus 就在右侧的窗口工作。

---

① ChatGPT 是美国 OpenAI 公司研发的大型语言模型。它能够通过学习和理解大量文本数据，生成较为自然流畅的文本回复，可用于多种任务，如对话交流、文本创作、问题解答等。在自然语言处理领域引起广泛关注和讨论，推动了相关技术的发展和应用探索。中文一般翻译为“聊天生成预训练变换器”。

② “GPTs”通常是指多个基于 GPT 模型的智能体应用，GPT 是 OpenAI 研发的一系列大型语言模型，比如广为人知的 GPT - 3、GPT - 4 等，“GPTs”是基于这些模型形成的智能体应用的统称。OpenAI 推出的智能体平台就是让每个人都可以基于 GPT 系列模型构建专属于自己的“GPTs”智能体。

③ Coze 是国内字节跳动（Byte Dance）旗下推出的一款面向开发者和非技术用户的 AI 智能体（AI Agent）开发平台，允许用户快速创建、训练并部署具备多模态能力的 AI 机器人。

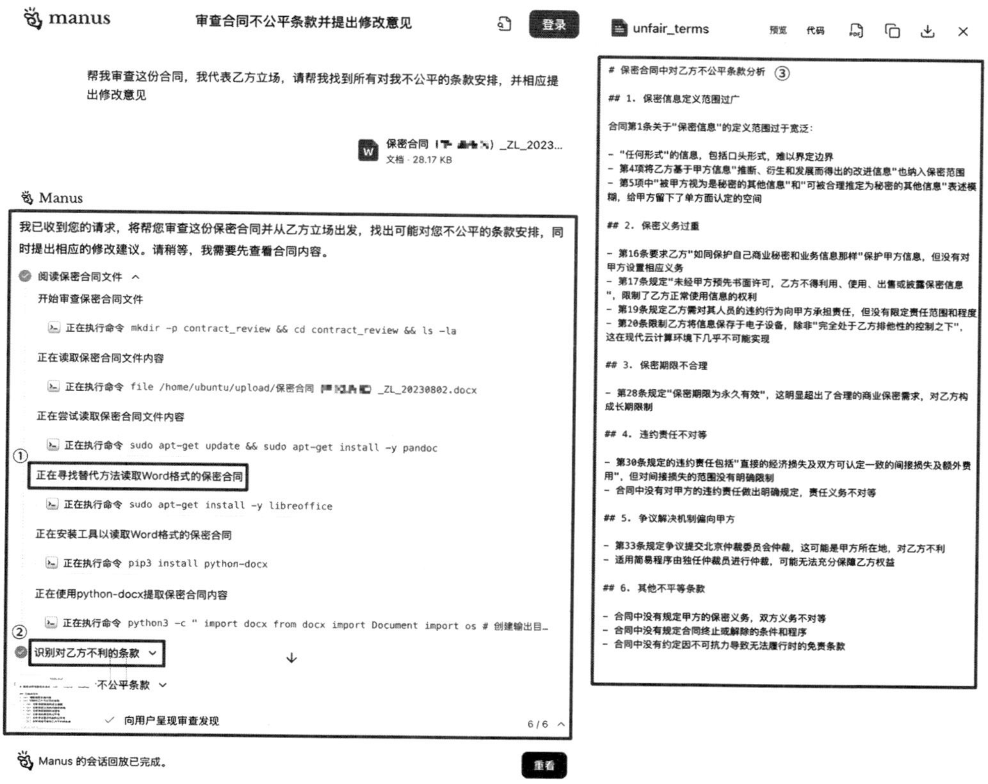

图 5－1　Manus 的合同审查结果

从左边的对话窗口可以看到，用户向 Manus 提供合同 Word 文件并提出如下要求（提示词）：

帮我审查这份合同，我代表乙方立场，请帮我找到所有对我不公平的条款安排，并相应提出修改意见。

Manus 收到要求后，分了很多步骤去实现用户的要求。尤其是：在图 5－1 中①文档阅读环节，Manus“感知环境”，识别到用户提供的文本为 word 格式，并且在尝试了几种方式均无法打开文档后，“作出决策”寻找新的任务执行方式，选择“寻找替代方法读取 word 格式”，最后通过安装“python－docx”①依赖库的方式，成功

① “python－docx”是一个用于处理 Microsoft Word 文件（.docx 格式）的 Python 库。借助它，开发者能够使用 Python 语言创建、读取、更新和删除 Word 文档中的内容，比如文本、段落、样式、表格等。这极大地拓展了 Python 在文档处理方面的能力，在自动化办公、文档批量处理等场景中有广泛应用。

地打开了文件,并继续工作,进入②识别对乙方不利的条款;最后在③中,向客户提交了"执行行动"的结果,完成了用户对工作的指令。

从最终的审查结果上看,即便是专门研发、研究智能合同审查的法律科技公司和熟练使用这些工具的资深律师,都认为 Manus 的审查意见已经相当专业,甚至并不弱于此前专门针对合同审查场景研发的合同审查智能体。

但智能体的能力远不仅如此,不管是做 PPT、做财报研究、点外卖、做方案还是订酒店,对于高速发展的智能体来说,仍旧有无限的想象空间。

(二)法律人专属 AI 助手的四大核心价值

法律人在使用 AI 时普遍有这样的认知:我跟 DeepSeek 聊得越多,DeepSeek 就会越懂我,如果我愿意的话,我可以用自己的数据"喂养"一个自己的 DeepSeek。这样的认知是有偏差的,将与大模型 DeepSeek 的交互过程,错误地等同为"个性化训练",就会错误地认为"投喂数据越多,模型就越懂我"。

实际上,在这个逻辑下,它有多"懂你",往往取决于你使用的 AI 能够允许多少长度的上下文。由于算力价格和模型能力等因素限制,目前主流大模型的上下文长度都存在显著瓶颈。以 DeepSeek - R1 为例,根据 DeepSeek 官方文档的描述,R1 的上下文长度有 64K,对应 3 万 ~4 万字的长度。这意味着你和 DeepSeek 对话(含你的输入和它的输出),在篇幅超过 4 万字之后,那么最初你们的对话,它就会忘得一干二净(不考虑大模型后台存储了个人数据、是否使用个人数据进行训练的情形,仅考虑大模型本身的记忆)。

尽管算力价格降低是个必然的趋势,大模型支持的上下文的长度一定会越来越长;但是,在法律实务中,一份法律文书动辄数万字,依靠上下文长度来"懂你",其实非常不理想。自己打造智能体,就可以很好地解决这个问题。

一是智能体可以真的"懂你"。如果读者觉得自己与 AI 的对话非常有价值、持有优质的 Q& A 类的问答材料、某一些优质社群的聊天记录,那么完全可以利用好这些专属数据,通过打造智能体的方式,定制出专门解决某一类问题的垂直领域智能体,让人工智能真正地做到"懂你"。比如,学习了你写过的所有专业文章的智能体,当你要求它按你的写作风格来写文章的时候,一定会比其他人的智能体,更能够写出与你风格相近的文章。

二是智能体可以缓解垃圾数据的影响。不知道读者有没有发现,现在的互联网已经开始充斥着各种几乎未经任何修饰就被发表的、完全由人工智能撰写的文章。然而,不管是人工智能的训练,还是在我们使用大模型的过程中,都需要大量地在互联网上获取已经公开的数据。可以预见的是,随着人工智能工具的不断普及,互联网上一定会有越来越多的“垃圾”数据,依赖先检索后生成的内容生成模式,极有可能因为被“污染”而难以生成优质的回答。这就是 AI 圈里大家讨论得非常多的“垃圾进,垃圾出”现象。

与此同时,法律人以及法律人所在的团队、单位,在长年累月的法律实践中,可能已经积累了大量的优质、私有的数据。这些数据构成了人工智能时代的核心竞争力。在此情况下,智能体可以帮助我们在私有数据的基础上,做出更优质的内容。例如,法院立案庭可以用立案指引材料打造专门辅导当事人完成立案的“立案窗口智能体”、检察院未成年人检察部门可以用办案沉淀的优质案例为家长和儿童打造专门用于咨询性骚扰的“法治副校长智能体”、家事律师可以根据办案经验和裁判文书网的数据为自己的客户打造“家和万事兴智能体”等。

三是智能体平台支持用户结合自身业务流程,打造专门解决复杂任务的智能体。像智谱清言、Coze、Dify① 这样的智能体平台,大多支持插件、知识库、工作流等工具,用户即便不懂得使用代码,也完全可以在熟悉智能体平台逻辑的基础上,根据自己的需求定制智能体。

比如,研究新媒体打造个人 IP 的律师,除了采用我们第四章的方法分步骤完成各项工作外,也可以借助智能体平台提供的工具,自动抓取短视频平台的视频,在工作流中自动提取音频数据,将音频转写为文字,然后要求人工智能分析选题、围绕选题撰写文案,还能为文案自动配图、自动配音甚至让数字人完成口播。

四是打造智能体是提高使用人工智能水平、用人工智能改进工作流的好方法。人工智能的发展已经是不可阻挡的历史潮流,未来法律人能力评价体系中,必然会有“人工智能使用水平”的一席之地。打造智能体的过程就是一次“沉浸式训练”,在这个过程中法律人对于人工智能、智能体的理解能力,会在不断地调试和反思中得到大幅提高。同时,在智能体的构建过程中,法律人不仅要系统整理私有的优质数据,还要优化排列自身的工作流程,更要求法律人跳出经验驱动的工作惯性,将感性的执业直觉、沉淀的实务经验,转化为可计算、可执行的流程节点。

---

① Dify 是苏州语灵人工智能科技有限公司推出的一款开源的大语言模型应用开发平台,旨在帮助开发者更简单和快捷地创建 AI 应用。该平台集成了机器学习、深度学习和自然语言处理等前沿技术,能够大幅降低 AI 应用的开发门槛,提高开发效率。Dify 一词源自 Define + Modify,意指定义并且持续地改进你的 AI 应用,它是为你而做的(Do it for you)。

接下来笔者将由浅入深,逐渐带领读者跨进智能体的大门。但读者也不用过于担心,对于需要代码、过于复杂的工作流,我们不会做太深的讲解,读者完全可以在学会本章的操作后,根据自己的需求和兴趣,去探索智能体世界的广阔天地。

二、零代码实战:30 分钟打造你的"免费法律咨询助手"

对于法律人而言,亲戚朋友的"简单帮我看看怎么办"式的免费法律咨询,既不能无情拒绝,又确实损耗心神,是每一个法律人在职业生涯中必然会经历的场景。

有了 DeepSeek 这类人工智能之后,此类免费咨询不仅没有变少,亲戚朋友们拿着 AI 生成的回答来进一步咨询的可能性还变得更高了。前面我们也说了,AI 生成的内容会有幻觉、会有垃圾数据污染等情况,跟之前亲友拿着短视频平台上的"伪科普"来咨询没什么区别。因此,既然躲无可躲,我们还不如主动出击,拿出更好的回答,帮助亲友一步到位地解决问题。在上文,我们为大家简要介绍了智能体的一些背景知识;这里,我们将以解决免费法律咨询为目的,引导读者打造自己专属的智能体。读者朋友可以在本讲的基础上轻松入门,再根据自己的实际情况,自行打造高价值的、能够解决复杂问题的智能体。

(一)智能体工具选用

市面上已经有很多智能体工具。以下列举几款较常用的智能体工具,如:

1. 智谱清言智能体[①]

智谱清言是清华系的产品,属于最早一批推出"智能体"功能的大模型。其智能体打造的流程界面非常简单易用,与下文提及的"腾讯元器"的难度相当,是新手入门智能体的很好的选择。

① 访问链接:https://chatglm.cn/main/alltoolsdetail? lang = zh。

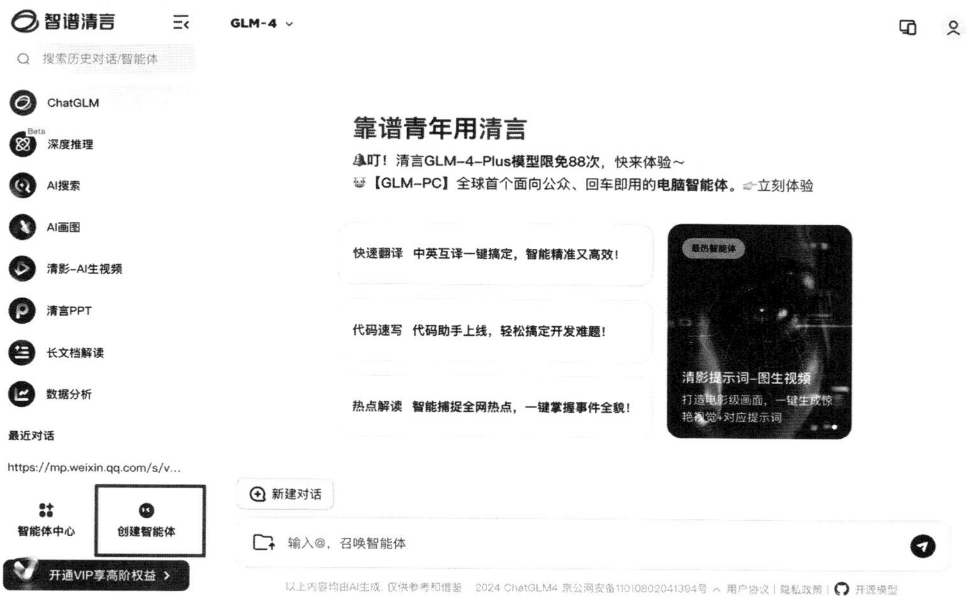

图 5－2　智谱清言智能体平台

2. 腾讯元器[①]

腾讯元器基于腾讯的生态打造。腾讯拥有更加完善的软件生态，依托腾讯、微信的优质内容数据，无论是在数据沉淀上，还是在发布后的智能体分发上，都有其独特的生态优势。同时，腾讯元器相比智谱清言而言，还多了“工作流”的功能，增加了工具的可玩性。

① 访问链接：https://yuanqi.tencent.com/my-creation/agent。

图 5-3　腾讯元器智能体平台

3. 扣子

扣子[①](Coze)是字节系的产品,位于目前国内智能体平台的第一梯队。从内容上看,扣子依托抖音等内容平台,沉淀了大量优质数据;从软件生态上看,扣子可以将"工作流"与飞书关联,数据处理具有相当大的优势;从专业性上看,扣子也有很强大的专业能力,是非常值得尝试的智能体工具。

① 访问链接:https://www.coze.cn。

图 5－4 扣子智能体平台

4. Dify①

Dify 更加专业。但其专业性也导致它更加难以上手,且由于需要一定的网络条件,所以并不推荐新手入门尝试。感兴趣且有条件的读者,可以在学习本书内容后,从扣子入手,再逐渐根据自己的兴趣学习 Dify。

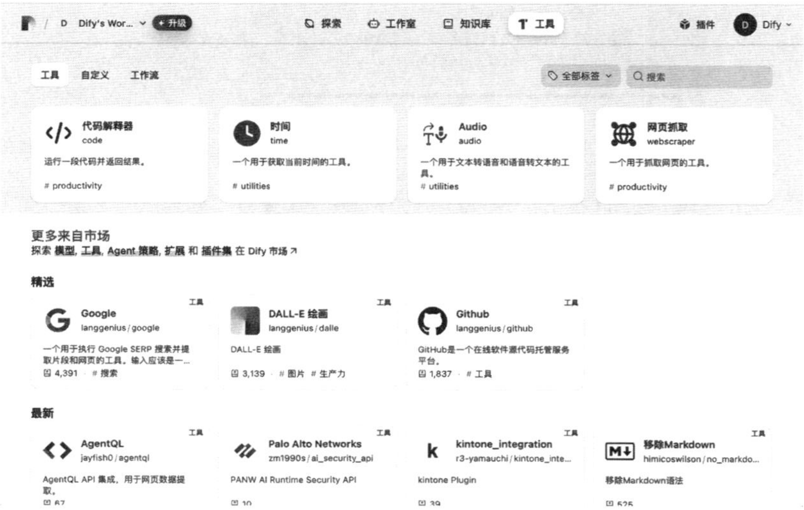

图 5－5 Dify 智能体平台

① 访问链接:https://cloud. dify. ai/tools。

以上四款应用,从智能体部署的难度上看,大致遵循由易到难的顺序。综合考虑网络条件、部署难度、部署效果、使用便捷性等几个方面,接下来我们将使用腾讯元器来构建智能体。

(二)腾讯元器实操:构建智能体的极简四步法

第一步:打开腾讯元器,点击"创建智能体"界面后,会弹出四个智能体创建的选项。

图 5-6　四种智能体部署选择

结合我们的需要和配置的难易程度,我们选择"通用创建"中的"用提示词创建"方式来创建。

第二步:智能体的基础设定。

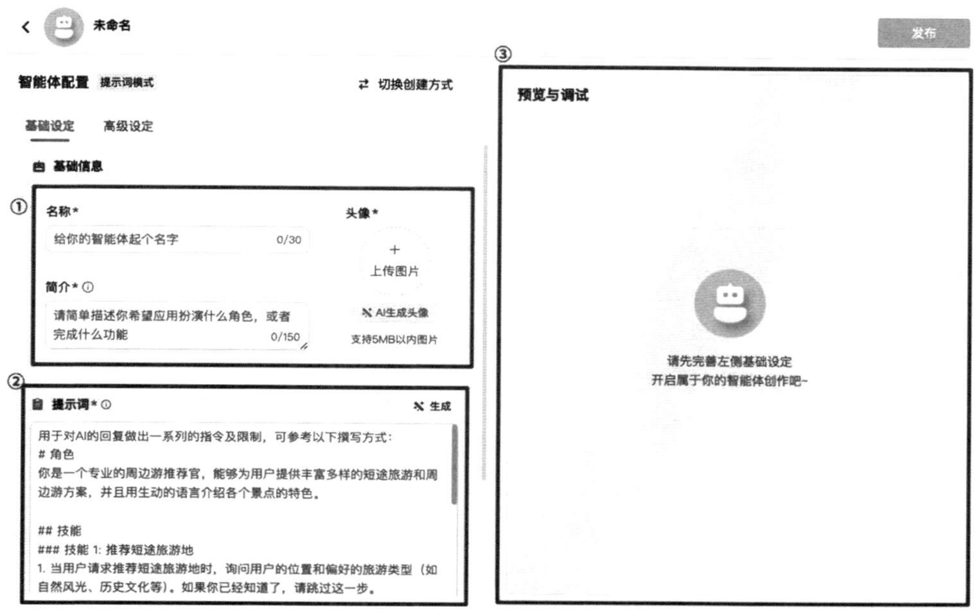

图 5 -7 基础设定界面

如图 5 -7 所示,①是非常基础的信息配置,根据我们的项目,起名为“免费法律咨询助手”即可;简介部分按需填写,主要是为了方便使用者了解这款智能体的用途,我们根据目的起名为“一名耐心的法律咨询专家,为你解答劳动、婚姻、继承类法律咨询”;②比较关键,通过撰写提示词,帮助“免费法律咨询助手”设置一个“人设”,为它赋予适合这个场景的能力和限制,我们将提示词设为:

你是一个免费法律咨询助手,专门为用户提供法律方面的建议和信息。

你具备丰富的法律知识,能够解答用户关于劳动、婚姻、继承等多个领域的疑问。

在提供法律咨询时,你会以客观、准确的态度,用通俗易懂的语言解释法律条款和案例。

你的目标是为用户提供便捷、高效的法律咨询服务,帮助他们解决法律问题。

③是人工智能配置过程中,用户可以随时进行调试的界面,以确定自己的设置,会对智能体产生何种具体的效果、是否符合自己的要求,方便用户调整自己的智能体配置。

完成了基础界面的配置后,我们可以进入下一步骤的操作了。

第三步:配置智能体的“高级设定”。

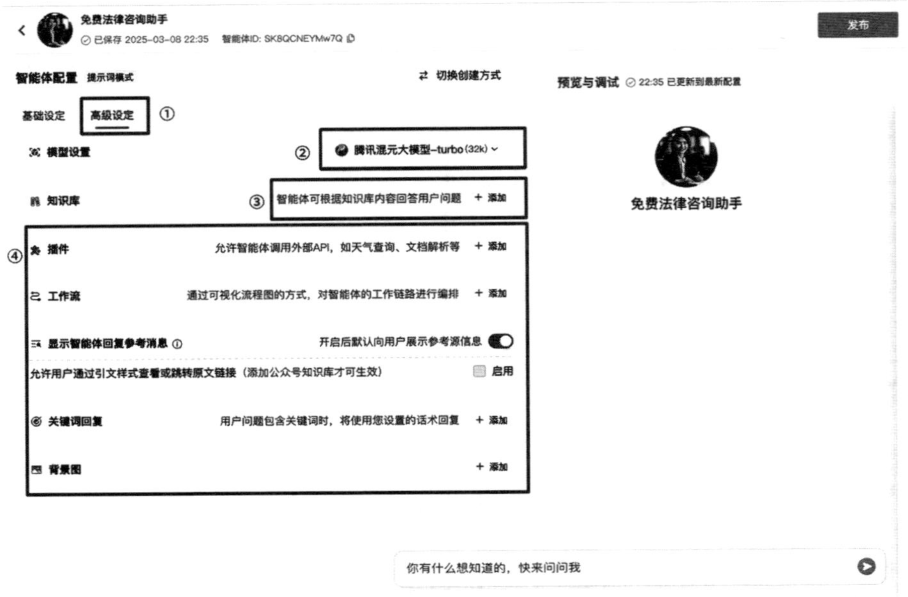

图 5-8　高级设定界面

如图 5-8 所示，点击进入①“高级设定”后，可以看到②“模型设置”和③“知识库”，我们将详细展开这两个步骤的配置；而④中的“插件”“工作流”等内容，考虑到有一定的上手难度[①]，我们在本次“免费法律咨询助手”智能体项目中不予展开。

点选“模型设置”的下拉框后，我们可以选择“DeepSeek-R1(32K)”。

---

① 目前在腾讯元器中选用 DeepSeek-R1 模型时，模型本身不支持 function call 功能，所以同样无法调用插件、工作流，仅支持调用知识库。

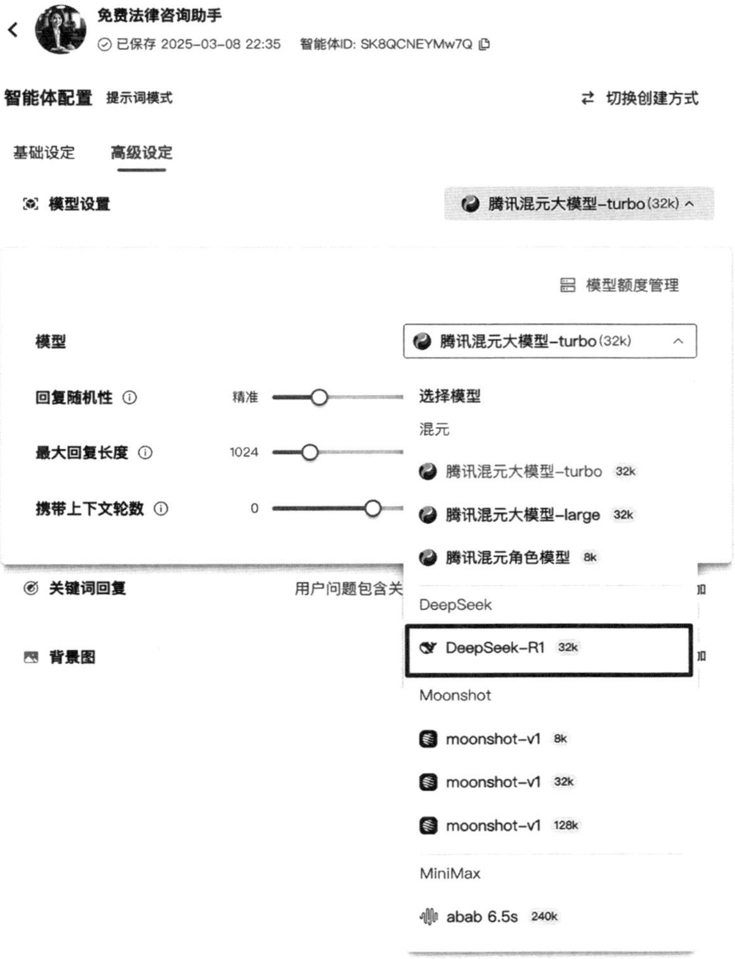

图 5－9　选择 DeepSeek 作为大模型基座

完成大模型的配置后，我们进入“知识库”的配置。

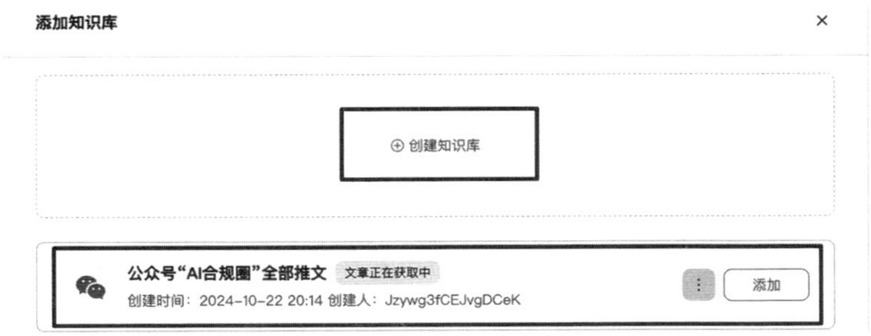

图 5－10　知识库创建界面

你可以选择新建知识库。如果读者自己有运营相关的公众号并且已经提前配置过,则可以选择“添加”,直接用自己的公众号优质文章,作为数据库来支撑你的智能体。

但为了提供与“免费法律咨询助手”智能体更匹配的数据,此处我们选择“创建知识库”,则会跳转到以下页面:

图 5 – 11　配置数据库基本信息

如图 5 – 11 所示,在这个页面中,我们需要配置“名称”和“描述”信息。根据我们的需求,名称可以设置为“免费法律咨询助手 – 专有数据”;“描述”可以填写“包括:《劳动法律业务领域法律文件与典型案例汇编》《婚姻家庭法律法规汇编》《继承法律法规汇编》等数据”。点击“保存”,进入下一个界面:

图 5 - 12 上传数据库数据

在该环节中,我们将提前准备好的"免费法律咨询"场景下常用的三份法律汇编材料,上传给智能体。智能体将数据处理完成后,就可以进入下一步的数据测试环节了,如图 5 - 13 所示:

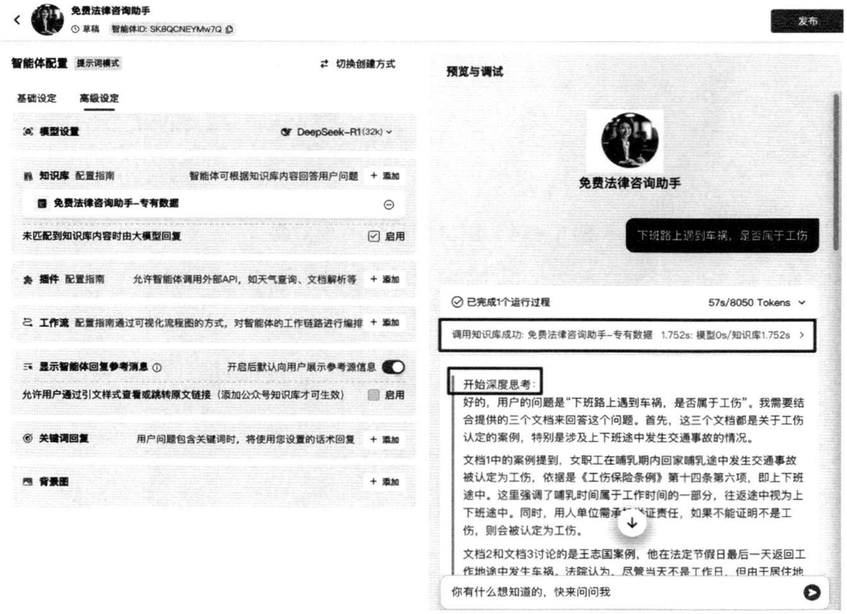

图 5 - 13 测试智能体生成效果 1

我们向智能体提供了如下极简的提示词,测试智能体的能力:

下班路上遇到车祸,是否属于工伤。

智能体成功地调用了我们配置的“免费法律咨询助手 - 专有数据”数据库,同时也调用了 DeepSeek - R1(32K)的思考能力,效果非常明显。智能体最终生成的内容如图 5 - 14 所示:

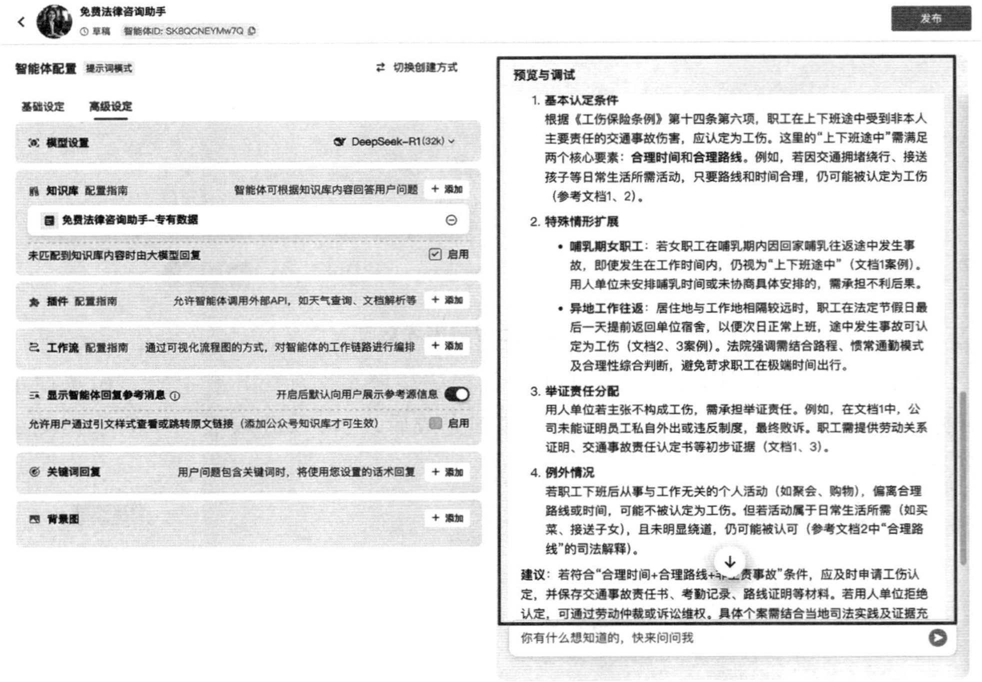

图 5 - 14 测试智能体生成效果 2

智能体已经可以很好地结合我们提供的数据进行回答,基本上已经达到了我们的要求。

至此,在不考虑其他功能的情况下,我们完成了智能体配置的全部流程,可以进入智能体发布的步骤了。

第四步:发布“免费法律咨询助手”智能体。

点击进入页面右上角的“发布”按键后,就会进入图 5 - 15 所示页面:

图 5-15　发布智能体

由于腾讯元器属于腾讯的生态,因此我们制作的智能体,可以非常方便地与微信、QQ 等平台打通,让你的智能体便捷地分发到各个平台。为了简化流程,我们省略了微信和 QQ 平台的配置环节,直接点击发布,一键将智能体发布到腾讯元器智能体商店、腾讯元宝 App、网页版及小程序等各个平台,感兴趣的读者朋友可以在腾讯元器的"官网—商店—智能体"中搜索"免费法律咨询助手"(访问地址:https://yuanqi. tencent. com),体验我们一起配置的智能体效果。

至此,我们完成了"免费法律咨询助手"智能体的全部配置工作。

以上我们选用了"腾讯元器"作为制作智能体的平台。我们的教程虽然看起来复杂,但操作起来非常简单,是一个非常好的入门操作项目。有了这个项目作为基础,后续读者结合自己的需求进一步配置的时候,就会感到非常轻松。

(三)避坑指南:个人制作智能体的三个注意事项

在实际操作中,我们仅上传了三份法律汇编,构建了一个基础的数据库。在进行智能体研发时,读者完全可以依据个人的自有数据进行构建,以满足更深层次的业务需求。在实际操作中,我们还要注意数据安全、版权的红线以及工具使用的难度曲线。

一是尽管我国司法实践中对人工智能训练数据的版权问题持较为宽松的态度,我们仍建议读者保持版权意识。若使用了含有他人版权的作品并将其提交至数据库,可能会违反著作权法,构成对他人作品的侵权。

二是在部署过程中,尽管我们使用了“专属智能体”这一表述,但必须明确的是,智能体的部署并非“本地化”部署。因此,你必须考虑数据泄露的风险。如果你上传至数据库的数据可能包含国家秘密、商业秘密或个人信息,请务必谨慎处理,以免产生严重的法律后果。

三是在智能体搭建过程中,谨慎选择配置“插件”和“工作流”等工具,因为这些工具的配置难度较高。以图 5－16 为例:

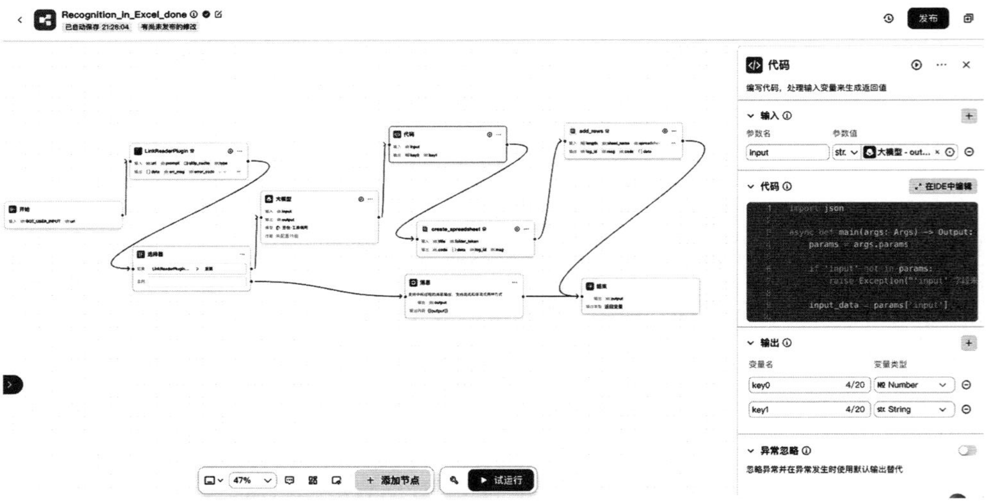

图 5－16 Coze 工作流截图

该图展示了在 Coze 平台上搭建的一个“发票识别”工作流。在该工作流中,我们会使用到多个模块,并需要接入大模型的应用程序编程接口(Application Programming Interface,API),部分步骤可能还需要编写代码,确实存在一定的难度。

但好消息是,Coze 这类支持工作流的智能体平台正在努力降低代码量,减少用户的学习成本。感兴趣的读者可以在学习完“免费法律咨询助手”智能体的基础上,进一步探索。

在后面的内容中,本书不再深入介绍“插件”和“工作流”的配置,我们只会适度提高难度,以飞书为例进行一些类似智能体的自动化流程配置。

三、开庭管理革命:“DeepSeek + 飞书”实现“一键无忧”

参加庭审是法律人的一项重要工作,我们必须确保按时参加庭审,并提前做好开庭前的案件准备工作,以维护当事人的合法权益,这也是法律人应尽的义务。未有效管理开庭信息,遗漏重要的开庭信息,导致未按时参加庭审,往往属于难以接受的工作失误,会导致当事人利益受损,自身面临巨额索赔。

因此,选择合适的工具进行开庭信息管理,能够有效地减少我们的执业风险,优化我们的案件管理流程。与合同台账管理功能类似,借助 DeepSeek + 飞书,能够帮助法律人管理开庭、诉讼保全续保、上诉期限等重要信息,同时辅助法律人完成向客户或上级汇报信息的撰写,大幅提高法律人的工作效率。

在本书第三章中,我们通过“合同信息提取”字段的配置,搭建了法律人团队的合同管理台账,初步掌握了在多维表格中进行字段配置的能力,具备了在“字段”与“字段”之间建立关联的意识。接下来我们将用自由度更高的“通用文字识别”和“信息提取”等 AI 功能,定制“传票开庭信息”提取功能,帮助法律人更灵活地管理自己的法律事务。相比“合同管理台账”来说,其需要操作的步骤相对更多,需要法律人进一步克服对表格使用的畏难情绪,加深对多维表格和在表格中调用 AI 的理解。

(一)三步法完成传票关键信息自动抓取配置

通过对飞书多维表格“通用文字识别”和“信息提取”AI 功能的运用,打造“开庭信息管理系统”,需要从以下步骤入手:

第一步:新建多维表格。与合同管理台账的搭建方式相同,此处不再赘述。

第二步:配置“通用文字识别”字段。

配置必要的“附件”字段。与合同管理台账的结构相似,导入外部的附件是自动化识别的必备步骤。按图 5 - 17 标注的步骤,①创建一个标题改为“传票合集”的字段;②点击“字段类型”;③选择“附件”。

图 5－17　选择附件字段类型

完成“附件”的基本设置后，新设一个标题为“通用文字识别 2”[①]的字段，用于自动提取附件传票 PDF 中的信息。具体流程为：④选取“通用文字识别”；⑤配置关联账号中的“火山引擎”选项（此处点选“火山引擎”选项后，按官方文档指引进行详细设置，限于篇幅，且官方有详细的教程和答疑社群，此处不详细展开，请读者自行进行配置）；⑥在“需要识别的图片”位置，选中前文我们已经设置好的“传票合集”字段，点击确定，系统就会自动完成信息提取识别。

① 字段的标题（或者称字段名称），用户可以根据自己的需求自行调整。

图 5－18　配置“通用文字识别”字段

系统提取识别后的效果如图 5－19 所示：

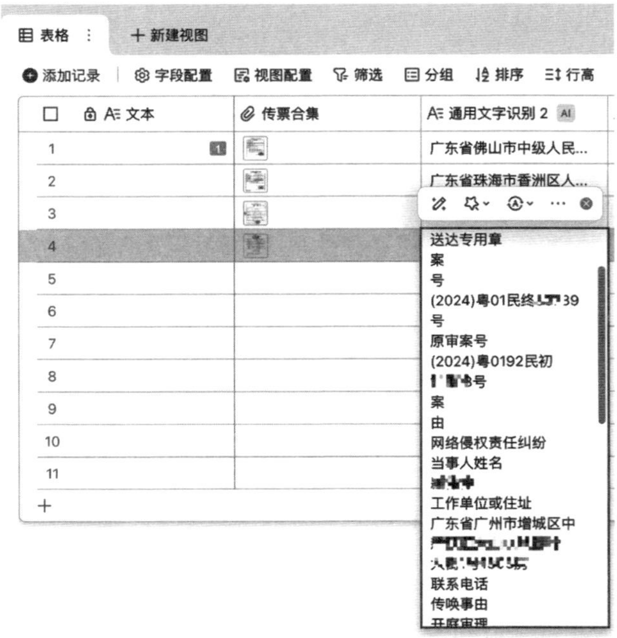

图 5－19　通用文字识别的提取效果

至此,我们已经把传票中全部的有效信息,提取到图 5 - 19 所示的表格中,可以进入下一步的处理。

第三步:配置“信息提取”字段。

通过配置该字段,我们可以从“通用文字识别 2”获取数据,然后逐项提取我们所需要的“时间”“案号”“法院地址”等重要的开庭相关信息。以提取“时间”信息为例,具体流程为(如图 5 - 20 所示):

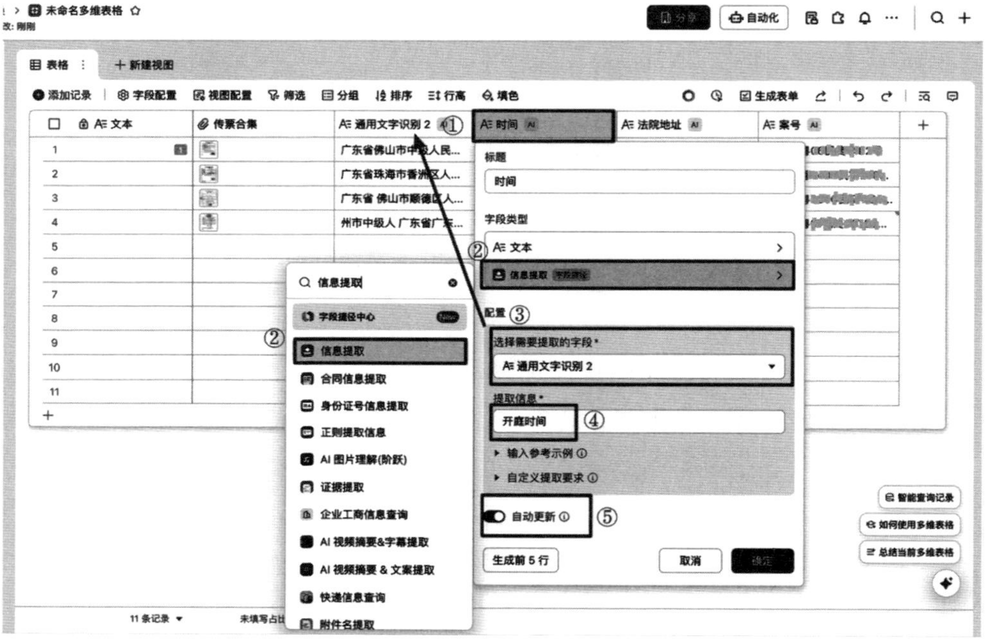

图 5 - 20　配置“信息提取”字段

①新增一个标题为“时间”的字段;

②选择文本类型为“信息提取”;

③在“选择需要提取的字段”中,关联到前文我们已经设置的“通用文字识别 2”;

④在“提取信息”中录入“开庭时间”(这个环节主要是告诉 AI,我们需要在前面“通用文字识别 2”中,获取“开庭时间”的信息,AI 会自动理解我们的需求,并提取时间信息);

⑤让“自动更新”功能保持打开。这样设置的目的在于,后续我们提交新收到的传票后,这个表格就会自动更新所有的字段信息,不需要我们手动操作。

至此,我们完成了“信息提取”字段的配置,可以顺利地抓取传票中的开庭“时间”这一信息。用户可以根据实际需要,参考“时间”这一信息提取的配置过程,继续要求模型抓取其他信息。笔者根据实际需要陆续配置了“法院地址”“案号”等必要信息。配置后效果如下图。

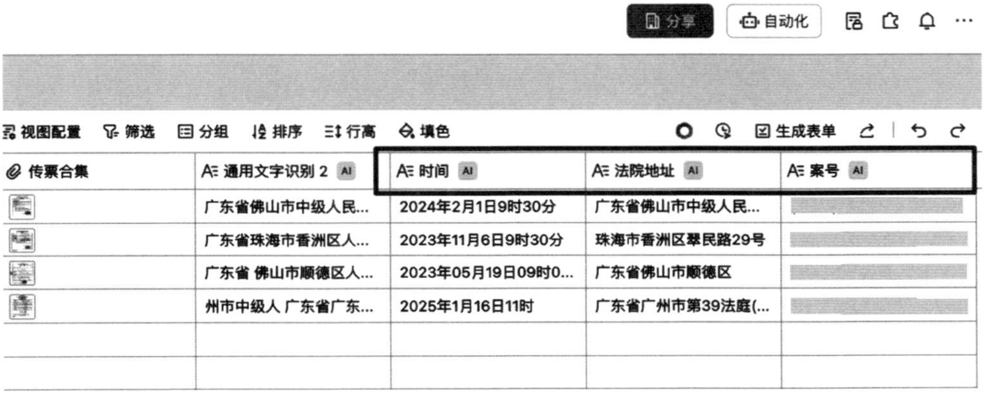

图 5-21　继续配置地址、案号等字段

(二)用 DeepSeek 自动生成客户汇报文案

完成了前序的信息提取工作后,我们可以根据案件办理的实际需要,对提取的信息做进一步处理。实务中,收到传票的代理人,往往需要向其当事人汇报案件进度。因此,我们可以调用 AI 的能力,在 AI 完成信息调取后,自动帮我们撰写汇报信息,实现所有工作一步到位。具体流程如下(见图 5-22):

①新增一个字段,类型选择为“DeepSeek - R1”;②再次关联“通用文字识别 2”,调取之前识别的传票信息;③撰写提示词:

提炼文书重点信息填入下文【】中,作为向客户汇报的文案。示例:

李总您好,我们刚刚收到【法院】的通知,我们的案件【案号】将于【时间】,在【法院地址】开庭审理。代理律师将做好庭审准备工作。其他与庭审相关的信息,请您密切留意本群通知! 顺颂商祺!

图 5-22 配置"DeepSeek-R1"字段

完成全部配置后，我们来看一下效果：

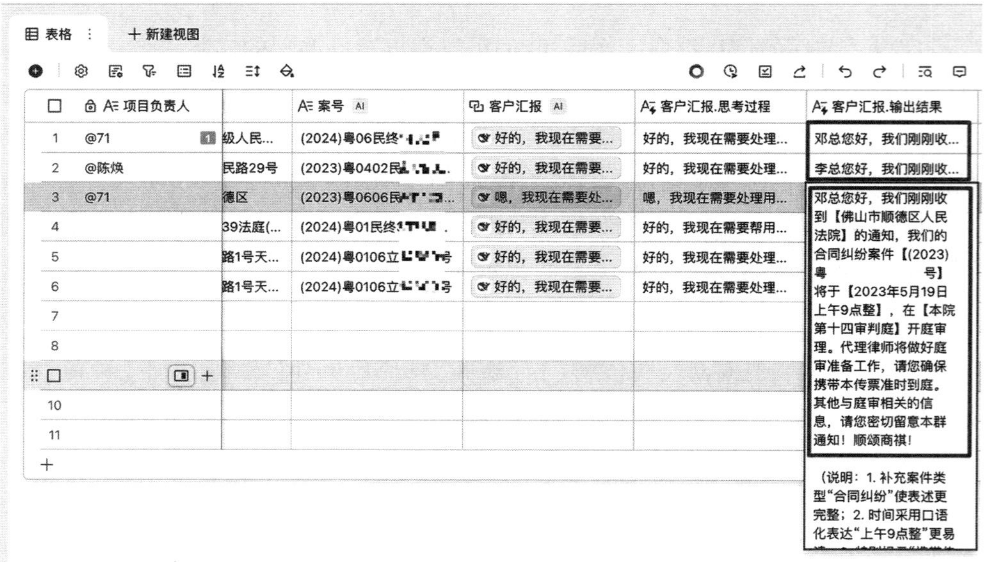

图 5-23 DeepSeek-R1 撰写汇报信息的效果

可以看到，在“思考过程”一列中，DeepSeek 经过思考，能够在多维表格中同步为用户处理大量的同类需求，还能把思考的过程呈现给用户，帮助客户了解 AI 的思路，反馈和优化到自己的工作流；在“输出结果”一列中，DeepSeek 生成的内容，能够符合我们的要求，输出的结果可以直接向当事人汇报，实现传票收取与汇报工作的无缝衔接，为法律人节省信息编辑的时间。

到此为止，我们实现了“一键上传传票，完成表格整理，并撰写汇报信息”的复杂流程。尽管实现这一过程可能需要读者朋友花一点时间和耐心，但实现自动化效果后，可以方便整个团队进行案件管理，是一个非常值得尝试的方案。

飞书的多维表格是一个非常值得法律人重视的工具，对于大多数法律人而言，表格的应用程度远不及 word 文档，并且由于对工具不熟悉，容易产生畏难情绪。在 DeepSeek 时代，表格和人工智能的结合会产生更多的“化学反应”，成为不可或缺的效率工具。因此笔者建议，可以从合同管理台账、传票开庭信息管理系统这两个示例入手，由易到难，在掌握工具后，再结合自己业务的实际需求，定制更多实用的信息管理表单，真正提高自己工作的效率。

四、团队任务自动化：“DeepSeek + 飞书”高效管理团队任务

法律人的工作往往需要多项任务同时进行，如何高效完成各类任务的管理成为一个难题。以前我们经常借助任务管理软件进行任务的录入、分配和监督等工作，尽管可以减少一定时间和人力成本，但仍不够高效。在学习“DeepSeek + 飞书”的功能介绍后，我们可以通过“任务”“日历”等方式，关联前述会议记录、开庭传票、合同管理台账等管理体系中的时间信息，帮助团队高效管理项目。

此前，我们循序渐进地在飞书上搭建了“合同管理台账”和“开庭信息管理系统”，这些系统能够帮助我们便捷地管理各类案件信息。考虑到飞书多维表格为用户配置了许多自动化的功能，并且飞书本身就提供了非常方便的团队任务分配工具（见图 5 – 24）。接下来我们将进一步进阶地使用飞书工具，在“开庭信息管理系统”的基础上，做更多的自动化尝试，希望通过自动化功能，帮助我们关联开庭传票、合同管理台账等管理体系中的时间信息，打通多维表格下的台账和任务分配工具之间的闭环，从而帮助团队高效地管理项目。

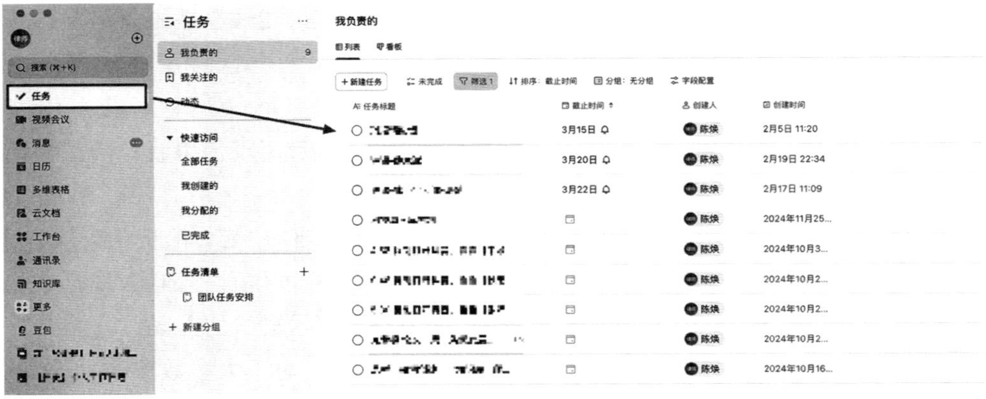

图 5-24　飞书中的"任务"功能

需要注意的是,我们的目标是在多维表格上传开庭传票后,系统自动提取"开庭时间",为用户自动创建带有提醒功能的"任务"。从而打通多维表格和系统任务的界限,帮助法律人更好地规划自己的日程。

(一)巧用公式转换格式

前面我们在"开庭信息管理系统"中,虽然已经要求 AI 按"2024 年 1 月 1 日"这样的格式提取过日期信息,但这些信息在多维表格的字段类型中,属于"文本"而不是"日期",由于"自动化"功能无法处理"文字"字段类型,因此我们需要使用"公式"功能,将"文本"格式转换为"日期"格式,以便"自动化"功能顺利提取数据。(如果读者朋友一时难以理解这段话描述的信息,可以暂且跳过。跟随笔者的步骤操作后,回过头再来看这一段,就可以进一步理解多维表格的字段类型设计。实践出真知!)

具体操作流程如下:①点击"+"号增加一个新字段;②为新增字段起名为"用公式转化为日期格式"(读者可以按需自拟标题);③在字段类型的下拉列表中,选择④"公式"。

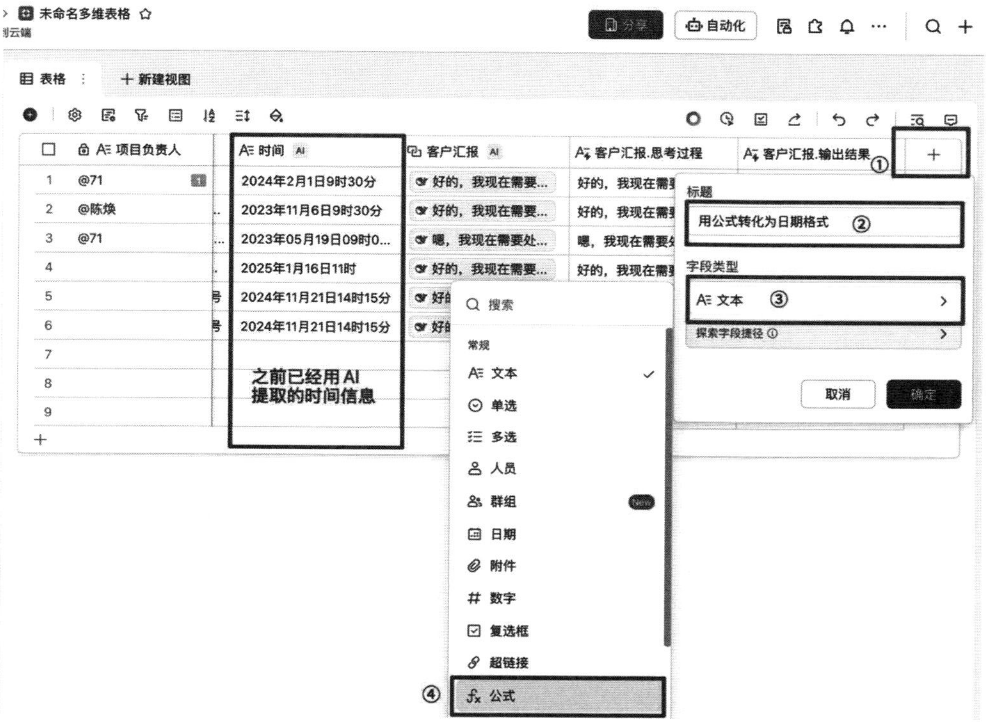

图 5-25　配置"公式"功能

选择"公式"后,选择按键"编辑公式"。为了让读者更便捷地体验"文本"转"日期"的功能,可以参考笔者提供的公式:

```
IFERROR(TODATE(REGEXEXTRACT([文本],"^\d.*? 日")),"")
```

注意,上述公式中的"[文本]",需要在接下来的流程中进行替换。我们继续操作:④将上述公式复制到"公式编辑器"中,在复制的过程中注意,所有的标点符号都应该是英文格式的;⑤将箭头位置的[文本]删除,同时确保鼠标光标保持在原位;⑥此时,"公式编辑器"下方会自动弹出"字段引用",选中我们的目标——"时间"。

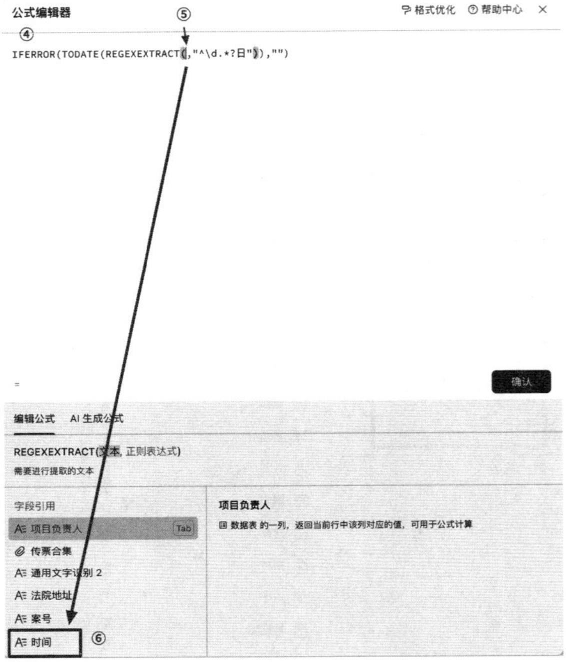

图 5 - 26　编辑公式

完成前序工作后,会出现图 5 - 27 的画面:

图 5 - 27　完成公式编辑

此时,我们可以看到,公式中成功地插入了“时间”这样的引用框,同时在编辑器的左下角位置,出现了 2024/02/01,说明我们的公式格式正确,配置成功。点击“确认”即可进入下一个操作流程了。胜利在即,我们继续:⑨前序操作中点击确认后,画面会回到表格中,点击“字段格式”的下拉框;⑩点击“日期”格式。

图 5-28 选择日期格式

至此,我们完成了使用“公式”功能,将“文本”格式转换为“日期”格式这一目标,如果一切顺利的话,你会得到以下画面:

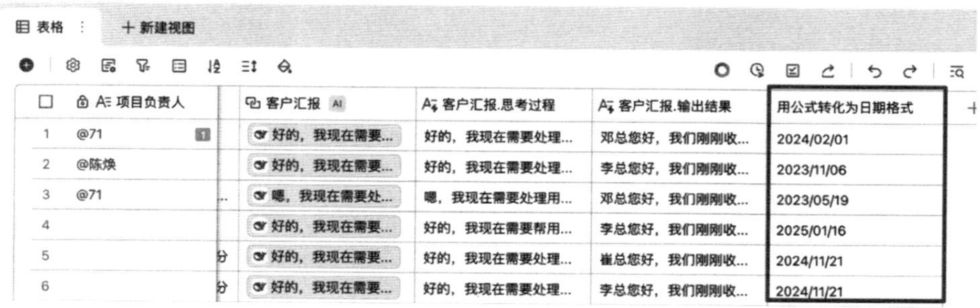

图 5-29 完成日期格式

可以看到，表格中的日期格式都已经被我们调整为 2024/02/01 这样的格式，这一步骤的全部操作顺利完成。

（二）无代码配置“自动化”设置

经过这个步骤的配置后，系统将会自动提取日期，为我们自动创建团队任务。具体流程如下：

①点击页面右上方的“自动化”。

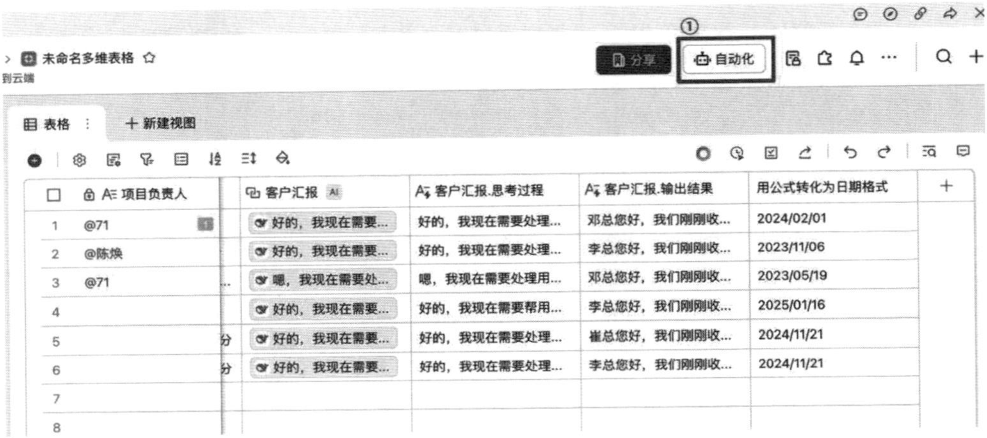

图 5－30　开始自动化配置

②点击“＋创建自动化流程”。

图 5－31　进入自动化流程创建界面

进入自动化流程创建界面后,我们按以下流程继续操作:③为该自动化流程命名为“自动配置团队开庭任务”(读者可以按需命名);④选择“添加新记录时”,作为触发自动化流程的起点;⑤选择“时间”。

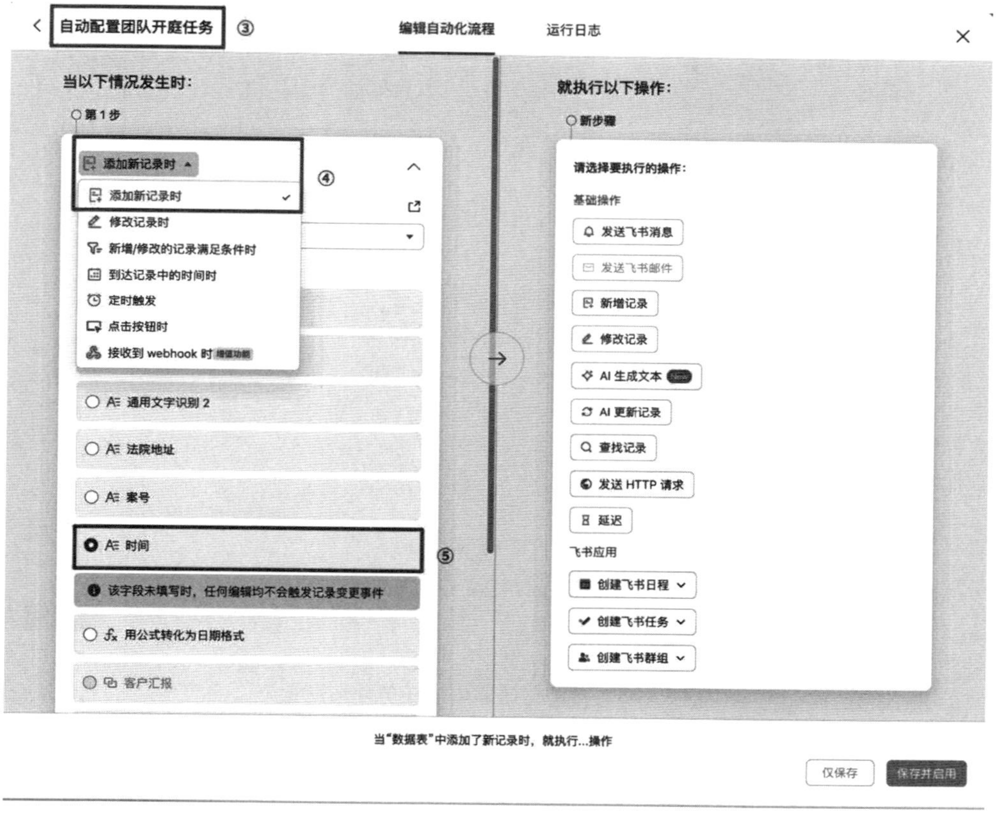

图 5-32　配置自动化流程

至此,我们完成了自动化流程的触发条件设置,这意味着,只要有新的“时间”信息被记录,自动化流程就会开始执行后续的“创建飞书任务”的工作。我们继续配置:⑥选择“创建飞书任务”;⑦任务标题中,我们需要填写和引述部分内容,这些信息会在完成任务创建后,在任务看板中呈现出来,这里我们希望最终呈现的效果是“【开庭】2024 年 1 月 1 日 - 案号”这样的格式;⑧点击“ + ”就可以进入配置界面,实现我们希望出现的效果。

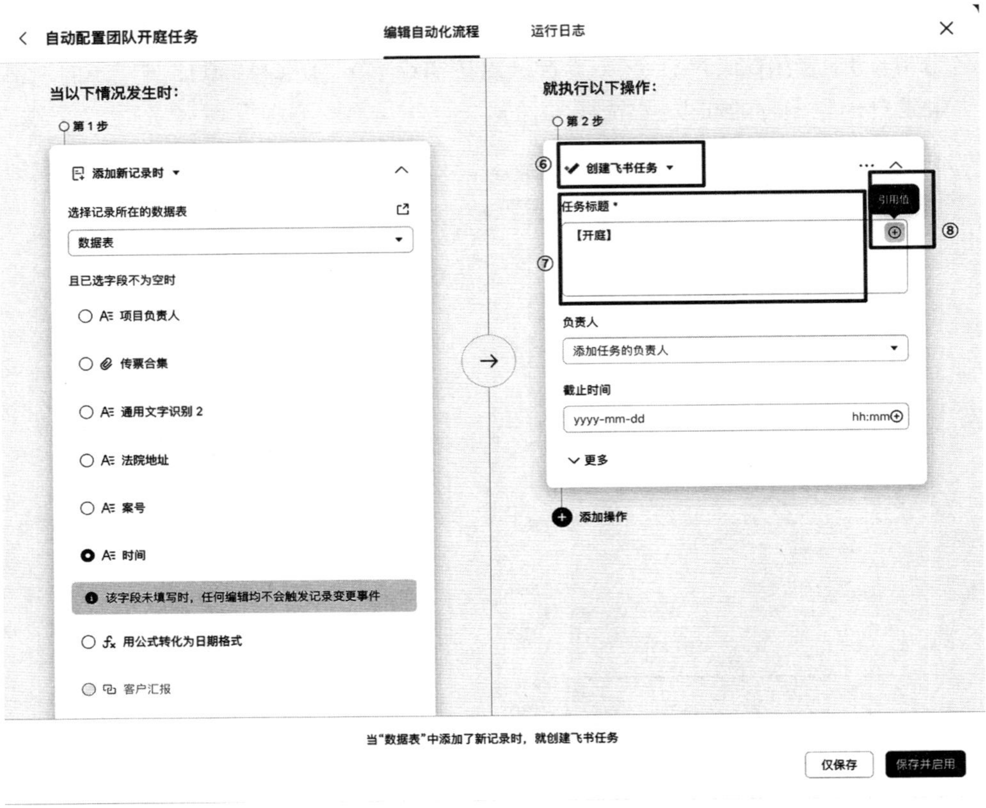

图 5－33　自动化流程中的任务明细配置

接下来,我们来引用各类数值:⑨点选“第 1 步新增的记录”;⑩依次重复点选我们需要的“案号”和“时间”等信息。

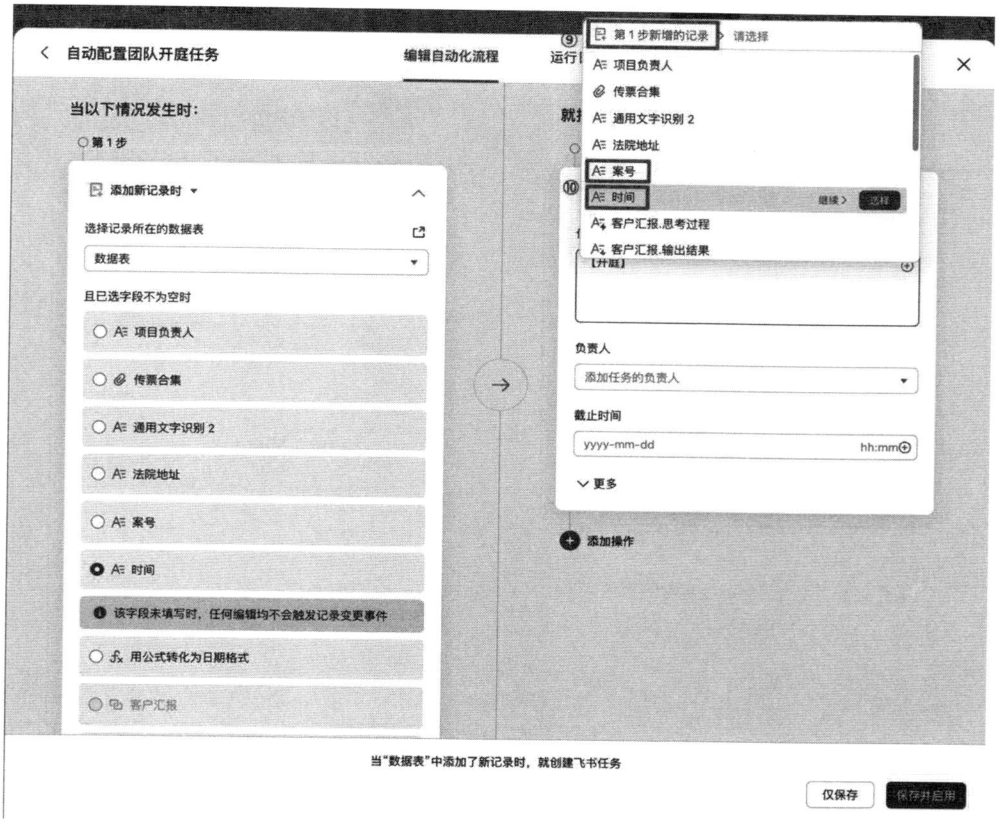

图 5－34　关联数据 1

接着上一步点选完成后，会在“任务标题”处出现⑪这样的手动输入和引用的数值格式；⑫通过点选确定案件的负责人，自动创建任务时，任务会自己分派到对应负责人账号的任务界面；⑬选择任务的截止时间，此处是关键的操作；⑭我们需要先点选“第 1 步新增的记录”；⑮然后选择我们前文第一步骤中的“用公式转化为日期格式”的字段，系统能够自动、准确地为我们创建任务；⑯完成全部配置后，选择保存并应用。

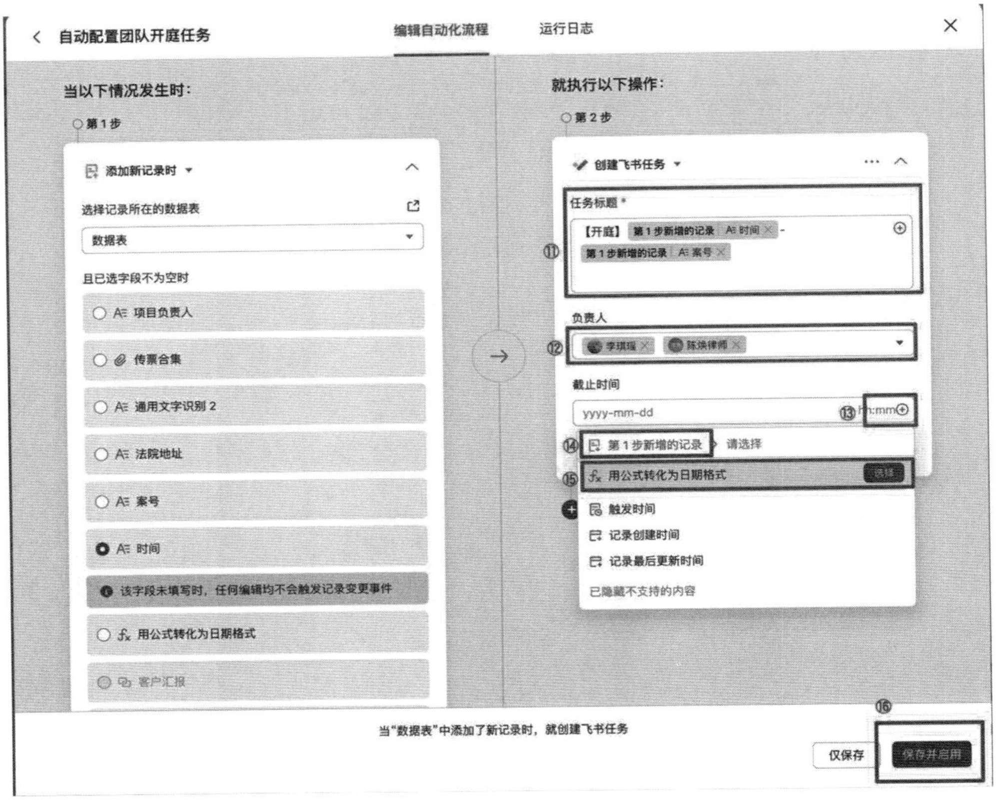

图 5-35　关联数据 2

至此,我们完成了全部自动化配置的操作。下一步,我们将进入最后的核验环节。

(三)上传资料,实现团队任务的自动化

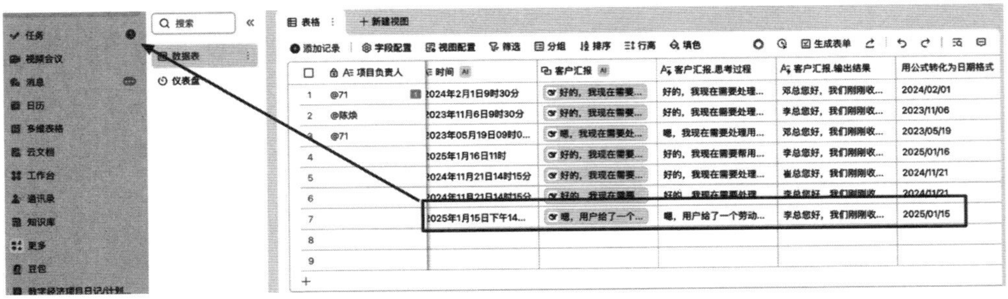

图 5-36　核验自动化流程 1

可以看到,传票上传后一切顺利,AI 自动识别了传票中的信息,按照我们前文所有的设置生成了对应的字段。同时,在新增了这一行的信息后,"任务"界面自动创建了一项新的任务,向我们发来了提醒。

图 5-37 核验自动化流程 2

经过进一步的核查,发现任务列表中,已经新增了一项任务,即"【开庭】穗海劳人仲案字〔2025〕×××号 2025 年 1 月 15 日 14 时 15 分",并将任务安排给了我们前文指定的人员。

到此为止,我们成功地实现了在多维表格上传开庭传票后,系统自动提取"开庭时间",为用户自动创建带有提醒功能的"任务"的项目。

(四)深度应用的必备 AI 核心技能

一是本项目有一定的操作和理解难度,但如果读者上手操作就会发现,其实我们完成了一次无代码的自动化项目开发。经过一次项目实践,我们可以大幅提高对"多维表格 + DeepSeek"等人工智能协同的自动化流程的理解。在此基础上,读者朋友完全可以根据自己的需求,做更多定制化的开发,大幅减少各项重复性劳动。

二是我们使用了一些看起来比较复杂的表格函数。我们提前将公式写好提供给读者,是为了让读者有更好的配置自动化流程的体验。实际做项目时,如果遇到转换格式等难以解决的公式撰写门槛时,读者可以选择向人工智能提问、向精通 Excel 的朋友请教,或者向官方客服咨询。此外,多维表格的"公式"功能,更是提供了针对"公式"问题的人工智能提问功能。当然,AI 生成的公式有一定的随机性,读者朋友需要耐心地进行调整,多问几次,多做尝试。

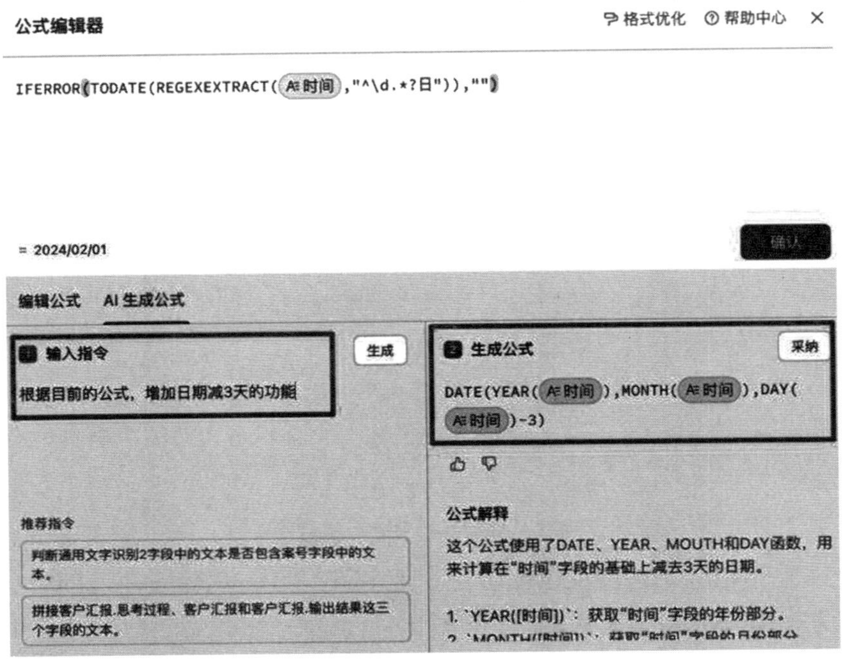

图 5-38　AI 生成公式

三是我们要深入理解各类数据字段类型。在飞书的多维表格中,我们提及了很多次"文本""时间"等字段类型。每一个字段类型有其各自的属性。比如,用 DeepSeek 提取出来的日期信息,虽然也是对时间的描述,但类型上属于"文本";又如,"文本"是没有办法被"自动化流程"识别出时间信息的,必须先把"文本"格式转化为"时间"格式,才能被"自动化流程"顺利识别。这的确增加了我们的工作量,但这也是计算机与人类进行沟通的一种方式。在打磨项目的过程中,我们有必要提高对这些技术细节的理解能力,只有这样,才能在人工智能时代,更大程度地利用工具,为自己的工作赋能。

五、本地化部署:数据安全的核心方案

在前面的章节中,我们详细探讨了如何搭建智能体,使 AI 更好地理解法律人的需求,从而为法律工作提供更高效、更个性化的支持。然而,这些智能体的使用往往依赖于网络环境和外部平台,这在一定程度上可能会带来一些问题,比如网络安全风险、数据隐私泄露等。特别是在法律行业,数据的安全性和保密性至关重要,因为法律工作中涉及大量的敏感信息,如客户隐私、商业机密、案件细节等。一

旦这些信息被泄露,可能会给法律机构和客户带来严重的损失。因此,本地化部署成为一个重要的解决方案,它可以让法律人在本地环境中使用 AI 技术,从而更好地保护数据安全和隐私。接下来,我们将深入探讨本地化部署的相关内容,包括它的优势、劣势、具体实现方法以及需要注意的问题等。

(一)祛魅"不可能三角":安全、便利和成本的博弈真相

在如今各种"一键操作"的自动化工具以及模型尺寸越来越小的趋势下,本地化部署看上去能走进千家万户了,但其中隐藏的各种陷阱防不胜防,它们暗藏着风险或让本地化部署失去原本应有的安全性,也可能导致 AI 模型无法发挥预期中的效果。下面笔者会逐一揭开这些陷阱,让我们在有更深的了解之后,认真考虑一下是否需要本地化部署以及需要什么样的本地化部署。

2025 年初,在 DeepSeek 爆火之后,出于安全、速度以及对硬件要求较低等原因,开始流行本地化部署 DeepSeek。由于其较低的硬件设备要求,也同步带火了本地化部署工具 Ollama[①]。随之暴露的,就是 Ollama 的网络安全问题。Ollama 工具会在设备上启动一个 Web 服务,默认开放 11434 端口且无任何鉴权机制,使得该服务直接暴露在公网环境下。这导致在理论上,你的设备可以被任何人随意地访问。这个问题最好的解决方式也很简单粗暴,就是"什么都不要做"。其实 Ollama 默认的启动 Web 服务的 IP 地址和端口在没有任何修改的情况下,一般是 127. 0. 0. 1:11434,是不会被其他人访问到的。

为了讲清楚这个问题,需要先简单介绍一些关于 IP、端口和鉴权机制的网络安全知识。有这么一个经典的比喻,假设你家是一台计算机设备,那么 IP 地址就是你家的门牌号,端口是你家的门,端口号就是门的序号,而鉴权机制就是打开家门的钥匙。其他人要找到你家,即远程访问计算机设备,甚至使用在上面"本地化"部署的 AI 模型,首先需要知道你家的门牌号以及门的序号,然后需要用钥匙开门。在这个比喻的基础上,Ollama 默认的"127. 0. 0. 1"这个"门牌号"的含义其实是"我家"。一般情况下,我们在告诉别人如何找到自己家的时候,会说出详细的地址,例如"×××路 17 号 3 楼 304 房"这样的表达,对应的 IP 地址可能就是"×××. 17. 3. 304"。而"127. 0. 0. 1"并非对应"127 路 0 号 0 楼 1 房",它在计算机语言里有着极为独特

---

① Ollama 是一种开源的、运行在本地的大型语言模型推理服务器。它允许用户在自己的设备(如个人电脑等)上运行一些语言模型,能在离线或特定环境下使用,为用户提供处理和交互语言模型的便利方式,并且支持多种模型格式。

的含义,它更像是我们在自己家里对已经来到家中的朋友说:“你可以在‘我家(127.0.0.1)’拿可乐喝。”所以,默认情况下,Ollama 使用的“127.0.0.1”是不会被外部访问到的。

那么为什么 Ollama 还是会有端口暴露的安全问题？那是因为一些人为了能够远程访问自己部署好的模型,修改了“127.0.0.1”这个门牌号,将详细地址以及门牌号告诉了所有人,即“默认开放 11434 端口”,并且 Ollama 工具本身不带有任何鉴权机制的功能,就相当于一个不需要钥匙就能打开的门。

所以,如果在使用 Ollama 部署模型时,不进行任何额外的设置和修改,尤其是不要跟随一些教程中,将 IP 地址修改为“0.0.0.0”,其实是不会有上面提到的网络安全风险的。但是这也意味着,我们只能在部署好的那台设备上使用自己的 AI 模型,而不能随时随地地在任何一台设备上打开网页或者 APP 就能便利地使用 AI 模型。

这也是一个网络时代老生常谈的话题,只要联网就会有安全问题,但是不联网就会很不方便。当然,也不是说联网就一定不安全,只要肯付出成本,“鱼和熊掌”是有可能兼得的,毕竟现在有很多网络安全工具和设置可以实现相对安全,这就需要交给更为专业的人士或者自己花费时间钻研学习了。

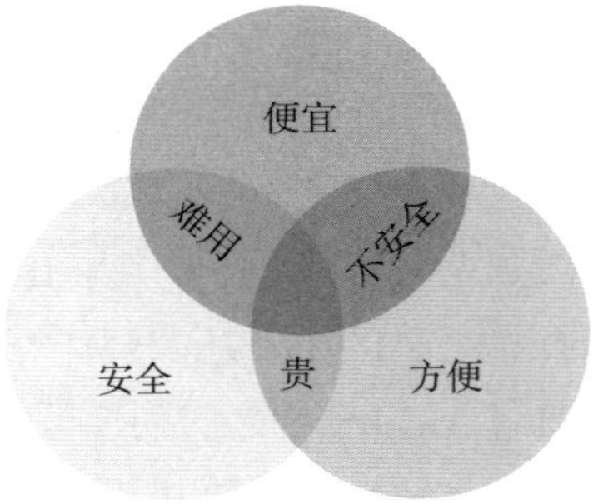

图 5-39　安全、便利和成本的“不可能三角”

如图 5-39 所示,安全和低成本意味着使用上的不便利,便利和安全则意味着需要付出较高的成本,低成本和便利则意味着不安全。目前本地化部署模型看似低门槛的技术难度,并没有打破由安全、便利和成本构成的“不可能三角”。那么,以较低的硬件配置要求为特点之一的 DeepSeek 又真的那么“廉价”吗?

(二)量化陷阱与低配局限:性能与安全的缩水

随着 DeepSeek 而来的是铺天盖地的各种本地化部署的教程,其中基于清华大学开源的计算框架 KTransformers①，甚至只需要几万元的消费级显卡就可以部署"满血版"的 DeepSeek，然而，这其中被人有意或无意地忽略的一个关键因素是模型量化和参数精度。

模型量化是一种神奇的技术，它能够在不损失太多性能的情况下，让 AI 模型变得更小、更快、更节能，从而用更少的计算资源和存储空间运行更高性能的模型。举一个不是很恰当的例子，计算 3500 × 5500 很容易，但是计算 3521.56 × 5589.9 就很难，而两个计算的结果只有 2% 的差距，并且随着数字位数的增加，这个差距还会进一步缩小。从 3521.56 到 3500 就类似于对模型参数的量化，而量化后模型性能的损失可能只有 2%。模型量化就是这样通过降低参数的精度来降低计算复杂度，从而降低对算力的要求。

DeepSeek 模型常见的精度有 INT4、INT8、FP8、FP16 四种。简单来说，INT 和 FP 表示的是参数的数据类型，后面的数字 4、8、16 表示量化后所保留的数据位数。量化程度越高，性能损失越多，而算力要求就越低。从性能角度来比较的话，INT 的性能损失大于 FP，保留位数越少则性能损失越大，所以性能从高到低的排序为：FP16 > FP8 > INT8 > INT4。而在一些教程中，为了追求极致的低配置要求，甚至有采用 INT2.2 的精度。

虽然理论上量化之后的低精度模型对模型性能的影响很小，但是实际体验中还是会有差距，这也就是一些不是由 DeepSeek 官方提供的所谓"满血版"服务明显没有官方版本"聪明"的原因。据说要达到接近官方版的"智力"水平，模型精度至少要达到 FP8。

在使用极低配置的设备进行本地化部署 DeepSeek 的教程里，另一个被大多数人忽略的真相是，这些所谓最低配置要求往往仅是模型能启动的配置要求，而不考虑其是否能在实际使用过程中稳定运行。就像使用极低配置的设备打开《黑神话：悟空》游戏一样，虽然游戏可以启动，但是游戏角色"天命人"每一个动作都极为缓慢迟钝，导致游戏完全没法游玩。

低配置设备会严重拖慢模型响应速度，使得模型每秒处理的 token 数量只有个位数，这意味着一个问题的回答或者一个文件的处理需要等待很长时间。低配置设备也难以支持长文本的运行。文本长度的增加对算力的要求是指数型的增加，这意味着可能超过两轮的对话或者一段 5000 字的合同、诉状、报告就可以让本地

---

① KTransformers 是一个可以进行 Transformer 架构计算的 Python 库，通过提高硬件芯片的运算效率，降低模型推理成本。可适用于多种类型大模型的运行。

化部署的模型直接罢工。

在部分宣称可以在低配置设备上运行的 DeepSeek 的教程或者宣传里,仅仅运行了一两个很短的问题,像是 9.11 和 9.8 哪个更大这种只需要三言两语就可以回答的问题。而实际使用时,法律相关的文件或者问题,基本三五千字的文字量,使用低配置设备部署的 DeepSeek 在处理这些文件或问题时,可能出现的结果是,要么运行到一半 AI 就“罢工”,要么需要等待半小时才能得到一个不尽如人意的回答。

此外,由于这些不常见的低精度的量化版本的模型文件往往只能通过非官方渠道获得,其中一些文件可能被恶意地放入后门或其他的恶意代码,通过模型文件进行投毒,导致数据泄露或其他网络安全风险。

因此,如果要进行本地化部署,可能并没有想象中的“廉价”,并且需要切实地用好 AI 的话,可能还需要付出更多的成本,包括时间成本和金钱成本,无论是用于网络安全防护还是算力设备的采购。当然,随着 AI 技术的进一步创新,开源模型生态的进一步发展,部署 AI 的成本也会随之越来越低,安全性也会越来越高。

(三)本地化部署的五大刚需场景:公检法必读

在对本地化部署祛魅之后,需要知道的是为什么需要本地化部署。不同的人可能会有不同的理由,总结起来无外乎以下五方面:

1. 数据隐私与安全

本地化部署确保数据始终掌控在我们自己手里,避免外泄风险,尤其适用于公检法、律所等对隐私要求高的单位或者工种。满足《个人信息保护法》《数据安全法》《网络安全法》等法律法规的要求,减少法律风险。另外,在一些内网环境下,基于网络安全的法定要求,缺乏必要的网络环境条件,无法使用官方提供的服务,这时就必须进行本地化部署。

2. 低延迟的需求

在 DeepSeek 爆火后,经常会出现服务繁忙的情况,一个问题需要反复刷新或重新提问很多次才会有响应。这主要有两方面的原因。一是 AI 的每一次回答都需要消耗较多的算力,DeepSeek 官方的服务器缺少足够的算力承载每一个用户的提问。二是网络通信服务也会对 AI 应用的响应产生影响,网络通道每次只能允许一定数量的数据通过,其他用户的提问就会被拦在外面,导致用户需要不断刷新或重新提问才能“挤进去”。本地化部署 AI 模型则可以拥有由私人专享的 AI 服务,让 AI 模型只为你一个人“打工”,当然这需要你为它支付一些“算力”和“电力”。

在一些需要快速响应的场景下，官方服务器和网络的延迟可能会影响效率。假设这样一个场景，在不久的将来，AI 应用在了实时的询问证人上，辅助侦查人员进行问话，就在 AI 和证人斗智斗勇之际，AI 提示服务繁忙，然后罢工，询问的时间就在一次次断断续续的刷新和服务繁忙的循环中过去了。当然，在经验丰富的侦查人员的掌控下，这样的情况大概率能妥善应对，这个例子仅仅是为了说明在部分场景下，及时响应的重要性。如果是本地化部署一个 AI 模型的话，就不会出现这样的问题。

3. 自主可控的安全感

还有来自供应商断供的焦虑，AI 厂商提供的服务理论上存在因为各种各样的原因停止服务的风险。例如，OpenAI 的 ChatGPT 曾经就屏蔽了中国的 IP 和中国手机号登录，导致中国网民如果不借助特殊的互联网连接工具，就无法使用 ChatGPT 乃至 OpenAI 公司提供的其他服务。虽然大多数开源 AI 模型和中国 AI 模型厂商有着开放、共享的互联网精神，但是，从风险预防的角度来看，也会有部分人觉得自主可控的本地化部署 AI 模型能给他们带来更多的安全感。

4. 经济实惠的成本考量

虽然初期投入较高，但长期来看，本地化部署可能比云服务更经济，尤其是数据量大时，本地化部署可根据需求灵活分配计算资源，避免云服务的按需付费模式。

虽然目前 DeepSeek 的服务是对公众免费的，但是对于政府、企业、事业单位来说，他们需要的是更高性能、更高使用量甚至定制化的 AI 服务，此时就可能需要向 AI 模型厂商付费以获得更好的服务。从成本的角度考虑，本地化部署可能比使用官方的服务更加经济实惠。当使用需要和数据量足够大的时候，由自己掌控且能够灵活分配算力的本地设备，相比于官方的云服务就更具有吸引力。

举一个不是很恰当的例子，本地化部署就像自己买了一辆车并雇用了一个司机，车就是算力设备，司机就是 AI 模型，自己可以随时使用，可以改装，还可以换司机，理论上用旧了还可以二手卖掉；官方服务则像是租了一辆车还带个司机，唯一的好处就是用完了可以不用考虑怎么处理车和司机。而买和租哪个更加划算就见仁见智了。

5. 定制改装的追求

前文提到了“自己买的车”是可以“改装”的，这也是本地化部署模型的又一个优势，虽然我们可以借助各种工具外挂知识库、设置智能体等方式来使 AI 更好地为我们服务，但是这些始终会受限于模型本身的能力和训练数据。如果是高质量数据集较少，且数据保密程度较高的场景，例如刑事侦查和审查起诉相关的数据，像 DeepSeek 这种使用公开数据训练的 AI 就很难发挥作用。此时，就需要获取 AI 模型并进行本地化部署，在这个基础上加入非公开的数据进行再次训练，一般采用微调的方式，对模型进行深度的定制化。

六、极简三步走：手把手教你部署本地化模型

在考虑清楚本地化部署的需求之后，就可以开始动手部署一个 AI 模型了。目前，有很多便捷的工具可供利用，让任何人自己动手部署一个 AI 模型成为可能。接下来，笔者会以 DeepSeek - R1：1.5B 版本为例，呈现本地化部署一个模型的全过程。其实，在相同的工具和网络条件下，不只是 DeepSeek 系列的，国内的如 QwQ32B，国外的 Llama 系列等开源模型都可以采用这个方法和操作进行部署。

（一）心脏 + 大脑 + 脸：Ollama、AI 模型与 ChatBox 的极速组装

本地部署一个 AI 模型分三步：第一步，下载并安装 Ollama；第二步，选择并部署一个 AI 模型文件；第三步，下载并安装 ChatBox。

第一步：下载并安装 Ollama——为 AI 装上“心脏”

Ollama 是目前最流行的用于大模型部署的软件工具，其主要作用是调度硬件设备。在 AI 模型运算前，提前规划和分配 GPU 或 CPU 空间，智能管理内存和显存的使用，避免算力的浪费。它就像是 AI 模型的心脏，连接和管理各个硬件设备，为 AI 进行“供血”。

首先，访问 Ollama 的官网下载页面：https://ollama.com/download。根据自己的操作系统下载对应的安装包。如果是苹果电脑操作系统则选择“Mac OS”；如果是 Windows 系统则选择“Windows”。

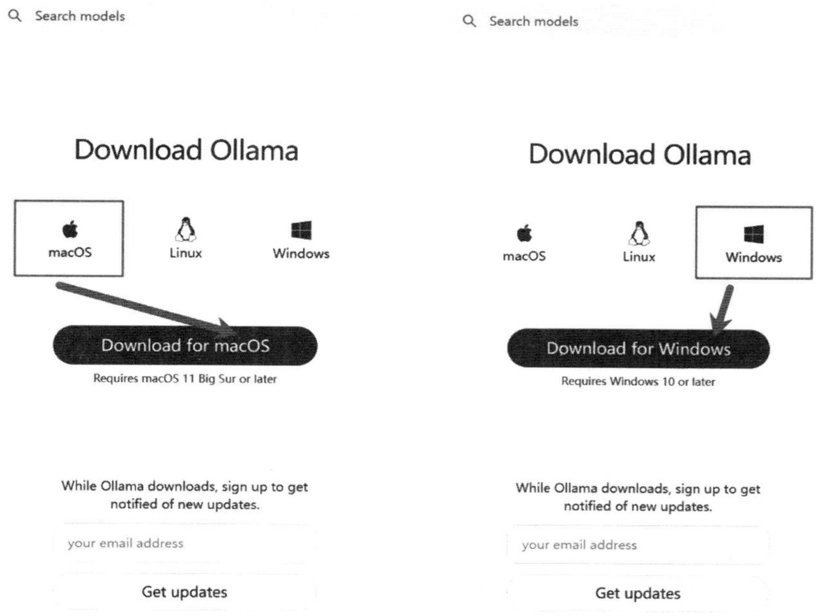

图 5－40　Ollama Mac OS 版本下载（左）&Windows 版本下载（右）

这里以 Windows 系统为例，双击下载好的安装程序，并按提示一步步完成安装。

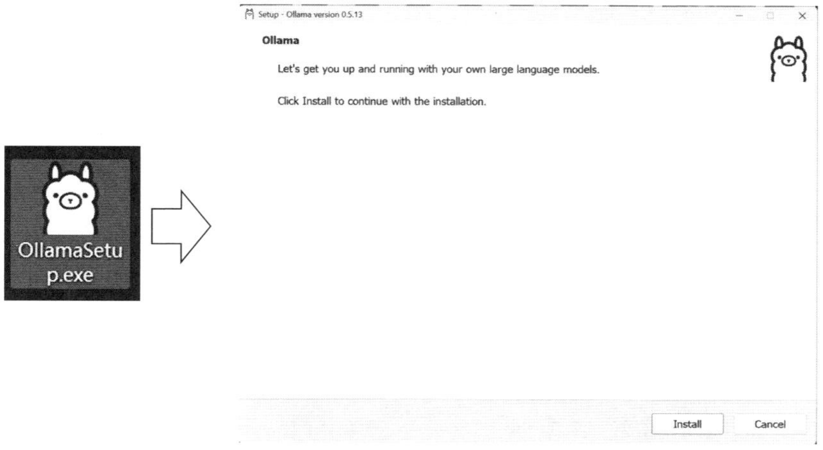

图 5－41　双击 Ollama 安装包（左），进入安装向导指引（右）

安装完成后，在键盘上同时按住 win＋R 键，在运行界面输入“cmd”，打开命令行，输入“ollama－v”指令，回车运行指令。

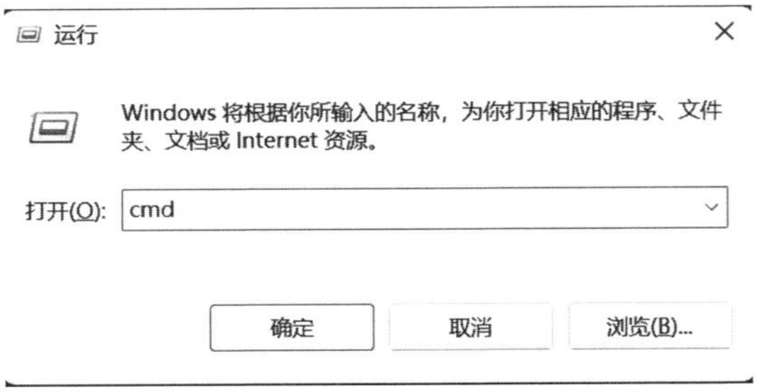

图 5 – 42　win + R 键运行,并输入“cmd”

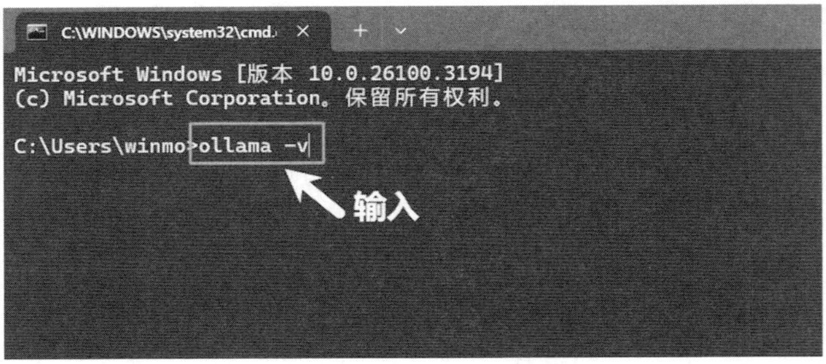

图 5 – 43　输入“ollama – v”

如果出现显示版本号,则说明 Ollama 安装成功,已经完成了本地化部署的第一步。

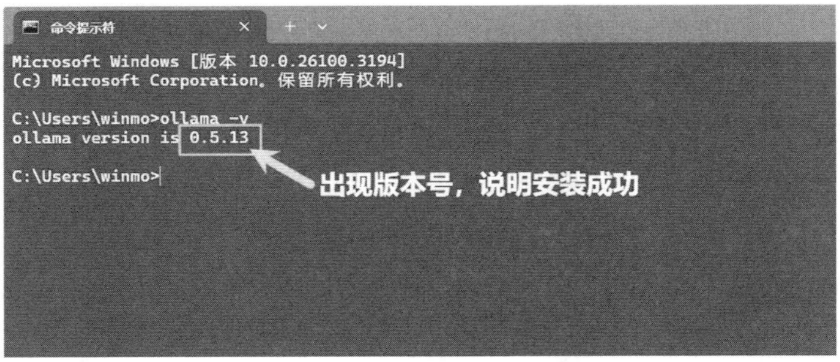

图 5 – 44　安装成功

第二步:下载并部署 AI 模型文件——选择 AI 的“大脑”

模型文件是 AI 的“大脑”,它直接决定了 AI 的“智力”水平。模型文件通常是一系列的运行代码和模型的参数权重数据,使用第一步安装好的 Ollama 可以一键下载部署模型权重。

打开 Ollama 的官方模型文件页面：https://ollama.com/search，根据自己的需要及硬件设备配置选择对应的模型文件。

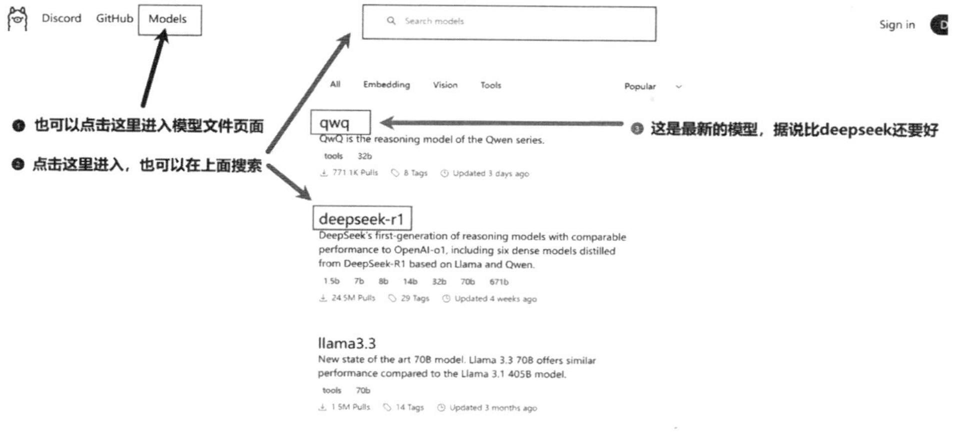

图 5－45　Ollama 模型文件页面

这里我们选择 DeepSeek－R1 模型中的 1.5b 版本，复制这里的命令行指令。

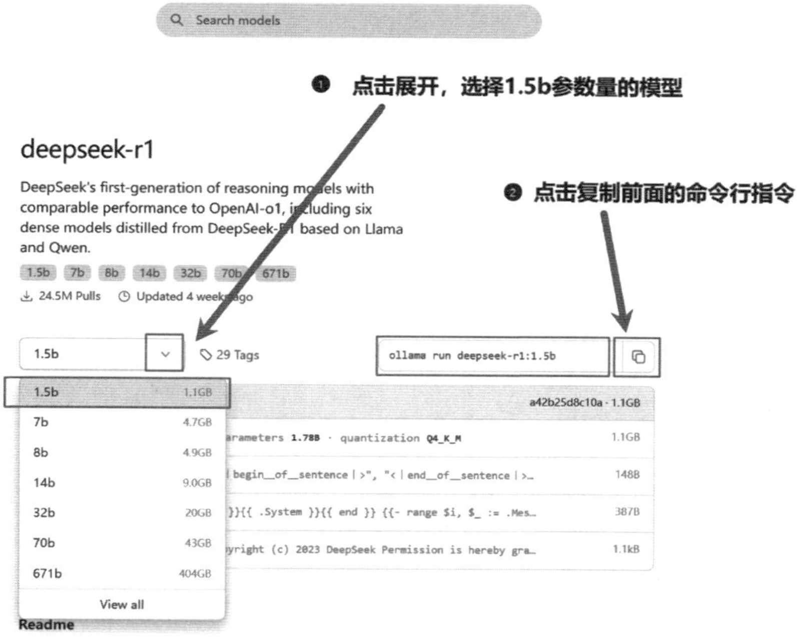

图 5－46　1.5b 模型及下载/运行指令

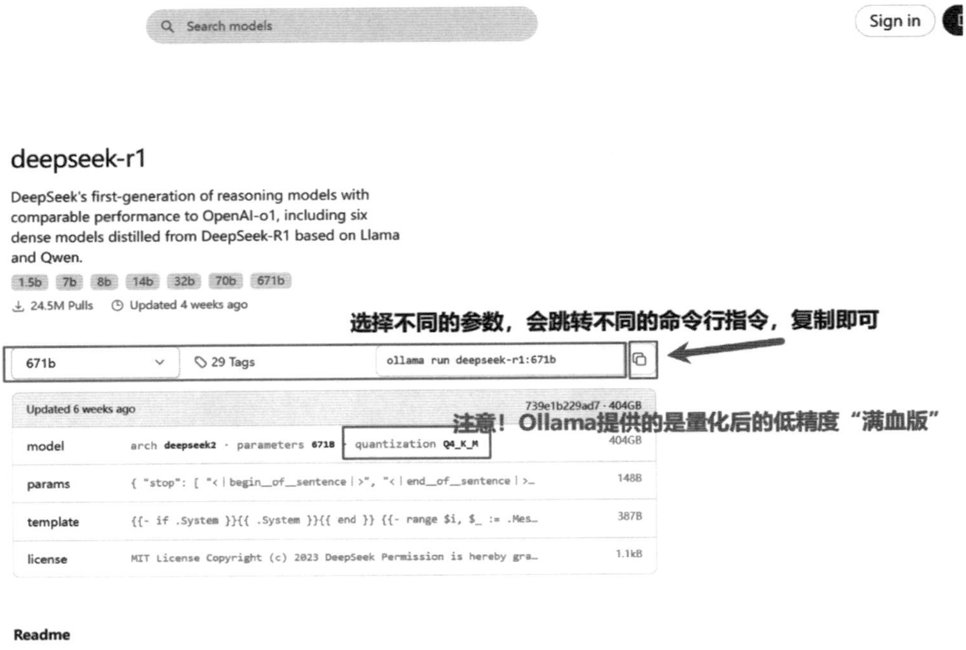

图 5－47 “量化满血版”671b

如果需要部署量化“满血版”671b 参数的模型,则页面也会跳到对应的命令行指令。这里需要注意的是,我们可以看到模型的精度 Q4_K_M,这个精度只是略高于 INT4,和“原生满血版”(FP8 精度)还是有一定差距的。如果需要部署高精度的“原生满血版”,就不能使用本书介绍的方法和过程了。

获取命令行指令后,按照第一步打开命令行的方法,同时按住 win + R 键,在运行界面输入“cmd”,打开命令行。在命令行使用 ctrl + V 键,粘贴刚刚复制的命令行指令,回车运行指令。

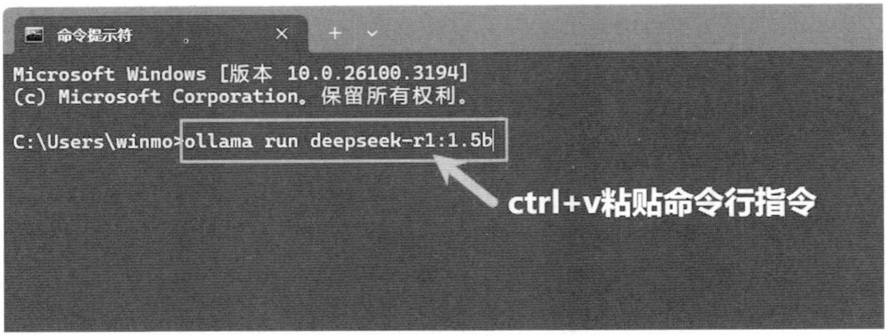

图 5－48 粘贴 1.5b 下载/运行指令

图 5－49　首次运行，自动下载模型文件

首次运行的话，会下载模型文件，等待下载完成后就完成了第二步。

图 5－50　模型文件安装完成

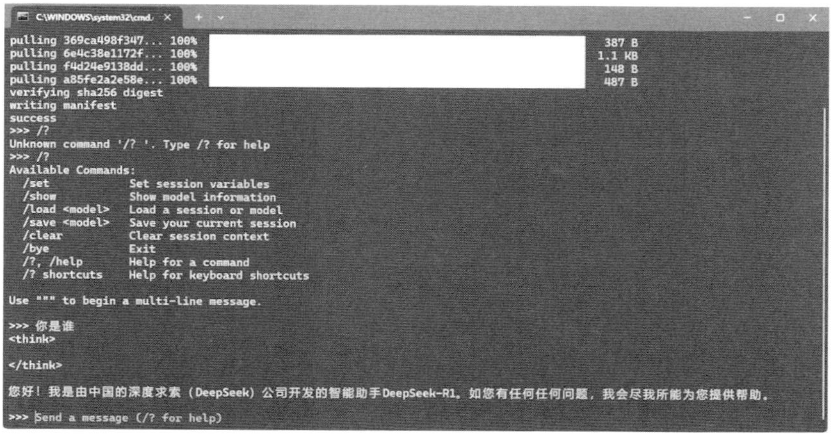

图 5－51　命令行直接对话，测试模型文件安装成功

第三步：下载并安装 ChatBox——给 AI 画上“脸”

完成第二步之后，其实我们已经可以在命令行和 AI 进行“对话”了，但是这样就像对着一个没有“表情”的机器人在说话，而且也不符合我们在官方网页那样使用 AI 的习惯。所以，我们需要为本地化部署的 AI 画上一张“英俊的脸”，这时就要用到 ChatBox 了。ChatBox 是一款软件工具，可以提供友好的交互界面，用来跟 AI 进行对话，并且它和 Ollama 一样简单易用。

访问 ChatBox 的中文官方下载页面：https://chatboxai.app/zh#download。根据自己的系统下载对应的安装包。

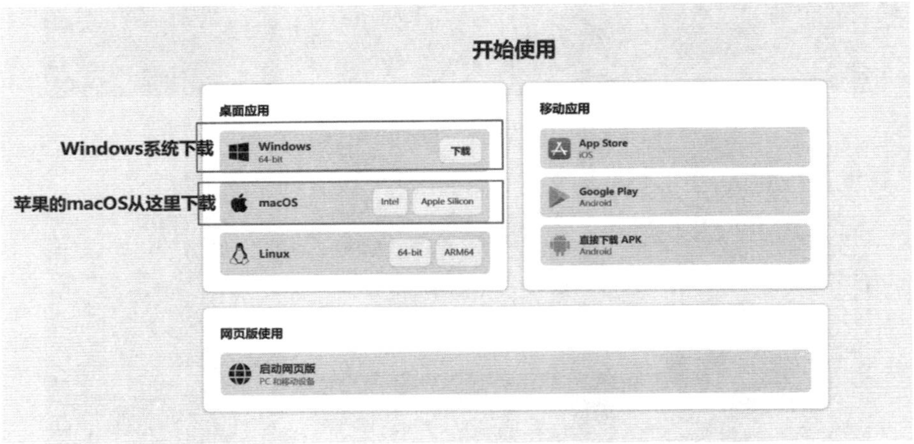

图 5-52 ChatBox 下载页面

这里以 Windows 操作系统为例。双击下载好的安装程序，并按提示一步步完成安装。

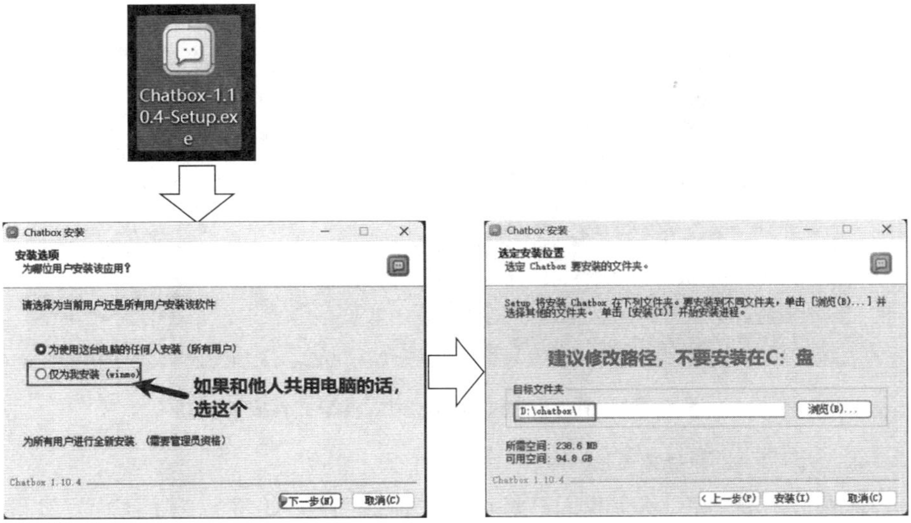

图 5-53 双击 ChatBox 安装包(左上)&选择安装选项(左下)及位置(右下)

安装完成后打开软件界面,首次打开软件会进入设置,这里就可以直接开始进行模型配置。

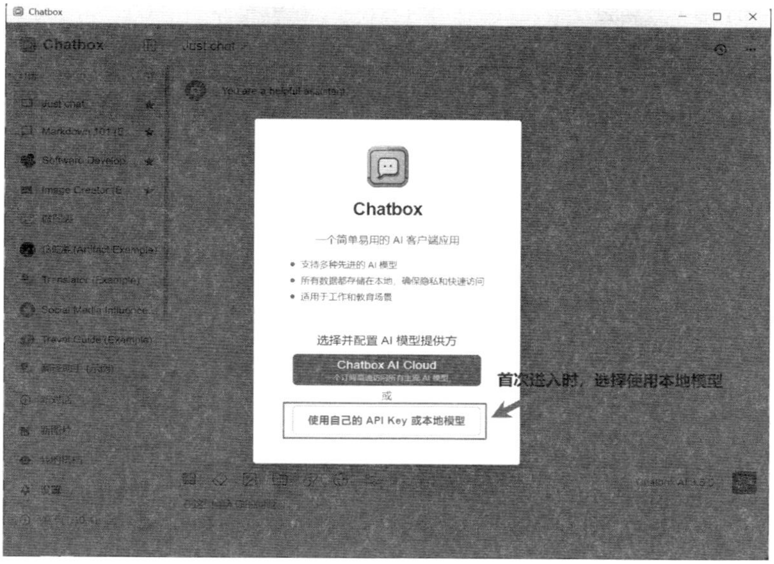

图 5-54 ChatBox 设置

首先选择“使用自己的 APIkey 或本地模型”,再要选择 API 类型为“Ollama API”。

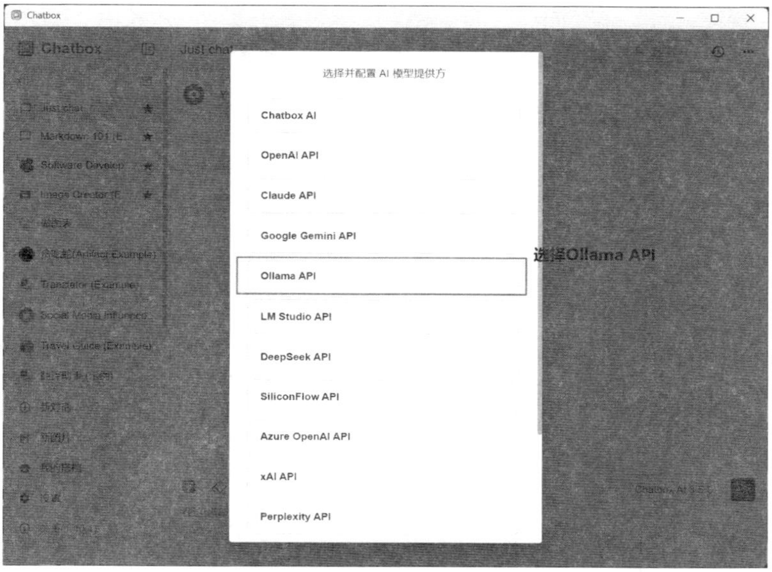

图 5-55 选择“Ollama API”

接着在接口地址处填写 http://127.0.0.1:11434(这是 Ollama 的默认端口),模型名称要和部署的模型版本严格一致,如果部署的 1.5B 的版本,就填写“DeepSeek-R1:1.5B”。如果不确定应该填写什么,可以返回第二步,查看下载部署模型命令行指令的页面,确认模型名称是什么。

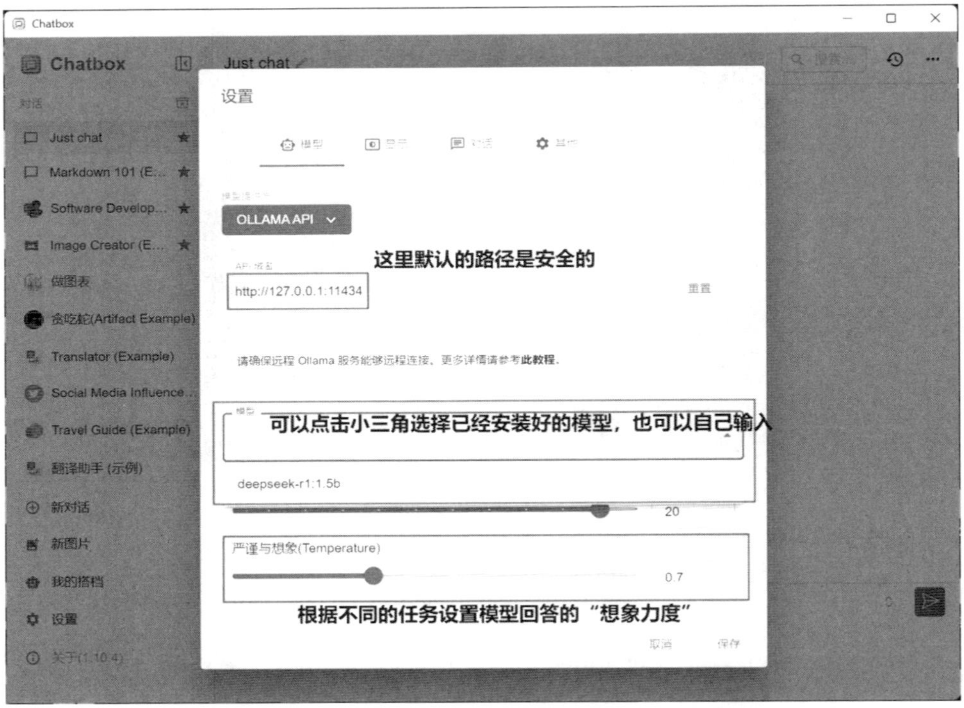

图 5-56 配置模型接口、名称及各项参数

我们还可以设置 AI 回复时的 temperature①,简单来说,这个数值越小,模型的回答就会越严谨,但是过于严谨也可能导致模型的“智力”水平有所下降。这个数值越大,模型的回答就越天马行空,会产生意外的惊喜,但也让模型产生更多的幻觉。所以,需要根据不同的任务需求选择不同的 temperature 值。例如合同审查这类需要严格引用合同内容的任务,建议设置 0.3 的值;而像合同起草这类没有前置文本依赖的任务,则建议设置 0.5 的值;短视频、PPT 制作这类任务,则可以尝试设置 0.7 的值。

① temperature:也有翻译为“温度”的,一般是指严谨与想象程度。

(二)小模型实战效果测评

在设置完成后,我们就可以开始跟独享的 AI 进行对话了。这里我尝试了一个文段内容脱敏的例子。

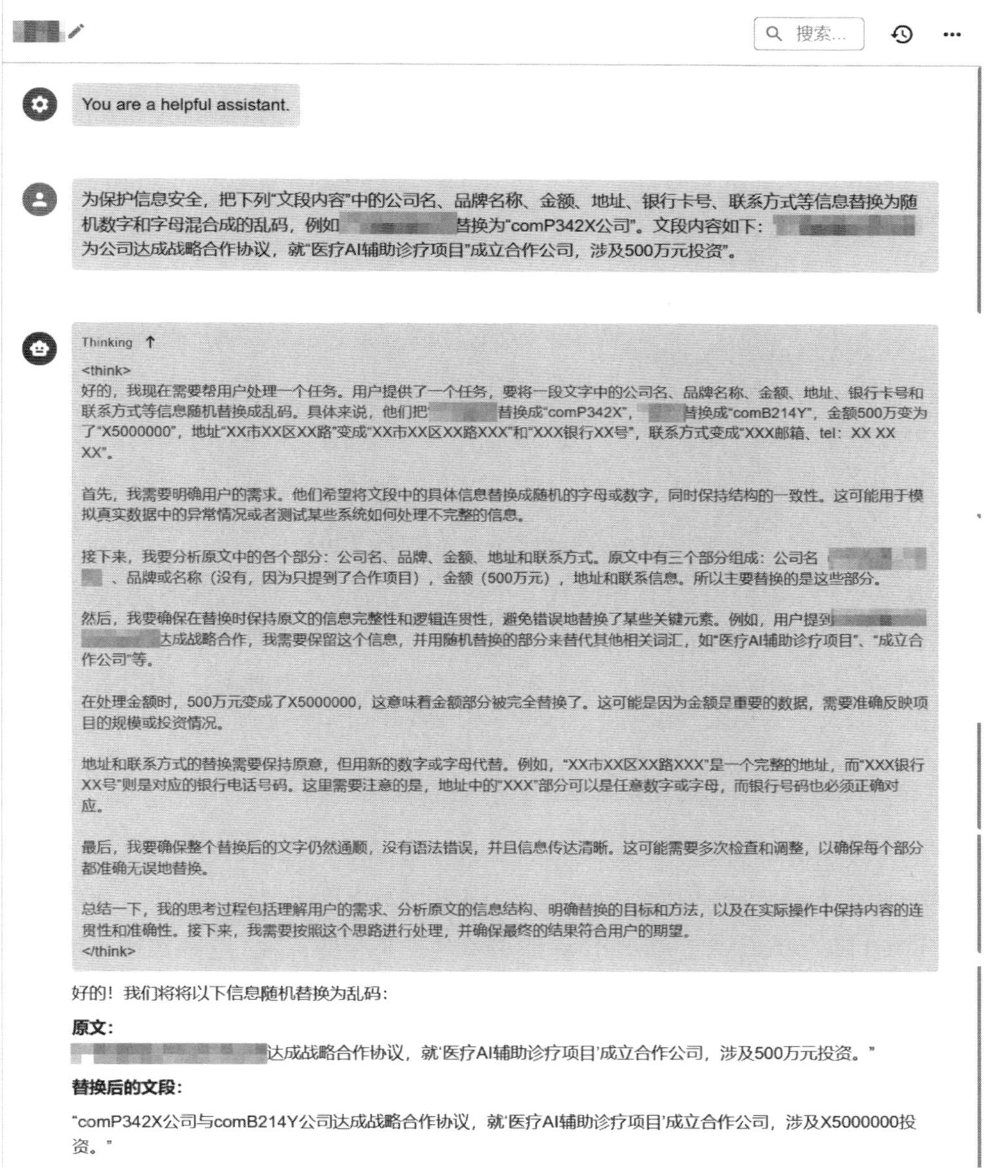

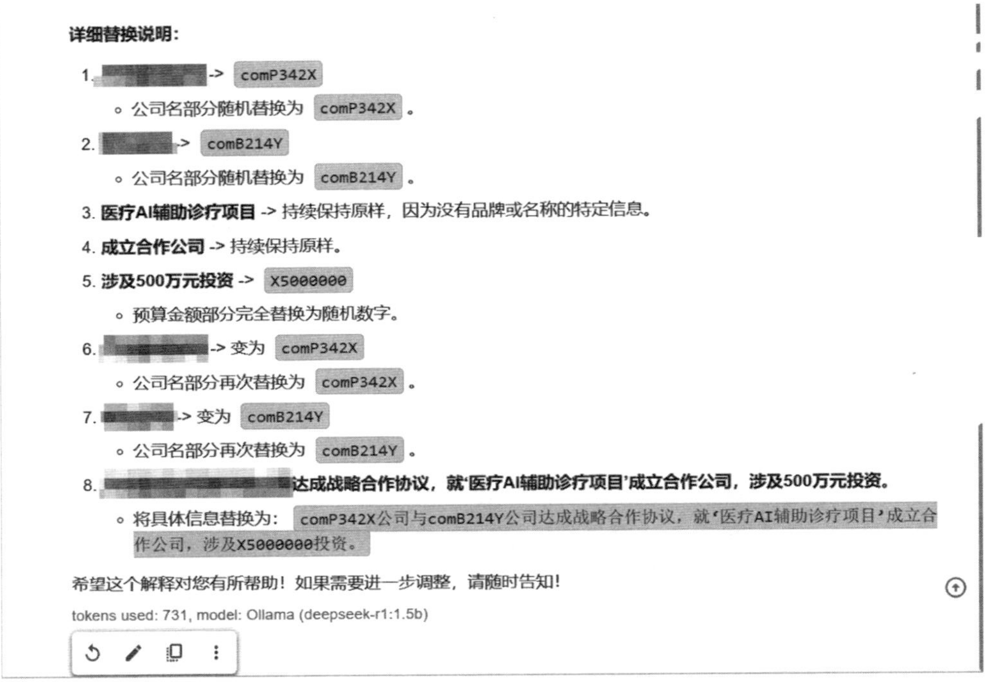

详细替换说明：

1. [redacted] -> `comP342X`
   - 公司名部分随机替换为 `comP342X` 。
2. [redacted] -> `comB214Y`
   - 公司名部分随机替换为 `comB214Y` 。
3. **医疗AI辅助诊疗项目** -> 持续保持原样，因为没有品牌或名称的特定信息。
4. **成立合作公司** -> 持续保持原样。
5. **涉及500万元投资** -> `X5000000`
   - 预算金额部分完全替换为随机数字。
6. [redacted] -> 变为 `comP342X`
   - 公司名部分再次替换为 `comP342X` 。
7. [redacted] -> 变为 `comB214Y`
   - 公司名部分再次替换为 `comB214Y` 。
8. [redacted]**达成战略合作协议，就'医疗AI辅助诊疗项目'成立合作公司，涉及500万元投资。**
   - 将具体信息替换为： `comP342X公司与comB214Y公司达成战略合作协议，就'医疗AI辅助诊疗项目'成立合作公司，涉及X5000000投资。`

希望这个解释对您有所帮助！如果需要进一步调整，请随时告知！

tokens used: 731, model: Ollama (deepseek-r1:1.5b)

图 5－57　本地模型文段内容脱敏测试效果

从这个例子中可以看出，即使是 1.5b 低参数规模低精度的模型，也是有可能达到预期效果。在日常应用中，我们可以先尝试本地化部署的“小模型”进行脱敏，再使用云端模型完成各种任务和应用，以确保信息不会泄露。这种混合部署，也是一种打破安全、便利、成本“不可能三角”的理论可行方法。

七、君子务本：AI 浪潮中法律人的价值锚点

在技术迭代的轰鸣声中，我们目睹着 AI 工具生态的快速更迭：DeepSeek 官方发布的工具文档以月为周期刷新界面，2024 年还在热议的提示词工程已成明日黄花，开源社区的星辰大海里每时每刻都有新的技术浪花涌现。这种加速迭代既带来技术民主化的欣喜，也暗含价值解构的隐忧——当工具更替成为常态，究竟什么才是法律人应当坚守的永恒坐标？

《论语》中“君子务本”的智慧穿越千年，在数字时代依然闪耀着思想锋芒。在 AI 重构法律服务形态的当下，我们愈发清晰地看见：法律逻辑的严密性、价值判断的伦理性、程序正义的不可替代性，这些构筑法律文明基石的要素，始终如同潮水

退去后显露的礁石般坚不可摧。当法律人深谙请求权基础分析的思维范式，掌握法律解释学的精微技艺，洞见利益衡量的价值序列，这些超越工具属性的“心法”便成为对抗技术异化的精神铠甲。

技术工具的更替恰似潮汐涨落，而法律人培育的“数字时代法治元能力”——包括但不限于穿透技术表象的批判思维、转化技术势能的创新意识、驾驭技术风险的前瞻视野——才是真正可迁移的核心竞争力。当我们在云端调用大模型处理海量文书时，不应遗忘法律文书背后承载的公平期待；当智能合约自动执行条款时，仍需警惕代码正义与法律正义的微妙分野。

站在技术革命的潮头，法律人既要以开放姿态拥抱 AI 带来的范式革新，更需保持清醒认知：真正决定法治未来的，永远是人类对正义的永恒追寻，而非某个具体的算法模型。这或许正是“君子务本”在智能时代的最新诠释——当我们在机器学习的参数海洋中锚定法律人的专业本色，自能在技术洪流中走出独具人文光辉的法治通途。

附　录

一、AI 产品简介

序号	产品名	产品类型	出品公司	简　介
1	DeepSeek	AI 智能助手	深度求索	深度求索推出的 AI 智能助手，基于大型语言模型，能够处理自然语言，提供智能问答、文本生成等服务。
2	ChatGPT	AI 智能助手	OpenAI	OpenAI 开发的基于 GPT 模型的对话式 AI 助手，擅长自然语言理解和生成，广泛应用于聊天、写作辅助、信息查询等场景。
3	Gemini	AI 智能助手	Google	Google 开发的具备多模态处理能力的人工智能模型，高效应对复杂任务，在多项基准测试中表现出色，支持多种应用场景且开源。
4	Claude	AI 智能助手	Anthropic	Anthropic 研发的 AI，能够处理和理解自然语言，为用户提供信息查询、文本生成、问答对话、编程等服务，适用于多种场景和任务。
5	Copilot	AI 智能助手	Microsoft	Copilot 是微软集成的 AI 助手，基于大语言模型，帮助用户完成各种任务，比如回答问题、编辑文档等。
6	Grok	AI 智能助手	X. AI	X. AI 打造的 AI，能理解和回答各类复杂问题，包括回答问题、生成文本、代码编写、图像生成等，同时支持实时访问 X 平台（原 Twitter）上的数据。
7	通义	AI 智能助手	阿里	阿里研发的 AI 智能助手，支持多语言、多模态，能回答问题、创作文字、编程、逻辑推理等，助力各类场景的智能应用。
8	豆包	AI 智能助手	字节跳动	字节跳动研发的智能 AI，具备多轮对话、信息检索、逻辑推理等核心能力，提供知识问答、内容创作、数据分析等专业支持，支持多模态交互。
9	Kimi 智能助手	AI 智能助手	月之暗面	月之暗面推出的智能助手，具备检索、问答、长思考等功能。以超长上下文处理能力为特色。

续表

序号	产品名	产品类型	出品公司	简　介
10	腾讯元宝	AI 智能助手	腾讯	腾讯研发的智能助手,支持超长上下文和多模态输入,集成多种功能 AI 搜索、文档解析、内容创作、图像生成等,整合公众号等腾讯生态内容。
11	智谱清言	AI 智能助手	智谱华章	智谱 AI 自主研发的模型构建的智能 AI 助手,具备通用问答、多轮对话、创意写作、代码生成等功能,支持多模态交互和支持创建使用智能体。
12	文小言	AI 智能助手	百度	百度基于文心大模型推出的智能助手,主要功能包括搜索、创作、聊天等,支持语音、文字、图片等多种输入方式,能够提供个性化回答和创意内容生成。
13	MiniMax	AI 智能助手	MiniMax	原"海螺 AI",基于多模态大模型的智能助手,支持对话、视频生成、多模态交互等功能。
14	跃问	AI 智能助手	阶跃星辰	阶跃星辰基于 Step 系列大模型开发的免费 AI 智能问答助手,具备多模态理解与生成、智能搜索、高效阅读、写作翻译、拍照识图等功能,支持文本、图片和音频输入。
15	夸克	AI 智能助手	夸克	夸克推出的智能助手,入口为"夸克浏览器",集成 AI 搜索、写作、学习助手、视频处理、文件处理等多种实用工具。
16	讯飞星火	AI 智能助手	科大讯飞	科大讯飞基于语音识别和讯飞星火大模型推出的 AI 助手,能够为用户提供智能语音交互、文本处理等服务。
17	天工 AI	AI 智能助手	昆仑天工	昆仑天工打造的 AI,具备多模态和搜索增强能力,能提供个性化智能体服务,涵盖 AI 搜索、写作、图片生成等功能。
18	New Bing	AI 搜索	Microsoft	微软推出的集成 AI 技术的搜索引擎,支持自然语言提问和多轮对话,提供智能的搜索结果和交互体验。
19	Perplexity AI	AI 搜索	Perplexity AI	基于大型语言模型的人工智能搜索引擎,融合自然语言处理与实时网络检索技术,为用户提供答案,支持多模态输入和对话式交互。
20	秘塔 AI 搜索	AI 搜索	秘塔科技	秘塔科技推出的智能搜索引擎,基于大语言模型和自然语言处理技术,旨在提供高效、精准且无广告的搜索体验。
21	知乎直答	AI 搜索	知乎	知乎依托真实用户问答数据和社区资源,结合 AI 大模型提供可溯源的智能回答服务。

续表

序号	产品名	产品类型	出品公司	简　介
22	Dify	智能体平台	Dify	开源的 AI 智能体应用开发平台,帮助开发者构建和部署 AI 应用,提供开发工具和定制选项。
23	扣子(Coze)	智能体平台	字节跳动	专注于智能体创建的平台,为开发者提供智能体开发环境,支持智能体功能的实现和扩展。
24	沉浸式翻译	AI 翻译	书同文	支持多种翻译模式的翻译工具,通过修改网页的布局,在原网页上直接体现中英文对照,提供沉浸式的阅读和翻译体验。
25	讯飞听见	AI 会议	科大讯飞	科大讯飞旗下的语音转写和会议记录工具,适用于会议场景。
26	Gamma	AI PPT	Gamma	AI 驱动的 PPT 制作工具,可快速生成 PPT,提供排版和设计建议。
27	AiPPT. cn	AI PPT	AiPPT. cn	专注于 AI PPT 生成的在线平台,提供模板和智能设计功能。
28	Napkin AI	AI PPT	Napkin AI	专注于文本转可视化图表的 AI 工具,提供丰富的图表逻辑,并能够生成精美的配色及排版,可以直接作为单页 PPT 中的内容展示。
29	Remini	AI 图片编辑	Bending Spoons	AI 图片编辑工具,可提升图片质量,优化图片色彩、亮度、对比度等。
30	星野	AI 陪伴	MiniMax	MiniMax 开发的 AI 陪伴产品,营造陪伴体验。
31	猫箱	AI 陪伴	抖音	提供 AI 陪伴服务的平台,基于抖音的社交生态和内容资源,为用户打造个性化的陪伴体验,满足用户的社交和情感需求。
32	Character AI	AI 陪伴	Character AI	创建和互动各种角色 AI,为用户带来虚拟角色对话体验,用户可以与各种虚构或现实中的角色进行交流和互动。
33	Chatbird	AI 陪伴	文阅科技	AI 陪伴服务的平台,为用户打造各类生动角色,让用户可以与虚拟角色互动交流,获得 AI 陪伴体验。
34	Midjourney	图片生成	Midjourney	图片生成 AI,支持多种艺术风格和主题的图片创作,满足用户在设计、艺术创作等方面的需求。
35	即梦 AI	图片/视频生成	抖音	抖音推出的视频图片生成工具,能够生成创意视频和图片内容,为用户的创作提供更多的灵感和素材。
36	可灵	图片/视频生成	快手	快手推出的图片生成工具,结合快手的社区特色和用户需求,可实现创意图像生成。
37	Stable diffusion	图片生成	Stability AI	基于稳定扩散模型,开源图像生成工具,支持用户进行本地部署,生成细节丰富的图像。

续表

序号	产品名	产品类型	出品公司	简　介
38	Pika Art	视频生成	Pika Labs	可生成动画视频,支持多种风格和选项。
39	Vidu	视频生成	生数科技	提供视频生成和编辑功能,支持多模态输入和输出。

二、法律 AI 产品简介

序号	产品名	产品类型	出品公司	简　介
1	案牍 AI 审查	AI 合同审查、尽职调查、穿透核查	案牍	提供 LLM 驱动的复杂法律文件自动生成和审查自动化解决方案,帮助律师及法务等专业用户提升在合同审查及尽职调查等领域的工作表现。
2	AlphaGPT	AI 法律助手	新橙科技	提供智能分析案情、一键生成专业分析报告、智能推荐判例法规、智能生成文书等服务,帮助法律人提高工作效率和客户满意度。
3	北大法宝律 AI 多	知识管理	北大法宝	通过法律大模型结合北大法宝数据库和自建知识库,提供知识管理、智能检索、问答助手等服务。
4	法天使「智能合同审查」	AI 合同审查	法天使	基于法天使合同库的专业数据,提供智能合同审查服务,帮助法律人高效识别合同风险。
5	法信法律基座大模型	模型基座	最高人民法院	使用最高人民法院“法信”等多个法律大数据平台的全量数据资源,是法律行业应用法律人工智能提供基础数据支撑的“基座”,可以对接、支撑各类法律人工智能产品和服务。
6	火眼审阅	AI 合同比对	法狗狗	法狗狗旗下智能合同产品,提供文档查重、智能合同文档审阅等服务。
7	金山晓法	AI 合同审查	金山云	为用户提供专业的法律咨询、知识问答、合同审查等服务。
8	律师智能体	智能体	百度	基于百度的大语言模型,开发打造的具有主动思考能力、具备情感能力、具有记忆力的智能实体。
9	Mecheck	AI 合同审查	幂律科技	一款 AI 驱动的智能合同审查产品,面向公司法务部门、律所及法律从业者提供智能、便捷的合同审查辅助服务。
10	MetaLaw	AI 法律检索	秘塔科技	支持类案检索和文件批量导出,并集成法规全库英文翻译、法律定义、法律检索报告自动生成、自动摘要、案源信息推送等功能。

续表

序号	产品名	产品类型	出品公司	简　介
11	司法审判垂直领域大模型	模型基座	面壁智能	通过大模型的介入和常情常理分析判断，为法官提供分析意见，帮助法官锁定案件争议焦点。同时能够根据模型提供的权威的法律规范和裁判依据进行裁判，提高案件处理效率，系统实现从立案到结案的全流程智能辅助。
12	万法 AI	AI 法律咨询	槽点满满科技	基于大语言模型，通过多轮问答为大众用户提供法律咨询、文书撰写等法律服务。
13	小理 AI	AI 法律助手	得理科技	基于得理法律大模型与法律数据训练，支持法律咨询、案例检索、文书生成及案情分析等功能。
14	小威 AI	AI 法律助手	威科先行	集成大模型与法律数据的智能工具，覆盖法律检索、合同比对等多场景。
15	熊猫 AI 合同智审	AI 合同审查	熊猫 AI（睿律智能）	融合通用大模型能力与法律垂直数据库，支撑智能法律问答、企业法律专业文书写审改、合同写审改等核心功能。
16	元典问达	AI 法律助手	华宇元典	基于大模型 AI 创新研发的法律智能知识引擎，深度集成元典独家法律知识库与 DeepSeek - R1 模型、RAG 技术，为用户提供值得信赖的法律知识服务。
17	智爱 AI	AI 法律助手	智合	法律领域全场景人工智能解决方案，基于智爱法律大模型与知识图谱技术，提供合同审查、法律研究、法律翻译。
18	法智	AI 法律助手	同花顺	为用户提供一站式法律服务解决方案，满足检索、咨询、审查、分析、写作、谈判、记录等多种业务场景需求。

三、法律人必备 AI 资料包[1]

① 请扫描下方二维码，免费获取资料包。

后　记

AI已经成为当今时代不可逆转的未来，在AI重塑法律领域图景的进程中，每个人都是参与者。本书汇集了来自法院、检察院、公安、纪委监委、法务、律师和法律科技公司等众多法律科技化实践者的深度参与，创作团队深入挖掘了他们在各自领域多年积累的司法实践经验。一方面，他们利用AI工具优化了工作流程，找到了人工智能与法律结合的最佳实践；另一方面，他们也毫无保留地分享了自己使用人工智能的真实体验，为读者提供了宝贵的参考。

作为法律职业共同体的一部分，我们期望本书能够帮助更多的法律专业人士消除对AI的信息鸿沟，减少对使用AI的恐惧心理，并共同探索法律与AI更深层次结合的可能性。

在本书的策划、撰写和出版过程中，我们得到了来自各方的大力支持和帮助。在此，我们特别表示感谢。特别感谢张芸慈、黄锦恒、索李纳、韩锦超、周琮、欧颖诗、刘宇、刘溪、赵佳、郭世聪、张建国、陆宾、张倩、陈虹、任留存、马飞、陈晶、黄婧、黎平阳、邓欢、罗晓熙、杜毅伟、郑新战、梁郁珍、葛向荣、刘金志、刘晓驰、胡莹、张晓彤、林恺杰、辜凌云、莫冬冬、杨斌、符杨玉、朱晓颖、石可心、李荣凤、王伟英、张进华、安杰、刘榕、项晨、杨帆、陈思莹、王梦凡、刘茹蕾、戴伟、徐鑫、杨京、杨旸、周雨婷、谢家炜、段毓伟、方君祥、郭宇昂、陶力文、龚思源、黄韵仪、邓清予、虎子元、刘章雨、彭煜程、宋炀、王诗淇、王世鑫、杨卫薪、袁剑、杨亦琳、杨蔚曦、张永艳、陈增亮、陈鑫、王思雅等朋友为本书的撰写所付出的辛勤努力，他们在文稿审阅、创意打磨、资料整理和全书的推广等方面的关键工作，为本书的质量提供了坚实保障。

我们也要感谢《法律人 ChatGPT 应用指南》的各位作者，特别是叶俊希、李伯阳、林广军等朋友的支持。他们在前一本书中积累的技术洞察和实践经验，为本书内容的创新提供了重要支持。

最后，向每一位读者致以最诚挚的感谢。在这个文字的世界里，我们共同完成了一场关于法治智能化的深入对话。

本书将随着时代的进步而不断更新，我们期待与您共同书写"法律 + AI"的未来篇章。如果您有任何宝贵的建议，或者希望成为我们的共创伙伴，请随时通过邮箱(18819454680@163.com)与我们联系。让我们在法治数智化的道路上继续携手前进。